TESI GREGORIANA
Serie Teologia

———————————— **205** ————————————

CÉSAR JAVIER ORDUÑA

LOS PRINCIPIOS INTERPRETATIVOS EN ROMANO GUARDINI
El camino de la intuición

EDITRICE PONTIFICIA UNIVERSITÀ GREGORIANA
ROMA 2014

Vidimus et approbamus ad normam Statutorum Universitatis

Romae, ex Pontificia Universitate Gregoriana
Die 8 mensis Ianuarius anni 2014

PROF.SSA MARIA CARMEN APARICIO VALLS
PROF. CARMELO DOTOLO

© 2014 Pontifical Biblical Institute
Gregorian & Biblical Press
Piazza della Pilotta, 35 00187 - Roma
books@biblicum.com - www.gbpress.net

ISBN 978-88-7839-**278**-6

*A la memoria de
Teresa Gambino*

PREFACIO

Este trabajo presentado como tesis de doctorado en Teología Fundamental es fruto de tres años de estudio e investigación en torno a los escritos de Romano Guardini. Estos años y esta tarea me han ayudado a redescubrir entre otras cosas la importancia de la *experiencia* del *encuentro* y de una adecuada preparación para la recepción del don que implica ese momento. Allí se alumbra gratuitamente un conocimiento y una intuición nueva de la realidad concreta. Por este camino que tuve la gracia de transitar durante estos años, marcado en forma particular por el estudio, *encontré* numerosas personas que me han acompañado ofreciéndome una importante ayuda y a las que deseo agradecer de corazón.

Un agradecimiento muy especial deseo expresar a la directora de esta tesis, la profesora María del Carmen Aparicio Valls, quien me acompañó durante todo este tiempo de estudios en la universidad Gregoriana con gran competencia y dedicación. Sin su valiosa ayuda no habría sido posible para mí llevar a termino esta empresa. Agradezco también al profesor Carmelo Dotolo por haber aceptado ser el segundo censor de la tesis y por sus sugerencias en vistas a la publicación de este trabajo.

Deseo expresar también mi sincero agradecimiento a la Orden Franciscana de Hermanos Menores, a mi provincia de Argentina y a la provincia de Alemania que me acogió muy generosamente durante estos años de trabajo y estudio. En esta fraternidad provincial, a pesar de no ser yo alemán, y de proceder de una cultura muy diferente, me he sentido como en casa y en familia. Un gracias muy grande a la institución de los obispos alemanes, Adveniat, por la generosa ayuda que me brindaron durante mi permanencia en Múnich.

Un profundo agradecimiento también al profesor Hans Mercker, por los extensos diálogos, por ayudarme a dar nuevos pasos en el universo de las ideas guardinianas y permitirme el acceso al archivo de la Katholische Akademie en Bayern. Al Señor Stephan Höpfinger siento el deber de agradecer su gran amabilidad y la eficaz ayuda con la que conté cada vez que debí recurrir a la biblioteca y al archivo de la Katholische Akademie. Al profesor Werner Dettloff agradezco también por el material ofrecido y por permitirme mirar a Guardini desde una mirada que va más allá de lo académico, siendo la suya la mirada de alguien que fue amigo de Romano Guardini.

A la profesora Hanna Barbara Gerl agradezco también sus valiosos comentarios y aportes, muchos de ellos vertidos en sus numerosos e interesantes escritos; pero sobre todo deseo agradecer la riqueza que significó para mí el diálogo personal con ella. En el agradecimiento a la profesora Gerl tengo que subrayar la gran ayuda que me ofreció al invitarme y permitirme también acceder a esa pequeña y especial parte del mundo guardiniano que es Mooshausen y su archivo.

Por último deseo expresar un gracias muy particular a toda mi familia en Argentina, a mis padres, mi hermana y especialmente a mi abuela Teresa Gambino que partió hace ya algunos años a la casa del Padre. Ella es una de las tantas personas que con su vida nos enseñan el camino de una fe que implica *toda* la vida y *toda* la persona. A la distancia de muchos años me encontré nuevamente haciendo memoria e intentando repensar su experiencia de fe, recordándola cada noche rezar y esforzándose por leer e interpretar la Biblia, aún sin haber podido terminar la escuela primaria. A ella están dedicadas estas páginas, a su memoria viva en nuestra familia, en mi barrio, y en los que la conocieron a lo largo de los años. Para terminar me permito expresar nuestra fe y profunda gratitud en el Dios de vivos, el Dios de Abrahán, de Isaac, de Jacob y de Teresa.

PRESENTACIÓN

Cuando era estudiante de filosofía conocí algunas obras de Romano Guardini que me acompañaron durante mi formación, a pesar de que fueron escritas hace ya tiempo, y que en teología era un autor casi totalmente ausente, continuaron acompañándome en mi vida personal, y también me fueron de gran utilidad en la tarea pastoral. Algunos años atrás leía un artículo de un profesor donde manifestaba una experiencia personal que me hizo pensar en mi propia experiencia con Guardini. Este profesor cuenta que durante sus estudios de exégesis, desde 1953 hasta 1959, fue en en libro de Guardini *El Señor* (*Der Herr*)[1] donde experimentó el Cristo que deseaba seguir y servir[2]. No fue, por lo tanto, la imagen de Cristo que se presentaba desde los estudios exegéticos, de ese tiempo y de ese ámbito académico en el que estudió, lo que lo atrajo y animó.

En la experiencia del profesor Mertens se puede percibir algo de la vitalidad de los escritos guardinianos, y de forma indirecta se puede vislumbrar un problema aun presente en nuestro tiempo y que espera encontrar caminos adecuados de solución. Me refiero a la separación entre exégesis y teología. Hoy se sigue proponiendo desde el mismo Magisterio la tarea de acercar más la exégesis y la teología, como algo que reviste una importancia fundamental para la vida de la fe. La tarea entonces es la de pensar caminos que acerquen el trabajo exegético y la teología,

---

[1] R. GUARDINI, *Der Herr*, Aschaffenburg 1948.
[2] «In der Exegese des Neuen Testaments habe wir uns während meines Studiums in den Jahren 1953 bis 1959 lange Vorlesungen hindurch mit der Frage herum gequält, ob Judas Ischariot sich nach Mt 27,5 erhängt hätte oder ob er nach Apg 1,18 vorüber zu Boden gestürtzt war [...]. Geistlich gelebt aber haben wir Romano Guardinis «Der Herr»; dieser Christus war derjeniger, in dessen Nachfolge und Dienst eintreten wollten, nicht der blasse Christus der Exegeten, bei aller ihrer persönlichen Frömmigkeit und Kirchlichkeit» A. MERTENS, «An den Grenzen der historisch-kritischen Methode», 141.

pensar cuáles podrían ser los puentes que permitan un diálogo más fecundo entre estos ámbitos tan importantes para el futuro de la fe[3].

Guardini murió en octubre de 1968 en Múnich, y teniendo en cuenta los años que nos separan de su contexto histórico y los innegables aportes realizados por la exégesis durante estos años, la vitalidad y profundidad de los escritos del profesor italo-alemán continúan sin embargo manteniendo una importante actualidad. Guardini tiene algo que aun hoy fascina, y pienso que valga la pena intentar entender los principios que guiaban un estilo de trabajo que logró producir obras de gran vitalidad y que, incluso con sus límites, siguen siendo ampliamente sugestivas. El Papa Benedicto XVI cita a Guardini ya en la primera página de su libro sobre Jesús[4], en su prólogo dedicado al tema de la interpretación de la Escritura, y a las distintas perspectivas del trabajo exegético. Anteriormente el nombre de Romano Guardini aparece también en otro de sus artículos, dónde el entonces Cardenal Ratzinger habla de la interpretación de la Escritura y los problemas que actualmente aparecen ligados a esa tarea. Se ponen en evidencia las cuestiones filosóficas que se unen a la consideración de los métodos exegéticos, y a la necesidad de alcanzar una mayor claridad en un campo filosófico, que amenaza con limitar el horizonte interpretativo, acallando la voz misma de la Escritura. La tarea propuesta es compleja, difícil y extensa, se dice que será tarea de toda una generación, ya que no se puede consentir una solución simplista, que proponga solo volver al pasado, o renunciar a todo lo que no revista un carácter racional moderno[5].

Entre los elementos propuestos para la realización de una nueva síntesis entre exégesis y teología, aparecen en el artículo de Ratzinger, junto a la propuesta de una autocrítica del método interpretativo histórico, la necesidad de unir los instrumentos del trabajo interpretativo de este método con una filosofía que tenga un efecto menor en el texto, de todo aquello que le es extraño. Se nos propone la búsqueda de una filosofía menos arbitraria que ayude a una escucha auténtica del texto. En este contexto cita a Romano Guardini cuando señala la falsa certeza de

---

[3] «Dove l'esegesi non è teologia, la Scrittura non può essere l'anima della teologia e, viceversa, dove la teologia non è essenzialmente interpretazione della Scrittura nella Chiesa, questa teologia non ha più fondamento. Perciò per la vita e per la missione della Chiesa, per il futuro della fede, è assolutamente necessario superare questo dualismo tra esegesi e teologia. La teologia biblica e la teologia sistematica sono due dimensioni di un'unica realtà, che chiamiamo teologia», BENEDETTO XVI, «Esegesi non solo storica», 493-494.

[4] BENEDIKT XVI, *Jesus von Nazareth*, 10.

[5] Cf. J. RATZINGER, ed., «Schriftauslegung im Widerstreit», 33-34.

la exégesis moderna que produjo resultados parciales muy significativos, pero que perdió su objeto propio y con ello dejó de ser teológica. El exégeta no puede aceptar los principios interpretativos que determinen desde el modelo de las ciencias naturales una visión del mundo en la que se determine a priori lo que puede o no acontecer. No puede excluirse a priori que Dios pueda hablar en el mundo con palabras humanas, ni que pueda entrar y actuar en la historia humana[6].

1. Novedad de la propuesta

Desde A. Mertens y J. Ratzinger las intuiciones guardinianas cobran una nueva dimensión y profundidad. Las palabras de Guardini citadas por Ratzinger están tomadas de una de sus obras centrales para el estudio de sus principios interpretativos[7]. Y en la nota en la que Ratzinger cita la obra de la que extrajo las ideas guardinianas del párrafo anterior, añade además que esos pensamientos de Guardini forman parte de las cosas más importantes dichas en relación con los problemas del método interpretativo de la escritura (*gehören nach meinem Dafürhalten zum Wichtigsten, was bisher zur Methodenproblematik der Schriftauslegung gesagt wurde*)[8]. Hans Mercker es otro teólogo que se ocupó del pensamiento guardiniano y en uno de sus artículos trata de profundizar en la recepción guardiniana del método exegético histórico-crítico[9]. En ese artículo, después de indicar algunos autores que se ocuparon brevemente de los principios interpretativos guardinianos – como Fridolin We-

---

[6] «R. Guardini hat in diesem Zusammenhang von jener falschen Sicherheit moderner Auslegung gesprochen, "welche die bedeutungsvollsten Einzelergebnisse hervorgebracht, aber ihren eigentlichen Gegenstand verloren und damit aufgehört hat, überhaupt Theologie zu sein" [...]. Demgemäß darf der Exeget auch nicht mit einer fertigen Philosophie an die Auslegung des Textes herantreten, nicht mit dem Diktat eines sogenannten modernen oder "naturwissenschaftlichen" Weltbildes, welches festlegt, was es geben und was es nicht geben darf. Er darf nicht a priori ausschließen, das Gott als er selbst in der Geschichte wirken und in sie eintreten könne, so unwahrscheinlich ihm dies auch erscheinen mag [...]. Er muß bereit sein, anzunehmen, daß es dies gebe in der Geschichte: den wirklichen Anfang, der als socher nicht aus dem vorher Gegebenen abgeleitet werden kann, sondern sich aus sich selber öffnet», J. RATZINGER, ed., «Schriftauslegung im Widerstreit», 35-36.

[7] R. GUARDINI, *Das Christusbild*.

[8] «Die methodischen Reflexionen, die Guardini in diesem Werk S. 7-15 entwickelt, gehören nach meinem Dafürhalten zum Wichtigsten, was bisher zur Methodenproblematik der Schriftauslegung gesagt wurde», J. RATZINGER, ed., «Schriftauslegung im Widerstreit», 35. Thomas Söding considera nuevamente los pensamientos que Ratzinger desarrolla en este artículo para plantearlos desde la actual problemática del trabajo exegético y su relación con la teología (cf. T. SÖDING, «Die Lebendigkeit des Wortes Gottes», 12-55).

[9] H. MERCKER, «Methode als Mentalität?», 153-177.

chsler, Hansruedi Kleiber, Alfred Mertens – afirma que todavía falta un estudio detallado de este aspecto en Romano Guardini[10].

La profesora Gerl individua en los escritos de Guardini cinco grupos temáticos[11]: En el primero sitúa sus escritos *litúrgicos* (*Guardinis erster großer Themenkreis umfaß Schriften zur Litugie*); luego sus escritos *eclesiológicos* (*Ein zweiter großer Themenkreis sind Schriften zur Ekklesiologie*); en tercer lugar sus obras en las que se tratan temas cristológicos (*Aus der Ekklesiologie entfaltet sich einem dritten konzentrischen Kreis die Christologie*); después todo lo relacionado con la temática cultural (*Ein vierte Themenbereich sind die kulturkritischen Schriften*); y por último sus escritos antropológicos (*Schließlich noch die großen anthropologischen Entwürfe*). Bernhard Hegge al inicio de su libro ordena entorno a estos cinco grupos temáticos la bibliografía sobre Guardini hasta el 2003[12]. Parte de esta bibliografía es tratada en nuestro trabajo, a la que se agregan monografías posteriores como por ejemplo las de: José Manuel Fidalgo[13], Ivica Žižić[14], Mary Bride (Thecla) Njoku[15], Maria Gabriela Toti[16], Gibu Shimabukuro[17], Josef Kreiml[18], Dietlind Langner[19] y Robert Krieg[20]. Los últimos tres autores tratan brevemente en sus trabajos aspectos de la hermenéutica guardiniana, relacionados sobre todo con la interpretación de le Escritura[21]. A pesar de todo lo que se ha escrito

---

[10] «Eine eingehende Würdigung der Implikationen von Guardinis Schriftverständnis fehlt bislang», H. MERCKER, «Methode als Mentalität?», 177.

[11] Cf. H.-B. GERL, «Romano Guardini (1885-1968)», 28-32.

[12] Cf. B. HEGGE, *Die Christliche Existenz bei Romano Guardini*, 1-11.

[13] J. M. FIDALGO, *Conocer al hombre desde Dios*.

[14] I. ŽIŽIĆ, *"Verità della Forma"*.

[15] M. B. NJOKU, *Liturgy as Human Experience*.

[16] M. G. TOTI, *L'educazione all'autentico Post-Moderno*.

[17] R. GIBU SHIMABUKURO, *Unicidad y relacionalidad de la persona*.

[18] J. KREIML, *Die Selbstoffenbarung Gottes*.

[19] D. LANGNER, *Schauen im Glauben*.

[20] R. KRIEG, *Romano Guardini*.

[21] J. Kreiml en su trabajo se detiene principalmente en los tema de Revelación y fe, pero en uno de sus capítulos hablando de la hemenéutica guardiniana nos indica el énfasis que se le otroga a la *originalidad* de la figura de Cristo y la importancia de la *Iglesia* para captarlo en toda su complejidad (cf. J. KREIML, *Die Selbstoffenbarung*, 462-484). D. Langner trata sobre todo el tema de la mística en el pensamiento guardiniano, pero su amplio trabajo se detiene brevemente en el capítulo cuarto de la tercera parte en la Sagrada Escritura como lugar del encuentro con Dios (cf. D. LANGNER, *Schauen im Glauben*, 364-376). También allí se tratan los escritos guardinianos relacionados con san Pablo y el evangelista Juan, aunque principalmente desde el interés por profundizar en el tema de la experiencia mística (cf. *Ibid.*, 376-450). Finalmente R. Krieg en el capítulo séptimo de su libro (Jesus Christ, Mediator) trata brevemente aspectos de la

sobre Romano Guardini, la cuestión interpretativa sigue siendo un tema sin tratar. Este trabajo sobre los principios interpretativos en Romano Guardini intenta responder a ese tema que aún sigue sin ser profundizado. Las preguntas que guiarán este intento son: ¿cómo conoce e interpreta Guardini? ¿cuáles son los instrumentos que utiliza? ¿qué es lo que le parece importante? ¿cómo piensa los problemas y cómo los desarrolla?

El *método de trabajo* que aquí se utiliza está centrado en el análisis de los textos guardinianos. Creemos que este método es en este caso particularmente adecuado al recordar que estamos ante un autor que no parte de un sistema y al que tampoco le interesa construir un sistema. Lo que a Guardini le interesa es llegar siempre más claramente a la realidad de lo concreto vital. Para ello lo importante es mantener una mirada siempre atenta y buscar los caminos que le permitan ver siempre con más claridad el objeto a conocer. Un instrumento importante que le ayudará a nuestro autor a acercarse siempre más al objeto de su conocimiento es el diálogo. Las respuestas que los escritos guardinianos nos ofrecen desde su centro creativo se confrontan desde el diálogo con otras formas de mirar y de interpretar. En sus escritos se percibe también el espacio importante de un diálogo interior desde el que surgen las preguntas a las que intenta responder desde él mismo y desde las que nos brinda sus interpretaciones.

El importante espacio de diálogo y de miradas es expuesto a modo de introducción en el primer capítulo y se desarrollará en los capítulos siguientes. Esta forma de mirar los escritos guardinianos se iluminó ante nosotros cuando tomamos contacto con algunos escritos de Guardini sobre el protestantismo. Guardini nos habla desde *su* experiencia del protestantismo alemán intentando ser muy fiel a toda la verdad de ese fenómenos religioso, y en un segundo momento intenta colocar su mirada en el centro mismo del protestantismo para que *esa experiencia religiosa luterana tenga la palabra* y pueda expresarse desde ella misma, diciendo como ve incluso el catolicismo y la Iglesia. Este juego de miradas guardinianas que nos ofreció una clave de lectura de sus escritos, creo que invita también al lector al diálogo consigo mismo, hacién-

---

interpretación bíblica en general (cf. R. KRIEG, *Romano Guardini*, 139-144). Después de indicar aspectos hermenéuticos desde los que considera una hermenéutica crítica y otra precrítica, y de desarrollar brevemente aspectos del sentido literal y del sentido espiritual (more-than-literal-sense), colocará a Guardini entre los que rechazan considerar los resultados de la crítica histórica y como uno de los representantes de la interpretación bíblica precrítica (cf. *Ibid.*, 142). El principal interés de Krieg se dirige sobre todo a tres temas importantes desde los que considera a Guardini como precursor del Vaticano II: su apertura al diálogo con la modernidad, el método teológico guardiniano, y su noción de Revelación (cf. *Ibid.*, 22; 183).

donos entrar en la dinámica de su pensamiento, y haciendo surgir preguntas nuevas. Contemporáneamente se nos motiva a una purificación de nuestra forma de mirar para intentar penetrar siempre más en la verdad y unidad de lo concreto vivo, alejándonos de lo abstracto y de toda mirada unilateral que no nos acerque a la realidad.

Entre los *límites* de este trabajo se encuentra la misma forma guardiniana intuitiva de interpretar. La intuición guardiniana (*Anschauung*) creemos que es el principio interpretativo central, pero es también uno de los conceptos poco elaborados que Guardini asume[22]. En este trabajo tampoco se llevará a cabo una sistematización de la intuición desde su itinerario histórico, ni en relación con otros sistemas de pensamiento[23]. Otro de los límites se relaciona con nuestra experiencia de lectura de alguna de sus obras y las mismas palabras de Guardini. Trabajando desde la guía de su *instinto interior* sintió Guardini que no podía asumir un esquema previo de tareas, y cuando por algún motivo debió asumir un esquema porque parecía necesario que así fuese, siempre experimentó que la fuerza creativa que procedía desde dentro de su persona no lograba exteriorizarse[24]. Estas palabras de Guardini y nuestra experiencia al leer sus primeras obras académicas nos han conducido a optar por no detenernos demasiado en ellas[25].

---

[22] Cf. A. LÓPEZ QUINTÁS, «Estudio Introductorio», en R. GUARDINI, *El Contraste*, 14.

[23] Desde la búsqueda de una mayor claridad que permitiera definir con mas precisión la intuición en un marco de un pensamiento más amplio, recurrimos a la lectura de algunos textos filosóficos. Pero tampoco en el contexto filosófico parece posible encontrar paradigmas claros que permitan definir con mas precisión la intuición. Xavier Tilliette dice que ya en el medioevo permanece como una paradoja el hecho de que el más grande metafísico, el más dotado en la intuición del ser, como lo fue Santo Tomás de Aquino, nunca haya tematizado la intuición (cf. X. TILLIETTE, *L'Intuizione intellettuale*, 339.). Después de revisitar desde la obra de Tilliette el pensamiento de numerosos filósofos para indagar lo que piensan sobre la intuición (Kant, Fichte, Schelling, Hegel, pasando por Solger, Bergson, Maritain, Husserl, y Marcel) parece que aquella paradoja medieval sigue siendo actual.

[24] «Meine Veranlagung hat mich nicht nach vorgezeichnetem Schema arbeiten lassen. Wenn es nötig war, habe ich mich eingefügt, und ohne viel Umstände, aber die Kraft blieb dann gebunden. So habe ich mich immer ins Freie gestrebt - welches Freie auch oft genug Alleinsein, Ratlosigkeit und Kampf bedeutete. Doch war ich dabei sicher, nicht aus meinem persönlichen Belieben, sondern aus dem großen Zusammenhang der Kirche heraus zu arbeiten. Der Weg, den mein Leben geführt worden ist, erscheint mir als Bestätigung, daß mein Instinkt richtig war. Innerer Drang und äußere Gegebenheit sind zuweilen mit einer Präzision zusammengegangen, die erstaunlich waren», R. GUARDINI, *Berichte über mein Leben*, 118.

[25] R. GUARDINI, *Die Lehre des Heil. Bonaventura*; ID., *Systembildende Elemente in der Theologie Bonaventuras*.

2. Estructura y contenido

En 1917 Guardini en una homilía sobre la parábola del sembrador se detuvo un momento en un versículo del evangelio de San Mateo que le fue muy cercano y significativo durante su vida, principalmente en el momento de su conversión, ofreciéndole una claridad nueva e iluminando el momento importante en el que sentía que debía tomar una decisión: «El que encuentre su vida, la perderá; y el que pierda su vida por mí, la encontrará» (Mt 10,39)[26]. Él citará frecuentemente este texto en otros de sus escritos desde diferentes temas y en diferentes contextos, pero es en el momento de su conversión, que Guardini mismo nos narra, donde este texto evangélico adquiere para él un significado especialmente importante[27].

Cuando la fe del joven estudiante Romano Guardini inició a vacilar, sentía por las noches, antes de decir sus oraciones, que no sabía a quien dirigirlas. Por esa razón antes de rezar intentaba convencerse con alguna prueba de la existencia de Dios. Una noche en un diálogo con un estudiante de historia del arte hablaron el tema religioso. Este estudiante, del que no se nos dice su nombre, afirmaba ser kantiano. Guardini le presentó en aquella oportunidad los argumentos de la existencia de Dios y el joven kantiano le respondió con el proceso del pensamiento presentado en la crítica kantiana. En ese momento Guardini se dio realmente cuenta que no tenía más fe. Eso fue en el verano de 1905[28]. En los apuntes que hablan de su vida, Guardini señala la importante influencia del pensamiento neokantiano en ese tiempo. Un gran amigo suyo, Karl Neundörfer, también vivía en ese momento una importante crisis de fe vinculada a la misma influencia de las ideas kantianas a las que se sentía interiormente ligado[29].

---

[26] Cf. R. GUARDINI, *Predigten zum Kirchenjahr*, 114-123.
[27] Cf. R. GUARDINI, *Berichte über mein Leben*, 71.
[28] «Meine religiösen Überzeugungen fingen nämlich an zu wanken. Einen besonderen Anlaß kann ich dafür nicht nennen. [...]. Eigentlich ist der Ausdruck, die religiösen Überzeugungen seien wankend geworden, nicht richtig, sondern sie wurden immer weniger. Wenn ich abends mein Abendgebet sprechen wollte, wußte ich nicht, wohin ich es richten solle und habe manches Mal – eine groteske Sache – einen Gottesbeweis rekapituliert, um zu wissen, daß es einen Gott gebe, zu dem ich beten könne. Eines Abends kam ich mit einem Studenten – einem Kunsthistoriker, der ein sehr kostspieliges Leben führte und Kantianer zu sein behauptete – über religiöse Fragen ins Gespräch. Ich legte ihm die üblichen Argumente für die Existenz Gottes dar, und er erwiderte mit den Gedankengängen der kantischen Kritik. Damals ist mir der ganze Glaube zerronnen; richtiger gesagt, ich habe gemerkt, daß ich keinen mehr hatte. Das war im Sommer 1905», R. GUARDINI, *Berichte über mein Leben*, 68-69.
[29] «Er [Karl Neundörfer] kam aus einer tiefgläubigen katholischen Familie, geriet aber dann unter den Einfluß der damaligen neukantischen Strömung. Doch geschah das nicht

Continuando con la homilía Guardini dice que un día, este joven, que había perdido su fe, *encontró* en el evangelio de San Mateo una frase que le produjo una profunda impresión: «el que encuentre su vida, la perderá; y el que pierda su vida por mí, la encontrará». Sintió que se le abría un camino hacia la verdad, pero no de una verdad científica, sino la verdad de la vida, de la existencia. Ese camino ahora dependía de su decisión para ser recorrido *paso* a *paso* (*daß ich ihn Schritt vor Schritt gehe*)[30]. Esta persona se dijo a sí misma que quería entregar el alma para poderla encontrar, pero ¿a quién debía entregar el alma? y ¿cuál era la forma en que esa entrega debía concretarse? Surgió así una respuesta que iluminaba su incertidumbre. ¡Solo Dios puede pedir el alma y después entregarla nuevamente![31]. Pero ¿cómo y dónde podía encontrar ese Dios?, de alguna forma Dios tenía que hacerse visible para poder entregarle el alma, Dios tiene que manifestarse de alguna manera para liberarlo también de esa sustitución que el hombre frecuentemente realiza remplazando a Dios por una imagen propia idealizada[32]. Aquí surgía otra pregunta que encontraba su respuesta en *Cristo*[33]. Solo Jesús protege la imagen de Dios de las deformaciones y manipulaciones humanas. Es Cristo quien redime el corazón y el espíritu de aquella ceguera que conduce a la persona a colocarse a sí misma en el lugar de Dios. Jesús debe transformarse en la medida de la verdad y del bien. La verdad debe ser lo que para Él es verdad, el bien debe ser lo que Él anuncia como Bien[34].

---

zufällig, denn Kant war ihm innerlich verwandt [...]. Tatäschlich war auch er in die religiöse Krise geraten», R. GUARDINI, *Berichte über mein Leben*, 70.

[30] «Das empfand der Mann. Er fühlte: Hier öffnet sich der Weg zur Wahrheit – nicht der Wissenschaft, sondern des Lebens, des Daseins. Und nun kommt alles darauf an, daß ich ihn Schritt vor Schritt gehe, so wie er mich führt», R. GUARDINI, *Predigten zum Kirchenjahr*, 118.

[31] «Die Antwortet lautet: nur Gott. Ihm kann ich die Seele wirklich geben, in der reinen Vollständigkeit, die bis auf den Grund geht und frei macht. Dieses Geben heißt Glaube und Liebe», R. GUARDINI, *Predigten zum Kirchenjahr*, 119.

[32] «Manchmal aber, nein oft, sah die betreffende Vorstellung verzweifelt ähnlich dem Menschen, der sie gedacht hatte. Sie war geradezu das ins Absolute gesteigerte Bild seines Wesens. Damit stand aber der Mensch nicht Gott, sondern sich selbst gegenüber – sich selbst in einer noch viel gefährlicheren, viel tiefer bindenden Weise, als wenn er einfach eitel oder selbstsüchtig gewesen wäre. Gewiß konnte nur Gott jener sein, der fähig war, die Gabe der Seele zu fordern und entgegenzunehmen», R. GUARDINI, *Predigten zum Kirchenjahr*, 119.

[33] «Eine neue Frage also, hervorgehend aus der vorausgehenden Antwort; und die neue Antwort, die der Mann sich geben mußte, lautete: in Christus», R. GUARDINI, *Predigten zum Kirchenjahr*, 120.

[34] Cf. R. GUARDINI, *Predigten zum Kirchenjahr*, 120.

Pero en este nuevo camino que se abría hacia la verdad, ¿quién protegía a Jesús de él mismo, de las astucias de su yo que quiere huir de la propia entrega? Así surge una última y definitiva respuesta: la *Iglesia*. Y termina afirmando en su homilía Guardini, que el hombre del que hablaba encontró así la respuesta en la Iglesia[35]. Ciertamente que también en la Iglesia pueden surgir incomprensiones y malentendidos pero allí pueden ser corregidos, porque es el lugar en el que Cristo quiere ser encontrado.

Esta homilía enuncia e introduce casi todos los temas que serán desarrollado con más detalles en el trabajo. Esta tesis consta de tres capítulos: 1) *el despertar de la intuición*, 2) *una guía para la intuición*, 3) *intuición e interpretación*. El *primer* capítulo se detiene en la experiencia de conversión de Guardini, junto a la intuición que de ella surge, considerando cómo esta intuición va determinando sus opciones, su actividad y el surgimiento de las distintas perspectivas en las que se configura su pensamiento. El *segundo* capítulo intenta profundizar en las diferentes perspectivas en que se concreta el pensamiento guardiniano cristalizadas en un método contrastado, que se vincula y dinamiza en el *encuentro* con la mirada cosmovisional. El *tercer* capítulo considera el proceso interpretativo desde la intuición guardiniana, la cual tomando distancia del propio centro para mirar el mundo desde la realidad que desea conocer, encuentra nuevos caminos de purificación para penetrar en la unidad, ofreciéndole finalmente la fe y la revelación el camino de la más decisiva superación de la ambigüedad cognoscitiva.

2.1 *Capítulo I: El despertar de la Intuición*

La importancia de la experiencia de conversión en Guardini es central para entender la intuición que desde ella surge. Será esa misma intuición la que cada vez con más claridad guiará la vida de Guardini y posteriormente su actividad académica. Después de su conversión Guardini decide dejar los estudios de economía y se inscribe como estudiante de teología en Friburgo, para trasladarse un semestre más tarde a Tubinga[36]. Fue en Tubinga donde despertó realmente a su vida inte-

---

[35] «Wer schützt Christus vor mir selbst? Wer hält Ihn frei von der List meines Ich, das der echten Hingabe ausweichen will? Und die Antwort lautete: die Kirche», R. GUARDINI, *Predigten zum Kirchenjahr*, 121.

[36] «So ging ich also im Herbst 1906 dorthin, und die drei Semester, die ich an der schwäbischen Universität verbrachte, waren die glücklichsten und fruchtbarsten meiner ganzen Studienzeit», R. GUARDINI, *Berichte über mein Leben*, 79.

rior[37]. Para Guardini se transformó en algo fundamental lo que para la teología liberal de ese momento eran consideradas como las cadenas del pensamiento. El espíritu creyente será para Guardini el auténtico giro copernicano desde el que se abría la profundidad y plenitud de la verdad sagrada. Mas adelante hablará también por medio de otras *imágenes* de este nuevo camino hacia la verdad que se abrió a partir de su conversión (*eigentlichen Linie, inneren Linie*)[38], imágenes que aquí se identifican con su intuición, la que a su vez encuentra el fundamento, un orden y un camino de purificación en la *Revelación*, la *Iglesia*, y el *dogma*.

La importancia que reviste su experiencia de conversión es puesta de relieve por algunos teólogos importantes como Joseph Ratzinger que ven en ella el auténtico fundamento de su teología. Afirmando que al *inicio* de su pensamiento teológico se encuentra no la reflexión, sino la experiencia, y todo lo que más tarde aparecerá como contenido de sus trabajos, sería un desarrollo de aquella experiencia originaria. Ratzinger ve también en esta experiencia la superación del espíritu moderno representado por Kant[39].

Hans Merker en el libro donde trata el problema de la cosmovisión cristiana del mundo en Romano Guardini, indica también la importancia que tuvo la experiencia de conversión para Guardini. Nos señala que esa experiencia de su conversión, y lo que a partir de ella fue surgiendo, fue un elemento fundamental desde el que decide, por ejemplo, no aceptar la posición de la teología liberal. Mercker cita las notas autobiográficas en las que Guardini habla expresamente de su conversión[40],

---

[37] «In Tübingen bin ich so recht eigentlich innerlich aufgewacht», R. GUARDINI, *Berichte über mein Leben*, 80.

[38] «Im Laufe jenes Bonner Jahres trat die Möglichkeit an mich heran, einen Ruf für praktische Theologie und Liturgiewissenschaft zu bekommen. Ich hatte aber das Gefühl, damit von meiner eigentlichen Linie abzuweichen und ging nicht darauf ein ... Bei dieser Gelegenheit möchte ich sagen, daß ich, nachdem mein geistiges Leben überhaupt erwacht war, ein starkes Gefühl von dieser inneren Linie gehabt, und die verschiedenen Entscheidungen meines Lebens, beruflicher, geistiger und persönlicher Art, im Grunde immer von ihr aus getroffen habe», R. GUARDINI, *Berichte über mein Leben*, 35.

[39] «Die eigentliche Grundlage seiner Theologie – das wollte ich mit diesen biographischen Einblendungen zeigen – war das Erlebnis der Bekehrung, das ihm zugleich Überwindung des durch Kant repräsentierten Geistes der Neuzeit wurde. Am Anfang steht nicht Reflexion, sondern Erfahrung. Alles, was später an Inhalten in Erscheinung tritt, ist aus dieser ursprüngliche Erfahrung entwickelt», J. RATZINGER, ed., «Von der Liturgie zur Christologie», 133.

[40] «Wäre ich mich allein überlassen gewesen, dann hätte das Erlebnis zuerst meiner Ratlosigkeit und dann jener Bekehrung des Denkens mich wahrscheinlich zum Fanatiker gemacht. Wilhelm Koch – und meine beiden Freunde – bewahrten mich davor und halfen

para afirmar luego que desde allí concretamente se puede observar el significado fundamental de su conversión, como un efecto profundo que marcó la perspectiva en la que sus ideas se fueron desarrollando[41].

La intuición guardiniana, desde su pasión por la verdad, busca también pensarse a sí misma, ponerse a prueba, y mirarse a sí misma desde otras formas de mirar. En el primer capítulo se tratan dos artículos en los que Guardini habla de la forma de mirar propia del luteranismo, como se ve desde esa experiencia protestante el mundo y especialmente como se ven los principios en los que se fundamenta la intuición guardiniana (Revelación, Sagrada Escritura, Iglesia, Dogmas, Liturgia).

Guido Sommavilla tuvo la oportunidad de conocer a Guardini, lo visitó en reiteradas ocasiones, compartiendo con él interesantes diálogos de los que nos habla en sus artículos. En un momento Sommavilla nos dice que Guardini debe mucho a algunas corrientes de pensamiento entre las que menciona la fenomenología y el existencialismo. Pero también nos señala que Guardini absorbía ideas y actitudes sin identificarse nunca como fenomenólogo, o como existencialista o alguna otra cosa. Lo que asimilaba lo usaba de acuerdo con su personalidad y visión propia. No era un pensamiento o una metodología ni una práctica interpretativa fácil de practicar o de aprender. Cuando fue elegido como perito del Concilio no se sabía donde colocarlo[42]: «Egli fu un *unicum irripetibile e inimitabile*»[43]. El «éxito» de Guardini se debío a que lograba decir un día antes lo que un día después todos esperaban saber. Así sucedió con la posmodernidad. Algunos años más tarde todos nos convencimos de aquello que Guardini había dicho: *la edad moderna había terminado*. Somavilla se pregunta: ¿por qué tanta intuición casi adivinatoria? A lo que responde desde palabras de Guardini: porque pensaba todas las cosas siempre a partir de la Iglesia católica, desde el contexto de los dogmas y desde su gracia[44]. A estas palabras se le añaden en este trabajo la importancia central y la originalidad de su *intuición*.

---

mir, die Unbedingheit des gläubigen Denken mit dem unbefangenen Blick auf die Wirklichkeit der Dinge und der Reichtum der Kultur ins Verhältnis zu bringen», R. GUARDINI, *Berichte über mein Leben*, 86.

[41] «Von hier aus fällt nochmals ein bezeichnendes Licht auf die fundamentale Bedeutung seiner Bekehrung als bleibend prägende Grundlage seines Denkansatzes», H. MERCKER, *Christliche Weltanschauung als Problem*, 44.

[42] Cf. G. SOMMAVILLA, «Ricordo di Romano Guardini», 723-724.

[43] G. SOMMAVILLA, «Ricordo di Romano Guardini», 724.

[44] Cf. G. SOMMAVILLA, «R. Guardini a vent'anni dalla sua morte», 245.

2.2 Capítulo II: Una guía a la intuición

En el segundo capítulo ocupa un lugar central el libro de Guardini *El Contraste*[45] en el que tematiza y ordena la mirada contrastada que guía su intuición. Esta es una obra que tiene una importancia particular, ya que acompaña toda su vida a partir de su conversión. Escribió las primeras notas junto a un amigo, Karl Neundörfer, en 1905. Después intentó redactar todo en 1912, lográndolo solo en parte y finalmente el libro fue publicado en 1925. Su amigo, con el que había iniciado a pensar en estos temas, había muerto en un accidente y Guardini le dedica este libro que él llevo finalmente a término solo (*Im Winter 1905 haben wir angefangen, diesen Fragen nachzugehen. Von da an sind die Gedanken gewachsen. Im Jahre 1912 habe ich das Ganze zu formen gesucht; alles Wesentliche lag bereit*[46]). Treinta años más tarde de su primera publicación lo reimprimió sin cambios.

Desde una mirada contrastada ve toda la realidad como una *unidad*, una unidad con características particulares en las que va profundizando. Considerar con más detenimiento esa unidad es el primer tema que trata en su obra *El Contraste*, uniéndolo a la pregunta de cómo es posible el conocimiento del *viviente concreto* desde la unidad compleja que representa. Desde una constante referencia a su experiencia de la vida, nos conduce Guardini también a un contacto con nuestra experiencia de lo vital. Cuando nos miramos a nosotros mismos, descubrimos que somos una forma corpórea compuesta de miembros y órganos, en nosotros encontramos procesos internos, impulsos y cambios de estado. En esa multiplicidad de órganos y procesos, nos experimentamos como una *unidad* y *somos una unidad*, lo cual nos hace desconfiar de todo aquello que intente ponerla en duda, cuestionando la unidad psicosomática que somos y a la que todo hace referencia[47].

El Contraste nos conduce a una forma peculiar de relación, la cual consiste contemporáneamente en *exclusión relativa* e *inclusión relativa*. De aquí se evidencia que ambos aspectos forman manifiestamente una unidad, pero una unidad especial, una unidad fuerte y una unidad en *tensión*. Desde el ejemplo ya del primer par de contrastes (*acto* y *estructura*), se ve que la vida no está solo compuesta de acto y estructura; tampoco es una mez-

---

[45] R. GUARDINI, *El Contraste*, Madrid 1996.

[46] R. GUARDINI, *Der Gegensatz*, 11. Los pensamientos expuestos en este obra recibirán por el mismo autor una renovada valoración incluso en edad avanzada (cf. M. ELEGANTI, *"Man muß gut wollen"*, 433-441; cf. W. DETTLOFF, «Begegnung im Wort», 761-764.

[47] Cf. R. GUARDINI, *Der Gegensatz*, 15.

cla de ambos aspectos, y tampoco una tercera realidad, en la cual estarían los dos polos «asumidos». La vida es algo que solo puede existir en ambas partes a la vez. Se trata de una *realidad con dos vertientes, pero de un ser uno y único*. La vida igualmente es algo más que cada una de las partes; más que la suma de las mismas, y no puede ser en modo alguno deducido de ellas. Lo *viviente concreto* se nos presenta como unidad contrastada en cada uno de lo ocho pares de contrastes.

Una correcta comprensión de la mirada contrastada debería conducirnos, según Guardini, a ver también el núcleo *supra-racional* de lo viviente concreto, que no puede ser captado *solo* racionalmente por un sistema esquemático (*jenes Lebendige nicht begrifflich erfassen kann*). Lo supra-racional significa para Guardini algo más que a-racional (*Über-rational bedeutet mehr, als außer-rational*). Lo a-racional es lo que *no* puede ser captado mediante *un* modo de pensamiento formal-conceptual, sino solo mediante la *intuición*. El equivalente intelectual que traduce directamente su contenido no es el concepto racional, sino la intuición, tratándose también ella de algo a-racional[48]. Guardini aporta una *nueva forma de intuición* con su sistema contrastado, la *intuición concreta* (*Anschauung*). Esta intuición concreta es un tipo de conocimiento supra racional que incluye en sí tanto lo racional como lo a-racional. A través del camino del sistema guardiniano se nos ofrece la posibilidad de llegar desde una *intuición imprecisa y formalmente vacía* (*freischwebender Intuition*), a una *intuición concreta* (*Anschauung*), porque ha sido configurada científicamente (*tritt an Stelle freischwebender Intuition wissenschaftlich geformte Anschauung*)[49], a

---

[48] «Es ist im Laufe dieser Überlegungen immer wieder zur Geltung gekommen, wenn es auch nicht besonders erörtert wurde. Alles Lebendige enthält einen überrationalen Kern. Wirkende Gestalt, baugetragener Akt, ins Gesamte bezogenes Eigensein, gegliederte Ganzheit, geformte Fülle, quellende Gestalt; geregeltes Hervorbringen, schaffensfähiges Ordnen, Ursprünglichkeit, die von Regel umfangen ist, Gesetz, das für freien Aufsprung Raum läßt, Selbst-Inne-Sein ohne Versinken, Überschau, die im Innern verwurzelt bleibt; Ähnlichkeit des Mannigfaltigen, Vielartigkeit in Verwandtschaft, gegliederter Zusammenhang, einheitsbezogene Besonderungen – all diese gegensätzlich gebauten Aussagen sind Abwandlungen des Einen: der Lebendigkeit. Sie alle aber bringen dem sauberen, unverschliffenen Denken zu Bewußtsein, daß es jenes Lebendige nicht begrifflich erfassen kann. Es ist überrational», R. GUARDINI, *Der Gegensatz*, 172-173.

[49] «Auch das Ergebnis dieses Erkenntnisaktes ist konkret, Begriff und Intuition überwölbend. Als solches kann es wiederum nur in konkreter Gestalt unmittelbar ausgesprochen werden: in einer Tat, in einem Symbol, im eigenen Sein. Soll diese Aussprache wissenschaftlich geschehen, dann stehen nur Begriffe zur Verfügung. Und da diese nur das Rationale erfassen, so muß der Inhalt der Anschauung wieder auf das Begifflich-Formale reduziert werden. Doch wird die wissenschaftlich-begriffliche Erfassung eines

través de los grupos de contrastes: *categoriales* (intraempíricos, transempíricos) y *trascendentales*, y de las relaciones entre ellos.

Uno de los aportes de este trabajo consiste en poner de relieve la revalorización guardiniana de la mirada femenina desde su teoría contrastada. En un breve escrito de Guardini que lleva como título *En caso de muerte* (*Für den Todesfall* de 1964)[50], dice que si su libro (*Der Gegensatz*) fuese nuevamente publicado, debería ir acompañado de un epílogo en el que se diga cuál fue su intención teorética. Una de estas intenciones era la de expresar su convicción de que la mujer en la historia de occidente no tiene el lugar que le corresponde. Ello se debe a la identificación de espíritu, valor, etcétera, con la serie de contrastes relacionados con la *forma*. Una consecuencia de esa unilateralidad fue que consciente o inconscientemente la mujer fue considerada como un ser de segundo rango (*der Überzeugung Ausdruck zu geben, daß die Frau in der abendländiscen Geschichte nicht die ihr zukommende Stellung hat*). El predominio de la voluntad masculina, pese a su primitivismo, para la mirada guardiniana se trata de algo que todavía no está superado del todo. La prioridad de la voluntad masculina es puesta de relieve para invitarnos a superar, desde el sistema guardiniano, una unilateralidad del pensamiento, que en este caso, incorpore más decididamente lo femenino, vinculado también más estrechamente con lo intuitivo[51].

Gegenstandes ungleich vollständiger und richtiger sein, wenn sie auf einer vollen und reichen Anschauung ruht, als wenn sie aus bloßen Begriffshantierungen hervorgeht [...]. Dies scheint mir die Antwort auf die Frage, ob das Lebendig-Konkrete wissenschaftlich erfaßt werden könne. Bedeutet wissenschaftliches Erfassen soviel wie: unmittelbar durch Begriffe erfassen, dann kann es nicht sein. Denn unmittelbar kann das Konkrete nur von der Intuition erfaßt werden. Wohl aber können der Intuition durch wissenschaftliche Mittel, eben durch Begriffe, Gegenstand, Richtung und Weg vorgeschrieben werden. Dann tritt an Stelle freischwebender Intuition wissenschaftlich geformte Anschauung. Damit ist der Gegenstand indirekt begrifflich erfaßt und wissenschaftlich eingeordnet», R. GUARDINI, *Der Gegensatz*, 159-160.

[50] «Mein Buch, Der Gegensatz ist so, wie vorliegt, ein bloßer, dazu noch unausgereifter Entwurf. Sollte es noch einmal veröffentlicht werden, dann wäre es gut, etwa in der Form eines Nachwortes, zu sagen, aus welcher Absicht heraus es entstanden ist [...]. Darüber hinaus war die Absicht aber auch theoretischer Art. Sie ging darauf, 1. ein umfassendes und überall anwendbares Strukturprinzip zu finde; 2. der Überzeugung Ausdruck zu geben, daß die Frau in der abendländiscen Geschichte nicht die ihr zukommende Stellung hat; daß sie vielmehr durch die Gleichsetzung von Geist, Wert usw mit der "Formreihe" überall, bewußt oder unbewußt, in den Charakter der Zweitrangigkeit gestellt worden ist», R. GUARDINI, *Für den Todesfall*.

[51] «Das gleiche gilt auch für den Versuch, eine Reihe als wertvoller, gar als den Wert, den Maßstab hinzustellen – wie es zum Beispiel der naive maskuline Geltungs – und Herrschwille besonders in der abendländischen Kultur immer getan hat. Welcher Wille,

El capítulo segundo es el que más novedades propone (la cercanía de Guardini con Pascal, la cetegoría del encuentro unida a la intuición, la importancia de la mirada femenina, y la relación polar entre la mirada contrastada y la mirada cosmovisional). Aquí se parte de la intención guardiniana que ofrece a la intuición una guía que la acerque a lo conceptual y que le permita pensar un nuevo tipo de intuición (Anschauung). En el camino de esta nueva intuición y desde el original y novedoso sistema contrastado guardiniano se intenta construir una nueva unidad del pensamiento que corresponda a la unidad de la vida (integrando lo racional y lo a-racional). A esta nueva unidad del pensamiento se suman la mirada de lo femenino por un lado y la mirada de la Iglesia que mira todo el mundo en la fe desde el punto de vista de Cristo. La mirada contrastada y la mirada cosmovisional se relacionan desde la categoría y la dinámica del encuentro y la intuición.

2.3 *Capítulo III: Intuición e Interpretación*

En el tercer capítulo nos ocupamos, al inicio, de lo que a nivel interpretativo es lo más exterior. Aquí aunque Guardini no aporta «nada demasiado novedoso», pareció importante indicar algunas coordenadas de esta interpretación que se ubica en la línea de la importancia histórica, la crítica textual y la relación con la verdad. Una novedad importante en esta parte del tercer capítulo es la que señala la mayor conciencia de lo histórico en Guardini, siendo este uno de los aspectos que conocen en él una evolución. Cuando habla de los tres semestres de teología que estudió en Tubinga manifiesta haber encontrado finalmente lo que tanto había buscado inútilmente; pero inmediatamente después agrega que en aquel tiempo le faltaba todo el sentido de lo histórico (*Hinzufugen möchte ich, daß mir damals der Sinn für das Geschichtliche vollkommen fehlte*). Para él existía solo la idea, los principios y el desarrollo del todo[52]. La mayor y creciente conciencia de lo histórico en sus trabajos y en su pensamiento es puesto de relieve en este capítulo.

Se intentará un nuevo acercamiento al camino de conocimiento que Guardini desea mostrarnos. Se trata de un itinerario que nos acerque a la unidad viva de esa realidad que miramos, sin anteponer una teoría que nos aleje de ella, como por ejemplo las que consideran que cuando miramos un objeto no percibimos una unidad sino

---

trotz seiner Primitivität, im Grunde ernstlich noch nicht erschüttert ist», R. GUARDINI, *Der Gegensatz*, 109.

[52] Cf. R. GUARDINI, *Berichte über mein Leben*, 87.

solo sensaciones, colores, valores luminosos, líneas, superficies, que en un segundo momento cada uno reúne con su intelecto en formaciones cada vez más amplias. En realidad, para Guardini, lo que se ve desde el primer momento son figuras (*una unidad*) en las que cada elemento es sostenido por los demás, y el *todo* es tan fundamental como las *partes* específicas que lo integran o conforman. La unidad de la realidad no hace desaparecer los elementos particulares que la conforman, pero esa *unidad* es más que la suma de todos elementos importantes y valiosos. En lo humano ya lo corporal está determinado por el espíritu, siendo lo espiritual algo que no se añade desde el entendimiento a lo que es percibido por los sentidos. Si el ojo es íntegro, puro y atento, puede ver en cada cosa algo más de lo que aparece[53].

Para Guardini *mirar* (*sehen*) significa también ser afectado, ser tocado, por la aparición sensible de *todo* el objeto que nos invita (*aufgefordert*) a comprender su contenido (*"Sehen" -vielleicht sagen wir genauer "Erblicken"- heißt zuerst und grundlegenderweise, von der Sinnerscheinung im Gegenstand berührt und zum Verständnis ihres Inhalts aufgefordert zu werden*)[54]. En el texto primero se habla de mirar pero inmediatamente después este verbo es acompañado por otro (*erblicken*) que se traduce como percibir y es puesto aquí en rela-

---

[53] «Unser Auge ist nicht bloß das physiologische Organ, sondern ein weitschichtiger Zusammenhang, der von den Zellen und optischen Einrichtungen bis zur Empfänglichkeit für den Sinn reicht. Von diesem "Auge" ist das, was der Anatom erfaßt, nur der Mechanismus – und nicht einmal das trifft zu, denn – einen "bloßen Mechanismus" gibt es im Menschen gar nicht. Entsprechend ist das Sehen ein weitgespannter und vielgeschichteter Akt, der physikalische und chemische Vorgänge, Sinnesreize und Bildeindrücke usw. bis zum Wahrnehmen und Verstehen des. sich offenbarenden seelisch-geistigen Gehaltes umfaßt [...]. Nachdem alle Antworten gegeben sind; die in den verschiedenen Wissenschaften gegeben werden, ist die Sehbarkeit der Welt noch nicht erschöpft. Wenn das Auge unverbildet, rein und wach ist, sieht es an jedem Ding noch mehr», R GUARDINI, *Die Offenbarung. Ihr Wesen und ihre Formen*, 12.

[54] «"Sehen" – vielleicht sagen wir genauer "Erblicken" – heißt zuerst und grundlegenderweise, von der Sinnerscheinung im Gegenstand berührt und zum Verständnis ihres Inhalts aufgefordert zu werden. Was sehe ich, wenn ich auf eine Pflanze oder ein Tier blicke? Wieder eine Sinngestalt, und zwar die eines Organismus, der seine konstruktive und funktionelle Mitte in sich hat, sich von dorther aufbaut und behauptet, in Beziehung zur Umwelt tritt, beeinflußt wird und selbst beeinflußt, das heißt "lebt". Das Auge sieht dieses Leben: an der Art der Gestalt, ihrer Formen und Verhältnisse; am Charakter ihrer aktiven, wie auch – bei Pflanzen – durch Luft oder Berührung verursachten passiven Bewegungen; ebenso vielleicht an der in unendlich feinem Maße aufgefaßten und nicht ausdrücklich zu Bewußtsein kommenden Bewegung des Wachstums», R. GUARDINI, «Das Auge und die religiöse Erkenntnis»,187-188.

ción con la *intuición*. Se trata de un percibir que alcanza el todo unido y vivo, integrado por las diferentes partes que lo componen. En estos dos verbos que Guardini coloca juntos (*sehen-erblicken*), en esta breve precisión terminológica, creo que nuestro autor señala la amplitud y la profundidad que posee el mirar humano. Mirar es también percibir e intuir, es algo que va más allá de lo que se ve a simple vista, no estamos ante un acto que solo «registra» lo que se presenta ante la mirada. Las personas viven también en su mirar, por esa razón los problemas de su vida influyen también en su mirada. El ojo no es solo un instrumento más, en lo concreto vivo, lo que es interior influye también en lo exterior, esto también puede ser captado por la mirada, y la propia mirada también puede verse afectada[55].

En el acto mismo de mirar existe ya previamente una decisión presente en cada uno de nosotros, decisión ante la que Guardini intenta sensibilizarnos y ayudarnos a penetrar. El sentido de todo esto se dirige a hacer más claro que el mirar debería tener su sentido en *encontrar* la verdad. Para lo cual es importante luchar por liberar el camino, incluso contra mi propio interés. Solo así el ser de las cosas podrá aparecer ante mi mirada como lo que son en realidad. Conforme a la decisión que cada persona previamente tome, el sentido de lo que se mira cambia y, con ello cambia también la manera como todo se desarrolla y se valora[56].

---

[55] «Wird das Auge so von der Innerlichkeit her bestimmt, dann folgt daraus, daß es nicht in festgelegter, immer gleicher Weise arbeitet. Es ist nicht nur ein Werkzeug, das der lebende Mensch gebraucht, sondern dessen Leben selbst. In seinem Sehen lebt der Mensch – ebenso wie in seinem Hören, Reden, Tun –, so kehren alle Problem seines Lebens in seinem Sehen wieder. Es ist nicht so, daß er etwa von Trieb und Selbstsucht bedrängt würde, gegen sie kämpfte und zur Wahrheit und Gerechtigkeit durchzudringen suchte, oder ihnen nachgäbe und unfrei würde, im übrigen aber und daneben auch noch sein Auge brauchte –sondern jene Kämpfe spielen sich im Gebrauch dieses Auges selbst ab. Man kann keine Lehre vom Sehen aufbauen, ohne die Existenz des Menschen zu berücksichtigen», R. GUARDINI, «Das Auge und die religiöse Erkenntnis», 191.

[56] «So liegt im Sehen von vornherein eine Entscheidung: Tue ich es, um mich selbst durchzusetzen, oder um die Wahrheit zu erkennen? Will ich mit meinem Sehen "herrschen", das heißt das Seiende vergewaltigen, oder "dienen", das heißt, dem Sinnbefehl des Seienden gehorchen? [...]. Oder aber ich dringe zur "Gerechtigkeit" durch; erkenne, daß das Sehen den Sinn hat, Wahrheit zu finden; gebe die Wahrheit um ihrer selbst willen, auch gegen mein eigenes Interesse, frei – und dann kann das Wesen der Dinge in meinem Blick als das hervortreten, was es ist [...]. Aber je nach dem Ausgang jener Entscheidung wird der Sinn des Ganzen ein anderer, und von ihm her verändert sich auch die Art, wie dieses Ganze sich entwickelt und wie es bewertet wird», R. GUARDINI, «Das Auge und die religiöse Erkenntnis», 191-192.

La pureza del corazón no implica eliminar lo racional, Guardini nos hace pensar en criterios que nos acerquen a la verdad más auténtica de ese todo complejo del mirar, ofreciéndonos una ayuda que nos permita liberarnos de una serie de criterios biológico-mecánicos que pretendan explicar toda la realidad de la mirada humana solo desde ellos. Aquí nos presenta la Revelación que con sus criterios nos permite llegar a una pureza nueva del corazón que no desecha lo que racionalmente es valioso y verdadero. La Revelación abre un horizonte nuevo en la palabra de Jesús que, al ser plenamente acogida, nos ofrece al mismo tiempo poder pensar con un intelecto creyente, y un nuevo camino de unidad desde los criterios de Jesús. En los criterios evangélicos alcanzarán su plenitud la purificación del corazón y de la mirada[57]. El tema del *conocimiento* y la *actitud* cognoscitiva encuentra en Guardini un nuevo centro de gravedad, en el que se intenta armonizar el *pensar* con el *mirar* y con los *sentidos* en general. En el camino hacia una nueva unidad, el pensamiento guardiniano tiene el objetivo de intentar superar los pensamientos que consideran los aspectos antes nombrados como realidades separadas[58].

Las obras dedicadas a la interpretación de figuras importantes fue para Guardini, en parte, un ejercicio personal previo para abordar la figura de Jesús. Esto lo expresa él mismo en la introducción del libro en el que intenta interpretar la figura de Jesús desde los escritos paulinos y joánicos[59]. Este libro y un importante artículo que habla de la interpretación de la Sagrada Escritura[60] serán las fuentes principales desde las que se indicarán la perspectiva guardiniana en la interpretación de la Sagrada Escritura. En el título del último artículo citado se nos menciona la fe como la actitud adecuada para una correcta comprensión del texto sagrado. Hablar solo de una actitud religiosa no es suficiente para Guardini ya que esa actitud no está libre de ambigüedades. El cristianismo

---

[57] «Unser natürliches Empfinden nimmt Anstoß an der Bergpredigt [...]. Sie erschüttern die "Welt" vom "Himmel" her. Und wer sie falsch versteht, ist nicht nur das Ärgernis, das erklärt, die Welt genüge sich selbst, sondern auch die gedankenlose Selbstverständlichkeit, welche die Seligpreisungen annimmt, aber innerlich nicht vollzieht; die Mittelmäßigkeit, welche die eigene Schwäche den starken Forderungen der Welt gegenüber mit ihnen deckt; die scheinfromme Kümmerlichkeit, die das Kostbare der Welt vom Christlichen her schlecht macht. Jenen Worten wird nur gerecht, wer sich sein Urteil über das, was in der Welt groß ist, nicht trüben läßt – aber zugleich versteht, daß es klein, ja befleckt und zerfallen ist vor dem, was vom Himmel kommt», R. GUARDINI, *Der Herr*, 85-86.

[58] Cf. R. GUARDINI, «Das Auge und die religiöse Erkenntnis», 202.

[59] R. GUARDINI, *Das Christusbild*, 14.

[60] R. GUARDINI, «Heilige Schrift und Glaubenswissenschaft», 337-383.

además no es solo una religión, sino más bien la Revelación del Dios viviente, del Padre en su Hijo hecho hombre, única revelación definitiva, que el hombre recibe desde la fe.

En la fe acontece una nueva comprensión del objeto, en ella el yo se compromete de manera nueva y definitiva. Esa fe no se la puede hacer derivar de todas las perspectivas previas. La *fe es un nuevo inicio* que ofrece una nueva mirada de lo real y que permite también una nueva mirada de la Sagrada Escritura, consintiéndonos ver su unidad. Esta nueva vida de la fe no implica para Guardini que los otros niveles, psicológicos, históricos, filosóficos, etcétera, queden abolidos. Todo aquello sigue conservando su peso e importancia en relación con el conocimiento de la Sagrada Escritura, pero todo va subordinado a aquella óptica principal de la fe[61]. Es desde esa mirada de la fe que se percibe la unidad vital, en la que se puede profundizar a través de las miradas de las ciencias; pero la suma de las miradas de las ciencias nunca producirán la vida de la palabra revelada que se nos ofrece. Estas intuiciones desde la que Guardini interpreta son finalmente relacionadas en este capítulo con algunas de las propuestas con las que se intenta iluminar la actual reflexión sobre la relación entre exégesis y teología planteadas al inicio[62].

3. Observaciones finales

En varias oportunidades Guardini habla de las imágenes artísticas de Cristo tal como fueron plasmadas en las diferentes épocas. Además de interesantes comentarios estéticos, intenta llegar al espíritu de la época que plasmó desde una forma propia de mirar, esas obras de arte y esas imágenes de Jesús que proponen a la conciencia popular creyente. Para hablar del inicio del arte cristiano primitivo utiliza la imagen de los mosaicos con sus representaciones del Dios-hombre, del juez omnipo-

---

[61] «So ist der Glaube ein Anfang, das Geborenwerden eines neuen Lebens [...]. Der Glaube ist die dem Wort Gottes zugeordnete spezifische Erkenntnishaltung. Damit werden die anderen Erkenntnishaltungen nicht aufgehoben: die psychologische, die geschichtlich-kritische, geisteswissenschaftliche, philosophische. Die philologisch-historische Einstellung braucht nicht aufgehoben zu werden, sobald ich die Ilias als das nehme, was sie wesentlich ist, als Dichtung; sie wird aber dieser Auffassungsweise, der ästhetischen, untergeordnet sein. Entsprechend verhält es sich in unserer Frage: Alle jene Einstellungen und Ergebnisse behalten der heiligen Schrift gegenüber ihr volles Gewicht. Allein sie werden jener untergeordnet, die hier spezifisch zuständig ist, nämlich der glaubenden», R. GUARDINI, «Heilige Schrift und Glaubenswissenschaft», 362.

[62] Ver notas 6 y 8.

tente. En esas imágenes vive la fuerte experiencia de oración de la Iglesia naciente, la pasión de la lucha teológica en torno a los dogmas fundamentales.

Las imágenes artísticas antiguas nos presentan principalmente los rasgos dominante de la intemporalidad, no se perciben en ellas los condicionamientos de lo temporal. En cambio en la Edad moderna los rasgos más fuertes son los que nos hablan de lo temporal en Jesús. Junto al interés de entender lo histórico se encuentra el deseo de manejar la persona y la figura de Jesús. Este interés es legítimo y tiene un aspecto valioso pero debe estar acompañado y considerado desde un orden amplio, desde la fe, desde el dogma y la Iglesia. Si esto no sucede, si predomina la búsqueda de un tipo de conocimiento que favorezca la autonomía absoluta antes que la búsqueda de la verdad, se corre el riesgo de perder de vista el Cristo auténtico[63].

Para el pensamiento guardiniano, las diferencias a las que llegan los resultados producidos en su tiempo por las investigaciones históricas de la vida de Jesús, muestran acentos que logran dañar lo esencial, impidiéndo ver la unidad viva de esta figura (*die sein Wesen angrieffen*)[64]. Ya no se trata simplemente de las diferencias desde las que cada época plasma sus figuras artísticas, manteniendo siempre lo esencial, tal como se puede apreciar en un mosaico gótico o barroco. Esto lo relacionaba Guardini con las imágenes artíticas de su propio tiempo. Ellas le parecían poco reales en su forma de mezclar rasgos realistas e idealistas, descriptivos y expresivos, idílicos y apocalípticos. Las considera como un signo de insatisfacción ante lo existente, pero también como una prueba de incapacidad para producir algo propio que fuera convincente[65].

Aquí se percibe una renovada invitación a nuestro tiempo, para intentar llegar a nuestra imágen de Cristo, pero desde la advertencia de respetar lo que en esa imagen se nos presenta como esencial. Al detenerse Guardini en la gran figura artística de Matías Grünewald nos señala en

---

[63] Cf. R. Guardini, *Die Kirche des Herrn*, 168-171.

[64] «Die Bewegung war aber noch nicht am Ziel. Das Studium brachte in Berührung mit der Leben-Jesu-Forschum, und das Gespräch mit den Vorstellungen, die über Jesus umgingen. Da wurde deutlich, welche Mannigfaltigkeit das Bild von Ihm hatte. Aber nicht nur in dem Sinne, wie sich etwa das Christusbild der Mosaiken von dem der Gotik, oder das romanische vom barocken unterschied – Verschiedenheit also der Begegnung aus verschiedenen zeitlichen Voraussetzungen heraus, wobei aber das Wesentliche immer gleichgeblieben wäre: der Mensch gewordene lebendige Sohn Gottes –, sondern Verschiedenheiten, die sein Wesen angriffen», R. Guardini, «Evangelisches Christentum in Katholischer Sicht», 228.

[65] Cf. R. Guardini, *Das Bild von Jesus*, 24-27.

él un camino que nos ofrece en su imagen de Cristo una importante ayuda. En el libro *El Señor* se nos habla en varias oportunidades de Grünewald. En uno de esos comentarios, hablando del retablo del altar de Isenheim en la que se encuentra una obra del artista mencionado, nos dice que los miembros del Resucitado arden interiromente y su cara no es iluminada sino que irradia luz[66].

La obra guardiniana intenta ayudarnos a mirar de forma adecuada y a percibir la luz que nos viene al encuentro en Jesús, la más importante que puede iluminar nuestras vidas. En uno de sus libros sobre Dante nos dice Guardini que esta luz tiene intimidad, es la luz de la vida en la que el frágil ser humano puede existir, respirar y encontrarse[67]. Pero tenemos que poder experimentarla nosotros mismos, desde nuestra propia realidad, desde nuestro tiempo y cultura. Tenemos que estar de acuerdo y aceptar las consecuencias de que esa luz transforme nuestro corazón y nuestro espíritu. La luz que Jesús mismo irradia es imprescindible para conocerlo y expresarlo de una forma creíble también en nuestro tiempo. El momento de mayor claridad en este camino, es el momento y la gracia del encuentro que nos permite participar de la luz increada. El encuentro entre la luz humana creada y la luz increada que no conoce las sombras de la ambigüedad, se nos manifiesta como un momento fundamental para entender los principios interpretativos guardinianos. Es ese encuentro vivo con Cristo desde donde es posible penetrar e interpretar lo más profundo de lo humano y de todo lo crado.

---

[66] Cf. R. GUARDINI, *Der Herr*, 620.

[67] «Konzentrisch aus dem Empyreum eindringend, sammeln sich schließlich alle Strahlen, alle Machtwirkungen auf der Erde. Der Durchgang durch die Sphären hat sie so gemildert, daß dort die dem Menschen erträgliche Atmosphäre der Geschichte entsteht. In ihr ist wohl "Licht", Sinnmacht. Ja dieses Licht hat eine besondere Qualität, nämlich die Innigkeit. Es wird *dolce lume* genannt; Lebenslicht, in welchem der gebrechliche Mensch bestehen, atmen und sich zurechtfinden kann», R. GUARDINI, *Landschaft der Ewigkeit*, 97. En el monte de la purificción la libertad y la belleza son algo siempre más claro e intenso. Llegado al Paraíso, la descripción del paisaje tiene en la luz su elemento principal. También las personas del paraíso son descriptas desde la luz (cf. *Ibid.*, 116-118; 123-137).

CAPÍTULO I

El despertar de la intuición

En este capítulo se intentará realizar una aproximación a la «línea interior» que guía la tarea interpretativa y académica de Romano Guardini. Se trata de un primer acercamiento al aspecto más «intuitivo» del trabajo guardiniano que no sigue un método convencional, ni un orden lógico habitual. Guardini intenta llegar a los problemas que le parecen importantes e intenta resolverlos de una forma muy personal. El acercamiento a Guardini, en este capítulo, parte de los fenómenos externos que conocemos: sus libros, sus clases, su tarea pastoral, sus homilías, y el testimonio de personas que lo conocieron. Un lugar predominante lo tendrán los escritos guardinianos autobiográficos.

Los datos de sus escritos manifiestan su propio y original centro creativo. Será el mismo Guardini el que nos indicará la importancia de ver unidos lo exterior y lo interior; en esta última dimensión, propia del ser vivo, se encuentra un *centro* que escapa a nuestra experiencia directa y que nos indica el ámbito creativo desde el que procede el pensamiento vivo. Intentaremos, por lo tanto, acercarnos también a ese centro creativo, que no trabaja solo con una forma de pensamiento metodológicamente claro que deberá ser luego expuesto. Es desde ese centro que surgirán la necesidad de tratar los temas que Guardini presentará luego en sus clases, con una forma de mirarlos y un estilo de respuesta que no utiliza la terminología especializada de la época, ni los manuales habituales o las formas tradicionales de pensarlos.

Lo que antes se indicó pone también de manifiesto, en el estilo de trabajo guardiniano, una gran limitación que acompaña su tarea, a la que intentaremos acercarnos para analizarla con más detalles. Se debe recordar que el límite del estilo de trabajo guardiniano indicado presente en su tarea interpretativa no es algo que Guardini intente esconder o disfrazar. Al tiempo que nos advierte sobre lo incompleto de sus obras, desde un pensamiento que se reconoce fragmentario, Guardini también señalará aspectos poco claros a la aparente seguridad de otros ámbitos de conocimiento considerados académicamente más sólidos.

A través del centro creativo guardiniano nos acercaremos a un momento fundamental en su vida: su experiencia de conversión. Desde esta experiencia fundamental sintió Guardini surgir una nueva forma de mirar, un nuevo horizonte, y la importancia de pensarla, confrontando esa nueva forma de mirar con otras miradas. En el primer capítulo aparecerán figuras como san Anselmo, Pascal y Kierkegaard, desde ellas se abordarán temas vinculados con aspectos que se relacionan con el pensamiento racional y el intento de pensar desde allí lo religioso. La experiencia de conversión mueve a Guardini a buscar una forma adecuada de pensarla y de pensar el nuevo horizonte que desde ella se ofrece a la mirada.

La centralidad de la Revelación y la importancia que ella tuvo en su experiencia de conversión, lo alejará del profesor de Tubinga Wilhelm Koch, permaneciendo en su recuerdo siempre como alguien muy estimado, y como la persona que más lo ayudó en su vida tanto a nivel personal como intelectual. El excesivo respeto por la ciencia y la poca conciencia de la Revelación del profesor Koch lo ayudará a tomar finalmente la decisión de continuar sus estudios teológicos en Maguncia. Tanto el profesor Koch como los tres semestres que Guardini estudió en Tubinga serán recordados y valorados como el tiempo que le ofreció un punto de partida para el pensamiento.

En el tiempo en el que Guardini era aún estudiante del primer ciclo de teología en Tubinga surge con más claridad un vínculo fundamental con la Revelación, incluso sin contar con demasiados elementos conceptuales para pensarla. Esto nos indica, también, la importancia y profundidad de una *experiencia* que antecede lo conceptual en su vida, y la importancia de una experiencia que al mismo tiempo se siente impulsada a confrontarse y purificarse con otras miradas y pensamientos. Así Guardini, desde su centro, desde su experiencia, nos conducirá a otras formas de mirar y a otras formas de entender a partir de otros centros vitales. Entre los importantes centros vitales que tratará este capítulo encontraremos el protestantismo y su forma de vivir e interpretar la fe. Al hablar del protestantismo se puede apreciar el esfuerzo guardiniano por interpretar el mundo del protestantismo cada vez más desde ese mismo mundo, haciendo el esfuerzo por salir del propio mundo del sujeto cognoscente. Es desde esta perspectiva que se introducirán temas que serán tratados en otros capítulos y que se relacionarán con diferentes modos de mirar del catolicisimo y del protestantimso; pero también diferentes miradas dentro de cada uno de ellos.

Finalmente desde esa mirada guardiniana que se había propuesto salir de sí misma, se intentará mirar el mundo católico creyente y el mundo humano con los ojos del mismo protestantismo. Nos detendremos en esa búsqueda guardiniana que desde el mismo protestantismo nos habla sobre: cómo entienden la relación entre el alma y el cuerpo, cómo se expresa esa relación a través de la palabra y de los símbolos, cómo piensa la libertad y cómo ven la fe de los católicos y la Iglesia. El estilo interpretativo guardiniano intenta presentar en este primer capítulo el juego de miradas desde el que se intenta llegar al centro de lo que se desea conocer. Todo ello tiene un primado por sobre todo tipo de sistematización previa o conocimiento a priori. Se trata de un ejercicio activo de la mirada desde el que se ientará crear un espacio en la propia vida, para poder aceptar la unidad y la totalidad del objeto de conocimiento, dejándose tocar por su valor y originalidad. Desde este contacto con la realidad de lo que se desea conocer, intentando mirar y escuchar de forma correcta, se intenta hacer surgir un diálogo abierto que permita un conocimiento concreto capaz de superar toda rigidez y unilateralidad.

1. Rasgos de la figura y el pensamiento de Romano Guardini

Después de la muerte de Romano Guardini, un grupo de personas responsables de sus obras y de eventuales nuevas publicaciones (de escritos que nunca fueron publicados), con motivo del centenario de su nacimiento, decidieron publicar los apuntes que Guardini mismo escribió sobre su vida. En español el libro lleva como título *Apuntes para una autobiografía*[1], y en su nota editorial se traducen parcialmente algunas de las palabras que Franz Henrich escribió en la introducción que acompaña a la edición alemana[2]. Estos apuntes que Guardini escribió y nunca publicó, nacieron entre 1943 y 1945 en Mooshausen, lugar en el que era párroco su amigo Josef Weiger. Guardini ya casi con sesenta años, encontrándose en un momento muy difícil de su vida, decide escribir estos apuntes con los que quiere decir algo sobre sí mismo. Nuestro autor estaba viviendo las dificultades del tiempo de la Segunda Guerra Mundial, a lo que se sumó en 1939 la supresión por parte del

---

[1] R. GUARDINI, *Apuntes para una autobiografía*, Madrid, 1992.
[2] R. GUARDINI, *Berichte über mein Leben*, Düsseldorf, 1985.

gobierno nacionalsocialista de su cátedra en la Universidad de Berlín. Todo esto en un país que atravesaba un dramático tiempo histórico, tal vez el más dramático de toda su existencia. En 1945, fue llamado a enseñar nuevamente y retomó su tarea de profesor, esta vez en la universidad de Tubinga. Nunca terminó de redactar sus notas autobiográficas.

El valor de este escrito no es el mismo de una convencional autobiografía. Se puede apreciar en él su carácter fragmentario: hay enunciaciones de temas o preguntas que presuntamente se tratarían, pero que no serán concretados. También llama la atención la notable ausencia de temas y actividades importante que caracterizaron la vida de Guardini (como el movimiento de jóvenes – *Quickborn, Burg Rothenfels* – o el movimiento litúrgico). A pesar del carácter fragmentario antes señalado, un valor muy importante de este escrito radica en aquello que menciona Franz Henrich en la introducción cuando dice que en estas anotaciones se puede observar cómo Guardini siguió (*nachspüren*) una vez más la *intuición* (*die innere Sinnlinie*) que lo impulsaba interiormente para llevar adelante su actividad y su obra[3]. Esto hace de Guardini un autor difícil en cuanto a que no posee ni sigue un método convencional, y lo que lo guía está relacionado con la fidelidad a esa «línea interior»[4]. Esto ya se puede observar en los apuntes autobiográficos: la estructura y el orden que sigue corresponde más a la intuición del autor que a un orden cronológico de fechas y de acontecimientos.

En una oportunidad, Guardini tuvo un sueño que escribió y que acompañaba la única copia de sus apuntes autobiográficos. En este sueño, el autor nos habla de una experiencia que subraya el carácter singular de cada persona. Cuando una persona nace, se pronuncia en lo más profundo de su ser una palabra que es la clave para todo lo que

---

[3] «Der vorliegende Text stellt weder eine vollständige Autobiographie dar noch eine Autobiographie im herkömmlichen Sinn, strukturiert nach Lebensdaten und dem Ablauft äußerer Ereignisse. In diesen Aufzeichnungen spürt Guardini immer der innere Sinnlinie nach, die ihn zu seinem Auftrag, zu seinem Weg, zu dem ihm zugesprochenen Wort, seinem Paßwort (vgl. "Aus Einem Traum") führen soll», F. HENRICH, «Vorwort», en R. GUARDINI, *Berichte über mein Leben*, 13.

[4] De esa línea interior nos habla de forma más extensa Franz Herich en otro de sus escritos sobre Romano Guardini (cf. F. HENRICH, *Romano Guardini*, 11-12). Esa línea interior está ligada a algo instintivo que fue haciéndose siempre más consciente, y relacionada con la tarea de intentar mostrar la verdad, respondiendo desde las palabra de Dios a las preguntas de las personas y del propio tiempo («"Was ich von Anfang an, erst instinktiv, dann immer bewußter gewollt habe, war, die Wahrheit zum Leuchten zu bringen". So hat Guardini seine innere Linie gefunden: Vom heiligen Wort her sprach er zu den Fragen der Menchen und der Zeit», *Ibid.*, 11).

CAP. I: EL DESPERTAR DE LA INTUICIÓN

vendrá después. Esa palabra es fuerza y debilidad, es tarea y promesa, es protección y riesgo. Cada hombre debe *comprender* esta palabra que le viene dicha y *estar de acuerdo* con ella. Esto creo que nos pone otra vez en contacto con la intuición que Guardini seguía en su vida, esa palabra interior que él intentaba descubrir y estar de acuerdo, llevando adelante desde ella la tarea a la que desde esa misma palabra se sentía llamado. A Guardini le interesaba descubrir siempre mejor este camino interior, más que descubrir un método o un sistema[5].

Otro importante servicio que nos ofrece este escrito autobiográfico de Guardini es la posibilidad de acercarnos a su mundo interior, teniendo en cuenta que su carácter y su gran timidez hicieron que fuera siempre muy reservado con lo que vivía interiormente. Desde la importancia central que tiene su intuición al momento de ir dando forma y pensando sus escritos, creo que es particularmente importante intentar acercarnos al autor desde esta puerta que se nos abre en sus apuntes autobiográficos para mirar ese mundo interior del que proceden sus obras, y esto especialmente desde la tarea que nos proponemos alcanzar en el intento de individualizar los principios interpretativos que lo guiaron. Los apuntes autobiográficos constan de dos partes: en la primera, el autor nos habla de su actividad como profesor, y en la segunda, de su búsqueda personal, de su vocación y de su actividad pastoral.

1.1 *Instinto e intuición como guía de vida personal y su tarea docente*

Ya en la primera página que contiene sus notas autobiográficas, Guardini nos dice que comenzará hablando del camino que lo condujo a la universidad, reconociendo que ello no corresponde a un buen método histórico, pero afirmando una vez más aquello que para él era lo más importante: la relación con los motivos espirituales de su vida. Esos motivos son los que primero piden ser expresados, y por ello,

---

[5] «Heute Nacht, aber es war wohl morgens, wenn die Träume kommen, dann kam auch zu mir einer. Was darin geschah, weiß ich nicht mehr, aber es wurde etwas gesagt, ob zu mir oder von mir selbst, auch das weiß ich nicht mehr. Es wurde also gesagt, wenn der Mensch geboren wird, wird ihm ein Word mitgegeben, und es war wichtig, was gemeint war: nicht nur eine Veranlagung, sondern ein Wort. Das wird hineingesprochen in sein Wesen, und es ist wie das Paßwort zu allen, was dann geschieht. Es ist Kraft und Schwäche zugleich. Es ist Auftrag und Verheißung. Es ist Schutz und Gefährdung. Alles, was dann im Gang der Jahre geschieht, ist Auswirkung dieses Wortes, ist Erläuterung und Erfüllung. Und es Kommt alles darauf an, daß der, dem es zugesprochen wird – jeder Mensch, denn jedem wird eins zugesprochen – es versteht und mit ihm ins Einvernehmen kommt. Und vielleicht wird dieses Wort die Unterlage sein zu dem, was der Richter einmal zu ihm sprechen wird», R. GUARDINI, *Berichte über mein Leben*, 20.

aunque sus opciones no correspondan a un acostumbrado orden histórico, empezará dándole igualmente a ellos la palabra[6]. Al finalizar sus apuntes, nuestro autor vuelve sobre el mismo tema de ese *instinto interior* que guió su trabajo y le impidió asumir un esquema previo de tareas; y cuando por algún motivo debió asumir un esquema porque parecía necesario que así fuese, siempre experimentó que la fuerza creativa que procedía desde dentro de su persona no lograba exteriorizarse. Ese instinto que no le permitió trabajar simplemente desde un método o un esquema previo, significó para él un camino no siempre fácil de transitar, conduciéndolo, a veces, por situaciones de gran soledad y de gran incertidumbre. Las notas autobiográficas se abren y concluyen hablando de ese particular estilo de trabajo. Al intentar escribir su autobiografía, Guardini contaba ya casi con sesenta años, y pensando en su historia, siente que todo lo vivido es una confirmación de que su instinto era correcto (*Der Weg, den mein Leben geführt worden ist, erscheint mir als Bestätigung, daß mein Instinkt richtig war*)[7].

Cuando era profesor en Bonn, no se sintió del todo a gusto. Por varios motivos, uno de ellos era no ser un teólogo con una especialización concreta. Antes de terminar el único año de su actividad docente en Bonn le ofrecieron enseñar teología práctica y teología litúrgica. El tema litúrgico es el primer tema que se le ocurre al pensar en su doctorado, es el tema que acercándolo a la abadía de *María Laach* le abre un nuevo horizonte de relaciones y de posibilidades que finalmente lo conducen a Bonn donde realizó su habilitación transformándose así en profesor. El tema litúrgico es el tema central de su primer libro. Con estos indicios pareciera que se puede encontrar fácilmente una respuesta a esa llamada que recibió para enseñar en otro lugar. Para los que

---

[6] «Als ich gestern überlegte, womit ich diese "Berichte" anfangen solle, dachte ich, zuerst müsse ich erzählen, wie mein Weg zur Universität und dann durch ihre Welt hin gegangen ist. Das entspricht sicher nicht einer guten historischen Methoden es sagt aber wahrscheinlich etwas über die Schichtung der geistigen Motiven in meinem Leben, daß dieses sich zuerst zu Wort meldete», R. GUARDINI, *Berichte über mein Leben*, 21.

[7] «Meine Veranlagung hat mich nicht nach vorgezeichnetem Schema arbeiten lassen. Wenn es nötig war, habe ich mich eingefügt, und ohne viel Umstände, aber die Kraft blieb dann gebunden. So habe ich mich immer ins Freie gestrebt – welches Freie auch oft genug Alleinsein, Ratlosigkeit und Kampf bedeutete. Doch war ich dabei sicher, nicht aus meinem persönlichen Belieben, sondern aus dem großen Zusammenhang der Kirche heraus zu arbeiten. Der Weg, den mein Leben geführt worden ist, erscheint mir als Bestätigung, daß mein Instinkt richtig war. Innerer Drang und äußere Gegebenheit sind zuweilen mit einer Präzision zusammengegangen, die erstaunlich waren», R. GUARDINI, *Berichte über mein Leben*, 118.

miramos esta situación desde lejos, en el tiempo, pareciera que finalmente llega lo que tanto se había esperado; pero las cosas con Guardini no resultan ser tan simples o previsibles, ya que el descontento profesor de dogmática de Bonn, al contrario de lo que hubiese parecido lo más lógico, decide rechazar la propuesta de enseñar en otra universidad. El motivo de tal rechazo, según él mismo dice, es el sentimiento de que con ello ahora se alejaría de esa *línea interior* que lo guiaba[8]. Esa línea interior de la que se hizo consciente desde su despertar a la vida espiritual es la que siempre determinó las distintas decisiones de su vida, tanto profesionales, como espirituales y personales. Pero como se puede ver en esta oportunidad, esa línea interior de la que habla nuestro autor no resulta ser algo siempre fácil de entender.

1.2 *La intuición y sus clases*

En sus notas autobiográficas, Guardini recuerda a veinte años de distancia su llegada a Berlín. En 1923 comenzó en esa Universidad su tarea docente contando con una escasa preparación para ello, reconociendo también que no era del todo consciente de lo que ese trabajo implicaba. Lo que lo impulsaba a aceptar ese desafío era la intuición (*das Gefühl*[9]) de que estaba en sintonía con la línea interior de su vida, y así fue que esa intuición prevaleció por sobre todas las dificultades[10].

Una vez en Berlín, además de las dificultades exteriores provenientes del ámbito académico por el que se sintió rechazado y que le era hostil, se enfrentó también con el problema de preparar sus clases, las cuales

---

[8] «Im laufe jenes Bonner Jahres trat die Möglichkeit an mich heran, einen Ruf für praktische Theologie und Liturgiewissenschaft zu bekommen. Ich hatte aber das Gefühl, damit von meiner eigentlichen Linie abzuweichen und ging nicht darauf ein.. Bei dieser Gelegenheit möchte ich sagen, daß ich, nachdem mein geistiges Leben überhaupt erwacht war, ein starkes Gefühl von dieser inneren Linie gehabt, und die verschiedene Entscheidungen meines Lebens, beruflicher, geistiger und persönlicher Art, im Grunde immer von ihr aus getroffen habe», R. GUARDINI, *Berichte über mein Leben*, 35.

[9] En el diccionario de alemán *Langenscheidt* una de las definiciones de esta palabra – *Gefühl* – es la de un conocimiento que proviene de la intuición y no de la razón, por eso creo que no sea del todo erróneo traducir este término en el contexto de los escritos de Guardini y desde lo que nos va narrando como "intuición" (*Das Gefühl*: ein undeutliches Wissen, das auf Intuition, nicht auf dem Verstand beruht – Ahnung, Vermutung, *Deutsch als Fremdsprache*, Berlin und München 2008, 435).

[10] «Im Rückblick sage ich mir, daß ich damals gar nicht erkannt habe, wie wenig ich für die Aufgabe vorbereitet war, sonst hätte ich es mit ihr nicht gewagt. Das Gefühl, auf diese Linie zu gehören, war aber so stark, daß es über alles hinwegtrug, und ich annahm», R. GUARDINI, *Berichte über mein Leben*, 38-39.

implicaban para Guardini, sobre todo al principio, una gran y muy compleja tarea. Un motivo importante de esta complejidad se encontraba en el hecho de que sus clases no respondían a una materia específica de teología, se trataba de una nueva cátedra que había sido llamada *Filosofía católica de la religión y visión del mundo*. Guardini no estaba seguro de que existiera una visión católica del mundo, pero menos aún de que existiera una filosofía católica de la religión. También sabía que no podía esperar mayores indicaciones de nadie, porque ninguno sabía bien en qué debía consistir esa nueva cátedra. Con el tiempo, después de algunos intentos, se formó un estilo de lecciones que fue conservando. Contaba con un punto de partida, con un punto final y una norma para la intuición, lo cual a su vez suponía nuevamente otro esfuerzo para buscar lo que debía intuirse. Guardini recordará a Max Scheler como el único que le ofreció un consejo importante para llevar adelante su tarea, animándolo en la dirección que finalmente se fue concretando desde diversos tipos de intentos y pruebas con los que preparó las clases, convencido de que una actividad de docencia académica solo podía partir de una búsqueda metódica de la verdad[11].

Algunas de sus clases eran de tipo sistemático y abordaban los problemas de la interpretación de la existencia en su conjunto; relacionándose con temas importantes de ética o con rasgos fundamentales de antropología cristiana. Para prepararlas no seguía manuales o las tradicionales formas de pensar los problemas que abordaba, sino que primero trataba de llegar al problema mismo y después lo resolvía con sus propios medios. Un segundo grupo de lecciones trataba temas del Nuevo Testamento, desde ellas intentaba realizar una exposición del contenido de la Revelación. También en este caso intentaba no usar presupuestos ni terminología especializada. Por último, otro grupo de clases consistía en interpretaciones de textos y de figuras religiosas, filosóficas o poéticas. Poco a poco fue elaborando un propio camino para pro-

---

[11] «Was die Vorlesung selbst angeht, so bestand eine große Schwierigkeit darin, daß es sich bei ihnen um kein eigentliches Fach handelte. Daher konnte ich sie nicht, wie jeder Ordinarius sonst, ausarbeiten, auf dem Laufenden halten und in gegebenen Abständen wiederholen. Was ich hatte, war im Grunde nur ein prinzipieller Ausgangspunkt, ein Standort und Maßstab für das "Anschauen"; zu suchen, was von ihm aus angescheut werden sollte, den Blick zu vollziehen und ins Theoretische zu übersetzen, war Sache einer immer neuen Bemühung. Mit dieser Aufgabe stand ich ganz auf mir selbst, was um so schwieriger war, als ich nur die Lehrerfahrung zweier Semester Besaß, mein Wissen aber, das reich und ausgebreitet hätten sein müssen, sich in sehr bescheidenen Grenzen hielt. Der einzige Mann, der mir einen brauchbaren Rat gab, war Max Scheler», R. GUARDINI, *Berichte über mein Leben*, 44-45.

fundizar en la totalidad del pensamiento y de la personalidad del autor desde una correcta interpretación del texto, procurando enlazar con ello las problemáticas fundamentales[12].

Sin darnos mayores detalles del propio método que utilizaba, confiesa que este tipo de enseñanza tenía el peligro de ser superficial, ya que era imposible dominar realmente los campos tan diversos de interpretación en los que se movía, como tampoco le era posible conocer bien el estado en el que se encontraban la investigación de los temas o autores que trataba, o manejarse correctamente en los distintos tipos de métodos que para ello eran necesarios. Reconociendo todos estos importantes límites de su trabajo y la imposibilidad de superarlos desde una cantidad de información y conocimientos que no solo no poseía, sino que también le resultaría imposible adquirir, decidió renunciar conscientemente a los conocimientos disciplinares de entonces dejándose conducir por lo que a él le interesaba, lo que su intuición le señalaba como importante. Intentó, en la medida de lo posible, abordar las cuestiones y madurarlas, entrar en los textos lo más profundamente posible y trabajar desde ellos mismos sabiendo el riesgo que esto implicaba; pero también mostrándonos con gran honestidad sus límites. Tomó una decisión que le permitió continuar en la dirección que intuía[13].

---

[12] «Mit der Zeit bildete ich mir einige Typen von Vorlesungen heraus, die sich bewährt haben. Das waren zunächst solchen von systematischem Charakter, welche Probleme der Daseinsdeutung im Zusammenhang behandelten; zum Beispiel Hauptfragen der Ethik, oder Grundlinien christlicher Anthropologie. Ich hielt mich dabei nicht an Lehrbücher oder traditionelle Gedankengänge, sondern suchte vor das Problem selbst zu gelangen und es mit eigenen Mitteln zu beantworten. Eine Zweite Gruppe waren Vorlesungen über das Neue Testament; Versuche also, den Inhalt der Offenbarung gleichsam aus ihrem Urlaut heraus zu erfassen. Auch dabei war ich bemüht, ohne fachtheologische Voraussetzungen und Terminologien, vielmehr ganz vom Phänomen her zu arbeiten. Eine dritte endlich waren Interpretationen religiöser, philosophischer oder dichterischer Texte und Gestalten [...]. Bei diesen wie bei den beiden anderen Gruppen war ich besonders bemüht, die christlichen Sinngehalte aus all den Verwässerungen und Vermengungen zu lösen, in die der neuzeitliche Relativismus sie gebracht hatte», R. GUARDINI, *Berichte über mein Leben*, 45-46.

[13] «In dieser Art des Lehrens lag natürlich die Gefahr des Dilettantismus. So verschiedenartige Gebiete wirklich zu beherrschen, den Stand der Forschung zu kennen und die verschiedenartigen Methoden richtig zu handhaben, war ganz unmöglich. Ich habe den auch die Tatsache, mit meiner Arbeit sozusagen außerhalb der anerkannten Methoden zu verfahren, immer sehr schwer empfunden [...]. Ich verzichtete bewußt auf das jeweilige Fachwiesen. Ich suchte, so gut ich es vermochte, vor die Frage selbst zu gelangen und mit ihnen fertig zu werden; so tief als möglich in die Texte einzudringen und aus ihnen heraus zu arbeiten. Das bedeutet natürlich ein Wagnis -man kann auch sagen, eine Vermessenheit. Es setzte voraus, daß ich befähig sei, wirklich von der Sache her zu fragen; auch zu

Creo que una pregunta importante sería la que nos ayude a saber con mayor claridad hacía dónde lo guiaba esa intuición desde la que formulaba las preguntas que creía importantes y desde las que buscaba respuestas válidas. Guardini dice que en todos esos grupos de lecciones intentaba liberar el sentido cristiano de la mezcla y poca claridad que aportaba el relativismo. En esta tarea era consciente de sus límites en su forma de trabajo, ya que no trabajaba de la manera científica tal y como debía ser el trabajo en la Universidad. Y eso dificultaba su sentido de pertenencia al ámbito académico. Pero al mismo tiempo descubre también los límites de la Universidad, límites por otro lado que no eran advertidos, y que se expresaban por ejemplo, desde el rechazo de lo cristiano católico, apoyándose en la pretensión de una falsa objetividad.

La preparación de las clases implicaba para Guardini «algo más» que una adecuada preparación científica. Ya se dijo que no podía ajustarse a todo lo que un trabajo científico implicaba en la preparación de los temas que él trataba en sus clases. Ese «algo más» indica no una superación de la tarea científica, sino que más bien nos remite a lo que formaba parte de *su aporte intuitivo* personal. Con ello se relaciona su centro creativo personal por el que debían pasar los pensamientos que se exponían en las clases (*Der Gedanke durfte nicht nur objektiv erfaßt werden, sondern mußte durch das produktive Zentrum gehen*)[14]. Su estilo de pensamiento y su forma de hablar estaba ligado con un diálogo interior propio desde el que presentaba *su* experiencia concreta de conocimiento. Hablaba sobre cómo veía él aquello que presentaba y que había alcanzado, intentado implicar también en este diálogo a los oyentes de sus clases. Compartía lo que había encontrado desde su forma de mirar, e intentaba que el que lo escuchaba pudiera participar de esa mirada[15]. Su esfuerzo se dirigía más que a demostrar, a ofrecer

---

den Texten und ihrem Inhalt in ein echtes Verhältnis zu gelangen. Ich weiß nicht, wie weit das zutraf, jedenfalls blieb mir kein anderer Weg. Kam ich nicht durch, dann war ich eben gescheitert. So bin ich nach meinem Instinkt gegangen. Ich habe die Frage gestellt und die Antworten gesucht; ich habe die Texte gelesen, die Probleme, die ihnen auftauchten, erörtert und die geistige Gestalt, die ihnen lag, gezeichnet, so gut es mir möglich war. Ja ich bin in meiner, nennen wir sie einmal Zuversicht, noch weiter gegangen», R. GUARDINI, *Berichte über mein Leben*, 46-47.

[14] R. GUARDINI, *Berichte über mein Leben*, 49.

[15] Eugen Biser es otro de los conocedores de Guardini que subraya en el pensamiento guardiniano y en su percepción intuitiva, la característica de una *percepción visual* de las cosas que luego intenta compartir desde un estilo dialógico: «Als Augen-mensch, der Guardini seiner Biographin zufolge von innersten Anlage her war und dem es einem frühen Wort zufolge immer darum ging, alles mit je neuen Augen sehen zu lernen, halte er

CAP. I: EL DESPERTAR DE LA INTUICIÓN

una ayuda que permitiera ver aquello de lo que hablaba con una mirada diferente (*Also nicht beweisen, sondern neu sehen helfen*)[16].

Guardini afirmará que el trabajo de las clases no implicaba solo una profundización metódica y una clara presentación. Ese algo más que implicaban para él las clases era un importante desafío, era algo similar a un proceso creativo artístico que lograra hacer presente una forma de mirar realmente nueva. Cuando las clases alcanzaban este objetivo eran algo más que una exposición metódica clara, eran algo más que una exposición científica, eran algo que producía un efecto espiritual diferente. Esto era para nuestro profesor muy agotador, pero cuando alcanzaba esta meta era gratificante. No siempre este objetivo era alcanzado, y muchas veces debió suspender las clases por no haber conseguido llevar a término esta amplia preparación previa (*mehr als einmal in jedem Semester mußte ich die Vorlesung absagen, weil ich einfach nichts zu Stande brachte*). Cuando no lograba ser creativo en sus clases, sentía que a su exposición no solo le faltaba cientificidad, sino que se transformaban en una experiencia humillante[17].

Cuando Guardini habla de su tarea docente pone también de relieve aspectos que son pensados desde su experiencia de estudiante en distintas universidades, habiendo transcurrido tiempos de estudios en Tubinga, Múnich, Berlín, y Friburgo. Desde su experiencia de estudios tuvo

---

im Grunde nur das zu sagen, was ihm in einem intuitiven Akt auf-gegangen war. Doch so, wie seine Aussage aus einer Schau hervorging, zielte sie auch darauf ab, das von ihm Erblickte Weiterzugeben und, wesentlicher noch, seiner Hörer und Leser in seine eigene Schau einzubeziehen. Wer Guardini las oder hörte, erlbte [...], die progressive Einbeziehung in eine Intuitive wahrnehmung», (E. BISER, *Wer war Romano Guardini?*, 9-10).

[16] «Viele Erkenntnisvorgänge beschreibt er über das Sehen, das Hinblicken, das Aufleuchten im Schauen: "Ich möchte gleichsam neue Augen Auftun, um es neue zu sehen [...]. Also nicht beweisen, sondern neu sehen helfen"», H.-B. GERL, *Romano Guardini*, 147.

[17] «In den Ferien las ich das Notwendige zur Orientierung und arbeitete die Texte so weit durch, daß ich nachher das Material verfügbar zur Hand hatte [...]. Dann arbeitete ich Tag für Tag den Text der Vorlesung aus. Als sie um sieben Uhr abends stattfand, pflegte ich um drei Uhr in die Stadt zu fahren und war um vier Uhr in der Staat Bibliothek, deren großen Lesesaal ich sehr liebte [...]. Es bedeutet nicht nur, eine Sache methodisch zu durchdenken und klar darzustellen, sondern war immer auch – ebenso wie die Ausarbeitung der Disposition – ein künstlerischer Vorgang [...]. Das war sehr anstrengend: beglückend, wenn er sich richtig vollzog; entmutigend, ja beschämend, wenn es nicht geschah. Und mehr als einmal in jedem Semester mußte ich die Vorlesung absagen, weil ich einfach nichts zu Stande brachte, aber zu unbehilflich oder auch zu ehrlich war, um irgend etwas zusammenzuschreiben», R. GUARDINI, *Berichte über mein Leben*, 48-49.

la oportunidad de conocer diversos estilos de enseñanzas, y una gran variedad de docentes con los que mantuvo contacto. Además de descubrir sus propios límites relacionados con cierto tipo de estudios, reconociendo por ejemplo no tener talento para las ciencias que tuviesen relación con las matemáticas[18], también constató el materialismo que reinaba en ese tiempo en el ámbito científico. Además experimentó algunos de los límites de una enseñanza que se ocupaba de transmitir conocimientos pero no se ocupaban de los alumnos. Reconociendo igualmente que su gran timidez lo transformaba en un estudiante difícil de ayudar, Guardini subraya que entre las actividades docentes de los profesores se debería poner más énfasis en la importancia de que los profesores se ocupen también de ayudar a los alumnos a conocerse a sí mismos, ayudándolos a superar las propias dificultades[19]. Las cosas hubiesen sido diferentes para él si los profesores se hubiesen interesado más por los alumnos, desde un interés que no tenga como único centro el programa de estudios que se debe llevar adelante.

Cuando nos habla de los temas de sus clases o de sus escritos, Guardini expresa que surgieron desde una necesidad interior. Nunca se preguntó qué deseaban conocer los oyentes de sus clases. Tampoco escribió un libro porque el tiempo lo necesitaba, lo exigía, o por un determinado objetivo que deseaba alcanzar, sino solo porque era impulsado interiormente a realizarlo, eligiendo los temas que le interesaban y diciendo lo que a él le parecía importante (*So habe ich es auch bei meinen Vorlesungen gemacht und mich ganz auf mich selbst ge-*

---

[18] «Ich studiere also Chemie, muß ich sofort aber etwas Beschämendes bekennen: von der ganzen Sache habe ich so gut wie nichts verstanden. Vor allem hatte ich keine mathematische Begabung, und was ist Naturwissenschaft ohne Mathematik? Dann fehlte mir das scharfe Interesse für Experiment und positive Erfahrung, das besonders für den Chemiker wichtig ist. Endlich herrschte damals in der Naturwissenschaft ein absoluter Materialismus, sodaß die in mir wartenden Anlagen nicht berührt wurden», R. GUARDINI, *Berichte über mein Leben*, 63.

[19] «Dazu kam die damalige Lehrmethode. Ich möchte nicht hart urteilen, muß aber sagen, daß unter den vielen akademischen Lehren, die ich im Laufe meines langen Studiums kennengelernt habe, kaum einer war, der sich aktiv um seine Schüler – vielleicht muß ich einschränkend sagen, um so scheue Leute, wie ich es war – gekümmert hätte [...]. Sehr wichtige Aufgabe geistiger Pädagogik liegen aber schon vorher: das Interesse im jungen Menschen wecken; ihm zu sich selbst zu helfen; ihn zu lehren, wie man geistig und näherhin wissenschaftlich arbeitet, wir man eine Frage ins Auge faßt und ihr beikommt, die Hilfsmittel gebrauchen lernt, Schwierigkeiten überwindet usw.. Mir ging es so, daß ich Vorlesungen hörte, aber keinen innere Zugang zu ihnen fand, aber keiner da war, der mir gezeigt hätte, wie man das macht», R. GUARDINI, *Berichte über mein Leben*, 63.

stellt)[20]. De todos modos, en la mayoría de los casos lo que producía resultaba ser algo que se necesitaba[21]. El origen de todo ello se encuentra en su intuición que se iba presentando a través del diálogo consigo mismo y así lo percibían incluso los oyentes de sus clases[22]. Todo esto crea una profunda relación de sus escritos con su vida y con momentos particulares desde dónde su intuición trabaja en la interpretación y la lectura de los acontecimientos vitales[23]. En uno de sus escri-

---

[20] «Im Grunde genommen habe ich nicht gefragt, welche Gegenstände mein Lehrstuhl mir auferlege, oder was meine Hörerschaft zu wissen wünsche, sondern über das gesprochen, was mir jeweils selber wichtig war, überzeugt, es müsse auch den anderen wichtig sein [...]. Ich habe nie ein Buch geschrieben, weil ich meinte, die Zeit brauchte es, oder gar weil dieser oder jener Zweck es verlange, sondern immer nur, weil ich von innen her dazu veranlaßt war – meistens wurde es aber zu dem, wessen man bedurfte ... So habe ich es auch bei meinen Vorlesungen gemacht und mich ganz auf mich selbst gestellt. Ich habe jeweils den Gegenstand genommen, der mich interessierte, an Literatur so viel gelesen, als unbedingt notwendig war, um informierte zu sein, und im übrigen gesagt, was mir wichtig schien», R. GUARDINI, *Berichte über mein Leben*, 47-48.

[21] La tarea docente y la producción literaria de Guardini aparecen ya marcadas por un contraste (no una contradicción). Aunque su estilo esté caracterizado más por lo intuitivo que por lo sistemático científico, se mantiene en esa tensión sin suprimir la intuición o lo conceptual. Se manifiesta ya en esa tensión como un pensamiento fragmentario, pero novedoso y profundamente fecundo. Esta tensión y contraste es puesto de relieve indirectamente por Biser al señalar en el pensamiento guardiniano su crácter a veces casi simplista o demasiado simplificador; *pero* que sin embargo logró como un *magistral visionario racional*, penetrar y representar durante décadas el pensamiento religioso de su tiempo («Man fühlt sich ebenso gehemmt, ihm zu den bahnbrechenden Theologen der Jahrhundertmitte zu rechnen; denn dafür schob er zuviele Fragestellungen beiseite, während er sich bei anderen mit glättenden, nicht selten vereinfachenden Lösungen benügte [...]. Und doch war es ihm wie keinem anderen gegeben, das Glaubensbewußtsein auf Jahrzehnte hinaus zu bestimmen», E. BISER, *Wer war Romano Guardini?*, 6). En esta fecundidad parece ya indicarse la importancia y el gran acierto guardiniano de mantener juntos lo intuitivo y lo conceptual, como camino que permite tocar lo concreto vital. Y como respuesta a una profunda sed del espíritu humano, de un pensamiento que no se deje encerrar solo en lo abstracto, acercándose por ese camino de tensión, aunque sea de forma fragmentaria, un poco más a la vida.

[22] «Dann kam Guardini, es wurde still – nicht eigentlich "feierlich still", die Vorlesung hatte immer etwas von einem Gespräch, und da war der Mann, der damals noch viel vom Asketen an sich hatte, ein Mentor der katholischen Jugendbewegung, ein Stück Italien, ein Stück Deutschland, ein Humanist», A. GOES, *Tagwerk*, 203.

[23] «Guardini sieht in seinem Werk den Charakter der "Gelegenheitsschrift" ausgeprägt, "etwas, das aus dem Zusammenhang des Lebens heraus zur Sprache drängte". Trotz dieser Bestimmung durch die Anforderung der Stunde aber wurzeln seine Themen alle in ihm selbst; ihre Entfaltung geschieht konzentrisch, die weite Radius des Ausgreifens bleibt an die Mitte seiner eigenen Existenz gebunden. Welches ist diese Mitte?», H.-B. GERL, «"Durchblick aufs Ganze"», 33.

tos, del que hablaremos a continuación, se puede ver esto con mayor claridad. En esa oportunidad el autor intenta explicar con sus mismas palabras esta relación antes subrayada.

1.3 Intuición y diálogo

Cuando Guardini celebraba sus setenta años, leyó ante un grupo de amigos unas palabras con las cuales intentaba responder a una pregunta relacionada con sus numerosos escritos, y desde las cuáles mostraba también su deseo de encontrar un hilo conductor a su asistemática producción. Guardini se pregunta por qué ha escrito tantos libros, y para responder a esta pregunta narra una anécdota de algo que le sucedió en la ciudad de Múnich. Un día estaba en una de las plazas más emblemáticas de Múnich (*Odeonsplatz*) y se dirigió hacia un automóvil creyendo que era un taxi. Después de darse cuenta del error, el hombre que estaba dentro del auto bajó y lo invitó igualmente a subir. Guardini le preguntó por qué le ofrecía ese servicio, ya que no lo conocía, obteniendo por respuesta una frase que repite varias veces en este artículo que escribe[24]: «¡Usted ya sabe, es el imperceptible programa de viaje!» (*Sie wissen doch, der unsichtbare Fahrplan!*). Guardini debe haber quedado tan sorprendido que ni siquiera se le ocurrió preguntar el nombre a esta persona que amablemente lo llevó con su auto donde deseaba ir. Pero lo que lo sorprendió no fue solo lo ocurrido, sino también la respuesta de aquella persona desconocida, aquello del *imperceptible programa de viaje*. Esa frase será la que utilizará para responder Guardini a su vez a la pregunta sobre sus escritos: ¿Por qué tantos libros?

En un primer momento se podría responder a esa pregunta diciendo que es un resultado normal para una persona que además de tener como trabajo pensar, hablar y escribir, ha vivido muchos años como vivió Guardini. Pero una respuesta semejante sería, según su opinión, superficial e insuficiente. Una respuesta adecuada tendría que ser más profunda y tendría que hablar sobre cómo surgen en él los pensamientos[25].

---

[24] Cf. R. GUARDINI, «Warum so viele Bücher?», 302-303.
[25] «Eine erste Antwort könnte sehr einfach sein. Wenn man das Denken und Sprechen und Schreiben zum Handwerk hat, und weiß, Leute, die nicht hören können, was man sagt, wollen es vielleicht doch wenigstens lesen ... und wenn man dazu, wie das *Albrecht Goes* kürzlich im Rundfunk von mir gesagt hat, "fleißig ist", weil einem die Arbeit Freude macht ... und, wenn man endlich, lange lebt und das eine hinreichende Anzahl von Jahren hindurch so treibt – dann gibt's eben "'n Stück", wie wiederum die Leute am Rhein sagen», R. GUARDINI, «Warum so viele Bücher?», 303.

En Guardini, los pensamientos surgen ya unidos a la palabra, acontecen desde la forma de un íntimo diálogo interior, y él mismo ilustra lo que afirma desde la palabra griega *logos* y la palabra hebrea *dabar*. *Logos* significa pensar y hablar. Sin embargo desde la actual separación de estas dos acciones, se hace particularmente difícil la correcta traducción de esta palabra griega. A lo que posteriormente añade que el hebreo da un paso más, ya que para decir palabra usan el vocablo: *dabar*. Este vocablo significa palabra pero también cosa. Las cosas que conforman el mundo son, en este contexto, también palabras, que han sido escritas por Dios en la existencia y tienen un mensaje que puede ser leído y entendido[26].

Los pensamientos son la respuesta a una pregunta bien formulada y no el resultado de una consideración parcial de detalles, sobre el qué, el cómo, y el porqué de alguna cosa. La respuesta contiene, además, una raíz común desde la que surge esta *unidad* de palabras, oraciones, la construcción del argumento y las subdivisiones que lo componen. Así explica Guardini su numerosa cantidad de escritos, la respuesta a las preguntas correctamente formuladas surgen ya unidas a la palabra y a una forma desde la que son expresadas, pareciéndole razonable a nuestro profesor compartir también todo esto con otros[27].

Después de la respuesta ofrecida, Guardini dice que alguien podría, justamente, insistir con la misma cuestión acerca del porqué escribir tantos libros, diciendo que si renunciar a pequeñas oportunidades permite dar lugar a cosas más importante, podría el autor de tan numerosos escritos haber ejercitado aquí la ascesis de los maestros. Concretamente

---

[26] «Ich bin ja überhaupt der Ansicht, daß alles Denken in der Form eines inneren Sprechens geschieht. So meint ja auch zum Beispiel das griechische Wort *logos* eins und das andere, das Denken und das Sprechen, in lebendiger Selbigkeit. Deswegen können wir Heutige, die beides trennen, dieses Wort gar nicht richtig übersetzen, Im Alten Testament geht die Merkwürdigkeit noch einen Schritt weiter, denn der hebräische Ausdruck für Wort, *dabar*, steht sogar für Wort und Ding zugleich [...]. Die Welt besteht aus den Dingen; die Dinge aber sind Worte, von Gott ins Sein geschrieben, und wer Augen hat, zu lesen, versteht sie», R. GUARDINI, «Warum so viele Bücher?», 303.

[27] «Es geht also nicht so, daß zuerst Dinge gedacht würden, nach was und wie und warum, und dann erst die Überlegung käme, wie das Ergebnis klar und erfreulich darzustellen sei, sondern die Wahl des Wortes und die Prägung des Satzes, der Aufbau des Ganzen und die Gliederung des Einzelnen entstehen mit dem Gedanken aus der gleichen Wurzel. Das ist, glaube ich, der Grund, warum so vieles entstanden ist. Denn war die Frage richtig durchgedacht, so hatte das Ergebnis auch, wenigstens der Grundform nach, seine sprachliche Gestalt. Und sagen Sie mir, ob es dann noch einen vernünftigen Grund geben konnte, die Sache nicht auch an Anderen weiterzugeben?» R. GUARDINI, «Warum so viele Bücher?», 304.

en este caso renunciando a escribir algunas obras menores, para escribir cosas todavía más importantes y profundas. Guardini afirma no haberse ahorrado esta pregunta, diciendo además que nunca se dejó guiar en su trabajo por el criterio de lo importante (*daß ich meine Arbeit nie am Maßstab der Größe gemessen habe*). También dice que, habiéndose ocupado tanto tiempo de los maestros, se aprende pronto lo que significa ese criterio de lo importante, evitando escribir tonterías. Su trabajo fue pensado teniendo en cuenta que debía aceptar lo que cada situación de la vida y de su actividad le presentaba, intentando responder a las preguntas que de dichas circunstancias y situaciones emergían[28].

Con el paso de los años fue para Guardini siempre más claro que hay un sentido que no emerge solo de la figura de un cuerpo o de la predisposición del carácter, sino que se muestra también en el transcurso de la vida. Allí se encuentra un logos que se debe interpretar, que se expresa normalmente no tanto con palabras sino con acontecimientos. La vida fue ofreciéndole a Guardini desde estos acontecimientos importantes para interpretar y leer, la tarea que tenía que realizar. Por este motivo afirma que nunca tuvo un programa previo de trabajo (*ich aber habe nie aus Programmen heraus gearbeitet*). Lo que él hace de un modo, otros lo hacen de otra forma y es también importante, para él no es esta la única forma válida de trabajar: es simplemente la suya (*Andere machen es anders, und haben ihr Recht*). Casi todos sus escritos surgen así desde acontecimientos concretos de su vida (*Fast alle meine Schriften waren Gelegenheits-schriften*)[29].

---

[28] «Der die Frage gestellt hat, könnte aber hartnäckig sein und sagen: "Alles schön und gut – Du weißt doch aber selbst, daß die großen Dinge nur aus einer Stauung der Kräfte hervorgehen. Warum hast Du da nicht die Askese geübt, welche die Meister üben, wenn sie die kleinen Möglichkeiten übergehen, damit die großen heraus-können?" Das wäre allerdings eine ernste Frage, und Sie mögen mir zutrauen, daß ich selbst sie mir nicht erspart habe. Anderseits darf ich aber auch sagen, daß ich meine Arbeit nie am Maßstab der Größe gemessen habe [...]. Ich habe mir meine Aufgabe so vorgestellt was jeweils die Situation der Arbeit im Beruf, oder die Begegnung mit Menschen, oder der Anblick eines Kunstwerks vor mich bringen würde, das hätte ich aufzunehmen und die Fragen zu beantworten, die sich daraus ergeben», R. GUARDINI, «Warum so viele Bücher?», 304-305.

[29] «Im Lauf der Jahre ist mir deutlicher geworden, daß nicht nur in der Figur des Körpers, oder in der Anlage des Charakters, sondern auch im Gang des eigenen Lebens eine Sinngestalt wirksam ist. Auch in ihm waltet ein Logos, der sich aber – in der Regel wenigstens – nicht durch Worte, sondern durch Geschehnisse ausdrückt. Also habe ich jeweils durch den Lebenslang die Aufgabe stellen lassen, und ich denke, so ist richtig geworden. Andere machen es anders, und haben ihr Recht; ich aber habe nie aus Programmen heraus gearbeitet. So oft ich es versucht habe, ist es schief gegangen. Fast alle meine Schriften waren Gelegenheitsschriften – Wort so verstanden, wie soeben gesagt

Alguno todavía podría preguntarle a Guardini de dónde obtiene la certeza de que esos acontecimientos importantes para él, puedan ser también significativos para otros. Esa pregunta, según nuestro profesor, es central y teme que la respuesta pensada pueda parecer ingenua o presuntuosa. A él siempre le pareció que lo que le resultaba interesante también sería interesante para otros, reiterando lo que antes dijo en sus notas autobiográficas acerca de la elección de los temas de sus clases o sobre los temas tratados en sus libros. Aunque pueda parecer esta una expresión arrogante o que presenta al autor como alguien que se considera demasiado importante, Guardini dice que no es esa su intención: simplemente siente que no puede responder otra cosa, porque es así como intuye la respuesta, y no puede cambiarla (*Sie kommt aber so genau aus meinem Gefühl*)[30].

Lo esencial para Guardini no era trabajar con el propósito de alcanzar un objetivo, o el deseo de alcanzar algo práctico (*So habe ich im Grunde auch immer ohne Absichten gearbeitet*). Ciertamente era importante lograr en las clases una exposición clara de los problemas para que se pudieran entender; pero lo único realmente esencial era realizar la propia tarea desde el modo en que las cosas o los acontecimientos deseaban ser tratados, y no desde un plan previo. Esto ofrece mayor claridad a esa expresión de Guardini relacionada con ese viaje inesperado, con esa persona desconocida, que lo condujo finamente donde él deseaba. Su tarea de interpretar esos acontecimientos que le parecían importantes se asemeja a un proyecto imperceptible de viaje, que desde la verdad de los pensamientos y desde una correcta forma conduce finalmente todo a su lugar (*des "unsichtbaren Fahrplans", der alles an seine Stelle bringt*)[31].

---

wurde: als etwas, das aus dem Zusammenhang des Lebens heraus zur Sprache drängte. Und es wäre schön, wenn sie auch so angesehen würde», R. GUARDINI, «Warum so viele Bücher?», 305.

[30] «Der Frage könnte aber insistieren und sagen: "Woher weißt Du denn, daß das, was Du für Dich 'Die Gelegenheit' nennst, eine solche auch für die Anderen ist, und das in ihr Gedachte auch für sie etwas bedeutet?" Das ist allerdings eine Frage, die ins Zentrum geht, und ich fürchte, die Antwort, die ich darauf zu geben weiß, muß, je nach der Stimmung des Hörenden, sehr naiv, oder sehr unbescheiden klingen. Sie kommt aber so genau aus meinem Gefühl, und hängt auch so eng mit dem zusammen, was ich über die Lebensgestalt gesagt habe, daß ich sie nicht unterschlagen kann. Mir schein nämlich immer, das, was mich interessierte, werde auch für Andere interessant sein. Das hört sich, wie bemerkt, sicher sehr anmaßend an, aber ich kann es nicht ändern. Es ist auch wirklich nicht so gemeint, als nähme ich mich besonderes wichtig, was nicht der Fall ist», R. GUARDINI, «Warum so viele Bücher?», 306.

[31] «So habe ich im Grunde auch immer ohne Absichten gearbeitet. Natürlich waren immer auch solche wirksam: etwa sollten in einer Vorlesung die gestellten Probleme

Los pensamientos surgen en él unidos a la palabra y vinculados a ese diálogo interior desde donde lee los acontecimientos que va viviendo e intuye como importantes para él e importantes para los demás. Pienso que es importante tener presente esta explicación que el mismo autor ofrece sobre la cantidad y variedad de sus escritos, porque creo que se puede percibir así la interesante dimensión de un *diálogo* al que nuestro profesor hace referencia, desde donde se subraya por un lado la relación de su pensamiento con la propia realidad interior y por otro lado con la realidad exterior. Y además porque creo que nos coloca frente a una intuición que ilumina en él un modo de leer e interpretar que no responde a un programa o a un método previo, sino a ese adaptarse a lo que se le ofrece. La correcta forma de preguntar va así ligada no a un objetivo o a un esquema previo, sino a la percepción adecuada de lo que tenemos ante nosotros. Y la respuesta adecuada se vincula a la capacidad de permanecer atentos para escuchar y ver lo que las cosas y los acontecimientos nos dicen desde ellos mismos.

2. El rol de la intuición en su camino a la Iglesia

Se han escrito libros que lograron hablar muy detalladamente de toda la vida y la obra de Romano Guardini, uno de los más citados y valorados es la biografía de Hanna-Barbara Gerl[32]. Lo que se quiere exponer ahora es sobre todo lo relacionado con un tramo de ese camino interior que lo condujo a la Iglesia, donde la intuición guardiniana parece tomar un nuevo vuelo. Para ello nos situaremos desde la perspectiva de su acercamiento a la Iglesia como lugar en el que la intuición encuentra el camino más fecundo y desde donde la tarea de su pensamiento encuen-

---

richtig behandelt werden, und die Hörenden verstehen, worauf es ankam. Ich glaube aber, sagen können, daß ich nie etwas "Praktisches" erreichen wollte [...]. Ich war immer überzeugt, wesentlich sei nur, die Sache so zu machen, wie sie selbst gemacht sein wolle. Dann werde sie weiterwirken, durch die Wahrheit der Gedanken, durch die Richtigkeit der Form – auch eine Sache des "unsichtbaren Fahrplans", der alles an seine Stelle bringt», R. GUARDINI, «Warum so viele Bücher?», 307.

[32] H.-B. GERL, *Romano Guardini*. Hans Mercker es uno de los más importantes conocedores del pensamiento guardiniano, y ya en la Introducción de su libro sobre Romano Guardini (*Christliche Weltanschauung als Problem*, 9) cita esta importante y completa biografía de H-B. Gerl, que nos fue también de gran ayuda por la gran cantidad de información que brinda, sobre todo en lo que se refiere a los numerosos escritos y fuentes que aun permanecen sin ser publicados. Lo mismo sucede con el profesor Eugen Biser, después de haber publicado una serie de artículos sobre distintos aspectos del pensamiento de Romano Guardini, contando ya con la biografía de la profesora Gerl, se transforma para él en un importante punto de referencia (cf. E. BISER *Wer war Romano Guardini?*).

tra siempre mayor claridad. Para ver su itinerario hacia la Iglesia y ver lo que ello implicó en su vida me detendré principalmente en un artículo escrito por Guardini, donde se nos habla con muchos detalles de su camino eclesial. Este artículo elegido lleva como título «El Cristianismo evangélico actual desde una mirada católica» (*Evangelisches Christentum in Katholischer Sicht, heute*), y se trata de una conferencia que ofreció en 1958 a una comunidad luterana en Múnich[33].

Las causas que motivaron la elección de este escrito son varias: este artículo fue redactado por Guardini cuando tenía más de setenta años, se trata de la mirada de una persona que nos habla de su propia vida relacionada ahora con el protestantismo alemán, además es un artículo que escribió para hablar del cristianismo evangélico desde el punto de vista católico. Guardini comienza este artículo haciendo algo que no era muy frecuente en él: haciendo memoria de su vida, aunque de forma ciertamente breve y para hablar principalmente de su relación con el protestantismo. Otro de los motivos es que cuando Guardini habla del protestantismo nos va mostrando contrastes interesantes que ponen en evidencia con mayor claridad los principios que desde el catolicismo acentúan aspectos diferentes, y que guían su tarea interpretativa.

En otros escritos con una temática similar, se habla aún más claramente de la diferencia de perspectivas entre un modo de interpretación evangélico y un modo de interpretación católico. Un ejemplo claro lo veremos más adelante desde un artículo que se encuentra en el archivo de Guardini y que nunca fue publicado (*Die Stellungnahme des Protestanten zum Katholizismus*)[34]. En este último escrito se habla de la opinión de los protestantes sobre el catolicismo. Me parece interesante esta forma de hablar y mirar un tema, en este caso el protestantismo alemán. Primero desde la propia perspectiva, mirando el protestantismo desde el catolicismo, y después como sucede en el segundo artículo, donde es la mirada del protestantismo sobre el catolicismo la que intenta tomar la palabra. El tema que Guardini trata en estos artículos nos acerca a elementos importantes de su tarea interpretativa, y también a una forma de entender, desde este «juego» de miradas y de direcciones.

El último motivo que se desea poner de manifiesto se relaciona con una palabra importante en el pensamiento de Guardini: *lo concreto*. Entre sus primeros escritos se encuentran unos apuntes que redactó con

---

[33] R. GUARDINI, «Evangelisches Christentum in Katholischer Sicht» (desde ahora = *Evangelisches Christentum*), 225-233.

[34] R. GUARDINI, *Die Stellungnahme des Protestanten*, en Romano-Guardini-Archiv der Katholischen Akademie in Bayern (Kleinere Abhandlungen n.º 30).

un amigo siendo aún estudiante. Con ellos buscaba esbozar un método que le ayudara a interpretar lo viviente. Cuando era ya un joven sacerdote retomó esos apuntes, y dio forma a un «sistema» que puede ser considerado como la estructura del pensamiento de Guardini. En español esta obra lleva como título *El Contraste* y el subtítulo de este libro es: *Ensayo de una filosofía de lo viviente-concreto*[35]. La teoría del *contraste* surge, para Guardini de la realidad misma de lo viviente que se nos presenta como una forma especial de unidad en tensión. Con el esquema de pensamiento contrastado que luego veremos más detenidamente, nuestro autor se propone salir de un camino de conocimiento que permanezca atrapado en lo abstracto. Se trata de un intento por superar las abstracciones y llegar a una visión de lo concreto tan olvidado por la filosofía de ese tiempo. Ese intento guardiniano es calificado por algunos como una «crítica de la razón concreta» post-kantiana[36]. Creo que hablar de su camino y visión eclesial a partir de un escrito de Guardini mismo nos permite continuar de una forma más cercana a la persona concreta de nuestro autor, que se va dejando guiar por una intuición que descubre la tensión como parte de lo concreto, que desea alcanzar y conocer. Una intuición que no desea anular la tensión sino que desea penetrar cada vez más en ella. El título del primer artículo sobre el cristianismo evangélico desde el punto de vista católico (*Evangelisches Christentum*), incluye la palabra *hoy* (*heute*), ofreciéndonos indicaciones y referencias que nos permiten acercarnos contemporáneamente a *esa* cultura, a *ese* tiempo, al modo en que se pensaba la teología, se interpretaba y se leía la Escritura.

La Iglesia tiene un lugar central en la vida de Guardini, y se encuentra muy presente en el momento clave de su experiencia de conversión. El artículo que hemos elegido, según el profesor Mercker, forma parte

---

[35] R. GUARDINI, *El Contraste*, Madrid 1996. El subtítulo en alemán: *Versuche zu einer Philosophie des Lebendig-Konkreten*.

[36] «Denken des Gegensatzes ist Denken des Ganzen; Entfalten des Gegensatzes ist Gewinnen des Ganzen. Daran wird deutlich, daß mit dem "Gegensatz" für Guardini nicht eine Sonderfrage gelöst werden will, sondern die größtmögliche Aufgabe, den ungeheuren Reichtum der Wirklichkeit sich im Denken methodisch zu eröffnen. Wenn die Philosophie diese Aufgabe lösen will, muß sie aus der vielfach geübten Teilbetrachtung gerade aus dem nämlich, was an ihr als abstrakt empfunden wird, heraustreten und zu der im Untertitel genannten "Philosophie des lebendig Konkreten" gelangen. In dieser Formulierung liegt nicht eine Bescheidung, als genüge es einmal versuchsweise, Philosophie ohne Abstraktionen hinaus und sie durchlaufend zu einer Sicht des von der Philosophie (jedenfalls in landläufige Sinn) so oft verlassenen Konkreten zu gelangen. Es geht, um den Anspruch am tiefsten zu benennen, um eine nachkantische und Kant überholende "Kritik der konkrete Vernunft"», H.-B. GERL, «Leben in ausgehaltener Spannung», 64.

del intento de fundamentar el carácter esencial de la Iglesia[37]. Guardini nos habla sobre cómo llegó a la Iglesia, y cómo ella se transformó en algo central en su vida, desea con sus palabras compartir su experiencia, pero no se propone como modelo único de camino. La centralidad de la Iglesia se puede observar también en su producción literaria, ya que es un tema que parece abrazar todos sus escritos. Es el tema de uno de sus primeros libros escritos en Bonn en 1922 cuando no era todavía profesor (*Vom Sinn der Kirche*)[38] y es el del último trabajo que publicó en 1965 (*Die Kirche des Herrn*)[39].

En 1917, Guardini, en una homilía sobre la parábola del sembrador se detiene en un versículo del evangelio de san Mateo que le ofreció una gran ayuda en el momento de su conversión, y que él mismo citará a menudo en sus escritos desde diferentes temas y en diferentes contextos: «El que encuentre su vida, la perderá; y el que pierda su vida por mí, la encontrará» (Mt 10,39). En esta homilía habla de un hombre, sin decir que es él mismo. Este hombre había crecido en la fe, pero la había perdido. Ello le produjo una gran crisis e hizo surgir en él la pregunta sobre el sentido de la vida. Intentaba darse una respuesta a través de la filosofía, desde doctrinas religiosas, pero no encontraba lo que buscaba.

Un día encontró en el evangelio de san Mateo una frase que le produjo una profunda impresión: «el que encuentre su vida, la perderá; y el que pierda su vida por mí, la encontrará». Sintió que se le abría un camino hacia la verdad, pero ahora debía animarse a recorrer ese camino. Esta persona estaba dispuesta a entregar el alma para poderla encontrar, pero ¿a quién debía entregar el alma? y ¿cuál era la forma en que esa entrega debía concretarse? Surgió así una respuesta que iluminaba sus incertidumbres, ¡solo Dios puede pedir el alma y después entregarla nuevamente! Pero, ¿cómo y dónde podía encontrar a ese Dios? De alguna forma Dios tenía que hacerse visible para poder entregarle el alma, tenía que manifestarse de alguna manera. Aquí surgía otra respuesta iluminadora: en Jesús. Pero en el nuevo camino que se abría hacia la verdad, ¿quién protegía a Jesús de él mismo, de las astucias de su yo que quiere huir de esa entrega de sí mismo? Así surge una última y definitiva respuesta: *La Iglesia*. Guardini termina afirmando en su homilía que el hombre del que hablaba encontró la respuesta en la Iglesia[40]. Pero volvamos ahora al artículo donde se irán

---

[37] Cf. H. MERCKER, *Christliche Weltanschauung als Problem*, 40.
[38] R. GUARDINI, *Vom Sinn der Kirche*, Mainz – Paderborn, 1990.
[39] R. GUARDINI, *Die Kirche des Herrn*, Mainz – Paderborn, 1990.
[40] Cf. H.-B. GERL, *Romano Guardini*, 50.

dando más detalles de ese camino guardiniano que lo condujo a la la Iglesia.

2.1 *Mirada católica del cristianismo evangélico*

El escrito *Evangelisches Christentum* surgió como respuesta al pedido que le hiciera un párroco protestante. Ya este pedido sugiere cercanía y buena relación de Guardini con la Iglesia protestante, expresándolo así el mismo autor al comienzo de sus palabras, cuando agradece cordialmente a toda la comunidad el signo de confianza que dicho pedido representa[41]. Junto a ese agradecimiento manifiesta también la *dificultad* que implicaba tal invitación, sobre todo en lo que se refiere a la búsqueda de un modo eficaz de desarrollar el tema propuesto, que desde la sinceridad y el respeto no esconda los problemas y las diferencias. Pero que también logre evitar una estéril discusión que pueda conducir solamente a acentuar una posición más cerrada de ideas[42].

Antes de hablar de la *Iglesia*, siendo un tema especialmente problemático en un diálogo entre protestantes y católicos, Guardini menciona algunas ideas con las las que indica el camino desde donde desea avanzar. Me refiero a las palabras con las que subraya primero sus buenas relaciones con personas y trabajos en el ámbito protestante (*ich immer lebendige Beziehungen zu evangelischen Menschen und Arbeiten gehabt habe*). Inmediatamente después recordará que este contacto con el ámbito protestante es producto de los más de cincuenta años en los que se ha dedicado al estudio de los temas que tratará. Se ponen de relieve por un lado una *experiencia* concreta con el protestantismo, y por otro lado un importante tiempo de *estudio y reflexión* desde donde esta experiencia fue pensada. Se constata así, una precedencia de la experiencia en el camino que recorrerá para hablar con seriedad y sinceridad del protestantismo a partir de una mirada católica, que será también una mirada crítica que no esconda los problemas.

---

[41] «Ich habe die Aufforderung als ein Zeichen des Vertrauens empfunden, für das ich, bevor ich etwas anders sagen, von Herzen danken möchte», R. GUARDINI, *Evangelisches Christentum* 225.

[42] «Sie verstehen aber gewiß, daß es für mich nicht leicht war, der Aufforderung nachzukommen, denn man mag es anfangen, wie man will -der Versuch führt immer zu Bewertungen und Stellungnahmen, und damit wäre, glaube ich, niemand gedient. Anderseits wollte ich aber doch auf die Frage antworten; um so mehr, als ich immer lebendige Beziehungen zu evangelischen Menschen und Arbeiten gehabt habe und ihnen viel verdanke. So habe ich mich lange gefragt, wie ich es machen könne, um aufrichtig zu sein, aber nicht in Kontroversen zu geraten», R. GUARDINI, *Evangelisches Christentum*, 225.

CAP. I: EL DESPERTAR DE LA INTUICIÓN

Si nos preguntamos todavía por el tipo de relaciones y trabajos que caracterizaron la experiencia de Guardini en el ámbito protestante, creo que tendríamos que limitarnos principalmente a su contacto y trabajo como docente con los oyentes de sus clases en la Universidad. El profesor Hans Mercker afirma que no habría noticias sobre encuentros de Guardini con personas importantes del ámbito protestante[43]; pero también nos recuerda lo que Guardini mismo afirma en sus notas autobiográficas, que entre los oyentes de sus clases se contaban principalmente estudiantes de teología protestante. Este grupo de estudiantes eran una buena parte de los alumnos que asistían a sus clases, sobre todo a los cursos sobre Nuevo Testamento[44]. El ámbito universitario de Berlín era hostil a Guardini por considerarlo el propagandista del catolicismo. Este era probablemente uno de los motivos que creaba una cierta distancia con los estudiantes que deseaban convertirse, pero también se sabe que algunas de estas personas que manifestaban la decisión de convertirse al catolicismo eran enviadas a su amigo de toda la vida, el párroco de Mooshausen (en *Allgäu*) Joseph Weiger[45].

La profesora Gerl habla también de las numerosas conversiones que surgían entre sus alumnos, afirmando que Guardini era muy reservado en el acompañamiento espiritual y que aquí también se manifestaba su gran timidez. Su gran fuerza residía más en la gran disponibilidad para el diálogo, y no tanto en una intervención directa desde consejos espirituales. Gerl afirma que el protestantismo, y la Reforma, era algo muy lejano para Guardini. A pesar de haber vivido prácticamente toda la vida en Alemania, considera el luteranismo como un problema tal vez demasiado alemán, señalando así otro límite en la rica experiencia de la que parte su camino de reflexión[46].

---

[43] Cf. H. MERCKER, *Christliche Weltanschauung als Problem*, 1988, 30.

[44] «Die Zahl der Hörer war bei den verschiedenen Kollegien verschieden. Am kleinsten war sie bei den neutestamentlichen, welche ein ausgesprochenes religiöstheologisches Interesse voraussetzten. In ihnen waren es etwa greißig bis fünfzig; ein guter Teil davon protestantische Theologen, mit denen ich überhaupt in einem guten Verhältnis gestanden habe», R. GUARDINI, *Berichte über mein Leben*, 50.

[45] «Über Begegnungen Guardinis mit evangelischen Persönlichkeiten ist wenig bekannt [...]. Zu Guardinis Hörern zählten auch protestantische Hörer, überwiegend Theologiestudenten, zu denen er ein gutes Verhältnis hatte [...]. Den zahlreichen Bitten Konversionswilliger soll er sehr distanziert gegenübergestanden haben. Es ist aber bekannt, daß sich einige daraufhin zu seinem Freund, Pfarrer Weiger, nach Mooshausen im Allgäu geflüchtet haben», H. MERCKER, *Christliche Weltanschauung als Problem*, 30-31.

[46] «Eine Erwähnung verdienen die vielen Konversionen, die Guardini auslöste, oft aber nicht selbst Unterricht begleitete. Viele Schickte er zu seinem Freund Josef Wei-

Puede resultar difícil de entender cómo Guardini, habiendo sido profesor en la Universidad de Berlín, el lugar más emblemático de la cultura, la política y el pensamiento protestante, tuvo tan poca relación con el mundo intelectual de ese ámbito; pero las cosas en la Universidad de Berlín no le fueron fáciles. Un día apareció en Bonn el encargado del Ministerio de culto, el Doctor Wende, para preguntarle si aceptaba ser profesor en Berlín. Después de explicarle a grandes rasgos de qué se trataba todo aquello relacionado con la atípica cátedra que le ofrecían, le dijo unas palabras que Guardini recordará y que escribió en sus notas: «Usted llega a un lugar difícil. Allá -en Berlín- se piensa que usted no durará mucho tiempo» (*Sie kommen auf einen sehr glatten Boden. Man ist überzeugt, daß sie in kurzer Zeit am Ende sein werde*)[47]. Después de haber llegado a la Universidad de Berlín en la primavera de 1923, Guardini pudo comprobar que la situación era aún más difícil y complicada de lo que había imaginado.

En Berlín no fue aceptado en el ámbito universitario y por lo tanto no era considerado como parte de la Universidad de Teología ni de la Universidad de Filosofía. Para solucionar este problema fue nombrado profesor de la Universidad de Breslau (universidad situada a unos 330 kilómetros de Berlín) y profesor invitado permanente en Berlín. Como no dependía de ninguna facultad, estaba fuera de la estructura de la universidad. Guardini decía que solo tenía un aula en ese edificio. Además, desde la Universidad misma le hacían notar claramente que no formaba parte de la estructura académica hasta en pequeñas cosas: el horario de sus clases figuraba después del de gimnasia, y con el paso de los años, incluso después de comprobar que sus clases no tenían relación con la propaganda católica, nunca recibió el más modesto signo de generosidad ni reconocimiento[48]. Era considerado en

---

ger, nur manche behielt er bei sich [...]. Guardini war in der Seelenführung zurückhaltend, ja scheu; sein Einfluß war wirksam durch seine große Gesprächsbereitschaft, weniger durch unmittelbare geistliche Beratung [...]. Manche Konvertiten wunderten sich, daß er ihrem Wunsch etwas spröde gegenüberstand [...]. Diese Haltung ist um so bemerkenswerter, als Guardini zum Protestantismus eigentlich gar kein Verhältnis hatte: Die Reformation lag ihm als ein vielleicht zu deutsches Problem fern», H.-B. GERL, *Romano Guardini*, 302-303.

[47] R. GUARDINI, *Berichte über mein Leben*, 38.

[48] «Da ich mit keiner Fakultät etwas zu tun hatte, stand ich außerhalb des Universitätsgefüges. Ich hatte in ihrem Gebäude meinen Hörsaal, das war alles. Diese Tatsache wirkte sich in alles aus – bis in die untersten Organe. So haben mich die Aufsichtsbeamte, von denen auf jedem Gang einer war, nie gegrüßt; und es konnte geschehen, daß der Pförtner auf die Frage, wo Professor Guardini lese, zur Antwort gab: "Bei uns ist kein Professor

un ambiente claramente protestante como el propagandista católico que había sido impuesto por la fuerza, y que en realidad no tenía nada que hacer en la fortaleza del protestantismo alemán. Todas estas dificultades eran aún más serias teniendo en cuenta la gran timidez de Guardini que agravaba los problemas. Lo que paradójicamente lo hacia aparecer como demasiado orgulloso y poco amable. Él se encontraba ante un mundo por el que sentía una profunda estima, pero que lo rechazaba[49].

Nos podríamos preguntar todavía para acercarnos un poco más a la experiencia de Guardini, cuáles fueron las lecturas y los autores con los que iluminó su camino de reflexión para entender su propia experiencia del protestantismo, y para acercarse a este fenómeno tan ligado a la cultura alemana. La profesora Gerl dice que prescindiendo de Kierkegaard, Guardini leyó pocas obras teológicas protestantes. Luego afirma algo que pone nuevamente de relieve la intuición guardiniana. Cuando habla de la fuente de su interpretación u opinión – y esto vale para todos los puntos decisivos – es *su propia intuición*, la cual surgía como una necesidad y una exigencia de su propia «existencia». Una intuición que responde a una necesidad vital personal, que nos recuerda y se vincula estrechamente a las profundas crisis que vivió Guardini (*Quelle seiner Auffassung ist ihm – wie an allen entscheidenden Punkten – eine eigene denkerische, existentiell "angeforderte" Intuition*)[50].

Guardini". Die Anzeige meiner Vorlesung stand im Verzeichnis hinter der des Turnlehrers, und es hat einer Demarche im Kultusministerium bedurft, um zu erreichen, daß sie wenigsten hinter denen der Fakultäten eingeordnet wurde, und dergleichen mehr», R. GUARDINI, *Berichte über mein Leben*, 40.

[49] «Für die Universität war ich der vom Zentrum aufgezwungene Propagandist der katholischen Kirche, welcher an der "Hochburg des deutsche Protestantismus" nicht zu suchen hatte, und sie zeigte mir das auf jede Weise. Auch als es im Laufe der Jahre jedem deutlich sein konnte, daß meine Vorlesungen nichts mit Propaganda zu tun hatten und das akademische Niveau hielten, habe ich nie auch nur das leisete Zeichen einer Großmut empfangen, welche ihrer absoluten Übermacht gewiß angestanden hätte [...]. Ich hatte Zeit meines Lebens nicht viel Selbstgefühl, und fand mich nun einer geschlossenen Welt gegenüber, für die ich Verehrung empfand, die aber mich ablehnte. So blieb mir nichts übrig, als mich zurückzuziehen. Später wurde mir gesagt, man halte mich für abweisend und hochmütig – der so oft eintretende falsche Eindruck, den der Schüchterne erweckt», R. GUARDINI, *Berichte über mein Leben*, 40-41.

[50] «Sieht man von Kierkegaard ab, so hat Guardini die protestantische Theologie, auch seiner Zeitgenossen, kaum gelesen. Quelle seiner Auffassung ist ihm – wie an allen entscheidenden Punkten – eine eigene denkerische, existentiell "angeforderte" Intuition, soll

Albrecht Goes, un párroco protestante que en aquel tiempo era uno de los estudiantes de teología no católicos que asistía a las clases de Guardini, recuerda el curso que ofreció sobre Pascal durante el semestre invernal de 1928-29, destacando la particular intensidad con la que todos experimentaban el ambiente de esas clases. Goes señala que en las clases no se encontraban solo estudiantes universitarios, sino también diversos tipos de personas de la población de Berlín: trabajadores, religiosas, profesores, amas de casa, y una buena parte de no católicos. Cuando Guardini llegaba, todos hacían silencio, pero no era un silencio solemne. Las clases tenían algo particular, como si se tratara de una *conversación o un diálogo* con ese profesor que se encontraba ante ellos, y que para ellos tenía mucho de asceta. Además era un representante de los movimientos católicos juveniles, un fragmento de Italia, un fragmento de Alemania y sobre todo un humanista[51]. Las palabras de Goes me parecen importantes, no solo en cuanto nos permiten ver algo de la buena recepción de los pensamientos guardinianos por parte de este auditorio tan variado de oyentes que asistían a sus cursos, sino también por el hecho de que sea un protestante el que, con sus palabras, confirma la buena relación con un grupo importante de no católicos.

Guardini, desde su experiencia amplia del protestantismo y con los límites ligados a su carácter y a sus conocimientos, avanzará buscando cumplir con sinceridad el pedido que se le había propuesto, sin esconder las dificultades que como católico percibe al mirar el protestantismo. Los primeros pasos que da se dirigen a considerar la *Iglesia* y la *Sagrada Escritura*. Desde su mirada crítica constata una viva relación del protestantismo con la Sagrada Escritura, pero poca claridad al momento de hablar de la Iglesia (*So oft ich ihn über die Kirche sprechen hörte, habe ich doch kaum ein klares Bild von dem gewinnen können,*

---

heißen eine Intuition, die eine existentielle Not in ihm selber beantwortete», H.-B. GERL, *Romano Guardini*, 62-63.

[51] «Universität Berlin, Wintersemester 1928-29. Am schwarzen Brett der Philosophischen Fakultät war angezeichnet als einstündige Vorlesung: Montag 17 bis 18 Uhr – Romano Guardini, Pascal. Oft und oft haben später Teilnehmer sich dessen erinnert: wie intensiv wir alle die Atmosphäre dieser Vorlesung geatmet haben und wie wir sie, seltsam richtig, verstanden als ein Fest im Abschied [...]. Keineswegs nur etwa Studenten, sondern Angehörige alle Schichten der Berliner Bevölkerung, Arbeiter und Nonnen, Professoren und Hausfrauen, ein gut Teil Nichtkatholiken [...]. Dann kam Guardini, es wurde still – nicht eigentlich "feierlich still", die Vorlesung hatte immer etwas von einem Gespräch, und da war der Mann, der damals noch viel vom Asketen an sich hatte, ein Mentor der katholischen Jugendbewegung, ein Stück Italien, ein Stück Deutschland, ein Humanist», A. GOES, *Tagwerk*, 203.

was er meinte)⁵². Intentaremos dar algunos pasos para ver más de cerca esta observación con la que Guardini considera la poca claridad desde la que se habla de la Iglesia en el protestantismo.

2.2 La Iglesia en los inicios del 1900

Al hablar de la Iglesia, Guardini se remonta a los primeros años del 1900. Tiempo especialmente vivo en su memoria por ser el periodo en el que realizó sus primeros estudios teológicos en Friburgo, universidad en la que se inscribe durante el semestre estivo de 1906; y en la que permanecerá poco tiempo ya que un semestre más tarde, buscando una teología más moderna, se trasladará a la Universidad de Tubinga. Friburgo seguirá siendo, por motivos espirituales y personales, muy significativa para Guardini, ya que ese fue el lugar en el que sufrió una de sus crisis más profundas. Allí vivió un momento muy dramático de su vida, en el que se sintió casi asfixiado por cuestionamientos y dudas ante la vocación sacerdotal por la que había optado recientemente después de un largo camino de búsqueda, de sufrimientos y de frustraciones (*Die Grundwasser der Schwermut stiegen in mir so hoch, daß ich zu versinken glaubte, und der Gedanke, mit dem Leben Schluß zu machen, mir sehr nahe war*). Pero fue también en esa ciudad donde encontró paz y donde se le concedió la gracia de una certeza que lo acompañó el resto de su vida⁵³. Desde la oscuridad de las crisis es la intuición interior la que le sugiere el camino y las opciones a tomar. Teniendo en cuenta la profundidad de las crisis que nos descirbe en sus notas auto-

---

⁵² «Wenn ich nun über fünfzig Jahre theoretischen Studiums und persönlichen Austauschs zurückblicke, so scheint mir, daß der evangelischer Christ ein sehr lebendiges Verhältnis zur Heiligen Schrift hat, aber nur ein ganz unbestimmtes zu dem, was "Kirche" heißt. So oft ich ihn über die Kirche sprechen hörte, habe ich doch kaum ein klares Bild von dem gewinnen können, was er meinte», *Evangelisches Christentum*, 225.

⁵³ «Freiburg, das nun auch zerstörte, war wunderschön, im Frühling und Sommer ganz besonders. Das – und das endlich gewonnene Bewußtsein auf den richtigen Wege zu stehen, hätte mir jeden Tag neue Freude geben müsse. Unterdes war aber etwas Seltsames und Schlimmes geschehen. Im selben Maße, als meine Eltern meinem Wunsche, Priester zu werden, nachgaben, wurde ich selbst daran irre, und als ich schließlich in Freiburg war, empfand ich dagegen eine unaussprechliche Abneigung [...]. Die Grundwasser der Schwermut stiegen in mir so hoch, daß ich zu versinken glaubte, und der Gedanke, mit dem Leben Schluß zu machen, mir sehr nahe war [...]. Eines Tages war ich nach St. Odilien gegangen [...]. Auf dem Rückweg, der Schönen Straße, die an der Karthause vorüberführt, betete ich den Rosenkranz. Da löste sich die Not, und ich wurde ruhig [...]. Von jener Stunde an habe ich an meinem Priesterberuf nie mehr gezweifelt», R. GUARDINI, *Berichte über mein Leben*, 76-77.

biográficas, creo que cobra mayor fuerza todavía la confianza que esa intuición representará para Guardini en su vida y en su tarea académica.

A principios del siglo XX, esos años que Guardini dice recordar muy bien, hace no solo memoria de su historia personal, sino también de la historia de algunos temas, recordando el extraño efecto que provocaba hablar por ejemplo de la Iglesia. La Iglesia se había transformado en una palabra que marcaba claras distancias, y por ello era una palabra que se intentaba evitar en el ámbito protestante. Pero en pocos años las cosas cambiaron mucho, haciéndose más explícito y claro sobre todo antes de la Segunda Guerra Mundial y desde la lucha contra el Nacionalsocialismo[54]. Pienso que es importante revisitar algo de lo que sucedía en el ámbito protestante de ese tiempo para entender mejor la problemática que allí se planteaba. Para ver de qué forma influía todo aquello en el ámbito católico y cuál era la situación en la que se encontraba el catolicismo en el que Guardini vivió su juventud como estudiante de teología y luego como profesor.

2.3 *El cristianismo evangélico del 1900*

Para entender el protestantismo evangélico de este periodo, creo que es importante decir algo de la teología liberal. El término teología liberal se encuentra ya en el teólogo de Halle, Johann Salomo Semler (1725-1791), quien entendía indicar con esto un método libre de investigación histórico-crítico de las fuentes de la fe y de la teología, que no se sintiera vinculada a los datos de la tradición dogmática. Aunque como tal, la teología liberal se dice que nace del encuentro del liberalismo – como autoconciencia de la burguesía europea del siglo XIX – con la teología evangélica. Tiene sus antecedentes históricos en la filosofía de la religión de Hegel y en la teología de Schleiermacher. No es una escuela bien definida, pero sí un movimiento multiforme, en el que se pueden individualizar diferentes líneas de pensamiento: se llama teología liberal a la interpretación racionalista del Nuevo Testamento (Baur, Strauss, Bauer) de la primera mitad del mil ochocientos. En sentido más propiamente teológico viene designada como teología liberal la reflexión del teólogo de Götting, Albrecht Ritschl (1822-1889) y la de su escuela, en la que se encuentran teólogos sistemáticos como He-

---

[54] «In der ersten Zeit des Jahrhunderts – ich erinnere mich an sie sehr gut, weil ich da studierte – wurde auf evangelischer Seite das Wort "Kirche" nach Möglichkeit überhaupt vermeiden. Das wurde dann anders, besonders in den Jahren des Existenzkampfes gegen den Nationalsozialismus», *Evangelisches Christentum*, 225.

rrmann, estudiosos del Antiguo Testamento como Wellhausen, estudiosos del Nuevo Testamento como Jülicher, historiadores como Harnack y filósofos de la religión como Troeltsch.

Rosino Gibellini afirma al principio de su libro sobre *La Teología del XX secolo*[55], que el siglo XX, en teología, comenzó en un aula de la Universidad de Berlín donde el teólogo Adolf von Harnack ofrecía una vez por semana en el semestre invernal del 1899-1900 a un auditorio de unos seiscientos estudiantes de todas las facultades, un ciclo de dieciséis lecciones sobre la esencia del cristianismo. En esta oportunidad, con el único aporte de la ciencia histórica y con la experiencia de vida que llega desde la historia, se intenta individuar la esencia del cristianismo. Para Harnack solo desde el camino de la historia se puede responder lo que es en realidad el cristianismo, los rasgos atemporales que constituyen su núcleo siempre válido, diferente de los rasgos secundarios que siempre cambian en los diferentes tiempos históricos. Guardini inició sus estudios de teología en 1906 y fue profesor en la misma Universidad en la que enseñaba Harnack.

Según Troeltsch, el libro de Harnack (*La esencia del cristianismo*) es el libro emblemático de la tendencia historicista de la teología, y su intento de individuar la esencia histórica habría sido sustancialmente logrado. Aunque se observa que este intento se mueve a lo largo de la línea de la historia cristiana, sin tener en cuenta el campo más amplio de la historia de las religiones. La esencia del cristianismo debería ser buscada en la historia más amplia de la cultura, en la historia del espíritu. En 1923 murió Troeltsch, y en el funeral Harnack lo definió como el más grande filósofo alemán de la historia después de Hegel. Durante veintiún años Troeltsch había enseñado teología sistemática principalmente a los estudiantes que querían ser pastores. Sin embargo ya en 1894 escribió en un artículo que lo decisivo no se encontraba en la teología sino en el amplio campo del pensamiento histórico universal. Por ello no sorprende que en 1914 Troeltsch opte por pasar de la cátedra de teología sistemática de Heidelberg a la de filosofía de la cultura de la universidad de Berlín[56].

Esta corriente teológica contaba con una revista llamada *Christliche Welt* que fue fundada en Berlín en 1877, y era el órgano propagador de sus ideas. En ella se proponían afrontar los nuevos problemas del mundo y de la sociedad desde una perspectiva evangélica, llevando al mundo de los doctos los resultados de la investigación de una teología que

---

[55] R. GIBELLINI, *La Teologia del XX secolo*.
[56] Cf. R. GIBELLINI, *La Teologia del XX secolo*, 9-13.

se pensaba crítica. Sus características eran: a) asumir de forma rigurosa el método histórico-crítico y sus resultados; b) relativizar la tradición dogmática de la Iglesia y especialmente de la cristología; c) llevar adelante una lectura principalmente ética del cristianismo. *La esencia del cristianismo* y *El carácter Absoluto del cristianismo* son los documentos más significativos de la teología liberal principios del siglo XX[57]. Pero como se dijo antes, esta no era una escuela bien definida, y aunque existía una forma predominante de hacer teología, en esta corriente de pensamiento estaban también presentes tensiones y diferencias.

2.3.1 Diferencias en la teología protestante

En la breve introducción a una serie de cartas entre Karl Barth y Adolf von Harnack, se afirma que Barth habiendo escuchado a Harnack en Berlín durante el semestre invernal de 1906-1907 había quedado cautivado por su doctrina y su personalidad. Esto entró en crisis en 1914 cuando Harnack decidió defender la política alemana que condujo a la Primera Guerra Mundial. A partir de ese momento, la distancia y las diferencias entre los dos teólogos y con la escuela liberal fue creciendo cada vez más[58]. En varias de sus cartas Barth hace mención a la

---

[57] Cf. R. GIBELLINI, *La Teologia del XX secolo*, 15-16. Para Troeltsch querer encontrar lo absoluto en la historia de un modo absoluto y en un punto concreto de ella es una ilusión que no sólo es irrealizable, sino que contradice la esencia de toda religiosidad histórica. Teniendo en cuenta la relatividad de lo histórico y la necesidad de estar seguros de la comunión y salvación que Dios nos ofrece, se puede afirmar que el cristianismo es la más elevada de las religiones hasta ahora existentes pero sin que sea probable, al menos hasta donde alcanza la perspectiva histórica, una superación y una independización de sus fundamentos históricos. El resultado de la reflexión es lo "absoluto relativo", que ha sufrido un cambio desde la imagen ingenua del mundo a la imagen científica. A este carácter relativamente absoluto contrapone el propio Troeltsch, en su reflexión final, primero, los "absolutos ingenuos", y después, como grado intermedio para el absoluto científicamente responsable, el absoluto "artificial, apologético". Al servicio de este grado intermedio de garantía de la verdad absoluta están según él, "la institución eclesiástica". Una relativización general de eso que se llama cristianismo despoja también a la persona de Jesucristo de su carácter absoluto, aunque se le profese una admiración sin límites (cf. H. WALDENFELS, *Kontextuelle Fundamentaltheologie*, 194-198).

[58] «Als Student hatte Barth im Wintersemester 1906-1907 in Berlin den liberalen Theologen Adolf von Harnack (1851-1930) gehört und sich für seine Persönlichkeit und seine Lehre begeistert. Seit Harnack jedoch bei Beginn des I. Weltkrieges 1914 die Position des Deutschen Reiches ohne Einschränkungen verteidigt hatte, war er kritisch gegen den theologischen Lehrer geworden, und während seiner Arbeit am Römerbrief hatte er sich in den folgenden Jahren immer weiter von Harnack entfernt», D. KOCH, ed., *Karl Barth. Offene Briefe*, 55.

triste experiencia que produjo en él el apoyo que sus maestros en teología brindaron a la política alemana que conducía a la guerra. Barth recuerda, escribiendo a principios de 1915 a un amigo, Willy Spoendlin, los últimos meses de este difícil tiempo en el que se derrumbaron todos sus ideales. Hablando del gran entusiasmo que produjeron en él los profesores con los que había estudiado (Harnack, Hermann, Rade, Eucken), y cómo había valorado la nueva perspectiva que presentaban; recuerda el duro golpe que significó para él ver que todo lo que en esos intelectuales había admirado se terminó transformando en una defensa de los potentes cañones alemanes de cuarenta y dos centímetros de calibre contra asiáticos, ingleses y franceses («*Alles, was wir an ihnen da draußen hochschätzen* [...], *restlos sich in geistige 42 cm Kanonen gegen asiatische Barbarei, englischen Krämergeist, französische Lüge etc. verwandelten*»). Todo esto significó un enorme derrumbe de sus ideales y no solo a nivel práctico, sino también a nivel de principios y convicciones[59].

Ya desde esta experiencia desilusionante en la que las diferencias con los teólogos liberales eran cada vez más claras, leyó una carta abierta de Harnack que fue publicada en 1923 en la Revista *Christlichen Welt*, y que llevaba como título «Quince preguntas a los teólogos detractores de la teología científica» (*Fünfzehn Fragen an die Verächter der wissenschaftlichen Theologie unter den Theologen*). Al leer esta carta, Karl Barth se sintió aludido y eso motivó que le escribiera al autor de las *quince preguntas* para tener más datos sobre lo que hasta ese momento era solo una sospecha, es decir que el texto estuviera dirigido y pensado de modo particular hacia él y contra su pensamiento. A esto Harnack respondió dándole a entender que también era uno de los destinatarios y que lo haría feliz si respondía a esas preguntas que planteaba su breve artículo (*Aber gewiß dürfen Sie annehmen, daß sich*

---

[59] «Mir haben die deutschen Theologen, Philosophen, Historiker etc. mit ihrer ganzen Angriffs – und Verteidigungsliteratur den Dienst geleistet, mich von derartigen Mitpolitisieren recht frei zu machen. Ich habe eine arge Gottesdämmerung erlebt, als ich studierte, wie Harnack, Herrmann, Rade, Eucken et. sich zu der neuen Lage stellten, wie Religion, Wissenschaft, Kunst und persönliche Kultur, Alles, was wir an ihnen da draußen hochschätzen [...], restlos sich in geistige 42 cm Kanonen gegen asiatische Barbarei, englischen Krämergeist, französische Lüge etc. verwandelten und bis auf diesen Tag in dieser Verwandlung beharrten [...]. Wo ist das Christentum hingekommen? Über den Keiser und seine Hofprediger verwundere ich mich kaum, auch nicht über die Masse, aber über die geistigen Führer des deutschen Christentums? Was für ein Zusammenbruch der geistigen Ideale nicht nur in der Praxis, sondern auch in der Gesinnung, in der ruhigen Theorie!», D. KOCH, ed., *Karl Barth. Offene Briefe*, 22-23.

meine Fragen nicht in letzter Linie auch an Sie richten)[60]. Así fue que después de este breve intercambio surgieron tres extensas cartas, que se concluyeron con una última breve carta de Harnack. De este intercambio epistolar veremos solo algunos de los aspectos que se refieren al conocimiento de la Escritura y a la cristología.

2.3.2 Diferencias en el conocimiento de la Escritura en la teología protestante

En la primera pregunta que Harnack formula manifiesta la necesidad de un conocimiento histórico y de una reflexión crítica que acompañe la experiencia de cada persona para poder hablar de la Biblia. La complejidad de la Biblia y de las revelaciones en la Biblia no debería permitir que se hable simplemente de ella desde la fe, la vida y la adoración[61]. La segunda pregunta continúa en esta dirección, pero comparándola con el otro extremo, preguntándose si por el contrario, se trata en la Biblia de algo tan inabarcable e incomprensible, que solo se debe esperar hasta que ella ilumine el corazón; ya que ninguna fuerza humana la puede entender (*heranreicht*)[62].

Barth responde en otro breve artículo a cada una las preguntas que Harnack formuló, pero antes de responderle pregunta por pregunta subraya una primera importante objeción general al tipo de teología científica que Harnack sostiene y propone, afirmando que ese tipo de teología que Harnack defiende se alejó más de lo debido de su tema (*Der Einwand lautet dahin, diese Theologie möchte sich mehr als gut ist von ihrem – zuletzt durch die Reformation deutlich gestellten – Thema entfernt haben.*)[63]. Además de la religión y de las revelaciones de la Biblia, según

---

[60] D. KOCH, ed., *Karl Barth. Offene Briefe*, 57.

[61] «Ist die Religion der Bibel bzw. sind die Offenbarungen in der Bibel etwas so Einstimmiges, daß man in Hinsicht auf Glauben, Anbetung und Leben einfach von der "Bibel" sprechen darf? Wenn sie es aber nicht sind, darf man die Feststellung des Inhalts des Evangeliums allein der subjektiven "Erfahrung" bzw. dem "Erlebnis" des Einzelnen überlassen, oder sind hier nicht geschichtliches Wissen und kritisches Nachdenken nötig?», D. KOCH, ed., *Karl Barth. Offene Briefe*, 59.

[62] «Ist die Religion der Bibel bzw. sind die Offenbarungen in der Bibel etwas so *Eindeutiges und Klares*, daß man kein geschichtliches Wissen und kein kritisches Nachdenken braucht, um ihren Sinn richtig zu verstehen? Sind sie umgekehrt etwas so *Unfaßliches und Unbeschreibliches*, daß man lediglich abwarten muß, bis sie im Herzen aufstrahlen, weil keine menschliche Seelen – und Geistesfunktion an sie heranreicht?», D. KOCH, ed., *Karl Barth. Offene Briefe*, 60.

[63] D. KOCH, ed., *Karl Barth. Offene Briefe*, «Sechzehn Antworten an Herr Professor von Harnack», 62.

Barth, la teología debería interesarse por el tema de la *Revelación de Dios* (*Jenseits der "Religion" und der "Offenbarungen" der Bibel dürfte als Thema der Theologie auch die eine Offenbarung Gottes in Betracht kommen*). Barth insiste en subrayar el aspecto trascendente de una revelación divina que puede ser entendida desde el Espíritu y en la fe. El conocimiento científico, como la reflexión crítica, pueden ayudar, pero tienen siempre algo de ambiguo que solo podrá ser superado desde un conocimiento que se centre en lo trascendente, en la fuerza del Espíritu[64].

Harnack responde con otra extensa carta a las respuestas que escribiera Barth. Allí señala que un límite de Barth reside en considerar la ciencia crítica de la Biblia como algo extraño a la fe, producto de un rechazo de la ciencia y de la razón, que lo ubicaría próximo al ocultismo. A esto Barth responde afirmando que a lo que él se opone no es a la crítica histórica sino al vaciamiento de la tarea teológica producida por un trabajo parcial que considera solo la Escritura sin tener en cuenta el Espíritu. Cuando los Padres hablaban de la Palabra se tenía en cuenta la relación existente entre Escritura y Espíritu; pero desde la crítica histórica solo se tiene en cuenta la Escritura y, prescindiendo del Espíritu, se individua lo que posteriormente es llamado «simple Evangelio» (*durch die historische Kritik jenseits der "Schrift" und abgesehen vom "Geist" eruierte sogenannte "schlichte Evangelium" gesetzt hat*)[65]. Ese vaciamiento de la teología implica también un vaciamiento de la Revelación, que se concreta en el tipo de continuidad que propone Harnack entre lo humano y la fe, entre la historia y la

---

[64] «"Innere Aufgeschlossenheit" – Erfahrung, Erlebnis, Herz und dergleichen – einerseits und "geschichtliches Wissen" und "kritisches Nachdenken" anderseits sind Möglichkeiten, die zum "Verstehen" der Bibel ebensowohl förderlich, gleichgültig oder hinderlich sein können. "Verstanden" wird die Bibel weder durch diese noch durch jene "Seelen –und Geistesfunktion" sondern kraft *des* Geistes, der ihrem Inhalt *gleich* ist, und das im Glauben», D. Koch, ed., *Karl Barth. Offene Briefe*, 63.

[65] «Ich meine das in meinen Antworten 2, 3, und 14 gesagt zu haben und darf doch wohl wenig staunen darüber, daß Sie mir immer noch zur Last legen, ich betrachte die kritische Bibelwissenschaft als etwas "Abwegiges", ich wolle sie "los" sein und müsse daher wegen Verachtung von Vernunft und Wissenschaft mit der "nach göttlicher Ordnung" auf solches Vergehen gesetzten Strafe des Okkultismus bedroht werden. Wogegen ich mich zur Wehr setzen muß, das ist nicht die historische Kritik, wohl aber die auch Ihre heutigen Äußerungen charakterisierende Selbstverständlichkeit, mit der man die Aufgabe der Theologie *entleert*, das heißt an die Stelle dessen, was die Alten "*das Wort*" (die Korrelation von "Schrift" und "Geist") nannten, dies und jenes durch die historische Kritik *jenseits* der "Schrift" und abgesehen vom "Geist" eruierte sogenannte "*schlichte Evangelium*" gesetzt hat», D. Koch, ed., *Karl Barth. Offene Briefe*, 75.

Revelación. A ello enfrenta Barth una visión que considera más amplia, la cual sin recortar la realidad, se define desde una relación dialéctica que se opone al tipo de continuidad que plantea Harnack[66].

Barth combatía así una «religión sumamente humanizada, anegada en la "cultura"; una religión pervertida, que se había convertido en un fenómeno puramente antropológico; una religión "de disfraz"»[67]. Combatía desde la relación dialéctica que proponía y con la que se oponía a la continuidad propuesta por Harnack, «un "cristianismo domesticado" por personas que habían olvidado [...] la trascendencia divina y el escándalo de la cruz. Esta "religión" moderna [...] que en definitiva, lo que hace es poner sus pensamientos y deseos [...] en el lugar de Dios»[68]. Mas tarde, nos dice De Lubac, que Barth mismo explicará su reacción contra la «religión del liberalismo», confesando que el derrocamiento de la religión no era la última palabra de la verdad, y que en su manera de promover este cambio en la forma de pensar solo había tenido parcialmente razón, restableciendo el equilibrio desde el reconocimiento de que la religión podía ser purificada y cristianizada[69].

---

[66] «Mein Gegeneinwand gegen ihren Vorwurf des "Abschneidens", den ich nichts als gerecht anerkenne, lautet also dahin, daß Sie durch die Kontinuität zwischen den "Menschlichen" und dem Glauben, die Sie behaupten, den Glauben ebenso entleeren, wie durch die von Ihnen behauptete Kontinuität zwischen der Geschichte und der Offenbarung die Offenbarung entleert wird. Ich schneide nicht ab, ich bestreite aber auch jede Kontinuität zwischen hüben und drüben; ich behaupte eine dialektische Relation, die auf eine nicht zu vollziehende und darum auch nicht zu behauptende Identität hinweist», D. Koch, ed., *Karl Barth. Offene Briefe*, 83. Después que la ruptura con la teología liberal se hiciera efectiva, se concretó una nueva dirección que se definió finalmente como *teología dialéctica*. Esta teología estaba caracterizada por la fuerza que tenía la trascendencia de Dios respecto del mundo y del hombre, y por la soberanía de su Revelación. Teología dialéctica se puede considerar desde un doble significado: a) la Revelación tiene una estructura dialéctica, en cuanto a que posee elementos que se excluyen mutuamente: Dios y el hombre, la eternidad y el tiempo, la Revelación y la historia; b) como consecuencia los enunciados teológicos también deben observar un método dialéctico, es decir expresar una posición y una negación. El ejemplo más claro sigue siendo según Gibellini la Carta a los Romanos de Barth. Pero como la nueva dirección está también fuertemente marcada por una lucha que regrese al auténtico objeto de la teología del que se había alejado la teología liberal, o sea la recuperación de la Palabra de Dios como tema de la teología, se presentará la teología dialéctica como una teología de la Palabra de Dios, que practica un método dialéctico (cf. R. Gibellini, *La Teologia del XX secolo*, 20-21).

[67] H. De Lubac, *La fe Cristiana*, 160.

[68] H. De Lubac, *La fe Cristiana*, 160.

[69] Cf. H. De Lubac, *La fe Cristiana*, 163.

2.3.3 Diferencias en el conocimiento histórico de Jesús en la teología protestante

La pregunta número catorce trata sobre la necesidad de un estudio histórico crítico para lograr un conocimiento seguro de Jesucristo. Ese tipo de conocimiento es, según Harnack, el único que podrá ayudarnos a evitar crear una ilusión de Cristo que termine sustituyendo al Cristo real[70]. Barth responde poniendo nuevamente en juego la fe, subrayando la importancia que ella reviste en cuanto elemento insustituible para un correcto conocimiento de Jesucristo como centro del evangelio. Además señala el límite de un conocimiento histórico crítico que, siendo solo fruto del esfuerzo humano, aporta una información exterior y secundaria, recordando las palabras de san Pablo a los Corintios: «Así que, en adelante, ya no conocemos a nadie según la carne. Y si conocimos a Cristo según la carne, ya no le conocemos así» (2Co 5,16)[71].

En la última respuesta que Barth escribe a Harnack, afirma que desde este camino la teología podría recuperar el valor de la realidad, trasformándose en testigo de la palabra de la Revelación y del amor de Dios; y la ciencia descubriría la importancia de mantener una relación más estrecha con la teología, en lugar de ser al revés. Hablando de la relación entre teología y ciencia, la dirección que propone Barth es la opuesta a la sugerida por Harnack[72]. Finalmente el intercambio episto-

---

[70] «Wenn die *Person Jesu Christi* im Mittelpunkt des Evangeliums steht, wie läßt sich die Grundlage für eine zuverlässige und gemeinschaftliche Erkenntnis dieser Person anders gewinnen als durch *kritisch-geschichtliches Studium*, damit man nicht einen *erträumten* Christus für den wirklichen eintausche? Wer anders aber vermag dieses Studium zu leisten als die wissenschaftliche Theologie?», D. KOCH, ed., *Karl Barth. Offene Briefe*, 62.

[71] «Die Zuverlässigkeit und Gemeinschaftlichkeit der Erkenntnis der Person Jesu Christi als Mittelpunkt des *Evangeliums* kann keine andere sein als die des von Gott erweckten *Glaubens*. Kritisch-geschichtliches Studium bedeutet das verdiente und notwendige Ende *der* "Grundlagen" dieser Erkenntnis, die keine sind, weil sie nicht von Gott selbst gelegt sind. Wer es etwa noch nicht weiß – und wir wissen es alle immer *noch* nicht –, daß wir Christus nach dem Fleische *nicht* mehr kennen, der mag es sich von der kritische Bibelwissenschaft sagen lassen; je radikaler er erschrickt, um so besser für ihn und die Sache. Und das mag dann etwa der Dienst sein, den "geschichtliches Wissen" bei der eigentlichen Aufgabe der Theologie leisten kann», D. KOCH, ed., *Karl Barth. Offene Briefe*, 66-67.

[72] «Wenn die Theologie wieder den Mut zur Sachlichkeit bekäme, den Mut, Zeuge des *Wortes* von der Offenbarung, vom Gericht und von der Liebe *Gottes* zu werden, so könnte es ja auch *so* sein, daß die "Wissenschaft überhaupt" nach "fester Verbindung und Blutverwandschaft" mit der *Theologie* ausschauen müßte, statt umgekehrt [...]. Oder sollte die heutige zufällige opinio communis der Anderen wirklich die Instanz sein, von der wir

lar no logra disipar las incomprensiones y diferencias entre ambos, y Harnack se lamentará una vez más por no poder recibir una respuesta completa a sus interrogantes, una respuesta donde sea considerada la seriedad del tema histórico. Al no tratar Barth el tema histórico, presenta Harnack nuevamente la duda de que pueda tener realmente lugar un auténtico despertar de la fe mientras el conocimiento de la Persona de Jesucristo como centro del Evangelio no sea considerado desde la perspectiva histórico-crítica. Todavía da un paso más diciendo que si se considerara que un estudio histórico de Jesús no fuese necesario, tal vez se podría hasta prescindir de la persona de Jesús, y así se confirmaría que la ciencia histórico-crítica es algo extraño a la fe. Esta última no era claramente la posición de Harnack y subrayará otra vez la importancia de la ciencia bíblica, considerando que ella tiene siempre razón (*Immer hat die radikalste Bibelwissenschaft recht*), y que se presenta como una fuerza liberadora sobre todo ante cualquier tipo de representación ilusoria o ante cualquier dictadura teológica que no tiene en cuenta la historia de la Religión y desde su sola experiencia tortura otras conciencias[73].

Hans Waldenfels, en su libro *Teología Fundamental contextual*, hace referencia también a esta pregunta catorce de Harnack y la respuesta de Barth, concluyendo que a pesar de los problemas que acompañan el conocimiento histórico y el rechazo de la cuestión del Jesús histórico en la teología moderna, no se puede eludir la pregunta y el planteo histórico de Harnack, siquiera en atención a la comunicabilidad y plausibilidad (*so kann doch dieselbe Theologie sich schon um ihrer Komunikabilität und Plausibilität willen der Harnackschen Frage nicht entziehen*)[74]. La problemática que se presentó en torno al tema histórico

---

unserem Tun "Überzeugungskraft" und "Wert" zusprechen lassen müßten?», D. KOCH, ed., *Karl Barth. Offene Briefe*, 67.

[73] «Auch bei der 14. Frage vermisse ich eine runde Antwort. Vollzieht sich die Erweckung des Glaubens, sofern er die Erkenntnis der Person Jesu Christi als Mittelpunkt des Evangeliums einschließt, ohne Rücksicht auf dessen geschichtliche Person? Wenn diese Frage verneint werden muß, kann der Glaube *geschichtlicher* Erkenntnis dieser Person entraten? Wenn diese Frage bejaht werden muß, kann *kritisch-geschichtliches* Studium derselben in Hinsicht des Glaubens etwas Abwegiges sein, ist es nicht vielmehr schlechthin notwendig? Was Sie demgegenüber in bezug auf die Bibelwissenschaft andeuten, läßt sich doch wohl auf die Formel bringen: Immer hat die radikalste Bibelwissenschaft recht, und Gott sei Dank, daß dem so ist; denn damit sind wir sie los. Dieser aus der neuern Kirchengeschichte zweiter Ordnung sattsam bekannte Standpunkt schafft den Freibrief für jede beliebige Phantasie und für jede theologische Diktatur, die das Geschichtliche unserer Religion auflöst und die Gewissen Anderer mit der eigenen Erfahrung zu foltern sucht», D. KOCH, ed., *Karl Barth. Offene Briefe*, 71-72.

[74] H. WALDENFELS, *Kontextuelle Fundamentaltheologie*, 237.

nos abre brevemente al horizonte de los problemas y tensiones en la teología protestante de principios del 1900 y al horizonte de los problemas que se hicieron entonces presentes ante una forma de trabajar la perspectiva histórica independiente de la fe, tratando la *Palabra*, pero solo desde la *Escritura* y sin tener en cuenta el *Espíritu*.

2.3.4 Los primeros resultados de la Leben-Jesu-Forschung

La mención de estos aspectos que se refieren al inicio de una relación entre la historia y la teología, y a la relación entre teología y ciencia, creo que es algo importante para ver los diferentes puntos de vista que existían aun entre los teólogos protestantes; y para poder apreciar un poco más de cerca cuál era el contexto de la iglesia protestante en los inicios del 1900. Otro aspecto importante que se intenta poner de relieve son los intereses más o menos confesados que estaban presentes detrás de todo esta problemática. Desde ese contexto es más fácil entender algunas reacciones a favor o en contra de las ideas que estaban en juego. Esas reacciones muy probablemente tampoco respondían a un interés puramente científico cuando se manifestaban a favor o en contra de la importancia de la investigación histórica o sobre la importancia del uso de las ciencias en teología.

Otro aspecto importante que se suma a la unilateralidad antes mencionada por Barth en la crítica a un tipo de estudio histórico es el aportado por Albert Schweitzer, y que se relaciona con captar la *diferencia* entre el interés que tenía el cristianismo primitivo y el interés de la pregunta moderna por el Jesús histórico. Schweitzer señaló que la pregunta moderna por el Jesús histórico se guía por los esquemas de la investigación histórica moderna[75]. También es importante tener en cuenta aquí lo que Schweitzer indica relacionado con la doble intención que había detrás de la investigación moderna sobre Jesús, señalando que la investigación histórica de la vida de Jesús no partía del interés puramente histórico, sino que buscaba al Jesús de la historia como una ayuda en la lucha de liberación contra el dogma[76]. Este doble interés de un estilo de estudio histórico poco confesado influye sobre todo al tratarse de la vida de Jesús, ya que según Schweitzer, no hay empresa histórica más

---

[75] «Schweitzer wies bereits auf den Unterschied zwischen dem urchristlichen Interesse und der modernen Frage nach dem historischen Jesu hin», H. WALDENFELS, *Kontextuelle Fundamentaltheologie*, 234.

[76] «Die geschichtliche Erforschung des Lebens Jesu ging nicht von dem rein geschichtlichen Interesse aus, sondern sie suchte den Jesus der Geschichte als Helfer im Befreiungskampf vom Dogma», A. SCHWEITZER, *Geschichte der Leben-Jesu-Forschung*, 47.

personal que la de escribir una vida de Jesús. Ninguna figura cobra vida a menos que uno le insufle todo el odio o todo el amor de que es capaz. Cuanto más fuerte es el amor, más fuerte el odio, y más viva la figura que surge. Porque también con odio se puede escribir la vida de Jesús y las más logradas vidas de Jesús hasta ese momento fueron escritas con odio, como la de Reimarus y la de David Friedrich Strauss. No era tanto un odio contra la persona de Jesús como contra el aura sobrenatural en que se lo envolvió. Quisieron presentarlo como un simple hombre, despojarlo del ropaje ostentoso que lo cubría y devolverle los harapos en que había caminado por Galilea[77].

Albert Schweitzer afirma que no hay nada tan negativo como los resultados de la investigación sobre la vida de Jesús (*Es gibt nichts Negativeres als das Ergebnis der Leben-Jesu-Forschung*); el Jesús de Nazaret que se presentó como Mesías, que anunció la moral del reino de los cielos y que fundó ese reino en la Tierra, muriendo para consagrar su obra, *nunca existió*. Ese Jesús es un mito, una figura ideada por el racionalismo (*eine Gestalt die vom Rationalismus entworfen*), animada por el liberalismo, y al que la teología moderna revistió con la ciencia histórica (*vom Liberalismus belebt und von der modernen Theologie mit geschichtlicher Wissenschaft überkleidet wurde*). Esa imagen no se destruyó desde afuera, sino desde ella misma, sacudida y desintegrada a través de los problemas históricos que paso a paso fueron emergiendo (*Dieses Bild ist nicht von außen zerstört worden, sondern in sich selbst zusammengefallen, erschüttert und gespalten durch die tatsächlichen historischen Probleme, die eines nach dem andern auftauchten*)[78]. Así, el histórico fundamento del cristianismo que el racionalismo, los liberales y la moderna teología habían presentado no existe más, lo cual no quiere decir que el cristianismo haya perdido su fundamento histórico. Después de recordar las palabras de san Pablo acerca de que ya no conocemos más a Cristo según la carne, Schweitzer subraya que lo eterno

---

[77] «Es gibt kein persönlicheres historisches Unternehmen, als ein Leben-Jesu zu schreiben. Kein Leben kommt in die Gestalt, oder man haucht ihr den ganzen Haß oder die ganze Liebe ein, deren man fähig ist. Je stärker die Liebe, ja stärker der Haß, desto lebendiger die Gestalt, die ersteht. Denn auch mit Haß kann man Leben-Jesu schreiben – und die großaritgen sind mit Haß geschrieben: das des Reimarus, des Wolfenbüttler Fragmentiften, und das von David Friedrich Strauß. Es war nicht so sehr ein Haß gegen die Person, als gegen den übernatürlichen Nimbus, mit dem sie sich umgeben ließ und mit dem sie umgeben wurde. Sie wollten ihn darstellen als einen einfachen Menschen, ihm die Lumpen wieder umwerfen, in denen er in Galiläa gewandelt hatte», A. SCHWEITZER, *Geschichte der Leben-Jesu-Forschung*, 48.

[78] A. SCHWEITZER, *Geschichte der Leben-Jesu-Forschung*, 620.

y permanente en Jesús es independiente del conocimiento histórico y que solo puede ser entendido a través de su Espíritu que sigue actuando en el mundo; a una mayor presencia del Espíritu de Jesús corresponderá un más auténtico conocimiento de Jesús (*Das Ewige und bleibende an Jesus ist von geschichtlicher Erkenntnis durchaus unabhängig [...]. Soviel Geist Jesu, soviel wahre Erkenntnis Jesu*)[79].

2.3.5 Las dos soluciones: Jesús - Cristo

Las palabras de Joseph Ratzinger creo que describen bien la situación a la que se llega cuando nos habla del dilema de las dos soluciones: «por una parte, trasponer la cristología a la historia o reducirla a esta, o, por la otra, abandonar la historia y considerarla como superflua para la fe – se manifiesta claramente en la alternativa en que se encuentra la teología moderna: ¿Jesús o el Cristo?»[80]. La teología moderna comienza con Harnack el intento de desvincularse de Cristo para llegar a Jesús como algo históricamente comprensible: «en su libro *La esencia del cristianismo*, donde nos ofrece una forma de lo cristiano saturada de presunción y optimismo intelectuales»; afirma que: el «hecho de que nosotros hayamos convertido a ese Cristo en el Cristo predicado que exige la fe, y que lo hayamos hecho dogma, es, según Harnack, lo que ha motivado la ruptura definitiva».

Un vez que Cristo ha sido purificando desde un tipo de estudio histórico crítico, se puede llegar a la verdad de Jesús y a la verdad de su mensaje, que según Harnack fue sustituido por la doctrina que transformó y alejó de la realidad del Jesús histórico: «Jesús predicó un mensaje adoctrinal, el del amor; ahí esta la gran revolución con la que rompió el escudo de la ortodoxia farisea; en vez de la ortodoxia intransigente puso la sencilla confianza en el Padre, la fraternidad de los

---

[79] A. Schweitzer, *Von Reimarus zu Wrede*, 399. Solo en la primera edición de esta obra de Schweitzer se encuentra esta expresión que en la conclusión vincula el conocimiento de Jesús con el Espíritu. En 1913 el autor realizó algunas modificaciones a la primera edición y esa edición modificada es la mas citada en este trabajo. Aunque la conclusión de la última edición es más extensa, la expresión citada en el texto (*Soviel Geist Jesu, soviel wahre Erkenntnis Jesu*) que vincula conocimiento de Jesús y Espíritu ya no aparece. Sin embargo siguen igualmente presentes las ideas de fondo y la crítica de Schweitzer al conocimiento histórico de la teología liberal («Was die modern liberale und die popularisierende Forschung trotz aller ihrer Fehler für die jetzige und die kommende Religiosität getan haben, ermißt man erst, wenn man in die romanische Kultur und Literatur hineinschaut, die von dem Wirken dieser Geister kaum oder gar nicht berührt sind», A. Schweitzer, *Geschichte der Leben-Jesu-Forschung*, 621).

[80] J. Ratzinger, *Introducción al Cristianismo*, 168.

hombres y la vocación al amor». La crítica de Harnak se dirige a señalar que: «En lugar de todo esto, hemos colocado la doctrina del Dios-hombre, del "Hijo", y así en lugar de la condescendencia y de la fraternidad que es la salvación, hemos inventado una doctrina salvífica que sólo es perdición y que ha desencadenado luchas y divisiones sin número»[81]. Pero este intento centrado en una reconstrucción histórica no produjo los resultados esperados. Como veíamos en la valoración que hacía Schweitzer, y ante el fracaso de este intento, surgió otra forma de propuesta que se aleja progresivamente de la historia.

Con Bultmann se emprende una marcha en sentido contrario: desde Jesús al Cristo. Abandonados los esfuerzos anteriores de un estilo de búsqueda histórica de Jesús, se abre camino otra perspectiva y otra relación con la historia. Según Bultmann el hombre debe tomar conciencia que su relación con la historia es diferente de la relación que tiene con la naturaleza. De esta última puede tomar cierta distancia pero con la historia esta distancia no es posible, ya que el hombre mismo forma parte de la historia, lo que le impide una reflexión objetiva. Bultmann no desea presentar cosas interesantes del pasado, su principal objetivo es ayudar a que se logre un encuentro con la historia, para lo cual se debe tener una actitud adecuada. Para Bultmann esta actitud pasa por el diálogo. Desea hablar de Jesús recordando que forma parte de la historia, una historia con la que tenemos que saber dialogar no desde la formulación de preguntas ingeniosas, sino más bien dejándonos interrogar por la historia misma, escuchando esa historia como una autoridad que puede liberar de la subjetividad[82].

Un segundo problema que Bultmann reconoce es el de la subjetividad en la que nos encierra el método. Afirma que un método puede, en el mejor de los casos, liberar al observador de la trampa de su propia subjetividad, pero no puede liberar de la subjetividad del método mis-

---

[81] J. RATZINGER, *Introducción al Cristianismo*, 169.

[82] «Das Verhältnis des Menschen zur Geschichte ist ein anderes als das zur Natur [...]. Es kann also nicht in dem Sinne objektive Geschichtsbetrachtung geben, wie es objektive Naturbetrachtung gibt. Soll deshalb die folgende Darstellung mehr sein als eine Orientierung über interessante Dinge der Vergangenheit, mehr als ein Gang durch eine Antiquitätensammlung, soll sie wirklich dazu führen, Jesus als ein Stück der Geschichte zu sehen, in der auch wir unsere Existenz haben oder in kritischer Auseinandersetzung gewinnen, so kann die Darstellung nur ein beständiger Dialog mit der Geschichte sein [...]. Dieser Dialog ist aber deshalb nicht ein geistreiches Spiel der Subjektivität des Betrachters, sondern ein wirkliches Befragen der Geschichte, bei dem der Geschichtsschreiber gerade seine Subjektivität in Frage stellt und bereit ist, die Geschichte als Autorität zu hören», R. BULTMANN, *Jesus*, 7-8.

mo, mirando la historia desde una perspectiva concreta que le dio la pertenencia a una determinada época, o escuela, y que produce también un resultado relativo aunque sea metódico y pretendidamente objetivo[83]. Bultmann no se propone guiar hacia una observación objetiva de la historia, a la que parece haber renunciado al no encontrar una salida válida a los problemas mencionados que encierran en la subjetividad; pero sí se propone guiar a un encuentro personal con la historia, trata de encontrar un lugar en el interior de la historia, renunciando a considerar las diferencias que se basan en una diferenciación y valoración entre lo histórico y lo metahistórico (*die auf der Unterscheidung von Geschichtlichem und Übergeschichtlichem*), y concentrándose en la obra de Jesús, en lo que él quiso, en sus palabras, entrando en diálogo y dejándose interrogar por todo ello[84].

El interés de un estudio sobre la vida de Jesús o sobre su personalidad es para Bultmann algo secundario. Opina además que no se puede saber prácticamente nada de la vida y la personalidad de Jesús, ya que las fuentes históricas que hablan de Jesús no se interesaron en él. Podríamos decir que eso nos haría permanecer en la subjetividad de un método que pregunta cosas que la realidad no puede responder, alejándonos de lo que sí nos puede hacer salir de nuestra subjetividad que es entrar en diálogo con la obra, dejándonos interrogar por su doctrina. Las fuentes que nos hablan de Jesús son muy fragmentarias y están llenas de leyendas. No existen otras fuentes, lo que se ha escrito hace siglo y medio sobre la vida de Jesús, su personalidad, su evolución interna y temas parecidos son productos de la imaginación y del sentimiento, ya que como se dijo, para Bultmann es imposible obtener tales resultados desde las fuentes. El interés de Bultmann se dirige a aquello que Jesús quiso, a su obra, y a lo que puede convertirse en presente como exigencia de su existencia histórica, es aquí que se puede entrar

---

[83] «Eine andere Geschichtsbetrachtung, die ihre Objektivität durch ihre Methode zu erreichen versucht, gelangt zwar wohl im besten Falle über die Subjektivität des einzelnen Betrachters hinaus, bleibt aber dafür gänzlich in der Subjektivität der Methode, d. h. sie sieht die Geschichte nur in der Perspektive, die durch die Zugehörigkeit des Betrachters zu einer bestimmten Epoche oder Schule gegeben ist, also höchst relativ», R. BULTMANN, *Jesus*, 8-9.

[84] «Also zu einer Geschichts – "Betrachtung" will ich den Leser im Grunde nicht führen, sondern zu einer höchst persönlichen Begegnung mit der Geschichte [...]. Demgegenüber handelt es sich mir darum, jedes Jenseits der Geschichte gegnüber zu vermeiden und innerhalb der Geschichte Platz zu finden. Deshalb unterbleiben auch solche Wertungen, die auf der Unterscheidung von Geschichtlichem und Übergeschichtlichem in der Geschichte beruhen», R. BULTMANN, *Jesus*, 10-11.

en diálogo con la historia. Para ello debemos centrarnos en el Jesús que anunció la primera comunidad, debemos mirar al Cristo. La pregunta acerca de cuán fiel haya sido la primitiva comunidad a la figura de Jesús y a sus palabras en su anuncio es algo que a Bultmann no le preocupa, y si bien él habla de Jesús, tampoco tiene ninguna objeción para los que deseen poner ese nombre entre comillas considerándolo como un fenómeno histórico[85].

Guardini nos habla de Bultmann en un escrito inédito en el que trata brevemente el problema de la desmitologización (*Zum Problem der Entmythologisierung*[86]). Allí Guardini afirma que la esencia de la expresión mítica de la cual la Revelación debe ser purificada, según Bultmann, es aquella que considera el contenido de la Revelación desde una *continuidad* con el mundo[87]. Para Bultmann no se puede hablar de Dios de la misma manera que se habla del mundo, toda continuidad quita a Dios su trascendencia. La persona debe por lo tanto correr el riesgo de creer, sin apoyarse en ninguna autoridad, en ningún tipo de orden, ni en otra persona. El hombre está solo ante la decisión de la fe, y debe aceptar correr desde esa soledad el riesgo de creer sin apoyarse en la ayuda que puedan ofrecerle ni siquiera un conjunto de juicios lógicos. En este breve artículo Guardini relaciona a Bultmann con Kierkegaard, para expresar desde el salto de la fe kierkegardiano una correspondencia entre ambos pensadores. Ello implica una ausencia total de ayuda que se debe prolongar todo el tiempo, toda la vida[88]. La

---

[85] «Aber wie weit die Gemeinde das Bild von ihm und seine Verkündigung objektiv treu bewahrt hat, ist eine andere Frage. Für denjenigen, dessen Interesse die Persönlichkeit Jesu ist, ist diese Sachlage bedrückend oder vernichtend; für unseren Zweck ist sie nicht von wesentliche Bedeutung [...]. Wer diese "Jesu" für sich immer in Anführungsstriche setzen und nur als abkürzende Bezeichnung für das geschichtliche Phänomen gelten lassen will, um das wir uns bemühen, dem ist es unbenommen», R. BULTMANN, *Jesus*, 15-16.

[86] R. GUARDINI, *Zum Problem der Entmythologisierung*, en Romano-Guardini-Archiv der Katholischen Akademie in Bayern. Se trata de un breve escrito a máquina de 10 páginas.

[87] «Mythisch im Bultmann'schen Sinne ist jede Aussage über einen Offenbarungsinhalt, der die Struktur hat: "Das ist das und das" [...]. Zum Wesen der mythischen Aussage über einen Offenbarungsinhalt gehört, die Kontinuität zur Welt. Der Gegenstand dieser Aussage wird als aine objektiv zur Welt kontinuierliche Wirklichkeit genommen: Gott ist zur Welt kontinuierlich und es kann über ihn in derselben Weise gesprochen werden wie über die Welt», R. GUARDINI, *Zum Problem der Entmythologisierung*, 7-8.

[88] «Glauben bedeutet nun, daß dieser Mensch sich vor Gott und im letzten Ernst seines Gewissens daraufhin entscheidet, die Möglichkeit, Jesus jenes "Ganz Andere" [...]. Er tut das, ohne Stütze in irgendeiner Kontinuität von der Welt her, das heißt, in der Form des

persona cree verdaderamente, según *este* tipo de mirada protestante, si no cae en la tentación de apoyarse en algo que pueda ayudarla en su fe. El salto de la fe es un salto sobre todo lo que se llama mundo, lo cual subraya la total *distancia* con el mundo, quitándole consecuentemente importancia tanto a las mediaciones como a la tradición.

En esta forma de conocimiento basada en una filosofía existencial extrema, los objetos tampoco son importantes, lo decisivo es el sujeto cognoscente, y que conoce de esta forma que se prescribe. Porque solo este tipo de conocimiento es considerado auténtico, y solo el contenido de este conocimiento puede ser verdadero. Lo que realmente importa y parece ocupar todo el horizonte del conocimiento es solo la mirada que logra ver a través del *salto* y del *riesgo* sin ningún tipo de apoyo[89]. Lo único que tiene importancia es el sujeto y ese proceso de conocimiento donde ya no importa demasiado si existe o no un objeto a conocer. Pero para Guardini no existe en realidad el dualismo entre el Jesús histórico y el Cristo de la fe. Incluso tampoco se debería hablar propiamente del Cristo de la *fe*, ya que en el fondo no se podría hablar de *fe* en este caso. La fe es parte de una respuesta a la Revelación histórica y no la respuesta a una leyenda religiosa[90]. Se trata de una única realidad viva que no se debería separar, sino que tenemos que poder mirarla en su unidad y desde ella misma[91]. Encontrarnos con esa realidad, con esa figura única, no será ciertamente posible si se parte desde un tipo de filosofía que extrema la importancia del sujeto cognoscente y su propia experiencia de conocimiento.

2.4 *El catolicismo alemán a principios de 1900*

Guardini, hablando en las páginas de sus notas autobiográficas del tiempo en que comenzó sus estudios de teología (1906), nos recuerda que aquellos eran los años del así llamado *modernismo*, y que por todas partes se podía percibir el deseo de aplicar en teología los resultados de

---

absoluten "Sprunges". Das, woraufhin er den Sprung vollzieht, steht zu allem, was "Welt" heißt, in einer Beziehung vollkommener Inkommensurabilität», R. GUARDINI, *Zum Problem der Entmythologisierung*, 5.

[89] «Nach extremer existentialphilosophischer Erkenntnistheorie gibt es in den entscheidenden ontologischen Fragen kein Gegenüber, es gibt kein Objekt. Sondern: das Erkennen ist ein Sichklarwerden im Wagnis. Und Wahrheit ist der Inhalt dieses Wagnisses», R. GUARDINI, *Zum Problem der Entmythologisierung*, 7.

[90] Cf. R. GUARDINI, *Das Christusbild*, 16-22.

[91] «Man kann nicht einen Jesus der Geschichte und einen Christus des Glaubens unterscheiden, weil es diese Zweiheit in dem, von welchen die Rede ist, nicht gibt», R. GUARDINI, *Das Christusbild*, 21.

la investigación científica moderna, superando así el rígido pensamiento autoritario escolástico. Abundaban las cuestiones gnoseológicas, históricas, éticas, y al mismo tiempo se mostraba el influjo de la *mentalidad liberal*. Las tendencias agnósticas, relativistas y psicologisistas se transformaron en un riesgo para la fe y para la teología[92]. Este es un periodo en el que parece reinar una gran confusión, pero en el que también nuestro autor experimentará la posibilidad de un espacio de claridad, ya que es en este tiempo en el que logra encontrar lo que tanto había buscado en vano: un claro punto de partida del pensamiento y la tarea que eso implicará en su vida. Encontró un ambiente y un orden, un mundo que en él quería expresarse y desarrollarse creativamente. En ese tiempo difícil se pusieron en su vida y en su pensamiento los fundamentos de «todo» lo que vendría después[93].

El modernismo, en su sentido estricto e histórico, designa una crisis del pensamiento dentro del catolicismo que se manifestó a finales del siglo XIX y comienzos del XX. Como tal no formó algo compacto más que por su condena por el decreto *Lamentabili* (17 de julio de 1907) y la encíclica *Pascendi* (8 de septiembre de 1907). Sin embargo, sí se pueden señalar algunas tendencias comunes en un grupo de autores de este período: desde el esfuerzo por superar cierta teología que parecía rígida y esclerotizada, un intento de reformulación de la fe que se adapte más al hombre moderno, una verificación de los fundamentos del cristianismo con la ayuda de los nuevos métodos críticos e históricos, que como vimos anteriormente eran métodos también muy presentes en la teología liberal.

El modernismo encontró en Francia su ambiente más favorable y su figura más destacada en Alfred Loisy (1857-1940), quien desde sus publicaciones y el interés que provocaron sus escritos puede ser consi-

---

[92] «Damals war die Zeit des sogenannten Modernismus. Überall regte sich der Drang, die Ergebnisse der neuzeitlichen Forschung in der Theologie anzuwenden und so aus einem weiterhin erstarrten autoritär-scholastischen Gedankenwesen herauszukommen. Überall empfand man Fragen erkenntnistheoretischer, geschichtlicher, ethischer Art. Zugleich zeigte sich aber de Einfluß der Liberalen Geisteshaltung, und agnostische, relativistische, psychologistische Tendenzen wurden mancherorts zur Gefahr für Glaube und Theologie», R. GUARDINI, *Berichte über mein Leben*, 83.

[93] «In den drei Tübinger Semester gewann ich das, wonach ich bisher vergeblich gesucht hatte: den klaren Ausgangspunkt des Denkens und zugleich die Unabsehlichkeit seiner Aufgabe; eine Atmosphäre und Ordnung, eine "Welt", in welcher das, was in mir schöpferisch werden wollte, sich entfalten konnte. Damals wurden die Grundlagen von alledem gelegt, was nachher kam und immer noch weitergeht», R. GUARDINI, *Berichte über mein Leben*, 86.

derado como el modernista por excelencia[94]. Theobald señala también que aunque la crisis modernista tuvo en Francia su epicentro muy pronto alcanzará Inglaterra, Italia y Alemania, destacando también la importancia que tuvo la destitución de Alfred Loisy como profesor de exégesis bíblica en el Instituto Católico de París, en el inicio de lo que él llama la primera fase de la crisis modernista donde se hace más presente la cuestión bíblica[95].

Loisy intenta despojar la Revelación de toda representación antropomórfica que consistiera en concebirla como la comunicación hecha al hombre por Dios de unas verdades ya acabadas e inmutables, describiendo el acontecimiento revelador: primero en términos de «experiencia religiosa», de «percepción», de «contacto con lo divino». Esta experiencia religiosa primordial se expresa por medio de unas afirmaciones de fe y de unas interpretaciones doctrinales que formula el creyente a lo largo de la historia, tomando conciencia del don de Dios. Esta conciencia en la que Dios actúa es adquirida por el creyente y participa de las condiciones y de los límites de todo conocimiento humano. La verdad de la Revelación no escapa, por lo tanto, a las condiciones de toda verdad humana, marcada por la historicidad y la relatividad, conduciendo esa serie de pensamientos a reducir demasiado exclusivamente la Revelación a una experiencia de lo divino, caracterizándose así los modernistas por no poner de relieve el hecho de la comunicación de Dios mismo, que se realiza en una historia de salvación y de manera especial y definitiva en Jesucristo[96].

Con la publicación de Loisy, *L'Évangile et l'Église* en 1902, dice Theobald que se inició una nueva fase de la crisis esta vez más centrada en el tema de los dogmas y su relación con la historia[97]. Loisy se dedicó a considerar los fundamentos del cristianismo mediante un proceso histórico, desvinculado de la fe y del dogma. Lo que nos recuerda algunas de las críticas que surgieron en torno al historicismo señalando los límites de esa perspectiva al renunciar a todo resultado que no se derivara de la investigación, colocando en un primer lugar absoluto la investigación histórica. La crítica al historicismo señala también el presupuesto inconsciente pero activo desde donde se identifica el *hecho* histórico con el *testimonio* histórico, por lo tanto la historia real con la historia técnica y documentada, poniendo de relieve que el documento

---

[94] Cf. N. PROVENCHER, «Modernismo», 1014.
[95] Cf. C. THEOBALD, «La dogmatización progresiva», 201.
[96] Cf. N. PROVENCHER, «Modernismo», 1014-1015.
[97] Cf. C. THEOBALD, «La dogmatización progresiva», 202.

es siempre algo parcial en relación con la historia real. Sin embargo, desde la mirada del historicismo el documento termina finalmente ocupando el lugar de la realidad. La atención en el historicismo se centra en el efecto percibido o imaginado que producen los actos y se deja en un segundo plano a las personas que producen los mismos actos, las ideas y los pensamientos que los motivaron. Por este camino se corre el riesgo de transformar la historia documentada en algo absoluto que no admite otras fuentes de conocimiento histórico. La complejidad de estos temas es amplia, lo que deseo aquí es solo señalar los problemas que estaban en juego al pensar una ciencia de la historia de forma unilateral y el efecto negativo que producía en una exégesis donde prevalecía la novedad del aporte histórico-crítico, sin reconocer los propios límites y rechazando el aporte de otras fuentes[98].

En esta crisis, un lugar importante lo ocupará el debate sobre el lugar que debían ocupar la razón y la filosofía en el misterio cristiano. Loisy creyó que era posible llegar a *la historia de Jesús* en su materialidad a través de los textos, sin pasar por la fe y por la intencionalidad religiosa que subyace a la producción de estos textos. También aquí se hace presente la crítica a los límites del historicismo en su proyecto de llegar solo desde documentos históricos a la divinidad de Jesús. La documentación histórica hablará evidentemente de la humanidad de Jesús, pero solo la fe podrá reconocer su divinidad[99]. Así se entiende mejor lo que expresa Provencher al decir que la distinción de Loisy entre el «Jesús histórico» y el «Cristo de la fe» aunque no supone como en Bultmann que el conocimiento del Jesús histórico no tenga ningún papel en la fe, ya que Loisy hizo mucho por defender la realidad histórica de Jesús, igualmente se debe reconocer que no profundizó suficientemente en la naturaleza de la intervención de Jesús en la historia. Como así también se debe reconocer que no mostró suficientemente la originalidad de su mensaje y el misterio trascendente y único de su persona[100].

Loisy relaciona la fundación de *la Iglesia* con una voluntad del Cristo inmortal, no con una intención manifestada por Jesús antes de su pasión. Jesús no previó explícitamente una sociedad que tuviera la misión de dar a conocer el evangelio durante los siglos venideros. En este contexto es donde importa situar la palabras de Loisy, recordadas tantas veces para mostrar su escatologismo: «Jesús anunciaba el reino, y vino

---

[98] Cf. G. COLOMBO, *La Ragione Teologica*, 514-516.
[99] Cf. G. COLOMBO, *La Ragione Teologica*, 520.
[100] Cf. N. PROVENCHER, «Modernismo», 1016.

la Iglesia»[101]. La Iglesia vino para continuar la misión de Jesús en la fase de la llegada definitiva del reino. La acomodación al tiempo permitió su nacimiento y su evolución. La Iglesia hace que la Revelación sea siempre contemporánea; y el conjunto de su historia constituye la Revelación permanente, que se produce en la serie de los siglos. Como historiador, Loisy no puede mostrar que Jesús haya fundado la Iglesia; pero la Iglesia no es ni mucho menos extraña a su pensamiento[102]. Las distancias con la perspectiva guardiniana es en este punto también importante: para Guardini, la Iglesia es central en su experiencia de fe, y es su punto de partida en el pensamiento y en sus búsquedas, es el lugar concreto de la contemporaneidad de Cristo, porque el que escucha a la Iglesia lo escucha a Él.

Provencher valora el intento del modernismo de colocar la fe cristiana sobre un telón de fondo más amplio que el de la enseñanza tradicional de la Iglesia, y su deseo de encontrar para esta fe un lenguaje más adecuado a las transformaciones del espíritu humano, del cual el desarrollo de las ciencias modernas era un síntoma. El autor expresa que al oír hablar después de treinta años de la renovación de la exégesis y de la teología, le parece que el proyecto modernista no se trataba de algo a priori inaceptable. Ha sido sin duda el punto de partida valioso de unas investigaciones y de unas soluciones que fueron ciertamente condenadas, pero que siguen siendo cuestiones a pensar y estudiar en los programa de estudios de la teología fundamental. El interés del modernismo y de Loisy no consiste tanto en las soluciones propuestas como en las cuestiones que hicieron surgir, a las que también intentaron responder desde nuevos métodos críticos e históricos, que los condujo a caer también en las redes de cierta mentalidad positivista y subjetiva[103].

Esta breve presentación del modernismo, sin duda muy sintética y parcial desde la selección de la información expuesta, nos parece importante para contextualizar el ambiente desde el que surgen y al que se dirigen las ideas de Romano Guardini. Esta breve mirada del modernismo, que valora también los aspectos positivos de una búsqueda de renovación de la teología católica, intentando expresarla en un modo tal que se encuentre a la altura de su tiempo, nos recuerda los deseos y las ansias del joven estudiante de teología, Guardini, que se traslada de Friburgo a Tubinga también en búsqueda de una teología más moderna.

---

[101] «Jésus annonçait le royaume, et c'est l'Église qui est venue», A. LOISY, *L'Évangile et l'Église*, 153.
[102] Cf. N. PROVENCHER, «Modernismo», 1016.
[103] Cf. N. PROVENCHER, «Modernismo», 1017.

3. Guardini y el modernismo durante sus estudios

El interés que Guardini tenía por los temas teológicos le hicieron pensar que en otra universidad podrían ser mejor orientados que en la universidad de Friburgo con la que no estaba demasiado conforme. Por otro lado, lo atraía también la noticia de un «teólogo moderno» que había llegado recientemente a Tubinga, el profesor de Dogmática Wilhelm Koch. Así fue que, después de algunos nuevos inconvenientes que debió resolver y de dialogar sobre todo con su padre sobre un nuevo cambio de universidad – el quinto durante su tiempo de estudio –, en otoño de 1906 se trasladó a la universidad de Tubinga, donde vivió su más fecundo y feliz tiempo de estudio[104]. Recordando su tiempo en esa universidad Guardini afirma que fue allí donde realmente se produjo su despertar interior[105].

El profesor Koch fue para Guardini la personalidad más importante que conoció en la universidad de Tubinga. Además éste le brindó una gran ayuda para liberarse de la escrupulosidad que sufría desde muy joven y que a veces experimentaba como algo difícil de soportar. La escrupulosidad va en él unida a la tendencia de la melancolía, formando un complejo de efectos que, aunque tuvieron algunos frutos positivos en su persona, también le produjeron un gran sufrimiento y debilitamiento nervioso del cual nunca logró recuperarse totalmente[106]. Sin

---

[104] «Von ihm her gesehen war der Entschluß, Freiburg zu verlassen, durchaus richtig. Ich hätte dort nicht gefunden, was ich brauchte. Was mich nach Tübingen zog, war die Kunde, der dortige Dogmatikprofessor, Wilhelm Koch, sei ein "moderne Theologe" – und außerdem die Anhänglichkeit an die kleine Stadt, in der ich manche schwierige Stunde durchgemacht hatte, die mir aber ans Herz gewachsen war ... Gegen Tübingen erfolgten keine Einwendungen, denn man wußte nichts von ihm, sonst hätte man sicher noch entschiedener als gegen Würzburg Verwahrung eingelegt. Daß aber mein Vater zustimmte, war ein erneuter Beweis seiner Güte. So ging ich also im Herbst 1906 dorthin, und die drei Semester, die ich an der schwäbischen Universität verbrachte, waren die glücklichsten und fruchtbarsten meiner ganzen Studienzeit», R. GUARDINI, *Berichte über mein Leben*, 79.

[105] «In Tübingen bin ich so recht eigentlich innerlich aufgewacht», R. GUARDINI, *Berichte über mein Leben*, 80.

[106] «Die wichtigste Persönlichkeit aber war Wilhelm Koch, der vor noch nicht lange Zeit als Nachfolger von Paul Schanz die Professur für Dogmatik übernommen hatte. Von ihm muß ich mehr sagen. Vor allem, daß er es gewesen ist, der mich von der Not der Skrupulosität befreite [...]. Daß meine Nerven lange Zeit so anfällig waren und sich im Grunde genommen nie ganz erholt haben, schreibe ich zu einem guten Teil dieser sinnlosen Selbstverzehrung zu. Sie hängt mit der schwermütigen Veranlagung zusammen und kann, indem sie den Menschen ernst macht, bis zu einem gewissen Grade positive wirken. Im übrigen zerstört sie nur Urteil und Kraft, ganz abgesehen von der Gefahr eines inneren

CAP. I: EL DESPERTAR DE LA INTUICIÓN

dejar de tener en cuenta esta gran ayuda del profesor Koch que menciona en primer lugar en sus notas autobiográficas, nos dirá después que todavía más importantes para él fueron sus clases (*Noch wichtiger aber wurden für mich Wilhelm Kochs Vorlesungen*). No porque considerara a Koch como un gran teólogo, ya que según Guardini le faltaba la visión de lo esencial y la fuerza de la síntesis, sino por dos de sus características que dejaron una profunda huella en su vida: la *honestidad* y el *rigor* (*Ehrlichkeit und Gewissenhaftigkeit*). Además, la *verdad* era para él algo tan serio que esa pasión por la verdad se percibía en él casi como una parte de su carácter[107].

Guardini afirma también que Koch era uno de los profesores al que se lo combatía por su falta de Ortodoxia. En este tiempo difícil en el que muy fácilmente surgían las sospechas de modernista, apareció el Syllabus antimodernista que colocó en una situación incómoda a los que más o menos apoyaban las tesis que habían sido condenadas. Esto sucedió con el profesor Koch llevándolo a cometer algunos errores importantes, como el que critica Guardini: Koch comentaba en clases los puntos en los que se sentía aludido desde el Syllabus, cuando en realidad ese no era el ámbito ni el momento oportuno, porque por un lado estaba frente a alumnos entre los cuáles también había gente inmadura, y por otro porque a las clases asistían también observadores que eran enviados expresamente para saber lo que se decía[108]. De todos modos probablemente la crítica más importante que Guardini le hace se sitúa en el campo bíblico, ya que este profesor miraba casi exclusivamente los hechos históricos, faltándole capacidad para penetrar en lo esencial y descubrir allí la riqueza de las conexiones internas (*in das*

Kurzschlusses, der den Ängstlichen ins Gegenteil treibt, so daß er alle Hemmungen abwirft», R. GUARDINI, *Berichte über mein Leben*, 81-82.

[107] «Noch wichtiger aber wurden für mich Wilhelm Kochs Vorlesungen. Seine beste Kraft waren Ehrlichkeit und Gewissenhaftigkeit. Er war kein großer Theologe, dazu fehlte ihm der Blick ins Wesentliche und die Kraft der Synthese; aber die Wahrheit war ihm in einer Weise ernst, daß man fühlte, sie wurde bei ihm zum Charakter», R. GUARDINI, *Berichte über mein Leben*, 83.

[108] «Noch steht es mir vor Augen, wie er nach dem Erscheinen des Syllabus auf dem Katheder stand, und seinen Hörer – unter denen zum Teil ganz unreife Leute, dazu aber auch bestellte Beobachter saßen – Rechenschaft gab, worin er sich durch den päpstlichen Erlaß getroffen fühlte! Wie manches Mal haben wir dagesessen und uns um ihn gesorgt! Sicher war manches an dem, was er sagte, falsch und vieles fehl am Platz, sicher hat er auch Manchem Unruhe gebracht; anderen aber hat er durch seine Ehrlichkeit den Geist gereinigt und das Urteil selbständig gemacht», R. GUARDINI, *Berichte über mein Leben*, 84.

Wesen einzudringen und den Reichtum der Zusammenhänge aufzuschließen)[109].

Guardini, incluso cuando recuerda los aspectos negativos que descubría en el profesor Koch, siempre subraya su gran honestidad, que en algunos casos desorientó pero en muchos casos purificó el espíritu y le proporcionó independencia de juicio (*sicher hat er auch Manchem Unruhe gebracht; anderen aber hat er durch seine Ehrlichkeit den Geist gereinigt und das Urteil selbständig gemacht*). Además fue el primer profesor que se preguntaba por el valor vital de los dogmas[110]. A pesar de la ayuda que el profesor Koch brindó a Guardini, siente que desde la independencia de juicio y desde la honestidad intelectual aprendida de este gran profesor debe también emitir un juicio crítico hacia algunos aspectos de esta importante figura, no de la teología pero sí de su historia personal.

Una última cosa que deseaba indicar es otro de los errores que Guardini ve en Koch al mirar exclusivamente el hecho histórico bíblico desde un excesivo respeto por las ciencias y demasiada poca conciencia de la Revelación como realidad y fuerza fundamental desde la que, según Guardini, hay que construir con optimismo (*Zuversicht*) la nueva imagen de la creación que se llama teología[111]. El problema del modernismo contra el cual la Iglesia quería «defenderse» se refería en gran parte al no superado debate entre teología, conocimiento histórico moderno y lingüístico. Desde la información que Guardini nos ofrece, creo que se pude observar la problemática similar relacionada con el profesor Koch y a esta misma dirección se dirigen sus críticas.

---

[109] «Ein tieferer Mangel war, daß er fast nur geschichtlich-biblische Faktum sah, ihm aber die Kraft fehlte, in das Wesen einzudringen und den Reichtum der Zusammenhänge aufzuschließen. Bei ihm kam es über das, was man positive Theologie nennt, nicht viel hinaus», R. GUARDINI, *Berichte über mein Leben*, 84.

[110] «Dafür war er, soviel ich weiß, der Erste, der nach dem Lebenswert der Dogmen fragte; unzulänglich zwar, auf eine kurzatmige Brauchbarkeit hin, aber er tat es», R. GUARDINI, *Berichte über mein Leben*, 84.

[111] «In Wilhelm Kochs Wesen war eine gewisse Kärglichkeit. Überall fühlte man einen aufopfernden Fleiß, eine große Gewissenhaftigkeit, ein Verlangen, an das zu Kommen, was wirklich ist; ihm ging aber alle theologische Größe ab. Er hatte zu viel Respekt vor der "Wissenschaft", wie sie damals aufgefaßt wurde; dafür zu wenig Bewußtsein von der Offenbarung als gebender Tatsache und Kraft, von ihr aus mit Zuversicht jenes Bild der neuen Schöpfung aufzubauen, welches Theologie heißt. So war das Endergebnis seiner Vorlesungen doch unbefriedigend, und mancher Hörer hat sie wohl mit dem Gefühl verlassen, Kochs habe ihn aus der ruhigen Sicherheit des Herkömmlichen herausgerissen, ohne ihm dafür etwas Entsprechendes zu geben», R. GUARDINI, *Berichte über mein Leben*, 84.

Hanna Barbara Gerl sostiene que Pio X había querido llamar la atención principalmente sobre dos errores que habían penetrado en la interpretación de la fe y del dogma: el agnosticismo y el inmanentismo; desde los cuales la Revelación se consideraba solo como un producto subjetivo o meramente histórico. En la exégesis bíblica, Alfred Loisy se remite al historicismo y al evolucionismo del tiempo: la Biblia y la dogmática se transformaron en fruto de una evolución natural de la conciencia[112]. Se intentará ahora considerar algunos de los efectos que produjeron las ideas del profesor Koch en otros estudiantes de Tubinga cercanos a Guardini.

3.1 *El profesor W. Koch mirado por estudiantes de Tubinga*

En Tubinga, Guardini conoció a Josef Weiger, también estudiante de teología, con el que a partir de ese tiempo lo unió una amistad que duraría toda su vida. Otra persona muy importante en la vida de Guardini que también compartió su tiempo de estudios en Tubinga fue Karl Neuendörfer a quién conocía desde la niñez. Neuendörfer después de haber estudiado leyes comenzó en Tubinga sus estudios de teología y fue ordenado sacerdote el mismo día que Guardini en Mainz. Josef Weiger y Karl Neuendörfer y el mismo Guardini, experimentaron el efecto liberador que el profesor Wilhelm Koch transmitía desde la seriedad con que buscaba la verdad. Tenían por este profesor una gran estima y lo defendían en lo que podían, pero también ellos en un momento se separaron interiormente de este profesor.

Josef Weiger se oponía a la falta de libertad y chatura del tradicionalismo, por ese motivo el modo en que Koch cuestionaba y hablaba fue para él liberador; pero no pensaba que se debiera abandonar la profundidad y la fuerza de la tradición. Para Karl Neuendörfer todos los esfuerzos por ganar claridad y alejar el error eran bienvenidos, y esto era algo que caracterizaba el trabajo de Koch; pero su experiencia en la Iglesia no le consentía aceptarla al modo como terminaba haciéndolo Koch, solo como un límite y un freno (*was Kirche heißt. Er konnte sie nicht, worauf es bei Koch doch wohl hinauskam, als Grenze und Einschränkung empfinden, sondern sie stand für ihn im Mittelpunkt*). Para Guardini, ya vimos que el profesor Koch era además alguien que lo había ayudado en el importante descubrimiento en su vida de *una verdad objetiva* y la posibilidad de vivir desde ella; pero experimentaba intensamente algo que se hizo presente en su vida desde su conversión:

---

[112] Cf. H.-B. GERL, *Romano Guardini*, 54-55.

si era católico lo era plena y totalmente, o no lo era para nada. Descubría el pensamiento de Koch como un aire puro y un espacio claro para pensar, pero esto por sí solo no era suficiente para él[113]. En Guardini y en ese grupo de amigos suyos la Iglesia y la tradición revestían una importancia central en sus vidas de creyentes y estudiantes, lo cual no consideraban que fuera igualmente valorado por el profesor Koch.

Guardini, valorando la tarea de este profesor comentó en las notas autobiográficas los motivos que producen la separación interior. La crítica se dirige al espacio enorme que el profesor Koch daba a las ciencias para discernir la verdad, purificándola de lo que era falso. No porque estuviera mal, ya que en su grupo de amigos y compañeros también valoraban el aporte de las ciencias, pero criticaban la falta de *equilibrio* que se manifestaba en el espacio mínimo que tenía en este importante trabajo el conocimiento desde la fe. Descubrían así que en aquel valioso profesor faltaba lo más importante y lo que diferencia la esencia del conocimiento teológico creyente de las otras formas de conocimiento. Faltaba para ellos una consideración mayor y más profunda de la Revelación como el hecho originante del conocimiento teológico, y de la Iglesia no solo como límite sino como portadora de la Revelación[114].

---

[113] «Josef Weiger kam aus einer gläubigen Familie von alter katholischer Tradition. Dann war er Novize in Beuron gewesen und hatte die Haltung des benediktinischen Wesens in sich aufgenommen. Er hatte wohl gegen die Unfreiheit und Geistlosigkeit des Herkömmlichen opponiert, und die Art, wie Koch fragte und sprach, war für ihn eine Weiterführung der befreiende Wirkung Beurons; er dachte aber nicht daran, die religiöse Tiefe und autoritäre Kraft der Tradition loszulassen. Karl Neuendörfer wollte in allem klare Bahn, daher war ihm jede Bemühung willkommen, die Falsches wegräumen und Verkehrtes in Ordnung brachte. Er hatte aber erlebt, was Kirche heißt. Er konnte sie nicht, worauf es bei Koch doch wohl hinauskam, als Grenze und Einschränkung empfinden, sondern sie stand für ihn im Mittelpunkt [...]. Ich war mir klar: wenn katholischer Christ, dann ganz und ohne jeden Abstrich, oder aber gar nicht», R. GUARDINI, *Berichte über mein Leben*, 85.

[114] «Erkannten aber auch, daß sie bei Koch an der weniger wichtigen Stelle da war, an der wichtigeren aber fehlte. Es war gewiß wichtig, geschichtliche, textkritische, psychologische Fragen zu stellen, und das Richtige vom Falschen zu scheiden; die Hauptaufgabe der theologischen Kritik bestand aber darin, das Wesen der gläubig-theologischen Erkenntnis von dem der anderen Erkenntnis – und Wissenschaftsformen zu unterscheiden; sie in ihre Quelle zu fundieren, ihre Maßtabe festzustellen und aus ihrem Wesen alle Konsequenzen zu ziehen. Wir entdeckten – das Wort im Sinne der Tragweite der Sache bewußten ersten Sehens genommen – die Offenbarung als das "gebende Faktum" der Theologischen Erkenntnis, die Kirche als ihre Trägerin und das Dogma als die Ordnung des theologischen Denken [...]. Wir waren dezidiert nicht-liberal», R. GUARDINI, *Berichte über mein Leben*, 85-86.

Estos tres jóvenes tenían un perfil que no era el que caracterizaba a la teología liberal, y todavía tenían algo más reprobable, considerado desde la perspectiva de aquella teología: el hecho de aceptar como *central* y *básico* para el pensamiento teológico algo que para los liberales era considerado como perturbador y esclavizante (*was die liberale Haltung als Beunruhigung und Fessel empfunden hatte*)[115]. La centralidad de la Revelación, la tradición, la Iglesia, los dogmas y la experiencia de que *el espíritu creyente* era la auténtica revolución copernicana que les abría el horizonte para penetrar en la profundidad y la plenitud de la verdad religiosa los alejaba decididamente de la teología liberal.

Guardini hace una importante afirmación relacionada con este tiempo de estudios en Tübingen cuando dice que en esos tres semestres de estudio en Tübingen logró lo que durante mucho tiempo había buscado inútilmente. Logró un claro punto de partida, un ambiente y un orden; expresando que fue entonces que se pusieron los fundamentos de todo lo que vino después. Nos podríamos preguntar si también se pusieron durante ese tiempo los fundamentos desde los que llevará adelante su tarea de interpretación. Creo que una pregunta de ese tipo podría ser respondida a esta altura solo parcialmente, pero sí podríamos subrayar una vez más lo que Guardini ya dijo. Hablando de sus amigos y de los motivos por los que interiormente se separaron del profesor Koch podríamos destacar primero los aspectos positivos que ellos valoraban en él: no comunicaba solo conocimientos sino que transmitía el esfuerzo serio y honesto por la búsqueda de la verdad, esa búsqueda de la verdad purificó y liberó el espíritu de muchos de sus alumnos y les enseñó a trabajar con seriedad y precisión en buscar la verdad y en descubrir dónde estaba el error. Pero también se pusieron fundamentos que no coincidían con el pensamiento de Koch, ya que para estos jóvenes la tradición y la Iglesia no era algo que se asemejara a las cadenas que quitan libertad de pensamiento. La Iglesia es esa realidad misteriosa que está en la historia y es garantía de lo eterno, y para Guardini mismo es una condición de posibilidad para la

---

[115] «Wir nahmen gerade das, was die liberale Haltung als Beunruhigung und Fessel empfunden hatte, zur Basis des Denkens und machten die Erfahrung, daß sich uns erst durch diese "kopernikanische Wendung" des gläubigen Geistes die Tiefe und Fülle der Heiligen Wahrheit erschloß; uns aber außerdem ein Blick auf die Weite und Wirklichkeit der Welt hinzugeschenkt wurde, wie ihn die Liberale Haltung mit ihrem beständigen Hinüberschieln zur profanen Wissenschaft und ihrer verbitterten Opposition gegen die kirchliche Autorität nicht hatte», R. GUARDINI, *Berichte über mein Leben*, 86.

búsqueda de la verdad, ya que ella es también la que custodia la verdad divina constantemente amenazada por el querer y no querer humanos[116].

Algunos pensamientos guardinianos interesantes en torno a la Iglesia expresados en sus notas autobiográficas, partiendo de una experiencia de oración con una comunidad de monjes, nos indica tres aspectos. Al recordar aquella primera vez que rezó completas en la Abadía de Beuron dice Guardini que *en toda la Iglesia se percibía un misterio santo y salvífico a la vez* (*Durch die ganze Kirche waltete ein Geheimnis, heilig und bergend zugleich*)[117]. Este misterio santo y salvífico es el primer aspecto que subraya para indicar luego otro aspecto presente en la Iglesia, el *sociológico-jurídico* en cuanto que se trata de una comunidad en la acción y la lucha. Desde el aspecto de la *unidad* en la contemplación en la adoración, y el de la *acción* se percibe para Guardini un tercer aspecto importante de la Iglesia en cuanto *custodia de la verdad divina*. El misterio que habita la Iglesia no se agota solo en algo conceptual, sino que se trata también de algo vivo, presente en la comunidad orante, que posibilita la difícil tarea de custodiar la verdad divina. Esta experiencia que Guardini expresa y ordena en lo diferentes aspectos mencionados, nos habla de una realidad eclesial profundamente arraigada en él, que lo colocaba fuera de ese ámbito liberal de pensamiento, que miraba la Iglesia como un impedimento para pensar y para llegar a la verdad.

La distancia con el pensamiento liberal puede hacer surgir la pregunta si en ese tiempo se acentúo en Guardini una identificación y una unión vital con el pensamiento propuesto por el antimodernismo. Primero, creo que sería importante recordar lo que se dijo relacionado con la valoración positiva de las ciencias y su aporte a la teología, recordando que sus críticas se dirigen a la falta de equilibrio que se produce en algunos teólogos, como el profesor Koch, que al pensar la

---

[116] «Worum meine Gedanken immer kreisten, war die Kirche, die geheimnisvolle Wirklichkeit, die so tief in der Geschichte steht und doch Garantin des Ewigen ist [...]. Und nun meinten Karl Neuendörfer, das Leben der Kirche müsse vor allem von zwei Seiten her faßbar sein: der soziologisch-juridischen, als der Gemeinschaft des Handels und Kämpfens – und der liturgischen, als der Einheit des kontemplativen, schauenden, betenden Tuns. Durch beide hindurch ziehe sich der dritte Aspekt der Kirche als Wahrerin der durch menschlichen Wollen und Nichtwollen immerfort gefährdeten göttlichen Wahrheit», R. GUARDINI, *Berichte über mein Leben*, 88.

[117] «Mein erster Besuch dort – Kloster Beuron – ist mir tief in Erinnerung. Es war Abend [...]. Die Kirche war schon dunkel, nur wenige Lichter im Chor. Die Mönche standen an ihren Plätzen und beteten die schönen Psalmen der damals immer gleichlautenden Complet auswendig. Durch die ganze Kirche waltete ein Geheimnis, heilig und bergend zugleich», R. GUARDINI, *Berichte über mein Leben*, 87.

teología hacen escuchar la voz de las ciencias de forma casi unilateral. Desde aquí, pienso, se pueda afirmar que en Guardini no tiene sentido hablar de un rechazo de las ciencias, aunque sí se puede hablar de una mirada diferente y de una propuesta diferente sobre la forma de integrar las ciencias en la tarea teológica. Guardini subrayará la importancia de integrar la tarea científica moderna con el trabajo teológico pero indicando como necesario e imprescindible que la teología esté *centrada* en su objeto y sea guiada por la fe, para que las ciencias auxiliares puedan realmente ayudar y enriquecer el pensamiento teológico de forma eficaz.

El profesor Hans Mercker expresa dos pensamientos interesantes relacionados con el tema que tratamos. El primero dice que desde la distancia que Guardini finalmente toma del profesor Koch surge más claramente su propio pensamiento, pero que de ninguna manera se puede afirmar que de este encuentro surja la totalidad del pensamiento de Guardini. A partir de su *experiencia de conversión* logra ver con más claridad su posición desde la Revelación, la fe y la Iglesia. Sin cerrarse en esta nueva posición, sino permaneciendo abierto y sensible a una posición crítica desde la búsqueda de la verdad que purifica el espíritu[118]. El punto de partida que encontró en Tubinga es acompañado desde una apertura que lo preservó de transformarse en un fanático, y en esto colaboraron principalmente el profesor Koch y sus amigos Josef Weiger y Karl Neundörfer[119].

La segunda idea de Mercker que nos interesa subrayar es aquella en la que expresa lo inapropiado de ubicar o considerar a Guardini desde la alternativa entre modernista o antimodernista, ello sería desconocer el pensamiento de Guardini. Lo mismo afirma también Ratzinger rechazando las afirmaciones de F. Messerschmid y también lo que de forma similar afirma K. Rahner. Estos últimos sostienen que Guardini permaneció dentro de los límites trazados en ese tiempo debido al gran impacto que le produjo la contienda causada por la crisis modernista[120].

---

[118] Cf. H. MERCKER, *Christliche Weltanschauung als Problem*, 43.

[119] «Wäre ich mir allein überlassen gewesen, dann hätte das Erlebnis zuerst meiner Ratlosigkeit und dann jener Bekehrung des Denkens mich wahrscheinlich zum Fanatiker gemacht. Wilhelm Koch – und meine beiden freunde – bewahrten mich davor und halfen mir, die Unbedingtheit des gläubigen Denkens mit dem unbefangenen Blick auf die Wirklichkeit der Dinge und den Reichtum del Kultur ins Verhältnis zu bringen», R. GUARDINI, *Berichte über mein Leben*, 86.

[120] «Guardinis Standortbestimmung ist durch seine Distanzierung von Koch profiliert hervorgetreten, aber keineswegs aus der Begegnung mit Koch erst entstanden. man würde Guardini verkennen, wolte man ihn innerhalb der Alternative Modernismus oder Antimodernismus einordnen. Insofern es Ratzinger zuzustimmen, der die Ansicht F. Messer-

Mercker cita este texto de Ratzinger pero cometiendo un error: en su libro escribe que fue debido a la crisis antimodernista que Guardini permaneció en aquellos límites (*Guardini sei aufgrund des antimodernistischen Schocks "innerhalb der damals gesetzten Grenze geblieben"*), pero Ratzinger escribe que fue debido al impacto de la crisis modernista y no antimodernista (*er – Guardini – sei nun aufgrund des Schocks der modernistischen Krise "innerhalb der damals gesetzten Grenzen geblieben"*)[121]. Igualmente tanto Ratzinger como Mercker ubican el pensamiento de Guardini más allá de esta tensión entre modernismo o antimodernismo, sosteniendo ambos teólogos la centralidad que tanto la Revelación como la fe tienen en la propuesta teológica y en el pensamiento de guardiniano.

La experiencia de su conversión manifiesta también aquí un rol importante. Es desde esta experiencia que Guardini expresa su situación decididamente no liberal pero ello no implica que se considerara un antiliberal. Valora la crítica y el pensamiento del profesor Koch desde su búsqueda de la verdad y honestidad, pero señalando sus límites, sin ubicarse en la posición contraria del antimodernismo que por ese tiempo atacaba de forma no muy justa ni noble al profesor Koch con el frecuente pecado de ortodoxia, con el cual Guardini también mantiene sus diferencias (*Koch – bekämpft wurde und zwar – die so häufige Sünde der Ortodoxie!- in einer nicht sehr hochstehenden Weise*)[122]. Para Silvano Zucal la actitud de Guardini durante este tiempo de fuertes tensiones estuvo caracterizado por una mirada que supo ver lo que en aquellos conflictos había de legítimo pero sin formar parte de un tipo de pensamiento escolástico que se cerraba a toda relación positiva con la

---

schmids und K. Rahner zurückweist, Guardini sei aufgrund des antimodernistischen Schocks "innerhalb der damals gesetzten Grenze geblieben". Guardini ist weder Modernist noch Antimodernist. Zu beiden Positionen nimmt er durchaus selbständig Stellung, sei es kritisch oder zustimmend», H. MERCKER, *Christliche Weltanschauung als Problem*, 43.

[121] J. RATZINGER, ed., «Von der Liturgie zur Christologie», 132.

[122] «bekämpft wurde und zwar – die so häufige Sünde der Ortodoxie! – in einer nicht sehr hochstehenden Weise. So war er für uns ein Mann, welcher der Wahrheit Zeugnis gab, ein Kämpfer, um den sich ein Verhängnis zusammenzog, und wir standen mit ganzem Herzen zu ihm», R. GUARDINI, *Berichte über mein Leben*, 83-84. Más detalles sobre el caso del profesor Koch y los problemas que finalmente lo condujeron fuera del ámbito académico pueden ser vistos en el estudio realizado por Max Seckler (M. SECKLER, *Theologie vor Gericht*). Koch fue acusado en dos oportunidades y debió enfrentar dos procesos. Finalmente dejó la universidad y se dedicó a la actividad de párroco, aunque tampoco vivió libre de acusaciones su actividad parroquial. Esta vez las acusaciones apuntaban a sus homilías.

filosofía moderna[123]. Zucal cita a Rahner cuando el profesor alemán hablando de la controversia del modernismo indica las profundas heridas que esta época produjo, pero al mismo tiempo afirma que fue gracias a hombres como Romano Guardini que se logró encontrar un nuevo camino de unidad y diálogo entre la Iglesia y la cultura de ese tiempo (*Daß aber die reaktionär-konservative Periode innerlich zu Ende ging, das ist eigentlich das gar nicht selbstverständliche Verdinst von verhältnismäßig wenigen Männern [...]. gewiß zahlt zu ihnen Romano Guardini*)[124].

Para ser considerado libre de toda sospecha de modernismo se debía renunciar a los resultados provenientes de consideraciones empíricas, manteniéndose fiel solo a la tradición de la fe. Guardini logró evitar esta renuncia, manteniendo al mismo tiempo una completa responsabilidad hacia la Iglesia y la Revelación. Esto constituye, según Bárbara Gerl, su mérito más importante, que tuvo gran valor primero a nivel personal y después a nivel general; señalándonos que el camino que hizo posible esto partía desde su experiencia en Tubinga[125]. Nos resulta interesante la posición de la profesora Gerl, que desde otra perspectiva, muestra como Guardini intentaba ubicarse más allá de la disputa entre modernismo y antimodernismo, manifestando por un lado su voluntad de salir de la estrechez psicológica del antimodernismo de la que finalmente fue víctima el profesor Koch, y expresando también su decidida

---

[123] Cf. S. ZUCAL, ed., «Introduzione», 15-16.

[124] «Der Kampf der Kirche gegen den Modernismus war zwar gewiß auch der entschlossene und siegreiche Kampf für ihr letztes theologisches Selbstverständnis, für ihren Besitz einer göttlichen Offenbarung und eine Legitimation, die von Gott und nicht von den Menschen herkommt. Aber er war doch auch, empirisch gesehen, der Kampf eines Integralismus, der das ganze Leben unmittelbar kirchlich verwalten wollte; einer Neuscholastik, die sich in einem restaurativen Dek – und Lebensstil aus der ersten Hälfte des 19. Jahrhunderts einem positiven Verhältnis zur neuzeitlichen Philosophie verschloß [...]. Daß aber die reaktionär-konservative Periode innerlich zu Ende ging, das ist eigentlich das gar nicht selbstverständliche Verdinst von verhältnismäßig wenigen Männern im west – und mitteleuropäischen Raum, die ich nun hier nicht aufzählen kann. Aber gewiß zahlt zu ihnen Romano Guardini und nicht an letzter Stelle» K. RAHNER, «Ansprache zum 80. Geburtstag», 660.

[125] «Guardini geriet mit seine Studienzeit ab 1906 in die entscheidenden Jahre dieser kirchlichen Einmauerung. Nur die Absage an die Erfahrungswerte und das Bestehen auf der reinen Glaubensüberlieferung konnte vom Modernismusverdacht befreien. Daß es Guardini gelang, diese Absage zurückzunehmen *und* dabei der Kirche und der Offenbarung im tiefsten uneingeschränkt verantwortlich zu bleiben, ist seine grundlegende, zuerst persönlich, dann allgemein wichtig gewordene Leistung. Die Bahn, auf der dies möglich war, wurde in Tübingen eingeschlagen», H.-B. GERL, *Romano Guardini*, 55-56.

voluntad de mantenerse en las coordenadas trazadas por el dogma[126]. Gerl considera que una tal actitud le fue posible a Guardini desde su singular forma de mirar la realidad caracterizada por su capacidad de mantener unidos polos en tensión, lo cuál fue plasmado y manifestado más claramente en su teoría del contraste. En el próximo capítulo nos detendremos en este pensamiento de polos contrastados, que fue metodológicamente fundado en su juventud junto con Neundörfer, quien le brindará a su vez una importante ayuda para superar el conflicto y dirigir su voluntad a lo esencial y valioso en la Iglesia[127].

3.2 *La imagen de la Iglesia entre tensiones y transformaciones*

La Iglesia del 1900, sobre todo en el periodo que va de la Primera a la Segunda Guerra Mundial, fue experimentando una nueva valoración. El fenómeno del Nacionalsocialismo influyó notablemente para que el tema de la Iglesia, que antes se caracterizaba principalmente por marcar diferencias, cobrara una nueva fuerza y se transformara en una palabra clave y congregante. Desde la Iglesia se deseaba mostrar una alternativa a la política opresiva desde la cual el Estado pretendía ser la única forma posible de comunidad entre las personas. En ese momento en el que la Iglesia pasaba a tener un nuevo significado y desde esta nueva forma de comunión que iba naciendo en torno a ella, surgió en Guardini la inquietud por entender mejor esa «nueva» realidad. También intentaba entender y mirar la Iglesia luterana desde los diferentes grupos presentes al interno del protestantismo y desde las distintas ideas acerca de lo que fuese la fe para ellos. Pero desde esa mirada luterana crecía en Guardini la confusión de lo que realmente significaba la Iglesia para los protestantes (*kam mir*

---

[126] El profesor Koch fue finalmente condenado y puesto en el índice en 1916, perdiéndo también su cátedra, pero a pesar de todo ello algunos años más tarde Guardini le dedicará su libro sobre Pascal, expresando una vez más su libertad y su gratitud al profesor Koch (cf. H.-B. GERL, *Romano Guardini*, 56). Tal vez esta era otra manera de subrayar el valor de lo que aprendió de él, la importancia de la verdad. Lo que otros callaban bajo el peso de la autoridad y lo sometían a la incondicionalidad de la fe, Koch lo exponía abiertamente y con gran honestidad en clases.

[127] «Worin lag nun also ein Entkommen aus Scylla und Charybdis, dem unerleuchtenten Dogmatismus und dem ebenso unerleuchteten Relativismus? Hilfreich war ihm die bereits damals mit Neundörfer zusammen gewonnene Denkfigur des "Gegensatzes", wovon noch ausführlich die Rede sein wird. Diese methodisch fundierte Denken gewährte ihm die Möglichkeit, die doch vordergründig bleibenden Setzungen des Modernismusstreites zu überholen und seine Kraft auf das Wesentliche, das Gültige an der Kirche zu richten, ja, sein Denken durch die Kirche selber ausrichten zu lassen», H.-B. GERL, *Romano Guardini*, 59.

CAP. I: EL DESPERTAR DE LA INTUICIÓN

doch immer wieder, die Frage, was denn diese "Kirche" nun eigentlich sei). Después de constatar que la Iglesia no contaba, en el ámbito protestante, con una imagen clara, hablará siempre más frecuentemente sobre su intuición (*Gefühl*) de que al cristiano protestante le falta una relación originaria con la Iglesia (*das Gefühl, der evangelische Christ habe zu dem, was Kirche heißt, kein ursprüngliches Verhältnis*)[128].

Después de señalar la poca claridad que constataba en la figura de la Iglesia luterana, Guardini continúa su exposición (*Evangelisches Christentum*) en aquella comunidad protestante a la que fue invitado, expresando lo que para él mismo es y significa la Iglesia. Pero esto lo hace compartiendo su experiencia personal acerca de cómo nació su relación personal con ella, y qué lugar ocupa ella en la vida creyente (*ich wolle Ihnen sagen, was mir selbst die Kirche bedeutet; wie mein eigenes Verhältnis zu ihr sich begründet hat*)[129]. Sabe que puede tener alguna expresión desacertada y es conciente que tales expresiones pueden conducir a una discusión inútil; pero no quiere polemizar con nadie, aun menos desde los temas que trata, afirmando en esta oportunidad su desconfianza en las discusiones cuando se tratan temas religiosos. Confía más en los diálogos que se realizan en pequeños grupos, y más todavía en los diálogos de a dos, donde se puede hablar con más serenidad sobre lo que cada uno piensa (*Lassen Sie mich aber offen sagen, daß ich in religiösen Dingen von Diskussionen nicht viel halte*).

Las palabras de Guardini intentarán ser las palabras de un teólogo que acostumbra a hablar de los temas que le competen desde un pensamiento crítico (*Doch darf ich wohl daran erinnern, daß Sie es mit einem Theolo-*

---

[128] «Da gewann das Wort eine neue Intensität; ja es wurde zum Kampfwort gegen die Gewalttätigkeit des Staates, der den Anspruch machte, die einzige Gemeinschaftsform der in ihm lebenden Menschen zu sein. Ihm gegenüber wurde, möchte ich sagen, das "Recht auf Kirche" aufgerichtet. Da empfand ich lebendige Gemeinsamkeit. Wenn ich aber dann an die Vielzahl der Gruppen und an die Verschiedenheit der Glaubensvorstellungen innerhalb des evangelischen Christentums überhaupt dachte, kam mir doch immer wieder, die Frage, was denn diese "Kirche" nun eigentlich sei. So bildete sich, wie gesagt, das Gefühl, der evangelische Christ habe zu dem, was Kirche heißt, kein ursprüngliches Verhältnis», R. GUARDINI, *Evangelisches Christentum*, 225.

[129] «Damit kann ich mich natürlich irren, und man könnte darüber in eine Diskussion eintreten. Lassen Sie mich aber offen sagen, daß ich in religiösen Dingen von Diskussionen nicht viel halte. Wohl von Gesprächen in kleinem Kreise, am besten zu zweit, so daß man genau prüfen kann, was das Wort meint und es wieder in Ordnung bringen, wenn es fehl geht; nicht aber in Diskussionen unter und vor Vielen. So habe ich mir etwas anderes ausgedacht: ich wolle Ihnen sagen, was mir selbst die Kirche bedeutet; wie mein eigenes Verhältnis zu ihr sich begründet hat, und wie sie für mich im religiösen Leben steht», R. GUARDINI, *Evangelisches Christentum*, 225-226.

gen zu tun habe, der gewohnt ist, die Dinge in kritischem Denken zu objektivieren). Sin embargo, por otro lado, afirma que su pensamiento crítico no es solo teórico, sino que también se trata de pensamientos detrás de los cuáles se encuentra una experiencia concreta de años en relación con el ámbito protestante sobre todo en la Universidad de Berlín, recordando que gran parte de sus alumnos eran protestantes (*Andererseits haben Sie aber auf diese Weise die Sicherheit, daß Sie nicht bloß Theoretisches zu hören bekommen, sondern Gedanken, hinter denen Erfahrung steht*)[130]. Una vez más se subraya la importancia de la experiencia, sin descuidar el carácter teórico y crítico que caracteriza su actividad de teólogo, pero que desea complementar desde una mirada vital. Intentando mantener la unidad de vida y pensamiento crítico, expone su relación personal con la Iglesia, intentando mostrar cómo él logró encontrar mayor claridad en un tema que descubre en ese ámbito protestante como algo poco claro.

3.3 *Relación de Guardini con la Iglesia*

La relación de Guardini con la Iglesia forma parte de un difícil y sufrido camino de búsqueda que lo condujo finalmente a ella. En relación con este camino nos habla el profesor italo-alemán muy brevemente en primer lugar de los años en los que estudiaba química y economía. Esto reviste un significado particular desde el contacto y la experiencia que le proporcionó un estilo de conocer que posee una dirección diversa respecto a otras formas de conocimiento con matices propios como los que manifiesta el conocimiento teológico. Desde este primer contacto con el conocimiento científico y los resultados que de él se derivan sintió surgir un profundo conflicto y el principio de lo que después será una gran crisis de fe. Guardini se pregunta si puede seguir creyendo lo que en casa, en la escuela o a través de las homilías se le dijo, o debería más bien ser honesto con él mismo y dejar ya de lado todo aquello que se relaciona con la fe[131].

---

[130] «Doch darf ich wohl daran erinnern, daß Sie es mit einem Theologen zu tun habe, der gewohnt ist, die Dinge in kritischem Denken zu objektivieren; so brauchen Sie nicht zu befürchten, Sie möchten mit allzu Persönlichen behelligt werden. Andererseits haben Sie aber auf diese Weise die Sicherheit, daß Sie nicht bloß Theoretisches zu hören bekommen, sondern Gedanken, hinter denen Erfahrung steht. Aus dem Gesagten wird dann ganz von selbst deutlich werden, worin mir die evangelische Vorstellung von Kirche unverständlich, bzw. unzulänglich erscheint», R. GUARDINI, *Evangelisches Christentum*, 226.

[131] «Der junge Mensch, der ins wissenschaftliche Leben eintritt – besonders wenn er, wie in meinem Fall, zunächst nicht Theologie, sondern anders studiert – prüft naturgemäß seine Stellungnahme zum Glauben. Er macht seine Krisen durch. Er fragt, ob er das, was ihm zu Hause, in der Schule und durch die Predigt gesagt worden ist, glauben

Los interrogantes que nacen en el ámbito del conocimiento lo conducen a esos cuestionamientos de tipo religioso que ponen en crisis una parte importante de su vida. Luego experimentará el deseo de lo religioso, pero de forma confusa y poco clara. Esto le provocará un gran sufrimiento pero se anima a seguir buscando desde el difícil camino de una fe que pensaba como casi inexistente o definitivamente perdida. Mientras Guardini narra una parte de su propio camino de búsqueda, no desea presentarlo como una experiencia desde la que debiera surgir una teoría general para entender el camino que se debe seguir en la búsqueda de fe católica. Su camino es uno de los posibles, y en este caso se habla desde esta perspectiva porque forma parte de su propia experiencia que cree importante compartir. Nuestro autor desea hablar de su historia porque también quiere situarnos en el contexto espiritual desde donde surgen sus palabras[132]. Además, creo que una vez más se subraya la importancia que le atribuye a la propia experiencia, no como lo único determinante, pero sí como algo importante que nos habla de un contacto íntimo consigo mismo, como así también de la particular importancia de algunas experiencias que vuelven a ser pensadas y narradas después de casi cincuenta años.

Entre esas experiencias que marcaron intensamente su historia y su camino hacia la Iglesia, se encuentra aquella de su conversión, que en este escrito insinúa en pocas palabras, mencionando el mismo texto bíblico que lo guió en aquella oportunidad: «El que encuentre su vida, la perderá; y el que pierda su vida por mí, la encontrará» (Mt 10,39). Estas palabras del Nuevo Testamento tuvieron para Guardini una gran resonancia e intensidad, y hablan de algo que según él es fundamental para la vida del creyente: solo dejándose guiar y entregándose, se puede llegar a lo más profundo de sí mismo, a un auténtico encuentro consigo mismo. Después de haber logrado reconocer este movimiento, que im-

---

könne; ja ob er es unter dem Maßstab der Wahrheit glauben dürfte bzw. solle. Fragt, ob und wie es ihm Halt für seine Existenz und Führung für sein Leben und Arbeiten geben werde. Vielleicht meint er zuerst um der Ehrlichkeit willen mit ihm brechen zu müssen; dann regt sich aber doch wieder der Wunsch, einen Stand im Religiösen zu gewinnen, und eine neue Bemühung um die christliche Wahrheit setzt ein», R. GUARDINI, *Evangelisches Christentum*, 226.

[132] «Und nun wollen Sie bitte aus dem, was ich sage, keine allgemeine Theorie darüber heraushören, wie der Weg zum Glauben führen müsse; auch nicht, wie er auf katholischer Seite gewöhnlich führe, sondern wie er in bestimmten Fällen – hier in meinem Fall – geführt hat. Da ich Ihnen aber keine Biographie erzählen will, ordne ich die verschiedenen Bewegungen und Vorgänge auf einen letzten, ihnen zugrunde liegenden geistigen Zusammenhang hin», R. GUARDINI, *Evangelisches Christentum*, 226.

plica dejarse guiar y entregarse, surgía en él la pregunta acerca de quién puede realizar un llamado semejante, quién puede exigir incluso su propia alma[133].

La respuesta a esas nuevas preguntas que se plantean, indican que solo Dios podía exigir algo semejante. Aunque todavía permanecía abierta la cuestión sobre quién era realmente Dios, y cuál era la manera correcta de pensarlo. Igualmente clara era la consciencia de que la propia psicología puede condicionar los resultados del camino de conocimiento, al punto que cuando alguien habla solo desde la propia experiencia y los propios criterios de eso que llama Dios, el resultado que se obtiene se asemeja *sospechosamente* a la naturaleza personal de quien lo pensó[134].

Nuestro autor afirmó que pensar en los caminos del conocimiento, acerca de cómo se estructura el pensamiento y pensar en aquello que puede influir negativamente en el resultado, impidiendo conocer realmente lo que se desea alcanzar y entender mejor, fue un tema del que se ocupó con una dedicación especial y que se encuentra muy presente en numerosos escritos suyos. Más adelante volveremos a tratar este tema para ver cómo trabaja Guardini el tema gnoseológico y de qué forma se encuentra presente en sus trabajos. Ahora deseo solo recordar que así como este tema fue uno de los aspectos que lo fueron conduciendo a poner en crisis su fe, preguntándose, desde el contacto con otras formas de conocer, si podía todavía creer en aquello que había escuchado en su hogar, y en la Iglesia; será el ámbito de lo religioso el que le presentará un tema en torno al cual rondará la búsqueda de una respuesta. Este se

---

[133] «Ein Wort aus dem Neuen Testament hatte mich immer in jene Eindringlichkeit angesprochen, welche Zuweisung und Führung bedeutet. Es steht Mt 10,39 und lautet: "Wer sein Leben finden", d.h. retten will, "wird es verlieren; wer aber sein Leben um meinetwillen verliert, der wird es finden" [...]. Das Wort redete von dem Grundgeheimnis des religiösen Lebens, wonach der Mensch zu seinem eigentlichen Selbst nur kommt, wenn er von sich, das heißt, von seinem unmittelbaren Ich weggeht; und sich selbst nur gewinnt, wenn er sich hergibt. So war die große Frage: Wo geschieht dieses Weggehen und Hergeben? Wer kann mich so rufen und mir meine Seele so abfordern, daß es auch wirklich geschieht? Daß ich nicht doch insgeheim bei mir bleibe und mich festhalte?», R. GUARDINI, *Evangelisches Christentum*, 226-227.

[134] «Damals beschäftigte mich aufs intensivste das Problem der Strukturierung des Denkens. Die Frage also, inwiefern die Art des Erkenntnisweges und die Ergebnisse der Erkenntnisbemühung von psychologischen Anlagen bedingt seien. Im Zusammenhang mit der religiösen Frage wurde da nun etwas Beunruhigendes deutlich. Wenn nämlich einer aus eigener "Erfahrung" und nach eigenen Maßstäben über Gott sprach, so zeigte das, was er "Gott" nannte, eine bedenkliche Ähnlichkeit mit seinem persönlichen Wesen», R. GUARDINI, *Evangelisches Christentum*, 227.

4. La experiencia personal de conversión

transformó en un aspecto muy importante en el itinerario de su conversión. Cuando dichos problemas encuentren mayor claridad, se irá haciendo también más claro su camino hacia la Iglesia.

La experiencia de conversión de Guardini y el «itinerario» de esa experiencia tienen una particular importancia. Primero porque nos permite ver cómo la cuestión relacionada con los problemas de un posible conocimiento correcto y real de Dios va encontrando un *camino* de respuesta en la vida de Guardini, y no resulta ser solo un conocimiento producido por una ilusión o un engaño. Segundo, porque la importancia que reviste su experiencia de conversión es puesta de relieve por algunos teólogos importantes como Joseph Ratzinger que ven en ella nada menos que el auténtico fundamento de su teología. Subrayando que al comienzo de su pensamiento teológico se encuentra no la reflexión, sino la *experiencia* (*Am Anfang steht nicht Reflexion, sondern Erfahrung*) y todo lo que más tarde aparecerá como contenido de sus trabajos, sería un desarrollo de aquella experiencia originaria[135].

Hans Mercker en el libro donde trata el problema de la cosmovisión cristiana del mundo en Romano Guardini, subraya también la importancia que tuvo la experiencia de conversión para Guardini. Señala que la experiencia de su conversión, y lo que a partir de ella fue surgiendo, fue un elemento fundamental desde el que decide, por ejemplo, no aceptar la posición de la teología liberal. Mercker cita las notas autobiográficas en las que Guardini habla expresamente de estos aspectos importantes de su vida[136], para luego afirmar que allí se puede observar el significado fundamental de su conversión, co-

---

[135] «Die eigentliche Grundlage seiner Theologie – das wollte ich mit diesen biographischen Einblendungen zeigen – war das Erlebnis der Bekehrung, das ihm zugleich Überwindung des durch Kant repräsentierten Geistes der Neuzeit wurde. Am Anfang steht nicht Reflexion, sondern Erfahrung. Alles, was später an Inhalten in Erscheinung tritt, ist aus dieser ursprüngliche Erfahrung entwickelt», J. RATZINGER, ed., «Von der Liturgie zur Christologie», 133.

[136] «Wäre ich mich allein überlassen gewesen, dann hätte das Erlebnis zuerst meiner Ratlosigkeit und dann jener Bekehrung des Denkens mich wahrscheinlich zum Fanatiker gemacht. Wilhelm Koch – und meine beiden Freunde – bewahrten mich davor und halfen mir, die Unbedingheit des gläubigen Denken mit dem unbefangenen Blick auf die Wirklichkeit der Dinge und der Reichtum der Kultur ins Verhältnis zu bringen», *Berichte über mein Leben*, 86.

mo un efecto profundo que marcó la perspectiva en la que sus ideas se fueron desarrollando[137].

Desde lo dicho resulta imprescindible intentar ver más detenidamente esta experiencia en la vida de Guardini, seguir con mayor atención ese itinerario desde donde busca conocer en verdad a Dios y evitar quedar encerrado en sí mismo, solo en la propia experiencia y en el propio pensamiento. Quien buscara a Dios sin plantearse los riesgos y los límites que acompañan este conocimiento, considerando solo la propia experiencia y los propios pensamientos, según Guardini, quedaría atrapado dentro de los propios límites, y el Dios al que se llegaría, sería algo sin trascendencia[138].

Una vez advertida la dificultad para llegar a un correcto conocimiento de Dios, vuelve a plantearse la pregunta: ¿quién es Dios en realidad? ¿cómo debe ser pensado de modo correcto, para ir hacia Él y encontrar en Él la libertad? Se ve la dificultad, y también se constata la falta de un elemento que guíe estos pasos necesarios para lograr salir de sí mismo, para lograr dirigirse al encuentro de eso que se desea conocer. Guardini se pregunta dónde se puede encontrar ese elemento que nos libere del peligro de decir Dios y en realidad estar pensando solo en sí mismo, en el propio yo. Experimenta la necesidad de una ayuda que de alguna forma nos ofrezca la seguridad de que cuando decimos Dios, no estemos en realidad pensando solo en nosotros[139].

4.1 *La mediación de Cristo*

Ante la dificultad que se presentaba para Guardini, en el itinerario que permita llegar al conocimiento real de Dios, surge la figura de Cristo como clara respuesta a sus preguntas. El elemento faltante del que se

---

[137] «Von hier aus fällt nochmals ein bezeichnendes Licht auf die fundamentale Bedeutung seiner Bekehrung als bleibend prägende Grundlage seines Denkansatzes», H. MERCKER, *Christliche Weltanschauung als Problem*, 44.

[138] «Der Weg zur Wahrheit konnte also nicht der sein, durch eigene Erfahrung und eigenes Denken, wie man damals gern sagte, "Gott zu suchen". Denn wenn der Suchende in dieser Weise Gott dachte und sich Ihm verband, dann blieb er ja in Wirklichkeit bei sich selbst, und hielt sich selber fest – nur in einer viel subtileren und viel tiefer bindenden Weise, als wenn er offen erklärt hätte: ich will von keinem Gott wissen; ich bin mir selbst genug», R. GUARDINI, *Evangelisches Christentum*, 227.

[139] «Wer war also Gott in Wahrheit? Wie mußte man ihn denken, damit man ihn richtig dachte, wirklich zu ihm gehen und sich ihm verpflichten konnte und bei Ihm die Freiheit fand? Hier fehlte offenbar etwas. Hier fehlte eine Instanz, die Gewähr gab, daß man nicht, wenn man "Gott" sagte, in Wahrheit "ich" meinte. Wo war die aber?», R. GUARDINI, *Evangelisches Christentum*, 227.

nos hablaba encuentra por lo tanto en Cristo una clara respuesta. Si se dirige la mirada hacia Cristo, se podrá entender, según nuestro autor, cada vez mejor que es Él el único capaz de hablarnos del Dios vivo. Lo que Él nos dice, lo dice Dios mismo. Emerge así la verdad fundamental del mediador y redentor, que nos libera de nosotros mismos y que nos conduce al conocimiento auténtico de Dios[140].

Esta liberación es una liberación del subjetivismo, y que garantiza también aquel movimiento que antes mencionamos de entregar la propia alma. Esta es la experiencia fundamental a la que se hacía referencia ya en un principio, pero que ahora se muestra con mayor claridad[141]. La experiencia que responde a la pregunta acerca de quién podía exigir mi alma y luego restituirla. Aquí estamos ante un alguien concreto que ya no es algo meramente subjetivo, y que garantiza la validez de este movimiento de entrega. Además, Cristo no es solo la garantía de un auténtico y válido conocimiento de Dios, al que nos podemos entregar, y que solo a través de su palabra nos viene dispensado, sino que además es solo a través suyo que podemos llegar a Dios. Es él quién nos indica el camino, que es Él mismo, porque nadie va al Padre, si no es a través suyo[142].

Con todo esto se nos recuerda que no existe un acceso directo a Dios. Toda persona llega a Dios a través del seguimiento de Jesús, porque solo

---

[140] «Antwortend erhob sich die Gestalt Christi. Je Klarer der Blick sich auf Ihn richtete, desto deutlicher wurde es, daß sein Anspruch, der Künder des Lebendigen Gottes zu sein, berechtig war. Er stand in einer Nähe zum wirklichen Gott, die Ihn befähigt war. Er Stand in einer Nähe zum wirklichen Gott, die Ihn befähigte, über dessen Gesinnung mehr zu wissen, als irgend jemand sonst. Er lebte in einem Einvernehmen mit Gott, welches machte, daß das, was Er sprach, Gott selbst sprach. So hob sich die christliche Grundwahrheit des Mittlers uns Erlösers hervor. Es wurde deutlich, wie für Paulus und Johannes "von Gott sprechen" gleichbedeutend war mit "aus Christus heraus von Gott sprechen". Der Sinn des Wortes wurde deutlich, das Christus im Johannesevangelium sagt: 'Ich bin... die Wahrheit... (14,6)», R. GUARDINI, *Evangelisches Christentum*, 227-228.

[141] «Auf jene Grunderfahrung aber bezogen, von welcher zu Anfang die Rede war, hieß das: Der Gott, der imstande ist, die Seele abzufordern und sie neu wiederzugeben, war nur gewährleistet, wenn Er nicht durch subjektive Erfahrung und autonomes Denken gefunden wurde, sondern in seiner Wirklichkeit und Souveränität aus Christi Wort und Wesen entgegentrat. Wie Er selbst sagt: "Niemand erkennt... wer der Vater ist, außer der Sohn, und wem es der Sohn offenbaren" (*Lk* 10,22). Und mit johanneischer Leibhaftigkeit: "Wer mich gesehen hat, der hat den Vater gesehen" (*Joh* 14,9)», R. GUARDINI, *Evangelisches Christentum*, 228.

[142] «Und Christus war nicht nur jener, der allein die Erkenntnis des wirklichen Gottes gewährleistete. Er war es auch, durch den die lebendige Hinbewegung zu Gott gehen mußte, wenn sie wirklich beim Ihm anlangen sollte, so wie Er es wiederum bei Johannes in aller Schärfe sagt: "Ich bin der Weg... niemand kommt zum Vater, es sei denn durch mich" (*Joh* 14,6)», R. GUARDINI, *Evangelisches Christentum*, 228.

Él nos enseña la dirección en la que debemos caminar y la actitud con la cual lo debemos buscar (*Er zeigt die Richtung und lehrt die Haltung*). Todo esto se presenta como la alternativa a esa pretensión autónoma de buscar a Dios, de pensarlo solo con los propios medios, a Él que habita *en una luz inaccesible* a toda forma autónoma de búsqueda de Dios[143].

Contando ahora con el elemento faltante de un mediador que nos guíe fuera de nosotros mismos, pareciera finalmente estar todo encaminado. Pero nuestro autor nos recuerda cómo incluso desde esta perspectiva, y teniendo en cuenta los resultados a los que llega un acercamiento y una profundización de la figura de Jesús, se pone de manifiesto no solo una gran diferencia que no se agota en aquello que corresponde a acentuaciones propias de los diversos momentos históricos, sino que también llega a crear un horizonte de confusión, poniendo a veces en duda la autoridad que pueda tener incluso la palabra misma de Jesús. Según Guardini, las diferencias a las que se llegan, por ejemplo, los resultados que producían en su tiempo las investigaciones de la vida de Jesús, muestran diferencias que según su opinión, llegan a dañar aquello que es esencial dejándo de ver la unidad viva de esta figura (*die sein Wesen angrieffen*)[144].

Lo que insistentemente anunciaron por ejemplo san Pablo o san Juan hablando de Jesús como el eterno Hijo de Dios, que se hizo hombre y que está sentado a la derecha del Padre, es amenazado de no ser considerado como el núcleo central. Muchos de los resultados de las investigaciones sobre la vida de Jesús llegaban en tiempos de Guardini a otras conclusiones que pasaban a ser más importantes y creíbles. Entre dichas conclusiones se llega a un Jesús que es un importante mito, o un sabio al estilo de Sócrates, otras a un reformador

---

[143] «Das alles hieß: den "frei zugänglichen" Gott gibt es nicht. Gegenüber dem Anspruch des autonomen Gott-Suchens und Erlebens und Denkens ist Er der "Unbekannte", der "im Licht wohnt, in das keiner Zugang hat" (*1Tim* 6,16). Zu ihm kommt der Mensch nur auf dem Weg der Nachfolge Christi. Er zeigt die Richtung und lehrt die Haltung», R. GUARDINI, *Evangelisches Christentum*, 228.

[144] «Die Bewegung war aber noch nicht am Ziel. Das Studium brachte in Berührung mit der Leben-Jesu-Forschum, und das Gespräch mit den Vorstellungen, die über Jesus umgingen. Da wurde deutlich, welche Mannigfaltigkeit das Bild von Ihm hatte. Aber nicht nur in dem Sinne, wie sich etwa das Christusbild der Mosaiken von dem der Gotik, oder das romanische vom barocken unterschied -Verschiedenheit also der Begegnung aus verschiedenen zeitlichen Voraussetzungen heraus, wobei aber das Wesentliche immer gleichgeblieben wäre: der Mensch gewordene lebendige Sohn Gottes –, sondern Verschiedenheiten, die sein Wesen angriffen», R. GUARDINI, *Evangelisches Christentum*, 228.

social, un megalómano o un revolucionario, pasando a ser Jesús, en definitiva y en todos estos casos, solo un hombre. Ya se habló antes de algunos resultados a los que se llegó estudiando la figura histórica de Jesús desde el esquema histórico crítico de principios del 1900. En relación con esos resultados, Guardini expresa que considerando cada una de las conclusiones que no logran reconocer aquello que es esencial en Jesús, se puede llegar a constatar una gran semejanza entre la imagen ideal de sí mismos de los que las pensaron, y los resultados de las distintas imágenes de Jesús a las que llegan. Siendo todo ello en definitiva una expresión más solo de sí mismos, lo que pone en evidencia un círculo vicioso que impide realmente ir al encuentro de aquello que está fuera del propio mundo[145].

El problema que antes parecía haber encontrado una solución se hace nuevamente presente, evidenciando que no logra alcanzar una solución total solo desde la instancia cristológica. La acción liberadora de Cristo, que permitía superar una mirada unilateral para conocer realmente la verdad de Dios mostrándonos en Jesús el único camino parece encontrar ahora nuevos obstáculos. Estos obstáculos alcanzan la identidad misma del mediador, desde una comprensión demasiado variada de sus palabras. Esto ubica a Guardini ante la importancia de otro problema, que reviste, junto a la cristología, un carácter central: la interpretación. Ya nos había dicho que Jesús nos enseñaba la verdad de Dios, pero también nos mostraba la *dirección* y la *actitud* para buscarlo. Esta dirección y actitud de búsqueda deberían ser ahora las que ayuden o acerquen al elemento que parece ser la causa que interfiere en el camino de una correcta interpretación. La respuesta de Guardini ante este problema es clara y breve: el elemento o la instancia que garantiza el correcto conocimiento de Cristo, una dirección interpretativa correcta, en medio de una gran pluralidad que llega en algunas ocasiones a dañar el núcleo de su identidad, es ofrecida por *la Iglesia*[146].

---

[145] «Eine eindringendere Beschäftigung aber zeigte wieder jene beunruhigende Ähnlichkeit der verschiedenen Christusbilder mit jeweils dem, der sie entwarf. Oft war es, als seien diese Christusgestalten die idealisierten Selbstportraits derer, die sie dachten», R. GUARDINI, *Evangelisches Christentum*, 228.

[146] «Wie konnte man sich angesichts solcher Bilder und ihrer Entstehung auf das Wort verlassen, nach dem "niemand den Vater kennt, als Er", und "keiner zum Vater kommt, es sei denn durch Ihn"? Das heiß: wo war die Instanz, die Christus selbst gewährleistete? Hier stand, nach der Erfahrung, von der ich spreche, die Kirche», R. GUARDINI, *Evangelisches Christentum*, 228-229.

4.2 La Iglesia y la figura íntegra de Cristo

Cristo conduce a la realidad viva del Padre, pero en medio de la confusión que crea la multiplicidad de interpretaciones contrarias que atacan la esencia misma de Cristo, es la Iglesia, para Guardini, la que garantiza su conocimiento auténtico. Sin ella y ante la multiplicidad de imágenes que surgen de Cristo y que hacen de Él desde un mito, a un megalómano, sería imposible confiar en sus palabras, las únicas, que nos pueden revelar quién es el Padre y guiarnos hasta Él. Cristo nos conduce al auténtico conocimiento del Padre, y la Iglesia nos conduce al auténtico conocimiento de Cristo. Y esto es posible principalmente por el Espíritu Santo que habla a través de ella (*Christus verbürgt die Wirklichkeit des lebendigen Vaters; Christi Bild selbst aber ist verbürgt durch die Kirche, genauer gesagt, durch den in ihr redenden Heiligen Geist*). Una cita importante que Guardini nos recuerda es aquella en la que Jesús les dice a los discípulos: «Quien a vosotros os escucha, a mí me escucha; y quien a vosotros rechaza, a mí me rechaza; y quien me rechaza a mí, rechaza al que me ha enviado» (Lc 10,16). En la palabra de la Iglesia, habla entonces Jesús, y en la palabra de Jesús, escuchamos la voz del Padre[147].

Todo esto representa una invitación a confiar en la Iglesia, a confiar en su palabra, a descubrir que solo desde ella podremos llegar a la auténtica realidad de Cristo. Es una invitación a dar un paso decisivo, el paso de creer que en la Iglesia habla Cristo, y si la escuchamos, podremos escucharlo a Él. Guardini nos recuerda que en su tiempo era frecuente pensar que este modo de hablar y de decidirse por la Iglesia, creer que en ella habla Cristo, era casi como decidirse a perder la libertad del evangelio; pero con sus palabras nos invita a superar esta contraposición, recordando en las palabras que dirigió a aquella comunidad protestante la experiencia que él había vivido más de cincuenta años atrás, cuando se decidió finalmente por la Iglesia. Ofrece con el testimonio de su vida la validez de tal opción, contando ahora, además, con más de treinta y cinco años de enseñanza académica. La Iglesia es de verdad una educadora en la libertad cristiana. Ciertamente, una libertad diferente de aquella que propone una psicología o una filosofía que

---

[147] «Christus verbürgt die Wirklichkeit des lebendigen Vaters; Christi Bild selbst aber ist verbürgt durch die Kirche, genauer gesagt, durch den in ihr redenden Heiligen Geist. Von ihr sagt Jesus: "Wer euch hört, der hört mich; und wer euch verachtet, der verachtet mich; wer aber mich verachtet, der verachtet den, der mich gesandt hat" (*Lk* 10,16). Im Reden der Kirche redet Er; in seinem Reden redet der Vater», R. GUARDINI, *Evangelisches Christentum*, 229.

CAP. I: EL DESPERTAR DE LA INTUICIÓN

pretende medir todo solamente con sus propios criterios. Este paso hacia la Iglesia es un paso posible de ser dado solo desde la fe, y permanecer en la Iglesia forma parte de una auténtica relación de fe (*Der Schritt in die Kirche ist ein echter Glaubensschritt, und das Stehen in der Kirche ein echtes Glaubensverhältnis*)[148].

Cuando habla de la Escritura, Guardini recuerda que ella es un elemento viviente de la Iglesia, y que esa Escritura ha crecido y se ha desarrollado *en* la Iglesia a lo largo de los primeros siglos (*Was aber die Schrift angeht, so ist sie selbst lebendiges Element der Kirche: aus ihr herausgewachsen*). Desde esta misma Iglesia surge la insistente llamada a cada persona, para que se deje guiar y le entregue el alma (*die eigene Seele zu geben*), para ser recibida en su seno desde la originalidad y autenticidad de cada uno. Y cuando por alguna razón una persona se equivoca en la comprensión de la Escritura, la Iglesia la ayuda con su corrección, como así también confirma y defiende lo que es correctamente interpretado. En ese encuentro con la Iglesia viva podrá seguir creciendo la figura íntegra de Cristo que nos muestra al Padre (*wächst die Gestalt Christi*). Es un encuentro, donde se nos invita a dejarnos guiar desde una mirada que contemple la unidad viva de la Iglesia y la Escritura para que también podamos experimentar la unidad viva de la figura de Cristo que crece en el que la mira de forma adecuada[149].

---

[148] «Dieser Satz klang sich zur Kirche entschließe, verliere die Freiheit des Evangeliums. Es sind aber nun über fünfzig Jahre, seit ich erkannt habe, was Kirche ist, und über fünfunddreißig, seit ich mich als akademischer Lehrer um die theologischen Problemen bemühe, und ich bin nie daran irre geworden, daß die Kirche wirklich Erzieherin zur christlichen Freiheit sei. Welche Freiheit natürlich etwas ganz anders meint als die psychologische Möglichkeit, zu wählen, was sympathisch ist, oder die philosophische Autonomie, zu urteilen, was nach eigenen Maßstäben richtig erscheint [...]. Der Schritt in die Kirche ist ein echter Glaubensschritt, und das Stehen in der Kirche ein echtes Glaubensverhältnis. So enthalten sie die ganze Überwindung und Gefahren eines solchen – darüber aber muß genauer gesprochen werden», R. GUARDINI, *Evangelisches Christentum*, 229-230.

[149] «Was aber die Schrift angeht, so ist sie selbst lebendiges Element der Kirche: aus ihr herausgewachsen; im Lauf des ersten Jahrhunderts vollendet; um die Wende des Jahrhunderts durch eben diese Kirche zum gültigen Kanon zusammengefaßt. Von der Kirche Christi her ergeht an die Einzelnen immer aufs neue die Aufforderung, die eigene Seele zu geben, damit sie in ihrer Neuheit und Eigentlichkeit wieder empfangen werde. Und diese Aufforderung ist so, daß sie sich vom autonomen Willen des jeweils Angeredeten nicht formen läßt, sondern sie spricht aus einer Wirklichkeit heraus, die seinem Belieben entzogen ist. Wenn er die Botschaft mißversteht, korrigiert sie ihn. Wenn er sich Christus nach seinem Willen zurechtdenkt, verteidigt sie dessen Bild [...]. In dieser beständigen Begegnung mit der konkreten, in der gleichen Zeit lebenden Kirche wächst die Gestalt Christi immer wieder zu ihrer unversehrten

Los discípulos son enviados a transmitir esta palabra de Jesús, y en el mensaje de la Iglesia se sigue haciendo presente la palabra viva de Jesús y se sigue concretando este mandato misionero. Guardini dice que Jesús advirtió la importancia decisiva que tenía, tanto Él, como su mensaje, por ello envió a los discípulos a todos los pueblos, con la misión de hacer presente hasta el fin de los tiempos la Buena Noticia. Pero la tarea que Jesús les encomienda es también compleja y debe contar con varios elementos para concretar el anuncio vivo que ellos mismos recibieron. El universo complejo del anuncio contó y debe seguir contando con la palabra escrita, el anuncio verbal, pero también acompañado de actitudes y testimonios adecuados. Ese conjunto complejo de relaciones recibió en Pentecostés la plenitud del Espíritu y desde entonces continúa haciéndose presente con un anuncio vivo hasta el fin de los tiempo. Este conjunto complejo de relaciones entre elementos que consienten el anuncio vivo de la Buena noticia es la Iglesia[150].

La Iglesia es un tema muy presente en los escritos de Guardini desde la experiencia importante de su conversión, pero teniendo en cuenta como considera a la Iglesia, algunos afirman que se le podía objetar a lo que dice sobre ella, sobre todo aquello de ser educadora en la libertad evangélica, y la que garantiza la figura íntegra de Cristo, no haberse formulado el mismo Guardini la pregunta sobre si la misma Iglesia no podría estar también sujeta al riesgo de manipular la imagen de Dios y de Cristo. La Iglesia, entonces no solo como el ámbito que rescata de las interpretaciones equivocadas en lo que pueda significar un daño a la figura íntegra de Jesús, sino también como un ámbito en el que el error puede hacerse presente[151].

Souveränität empor und bezeugt den Vater, wie Er ist», R. GUARDINI, *Evangelisches Christentum,* 229.

[150] «Jesus wußte, Er und seine Botschaft sind einfachhin Entscheidende. So will Er, daß dieses Seinige weitergehen solle, zu „allen Völkern" und bis „an das Ende des Äons" (*Mt* 28,19-20). In den Aussagen aber, in denen Er von diesem Weitergehen des Seinigen redet, kommt der Begriff eines Buches nicht vor. Wohl spricht Er, und immer wieder, vom geschriebenen Wort Gottes; damit ist aber immer das Alte Testament gemeint. Die Vermittlung hingegen, die das Seinige weitergeben soll, ist die lebendige Verkündigung, und zwar durch Jener, die Er erwählt hat (*Apg* 1,2). Wie sie diese Verkündigung vollziehen würden, war ihnen anheimgegeben: durch gesprochenes und geschriebenes Wort, durch gedenkende Haltung, bezeugende Tat und beispielhaftes Sein: ein Zusammenhang, der im Pfingstereignis die Fülle des Geistes empfängt, und dann weitergeht bis zum Ende aller Dinge. Dieser Zusammenhang ist die Kirche», R. GUARDINI, *Evangelisches Christentum,* 229.

[151] «Unterliegt aber – so könnte man gegen Guardini einwenden – die Kirche nicht der gleichen Gefahr der Manipulation wie das Gottes – und Christusbild? Die Antwort auf die

Eugen Biser habla de la vida de Guardini utilizando el adverbio que aquí se optó por traducir como *también* (*dennoch*). Un adverbio que marcó la vida de Guardini desde su niñez. Hablaba italiano en casa con sus padres, pero *también* hablaba alemán en el colegio, con sus amigos y con sus hermanos. Estaba y se sentía íntimamente ligado a Italia y a su ciudad natal (Verona), pero *también* se sentía profundamente ligado a Alemania y al espíritu de la cultura alemana (que él identificaba con el espíritu nórdico). En estas experiencias que desde su infancia lo llevaron a mantener unidos mundos muy diferentes, considera Biser que la vida misma lo fue preparando para una importante tarea: mantener unidos los contrastes u opuestos. Todo esto se hace presente ante la mirada de Biser, en su experiencia de conversión, cuando sintiéndose llamado por el texto evangélico a entregar su alma para ganarla (cf. Mt 10,39), hace *también* lugar en su vida a otra realidad más grande: la Iglesia[152].

Este paso que le permite un encuentro con la realidad más amplia de lo eclesial, lo conduce al mismo tiempo a ver con mayor claridad la tarea a la que se descubre íntimamente llamado en su vida. El adeverbio *también*, caracteriza para Biser su estilo de pensamiento dialogal y de apertura entre polos diferentes aún en momentos muy difíciles, intentando mantenerlos unidos sin eliminar ninguno. La palabra *también* la considera Biser como una palabra *clave* de todo programa guardiniano desde la que plantea la importancia de la apertura espiritual, convencido de que los problemas de nuestro tiempo podían encontrar un camino de solución si *no* nos cerrabamos como creyentes en una posición solo de defensa (profundamente eclesiales y *también* abiertos desde el diálogo al propio tiempo). De esto nuestro profesor italo-alemán nos dió testimonio incluso durante los difíciles tiempos del nacional-socialismo[153].

---

von Guardini nicht aufgewoerfene Frage ergibt sich aus seiner Auffassung von der Kirche als bleibender geschichtlich-konkreter Greifbarkeit», H. MERCKER, *Christliche Weltanschauung als Problem*, 17.

[152] «Dieses "Dennoch" steht, genauer besehen, schon als Vorzeichen über seiner Kindheit und seinen gesitig-religiösen Anfänger [...]. Insgeheim ist dieses "Dennoch" dann auch seinem Bekehrungserlebnis eingeschrieben, bei dem das Herrenwort vom "Hingeben der Seele" (*Mt* 10,39) den Ausschlag gab; denn es war ein Akt der Selbstentäußerung, genauer noch selbstübereignung an das überindividuell "Größere", die Kirche, durch den er, zusammen mit dem Fixpunkt seiner Existenz, den Ausgangspunkt seiner Lebensleistung gewann», E. BISER, *Wer war Romano Guardini?*, 7.

[153] «Dennoch betreibt er zu einer Zeit, da die mit dem wachsenden Terror des Nationalsozialismus konfrontierten Kirche Verteidigungspositionen bezogen, mit staunenswerter

La sugestiva observación de Biser es retomada desde su aspecto eclesial en otro de sus artículos, pero con matices diferentes. Hablando Biser del camino eclesial guardiniano nos indica las diferencias de sus dos obras sobre la Iglesia[154]. En su primer libro Guardini comparte con la juventud y los creyentes de ese tiempo el camino desde el que encontró su propia identidad, camino y experiencia que quiere acercar a sus lectores invitándolos a recorrerlo. Pero en el último libro de Guardini sobre la Iglesia, Biser indica una mirada guardiniana que a su modo de ver, acentúa más el sufrimiento por la Iglesia y no ya la seguridad de la fe, ni de la existencia que se vive desde ella (*mehr vom Leiden an der Kirche als von der Glaubens - und Existenzssicherheit in ihr*)[155]. Después de sugerirnos, Biser, este cambió de perspectiva en la valoración guardiniana de la Iglesia, sin ofrecernos los detalles que fundamentan su pensamiento, pareciera perder claridad la palabra clave del programa guardiniano que se indicó en el párrafo anterior (*también*). Igualmente creemos que el pensamiento guardiniano se muestra en constante movimiento y la Iglesia es el lugar desde donde se nos invita a buscar en cada tiempo un *nuevo* equilibrio.

No nos parece correcto sugerir que el primer libro sobre la Iglesia nos muestre una síntesis segura y libre de sufrimientos desde la fe, y que por el contrario el segundo libro sea la expresión de una mirada más dominada por las dudas e incertidumbres. La palabra *también* utilizada por Biser para hablar del pensamiento guardiniano, creo que habla de la relación entre polos diferentes que no llegan a una síntesis, sino que perma-

---

Beharrlichkeit das Werk der geistigen Öffnung, überzeugt davon, daß die Probleme der Zeit zuletzt nicht aus der Defensive, sondern nur im offenen Dialog gelöst werden konnten. Und nicht zuletzt erweist sich das "Dennoch" als das geheime Programmwort des späten Guardini», E. BISER, *Wer war Romano Guardini?*, 7-8.

[154] Las dos obras de Guardini sobre la Iglesia fueron publicadas en un único libro en la edición que estamos utilizando (R. GUARDINI, *Vom Sinn der Kirche*, 1922 – *Die Kirche des Herrn*, 1965).

[155] «Und obwohl ihm zu Beginn seines Lebenswerkes die seltene Gunst zugefallen war, der Theologie seiner Zeit mit dem Satz vom "Erwachen der Kirche in den Seelen" das langnachwirkende Thema und der durch den verlorenen Krieg (1914-1918) erschütterten Jugend das Stichwort ihrer religiösen Selbstfindung zuzurufen, zeugt sein letztes Buch mit dem Titel *Die Kirche des Herrn* (1965), mit dem er bewußt das Thema der Vortragsreihe, *Vom Sinn der Kirche* (1922) wiederaufnimmt, mehr vom Leiden an der Kirche als von der Glaubens-und Existenzssicherheit in ihr [...]. Zumindest kann man nach Hans Urs von Balthasar nur in sehr beschränktem Maß "von einer Entwicklung im Denken Guardinis sprechen", da dieses "beim ersten Augenaufschlag schon den ganzen Horizont" seiner Inhalte überblicke», E. BISER, «Erkundung des Menschlichen. Romano Guardinis Anthropologie im Umriß», 70-71.

necen en la tensión de lo vital tanto en la primera obra guardiniana sobre la Iglesia como en la segunda. Además considerando lo que Guardini dice de sí mismo, y de su experiencia eclesial en el artículo que se está tratando (*Evangelisches Christentum*), tampoco se puede coincidir simplemente con esta opinión de Biser. El tema de la experiencia eclesial guardiniana será tratado más adelante y esperamos lograr mostrar desde Guardini mismo mayores detalles de su pensamiento en este tema.

Otro aspecto importante que la mirada guardiniana considera al hablar de la Iglesia es su particular realidad histórica. Ella permanece siendo una realidad contemporánea a todos en todos los tiempos, y es en el encuentro con la Iglesia viva que encontramos a Jesús que nos revela al Padre. La centralidad de la Iglesia en el pensamiento guardiniano encuentra aquí un aspecto fundamental, el de la *contemporaneidad*. El próximo paso intentará acercarnos a los pensamientos con los que Guardini explica la posibilidad del encuentro con Jesús desde la contemporaneidad de la Iglesia.

4.3 *La Iglesia y la contemporaneidad de Cristo*

En la narración de su experiencia de conversión Guardini habló de temas que sintéticamente se podrían enunciar de la siguiente forma: las ideas relacionadas con la problemática de un conocimiento correcto de Dios, la importancia de la Cristología, el lugar de la Escritura, el rol que desempeña la Iglesia, y la fe desde donde finalmente se logrará no solo dar el *paso* hacia la Iglesia sino también permanecer en ella. Esta experiencia tan importante, ha sido posteriormente pensada en el transcurso de su vida desde ideas de otros pensadores que le ofrecieron diferentes horizontes para ahondar siempre más en ellas, incluso pensadores no católicos al que su intuición lo condujo. Uno de estos pensadores que ayudó a nuestro autor a profundizar en su fe eclesial fue Kierkegaard[156].

La importancia de la Iglesia en su camino de fe es algo que descubrió en su experiencia de conversión y en lo que sus pensamientos fueron penetrando cada vez con mayor claridad, poniendo así de relieve la importancia que todo ello tenía. Primero pensando el encuentro con la Iglesia desde la «paradoja absoluta» de Kierkegaard en su artículo de 1929[157], y después desarrollando más claramente también desde Kierkegaard la «contemporaneidad» de Cristo en la Iglesia en

---

[156] «Zum Verständnis dessen, was Kirche ist, hat mir ein Autor geholfen, dessen Name man in diesem Zusammenhang nicht zu hören erwartet, nämlich der große evangelische Denker Sören Kierkegaard. lassen Sie mich sagen, wie das geschah», R. GUARDINI, *Evangelisches Christentum*, 230.

[157] R. GUARDINI, «Logik und religiöse Erkenntnis», 179-206.

su libro sobre la Revelación en 1940[158]. Después desde una nueva exposición más lograda del tema en el artículo que estamos tratando[159], artículo que casi sin modificaciones fue nuevamente publicado con el título «Dogma e Iglesia»[160] y después en un capítulo de su libro *La Iglesia del Señor*[161], pensamientos que en gran parte se hacen presentes de forma más breve en alguna de sus homilías y en su obra póstuma *La Existencia del Cristiano*[162]. La serie de estas publicaciones la menciona Mercker[163], aunque a esa lista se le debería agregar el libro sobre Pascal[164], en el que aparece el primer artículo de 1929 casi sin modificaciones como uno de los capítulos del libro. Creo que todas estas publicaciones subrayan la importancia que estos pensamientos tenían para su autor.

4.3.1 Lógica y pensamiento religioso

En el primer artículo se relacionan tres argumentos que tienen muchos aspectos en común, el argumento ontológico de San Anselmo, la apuesta de Pascal y la paradoja absoluta de Kierkegaard[165]. Según Guardini en una aclaración que hace hablando del argumento de la apuesta de Pascal, dice que tratando juntos estos tres argumentos e intentando compararlos se puede obtener una mirada en común que brinda una nueva comprensión del sentido que tienen. Esta aclaración es una de las pocas modificaciones que este artículo tuvo cuando pasó a formar parte de unos de los en capítulos del libro sobre Pascal[166].

El argumento ontológico de Anselmo, el argumentos de la apuesta de Pascal y la paradoja absoluta de Kierkegaard son expresiones de una fuerte experiencia religiosa, quizás una experiencia mística desde la que

---

[158] R. Guardini, *Die Offenbarung*, 134.
[159] R. Guardini, «Evangelisches Christentum in Katholischer Sicht».
[160] R. Guardini, «Kirche und Dogma», 340-353.
[161] R. Guardini, *Die Kirche des Herrn*, Mainz – Paderborn 1990, 150-161.
[162] R. Guardini, *Die Existenz des Christen*, 376-380.
[163] H. Mercker, *Christliche Weltanschauung als Problem*, 22.
[164] R. Guardini, *Christliches Bewußtsein*, 124-154.
[165] R. Guardini, «Logik und religiöse Erkenntnis», 179-206.
[166] «Sein wirklicher Sinn scheint sich eher zu erschließen, wenn er mit zwei anderen, nicht weniger einzelgängerischen und nicht viel besser verstandenen Ideen oder Versuchen, oder wie man sie nennen will, zusammengenommen wird: dem sogenannten "Ontologischen Gottesbeweis" des Altmeisters der mittelalterlich-agustinischen Theologie, Anselms von Canterbury, und wieder mit dem um rund sieben Jahrhunderte später erdachten "Absoluten Paradox" Sören Kierkegaards», R. Guardini, *Christliches Bewußtsein*, 124-125.

se intenta pensar un camino posible que conduzca de lo finito a lo absoluto. Aquí las preguntas que se hacen y las respuestas que se ofrecen representan ya una parte del camino que indica el movimiento, se trata de una estructura que se asemeja a una prueba, desde la apariencia a una demostración de la existencia de Dios; pero en realidad no son una prueba al menos tal como nosotros entendemos una prueba, y el sentido auténtico del esfuerzo de estos autores se encuentra para Guardini en la realización del movimiento que se ve obstaculizado desde las rupturas a la lógica[167].

En este artículo se hace presente una nueva perspectiva del conocimiento que inicia a abrirse paso desde las rupturas que se experimentan en el pensamiento «lógico normal». Desde esa nueva perspectiva se intenta también *ampliar* una forma de conocimiento que se sitúa solo en la relación sujeto-objeto. A partir de ella se buscará entender los pensamientos de estos tres autores. Afirmando por ejemplo que la verdad no consiste solo en lo que comprendo, sino también en lo que hago y lo que soy. Estos elementos integran una forma de conocimiento que Guardini subraya, y que aportan también una mirada que se detenga más en lo existencial. Por ahora intentaré individuar los límites de la lógica en los que se detiene el movimiento que tiende al absoluto, viendo en que consisten y la solución que se propone[168].

En los tres argumentos, Guardini logra llegar a la individuación del límite de lo racional y del límite de la lógica, y si bien en estos argumentos se puede apreciar cómo se toca el límite de la lógica, en cada uno de ellos se descubre una ruptura lógica creciente, hasta llegar finalmente a Kierkegaard donde se habla de la supresión total de la seguridad lógica. El elemento no conceptual al que finalmente se llega desde los pensamientos de Kierkegaard representa la negación de la lógica, culminando en el absurdo, lo que hace surgir la idea de que en todo ello actúa otro tipo de lógica.

En el argumento ontológico de Anselmo que Guardini nos presenta se nos dice que Dios es aquello de lo que nada mayor puede ser pensado, y que esto mayor de lo que nada más grande puede ser pensado debe poder existir, porque siendo lo más grande posible de ser pensa-

---

[167] «Anselms ontologischer Gottesbeweis, Pascals Argument der Wette und Kierkegaard absolutes Paradox sind Ausdruck stärkster religiöser, vielleicht selbst mystischer Erfahrung, die sich auf die Frage wirft, wie der Weg vom Endlichen zum Absoluten gehe; wobei das Stellen der Frage, bzw. deren Beantwortung selbst schon die bewegungsmäßige Zurücklegung des Weges darstellt», R. GUARDINI, «Logik und religiöse Erkenntnis», 202.

[168] Cf. R. GUARDINI, «Logik und religiöse Erkenntnis», 202-204.

do no puede estar solo en el intelecto. Debe tratarse también de algo que exista. Si no existiera, no podría ser lo más grande que puede ser pensado. Se podría pensar algo todavía más grande, produciéndose así una contradicción. Pero, después de estos pensamientos, Anselmo se dice a sí mismo que habiendo encontrado lo que buscaba ¿por qué no siente eso que encontró? Y, poniéndose nuevamente en camino para intentar ver más claramente, solo encuentra su propio límite y su penumbra, ya que la oscuridad que ve no pertenece a Dios sino a la propia alma, porque en Dios no existen tinieblas. Concluye Anselmo afirmando finalmente que Dios no es solo aquel del cual nada mayor puede ser pensado, sino que Dios es aún más grande de lo que puede ser pensado[169].

Por otro lado, Pascal parte desde la afirmación de que Dios puede existir o no existir, y dice que si se acepta que Dios existe seguirá estando presente la posibilidad de la duda, y esto porque se trata de dos niveles diferentes: el del sujeto que es algo relativo, y el de la verdad. Esta diferencia se resuelve, no desde una evidencia o desde un conocimiento efectivo, sino desde el acto de *detenerse y decidir*. Con este acto se asume un mayor compromiso por la verdad, lo cual supone *arriesgarse en el salto* a una esfera que no es posible de ser alcanzada desde la lógica. *Dios existe o no existe*. Con la razón no se puede eliminar ninguna de estas dos posibilidades. Hay que arriesgar la razón y la felicidad. Si se pierde, no se pierde nada. Pero si se gana, se gana todo. Porque lo que tenemos es solo finito y en comparación con lo infinito es nada. Si se apuesta porque Dios exista y se puede ganar solo otra vida, la posibilidad de ganar y perder es del 50%, y en ese caso se podría apostar por el no. Pero si las vidas a ganar fueran tres, entonces convendría apostar porque Dios exista. Pero aquí en realidad se trata de la vida eterna, de la vida para siempre y de la felicidad. Se *debe renunciar a la razón* para salvar la vida antes que aferrarse a la razón, ya que lo que se logra alcanzar racionalmente es el la afirmación racional de ir más allá de los límites de la razón, la única cosa racional es arriesgarse apostando porque Dios exista[170].

La paradoja para Kierkegaard es la pasión del pensamiento que no debe ser despreciada. La suprema paradoja del pensamiento es descubrir algo que el mismo pensamiento no puede alcanzar pensando. Eso que resulta ser lo *desconocido* señala el límite al que llega el pensa-

---

[169] Cf. R. GUARDINI, «Logik und religiöse Erkenntnis», 181-185.
[170] Cf. R. GUARDINI, «Logik und religiöse Erkenntnis», 186-191.

miento en el objeto encontrado que no puede seguir siendo pensado. La diversidad decisiva de lo desconocido es asegurada solo si aquello de lo que se habla está frente al hombre como lo «totalmente otro», al punto que se manifiesta no solo como simplemente diferente de lo humano, sino también incluso en contradicción con él. Pero ¿cómo es posible conocer esto que es lo totalmente otro al que se puede dar el nombre de Dios, por tratarse para nosotros de una expresión de algo que nos es desconocido? Aquí el conocimiento será posible solo a través de una radical negación, renunciado al pensamiento que intenta comprenderlo. Se podrá llegar al conocimiento desde la experiencia de la derrota del mismo conocimiento intelectual. El fundamento de nuestro no poder conocer, está en el hecho de que el hombre con su capacidad de conocer es pecado. El hombre no solo comete pecados sino que es pecado. Así en Kierkegaard encuentra expresión el pesimismo de la reforma protestante desde su particular teoría de la gracia y de la redención. Este totalmente desconocido es el no absoluto a todo lo que yo soy, y a todo lo humano. Se trata del límite que se encuentra frente a mí, ante el cual, si acepto la derrota de mi capacidad intelectual de conocer y doy el *salto*, Dios se nos manifestará como el totalmente otro[171].

Estos pensamientos, que intentan llevarnos hasta el límite de la capacidad de pensar lo religioso, nos sugieren desde diferentes perspectivas el movimiento de la búsqueda, en el que se constata la necesidad de una nueva apertura que pueda conocer yendo más allá de la sola capacidad lógica subjetiva. Esta búsqueda reconoce el límite del pensamiento mismo, situándonos ante la necesidad de *decidir* asumiendo así un mayor compromiso ante lo que nos aparece como verdadero. Se intentará ver desde otro grupo de artículos cómo se considera este *salto* del que se habla en Pascal y Kierkegaard, y la relación con aquello que es lo desconocido.

4.3.2 Posibilidad del encuentro con lo religioso

En una segunda serie de artículos Kierkegaard adquiere un mayor protagonismo. La paradoja absoluta antes mencionada junto a los otros dos argumentos de Pascal y Anselmo, tendrá en los siguientes artículos un espacio mayor. Desde este desarrollo intentaremos ver la ayuda que Guardini obtuvo desde las ideas que el pensador danés le proporcionó para entender aspectos importantes de la Iglesia. Nos detendremos

---

[171] Cf. R. Guardini, «Logik und religiöse Erkenntnis», 191-195.

también en los pensamientos kierkegardianos que la mirada guardiniana reconoce y subraya como seriedad de la fe (*christlicher Ernst*)[172]. Desde ellos y desde la relación con la «paradoja absoluta» se otorga al *paso* de la fe hacia la Iglesia una nueva profundidad e importancia (*So bleibt der Schritt in den Glauben immer etwas Ungeheuerliches, nämlich das Wagnis des "absoluten Paradoxes"*)[173]. Por ultimo veremos la relación que Guardini considera entre estos pensamientos y la problemática de lo que implica la ciencia que interpreta la Escritura (*neutestamentliche Wissenschaft*)[174].

Kierkegaard plantea en una de sus obras que solo se puede ser cristiano desde la contemporaneidad histórica con Cristo. Solo puede ser cristiano el que vive en el mismo tiempo histórico de Jesús, el que vive en el mismo país que Cristo vive, donde lo puede encontrar personalmente. Esta es una tesis extraña, pero solo así, afirma el pensador danés, se puede dar el paso de la fe y superar el riesgo enorme que ello implica. Después nos ofrece algunos detalles más sobre cómo acontece este encuentro.

Un día alguien se encuentra con un hombre y surge una conversación. Durante esa conversación este hombre afirma ser el Hijo de Dios y exige que se crea en él, ya que de ello depende la propia salvación. Todo esto suena, no solo extraño sino que también genera una cierta indignación. Es un hombre como cualquier otro, que nació ayer, que mañana morirá, que vive en el mismo país, que se viste como todos, y que vive como todos. ¿Cómo creer que sea verdaderamente el Hijo de Dios? Esta situación extraña, y esa pretensión desmedida es para Kierkegaard «la paradoja absoluta». Si el hombre tiene razón, y es realmente el Hijo de Dios y lo que dice proviene de la eternidad, el que escucha y que vive en el tiempo ¿cómo puede llegar a saberlo con certeza? Si vemos a Jesús, si escuchamos la sabiduría con la que habla, los maravillosos prodigios que realiza, si podemos percibir la impresión de una pureza santa que produce, y percibir que nos es misteriosamente y profundamente cercano, ¿podrían todas esas pruebas liberarnos del riesgo de dar el paso de la fe, para expresar: «yo creo que Tú eres el Hijo de Dios y en Ti creo que habla el Padre»? Kierkegaard dice que no, por-

---

[172] «Diese Gedanken haben mir lange zu schaffen gemacht, denn aus ihnen redete ein tiefer, christlicher Ernst», R. GUARDINI, *Evangelisches Christentum*, 232.

[173] Cf. R. GUARDINI, *Evangelisches Christentum*, 231.

[174] «Und dafür, wie ungeheuer die Probleme sind, die sich hier erheben, zeugt alles da, was neutestamentliche Wissenschaft heißt», R. GUARDINI, *Evangelisches Christentum*, 232.

que todo lo que me viene al encuentro son cosas humanas, por lo tanto contenidas en el tiempo y el espacio, de allí que sean cosas finitas y discutibles. Cada razón para decir sí, puede ser también una razón para emitir un no. El paso de la fe permanece siempre como algo inaudito y escandaloso (*So bleibt der Schritt in den Glauben immer etwas Ungeheuerliches*), es precisamente el riesgo de «la paradoja absoluta»: una decisión desde fundamentos limitados y contemporáneos pero que espera lo eterno y absoluto.

Pero ¿qué sucede con los que viven después de Jesús? Si el paso de la fe es ya difícil para los contemporáneos a Jesús, para los que lo encuentran y dialogan con él, sería aparentemente imposible para todos los que vivimos después de Jesús. Pero Kierkegaard afirma que la fe también es posible para los que viven después, aunque es necesario liberarse de lo que se pensó y se vivió después de Jesús, y se debe hacer el gran esfuerzo de llegar a la situación histórica de Jesús. Allí será posible la contemporaneidad. Esta es una tarea muy difícil y compleja (*die Einübung ins Christentum*), pero es el camino que una vez realizado, les permitirá a los que viven después de Jesús encontrarse en la situación de una decisión de fe.

Guardini considera estos pensamientos como muy interesantes e iluminadores y piensa que en ellos habla también una profunda seriedad cristiana. Sin embargo, para él, ese ejercicio en la fe que permita experimentar la contemporaneidad con Jesús es algo imposible de ser realizado. Aunque no deja de valorar la verdad que también esto contiene, ya que solo se llegará a la seriedad y profundidad de la fe desde aquella contemporaneidad con el mensajero de la Revelación, siendo insuficiente un mero ejercicio intelectual o racional. Esta contemporaneidad no solo habla de conceptos, sino que también alude a un encuentro vivo y personal con Jesús[175].

La contemporaneidad tal como la plantea Kierkegaard no es posible para Guardini, ya que la directa realidad histórica de Jesús con nosotros no puede ser alcanzada; pero sí sería posible alcanzarla desde otra perspectiva que contemple a la Iglesia como su mensajera. Ella, que está presente en las distintas épocas, se encuentra en igualdad con cada tiempo. A la Iglesia pertenecen tanto el profesor de religión, como el obispo, el párroco, la familia, todos aquellos a través de los cuales recibimos la Buena Noticia. En todos ellos está presente Cristo y nos habla a cada uno, no como individuos aislados sino como Iglesia.

---

[175] Cf. R. GUARDINI, *Die Offenbarung*, 134-135.

En un comentario que Balthasar realiza en su libro sobre Guardini afirma que el profesor italo-alemán a pesar de valorar aspectos importantes del pensador danés, rechaza ver el esfuerzo de Kierkegaard y el camino que propone para alcanzar la contemporaneidad con Jesús como algo cristiano. Esa propuesta la considera como otro efecto de aquello que llama una «martirización nórdica» (*nordische Verquältheit*). Al esfuerzo que supone el ejercicio necesario que permita llegar a la situación de dar el salto de fe, en el pensamiento kierkegardiano, le falta el *don* de una *mirada serena* de la forma que se contempla (*Diese Angestrengheit fehlt die Gabe ruhender Schau auf geprägte Gestal*). Y la misma idea que considera a Dios como imposible de ser reconocido por el hombre, por ser pecador y solo pecado, es también parte del un pensamiento protestante extremo. A este esquema de pensamiento le falta el momento católico de la analogía relacionada con el camino que va del mundo a Dios[176]. Todo el pensamiento kierkegardiano que piensa la relación con lo religioso parece moverse dentro del círculo cerrado de lo subjetivo que no logra acercarse a la realidad. Primero se subraya una imágen de Dios centrada en lo subjetivo como el totalmente otro, en una absoluta distancia con todo lo humano y lo mundano. Y en un segundo momento se indica desde la misma unilateralidad de la subjetividad el camino que solo desde lo subjetivo logra suprimir la distancia desde el *salto*.

Balthasar igualmente subraya y valora desde algunas observaciones guardinanas esa seriedad planteada por los pensamientos kierkergardianos que no fue conocida por la antigüedad. La existencia adquiere una seriedad nueva y con la que se debe dialogar para plantear caminos que permitan transitar las nuevas distancias que han surgido (*Sein Dasein gewinnt einen Ernst, den die Antike nicht gekannt hat*)[177]. Balthasar nos indica el camino del *encuentro concreto* guardiniano como la propuesta guardiniana ante esta *nueva sensibilidad*. Esa sensibilidad es una carac-

---

[176] «Aber dann sträubt sich Guardini, die Angestrengheit Kierkegaards als spezifisch christlich anzusehen, sie ist "nordische Verquältheit" [...]. Diese Angestrengheit fehlt die Gabe ruhender Schau auf geprägte Gestal. Der Gedanke vom "ganz anderen Gott", dem Sünder unerkennbar, ist protestantischer Extremismus, Ausfall des katholischen Momentes der Analogie und damit jedes von der Welt her aufsteigenden Wege zu Gott», H. U. von BALTHASAR, *Romano Guardini*, 81.

[177] «Kierkegaard inauguriert die dialektische Theologie, deren Position Guardini immer abgelehnt hat. Er gehört zu denen die die "Neuzeit" liquidiert, aber den Teufel mit Beelzebul ausgetrieben haben. Immerhin, hinter ihn kann man nicht zrück: "Als Form des Existierens ist die Antike endgültig vorbei... Sein Dasein gewinnt einen Ernst, den die Antike nicht gekannt hat», H. U. von BALTHASAR, *Romano Guardini*, 81.

terística más de la nueva época que ya inició, y que hace percibir la propia existencia de forma nueva, generando una forma diferente de pensar las relaciones, incluyendo la relación con lo trascendente. El teólogo suizo nos habla de uno de los aspectos a tener en cuenta en la preparación para este *encuentro* superador de las distancias, indicándonos la invitación a redescubrir la importancia de *saber mirar*, y subrayando que mirar no es algo solo pasivo (*Anschauen ist alles andere als passiv, ist viel mehr angestrengtes Raum-Bieten*)[178].

Una autentica preparación de la mirada nos ayuda a ofrecer un espacio en nostros mismos a eso que miramos. Para que la realidad nos hable desde ella misma. El profundo deseo del espíritu humano de conocer la verdad debe hacerse consciente de que solo el *encuentro* con la verdad es lo que nos permite conocerla. No podemos pensar la verdad como si se tratara de algo que podemos contruir *solo* desde nosotros o alcanzarla a través la de un determinado tipo de ejercicio intelectual. La verdad no se contruye, se la reconoce y ella se nos muestra a través de un entramado de oposiciones que permanecen en una relación de tensión vital. Antes se nos decía que al pensamiento kierkergardiano le falta el *don* de la mirada reposada. Es en el don de una mirada paciente y atenta que se produce el encuentro con lo divino[179]. A Dios se lo conoce porque él se ilumina cuando llama a la persona y no como cualquier persona, sino como una persona concreta, única e irrepetible (*Gott kennt man aber, weil er sich lichtet, indem er den Menschen anruft*)[180]. Todo esto se distancia del salto kierkergardiano que sigue poniendo toda la atención solo en el sujeto y en su capacidad de arriesgar sin ningún tipo de apoyo, sin ninguna mediación.

---

[178] Anschauen ist alles andere als passiv, ist viel mehr angestrengtes Raum-Bieten, sich zur Verfügung stellen für das, was wahr-genommen werden will [...]. Sehen is "die Erwiderung auf die Tatsache, daß es ein zu Sehendes gibt; Ding und Auge, Gestalt und ihre Erfassung bilden [...]. «Das Zu-Sehende schenkt das Sehen-Können"», H. U. von BALTHASAR, *Romano Guardini*, 23.

[179] «Wahrheit wird nicht primär schaffend erzeugt, sondern anerkannt; erst von hier öffnet sich der Raum schöpferischen Tuns. Schon früh nimmt Guardini gegen den Pragmatismus, gegen den Primat des Ethos vor dem Logos Stellung, theologisch gegen das Abhängigmachen des Dogmas von seinem "Lebenswerk" [...]. Guardini gewinnt von seinem Ansatzpunkt der konkreten Begegnung her einen -wie sich zeigen wird- fruchtbaren Zugang zum Christlichen. Denn weil das Christentum mit der konkret-lebendigen, einmaligen Person Jesu Christi steht und fällt, ist seinem Berech keinerlei Abstraktion möglich», H. U. von BALTHASAR, *Romano Guardini*, 26.

[180] «Gott kennt man aber, weil er sich lichtet, indem er den Menschen anruft, Gott Einmalige den je einmaligen Mensche, nicht als ein allgemeinnes Subjetkt, sondern als diese Person», H. U. von BALTHASAR, *Romano Guardini*, 44.

La importancia de la mediación eclesial que el pensamiento guardiniano subraya como necesario para un auténtico encuentro cristiano lo conducen a plantearse nuevas preguntas. Una de ellas se dirige a profundizar en la posibilidad de que Jesús pueda realmente hablarnos a través de toda esa realidad compleja que es la Iglesia, teniendo en cuenta también los aspectos negativos que están presentes en ella. También en la Iglesia se hace presente la paradoja absoluta de la que se nos habló antes, recordándonos que a través de todo esto pasa también el camino de la fe, ya que a través de todo ello también experimento a Cristo. Pensar que podemos experimentar directamente a Cristo es una ilusión, ya que el mismo libro del Nuevo Testamento es en verdad la Iglesia (*denn schon das Buch des Neuen Testaments [...], ist ja doch in Wahrheit "Kirche". Und dafür, wie ungeheuer die Probleme sind, die sich hier erheben, zeugt alles da, was neutestamentliche Wissenschat heißt*). La decisión de la fe acontece realmente en la Iglesia, ya que solo ella nos coloca ante la situación de contemporaneidad con Jesús, y esa decisión debe ser siempre renovada ante las objeciones que también nacen en el interior de cada uno, experimentando también de manera renovada el efecto liberador que surge de la fe[181].

5. La mirada protestante del catolicismo

Entre los escritos no publicados de Guardini se encuentra uno que ya hemos mencionado anteriormente y que lleva como título «La opinión del protestante sobre el catolicismo» («*Die Stellungnahme des Protestanten zum Katholizismus*»)[182]. Este escrito consta de treinta y ocho páginas y no se conoce con precisión la fecha en que fue compuesto, aunque se presume que fue escrito antes de 1960 ya que cuando se habla de la liturgia de la Iglesia católica, expresando el rechazo del protestantismo ante la utilización una lengua extraña al pueblo que impide a nivel religioso una auténtica expresión, no se hace ninguna mención a las reformas del Concilio Vaticano II, y se habla solo del uso del latín como la única lengua litúrgica[183]. Este valioso escrito desde el que Guardini intenta mirarse a sí mismo como católico y mirar la Igelsia católica desde el mismo protestantismo está dividido en dos grandes

---

[181] R. GUARDINI, *Die Kirche des Herrn*, 160-161; ID., *Evangelisches Christentum*, 233.

[182] R. GUARDINI, *Kleinere Abhandlungen N.º 30*, en Romano Guardini-Archiv der Katholischen Akademie in Bayern, München (desde ahora = R. GUARDINI, *Kleinere Abhandlungen N.º 30*).

[183] R. GUARDINI, *Kleinere Abhandlungen N.º 30*, 32-34.

partes: en la primera se habla de «La opinión del protestantismo sobre la Iglesia católica» (*Die Protestantische Stellungnahme zum Katholischen Kirchentum*) tocando una serie de temas propios de la vida de la Iglesia[184]; la segunda parte lleva como título «La opinión del protestantismo sobre la devoción y la vida de oración del catolicismo» (*Die Protestantische Stellungnahme zum Katholischen Andachts-und Frömmigkeitsleben*)[185], donde Guardini intenta llegar a las raíces del juicio mediante el cual el protestantismo manifiesta su diferencia de opiniones con el catolicismo.

El profesor Hans Mercker, hablando de este artículo inédito de Guardini, y después de considerar su fidelidad descriptiva del protestantismo, señala que hay distintas formas de iniciar una exposición o un diálogo sobre diferentes puntos de vista: una forma es juzgar las opiniones diferentes desde el propio punto de vista; otra es iniciar el diálogo desde las opiniones expresadas; una tercera forma es la de ir haciéndonos más conscientes de la comprensión de sí mismo que tiene el otro; y la cuarta es la adoptada por Guardini en la que intenta desplazarse a sí mismo del centro para iniciar el diálogo, desea dejarse mirar desde la comprensión y desde la perspectiva del otro, adoptando en un primer momento la perspectiva del protestantismo como si fuera la propia. Mercker afirma que es la actitud que Guardini también tiene en sus trabajos interpretativos de algunas de las grandes figuras sobre las que trabajó y se ocupó, posibilitándole una empatía que le ayudó, como en el caso del protestantismo, a permanecer fiel en su descripción[186].

---

[184] R. GUARDINI, *Kleinere Abhandlungen N.º 30*, 2-22.
[185] R. GUARDINI, *Kleinere Abhandlungen N.º 30*, 22-38.
[186] «Die Lektüre der ungedruckten Abhandlungen zeigt, daß Guardini dem eingangs gefaßten Vorsatz einer rein beschreibenden Darstellung des Protestantismus treu geblieben ist. Er folgt dem Grundsatz jeden wirklichen Verstehens, zunächst einmal zuzuhören und das Gegenüber zu Wort kommen zu lassen. Schon die Formulierung der Fragestellung im Titel ist dieser Haltung verpflichtet. Es gibt ja grundsätzlich mehrere Möglichkeiten, in ein Gespräch über unterschiedliche Standpunkte einzutreten: die eine, den anderen aus der eigenen Position heraus zu beurteilen; die andere, aus den jeweiligen Positionen heraus das Gespräch zu eröffnen; die andere, aus das Selbstverständnis des Partners zur Kenntnis zu nehmen. Guardini wählt die entsagungsvollste vierte: sich selbst vom Selbstverständnis und methodisch auf Standpunkt des Protestantismus und leiht ihm gewissermaßen sein ausgeprägtes, auch an den großen Gestaltdeutungen über Sokrates, Dante, Pascal, Dostojewskij, Rilke, Hölderlin und Augustinus erwiesenes interpretatorisches Einfühlungsvermögen. Er denkt zunächst einmal vom Protestantismus her, wodurch dessen innere Glaubwürdigkeit so sehr artikuliert wird, daß man streckenweise versucht ist, von einer Anverwandlung zu sprechen», H. MERCKER, *Christliche Weltanschauung als Problem*, 38-39.

5.1 Entender otras formas de interpretar

Guardini intenta lograr una identificación mental y afectiva con el protestantismo, para escuchar primero con más claridad lo que tiene para decir y los pensamientos que expresa. En un segundo momento realiza una presentación de ideas diferentes y que subrayan aspectos contrastantes. Este estilo que tiene casi la forma de un diálogo, que como ya vimos en otras ocasiones forma parte del estilo guardiniano, es un frecuente recurso metodológico desde donde pareciera invitarnos a sumar diferentes miradas en la búsqueda de la verdad y de lo auténtico. Esto nos recuerda también una importante recomendación que Guardini hace en uno de sus escritos y que tiene una cierta sintonía con lo dicho. Después de recordarnos que todo lo que decimos y hacemos nos contiene a nosotros mismos, cada expresión que realizamos contiene abiertamente o en forma velada la palabra yo, cada acto que realizo es realizado por mí, lo que sucede en el ámbito de mi vida me toca también a mí mismo, siempre estamos presente de forma directa o indirecta. Teniendo en cuenta esto, Guardini dice que podemos también intentar alejarnos de nuestro yo y, por ejemplo, hablar de las cosas como si «yo» no existiera. Esto es para Guardini un muy buen ejercicio del Espíritu, que nos hace capaces de prescindir de nosotros mismos. Posteriormente reconoce que a pesar de todo ello permanece siempre la conexión con el yo, incluso en el intento de prescindir de mí mismo. Soy yo quien realiza tal intento, manifestándose así el carácter de la casi inevitabilidad que tiene mi yo[187].

Me pareció importante recordar lo antes dicho porque parece reflejar el intento constante y el profundo deseo de Guardini de no quedar *encerrado* en una perspectiva personal, recordándonos su esfuerzo por acercarse cada vez más a otras formas de ver, para captar lo que también allí hay de vedad y de auténtico. Además de recordarnos indirectamente su experiencia de conversión donde renuncia a guiarse solo a sí mismo y decide abrir un

---

[187] «Ich bin mir das einfachhin Gegebene. Jenes, von dem mir selbstverständlich ist, daß es sei; das die Voraussetzung für alles Übrige bildet; auf das ich alles beziehe, und von dem her ich alles herantrete. In allem setze ich mich ja doch voraus. Jede Aussage, die ich mache, enthält, offen oder mitgemeint, das Wort "ich". Jeder Akt, den ich vollziehe, ist getragen von "mir". Was in meinem Lebensbereich geschieht, trifft "mich". Immer bin ich dabei: direkt, in unmittelbarer Tätigkeit, Begegnung, Beeinflussung – oder indirekt, indem "meine" Umgebung, "mein" Land, "meine" Welt betroffen ist. Dabei kann ich mich immer weiter vom unmittelbaren Ich entfernen [...]. Ich kann den Versuch machen, mich selbst zu übersteigen und von den Dingen zu reden, als ob ich nicht wäre. Das ist etwas sehr Gutes; eine Übung des Geistes, daß er fähig werde, von sich abzusehen», R. GUARDINI, *Die Annahme seiner selbst*, 9-10.

espacio nuevo en su vida dejándose guiar, nos recuerda que estas nuevas perspectivas dan lugar no solo a un conocimiento distinto de las realidades de las que se hablan, sino incluso de sí mismo. El yo que *sale* al encuentro, se mira a sí mismo después de la conversión de una forma nueva, encontrándose con un yo diferente. Ese ejercicio de alejarse del yo, intentando desplazarse del centro para descubrir el *logos* que está presente en las cosas y los acontecimientos, creo que es también *una* parte de su camino interpretativo y de la invitación que nos hace para descubrir nuevas perspectivas[188].

Las preguntas que el protestantismo le pone delante y a las que intenta Guardini buscar una respuesta en este caso son: ¿qué entienden los protestantes por catolicismo? ¿qué imagen tienen de la piedad católica? ¿cuáles son las cosas que el protestantismo no puede aceptar del catolicismo, y qué fundamentos tiene ese rechazo? Guardini intenta obtener una respuesta a esas inquietudes pero no desde investigaciones teológico-científicas, sino desde la experiencia obtenida en sus numerosos diálogos a lo largo de los años con no católicos, como también a partir de sus lecturas. Desde allí intentará mostrar la posición del protestantismo sobre la fe católica y sobre su piedad, intentando describir las actitudes de las cuales proceden y surgen los juicios del protestantismo sobre el catolicismo. Aquí se debe aclarar que lo que Guardini denomina protestantismo se limita solo a la expresión luterana de la reforma cristiana, quedando afuera, por no contar con un conocimiento y una experiencia más cercana, el fenómeno del Calvinismo, el Anglicanismo y el Pietismo[189].

---

[188] De esta diferencia habla Guardini brevemente en su diario: «Heute habe ich versucht nahezubringen, was heißt, Schaffen und Geschaffensein, und der religiöse Akt, in dem das realisiert wird [...]. Wenn der Zyklus gelingt, entsteht daraus eine Art Existenztheologie. Das wäre so notwendig – daß das Gläubige nicht nur obenauf sitzt, sondern in die Wurzel geht. Es ist doch so, daß der wirkliche Glaubende den Satz "ich bin" anders spricht als der, der nicht glaubt», R. GUARDINI, *Wahrheit des Denkens und Wahrheit des Tuns*, 100.

[189] «Die *Frage* lautet, was der Protestant unter Katholischem Kirchentum und katholischer Frömmigkeit versteht, was er daran ablehnt und warum? Die Antwort möchte ich nicht auf theologisch-wissenschaftliche Untersuchungen, sondern auf den Gesamteindruck stützen, den ich im Laufe vieler Jahre aus zahlreichen Gesprächen sowie aus Lektüre verschiedenster Art gewonnen habe [...]. Mit der Bezeichnung "Protestantismus" ist nur die deutsche Erscheinungsform des reformatorischen Christentums und in dieser nur das Luthertum gemeint. Vom Calvinismus und Anglikanismus wie auch vom Pietismus und verschiedenen Sektenbildungen sehe ich ab, da ich von ihnen keine nähere Kenntnis habe», R. GUARDINI, *Kleinere Abhandlungen N.º 30*, 1.

5.2 Principios interpretativos que guían la mirada protestante del catolicismo

Los principios cristianos desde donde, en líneas generales, se hacen presentes las ideas más importantes con las que el protestantismo interpreta y mira de forma crítica al catolicismo consisten brevemente en una renuncia a toda falsa mediación (*im Verzicht auf alle falschen Unmittelbarkeiten*). Renunciando así a todo lo que pueda ligar lo humano-terreno a lo divino-eterno, como producto de una búsqueda humana de seguridad, que en definitiva atenta contra la libertad del actuar divino. Ello implica aceptar lo definitivo de la inaccesibilidad de lo trascendente y la incapacidad del mundo para reconocerlo. Insistiendo y perseverando en la inseguridad ante la libertad de la gracia de Dios. Los católicos, por el contrario, colocan en el lugar de esta actitud la obediencia a la Iglesia, la cual con el sistema elaborado de continuidades coloca lo santo-eterno en lo temporal-terreno, y con ello llegan a las seguridades relacionadas con la libertad divina. La Iglesia exige que el hombre le obedezca, garantizando a las personas que Dios actuará como ella dice, ligando así la libertad de Dios, pero también la libertad humana, ya que la auténtica libertad humana es posible solo desde la libertad de Dios[190].

Para los protestantes, el hombre y con él todo lo temporal (*Weltliche*) no puede entrar en una relación positiva con Dios, porque Él es Santo, y el hombre es pecador. Pero no solo en el sentido de que el hombre pecó y perdió la gracia de Dios dañando profundamente su naturaleza, pero conserva todavía en él la posibilidad de una nueva relación. Él no es solo pecador sino que se transformó en pecado, toda su esencia y a través suyo todo el mundo es pecado. No hay ninguna posibilidad de continuidad de aquella bondad del ser que ahora es simplemente solo pecado, y todo intento de producir una continuidad del hombre con Dios no es solo algo falso sino pecaminoso (*frevel-*

---

[190] «Der Protestant sagt: Sie besteht im Verzicht auf alle falschen Unmittelbarkeiten im oben entwickelten Sinn; auf alle Verbindung von Menschlich-Irdischem und Göttlich- Ewigem; auf alle Sicherungen gegenüber der Freiheit von Gottes Urteilen und Handeln. Sie bedeutet die Bereitschaft, sich ins Undurchdringbare hinüberzurichten und in der Verlorenheit der Welt, in der Ungestütztheit vom Zeitlichen her, in der Unsicherheit gegenüber der Gnadenfreiheit Gottes auszuhalten. Der Katholik hingegen setzt an Stelle dieser Haltung den Gehorsam gegen die Kirche, welche ein einziges System von Kontinuitäten, von Umsetzungen des Heilig-Ewigen ins Zeitlich-Irdische und damit von Sicherungen gegenüber der Freiheit Gottes ist [...]. Sie bindet Gott und macht Ihn so gleichsam für den Menschen ungefährlich», R. GUARDINI, *Kleinere Abhandlungen N.º 30*, 17.

haft). Desde la auténtica pasión por lo cristiano, desde el celo por la gloria de Dios, el protestantismo se revela ante todo falso intento de establecer una continuidad. La Iglesia, en sentido católico, es la encarnación de la Autoridad, del dogma, de los Sacramentos y la imagen de un orden que es en sí mismo imposible para la mirada protestante[191].

En los pensamientos que Guardini nos presenta desde la perspectiva protestante se constata una creciente distancia entre lo humano y lo divino al afirmar que el hombre no solo es pecador sino «pecado». Desde ello todo lo divino es para el hombre algo solo y siempre inconmensurable. Esto hace surgir en Guardini las preguntas acerca de cómo se originan y cómo pueden ser aceptadas tales afirmaciones que contradicen no solo la experiencia sino también el Espíritu del Nuevo Testamento. Para Guardini esto se debe a que ya en Lutero aparece un importante *principio psicológico* presente con frecuencia en las personas del norte de Europa, y que tiene relación con una forma singular de ser y de vivir la relación entre el alma y el cuerpo. Esta relación fundamental, desde donde lo interior se exterioriza en lo que llamamos expresión, el alma espiritual aparece y se muestra en el cuerpo, parece ser entendida de forma diferente al modo en que se entiende y vive en los países del sur[192].

En las culturas del sur, el camino que conduce a la expresión es más simple que en las del norte europeo. Lo espiritual se expresa directamente en el cuerpo, en palabras en gestos, en acciones; como también a la inversa, lo interior-espiritual se puede reconocer o leer en la apariencia exterior. Ello acontece con naturalidad, produciendo el típico carácter del hombre del sur, haciendo surgir un mundo de

---

[191] «Der Mensch und mit ihm alles Weltliche kann mit Gott in keinen positiven Bezug treten, weil Er heilig, der Mensch aber sündig ist. Das bedeutet nicht nur, der Mensch habe zwar gesündigt, Gottes Gnade verloren, seine Natur zerrüttet, trage aber doch einen guten Grundbestand in sich, der als solcher wieder eine Beziehbarkeit begründen könnte [...]. So ist jeder Versuch, eine Kontinuität von ihm zu Gott herzustellen, nicht nur falsch, sondern frevelhaft, und der christliche Grunddaffekt, der Eifer für die Ehre Gottes, muß sich dagegen richten. "Kirche" im katholischen Sinne, als Inbegriff von Autorität, Dogma, Sakrament, Bildungsordnung usw., sind in sich unmöglich und lästerlich», R. GUARDINI, *Kleinere Abhandlungen N.º 30*, 18.

[192] «Hier scheint ein psychologischer Faktor in Luther und, von ihm repräsentativ ausgesprochen, im Wesen des nordeuropäischen Menschen überhaupt mitzuwirken, und zwar scheint es die Art zu sein, wie diese das *Verhältnis von Seele und Körper* empfindet. Jenes Grundverhältnis, welches "Ausdruck" heißt, wonach das Innere sich im Äußeren, das Seelisch-Geistige im Leiblichen darstellt und an diesem aufgefaßt werden kann, scheint beim nordeuropäischen Menschen anders zu arbeiten als beim südlichen», R. GUARDINI, *Kleinere Abhandlungen N.º 30*, 20.

símbolos y de formas vivas. Pero se debe agregar que esa transformación acontece demasiado fácilmente, de forma exageradamente simple, y los problemas propios de la existencia parecen desaparecer. Para las personas de las poblaciones nórdicas todo ello es interpretado y vivido de forma diferente. Para ellos, la interioridad, el mundo de lo espiritual-interior permanece encerrado en lo corporal y se debe luchar intensamente para lograr su expresión. Y mientras más al norte dirigimos la mirada, más claramente y con mayor intensidad, según Guardini, la expresión se convierte en algo aún más difícil, la cerrazón es aún más profunda, y más calladas y solitarias son las personas; los gestos son más escasos, el espacio de lo público es siempre más reducido, produciéndose un incremento de lo subjetivo privado, y hasta un cierto pudor que considera la expresión como algo no permitido[193].

El hombre nórdico, desde esta forma de cultura que caracteriza la relación entre lo exterior y lo interior, parece mucho más inclinado que el hombre del sur a considerar lo corporal como pecaminoso o impuro, y considera el abandonarse del alma en el cuerpo como algo no permitido. Guardini parece estar de acuerdo en considerar que la vida instintiva de estas personas es más impetuosa, y porque es más cerrada también es más fácil de ser contaminada; aunque una vez liberada va mucho más lejos en su actuar que en las personas del sur. Cuando los protestantes observaban la superficialidad de la expresión, la poca fuerza de la pasión y el formalismo romano, se sentían confirmados en su perspectiva y en su rechazo[194].

---

[193] «Bei Letzterem (beim südeuropäischen Menschen) geht die Umsetzung leicht vor sich. Das Innerlich-Seelische drückt sich unmittelbar im Körperlichen, im Wort, in der Gebärde, in der Handlung, im ganzen Sein aus [...]. Allerdings muß auch hinzuge fügt werden, daß diese Umsetzung oft zu leicht geschieht, alles zu glatt wird, und die eigentlichen Existenzprobleme zu verschwinden scheinen. Beim nördlichen Menschen ist es anders. Bei ihm ist die Innerlichkeit, die Welt des Seelisch-Geistigen ins Körperliche eingeschlossen und muß um den Ausdruck ringen. Je weiter nach Norden, desto tiefer wird die Eingeschlossenheit, desto stummer und einsamer der Mensch», R. GUARDINI, *Kleinere Abhandlungen N.º 30*, 20-21.

[194] «Je weiter nach Norden, desto stärker scheint sogar ein qualitativer Konflikt zu werden: ein, wenn man so sagen darf, konstitutiv schlechtes Gewissen dem Körper gegenüber. Der nördliche Mensch scheint viel leichter geneigt als der südliche, das Leibliche als böse und das Sich-Hineingeben der Seele ins Körperliche als unerlaubt zu empfinden [...].Wenn der Protestant dann noch sieht, daß die romanische Unmittelbarkeit des Ausdrucks ihrerseits Oberflächlichkeit, Veräußerlichung, Formalismus, leeres

5.3 *Principios interpretativos culturales*

La mirada crítica del protestantismo dirigida a las formas de expresión en la vida de la Iglesia católica tampoco son solo pensadas, según Guardini, desde lo teológico, sino que van entretejidas con una crítica que tiene una gran influencia de lo cultural, y que al considerar lo católico como superficial en su predominante forma «romana» les resulta inaceptable. Todo ello se presenta más inaceptable aún a una cultura germana que a su vez se siente postergada, y que busca también afirmar lo nórdico desde la independencia de una Iglesia demasiado influenciada por la cultura mediterránea. En el movimiento de la reforma actuaba desde el principio la exigencia de una cristiandad que concediera a la cultura alemana un mayor protagonismo. A través del desarrollo histórico del cristianismo, las culturas mediterráneas se transformaron en algo demasiado importante, sobre todo la cultura romana en la que se encuentra el centro de la Iglesia[195].

Cuando se habla de la cultura alemana, se hace referencia a su gran capacidad de asimilación, al punto que su propia forma histórica surge siempre desde el encuentro con lo extraño. Eso también origina el peligro de acallar lo extraño o desconocido y perder también lo propio. En el movimiento de la reforma tenía mucha fuerza el sentimiento de perder el propio protagonismo y el deber de reconquistarlo. Así fue que se despertó, luego de una intensa entrega y apertura, una pasión de odio y rechazo expresada a través de los reformadores contra la Iglesia católica como reacción ante la pérdida de lo propio. Por otro lado, el catolicismo alemán contrario a la reforma pondrá de relieve con más fuerza todavía el acento en lo romano en su intento de afirmar lo católico, dando al protestantismo más motivos para acrecentar su rechazo. Para los protestantes, la Iglesia católica se transformó así en la encarnación de lo extraño, lo opuesto a Dios y al pueblo alemán[196].

Pathos und anderes Schlimme im Gefolge hat, fühlt er sich naturgemäß in seiner Ansicht bestätigt», R. GUARDINI, *Kleinere Abhandlungen N.º 30*, 21-22.

[195] «In der Reformation wirkte von Anfang an das Verlangen nach einer *Christlichkeit, in welcher das deutsche Wesen unmittelbarer zu ihrem Rechte käme*, als es vorher geschehen war. Durch die geschichtliche Entwicklung des Christentums sind die Kulturformen der Mittelmeerländer religiös maßgebend geworden; vor allem, da der Mittelpunkt der Kirche in Rom lag, und das kirchliche Leben aus seiner Tradition her geprägt wurde, die romanischen», R. GUARDINI, *Kleinere Abhandlungen N.º 30*, 18-19.

[196] «Man hat vom deutschen Wesen gesagt, seine Eigenart bestehe in einer ungewöhnlichen Fähigkeit der Begegnung und Aneignung; ja seine eigentliche geschichtliche Gestalt erstehe immer erst in dieser Begegnung mit dem Fremden. Das bringt aber auch die Gefahr mit sich, dem Fremden zu erliegen und sich selbst zu entgleiten. In der Reformation war im deutschen Volke offenbar weithin das Gefühl, diesem Schicksal verfallen zu

A la cultura nórdica, acostumbrada al uso de la palabra como medio de expresión, le resulta extraño que la palabra pueda ser también utilizada desde la repetición en las prácticas de piedad católica como un permanecer afectivo ante Dios. Aquí aparece en el protestantismo un nuevo rechazo, esta vez poniendo la mirada en las prácticas de piedad y oraciones del catolicismo. El rechazo parece despertarse y encenderse más intensamente en todas las ocasiones en que el protestante ve en el catolicismo esos actos de piedad en los que se dirige *directamente* a Dios, donde se expresa una *continuidad* del mundo que Dios creó. El protestante acentúa ante esta tendencia la *distancia*, y la importancia de renunciar a ciertas pretensiones, recordando lo provisorio y limitado de todo lo terreno. Las críticas a la expresión de los ejercicios de piedad católica, por ejemplo a través de las constantes repeticiones de palabras como en el rezo del rosario o las letanías, producen para el protestante una destrucción de la palabra y del pensamiento (*Dadurch werde der Gedanke verschliffen und das Wort zerstört*). Otro ejemplo de la destrucción es la utilización excesiva del rezo del Padre Nuestro. Dado que es la oración del Señor, tendría que ser tratada con mucho más respeto. No se lo puede recitar uno tras otro o hacer que por regla común se deba añadir a otras formas de oración. El Padre Nuestro se dirige a Dios, el Ave María a una persona humana, por eso no deberían recitarse juntos[197].

Estas interesantes objeciones nos permiten ver el horizonte de otra mentalidad, de otra forma de pensar. Se perciben detalles interesantes desde los que surge una crítica con argumentos que ayudan a pensar nuestras prácticas de piedad y también ayudan a percibir la distancia que hay entre formas culturales diferentes. Por otro lado, con estas ob-

---

sein und sich zurückholen zu müssen. Dabei erwachte aber nach dem Übermaß der Hingabe der Affekt der Ablehnung, und der Ton tiefen Hasses, der durch die reformatorischen Äußerungen über die "römische" Kirche geht [...]. Aus der Logik geschichtlicher Vorgänge heraus ist nun der deutsche Katholizismus gegenreformatorisch und damit in betonter Weise römisch geworden und hat dem Protestantismus beständigen Anlaß gegeben, jene Ablehnung zu steigern», R. GUARDINI, *Kleinere Abhandlungen N.° 30*, 19.

[197] «Vor allem fühlt sich der Protestant durch die beständige Wiederholung der Gebetstexte befremdet, wie sie beim Rosenkranz, der Litanei, den Andachten usw. stattfindet. Dadurch werde der Gedanke verschliffen und das Wort zerstört. Besonders stößt er sich an der Weise, wie das Vaterunser gebraucht wird. Er sagt: Es ist das Gebet des Herrn und muß mit großer Ehrfurcht behandelt werden. Man kann es nicht mehrmals hintereinander sprechen, oder an andere Gebetstexte anhängen. Man kann es auch nicht regelmäßig mit dem Ave Maria zusammennehmen. Das Herrengebet richtet sich an Gott, das Ave Maria an einen – wenn auch noch so ehrwürdigen – Menschen», R. GUARDINI, *Kleinere Abhandlungen N.° 30*, 23.

jeciones Guardini nos presenta una cultura en la que la precisión de la palabra tiene un tal protagonismo que invita a pensar temas que desde el propio ámbito nunca surgirían. Finalmente creo que esto también nos acerca a la gran capacidad de observación con la que Guardini considera hasta estos pequeños detalles en los que emerge siempre un factor nuevo que lo sostiene y motiva, invitándonos también a entrar en estos problemas, y a dialogar con ellos.

La vida de oración en el catolicismo tiene algunos rasgos contemplativos fundamentales en los que el creyente manifiesta su deseo no solo de expresar con simples palabras sus oraciones y manifestar sus pedidos a Dios, sino también permanecer en ese ámbito santo de Dios. Eso conduce al católico a utilizar la palabra como un espacio para el permanecer contemplativo, como instrumento de expresión para lo afectivo. Se utilizan muchas palabras, y la repetición es el medio al que se recurre. Esta necesidad no existe en el protestantismo. En la vida protestante la oración no parece tener un espacio amplio (*In seinem Leben scheint das Gebet überhaupt keinen breiten Raum einzunehmen*), sino que el punto central parece encontrarse en el protagonismo de una fe activa, en el dominio de la vida desde lo ético y objetivo, desde lo práctico-técnico, sin hacer demasiado hincapié en lo afectivo. La oración es breve, ligada a su contenido y determinada o definida por la verdad de los pensamientos de la fe y del respeto reverencial a la palabra de Dios. Todo ello provoca un fuerte sentido de responsabilidad por la palabra, por el peso de la palabra y su precisión, exige que los pensamientos sean pensados intensamente, que la palabra sea ampliamente discutida punto por punto, y que las palabras dirigidas a Dios se hagan preferentemente de forma mental[198].

El protestante no conoce la necesidad de la palabra como medio o como ayuda en la contemplación, para él la palabra es solo para afirmar

---

[198] «Das katholische Gebetsleben hat einen kontemplativen Grundzug. Der Gläubige will nicht nur mit einfachen Worten Gott sein Anliegen sagen, sondern bei Ihm weilen, in Seiner heiligen Atmosphäre atmen. Dieser Grundzug führt dazu, das Wort als Raum für das betrachtende Verweilen, bzw. als Kanal für die affektive Strömung zu benutzen. Dazu sind viele Worte nötig, und die Wiederholung stellt sich notwendig ein. Dieses Bedürfnis fehlt beim Protestanten. In seinem Leben scheint das Gebet überhaupt keinen breiten Raum einzunehmen, sondern der Schwerpunkt in einem aktiv betonten Glauben sowie in der ethischen und sachlichen Meisterung des Lebens zu liegen. So wird das Gebet kurz und inhaltsgebunden und ist von der Wahrheit des Glaubensgedankens und der Ehrfurcht der Gottesanrede bestimmt. Das aber bedingt ein starkes Verantwortungsgefühl für das Wort, sein Gewicht und seine Sauberkeit», R. GUARDINI, *Kleinere Abhandlungen N.º 30*, 24.

y expresar, por eso al considerar la forma de rezar del católico no le parece algo serio y auténtico (*Dieses Bedürfnis fehlt beim Protestanten*). La repetición en la oración es algo innecesario que la transforma en inauténtica, de allí que tampoco se entiendan en el ámbito protestante algunos actos como la consagración u ofrenda diaria al Sagrado Corazón de Jesús, o la renovación de las promesas bautismales. A través de esas actitudes, para la mirada protestante, todo pierde seriedad, se altera y pierde autenticidad[199].

Estos pensamientos evidencian de forma sencilla algunos de los aspectos de las diferentes perspectivas entre el protestantismo y el catolicismo. En este caso la mirada guardiniana se detiene a considerar el uso de la palabra y las valoraciones que acentúan por un lado tal vez una mayor precisión y meticulosidad, y desde otro el uso de la palabra como un canal de expresión de lo afectivo. Creo que desde todo esto sugiere también ante la palabra cuando se la intenta comprender: una actitud interpretativa diferente en un caso se tenderá a buscar en la interpretación más la precisión, y desde otro se incorporarán dimensiones que no considerarán solo la meticulosidad de la expresión sino también lo afectivo y lo relacional. Otra observación interesante para subrayar es la señalada por Guardini en relación con la oración y el poco espacio que parece tener en el ámbito protestante, lo cual hace pensar que la vida espiritual del protestantismo estaría marcada más por la precisión del pensamiento de la fe, mientras que en las culturas mediterráneas una mayor presencia de la oración pondría de nuevo el acento en lo afectivo y en una forma de relación diversa que se expresa en el ámbito de la oración.

La devoción católica es para el protestante algo extraño e incluso contradictoria con la fe. La fe es para el protestante una relación con Dios y por lo tanto una relación que no tiene continuidad con el hombre. Por ello la oración debe tener y mantener el carácter de la distancia. Para el protestante, la forma de rezar de los católicos *olvida la distancia* y *los límites* entre la santidad de Dios y la pecaminosidad de lo creado, transformándose en una oración invasora, y en un constante intento de mezclar lo divino con lo humano[200]. Otra forma en la que se expresa esa falta de límites en la

---

[199] «die katholische Art sei kein wirkliches Beten – um so mehr, als sie ja oft wirklich zu wünschen übrig läßt. Man kann hier sehr scharfe Urteile hören, auf die wegen des vielen Richtigen, das sie enthielten, nicht leicht zu antworten ist. Ebenso sagt der Protestant, gewisse religiöse Akte könnten unmöglich öfter mit dem entsprechenden Ernst vollzogen werden», R. GUARDINI, *Kleinere Abhandlungen N.º 30*, 24.

[200] «Glaube sei die Beziehung zu dem Gott, zu welchem es vom Menschen her keine Kontinuität gibt; so müsse das Gebet den Charakter der Distanz haben, Bußgesinnung,

piedad católica se manifiesta en la excesiva insistencia del amor en la relación con Dios, y lo que todavía es peor para el protestantismo es que se habla demasiado del amor (*In ihm ist zu viel Liebe am Werk, und, was noch schlimmer ist, es wird zu viel von Liebe gesprochen*).

La presencia del amor para los protestantes debe tener una forma discreta y reservada. Pero en los textos católicos el amor se muestra demasiado, transformándolo en un sentimentalismo sospechoso. Creo que todo esto puede resultar más fácil de entender si se recuerda lo que se dijo antes sobre la relación interior-exterior en la cultura nórdica, y el camino más complejo de la exteriorización de ese mundo interior a través de la expresión[201]. Las dificultades para entender la piedad católica parecen encontrar sus puntos más oscuros especialmente en lo que se refiere a la piedad Mariana, en la devoción al Sagrado Corazón de Jesús, como también en algunas imágenes que comparan la relación con Dios desde el símbolo de la esposa. Todo eso para los protestantes está marcado por lo inauténtico e innatural y es demasiado femenino, un acento extremadamente femenino que se pone de manifiesto hasta en las canciones católicas transformándolas en algo insoportable. En las canciones protestantes, por el contrario, se hace presente con mayor claridad la conciencia de la responsabilidad cristiana de la comunidad que confiesa su fe y su disponibilidad a luchar por ella. Algo similar acontece con la fuerza y la presencia del lenguaje del sacrificio en el catolicismo, entendible desde el amor, y por ello no aceptable para los protestantes, siendo otro de los aspectos que en catolicismo debe ser purificado[202].

Bereitschaft zum Gehorsam, Anbetung und Lob, Verlangen nach Kraft im Kampf und in der Arbeit des Christen in der Welt ausdrücken [...]. Man begegnet hierüber sehr scharfen Ausdrücken: die katholische Gebetsweise sei zudringlich; vergesse die Grenzen zwischen dem heiligen Gott und dem unheiligen Geschöpf; sei ein beständiger Versuch zur Vermengung, verschleierter Pantheismus usw.», R. GUARDINI, *Kleinere Abhandlungen N.º 30*, 26.

[201] «Mit diesem Moment hängt der *Primat der Liebe* im katholischen Gebetsleben zusammen – ja es ist im Grunde der gleiche Sachverhalt unter anderem Gesichtspunkt. Dem protestantischen Frömmigkeitsleben eignet etwas Charaktervolles, das sich bis zum Kämpferischen steigert, andererseits aber auch eine innere Kühle, ein Mangel unmittelbarer Herzenskräfte. Von da aus sagt der Protestant: Das katholische Frömmigkeitsleben hat zu wenig Kraft und Charakter. In ihm ist zu viel Liebe am Werk, und, was noch schlimmer ist, es wird zu viel von Liebe gesprochen. Wenn sie Schon da ist, muß sie zurückhaltend sein; in den katholischen Gebetstexten aber enthüllt sie sich», R. GUARDINI, *Kleinere Abhandlungen N.º 30*, 26.

[202] «Besonders bestimmte Andachten machen den Eindruck; so gewisse Formen der Marienverehrung und der Herz-Jesu-Andacht. Diese Gebete sind unecht und unnatürlich. Die in ihnen zu Wort kommende Liebe ist keine personale Haltung, sondern verhüllte

El protestante, al rechazar la continuidad entre lo humano y lo divino, no logra otorgar a lo simbólico, que caracteriza lo litúrgico, un espacio adecuado, por ello tampoco tiene una relación viva con la liturgia. La liturgia se apoya en el símbolo que desde su forma terrena y limitada es expresión de una realidad espiritual. El protestante conoce solo la palabra de Dios y la expresión humana de la fe. La distancia de lo litúrgico será aún mayor al constatar que la liturgia católica se apoya también en la Iglesia como el sujeto que realiza la acción litúrgica, representada en cada comunidad desde la autoridad del sacerdote[203].

5.4 *Revelación y libertad*

El protestantismo critica la fe de los católicos, afirmando que no creen realmente, ya que creer es aceptar la Revelación, confiarse a ella y ser obedientes a lo que en ella se nos propone. Esa Revelación es una llamada del Dios viviente y absolutamente libre, por ese motivo la reforma protestante buscó vincular nuevamente la vida del creyente con la Revelación, colocando al creyente otra vez ante la libertad de Dios que llama, y rechazando todo intento de restringir la libertad divina. La dirección del catolicismo es diferente por haberse alejado de la Revelación, desarrollando una fe eclesial que con la ayuda de la filosofía y el derecho creó un sistema que desde esa autoridad eclesial sostiene la Revelación, ligando a ese sistema (que desde la teología racional ha producido los dogmas) la palabra de Dios que ya no puede hablar li-

---

Sinnlichkeit. Daß die Symbolik des Brautverhältnisses, die im Neuen Testament nur ganz selten anklingt, im katholischen Gebetsleben so stark hervortritt, ist ein Zeichen einer unguten Grundhaltung, dem sie kann unmöglich so oft in echter und reiner Form realisiert werden. Ähnliches empfindet der Protestant vor dem häufig hervortretenden Gedanken des Opfers [...]. Die katholischen Gesänge hingegen sind meistens keine Kirchen – sondern geistliche Lieder [...]. In ihnen sieht der Protestant ebenfalls einen Ausdruck jenes Feminismus, der das katholische Gebetsleben beherrsche und für den Mann unerträglich sei», R. GUARDINI, *Kleinere Abhandlungen N.º 30*, 27-28.

[203] «Der Protestant hat kein Verhältnis zur *Liturgie* [...]. Alle Liturgie ruht auf dem Symbol, das heißt dem Ausdruck geistlicher Wirklichkeit in irdischen Gestalten und Handlungen, und das lehnt der konsequente Protestant ab. Er kennt nur das Wort Gottes und den Ausdruck des menschlichen Glaubens. Liturgie ruht weiter [soziologisch] auf der Kirche als überindividueller Ganzheit. Diese ist das tragende Subjekt des liturgischen Tuns, verdichtet in der anwesenden Gemeinde und [wird] autoritär vertreten durch den Priester. Eine solche Kirche lehnt der konsequente Protestant ebenfalls ab. Er kennt nur die Gemeinde als Versammlung der im Glauben einigen Einzelnen; vertreten durch einen Geistlichen, der grundsätzlich nichts anderes ist als jeder aus der Gemeinde», R. GUARDINI, *Kleinere Abhandlungen N.º 30*, 31-32.

bremente a las personas, sino solo a través de los conceptos de ese sistema. Y al no ser Dios quien habla, las personas no pueden alcanzar la libertad cristiana que solo Él puede conceder y que ningún sistema puede otorgar[204].

A esta objeción del protestantismo a los católicos se podría responder que también la comunidad creyente protestante necesita de una estructura desde donde se articula la fe, y desde donde muestran lo que cree su fe. Una tal estructura solo se puede construir desde el pensamiento, como sucedió en los distintos credos presentes ya en las iglesias primitivas. Sin embargo, el protestantismo insiste en que el creyente debe sujetarse a la palabra de Dios, tal como la Escritura la presenta, ya que a través suyo se expresa la Revelación que habla con el poder del Espíritu a cada persona individualmente, conduciéndola ante Dios, destruyendo su voluntad de autoafirmación y llamándolo a la conversión[205].

Los protestantes parecen pensar que la Sagrada Escritura es toda la Revelación, pero de un modo tal que las palabras de la Sagrada Escritura no se puede decir que sean inmediatamente palabra de Dios. La Escritura continúa siendo palabra humana, pero cuando Dios lo desea puede transformarla para el oyente o el lector en su palabra. La palabra de Dios no está por lo tanto ligada objetivamente a la palabra humana, sino que también aquí, desde estos pensamientos, se quiere salvaguardar la libertad divina que impide al hombre disponer cuando lo desee de la palabra de Dios. Guardini no acostumbra a ofrecer bi-

---

[204] «Der Protestant sagt: Die Reformation hat das gläubige Leben wieder ausschließlich (nur) auf die Freiheit Gottes bezogen [...]. Darum muß der Protestant gegen alles Einspruch (Protest) erheben, was diese Freiheit Gottes festlegen (erklären) und die Beziehung zu Ihm in ein Sicherheit gebendes System überführen könnte. In dieser Pflicht wurzelt nicht nur seine persönliche Haltung, sondern auch seine Sendung für das Reich Gottes. Zu solchen Festlegungen der Freiheit Gottes gehört vor allem das definierte *Dogma* und die auf ihm ruhende *rationale Theologie*», R. GUARDINI, *Kleinere Abhandlungen N.º 30*, 2-3.

[205] «Der katholische Theologe würde erwidern, auch die protestantische Glaubensgemeinschaft bedürfe eines Kanons dessen, was sie glaube; dieser könne aber nicht anders als gedanklich gefaßt werden, wie es denn auch in den verschiedenen Glaubensbekenntnissen geschehe [...]. Der Protestant sagt: Der Mensch soll sich an das Wort Gottes halten, wie es die heilige Schrift darbietet. Aus ihm redet die Offenbarung und zwar zu jedem Einzelnen so, wie Gott zu ihm reden will. Dieses Wort Gottes in der Schrift ist von der Macht des heiligen Geistes getragen. Sie stellt den Menschen vor den Heiligen Gott; zerstört ihm seine Mittel der Selbstbehauptung, auch die des theoretischen Denkens; enthüllt ihm, was er ist und ruft ihn zur Umkehr. Der Katholizismus hingegen hat sich vom Wort der Offenbarung entfernt. Er hat ein kirchliches Glaubensbewußtsein entwickelt», R. GUARDINI, *Kleinere Abhandlungen N.º 30*, 3-5.

bliografía para profundizar en estos temas, pero la imposibilidad para la mirada protestante de establecer alguna continuidad entre lo humano y lo divino, pareciera relfejarse en una especie de *inspiración virtual* de la Escritura que se actúa cuando Dios quiere, sin que el hombre pueda disponer libremente de esa palabra «virtualmente inspirada» (*Sie bestehet darin, daß das Menschenwort zum Gotteswort wird, wenn Er will; der Mensch aber nicht allgemein sagen kann, wann es geschieht, noch erzwingen, daß es geschehe*)[206].

La Sagrada Escritura puede transformarse en palabra de Dios solo cuando Dios lo desea, y no cuando el hombre quiere; y el hombre no puede determinar el momento en que eso sucede y tampoco provocar esa transformación. Con estos pensamientos expresa una vez más el protestantismo su misión de custodiar y salvaguardar la libertad divina, protegiéndola de todo sistema que pueda pretender ligarla a conceptos que terminen sustituyéndola; tal como hacen, según el protestantismo, los católicos que desde la búsqueda de una mayor seguridad, elaboran un sistema que termina considerando simplemente la Escritura como palabra de Dios sin tener en cuenta la libertad divina y la confusión que se crea en torno a la Revelación.

En otro de sus libros nos habla Guardini de la libertad de Dios, permitiéndonos ver cómo y desde dónde piensa él esa libertad. La encarnación tiene en el pensamiento guardiniano una importancia central para pensar la libertad de Dios. Dios no es una realidad metafísica ajena a la realidad del hombre, Dios mismo decidió libremente entrar en esa realidad y se ligó libremente también a ella en la encarnación (*der Sohn Gottes sich nicht wie durch eine metaphysische Isolierschicht von der*

---

[206] «Der Protestant scheint da zu sagen: Die Heilige Schrift ist die Offenbarungsquelle schlechthin. Aber nicht so, daß der dastehende Satz in seiner unmittelbaren Gegebenheit die Rede Gottes wäre. Diese kann, als göttlich und heilig, gar nicht unmittelbar in irdische Laute und Sinnzusammenhänge eingehen. Letztere bleiben, als solche, Menschenwort; wenn es aber Gott gefällt, kann er sie im Augenblick des Hörens oder Lesens zu seinem Worte machen. Das eigentliche Gotteswort ist also nicht objektiv in das Menschenwort hineingebunden, sodaß es dem Hörenden und Lesenden jederzeit zur Verfügung stünde, sondern auch in ihm bleibt die Freiheit Gottes gewahrt. Sie bestehet darin, daß das Menschenwort zum Gotteswort wird, wenn Er will; der Mensch aber nicht allgemein sagen kann, wann es geschieht, noch erzwingen, daß es geschehe [...]. Der Katholik hingegen will auch hier Festes und Sicheres [...]. Indem er den Satz liest, "hat" er das Wort Gottes; indem er es denkend verarbeitet, besitzt er dessen Wahrheitsgehalt; indem er die Konsequenzen daraus zieht, baut er ein System auf und merkt nicht, daß er damit die Möglichkeit, der freie Gott könne ihn hier jetzt und wirklich anreden, verscherzt», R. GUARDINI, *Kleinere Abhandlungen N.° 30*, 6-7.

Wirklichkeit der Menschen abgeschieden hält). No hay unión más profunda que la de la encarnación. El Hijo de Dios que estaba ante el Padre en la eternidad, se hizo carne en el tiempo y habita en medio nuestro, es Él quien decidió ligarse de esta forma. Lo incomprensiblemente grande que la Revelación nos manifiesta y que en la fe se transforma en el núcleo de nuestra existencia, es precisamente la verdad de que Dios se ligó libremente y por amor a nosotros. Por ello no le corresponde al hombre pensar esa libertad solo desde sus criterios. El camino para pensar la libertad de Dios debe poder recorrer el camino inverso, aceptando desde la libertad de Dios, lo que en el amor y en la adoración la gracia le ofrece y le revela[207].

Algunos opinan que decir por ejemplo que una determinada persona histórica «es» el Hijo de Dios, o decir que una determianda comunidad religiosa «es» la Iglesia, y que esa Iglesia «es» su cuerpo, son expresiones que quitan la libertad a Dios. Esa libertad divina debe permanecer de acuerdo con tal opinión como algo intocable, no puede estar ligada a ninguna forma humana. Ello hace pensar que tal vez tendríamos que renunciar a este tipo de expresiones y dejar que la realidad de Dios permanezca intacta en su incondicionada libertad, que no debe ser definida por fórmulas, ni circunscripta en formas. Pero teniendo en cuenta lo que Dios nos dice de sí mismo, afirma Guardini, que esa tampoco resulta ser una exigencia justa. Lo sería si el hombre intentara desde él mismo, autónomamente, hablar de la libertad de Dios. Pero las cosas son al revés. Es la exigencia humana que quiere custodiar una forma de incondicionada libertad divina pensandola solo desde criterios humanos la que resulta ser algo equivocado y desmedido (*Die Forderung ist selbst höchste Anmaßung; denn wie darf der Mensch denkener sei befugt, Gott seine Freiheit zu erhalten*)[208].

---

[207] «Was kann tiefere Bindung sein als die Menschwerdung? Wenn der Sohn Gottes, wie Johannes sagt, in der Ewigkeit "am Herzen des Vaters" war, aber "Fleisch wurde" in der Zeit und "unter uns Wohnung nahm", so hat Er sich doch dadurch "gebunden"! [...]. Gerade das ist der Kern des christlichen Bewußtseins, daß der Sohn Gottes sich nicht wie durch eine metaphysische Isolierschicht von der Wirklichkeit der Menschen abgeschieden hält, sondern daß Er in diese Wirklichkeit hineingegangen ist und ebendamit sich selbst gebunden hat. Sind wir aber einmal auf diesen Zusammenhang aufmerksam geworden, dann sehen wir, daß er viel früher anfängt; schon damit, daß Gott überhaupt die Welt geschaffen hat», R. GUARDINI, *Die Kirche des Herrn*, 179.

[208] «Darauf folgt leicht die Erwiderung: Siehst du denn nicht, daß eine solche Vorstellung den souveränen Gott bindet? Du mußt doch seine Freiheit unangetastet lassen; die vollkommene, durch keinerlei menschliche Form gebundene Freiheit! Sobald du sagst: Diese geschichtliche Persönlichkeit "ist" Gottes Sohn; diese Reli-

La libertad soberana de Dios se ligó libremente también a la Iglesia (*Seine souveräne Freiheit hat sich auch in die Kirche gebunden*). Por eso Guardini afirma que debemos tener cuidado al decir que Dios debe ser libre, porque en realidad podemos estar diciendo o entendiendo con ello: yo quiero permanecer señor de mí mismo, no quiero estar ligado a nada ni nadie. Creando a cada persona Dios se liga a ella y Dios se ligó a la Iglesia, ligándonos también a nosotros a aceptarla como él la quiso. Si Dios quiere que yo exista, Él en el amor se liga a sí mismo obligándose a tenerme por siempre en relación con Él, y yo tengo que vivir también de acuerdo con esto. Si Dios quiere que también la Iglesia exista, desde una clara visibilidad histórica, es porque Él decide ligarse a sí mismo a ella en el amor, realizando y ofreciendo su gracia a través de ella y ligándonos con esto también a aceptarla como Él la quiso[209].

Ese estilo de pensamiento moderno que de manera unilateral intentó pensar la libertad divina sin colocar en un lugar central la encarnación, tuvo también otras consecuencias en la vida espiritual. La época moderna pensando solo desde criterios humanos intentó crear un *puro* ser espiritual. Por esa razón tanto la encarnación como el símbolo fueron desplazadas del centro, enfatizando siempre más un tipo de pensamiento abstracto erróneo, como una nueva forma de ser espiritual. Todo ello ayudó según la mirada guardiniana a disolver la unidad de cuerpo y espíritu, disolviendo así lo que para nosotros es la unidad de lo vital. Se creó así un mundo en el que lo espiritual se expresa cada vez menos directamente a través del cuerpo, y

---

gionsgemeinschaft "ist" seine Kirche; diese Kultgestalt "ist" Christi Leib, legst du ja Hand auf Ihn! Das klingt sehr eindrucksvoll, besonders wenn man sieht, wie manchmal mit den Geheimnissen des Glaubens umgegangen wird [...]. Ist sie aber richtig? Sie wäre es, wenn durch sie der Mensch von sich aus den Griff nach Gott versuchte. Aber es ist ja umgekehrt! Die Forderung ist selbst höchste Anmaßung; denn wie darf der Mensch denken, er sei befugt, Gott seine Freiheit zu erhalten, wenn Er, der Herr, selbst es ist, der sich gebunden hat?», R. GUARDINI, *Die Kirche des Herrn*, 178-179.

[209] «Der wirkliche Gott ist so, wie Er sich selbst kund tut. Und Er tut sich kund als Den, der solche Dinge denkt und solche Dinge tut, wie wir sie betrachtet haben. Seine souveräne Freiheit hat sich auch in die Kirche gebunden. Und wir mögen uns in acht nehmen, daß sich in unser Denken über diese Kirche keine Unwahrhaftigkeit einschleiche. Daß wir nicht sagen: Gott muß frei sein – und damit meinen: Ich will Herr meiner selbst bleiben. Denn die mein christliches Dasein begründende Tatsache, daß Gott sich bindet, bedeutet auch, daß ich selbst gebunden bin [...]. Wenn Gott will, daß Kirche sei, im klaren Sinn geschichtlicher Eindeutigkeit, bindet Er sich selbst in die Liebe, seine Gnade durch sie zu verwirklichen – ebendamit bin ich aber gebunden, sie als das anzunehmen, als was Er sie gewollt hat», R. GUARDINI, *Die Kirche des Herrn*, 181.

se desarrolló un modo espiritual diferente que se expresa a través de conceptos, de fórmulas y de mecanismos. Ante todo ello Guardini nos recuerda que la verdadera vida espiritual no destruye el cuerpo ni hace extraña el alma. La propuesta guardiniana va en una dirección que intenta nuevamente ayudar a ver la realidad de la vida que se muestra en una *unidad*. Desde esa mirada que se deja tocar por la unidad de lo concreto podremos ser capaces de lo simbólico, y de una expresión con contenidos y palabras en las que se encarne nuestra vida interior y no solo una experesión dominada por lo abstracto y lo formal[210].

5.5 *La moral católica*

El protestantismo afirma que Cristo reveló la santidad de Dios y junto con ello reveló también la total incapacidad del hombre para alcanzarla (*Verlorenheit-verloren sein: völlig hilflos sein*) a pesar del llamado por Cristo a ser Santos como el Padre es Santo. El ser humano debe llevar siempre en su corazón ese llamado que Cristo reveló, experimentando constantemente que no puede alcanzar esa meta y que permanece en el pecado. Desde esta experiencia, el hombre interioriza su incapacidad, pero al mismo tiempo se confía a la gracia de Dios con todas sus facultades y capacidades. Los católicos, por no poder aceptar ese constante fracaso, reaccionan dosificando las exigencias del evangelio, uniéndolas a una Ética filosófica natural mayormente aristotélica, con una pedagogía psicológica, y al derecho natural, creando así una nueva ley, y dando lugar a una casuística desde dónde se logra encontrar siempre una salida a las exigencias del evangelio. El protestantismo afirma que a través de esta ética se pierde igualmente la libertad cristiana, y sobre todo la libertad de los hijos de Dios, al colocar todo ese sistema de reglas en un primer lugar y desplazar la confianza en la gracia que debería estar al inicio. La libertad psicológica es otra de las cosas que los católicos pierden a través del sistema moral construido, ya que las personas son atrapadas en ese sistema intentando alcanzar desde ello una mayor seguridad. Un ejemplo de lo dicho para la mirada protestante son los procedimientos prácticos como la confesión, que en definitiva solo sirven a la autoridad eclesial para ejercer su control sin permitir alcanzar una autonomía cristiana[211].

---

[210] Cf. R. GUARDINI, *Liturgie und liturgische Bildung*, 30-52.

[211] «Starke Einwendungen hat der Protestant gegen die *katholische Moral*. Er sagt: Christus hat Gottes Heiligkeit geoffenbart und an ihr die Verlorenheit des Menschen kundgetan. Er hat den Erlösungswillen Gottes verkündet und den Menschen gerufen, heilig zu werden, wie der Vater im Himmel heilig ist. Diesen Ruf

Una muy clara crítica del protestantismo a la moral católica se expresa contra al concepto del *mérito*. Los protestantes dicen que la moral consiste en hacer el bien y en la buena voluntad sin atender al éxito o a una determinada meta. Los católicos por el contrario hacen el bien porque es algo meritorio con lo cual se obtiene una recompensa. Para el protestantismo no existe el mérito ni tampoco la recompensa, Dios es Santo y el hombre es incapaz de hace algo valioso que pueda ser reconocido o que deba ser reconocido. Si ante esto se responde que el mérito no es una acción autónoma sino que es realizada a la luz de la gracia, el protestantismo insistirá diciendo que la gracia no cambia el ser del hombre[212]. A pesar de ello, el católico ve en su actuar desde la gracia una continuidad con el actuar de Dios mediante el cual colabora en su santificación y en la del mundo.

Desde la perspectiva diversa desde la que se considera la responsabilidad del creyente y la realidad del mundo nace también un actuar diferente. Para los católicos el mundo y la historia tendrán en Dios su punto final. Lo que en el momento final se revelará y manifestará plenamente su carácter definitivo ya tuvo su inicio, eso que se comenzó tendrá en el momento final su plenitud. Para los protestantes, por el contrario, ahora solo existe mundanidad, en este mundo la Revelación es algo totalmente extraño, y la mirada humana no encuentra nada cristiano en qué apoyarse, la Revelación debe encontrar apoyo y ser aferrada solo desde la fe. Recién después del final definitivo aparecerá lo auténtico, antes solo

---

soll der Mensch im Herzen tragen und von ihm aus sein Leben führen. Dabei wird er immer wieder erfahren, daß sich die Welt sowohl wie seine eigene Natur der Forderung nicht fügen und alles sündig bleibt [...]. Der Protestant sagt weiter: durch diese Ethik wird die christliche Freiheit verloren. Vor allem die Freiheit des Kindes Gottes, welche darin besteht, daß es jeden Anspruch, von sich selbst aus genügen zu können, aufgibt und sich ausschließlich der Gnade anvertraut. Aber auch die psychologische Freiheit, denn der Mensch wird in das moralische System eingefangen und in seinem praktischen Verhalten – vor allem durch die Beichte – von der kirchlichen Autorität kontrolliert», R. GUARDINI, *Kleinere Abhandlungen N.° 30*, 7-8.

[212] «Besonders deutlich wird die Kritik am Widerstand gegen den Begriff des *Verdienstes*. Der Protestant sagt: Sittlichkeit besteht darin, das Gute um des Guten willen, ohne Rücksicht auf Zweck und Erfolg zu tun. Der Katholik hingegen tut das Gute, weil es verdienstlich ist und Lohn bringt [...]. Sie sagt: Es gibt weder ein Verdienst noch einen Lohn. Es gibt keinen der menschlichen Handlung selbsteigenen Sinn, der vor Gott bestehen könnte. Gott ist heilig, der Mensch hingegen böse und verloren; so ist er unfähig, etwas zu tun, was Gott als in sich gültig anerkennen könnte oder gar müßte. Erwidert man, es handle sich nicht um ein autonomes Handeln des Menschen, sondern um ein Handeln im Licht und in der Kraft der Gnade, dann antwortet der Protestant: Die Gnade ändert nichts am Sein des Menschen», R. GUARDINI, *Kleinere Abhandlungen N.° 30*, 9-10.

existe la esperanza. Para el católico, por el contrario, ese tiempo final ya tuvo su inicio y por esa razón actúa como si el Reino de Dios ya existiera. Desde esto se siente motivado a construir una cultura cristiana, pensando inútilmente, según el protestantismo, que se puede unir la verdad de la Revelación con la verdad terrena, y producir una doctrina sistemática de la fe, olvidando nuevamente el católico la inconmensurabilidad divina[213].

5.6 *Los sacramentos*

Cuando desde el protestantismo se consideran los sacramentos en el catolicismo sucede algo similar a lo acontecido en los temas anteriores. Nuevamente surge la objeción de una búsqueda de seguridad propia del catolicismo, que desplaza a un segundo lugar la libertad divina defendida insistentemente por el protestantismo. Los sacramentos, para el protestante, son símbolos que colocan a los hombres ante Dios de una forma particular. Desde ellos se participa íntimamente a la gracia de la redención. Todo ello presupone que Dios así lo desea, es Él quien llama y elige, pero que efectivamente lo haga permanece claro solo para Él. Según los protestantes, los católicos, nuevamente desde la búsqueda de seguridades, fijaron el sacramento en una determinada dirección, comparable a una máquina que produce cada vez un efecto determinado cuando el hombre hace algo, provocando que de parte de Dios algo concreto suceda. Dios queda ligado en esa dirección y Él debe perdonar, debe santificar y consagrar como el sacramento lo determina[214].

---

[213] «Die katholische Lehre von den letzten Dingen sagt, die Welt und ihre Geschichte werde von Gott her ein Ende haben. Dann werde sie von Ihm gewogen werden und ihren ewigen Sinn empfangen. So erwarte die christliche Existenz ihre letzte Bestimmung erst vom Ende. Was da offenbar und endgültig werden solle, habe [aber] schon jetzt begonnen. Das, was einst vollendet sein werde, sei schon überall im Werden, und der sehende Blick nehme mitten im Alten das Neue wahr. Der Protestant hingegen faßt den Begriff des Eschatologischen ganz radikal und sagt: Jetzt ist bloße Weltlichkeit. Darin ist die Offenbarung ein Fremdling [...]. Erst hinter dem Ende kommt das Eigentliche; vorher gibt es nur die Hoffnung. Der Katholik hingegen nimmt das Ende bereits voraus. Er tut, als ob das Reich Gottes schon da wäre. So kommt er zur Forderung einer christlichen Kultur», R. GUARDINI, *Kleinere Abhandlungen N.º 30*, 15-16.

[214] «Der Protestant sagt: Das Sakrament ist ein Symbol, das den Menschen in einer besonderen Weise vor Gott stellt. In diesem Gegenüber soll er der Gnade der Erlösung inne und teilhaftig werden. Das setzt voraus, daß Gott es so wolle; daß Er ihn wähle, anrufe, zu eigen nehme. Ob Er das tut, steht ganz bei Ihm [...]. Der Katholizismus hingegen hat aus dem Sakrament eine festgelegte Einrichtung gemacht; einen Apparat gleichsam», R. GUARDINI, *Kleinere Abhandlungen N.º 30*, 11.

El protestantismo afirma que la mecanización de los sacramentos se apoya en la cosificación (*Verdinglichung*) de la gracia. La gracia debería continuar siendo algo personal, Dios es bondadoso y misericordioso cuando lo desea y hasta donde lo desea, y la libertad de esta bondad divina que Él otorga no puede permanecer ligada a nada. Para el protestantismo, la práctica católica de los sacramentos es algo profundamente mágico, que provoca efectos religiosos metafísicos a través de algunos medios o procesos objetivos[215].

Guardini narra una interesante comparación que dice haber escuchado en una oportunidad donde se afirma que cuando dos personas se aman se establece una relación que, a través de la libertad y de los distintos puntos de vista, se va desarrollando y va creciendo; pero ninguno puede pedirle al otro en esta relación que le dé alguna seguridad, se debe más bien confiar en el amor del otro. Pero tan pronto como uno de los dos se cansa de ese riesgo sin seguridades, comienza a buscar garantías, reclama del otro el amor apoyándose en promesas, considerando con mayor detalle el rendimiento y los derechos. Así se transforma la relación de amor en una relación de derechos, destruyéndose lo más propio. Esto es el resultado de lo que hizo el católico con Dios[216].

5.7 *La Autoridad eclesial*

El protestantismo dirige un fuerte reproche a la autoridad eclesial y al lugar del presbítero, afirmando que solo Dios puede realizar al hombre un llamado que implique una obediencia incondicional. Esta obediencia incondicional nos recuerda la experiencia de conversión de Guardini

---

[215] «Der Protestant sagt weiter: Die Mechanisierung des Sakraments ruht auf einer Verdinglichuhg der Gnade. Gnade ist etwas Personales, Gesinnungsmäßiges, Gottes Gnädigkeit. Gott ist dem Menschen gnädig, wenn er will und soweit er will, seine Gnadenfreiheit kann durch nichts gebunden werden. Aus dieser rein personalen Beziehung hat der Katholizismus etwas anderes gemacht [...]. So sagt der Protestant: Die katholische Sakramentspraxis ist zutiefst Magie: Herbeiführung religiös-metaphysischer Wirkungen durch objektiv bestimmte Mittel», R. GUARDINI, *Kleinere Abhandlungen N.º 30*, 11-12.

[216] «Ich hörte einmal folgenden Vergleich: Wenn zwei Menschen einander lieben, ist das eine Relation, die aus Freiheit in Freiheit, aus Gesinnung in Gesinnung geht und immer neu im Vollzug der Liebesgesinnung realisiert werden muß. Keiner kann dem anderen gegenüber Sicherheiten haben; er muß vielmehr vertrauend auf die Liebe des anderen hin leben. Sobald aber eins der beiden dieses Wagnisses müde wird, sucht es Garantien [...]. Dadurch wird aus der wirklichen Liebe ein Rechtsverhältnis und das Eigentliche ist zerstört. So hat es der Katholik mit Gott gemacht», R. GUARDINI, *Kleinere Abhandlungen N.º 30*, 12-13.

cuando se preguntaba quién podía pedirle tal acto de obediencia que implicara toda su vida. Ciertamente también los protestantes consideran la importancia de los mensajeros que Dios envió para que lo anuncien y guíen a los que creen, pero esa actividad humana está destinada solo a crear todas las condiciones para que sea la autoridad divina la que se manifieste subrayando que cada persona creyente se encuentra sola ante Dios que lo llama y le habla. En el catolicismo, por el contrario, el ser humano mediante la autoridad eclesial se apropia de algo que solo Dios puede tener. Nace así una estructura de autoridad que abraza y transforma toda la vida del creyente, a través de la cual Dios es desplazado (*Dadurch wird Gott aus diesem Leben verdrängt*)[217].

Para el protestantismo la única autoridad es la de Dios. Él es un Dios vivo que actúa y que llama al hombre y exige su obediencia. Esa llamada de Dios es la auténtica autoridad que el creyente experimenta en el silencio y la intimidad de su conciencia. Para los católicos esto no es posible ya que siempre está presente la Iglesia que exige pensar desde sus pensamientos, medir con sus medidas y actuar desde sus indicaciones. La Iglesia aleja de esa forma al creyente de la profunda y conmovedora presencia de Dios. A través de todo esto, la libertad de la persona cristiana y su responsabilidad viene destruida. El protestante coloca en un lugar central la propia experiencia no necesita ser pensada de forma crítica, pensando y viviendo desde la autonomía que le ofrece esa experiencia. Para el protestante el católico no puede pensar desde su propia experiencia, ya que todo ha sido previamente pensado, su vida se aleja de la verdad viviente para vivir más cerca de lo que desde la autoridad otorga mayor seguridad haciéndolo dependiente de ella[218].

---

[217] «Der Protestant sagt: Die Autorität, um die es hier geht und die unbedingten Gehorsam verlangt, hat nur Gott. Wohl sendet er Menschen, damit sie verkünden, führen, segnen; ihr ganzes Tun soll aber nur die menschlichen Bedingungen dafür schaffen, damit die göttliche Autorität zu Worte komme. Im Eigentlichen steht der einzelne Glaubende allein vor dem anrufenden Gott. Im Katholizismus hingegen wird das, was nur Gott haben kann, durch den Menschen in Anspruch genommen [...]. So entsteht ein Gefüge von Autoritätsansprüchen, welches das ganze Leben des Gläubigen umspannt und sich immer auf Gott beruft. Dadurch wird Gott aus diesem Leben verdrängt», R. GUARDINI, *Kleinere Abhandlungen N.º 30*, 13-14.

[218] «Dieser Anruf ist die eigentliche Autorität; sie wird aber nur im reinen Gegenüber zum Worte Gottes und in der Stille des Gewissens erfahren. Das ist für den Katholiken nicht möglich, da immer die kirchliche Autorität da ist, welche verlangt, daß er mit ihren Gedanken denke, mit ihren Maßstäben messe, nach ihren Weisungen handle und ihn so von der erschütternden Gegenwart Gottes abschließt. Der Protestant sagt weiter: Durch alles das wird auch die Freiheit der christlichen Person, ihre Verantwortung und Schaf-

5.8 La intuición guardiniana de principios interpretativos

Luego de intentar presentar la mirada del protestantismo sobre el catolicismo y de hacer el esfuerzo por llegar hasta las raíces de esa forma de ver el mundo, habiéndonos ofrecido incluso algunas respuestas a las objeciones que desde el protestantismo se plantean al catolicismo, cuando aparentemente todo parece estar más claro y los cuestionamientos a la vida de la Iglesia católica parecen perder su fuerza ante las observaciones con las que explica las conductas y las ideas cuestionadas, Guardini nos invita a no rechazar rápidamente lo que desde el protestantismo se manifiesta (*Die dargelegten Stellungnahmen dürfen nicht leicht abgetan werden*), recordándonos primero que nuestro «rival» (*Gegner*) tiene una mirada aguda para ver y considerar nuestros defectos, en este caso los aspectos más débiles que se han desarrollado en el catolicismo, y que para nosotros podrían aún permanecer como inadvertidos. Para Guardini, la crítica del protestantismo pueden significar también una gran ayudar al catolicismo en el reconocimiento de los propios defectos y para intentar mejorar (*So kann seine Kritik dem Katholiken helfen, solche Mißstände zu erkennen und zu bessern*)[219].

La imagen del rival (*Gegner*) aparece en otro de sus escritos, donde Guardini pone el acento en ese paso importante de la fe. El que escucha la palabra de Dios debe abandonar su experiencia inmediata para trasladarse al otro lado, debe entregar el alma para ganarla, y aunque no puede decirse por adelantado cómo sucederá este encuentro, Guardini subraya la importancia de permanecer abiertos a la Revelación (*die Bereitschaft für die Offenbarung*). Y esto no solo como si se tratara de algo meramente intelectual. Utilizando la imagen de un hombre que se acerca a través de la neblina y que no pude ser visto con claridad, afirma que esa persona puede ser sin embargo reconocida solo por el que lo ama y el que lo odia[220]. Se nos indica así en esa imágen de una mira-

---

fensfähigkeit erdrückt. Der Katholik kommt überhaupt nicht mehr dazu, aus eigener Erfahrung zu denken, da alles schon vorgedacht ist; das Leben selbst zu beurteilen und christlich zu gestalten, da es für alles Vorschriften gibt», R. GUARDINI, *Kleinere Abhandlungen N.º 30*, 14.

[219] «Die *dargelegten Stellungnahmen* dürfen nicht leicht abgetan werden. Einmal aus der Erwägung heraus, daß der Gegner scharfe Augen hat und daher Mißstände, welche dem im katholischen Leben Aufgewachsenen unbemerkt bleiben, klar sieht. So kann seine Kritik dem Katholiken helfen, solche Mißstände zu erkennen und zu bessern», R. GUARDINI, *Kleinere Abhandlungen N.º 30*, 36-37.

[220] «Immer ist da, was offen macht; immer ist da, was verhüllt. Immer bleibt das Gleiche gefordert: daß der Hörende den unmittelbaren Zusammenhang, seiner menschlichen Erfahrung verlassen und hinübergehen muß, bleibt immer gleich. Immer gilt, daß er "seine

CAP. I: EL DESPERTAR DE LA INTUICIÓN

da que es capaz de penetrar en la incertidumbre de la niebla, algo que va más allá de lo conceptual e intelectual. Se nos habla de una agudeza de la mirada que tiene su raíz en aquello que interiromente mueve a la persona desde sus sentimientos. Y desde la profundidad de la vida interior de las personas se pone de manifiesto la importancia de no limitar todo al pensamiento lógico conceptual. El pensamiento podrá adquirir una nueva profundidad si se compromete toda la existencia en este conocimiento, buscando con la mente pero también con el corazón.

Otro motivo aún más importante por el que no se debería rechazar rápidamente las críticas del protestantismo radica para Guardini en que *el protestantismo es un fenómeno del tiempo moderno*, en el se expresa una voz importante de escuchar y con la que nos invita a dialogar. Ese fenómeno moderno al que Guardini se refiere surgió desde la fuerza y la tensión de este tiempo, donde frecuentemente se encuentran expresiones radicales y desmedidas, pero también *auténticas expresiones religiosas*. Allí se expresa también la conciencia moderna del hombre adulto, no en sentido ético sino histórico, reconociendo que el hombre moderno posee decididamente más poder sobre la naturaleza y sobre el mismo hombre en una medida tal que nunca antes se había visto. Esta estructura histórica nueva y este nuevo potencial del que el hombre dispone se encuentra presente en el protestantismo, y eso es para Guardini una razón importante para considerar sus afirmaciones y repensar críticamente nuestra realidad[221]. Creo que se puede observar aquí una

---

Seele hingeben muß, um sie zu gewinnen; sie ihm aber verloren geht, wenn er sie festhält" (*Mt* 10,39). Wie sich das im Einzelnen zuträgt, kann man nicht vorweg sagen. Im Grunde kommt es wohl darauf hinaus, daß die Bereitschaft für die Offenbarung da sei [...]. Wenn einer fern im Nebel herankommt, dann ist an seiner Gestalt zuerst alles ungewiß. Alles sagt "So" und "Anders" zugleich. Zwei werden im Stande sein, richtig zu unterscheiden: der diesen Menschen liebt, und der ihn haßt», R. GUARDINI, *Der Herr*, 319-320.

[221] «Der Protestantismus ist eine spezifisch neuzeitliche Erscheinung, von den Kräften und Spannungen der Neuzeit getragen. Diese finden in ihm ihren oft radikalen, aber auch echten religiösen Ausdruck. Dazu gehört vor allem das neuzeitliche Bewußtsein von der Mündigkeit des Menschen. Damit ist nichts Ethisches gemeint –in ethischer, Beziehung ist der neuzeitliche Mensch so viel und so wenig mündig, als der frühere– sondern etwas Geschichtliches, nämlich die Tatsache, daß der neuzeitliche Mensch in entscheidendem Maße Macht über die Natur und auch über den Menschen selbst gewonnen hat, und ihm daher die Welt in einem früher nicht gekannten Maße in die Hand gegeben ist, was sich positiv im Gefühl der Verantwortung, negativ in dem der Selbstherrlichkeit auswirkt. Diese menschlich-geschichtliche Struktur trägt den Protestantismus; so sind ihre Äußerungen für den Katholiken ein Anlaß zum Nachdenken», R. GUARDINI, *Kleinere Abhandlungen N.º 30*, 37.

valoración guardiniana crítica y positiva de los signos de los tiempos, de algunos de los aportes y de la nueva luz que brindan para crecer en la fe, invitando a no mirar el protestantismo solo como algo erróneo (*kann man den Protestantismus nicht nur als Irrlehre und Empörung verstehen*). Guardini nos recuerda desde su amplia experiencia con personas protestantes que entre ellos se encuentran hombres profundamente abiertos a lo cristiano y comprometidos. El católico sensible debe contar con la posibilidad que desde el protestantismo nuevos temas y nuevas fuerzas cristianas puedan manifestarse con mayor claridad. Desde perspectivas y temas que entre nosotros no encontraron todavía el debido espacio o todavía no han sido considerados como importantes. Y un sincero examen de las críticas protestantes, desde las preguntas que desde allí se nos dirigen, puede ayudar a abrir nuevos espacios de crecimiento[222].

Al escribir estas páginas, Guardini afirmó haber tomado mayor conciencia de la frecuencia con que las objeciones protestantes eran compartidas por católicos. En los protestantes se eleva, como sucedió históricamente, la protesta contra la Iglesia, pero en los católicos se trata de personas que se sienten unidas espiritual y cordialmente a la Iglesia. A pesar de esta diferencia surgen cuestionamientos similares y una mirada común en varios aspectos. En los protestantes que creen realmente en Jesús se hace presente una voluntad cristiana que proviene de esa estructura que pertenecen al norte europeo de este nuevo tiempo, una estructura a la que también pertenecen los católicos alemanes y en los que por lo tanto surgen preguntas y pedidos similares. Un serio estudio crítico del protestantismo puede ayudar a entender, según Guardini, no solo la conciencia del hombre moderno con su nueva capacidad de poder, sino que también nos puede ayudar a entender mejor la situación interior del católico creyente. Sería un gran error ahorrarse a través de un juicio demasiado simple y rápido sobre el protestantismo el esfuerzo de ese estudio[223].

---

[222] «Auch vom strengsten katholischen Standpunkt aus kann man den Protestantismus nicht nur als Irrlehre und Empörung verstehen. Wer länger mit Protestanten verkehrt hat, weiß, welch tief christlich gesinnte Menschen unter ihnen sind, und mit welcher Charakterstärke diese für die christliche Sache einstehen [...]. So muß der besonnene Katholik mit der Möglichkeit rechnen, daß auf protestantischer Seite christliche Motive und Kräfte zu Tage treten, die infolge des Ganges der Geschichte im katholischem Raum nicht oder noch nicht zur Geltung gekommen sind», R. GUARDINI, *Kleinere Abhandlungen N.º 30*, 37.

[223] «Im Maße diese Darlegungen voranschritten, ist mir zu Bewußtsein gekommen, wie oft die protestantischen Einwendungen auch *von Katholiken geteilt* wer-

Guardini, al hablar de los principios católicos y del error que implicaría pretender aplicar de forma radical estos principios para entender el protestantismo, afirma que ello no ayudaría a entender la estructura de pensamiento y la conciencia que habla a través de la reforma protestante y que representa de alguna forma el espíritu del hombre nórdico y también los católicos que viven vitalmente unidos al propio tiempo y la propia cultura. Con estos pensamientos, Guardini no solo invita a considerar y pensar todo lo positivo del protestantismo sino que también invita nuevamente al diálogo desde una actitud abierta, que evite la radicalidad irreflexiva que pretende actuar mecánicamente a través de determinados principios que garanticen la catolicidad para oponerse a los errores del protestantismo (*es wäre verhängnisvoll, sich die Mühe eines solchen Studiums durch das Urteil zu ersparen [...], denen gegenüber es nur die "kompromißlose Durchführung der katholischen Prinzipien" gebe*).

En la expresión que habla de *principio católicos radicales* (*kompromißlose*) entre comillas creo que se nos invita a no quedar atrapados en una forma de interpretar que no sepa dialogar ni escuchar, y tampoco observar correctamente lo que sucede. Los principio católicos que aparecen entre comillas son para Guardini principios universales que nos deben ayudar a ser capaces de dialogar con cada tiempo desde la consciencia de que en cada tiempo es necesario buscar un nuevo equilibrio. Los principios católicos no pueden transformarse en principios intransigentes y radicalizados en una perspectiva que no permanezca abierta al diálogo y a formas variadas de diálogo. Desde ellos se deben llevar adelante un intercambio fecundo que no solo considere la propia experiencia, sino también esa experiencia diferente que origina en otros una forma nueva de mirar. Ser capaces por lo tanto también de considerar como se nos mira a los católicos desde experiencias cristianas diferen-

---

den [...]. Dennoch besteht da etwas Gemeinsames. Im Protestantismus – soweit er wirklich an Jesus Christus glaubt- spricht ein christlicher Wille, welcher aus der Struktur des neuzeitlichen nordeuropäischen Menschen kommt; so kann es kaum anders sein, als daß der neuzeitliche deutsche Katholik, der lebendig in seiner Zeit steht, ähnliche Fragen und Anliegen in sich trägt. Darum kann ein ernsthaftes Studium der protestantischen Kritik zu einem tieferen Verständnis auch der inneren Situation des gläubigen Katholiken führen, und es wäre verhängnisvoll, sich die Mühe eines solchen Studiums durch das Urteil zu ersparen, es handle sich um protestantisch beeinflußte Katholiken, denen gegenüber es nur die "kompromißlose Durchführung der katholischen Prinzipien" gebe. In Wahrheit würde man vor einer Aufgabe ausweichen, welche verpflichtet», R. GUARDINI, *Kleinere Abhandlungen* N.º 30, 37-38.

tes, intentando leer en todo eso la verdad de elementos y pensamientos que nos pueden ayudar a crecer y a descubrir cosas que aún no vimos.

El profesor Mercker había planteado la interesante pregunta sobre si la Iglesia no podía correr el riesgo, al que por otro lado está sujeto cualquiera, de desdibujar y deformar también la verdad de Cristo. Pregunta que Guardini nunca se planteó, subrayando solo que la Iglesia es el lugar histórico donde el encuentro con Cristo se hace posible en cada tiempo. Creo que lo que se dijo de la Iglesia católica en estás últimas páginas, nos la presentan además desde los pensamientos de Guardini, más claramente aún como la educadora en la libertad cristiana. Se trata de una educadora que impulsa también desde su movimiento constante por servir la verdad que es sinfónica[224], a la escucha atenta de todas las voces. Algunas de las cuales con otros tonos, matices y nuevas preguntas pueden ayudarla en su búsqueda de una siempre mayor fidelidad.

6. Principios interpretativos y unidad

En diferentes ocasiones Guardini nos habla en su diario del protestantismo[225]. Una de ellas es una de las reflexiones más extensas que ese diario contiene y expresa pensamientos similares a los que hemos tratado. Pero creo que allí también se hace claramente presente una novedad: la importancia de la *unidad* en la tarea interpretativa[226]. En esas palabras, subraya Guardini al principio algunos aspectos positivos del protestantismo, tanto en su dimensión actual como en el momento histórico en que surgió. Reconoce en el protestantismo la seriedad con la que se busca la verdad, y agradece los valiosos trabajos de investigación con los que han logrado profundizar en temas de la verdad cristiana que en el ámbito católico no han sido todavía pensados, o no han sido lo suficientemente desarrollados, producido un importante aporte al conocimiento del cristianismo[227].

---

[224] Cf. H.-B. GERL, *Romano Guardini*, 75.
[225] R. GUARDINI, *Wahrheit des Denkens*, 12-15, 115, 133, 135, 136.
[226] R. GUARDINI, *Wahrheit des Denkens*, 13-14.
[227] «Erlauben Sie mir, nun noch etwas zu sagen, das vielleicht unser bisheriges gutes Einvernehmen in Frage stellen wird, das aber um der Wahrheit willen gesagt werden muß. Sie haben gesehen, daß ich Ihre Gesinnung, den Erst Ihres Wahrheitswillens nie in Frage gestellt habe, sonst hätte unser Gespräch sich ja nicht so entwickeln können, wie es geschehen ist. Ich brauche Ihnen auch nicht zu sagen, wie hoch ich die Leistungen der protestantischen Forschung einschätze. Jeder theologisch arbeitende Katholik kommt immer wieder in die Lage, aus ihnen dankbar Nutzen zu ziehen. Es besteht auch kein Zweifel, daß der Protestantismus vermöge seiner besonderen, geschichtlich-geistigen Position Elemente der christlichen Wahrheit, die im katholischen Bereich nicht oder nicht genug

CAP. I: EL DESPERTAR DE LA INTUICIÓN

A nivel histórico, Guardini también reconoce los aspectos valiosos de la reforma protestante, al cumplir con la misión de señalar los errores de la Iglesia y haber perseverado en esa crítica. Nuestro autor expresa claramente que en los protestantes que creen en Jesucristo el Hijo de Dios hecho hombre, ve a sus hermanos, y que tenían razón al señalar las faltas de la Iglesia, subrayando además que la responsabilidad y la culpa de todos estos errores era también algo real. Pero ese movimiento reformador se encontró en una situación que resultó ser cada vez más difícil cuando decidió manifestar la verdad que los representantes de la reforma habían visto. Ante la pregunta sobre la forma en que debían seguir presentando la verdad que habían alcanzado, en ese momento histórico y difícil de la prueba cristiana, aconteció algo negativo cuando decidieron responder optando por la ruptura[228].

Guardini menciona también en esta ocasión, aunque de forma más sintética a la del último artículo antes tratado, algunos de los factores que influyeron para que se concretase la decisión que produjo el gran error de la división en la Iglesia. En primer lugar habla de la presencia en la Edad Moderna de un mayor impulso de autonomía individual, junto a una más clara percepción de una naciente nación alemana, que al mismo tiempo se ve postergada por la cultura mediterránea y romana que ejercía un rol demasiado protagónico en la Iglesia de ese tiempo. Aunque de esa conjunción de factores y teniendo en cuenta los problemas reales a los que se oponían, se pueda entender mejor este momento histórico y lo que allí se produjo, según Guardini, los reformadores, habrían debido actuar de otra forma, siguiendo el camino de los santos, perseverando en sus convicciones, pero *en* la Iglesia (*Die Reformatoren hätten in ihren Überzeugung festbleiben, aber in der Kirche ausharren sollen*). Esto no no fue así y los reformadores optaron por una ruptura que permanece a lo largo de los siglos[229].

---

entwickelt worden sind, besonders ins Auge gefaßt und so wichtige Beiträge zur christlichen Gesamterkenntnis beigebracht hat», R. GUARDINI, *Wahrheit des Denkens*, 13.

[228] «Die Reformation hatte recht, als sie auf schlimme und weit verbreitete Schäden in der Kirche hinwies; sie hatte recht, als sie vernachlässigte Momente im Glaubensbewußtsein wie im christlichen Leben herausarbeitete. Sie hatten recht, darin fest zu bleiben, als die Beharrungsmacht und zum Teil sogar die Verhärtung im Bestehenden sie nicht hörte. Dazu kam aber die christliche Erprobung: in welcher Weise die Reformation die von ihr gesehene Wahrheit weiterhin vertreten würde, und da ist etwas Schlimmes geschehen», R. GUARDINI, *Wahrheit des Denkens*, 13.

[229] «Die in der beginnenden Neuzeit sich regenden Impulse der individuellen Selbständigkeit gegenüber den objektiven Vertretungen des Gültigen, welche in der Kirche vom Mittelalter her so sehr stark waren, und das Empfinden der werdenden

Aunque en la teología protestante se habla mucho de la cruz y de la teología de la cruz, como también de la inconmensurabilidad divina frente a lo humano y lo natural, desde la ruptura que los reformadores produjeron, estos temas que se hacen frecuentemente presentes podrían ser interpretados como un modo sutil de buscar mayor libertad de opción, desertando así del verdadero camino de la cruz que invita a sostener hasta el final y a través del sufrimiento, la verdad alcanzada. El camino debía conducir a sostener la verdad desde el amor y en la Iglesia, renunciando por lo tanto a la ayuda que los poderosos del ese tiempo ofrecían a los reformadores para concretar sus proyectos de una mayor independencia[230]. Desde una valoración positiva de la reforma y de la interpretación que hizo de la Iglesia de aquel tiempo, añade Guardini el importante principio de la unidad con el que hace referencia al límite de esa reforma que produjo la división. Creo que con lo dicho se pone en evidencia el lugar central de la Iglesia como principio de unidad. La Iglesia como lugar desde donde el pensamiento cristiano partiendo de una unidad originaria puede encontrar un camino fecundo que posibilite construir en cada tiempo una unidad que mantenga unidas diferentes perspectivas.

El camino de la cruz habría sido un camino de reformas más lento, pero que habría ayudado a ampliar el horizonte, haciendo que los elementos nuevos que se habían descubierto encontraran un lugar en la vida eclesial. Pero la reforma optó por un camino de obediencia a Dios en contra de su mensajera, la Iglesia, dando lugar a una división irreparable. Los errores de la Iglesia, la responsabilidad y la culpa de todo ello, para la mirada guardiniana, eran algo real; pero esos errores que

---

deutschen Nation gegenüber dem in der Kirche so mächtigen romanischen Element sind in das christliche Anliegen eingeströmt, so stark, daß sie die Führung an sich rissen [...]. Sie werden fragen, was denn die Reformatoren hätten tun sollen? Wenn es sich um die wesentlichen christlichen Dinge handelt, noch dazu von solcher Tragweite, bleibt nur ein Weg: der, den die Heiligen gegangen sind», R. GUARDINI, *Wahrheit des Denkens*, 13.

[230] «Die Reformatoren hätten in ihren Überzeugung festbleiben, aber in der Kirche ausharren sollen und auf sich nehmen, was daraus kam. Man spricht in der protestantische Theologie so viel vom Kreuz und von der Theologie des Kreuzes. Ich habe aber oft den Endruck, daß das nur eine andere Form ist, um die Inkommensurabilität natürlicher und christlicher Inhalte zu begründen und so auf sehr subtile Weise sich freie Hand zu schaffen. Das wäre der echte Weg des Kreuzes: auszuharren und die gesehene Wahrheit durch das Leiden hindurchzutragen. Auf die Unterstützung Macht suchender Fürsten, nach Unabhängigkeit strebender Städte usw. zu verzichten», R. GUARDINI, *Wahrheit des* Denkens, 14.

señalaba la reforma no han producido la ruptura histórica que sí produjo la reforma y que perdura a lo largo de los siglos[231].

7. Interpretación y sabiduría

En una meditación sobre el salmo 90 (89) a la que Guardini da el título de transitoriedad (*Vergänglichkeit*)[232], se habla de la fugacidad de la vida del hombre. Guardini escribe centrándose en el tema de la seguridad como un espacio que puede ofrecer protección ante la transitoriedad. La meditación se centra en el versículo doce que en la traducción española dice: «¡Enséñanos a contar nuestros días, para que entre la sensatez en nuestra cabeza!». En la traducción alemana, italiana, francesa e inglesa, la segunda parte de este versículo se traduce en un sentido similar y se habla no *de la sensatez en nuestra cabeza*, sino de *la sabiduría del corazón*[233]. Guardini se pregunta cómo nace la sabiduría del corazón, respondiéndose que esta sabiduría es posible desde la comparación de nuestra vida con la vida divina. Dios existe desde siempre, mil años a sus ojos son un ayer que pasó, por el contrario la vida del ser

---

[231] «Selbstverständlich haben Sie das Recht, demgegenüber auf Trägheit, Härte, Gleichgültigkeit, irdischen Sinn und was immer in der Kirche hinzuweisen. Die Schuld, die daraus kam und die Verantwortung dafür sind wahrlich groß genug. Doch ist in alledem nichts grundsätzlich Irreparables geschehen, und das ist der Unterschied», R. GUARDINI, *Wahrheit des Denkens*, 14.

[232] R. GUARDINI, *Weisheit der Psalmen*, 233-242.

[233] Las traducciones a las que se hace referencia dicen en alemán: «unsere Tage zu zählen, lehre uns! Dann gewinnen wir ein *weises Herz*». En italiano: «insegnaci a contare i nostri giorni e giungeremo alla *sapienza del cuore*». En inglés: «So teach us to number our days that we may *get a heart of wisdom*». En francés: «Enseigne-nous à bien compter nos jours, afin que *nous acquérions un coeur sage*». El texto del salmo que Guardini utiliza es una traducción que él mismo realizara por pedido de los obispos alemanes: «Als Text wurde die Psalmenübersetzung des Verfassers zu Grunde gelegt, die er unter dem Titel "Deutscher Psalter" – Müncen 1950 u. ff. – im Auftrag der deutschen Bischöfe veröffentlicht hat. Was die Zählung der Psalmen angeht, so folgt unsere Auswahl darin der Vulgata, das heißt, der lateinischen Übersetzung», R. GUARDINI, *Weisheit der Psalmen*, 119. En el prólogo del libro donde se publicó la traducción de los salmos Guardini agradece a dos importantes colaboradores que lo ayudaron en esta tarea (el profesor Hubert Junker y el profesor Heinrich Kahlefeld). Hubert Junker realizó la comparación de la traducción con el texto original de los salmos, aunque por pedido de los obispos alemanes la traducción debía ser hecha desde el nuevo salterio latino. Igualmente se consideró importante la comparación con el texto original para una más adecuada traducción: «Dr. Hubert Junker, der sie mit dem Urtext verglichen hat. Dem Wunsch des Hochwürdigsten Episkopates gemäß sollte die Übertragung sich an den neuen lateinischen Psalter halten [...]. Um aber die Übertragung ins Deutsche richtig durchzuführen, war es doch nötig, auf den hebräischen Wortlaut zurückzugreifen», R. GUARDINI, *Psalter und Gebete*, 18.

humano son algunos pocos años que pasan velozmente. Comparando la vida del hombre y la vida de Dios se puede obtener la sabiduría de poder discernir lo que realmente tiene sentido, lo que perdura.

La sabiduría implica un conocer, pero existen distintos tipos de conocimiento. La Sabiduría se relaciona con un conocimiento que descubre el sentido de la vida y la hace participar en lo que permanece, en lo que perdura. Para ello el hombre tiene que aprender de Dios lo que existe desde siempre. El hombre es solo un ser creado y limitado, pero capaz de reconocer la verdad y experimentar el valor. El salmo, hablando de la fugacidad de todas las cosas, se pregunta qué podemos hacer contra esa fugacidad. Alguno puede pensar que a esa fugacidad de la vida se le puede oponer el hacer muchas cosas interesantes, ver muchas cosas, disfrutar, acumulando toda la mayor cantidad de experiencias posibles. Otro puede pensar que el modo de oponerse a la fugacidad es desde trabajos importantes, asumiendo grandes responsabilidades; pero en realidad todo ello hace que la vida transcurra todavía más rápidamente. Si nuevamente nos preguntamos, qué debemos hacer, y pedimos consejo a la sabiduría, ella nos dirá que primero debemos aprender a discernir, para hacer cosas al modo en que Dios las hace, cosas que no se acumulen, sino que sean cosas auténticamente valiosas. Y si nos preguntamos qué es lo valioso, la sabiduría nos responderá que lo valioso es el Bien. Cuando cumplo con lo que debo hacer, aunque me resulte desagradable, la acción que realizo terminará y la situación desaparecerá, pero algo queda, lo que permanece es el bien realizado que no pasa. Ese es el modo de actuar que asemeja la forma en que Dios actúa.

En una situación concreta, Guardini intenta expresar de nuevo las ideas antes expuestas. Dice que cuando encuentro a una persona que tal vez no me resulta simpática, pero soy amable con ella, tratando de entenderla y ayudarla, cumpliendo el mandamiento divino, acontece algo que permanece. Después de lo que se realizó, el encuentro terminó, la tensión se disipó, las personas morirán, pero el amor actuado en ese momento permanece, ese es el modo divino de actuar. Y continúa con otro ejemplo práctico, diciendo que si tenemos un amigo que posee, como todas las personas, cualidades buenas y malas, de las cuales algunas nos alegran y otras nos causan rechazo, fácilmente se nos ocurriría como correcto aceptar solo lo bueno pero no lo malo o lo que de esa persona nos desagrada. En este caso la sabiduría nos indica que no debemos actuar así, lo bueno y lo malo forman parte de las personas y en las mejores cualidades radica también su profunda debilidad. Si no aceptamos a las personas como son, las perderemos. Esa aceptación implica además paciencia y forma parte también del modo de ser de Dios, Él actúa con todos de la misma forma y también nosotros debemos actuar así.

Por último se llega en esta reflexión a los párrafos en los se puede leer la similitud con algunas de las ideas del protestantismo cuando se habló de los sacramentos, de estas ideas habla también Franz Henrich[234] como el momento más intenso de la interpretación. Allí Guardini comienza diciendo que lo más hermoso en este mundo se concreta cuando una persona ama a otra, pensando en lo maravilloso que es cuando una persona que por naturaleza piensa ante todo en sí mismo, ahora se abre al otro llevándolo en su corazón, al punto que el otro es tan importante como él mismo, y quizás aún más importante. La sabiduría dice que es necedad intentar forzar ese amor, pretender que surja y exigir que perdure; como así también presionar cuando el otro duda e intentar ganarlo mediante favores, ya que el amor solo puede vivir en libertad. El amor debe ser un regalo que se renueva una y otra vez a lo largo del tiempo y de los años, y el paso de los años no implica la garantía de que debe continuar en el futuro. Es parte de la esencia del amor durar para siempre, pero esta continuidad del amor no puede estar ligada a seguridades, sino que surge siempre de nuevo desde de la libertad del corazón. Por eso, el amor muere cuando no se respeta la libertad, cuando surge el sentimiento que lo considera como si fuese algo obvio, y se concluye pensando que no es necesario esforzarse por todo aquello.

Al amor no se lo puede forzar pero se lo debe servir, rodeándolo de respeto y amabilidad, ya que solo así crece. Entender esto, nos dice Guardini, es sabiduría, y termina su reflexión diciéndonos algo que nos sugiere el modo en el que él consideraba sus propios pensamientos, sus interpretaciones y quizás invitándonos a encontrar la forma adecuada en que él mismo desea ser leído y escuchado, invitándonos a ser cuidadosos con la sabiduría. Sin duda que el gran esfuerzo de Guardini tendía a alcanzar la sabiduría de la que nos habla, pero en sus palabras nos dice también que pertenece a la sabiduría misma el deber de tratarla con mucho cuidado, ser muy prudentes con eso que consideramos como nuestra propia sabiduría, porque ella es una virtud que fácilmente se pierde cuando se es demasiado consciente de ella, cuando estamos demasiado seguros de poseerla. Creo que esto puede ayudarnos a pensar las objeciones del protestantismo, principalmente esa objeción persis-

---

[234] F. HENRICH, *Romano Guardini*, 13-15.

tente de una constante búsqueda de seguridades por parte del catolicismo. Las ideas de Guardini no nos hablan de un lugar seguro, ni de la búsqueda de seguridades, lo que él busca es la verdad y no solo desde pensamientos abstractos, ni teológico científicos, sino desde el esfuerzo renovado por acercarse a lo concreto, con un estilo que no quede encerrado solo en lo conceptual o solo en lo intuitivo.

Escuchar a la sabiduría para aprender a discernir implica también obedecer, así se aprende a ir más allá de la propia experiencia, y esta obediencia implica asumir el riesgo comprometiendo la vida por lo que se cree que es el camino de la verdad, ya que el pensamiento lógico siendo una importante ayuda no es suficiente para suprimir el riesgo que supone entregar el alma para encontrarla. En uno de sus primeros escritos que Guardini titula *La obediencia religiosa* (*Der religiöse Gehorsam*)[235] vincula un versículo del evangelio de san Mateo del que ya se habló y que marcó profundamente tanto el momento de su conversión como la vida de Guardini («El que encuentre su vida, la perderá; y el que pierda su vida por mí, la encontrará» Mt 10,39) con la obediencia, y dice que la obediencia es el acto religioso fundamental y una obediencia que además se realiza en la Iglesia. La obediencia a la sabiduría la podemos entonces unir a la obediencia a la Iglesia recordando las palabras que en este artículo también se hacen presentes y en las que se recuerda que esta obediencia se fundamenta en las palabras de Jesús que nos recuerda que: «Quien a vosotros os escucha, a mí me escucha» (Lc 10,16).

La presentación que se nos hace de la Iglesia creo que es también una invitación a aceptarla con sus aspectos positivos y con sus límites, sabiendo que puede mejorar pero primero debe ser aceptada y amada, como cuando hablando de la sabiduría se nos invitaba a aceptar a los amigos con sus límites y sus virtudes porque solo desde esa aceptación podremos ayudarlos a crecer. Esto debe todavía ser más desarrollado y pensado, pero por el momento creo que es importante señalar el carácter de *tensión* que acompaña el camino de la interpretación en Guardini. La tensión de la aceptación que se manifiesta en los aspectos negativos y positivos en las personas y también en la Iglesia. No se dará un momento óptimo de solo elementos positivos que supriman el riesgo de aceptar, pero solo aceptando podremos ayudar y construir la unidad. La obediencia de la aceptación tiene que ver con un salir de nosotros mismos. No es una obediencia que nos cierre en una estructura y un siste-

---

[235] R. GUARDINI, «Der religiöse Gehorsam», 35-44.

ma eclesial que solo brinda seguridad, y que nos permite defendernos de todo lo que se opone, es una obediencia que intenta armonizar la propia experiencia, con la necesidad de salir también de nosotros mismos para dejarnos guiar y seguir buscando desde un horizonte más amplio. En cada uno de nosotros actúa sutilmente el deseo de manipular, por lo tanto también una obediencia en tensión por seguir buscando desde la Iglesia, sabiendo que no hemos llegado a la posesión plena de la verdad, nos ayudará a ir superando las sutiles actitudes con las que podemos alejarnos de la verdad. La sabiduría creo que en Guardini quiere señalarnos esta tensión que es intrínseca a los principios desde los que realiza su interpretación. Una tensión que se encuentra presente en sus intuiciones, y que ocupara un lugar importante en el intento de ser sistematizada, en el próximo capítulo nos detendremos en el intento de sistematizar la intución guardiniana.

Capítulo II

Una guía a la intuición

A partir de su experiencia de conversión, se despierta en Guardini la propia vida interior, y lo que antes experimentaba solo como una profunda insatisfacción desde una frustrante búsqueda incapaz de hallar lo que anhelaba, comienza a abrirse camino en su vida como algo nuevo y profundamente propio. Descubre entonces su misión y finalmente logra expresarse. Este camino le viene indicado e iluminado por una intuición que le ofrecerá una dirección a la línea interior de toda su vida, ofreciéndole una perspectiva nueva a toda su existencia. Con el tiempo, Guardini verá que todo ello irá adquiriendo mayor claridad y fuerza, incluso encontrándose ya en el ámbito de la vida sacerdotal o de la docencia universitaria. Todo esto lo va conduciendo a tomar nuevas opciones, restándole prioridad a proyectos y temas de otros tiempos. Por ejemplo, por un lado, el ya mencionado rechazo a convertirse en docente de liturgia, por tratarse de algo que lo alejaba de su *línea interior* y, por el otro, el aceptar una propuesta para la que estaba escasamente preparado como la nueva cátedra creada en Berlín (*Filosofía de la religión y cosmovisión católica del mundo*)[1].

En este capítulo trataré algunos aspectos de esta nueva cátedra que Guardini decide aceptar y a la que destinó toda su vida docente. Antes de considerar algunas de las ideas y los principios que guiaron su labor universitaria desde el desarrollo de su cosmovisión (=*Weltanschauung*), considero importante acercarme a otra de sus obras que fue publicada por primera vez después de haber iniciado su actividad docente en Berlín, pero cuyas ideas se hacen presentes en la vida de Guardini poco tiempo después de su conversión. Esto significa que son ideas que sur-

---

[1] Cf. R. GUARDINI, *Berichte über mein Leben*, 35-36.

gen en nuestro autor incluso antes de comenzar sus estudios teológicos en Friburgo en 1906. Dichos pensamientos e ideas serán considerados, y elaborados en diferentes oportunidades, además de guiar su tarea interpretativa. Creo que tratar primero *El Contraste* (=*Der Gegensatz*[2]) permitirá no solo entender mejor su escrito sobre la *Weltanschauung*, sino que también desde estas ideas que inspiran el *Der Gegensatz* y que van naciendo casi contemporáneamente con su conversión, se podrán entender mejor los *principios interpretativos* desde los cuales se elaboran su importante escrito sobre la Cosmovisión Católica y muchas de sus obras[3]. La *Weltanschauung* y el *Der Gegenatz* se encuentran, por otros motivos, también estrechamente vinculadas.

En este trabajo que tiene como objetivo centrarse en las obras de Guardini e individualizar sus principios interpretativos, intentaré ver en su obra *El Contraste* lo que él considera como lo esencial propio (*Gewiß, ich habe manche Anregung empfangen. Alles Wesentliche aber ist eigen*). Este objetivo adquiere mayor importancia todavía si se tiene en cuenta lo que afirman algunos autores como la profesora Gerl cuando dice que solo se puede entender la naturaleza espiritual de Guardini examinando la teoría del contraste[4], o Andrzej Kobylinski cuando afirma en su tesis doctoral sobre Guardini que en *El Contraste* se encuentra la teoría clave para entender la obra guardiniana[5].

El Contraste contiene, principalmente, el recorrido que realiza la intuición guardiniana (*Anschauung*) en su intento de conocer lo concreto viviente, para lo cual se nos presentan una serie de miradas relacionadas entre ellas de forma constantemente dinámica. Estas miradas son opuestas o contrastadas; pero nunca contradictorias. Desde tal contraste de miradas se puede conocer el mundo no como algo abstracto sino como algo concreto y viviente, permitiendo una correcta cosmovisión de este. Y la teoría guardiniana de la cosmovisión (*Welt-Anschauung*) lleva un título formado por dos palabras claves: *Welt* que significa mundo, y *Anschauung* que es un término con una significación más amplia, pero al que yo identifico en el «sistema» guardiniano con un *tipo particular de intuición* (la *Anschauung*). Esta intuición después del camino que transita en el «sistema» contrastado permite la intuición-concreta del mundo.

---

[2] R. GUARDINI, *Der Gegensatz*.
[3] Ver nota 7 en este capítulo.
[4] «Guardinis Geistigkeit wird nur richtig in den Blick genommen, wenn seine Gegensatzlehre erfaßt wird», H-B. GERL, *Romano Guardini*, 250.
[5] Cf. A. KOBYLINSKI, *Modernità e postmodernità*, 103.

1. Una mirada contrastada

La obra que Guardini tituló *Der Gegensatz* (*El Contraste*) es un importante trabajo de juventud, ligado a cuestiones teóricas del conocimiento de lo concreto viviente. En el prólogo a la primera edición alemana, Guardini explica por qué dedica este libro a Karl Neuendörfer, habiendo iniciado junto a él el estudio de estos temas en 1905[6]. Posteriormente, en 1912, intentó darle forma a todo el conjunto, ya que para él lo esencial estaba listo, sin embargo las notas quedaron sin su redacción definitiva. Después de veinte años, en el semestre de invierno de 1923–1924, desarrolló el tema en una conferencia dada en la Universidad de Berlín. Este libro fue, finalmente, publicado por primera vez en 1925[7].

En el prólogo a la primera edición alemana el autor expresa que las ideas fundamentales y los principios presentes en este trabajo han sido para él orientadores, en cuanto que han regulado e indicado la dinámica de sus obras. Ya en sus primeros trabajos, como la tesis doctoral sobre Buenaventura y en su trabajo de habilitación presentado para poder acceder a la tarea docente como profesor universitario, fueron puestas a prueba las ideas fundamentales del *Der Gegensatz*, estando también presentes posteriormente, según mención expresa de Guardini, en sus obras sobre la *Iglesia*, *La Liturgia* y en su libro de ensayos *En Camino*; aunque también se

---

[6] Karl Neuendörfer (1885-1925) fue ordenado sacerdote en 1910, y era párroco en la diócesis de Mainz (St. Qunitin 1918). Guardini y Karl se conocían desde 1891, fueron juntos al colegio y los unió una gran amistad. En sus diálogos fueron surgiendo muchas de las ideas que después integraron la obra *Der Gegensatz*. El jóven parroco de St. Quintin murió en un accidente en Maria Sils en 1925 – Flexgletscher – (R. GUARDINI, *Berichte über mein Leben*, 69). En una biografía de Karl Neuendörfer escrita por de Reinhild Ahlers se dice que K. Neundörfer murió en 1926 (R. AHLERS, «Kurzbiographie von Karl Neundörfer», 49). Karl estudió derecho y además de ser el director de Caritas de la diócesis de Mainz trabajaba en diferentes comisiones dedicadas a cuestiones canónicas.

[7] «Das Buch ist Karl Neundörfer zu eigen gegeben. Ginge es nach voller Gerechtigkeit, so müßte sein Name mit unter dem Titel stehen. Er weiß, wie diese Gedanken entstanden sind. Sie gehören auch ihm, und nicht nur dadurch, daß so mancher aus ihnen, und so manches an allen von ihm stammt. Im Winter 1905 haben wir angefangen, diesen Fragen nachzugehen. Von da an sind die Gedanken gewachsen. Im Jahre 1912 habe ich das Ganze zu formen gesucht; alles Wesentliche lag bereit. Dann blieben die Aufzeichnungen liegen. In einer Reihe von Einzelarbeiten wurden die Gedanken erprobt. Meine Versuche über die Philosophie und Theologie des heiligen Bonaventura – über seine Erlösungslehre die eine; die andere, noch ungedruckt, über die "Systembildner" seines Denkwerkes –; dann die Schriften "Vom Geist der Liturgie", "Vom Sinn der Kirche" und über "Liturgische Bildung"; endlich eine Reihe kleinerer Untersuchungen, von denen der Band "Auf dem Wege" einige zusammenfaßt, tragen die Gegensatzidee als Richtung und Maß in sich», R. GUARDINI, *Der Gegensatz*, 11.

puede descubrir claramente la influencia de los pensamientos presentes del *Contraste* en escritos posteriores como en su libro sobre Pascal[8], o su obra sobre Dostoyevskij[9].

La centralidad que posee *El Contraste* para entender los principios que guiaban el trabajo de Guardini se encuentra acompañada por una valoración que su mismo autor hace, recordando el carácter fragmentario de la obra, señalando que necesita todavía ser pensada y subrayando en varias oportunidades que no era más que un *intento* de captar lo «viviente concreto». Esto se puede apreciar ya en el subtítulo mismo de la obra donde se pone de relieve su carácter de ensayo: *Ensayo de una filosofía de lo viviente concreto* (*Versuche zu einer Philosophie des Lebendig-Konkrete*)[10]. Pero después de señalar lo fragmentario de las ideas que se nos presentan en esta importante obra, su autor afirma, treinta años después de su primera publicación (1925), que a pesar de poder ser todavía profundizadas y mejoradas, las ideas fundamentales aquí presentes siguen siendo para él *correctas* y *valiosas*. Todo ello motivó a Guardini que decidiera publicarlo nuevamente en 1955 sin cambios, y manifestando que continuaba considerando los pensamientos fundamentales allí presentes tan verdaderos como al principio[11].

Desde el cambio que se produjo en su vida con su conversión se hace presente lo que él llamó *su despertar interior,* y junto con este despertar se iluminó una nueva forma de mirar el mundo y de mirarse a sí mis-

---

[8] R. GUARDINI, *Christliches Bewußtsein*.

[9] R. GUARDINI, *Religiöse Gestalten in Dostojewskijs Werk*, Mainz - Paderborn, 1989.

[10] «Die Arbeit nennt sich mit Bewußtsein einen "Versuch"; alles darin ist noch erster Bau. Thesen und Lösungen sind sicher vielfacher Verbesserung bedürftig. Die empirische Begründung trägt einen skizzenhaften, zufälligen Charakter; sie darf nur den Anspruch machen, die Grundideen zu erläutern und zu verlebendigen. So bliebe noch sehr viel zu tun [...]. Auch daß die Behandlung der Gegensatzidee mit dem erkenntnistheoretischen Problem des Konkreten verbunden ist, kann ihr nachteilig werden. An sich ist jene Idee von diesen noetischen Fragestellungen und Lösungsversuchen durchaus unabhängig [...]. Vielleicht wird man sagen, diese Dinge seien bereits geschrieben. Gewiß, ich habe manche Anregung empfangen. Alles Wesentliche aber ist eigen, auch wenn andere es teilen», R. GUARDINI, *Der Gegensatz*, 12.

[11] «Das hier vorgelegte Buch ist zuerst 1925, also vor dreißig Jahren erschienen und seit langem vergriffen. Im Lauf dieser Zeit habe ich oft vor der Frage gestanden, ob es neu herausgebracht werden solle, konnte mich aber nicht dazu entschließen. Es war nicht viel mehr als eine Jugendarbeit, seiner Form nach aber im Grunde nur die Skizze einer Idee; so wäre, schien mir, eine gründliche Bearbeitung nötig gewesen [...]. Ich bitte also den Leser, nicht vergessen zu wollen, aus welcher Zeit es stammt - füge aber hinzu, daß mir seine Grundgedanken, nachdem ich sie inzwischen an vielen Einzelproblemen erprobt habe, nach wie vor richtig scheinen», R. GUARDINI, *Der Gegensatz*, 13.

mo; descubriendo cada vez con mayor claridad una misión en su vida, misión a la que la fue guiando una intuición cada vez más clara de aquello que se sentía llamado a realizar. La parte más importante de la obra parece dirigida al esfuerzo de pensar la propia experiencia a la luz de esta nueva mirada, desde donde su intuición da pasos en procura de un mayor enriquecimiento, mientras su mirada lo impulsa constantemente a una comprensión más profunda de lo concreto viviente. Creo que el enriquecimiento de sus pensamientos se puede apreciar también comparando la primera breve redacción de 1914 (*Gegensatz und Gegensätze*[12]) con la redacción más amplia y definitiva de 1925 que permanecerá invariable (*Der Gegensatz*).

Algunos autores, como Loretta Iannascoli, consideran que el *Der Gegensatz* es fundamental para entender la espiritualidad de Guardini (*rappresenta la chiave di lettura dell'intero percorso speculativo*). El sistema de la «contrasteidad»[13] le sirvió para mirar el mundo pero también su propia vida, lo que permite subrayar una vez más la importancia de ver el pensamiento de Guardini como una *unidad* en la que hay que considerar su vida y sus experiencias[14]. Pero esta autora habla además de una evolución entre la primera redacción del *Contraste* (*Gegensatz und Gegensätze*) publicado en 1914 y la redacción de 1925 (*Der Gegensatz*). Esta evolución estaría marcada por un camino que habría conducido a Guardini del ámbito de la metafísica a un pensamiento cercano a la *Lebensphilosophie*, luego de comprobar que la vida no se

---

[12] R. GUARDINI, *Gegensatz und Gegensätze*.

[13] Con este neologismo se indica la relación entre los contrastes. Cada contraste señala una realidad autónoma, pero que se da siempre junto a otra (en pares de opuestos). Cada parte es pensable solo junto a la otra, con la que constituye una unidad fuerte y en tensión. La contrasteidad indica la *relación* de exclusión y de inclusión entre los contrastes. Esta relación nunca llega a una síntesis, mantiene siempre la tensión y se encuetra en constante movimiento. Esta tensión y este movimiento no se reducen solo a la unidad de cada par de contrstes, también implica la unidad de lo viviente concreto en su dimensión interior y exterior.

[14] «Lo sguardo coglie in modo giusto la spiritualità di Guardini solo quando si afferra la sua dottrina dell'opposizione polare. Come struttura del suo pensiero è difficile sopravvalutarla; al tempo stesso essa gli servì per la propria vita, per sostenere e resistere negli opposti suoi personali (H. B. Gerl) [...]. (L'opposizione polare) Diventa il modello ermeneutico, la lente attraverso cui guardare (ovvero: "incontrare") il mondo e se stesso. Tale opera non può essere pertanto collocata accanto alle altre, occupa invece un posto speciale: rappresenta la chiave di lettura dell'intero percorso speculativo e dell'universo interiore di un uomo che tenta in questo modo di dare forma al suo modo di sentire e di pensare», L. IANNASCOLI, *Condizione umana e opposizione polare*, 15-18.

deja pensar solo por categorías metafísicas[15]. Aquí ve Iannascoli la influencia de autores como el filósofo alemán H. Driesch y a G. Simmel citados ampliamente en su interesante trabajo.

La mayor importancia metafísica que se evidenciaría en la primera redacción no es algo que pueda ser claramente afirmado: si bien se utilizan términos como contrastes metafísicos (*metaphysische Gegensätze*[16]), ese título, a mi modo de ver, se refiere a un grupo de contrastes del que no se puede tener experiencia directa y que se opone a los contrastes de los que sí se tiene experiencia directa, como son los contrastes físicos (*physische Gegensätze*[17]), y que en la redacción de 1925 se llamaran contrastes *intraempíricos* y *transempíricos*. El cambio de título en estos grupos de contrastes que permanecen casi inalterables, y que más adelante veremos con mayor detalle, no me parece que evidencie una evolución del plano metafísico a un camino más experiencial centrado en la vida. Creo que Guardini desde su experiencia de conversión va pensando como él experimenta la vida, y desde esa experiencia va elaborando el sistema contrastado ya desde su primera redacción. En el prólogo a la edición de 1925, el autor dice que a la primera redacción de 1912 le había dado una forma esquemática a lo que después sería la obra más amplia del Contraste (*Im Winter 1905 haben wir angefangen, diesen Fragen nachzugehen. Von da an sind die Gedanken gewachsen. Im Jahre 1912 habe ich das Ganze zu formen gesucht; alles Wesentliche lag bereit*[18]).

---

[15] «Nella prima stesura dell'opera, pubblicata nel 1914, l'impostazione metafisica è prevalente. Nel frattempo però egli prende le distanze dalle categorie metafisiche tradizionali ritenendo che la vita non si lasci pensare entro quelle categorie. Nell'opera definitiva de 1925 si avvicina decisamente ai modelli della Lebensphilosophie [...]. Le teorie dell'embriologo sperimentale e filosofo tedesco Hans Driesch (1867-1941), secondo cui i processi vitali traggono origine da un principio autodeterminante e non spiegabile per mezzo di leggi fisico-chimiche, sembrano invece offrire la possibilità di trascendere i limiti di un sistema sottoposto a leggi biologiche necessarie e potevano collegarsi ad altri modi di sentire e di autoesperire la vita», L. IANNASCOLI, *Condizione umana e opposizione polare*, 19-20. Además en la nota número 11 de su libro afirma en esta búsqueda de los autores que influyeron en la evolución del pensamiento contratado guardiniano que: «Ricordiamo che il libro di H. Driesch a cui Guardini fa espresso riferimento, apparve nel 1921, mentre il libro di G. Simmel, Lebensanschauung, apparve nel 1918. Le date di pubblicazionne sono importanti per capire gli apporti di questi incontri al processo di evoluzione del pensiero guardiniano riguardo al tema degli opposti nel periodo compreso fra il 1914 e il 1925», *Ibid.*, 20.

[16] R. GUARDINI, *Gegensatz und Gegensätze*, 11.
[17] R. GUARDINI, *Gegensatz und Gegensätze*, 12.
[18] R. GUARDINI, *Der Gegensatz*, 11.

CAP. II: UNA GUÍA A LA INTUICIÓN

En el libro que nuestro autor escribe sobre Pascal se hace presente una situación que, a mi modo de ver, es similar a la de Guardini al momento de su conversión[19]. La lucha y la profunda crisis que surgió en Pascal alcanzaron su punto dramático culminante y su respuesta durante la noche del 23 de noviembre de 1654, ocasión en la que Dios se le manifiesta como la realidad de las realidades, como el Dios vivo, diferente del hombre y de la naturaleza[20]. En aquel acontecimiento que Pascal menciona en el *Memorial*[21], un breve escrito que llevaba cosido en su saco y que fue descubierto después de su muerte, dice Guardini que se abre para Pascal un nuevo horizonte existencial (*wird für Pascal eine neue Daseinsebene deutlich*), al que no llama religioso sino cristiano. Es un horizonte que se basa en una nueva realidad de Dios tal como se presenta en la *revelación* en Cristo (*begründet durch eine neue Wirklichkeit, nämlich Gott, wie er aus der Offenbarung in Christus hervortritt*).

Pascal se encuentra ante una nueva realidad y no se deja tentar por la idea de juzgarla con los conceptos, las medidas y los métodos que conocía anteriormente. Todo aquello sigue estando presente, pero este nuevo horizonte no se identifica simplemente con el anterior por estar fundamentado en un nuevo objeto, determinado por un nuevo valor y carácter. En Pascal surge así la tarea de encontrar los puntos de acercamiento y los medios lógicos que acerquen estas dos realidades, sabiendo que en este caso una realidad no puede ser deducida de la otra, y tampoco se puede determinar la esencia de una realidad desde la otra.

---

[19] R. GUARDINI, *Christliches Bewußtsein*.

[20] El padre de Pascal, con su acercamiento al recientemente nacido movimiento jansenista, motivó una aproximación diferente a lo religioso en toda la familia. En este periodo histórico de la vida de Pascal sitúa Guardini lo que él llamó su *primera conversión*; aunque se trató de un acercamiento religioso que no llegó a tocar la vida espiritual más íntima de Pascal. Siendo un hombre de mucho talento a nivel intelectual, vivía en una gran tensión entre los valores de la ciencia, del mundo y el ámbito de lo religioso. A pesar de todo ello, Pascal intuyó que había algo más, sintiéndose atraído intensamente por lo relacionado con lo divino. Sin embargo lo hacía desde una confusión que no le permitía ver con claridad, lo cual produjo en él una intensa y penosa lucha (cf. R. GUARDINI, *Christliches Bewußtsein*, 24-25).

[21] A este escrito (*Memorial*) le dedica Guardini un capítulo de su libro sobre Pascal, y lo vincula con una experiencia religiosa que marcó profundamente la vida del pensador francés. Se trata de un breve escrito (una pequeña página) que Pascal llevaba siempre consigo y mantenía en secreto. Era para él un escrito muy significativo, que apreciaba profundamente. Allí se habla de esta singular experiencia en la que se nos recuerda el año, la fecha y la hora en la que en este gran hombre logra «conocer» una respuesta largamente buscada (cf. R. GUARDINI, *Christliches Bewußtsein*, 17-39).

Guardini aprecia la grandeza del pensamiento de Pascal en esta *diferencia cualitativa* que reconoce con claridad. Esta diferencia va acompañada al mismo tiempo de una intensa voluntad de unidad, sin confundir el contenido de esta unidad y sin confundir las realidades que son cualitativamente diferentes[22].

El primer efecto que Dios inspira en el alma que se digna tocar con su gracia es un conocimiento y un modo *nuevo* de *ver*, desde el cual se consideran todas las cosas y a uno mismo. Esta nueva luz produce temor y conduce a una incertidumbre que impide la tranquilidad y el reposo que antes se encontraba en aquello que a la persona le agradaba. La nueva y la anterior forma de conciencia y de valorar se *complementan y luchan* en este nuevo horizonte y en esta nueva mirada (*Die neue und die alte Bewußtseins-und Wertungsform durchdringen einander und ringen miteinander*)[23]. Dicha novedad influye también en las representaciones universales de Dios que pretendían ser puras. Los dos mundos, el de la experiencia y el del pensamiento, se pueden expresar, según Guardini, en dos afirmaciones: «Dios es el Absoluto» y «Dios es Aquel que habla a través de Jesucristo». Todo el mundo entra en esta tensión, teniendo en cuenta que el mundo no es ya el mundo finito de la filosofía pura que

---

[22] «Die Krisis kommt zur letzten Aufgipfelung und löst sich zugleich in dem Ereignis vom Abend des 23. November 1654, worin Gott sich für Pascal zur Wirklichkeit der Wirklichkeiten erhebt, dadurch, daß ihm deutlich wird, wer der lebendige Gott ist – im Unterschied zum Menschen, im Unterschied zur Natur. Es ist das Ereignis, das sich im "Mémorial" ausdrückt. Darin wird für Pascal eine neue Daseinsebene deutlich, die – und nun sagen wir nicht: religiöse, sondern die christliche; begründet durch eine neue Wirklichkeit, nämlich Gott, wie er aus der Offenbarung in Christus hervortritt. Die Forderung wird ihm deutlich, die darin liegt, wer Gott ist und die ihn aus dieses Gottes Worten anspricht; und er tut den Schritt, der jener Forderung mit dem eigentlichen Ernste zu genügen beginnt [...]. Und die Aufgabe erhebt sich, die Ansatzpunkte, Denkmittel, Methoden zu finden, die hergehören. Hierin, in der Genauigkeit der qualitativen Unterscheidung, die aber mit dem kraftvollsten Ganzheitswillen verbunden ist; in der Weite des geistigen Bogens, dessen Inhalt sich aber mit eindeutiger Klarheit gliedert, liegt die besondere Art und Größe des Pascalschen Denkens», R. GUARDINI, *Christliches Bewußtsein*, 25-26.

[23] «Unter dem Titel "Sur la conversion du pécheur" ist eine kleine Aufzeichnung überliefert, die wahrscheinlich aus dem Jahre 1655 stammt und die Erfahrung der Daseins-Neuheit, der gewonnenen neuen Existenzordnung im Sinne des Fragments 793 mit großer Kraft ausspricht: Das Erste was Gott der Seele eingibt, die er sich wirklich zu berühren würdigt, ist eine ganz außerordentliche Erkenntnis und Blickkraft (vue), durch welche die Seele die Dinge und sich selbst in einer ganz neuen Weise betrachtet. Dieses neue Licht verursacht ihr Furcht und bringt ihr eine Unruhe, welche die Ruhe durchquert, die sie in den sie (bisher) erfreuenden Dingen fand», R. GUARDINI, *Christliches Bewußtsein*, 36-37.

viene entendido en relación con el Absoluto, sino que es el mundo del Dios vivo, obra de su Providencia[24].

Cuando Pascal vivió la experiencia de las que nos habla el *Memorial* no dejó de ser matemático, físico, ingeniero y filósofo; pero una nueva realidad se le había revelado: la del Dios viviente. Ello exigía un repensar *todo* lo real desde la perspectiva que se le había manifestado. Para Pascal, el mundo continúa siendo el mundo, la filosofía la filosofía, pero todo es absorbido en esta nueva realidad. Al pensamiento se le pide un nuevo esfuerzo ante esta conciencia de un Dios que el filósofo entiende como el Absoluto, pero que en realidad es el Dios vivo que entra en la historia a través de la persona de Jesucristo. Y la relación del hombre con Dios es, en realidad, una relación con el Dios vivo que llama. El pensamiento religioso se esfuerza por aprender una forma de pensar que corresponda a esta realidad *viva* de Dios, y debe por lo tanto tratarse de un pensamiento *vivo*.

Pascal ve una nueva realidad y crea nuevos conceptos con los que intenta llegar a ella. Vemos esto cuando nos habla de «*l'esprit de finesse*» y el «*coeur*». El espíritu de fineza expresa la capacidad de comprender en su peculiaridad el concreto humano, distinto de lo puramente corporal (lo cual es objeto de estudio en la matemáticas, y la física, expresado en «*l'esprit de géométrie*»). El corazón es la unidad de los actos que experimentan los valores y se los apropia. Lo que el espíritu de fineza realiza no forma parte de una intuición irracional, como tampoco el corazón es un sentir irracional[25]. Para Pascal, las realidades complejas,

---

[24] Cf. R. GUARDINI, *Christliches Bewußtsein*, 37-38.

[25] «Pascal sieht eine neue Wirklichkeit, den Menschen; erkennt, daß sie wesentlich anders ist als jene der bloßen Körperwelt; und während Mathematik und Physik ihm nach wie vor vertraut bleiben, so daß er darin weiter Arbeiten höchsten Ranges vollbringen wird – ich erinnere an seine Untersuchungen zur Infinitesimal und Wahrscheinlichkeitsrechnung –, erfaßt er mit vollkommener Klarheit den Menschen als eigene Forschungsaufgabe; stellt die zugeordneten Grundbegriffe fest und schafft sich eine Methode für die Probleme der konkreten menschlichen Existenz [...]. Er schafft die unvergänglichen Begriffe des "esprit de finesse" und des "coeur" – [...], "Esprit de finesse" ist die Fähigkeit, das Menschlich-Konkrete in seiner Besonderheit zu erfassen; unterschieden vom bloßen Körper, welchen, in Mathematik und Physik, der "esprit de géométrie" erforscht. "Coeur" ist die Einheit der Akte, welche die Werte erfahren und aneignen. Beides aber geistige Vorgänge; Erkenntnis fundierende Gegenstandserfassungen. Was der "esprit de finesse" vollzieht, ist keine antirationale Intuition, vielmehr ist ihm eine "Logik" zugeordnet [...]. Entsprechend ist "coeur" kein irrationales Fühlen, sondern eine geistige Werterfahrung, welche Erkenntnis im eigentlichsten Sinne begründet, so sehr, daß es eine Logik des Herzens, der Motive, der Wert-Wirksamkeiten gibt», R. GUARDINI, *Christliches Bewußtsein*, 23-24.

como el hombre mismo, no pueden ser comprendidas simplemente por medio de conceptos, sino solo a través de una estructura dialéctica que debe unir lo múltiple y lo que contrasta, una estructura que guíe la intuición al punto donde ella pueda aferrar la totalidad con todas sus relaciones (*Der Mensch* [...], *kann also nicht durch einen einfachen Begriffszug, sondern nur durch ein dialektisches Gefüge erfaßt werden, welches das Vielfältige und Widerstrebende in eins bindet und so die Intuition auf jene Stelle weist*).

El primer fragmento de los pensamientos de Pascal, en la edición que usa Guardini (de Léon Brunschvicg[26]), comienza afirmando que los geómetras, es decir los lógicos de lo abstracto, no pueden ver lo concreto. No son «finos» por estar acostumbrados a principios netos y tangibles de la geometría y a no razonar sino después de haber observado y manejado bien los propios principios. Por ese motivo, se pierden con las cosas en las que se necesita fineza, es decir, allí donde los principios no se dejan manejar tan claramente. Las cosas en las que hace falta fineza se ven débilmente; y más que verse, se sienten, y es difícil hacerlas sentir al que no las siente por sí mismo. Son cosas para las que se necesita una sensibilidad más delicada y aguda para percibirlas y juzgarlas correctamente, no pueden ser demostradas con el orden de la geometría[27].

---

[26] «Oeuvres de Blaise Pascal, publiés suivant l'ordre chronologique, par Léon Brunschvicg, Pierre Boutroux, Félix Gazier". *T.* I-XIV (Paris 1914-1925). Auf Grund der kritischen Edition eine Taschenausgabe von Léon Brunschvicg: "Pensées et Opuscules" in mehreren Auflagen. Soweit möglich erfolgen die Anführungen der vorliegenden Arbeit nach der Taschenausgabe (6. Aufl.; Paris 1912) mit der Abkürzung P.O. Sonst nach der großen Ausgabe ("Oeuvres"), wobei die lateinischen Zahlen den Band bezeichnen».

[27] «Dieses Menschenbild baut auf dem Phänomen der Konkretion auf. Der Mensch, wie er wirklich ist, kann also nicht durch einen einfachen Begriffszug, sondern nur durch ein dialektisches Gefüge erfaßt werden, welches das Vielfältige und Widerstrebende in eins bindet und so die Intuition auf jene Stelle weist, wo sie den Ganzheitszusammenhang erfassen kann. Gleich das erste Fragment der "Pensées" beginnt damit. Die "Geometer" – will sagen: die Logiker des Abstrakten – haben keinen Blick für das Konkrete, sind nicht "fins", weil sie an die sauberen und groben Prinzipien der Geometrie gewöhnt sind, und nicht eher zu folgern (pflegen), als bis sie ihre Prinzipien deutlich gesehen und durchgearbeitet haben. So verlieren sie sich im feinen Gefüge der Konkretion (dans les choses de finesse), deren Prinzipien sich nicht in solcher Weise handhaben lassen. Diese Prinzipien sieht man kaum; man fühlt sie mehr, als man sie sieht; es fällt einem unendlich schwer, sie jenen fühlbar zu machen, die sie nicht von selbst fühlen [...]. Mit einem Male und mit einem einzigen Blick muß man die Sache sehen, nicht aber mit schlußfolgerndem Denken – wenigstens gilt dies bis zu einem gewissen Grade», R. GUARDINI, *Christliches Bewußtsein*, 41-42.

Pascal estimó siempre la verdad y los valores que había descubierto relacionados con el espíritu de geometría. Esto le permitió hasta el final de su vida, incluso ya contando con pocas fuerzas, hacer importantes conquistas en el campo de las matemáticas; pero también para él eran importantes los valores del espíritu de fineza, donde hizo valiosos aportes a nivel filosófico y pedagógico. Se podría decir que no opuso el espíritu de fineza al geométrico, sino que intentó mantener ambos unidos. La fe de la gente de Port-Royal tenía algo de una entrega ciega, y cuando allí se recomendaba la renuncia a la ciencia, dice Guardini que no se entendía solamente el sacrificio de lo que en la aspiración a conocer podía ser mundano, sino que incluso se sospechaba de todo ejercicio de entendimiento crítico. A los ojos de los hombres de Port-Royal, Pascal aparecía como la personificación misma de las exigencias y del compromiso científico. Este gran pensador francés había renunciado al mundo en el sentido del placer, del éxito, de la autoafirmación, y deseaba buscar solo a Dios y el servicio de Dios en el prójimo. Sin embargo, para Pascal continuaba siendo valioso lo que había conocido como verdad, y esos valores continuaban presentes en su nueva esfera de vida. Guardini expresa de esta forma lo que antes afirmó respecto de esos horizontes que en Pascal luego de su conversión no se excluyen sino que, luchando entre ellos y aun encontrándose en tensión, se complementan. Esto fue algo que nunca entendió la gente de Port-Royal, y el hecho de que en el último año de vida de Pascal la relación con aquella comunidad se hubiese deteriorado no se debe a una explicación puntual de ese tiempo, sino que revela una tensión que existía ya desde el comienzo. Guardini habla de una pertenencia particular de Pascal a Port-Royal, él «necesitaba» ser parte de una comunidad y, motivado por ello y por su carácter, llevó adelante una lucha, que no estuvo exenta de injusticias. A pesar de todo la comunidad jansenista nunca lo reconoció ni lo aceptó plenamente como uno de ellos sino que, como comunidad, se mostró siempre desconfiada con él, lo cual se hizo aún más evidente en los últimos años de su vida[28].

---

[28] «Der Geist von Port-Royal war mehr auf Gebet und christliches Tun als auf denkende Durchdringung der christlichen Wahrheit gerichtet. *Sein Glaube hatte etwas von blinder Hingabe*, vom "Credo quia absurdum" an sich. Wenn er den Verzicht auf die Wissenschaft nahelegte, dann meinte er damit nicht nur das Opfer dessen, was im Erkenntnisstreben "Welt" sein mochte, sondern die kritische Durchdringung und systematische Durcharbeitung des Glaubensbewußtseins an sich war ihm verdächtig. In Pascal aber trat ihm geradezu die Verkörperung des wissenschaftlichen Erkenntniswillens entgegen. Wohl hatte er "die Welt" im Sinne des Genusses, des Erfolges, der Selbstbehauptung geopfert; wohl hatte er sein Herz von allem zu lösen begonnen, was Begehren heißt, woll-

Cuando Guardini inició sus estudios universitarios, comenzó primero estudiando química y después economía. Concurrió a tres Universidades (Múnich, Tubinga y Berlín) y esto le dio una cierta cercanía a la metodología científica de su tiempo. Este período inicial de estudios coincidió con la crisis más importante de su vida. A partir de su conversión se ilumina ante él un nuevo horizonte existencial que le permite una nueva mirada de sí mismo y del mundo, también él intentará pensar esta nueva realidad que ahora ve, pero con instrumentos y métodos que sean los adecuados, no desde un rechazo de lo vivido anteriormente, sino intentando acercar estos horizontes diferentes que se complementan y al mismo tiempo están en tensión. Con su libro *El Contraste* tocamos una obra que concede un amplio espacio a la dialéctica guardiniana desde un esquema con el que intenta acercarse a lo viviente concreto procurando superar la lógica abstracta de los geómetras. La dificultad de comprensión de esta obra radica, a mi modo de ver, en esos principios que no son posibles de ser manejados con la claridad del orden geométrico. Valorando el positivo aporte de las ciencias, desea complementarlo ya no desde un espíritu de fineza como en Pascal, sino desde una forma de *mirar contrastada* en la que intenta mostrar la unidad de un conocimiento vivo que corresponda a la realidad de lo viviente concreto.

Los puntos en común con Pascal son muchos. Guardini afirma en el prólogo de 1925 al *Der Gegensatz* que alguien le podría decir que lo que se expone en su obra ya ha sido escrito. A esto Guardini responde que ha recibido muchas sugerencias, y entre esas sugerencias se encuentran seguramente ideas de Pascal cuyo nombre no viene mencionado. Algunos estudiosos del pensamiento de Guardini citan otras fuentes que serían también inspiradoras de los pensamientos presentes en *El Contraste*. Hanna-Barbara Gerl dice que Guardini, mirando la realidad desde la ley viva de la oposición, se remonta al pensamiento filosófico griego más antiguo, dando lugar a la inspiración de la escue-

---

te nur Gott suchen und den Dienst Gottes im Nächsten. Was er aber als Wahrheit, als echten Wert erkannt hatte, hielt er fest und trug es in den neuen Lebensraum hinein. Er hielt die Werte des "esprit de géométrie" fest - so sehr, daß er noch bis zum Ende seines Lebens, so weit die zerstörten Kräfte es zuließen, mathematische Leistungen hohen Ranges hervorgebracht hat. Ebenso die Werte des "esprit de finesse" und der "honnêteté" –so sehr, daß ihm daraus bedeutungsvolle Aufgaben philosophischer Erkenntnis und erzieherischer Arbeit erwachsen sind [...]. Einer der "Messieurs de Port-Royal" ist Pascal nie geworden. Er wäre es gern gewesen. Er hat vielleicht nie ganz gesehen, welche Kluft ihn geistig wie religiös von der so leidenschaftlich verehrten Gemeinschaft schied», R. GUARDINI, *Christliches Bewußtsein,* 164-165.

la platónica, pero también al idealismo alemán con Hegel a la cabeza, de cuya dialéctica Guardini intenta separarse. En esta lucha están también Kierkegaard y la inspiración de Goethe, con sus expresiones de sístole y diástole, presentes en la respiración y que hacen referencia a los dos movimientos que nos hablan de la vida. Gerl nombra también otros autores como Adam Henrich Müller con su obra de 1804 (*Die Lehre vom Gegensatze*), y otros autores del siglo XIX que se ocuparon de la idea de la oposición como Friedrich Schleiermacher, Arthur Schopenhauer, Friedrich Nietszsche, Hernri Bergson, Georg Simmel, Wilhelm Dilthey, Max Scheler, Nicolai Hartmann, Ferdinand Ebner, Erik Peterson, Martin Buber y Karl Barth. Guardini no cita a ninguno de ellos y se debe notar además que en la lista que nos ofrece Hanna-Barbara Gerl no figura Pascal, comentando nuestra profesora que Guardini en cuanto *pensador independiente* no sabe claramente como se produzca esta influencia de todos estos autores, que por otro lado son tan diferentes entre sí[29].

1.1 *Mirada contrastada y unidad del conocimiento*

La nueva mirada y el nuevo horizonte que nacen en la vida de Guardini con su conversión se incluyen en un contraste que no anula su forma anterior de mirar la realidad sino que ambas por un lado se complementan y por el otro luchan entre sí. Desde estas miradas contrastadas ve toda la realidad como una *unidad*, una unidad con características particulares en las que necesita profundizar. Considerar con más detenimiento esa unidad es el primer tema que trata en su obra *El Contraste*, uniéndolo a la pregunta de cómo es posible el conocimiento del viviente-concreto desde la unidad compleja que representa. Cuando nos miramos a nosotros mismos, descubrimos que somos una forma corpórea compuesta de miembros y órganos, en nosotros encontramos procesos internos, impulsos y cambios de estado. En esa multiplicidad de órganos y procesos, nos experimentamos como una *unidad* y *somos una unidad,* lo cual nos hace desconfiar de todo aquello que intente ponerla en duda, cuestionando la unidad psicosomática que somos y a la que todo hace referencia[30].

---
[29] Cf. H-B. GERL, *Romano Guardini*, 253-254.

[30] «Wenn wir auf uns, in uns schauen, so finden wir leibliche Gestalt, Glieder und Organe, seelische Gebilde und Ordnungen; finden Vorgänge äußerer oder innerer Art, Antriebe, Akte, Zustandsänderungen. Was alles da ist und geschieht, sehen wir als Einheit. Es erscheint uns nicht nur als solche, es ist's. Wir müßten jeglicher Wahrnehmung mißtrauen, wenn wir bezweifeln wollten, daß wir wirklich Leib-seelische Einheit sind. Wir sind es;

Pero la unidad de la que se habla es una unidad que posee características diferentes a la unidad de la máquina, la cual es unidireccional; en cambio la unidad de lo viviente se nutre por un lado desde fuera hacia dentro, pero también posee una interioridad que le da una dirección en el *crecimiento*. Desde esa interioridad esta unidad viviente se estructura de adentro hacia afuera. La unidad de lo viviente implica la ordenación propia de la máquina; pero no se agota en ella, y se ve correctamente la unidad de lo viviente si se advierte también esa dirección que conduce a su interioridad[31].

Esta unidad desde su interioridad es además experimentada como una unidad originaria: no se trata solo del centro a través del cual pasan determinados procesos, sino que en esa unidad se originan una serie de actos que manifiestan lo singular y lo propio de lo viviente concreto. A través de los mismos actos se muestra una configuración conforme a un plan, una forma original internamente operante y presente. Se experimenta así como algo *cerrado* en sí mismo en esta línea interior que impulsa y guía el crecimiento, pero también como algo *abierto* y *dinámico*, que se manifiesta exteriormente y crece. Para Guardini todo esto significa que nos experimentamos como algo *concreto viviente*[32].

---

und wir können gar nicht anders, als alles Einzelne, was wir sind, was an uns und durch uns geschieht, auf diese Einheit zu beziehen: als Baustück, das sie aufrichtet, oder als Wirkung, die von ihr ausgeht», R. GUARDINI, *Der Gegensatz*, 15.

[31] «Diese Einheit liegt nicht nur in einer einzigen Beziehungsordnung, etwa wie die einer Maschine. In dieser stehen die Teile nur mechanisch neben –, hinter – oder übereinander. Hier aber, in mir, kann ich gar nicht anders, als zum Neben –, Hinter – und Übereinander noch Tiefe hinzuzusehen. Hier finde ich ein "Außen" und "Innen". Das liegt schon darin, wie anatomischinnere Organe oder Teile zu äußeren stehen; dann in den Tatsachen der Empfindung und Bewegung; darin, wie sich die Vorgänge des Bewußtseins zu körperlichen verhalten; oder innerlicheres seelisches Geschehen zu oberflächlicherem. Es ist ein Verhältnis, dem ich nur so gerecht werden kann, daß ich ein Innen auf ein Außen bezogen sehe [...]. Die Einheit des Lebendigen enthält wohl auch diese maschinelle Ordnung; sie erschöpft sich aber nicht darin», R. GUARDINI, *Der Gegensatz*, 15.

[32] «Ich erfahre mich nicht nur als Durchgangspunkt durchgehender Vorgänge, sondern auch und vor allem als Ursprung. In mir – dieses «in» schillert vieldeutig; nehmen wir es einstweilen noch so hin – entspringen Antriebe. In mir beginnen Akte. Ich stehe statisch in mir als geschlossener Bau; aber auch dynamisch als eigenständige Wirkeinheit. Noch manches ließe sich über diese Tatsache sagen: daß ich mich selbst nicht als einen Fetzen Dasein erfahre, sondern als von innen heraus gebautes Ganzes; nicht als eigenen Sinnes bares Geschehen, sondern als geschlossene Werdelinie; nicht als zufälliges Anschwemmsel von Eigenschaften, sondern als eigenwesenhafte Gestalt. Das alles aber bedeutet: ich erfahre mich als Konkretes. Und dieses Konkrete steht in sich; von außen nach innen, von innen nach außen; baut sich selbst auf, und wirkt aus eigenem Ursprung heraus. Das bedeutet: es ist lebendig», R. GUARDINI, *Der Gegensatz*, 16.

1.2 *Obstáculos modernos en el conocimiento de la unidad*

Ante esta realidad compleja de lo *viviente-concreto*, surge en Guardini la *pregunta* sobre *la posibilidad* de su *conocimiento*, manifestando ya en este trabajo de juventud su inquietud por el tema gnoseológico ligado a lo viviente-concreto. Guardini nos recuerda junto con esta inquietud que nos manifiesta, que en la Edad Media se afirmó la imposibilidad de captar científicamente al individuo, recordando también que lo viviente era algo inexpresable. Este punto de vista fue llevado a su grado extremo de unilateralidad *opuesta* en el pensamiento racionalista-mecánico que identifica el conocer real con el conocer científico teniendo en cuenta que aquí conocimiento científico es solo el conocer que se produce mediante conceptos, asumiendo el conocimiento matemático como modelo de todo conocimiento conceptual, identificando el conocer en general con el conocer matemático. Al entender el conocimiento de este modo, lo viviente concreto desde su interioridad originaria quedó como consecuencia fuera de su ámbito, porque este último no puede ser captado solo mediante conceptos, ya que el concepto se dirige a lo puramente general, lo abstracto y lo formal. Lo individual, por el contrario, aunque está relacionado con lo universal significa algo más que lo universal y no puede ser reducido a un caso más de lo universal[33].

La propuesta de conocimiento guardiniano *intenta unir lo intuitivo* con lo *conceptual abstracto* y *formal*, para que el conocimiento sea algo que corresponda a la realidad de lo que se desea conocer, y que por lo tanto permita el surgimiento de un conocimiento vivo, que ofrece un espacio a la unidad viva de lo concreto-viviente. Guardini intenta así superar las barreras que representan un tipo de conocimiento que trabaja solo desde lo formal conceptual, y por eso se aleja de lo vital, impidiéndole ver la *compleja unidad* antes mencionada; pero al mismo tiempo rescatando el valor y el importante aporte de la ciencia, y uniéndolo a lo que aporta la intuición. Por ahora me interesa subrayar lo que se ilumina ante la mirada de Guardini a partir de su experiencia de conversión: la *unidad* de lo concreto viviente. El logra ver una valiosa unidad, *compleja, originaria*, en *tensión*, que posee una *interioridad* de la que no se tiene experiencia directa, pero que también debe ser pensada desde la unidad de un pensamiento vivo. Este pensamiento debe surgir de la unidad de lo racional y lo intuitivo, de otra forma será un pensamiento unilateral que logrará ver solo una parte de la unidad, y por lo tanto será un pensamiento que no logrará captar lo concreto vi-

---

[33] Cf. R. GUARDINI, *Der Gegensatz*, 16-18.

viente, y tampoco será un pensamiento vivo que ofrezca un servicio a la vida. Un pensamiento que sea producto de reacción a lo racional o a lo intuitivo, continuará solo a favorecer nuevas reacciones, que alejen de lo vital.

A la unilateralidad del pensamiento racionalista mecánico se opone, como reacción, el surgimiento de otra unilateralidad representada por la búsqueda de un conocimiento más cercano a la vida, pero en forma de un conocimiento irracional, en el que se encuentra operante la idea de una vinculación inmediata con el objeto, de una especie de contacto o captación inmediata. De esta concepción, alejada de lo racional, se deriva la actitud irracionalista, que va precisando poco a poco sus características, y habla de un ver, un imaginar, de una *intuición*, pero que no se alumbra desde razones, trabajando con una autenticidad y claridad íntima, cerrada en sí misma. Guardini rescata el importante aporte que se hace con esta perspectiva de conocimiento. Pero todo ello es expresado y pensado de forma imprecisa. Aquí debe poder decirse con más claridad en qué consiste la esencia de esa mirada, lo cual se hace particularmente difícil si se lo piensa como enfrentado al conocimiento racional. Aquí se puede constatar un tipo de intuición que no ha transitado un camino alumbrado por la razón que le permita llegar a lo concreto, este camino es el que piensa y nos propone el sistema guardiniano. La intuición que propone el «sistema» guardiniano debe nacer desde un contacto y diálogo abierto con el conocimiento científico[34].

Después de la Edad Media se produjo, según Guardini, un cambio muy importante. El pensamiento científico y su instrumento, el concepto, se separaron de la vida y se acercaron cada vez más a la matemática, recibiendo desde aquí una orientación especial, que se dirigió más decididamente hacia la búsqueda de *lo puramente conceptual* y de lo *puramente racional*. El pensamiento científico que estaba integrado en la

---

[34] «Solche Einseitigkeit ruft notwendig die entgegengesetzte. Das Lebendig-Konkrete wird diesem zerstörenden, rationalistischen Wissenschaftsverfahren entzogen und einem besonderen Erkenntnisorgan zugewiesen: dem irrationalen Erkennen [...]. Der Gegenstand wird nicht durch Begriff, Urteil und Schluß erfaßt; darin bleibt die Grundrichtung die gleiche. Aber auch nicht durch vitales Spüren, sondern durch einen bildhaften Akt; eine Anschauung, die nicht durch Gründe, sondern durch innere Echtheit und Klarheit einleuchtet. Dieser Akt, dessen Beschreibung sich vom Endpunkt unmittelbaren, vitalen Spurens bis zu dem "geistiger Anschauung" verschiebt, wird vom Irrationalisten dem Lebendig-Konkreten zugeordnet [...]. Solange aber diese Erkenntnisakte zu Begriff, Urteil und Beweis, also zum rationalen Erkennen, in Widerspruch gestellt werden [...]; haben jene Erkenntnisvorgänge für die Wissenschaft nur die Bedeutung von psychologischen oder denkgeschichtlichen Erscheinungen», R. GUARDINI, *Der Gegensatz*, 18-19.

trama vital de lo humano se separó de ella. Esta separación tenía que acontecer, ya que esa forma de unidad que existía era *a-crítica* o *pre-crítica* y ya no correspondía más a un tiempo donde la crítica estaba presente con mayor intensidad. Pero la ruptura dio lugar a que el instrumento de captación del pensamiento científico alejado del ámbito de lo vital pasase a ser concepto de otros conceptos, concepto-conceptual vinculado cada vez más a la matemática, y cada vez más distanciado del anterior concepto que se vinculaba con la vida, que lo configuraba como concepto de lo viviente. Esto produjo al mismo tiempo la transformación de la intuición, ya no una intuición cercana al pensamiento y que se dejaba esclarecer por lo racional, sino que se transformó en una intuición-intuitiva.

Tanto el concepto como la intuición quedaron marcados por otra de las características del tiempo moderno, «la autonomía absoluta» de estos ámbitos, que se fundamentaban en sí mismos desde la *pureza crítica*. Esta última acrecienta tanto la ruptura de la unidad de lo vital en el sujeto cognoscente como en el proceso del conocimiento. De una autonomía más o menos equilibrada y respetuosa con el modo de ser de cada realidad y con el conjunto, se pasó a una autonomía absoluta. Todo ello, posteriormente, dio lugar a dos actitudes en las que se intentarán consolidar estas ideas erróneas que no logran captar la unidad compleja de lo viviente: ellas son el racionalismo y el intuicionismo[35]. Desde esta situación, surge en Guardini con mayor fuerza la propuesta que él asume como tarea y misión propia, ayudar a construir una *nueva forma de unidad*, sin regresar a una unidad del pasado, sino intentando construir una nueva unidad del pensamiento *acorde a los nuevos tiempos*, y que sea capaz de *integrar la dimensión crítica* moderna (*Unsere Aufgabe ist nun, darüber hinaus zu einer neuen, doch kritisch bewährten Einheit fortzuschreiten*[36]).

Para Guardini, desde su propuesta gnoseológica, se abre otro camino para conocer lo concreto viviente. Un camino que debe transitarse teniendo en cuenta que lo concreto viviente no es comprensible solo desde lo racional. Lo concreto viviente es también *supra-racional* y escapa a un pensamiento unilateral. Se plantea la necesidad de un pensar más cercano a la vida, lo que no puede lograrse con un pensamiento solo abstracto, ni solo intuitivo; sino que se debe alcanzar un acto de conocimiento en el que se expresen tanto el conocimiento intuitivo como el

---

[35]Cf. R. GUARDINI, *Der Gegensatz*, 21-23.
[36] R. GUARDINI, *Der Gegensatz*, 22.

racional. Considerando ambos como conocimientos que se implican y complementan mutuamente[37].

La orientación de la ruta espiritual que conduce a Guardini hacia una nueva forma de unidad se desarrolla haciéndose cargo de lo *viviente concreto* desde una correcta intuición, que no se abandone a un solo fluir autónomo e independiente, sino que sea acompañada con medios científico-conceptuales y puesta al servicio de la Ciencia. La propuesta guardiniana presentada al principio de su libro en forma de pregunta, encontrará una respuesta afirmativa en el camino que se le prescribe a la intuición mediante conceptos unívocos y científicamente precisos. De esta forma *concepto* e *intuición* se vinculan en un trabajo de mayor autenticidad (*Anders ausgedrückt: vielleicht ist es möglich, den Intuitionsakt in seinem Wesen unangetastet zu lassen, ihm aber durch eindeutige, wissenschaftlich geschärfte Begriffe den Weg vorzuschreiben?*). Pero ¿cuáles serían en Guardini los conceptos que pueden realizar esta tarea? Esta es otra de las pregunta de la que se ocupará su teoría del contraste y desde donde resultará más clara la *guía* que se le propone a la intuición para llegar al concreto viviente, abriendo así una posibilidadd real de captarlo en un camino que incluya también la dimensión crítica, y que dialogue con la ciencia a través del concepto[38].

---

[37] «Wir fragen nun: Steht noch ein anderer Weg offen? Der über-rationale Charakter des Lebendig-Konkreten muß gewahrt bleiben. Also kann der besondere, das Konkrete als solches fassende Erkenntnisakt nicht abstrahierende Begriffsbildung sein. Er muß selbst lebendige Konkretheit haben, Ganzheit, Rundheit. Er darf nicht bloß formal bzw. auf das Formale gerichtet, wie das Begriffsdenken, sondern muß in seiner Struktur selbst lebendig-konkret, und wesenhaft auf diese Konkretheit gerichtet sein [...]. Darin beruht ihr besonderer Charakter: daß alles deutlich zutage liege; daß jede Denkbewegung und jeder Einzelvorgang darin bewußt und willkürlich durchgeführt werden; daß jederzeit Rechenschaft abgelegt und Zustimmung erzwungen werden könne. Wissenschaft ist Verstandesarbeit. So wären wir in der schlimmen Lage, vom nämlichen Akt Widersprechendes verlangen zu müssen. Oder sollten die zu erhebenden Forderungen einander doch nicht widersprechen? Sollten intuitive und rationale Erkenntnis, richtig gesehen, sich gegenseitig doch nicht ausschließen?», R. GUARDINI, *Der Gegensatz*, 19-20.

[38] «Vielleicht kann also dem Lebendig-Konkreten gegenüber doch eine «Schau» als zuständig erkannt werden? Aber so, daß diese nicht, wie etwa in der bloßen Lebens-Intuition, oder in der Kunst, ihrem Eigengang überlassen bleibt, sondern mit begrifflich-wissenschaftlichen Mitteln eingefangen, und so in den Dienst der Wissenschaft gestellt wird? Anders ausgedrückt: vielleicht ist es möglich, den Intuitionsakt in seinem Wesen unangetastet zu lassen, ihm aber durch eindeutige, wissenschaftlich geschärfte Begriffe den Weg vorzuschreiben? Und so Begriff wie Intuition auf ein letztes Eigentliches zu beziehen? Nehmen wir dies als möglich an, und fragen: Welche Begriffe sind dazu imstande?», R. GUARDINI, *Der Gegensatz*, 23.

1.3 Dificultades en la comprensión de la mirada contrastada

Antes de exponer otros aspectos de la teoría guardiniana del contraste, creo importante señalar algunas de las dificultades que se pueden hacer presentes en la comprensión de lo que aquí se propone. Ya Pascal, cuando hablaba del espíritu de fineza, indicaba algunas dificultades que surgían en cuanto se trataban de principios que no podían ser ordenados y considerados como los del espíritu geométrico. En su libro Guardini nos advierte acerca de problemas semejantes en la comprensión de lo que expone, incluso en un momento manifiesta su preocupación de quizás no lograr expresar con toda claridad este sistema dinámico de contrastes y espera que, aunque estas ideas puedan parecer complejas, no aparezcan al lector como contradictorias (*Das alles scheint gewiß höchst problematisch; hoffentlich aber nicht widersprechend. Wenn letzteres, so ist es mir nicht gelungen, den Gedanken klar zu bringen*)[39]. Si bien la relación de los contrastes no debe ser contradictoria, también resulta claro en esta teoría guardiniana que lo que se expone, al tratarse de lo viviente, tampoco puede ser verificado totalmente desde la lógica. La gran tentación del pensamiento consiste, precisamente, en superar esta dificultad pretendiendo resolverla a través de la vertiente racional o intuitiva.

Un ejemplo de lo dicho lo encontraremos en la relación singular de los contrastes. La primera relación contrastada de la que Guardini nos habla es la de «acto» y «estructura», como par de opuestos que aparecen mutuamente vinculados. Estos aspectos o contrastes, en principio, se excluyen contraponiéndose el uno al otro; pero también veremos que cada una de estas partes en caso de continuar unilateralmente en una dirección, sin tener en cuenta a la otra, llega a una «pureza» tal que no puede ser pensada. Cada parte o polo del contraste puede existir solo junto a la otra, mostrándose así el orden peculiar del contraste que está compuesto *al mismo* tiempo por una *exclusión* y una *inclusión*, desde una necesaria diferenciación de cada polo, pero también desde la afinidad que los relaciona. No se puede llegar a una exclusión pura porque eso implicaría una contradicción, ni tampoco se puede llega a una vinculación pura, que implicaría mismidad o identidad.

El doble límite anterior es el que implica en la relación contrastada un doble riesgo. Se trata de una forma peculiar de relación, que consiste contemporáneamente en *exclusión relativa* (*relative Ausschließung*) e *inclusión relativa* (*relative Einschließung*) y a esta relación Guardini la

---

[39] R. GUARDINI, *Der Gegensatz*, 83.

llama *contraste*[40]. De aquí se evidencia que ambos aspectos forman manifiestamente una unidad, al mismo tiempo *fuerte* y de *tensión*. Desde el ejemplo del primer par de contrastes mencionados (*acto* y *estructura*) veremos que la vida no está compuesta solo de acto y estructura; tampoco es una mezcla de ambos aspectos, ni una realidad diferente, en la cual estarían los dos polos «asumidos»; sino que la vida es algo que solo puede existir en ambas partes a la vez, como una *realidad de dos vertientes,* pero como un ser uno y único, que es algo más que cada una de las partes; más que la suma de las mismas, y que no puede ser en modo alguno deducido de ellas. Lo viviente-concreto se nos presenta como unidad; pero como una forma de *unidad contrastada*.

Esta obra de Guardini, que trata el tema de la unidad en lo viviente concreto, ya desde su primera página intenta llevar adelante así la tarea de ayudar a construir una nueva unidad del pensamiento, ofreciéndonos elementos que *impidan* la *disolución* de la *tensión* propia de esa unidad mediante una aparente explicación racional o intuitiva. Guardini nos acompaña en un camino en el que nos va invitando a *aceptar* esta unidad compleja; aunque el precio que se deba pagar ante esta aceptación de lo real concreto sea contar con algo menos de claridad, pero ciertamente desde un pensamiento que para él será vital y

---

[40] «Es handelt sich um eine eigentümliche Art der Beziehung, gebildet durch relative Ausschließung und relative Einschließung zugleich. Ebendiese Beziehung nennen wir den Gegensatz», R. GUARDINI, *Der Gegensatz*, 81. En este libro, Guardini recurre en riteradas oportunidades a imágenes relacionadas con lo orgánico. En esta oportunidad no se nos ofrece ninguna imágen para aclarar esta relación particular que él llama contraste. Pero podríamos pensar en dos órganos importantes del cuerpo humano. El hígado es higado y nunca será páncreas. Poseen una autonomía desde la que cada uno cumple su propia función. Pero esta autonomía no es absoluta, no cumplen solo una función para sí mismos; sino que ambos se vinculan en una tarea común. Pero esta tarea no les hace perder su lugar, su identidad, ni su función. La autonomía de estos órganos no es absoluta, sino que los relaciona, y cada uno continúa siendo lo que es, sin poder existir de forma aislada. Lo orgánico es un tema que explica también el tipo de conocimiento que Guardini propone. Un conocimiento vivo es un conocimeinto que refleja la vida, y la vida no la puedo producir yo por medio del conocimiento. Puedo captar con detalles cada una de las partes, pero después sumando todo lo que conozco, no puedo producir la vida. La vida es más que la suma de todas las partes. El conocimiento capaz de captar la vida es un conocimiento que primero se deja guiar por la mirada. Este conocimiento vivo lo puedo alcanzar si miro lo que tengo ante mis ojos y logro penetrar en ello. Aquí radica para el «sistema» guardiniano, a mi modo de ver, la prioridad de la mirada y la importancia de saber mirar, para después poder pensar y conocer. Esta imágen de lo orgánico todavía tiene el límite de no expresar el otro aspecto de la relación contrastada, en el que cada polo intenta también excluir al otro.

cercano a la vida[41]. Es importante recordar en el «sistema» guardiniano que el acto sigue siendo siempre acto y la estructura seguirá siendo siempre estructura, ni el conocimiento, ni ningún resultado final anulan ninguno de estos dos polos opuestos, y que además no pueden existir separados, como tampoco deducirse uno del otro. Al momento de constatar cómo trabaja el conocimiento en esta relación de contraste, ¿de qué modo paso de un polo al otro? Para responder a esta pregunta y a otras, presentaré un esquema no exhaustivo pero sí un poco más amplio de la teoría guardiniana que permita entender con mayor claridad los principios que actúan aquí.

1.4 *Los grupos de contrastes*

A lo largo de muchos años de reflexión y experimentación se fue haciendo siempre más claro para Guardini un cierto número de contrastes últimos, lo que lo llevó a elaborar finalmente un «sistema de contrastes» integrado por *tres grupos* que suman un total de *ocho pares* de contrastes, recordándonos que para él, desde la dedicación que le brindó a la teoría de los contrastes durante toda su vida, *todo el ámbito de lo vital está dominado por el contraste*[42].

El primer grupo es el de los contraste que Guardini llama *intraempíricos,* porque se puede tener experiencia de ellos, y está integrado por tres pares de contrastes[43]. Desde el ámbito de la experiencia, se nos invita a *mirar* la *relación* que tiene lo experimentable con lo que *no es experimentable,* con ese ámbito de lo *interior* que escapa a nuestra experiencia. La importancia de lo interior corresponde al modo particular

---

[41] «Das Konkret-Lebendige ist als Einheit gegeben. Aber als eine Einheit, die nur in dieser Weise, als gegensätzliche, möglich ist [...]. Daß alle Seiten das Leben sind; doch dieses mehr als jede Seite, mehr als alle summiert, und nicht aus ihnen abzuleiten... Die große Versuchung für das Denken besteht gerade darin, diesen Knäuel von Unvollziehbarkeit glatt zu streichen, nach der rationalen oder nach der intuitiven Seite hin. Eben dies zu vermeiden, sehe ich als besondere Aufgabe. Wahrscheinlich muß ihre Erfüllung mit einem Rest von Unklarheit bezahlt werden», R. GUARDINI, *Der Gegensatz*, 82-83.

[42] «Der ganze Bereich des menschlichen Lebens scheint von der Tatsache des Gegensatzes beherrscht zu werden. In all seinen Inhalten scheint sie aufgezeigt werden zu können. Wahrscheinlich nicht nur hier; wahrscheinlich liegt sie allem Lebendigem, vielleicht dem Konkreten überhaupt zu Grunde. Ich beschränke mich aber ausdrücklich auf den Bereich des Menschlichen, auf das, was sich mir darbietet, wenn ich auf mich selbst blicke», R. GUARDINI, *Der Gegensatz*, 28-29.

[43] «Darin unterscheide ich eine erste Gruppe, und nenne sie die intra-empirischen. Sie wirken sich innerhalb des Bereiches des Menschlichen aus, soweit es erfahren wird», R. GUARDINI, *Der Gegensatz*, 29.

en que se conforma la unidad de lo viviente concreto, la cual no es idéntica a la unidad de la máquina. En la unidad de lo viviente concreto encontramos una *interioridad,* y lo que es *exterior* se *relaciona* con ese ámbito interior. Se trata, entonces, de saber en qué medida, desde el punto de vista de la contrasteidad, lo exterior apunta a lo interior. Así surge la guía de un segundo grupo de contrastes que Guardini llama *transempíricos,* por tratarse de contrastes que se encuentran más allá de nuestra experiencia directa. Este grupo de contrastes está compuesto también por tres pares de contrastes[44].

Los contrastes transempíricos y los contrastes intraempíricos forman para Guardini el grupo de los contrastes categoriales en un sentido escolástico-aristotélico y no en un sentido apriorístico-kantiano. Cada contraste tiene para Guardini una significación semejante a la que la Escolástica, con Aristóteles, concedió a las «categorías» lógicas, entendiéndolas como conceptos que delimitan los ámbitos de ser más generales que se pueden pensar y que son mutuamente irreductibles por mediar entre ellos diferencias esenciales. No son reductibles a conceptos más generales porque ello provocaría un vacío esencial. Al número de las categorías pertenecen conceptos como «sustancia» y «relación». Estos conceptos no puede ser reducidos a otro; es lo último que se puede considerar desde distintos puntos de vista[45]. Los contrastes intraempíricos y transempíricos son llamados contrastes categoriales por representar los últimos grados generales de la contrasteidad, en los cuales se conserva todavía un contenido determinado.

---

[44] «Gibt es letzte, sie beherrschende Gegensätze, die nicht mehr auf einfachere zurückgeführt werden können? Aus solcher Frage tritt die Gruppe der intraempirischen Gegensätze hervor. Der Bereich dieses Menschlich-Erfahrbaren zeigt sich aber so geartet, daß er mich zwingt, ihn zu einem selbst nicht erfahrbaren Tiefenbereich in Beziehung zu setzen. Er gibt sich als ein "Äußeres", zu dem ein "Inneres" gehört [...]. Die intra-empirischen und transempirischen Gegensätze sind im dargelegten Sinne "Kategorien"», R. GUARDINI, *Der Gegensatz,* 30.

[45] «Ich sehe ihre Bedeutung etwa so, wie die Scholastik mit Aristoteles die logischen "Kategorien". Darunter sind Begriffe verstanden, welche die allgemeinsten noch denkbaren Art-Bereiche abgrenzen, die nicht mehr auf einander zurückgeführt werden können, weil letzte Wesensunterschiede sie trennen; auch nicht mehr auf einen allgemeineren Begriff, weil darin die wesensmäßige Besonderung ins Wesen-Lose aufgelöst werden müßte. Dazu gehören Begriffe wie "Substanz", oder "Relation". Diese kann man nicht mehr auf einander zurückführen; es sind letzte Artbereiche. [...]. Dieser Begriff kann nicht mehr aufgelöst werden; er ist der letzt-denkbare, höchste, und ganz einfach. Man kann ihn aber unter verschiedenen Gesichtspunkten betrachten. Dann ergeben sich die Seins-Aspekte des Einheitlichen, Wahren, Guten, Schönen. Diese Begriffe nennt die Scholastik transzendentale Bestimmungen des Seins», R. GUARDINI, *Der Gegensatz,* 30-31.

La *unidad* y la *relación* de estos dos grandes grupos de contrastes será considerado después desde un tercer grupo llamado contrastes *trascendentales que está integrado por solo dos pares de contrastes*, es este el último grupo del «sistema» de contrastes y desde este grupo se considerará la relación, la autenticidad y la unidad de todos los contrastes estructurados en pares contrastados, pero también desde los diferentes grupos[46]. Otra importancia que este último grupo de contrastes posee para considerar el pensamiento guardiniano es el *control* que desea mantener en este camino de conocimiento de lo concreto viviente, como parte misma de un camino que no debe perder la correcta tensión propia del conocimiento vivo.

2. El «sistema» de contrastes

La palabra sistema que aquí aparece y que frecuentemente está escrita entre comillas, tiene una particularidad que debe ser puesta ahora de relieve. El grupo de opuestos de los que Guardini nos habla, conforman un grupo ordenado, que cuenta también con relaciones precisas, lo que le permite hablar de un *sistema* de contrastes[47]. Pero al finalizar esta obra, Guardini nos recordará que la teoría del contraste *no* quiere ser un sistema, y si él mismo habla de sistema, es solo para subrayar el *orden* de los polos opuestos *relacionados* entre sí. En todo caso ello nunca debe ser entendido como si se tratara de un sistema cerrado. En realidad con este «sistema» lo que desea nuestro autor es ayudarnos a ver mejor, a ampliar el horizonte de nuestra mirada[48]. Guardini nos ofrece con esto, una ayuda para la orientación interna del ser viviente, y que antes le sirvió a él mismo de ayuda para orientar su búsqueda. En ésta ayuda, que su autor describe como conjunto ordenado de contrastes, hay moti-

---

[46] «Und zwar bestimmt durch die Frage, wann ein Gegensatz "echt" sei? Das ist in der Tat möglich, und ergibt eine dritte, auf anderer Ebene gelegene Gruppe von Gegensätzen. Sie sollen im Unterschied von den kategorialen die "transzendentalen" heißen», R. GUARDINI, *Der Gegensatz*, 29-31.

[47] «Diese Gegensätze nun bilden keinen losen Haufen, sondern bestimmte Ordnungen und Gruppen, die ihrerseits zueinander in einem angebbaren Verhältnis stehen. So daß es erlaubt ist, in einem noch näher zu bestimmenden Sinne von einem System der Gegensätze zu reden», R. GUARDINI, *Der Gegensatz*, 29.

[48] «Die Gegensatzlehre will ihrer letzten Absicht nach kein "System". Wohl war viel die Rede von Gruppen, Ordnungen und Systemen. Ich habe erfahren, welch ein Zwang aus diesen Gedanken kommen kann. Aber nur, solange sie mechanisch genommen werden [...]. Mir scheint, die ganz tief begriffene Gegensatzidee könne das wirken. Sie bedeutet kein geschlossenes System, sondern ein Aufgetansein der Augen und eine innere Richtung im lebendigen Sein», R. GUARDINI, *Der Gegensatz*, 182-183.

vos suficientes para considerarlos como una *guía a la intuición*. Ésta fue la guía a su intuición que buscaba acercarse a la vida, penetrar siempre más en ella con el pensamiento. Pero también sabía su autor que la vida era más grande, y su misma intuición no cabe en esta guía ni se agota en ella. Al mismo tiempo esta guía es ya una expresión de su forma contrastada de pensar. Su intución se *actúa* en la busqueda de la verdad y se dirige hacia ella, pero necesita de una *estructura*, un conjunto de *reglas*.

2.1 *Los contrastes intraempíricos*

La presentación de la unidad de algunos de los pares contrastados se centra en los *riesgos* que acompañan esta unidad. Creo que es este un tema importante para la mirada guardiniana. Después de habernos indicado la importancia de la unidad, dirige su mirada a otra de sus características. Es una unidad que se nos escurre de las manos y del pensamiento, y por esa razón intentamos inútilmente fijarla de alguna forma. Pero la quietud y el equilibrio permanente de esta unidad implica ya un pensamiento que se alejó del contacto con lo vivo concreto. La vida es quietud pero también movimiento. Al señalarnos los riesgos que amenazan esta unidad de los polos opuestos, nos indica también la importancia de una mirada que no se deje atrapar en una sola perspectiva. No se trata aquí, por lo tanto, de una exposición exhaustiva de la relación contrastada en cada par de opuestos. Lo que aquí se presenta son los *límites* que acompañan la relación contrastada y que la mirada guardiniana advierte y describe. En cada contraste se podrá constatar una unidad en tensión, tensión que quiere ser elimanda incluso desde la mirada, pero que debe permanece insuprimible. La importancia de la tensión y el lugar que ocupa en el conocimiento que transita de un polo al otro, es un tema central en la obra guardiniana y de este trabajo.

2.1.1 La unidad de acto y estructura

Experimentamos nuestra vida, según Guardini, como *acto*, hasta el punto que el ser-viviente se nos aparece como ser-operante, y la realidad misma como acto, como todo lo que viene realizado por nosotros. Experimentamos el estado total de nuestro ser como actividad. Nuestro cuerpo es también movimiento, empezando por los movimientos voluntarios de los miembros, pasando luego por los involuntarios de la respiración, la circulación y los procesos del metabolismo. La vida misma es experimentada como acto y proceso, nos sentimos vivos en la medida en que nos sentimos operantes[49]. La plenitud de nuestra vida nos vendría dada por un acto en el que todo nuestro ser se viese comprometido. La conciencia de que la vida es acto, actividad y torrente puede llegar a ser tan predominante que matice la imagen que se tiene del ser en su totalidad. Aquí, Guardini recuerda la imagen del ser que nos transmitieron algunos pensadores afines con estas ideas, por ejemplo Heráclito, y algunas corrientes de pensamientos como el Activismo y el Pragmatismo[50]. Pero si examinamos más detenidamente los conceptos de fuerza y acto, cambio y torrente, nos damos cuenta que no pueden realizarse de modo «puro». Para que el acto pueda ser posible debe contar al menos con un punto de partida firme y una dirección. Con lo cual, todo acto vital internamente posible implica, por esencia y de antemano, algo que no es acto, sino que procede de una dirección opuesta, de un elemento estático que Guardini relaciona con la estructura. No puede existir ningún fluir puro, ya que para que sea posible el fluir debe haber algo que permanece. De este modo, Guardini nos muestra que el *fluir vital* implica necesariamente un elemento que procede de una dirección opuesta y que se relaciona con algo que determina duración y permanencia[51].

La autoexperiencia guardiniana también nos presenta la vida desde otra perspectiva, no solo como acto, como movimiento, como lo que fluye, sino también como algo estructurado, como una estructura consistente. Tal estructura es la que muestra nuestro cuerpo con su composición ósea firme, con miembros y órganos; una medida precisa en los movimientos; ritmos constantes en el desarrollo de los procesos orgánicos. Nos experimentamos a nosotros mismos como una unidad estable, como un mundo que tiene su orden, sus medidas en equilibrio y en tensión. Esta es también la estructura que percibimos en nuestra vida interior con las formas de la imaginación, sus leyes de desarrollo y co-

---

[49] «Wir erfahren unser Leben als Akt. So sehr, daß uns lebendiges Sein als Wirksam-Sein erscheint, Wirklichkeit selbst als Akt. Wir erfahren den ganzen Bestand unseres Seins als Wirksamkeit. Im Körper ist alles Bewegung, angefangen von den willkürlichen Regungen der Glieder, über die unwillkürlichen des Atems und den Kreislauf der Säfte, bis zu den Vorgängen des Stoffwechsels. Auch die Gestalt des Körpers bewegt sich: Sie wächst und zerfällt», R. GUARDINI, *Der Gegensatz*, 33.
[50] Cf. R. GUARDINI, *Der Gegensatz*, 34-35.
[51] «Fassen wir nun diese Begriffe: Kraft und Akt, Wandel und Strom schärfer, suchen wir sie immer deutlicher und gänzlicher zu vollziehen, dann kommt uns bald zu Bewußtsein, daß sie nicht «rein» verwirklicht werden können. Wir sehen: es gibt keinen reinen Akt [...]. Es gibt kein reines Strömen. Damit Strömen sein könne, muß wenigstens etwas Bleibendes in ihm sein; zum mindesten Identität des Strömenden und Selbigkeit der Richtung, und sei's auf noch so kleine Strecken hin», R. GUARDINI, *Der Gegensatz*, 36.

rrelación; medidas precisas en lo tocante a la fuerza, profundidad y amplitud de oscilación de los procesos psíquicos. Nuestro ser y nuestra conciencia poseen la experiencia de los estructurado, de una figura firme, una estructura que se autoafirma; pero para percibir del modo correcto la vida, el pensamiento se debe abrir a la vida misma, sin dejar que nos atrape una idea que nos pueda alejar de ella. Esto último sucede si nos dejamos encerrar en un pensamiento de la vida solo desde la perspectiva de una *pureza crítica que la considere* únicamente como *acto*. Desde la apertura a la vida, podremos experimentarla y pensarla como acto vivo, que por lo tanto no puede existir *en un puro fluir* independiente de una estructura[52].

Abrirnos a la vida, mirarla tal como la experimentamos en nosotros mismos, es una constante que se reitera en los pensamientos de Guardini y que suenan como una invitación y una advertencia. Una invitación a poner la vida en primer lugar, y una advertencia a no caer en el peligro constante de anteponer a la vida ideas o conceptos que la desdibujen y que nos alejen de ella. Es el pensamiento el que debe servir a la vida para guiarla a la plenitud y no viceversa. En el ritmo de vida moderna occidental, que identifica generalmente «vida» con «movimiento», Guardini nos presenta otro peligro importante para la correcta comprensión de la vida. Y éste es olvidarnos que la vida es también la serenidad del reposo, del crecer y permanecer orgánicamente en sí misma, y cuanto más vital es la vida, más profundo es el reposo, más inquebrantable la consistencia, más imponente el crecimiento[53].

Pero también desde la perspectiva de la estructura puede surgir el extremo opuesto, y la conciencia de que la vida es algo estable puede hacerse tan fuerte que los individuos e incluso épocas enteras vivan desde ella, creando y edificando en base a ese espíritu. Guardini invita

---

[52] «So enthält lebendiges Strömen notwendig ein Moment aus dem Gegensinn her: Dauer, Stand. Tatsächlich geht denn die Selbsterfahrung des Lebens auch nach einer andern Seite. Wir finden uns als Gebautes; als stehende Struktur. Solche stehende Struktur hat unser Körper: feste Verhältnisse der Knochen, der Glieder, der Organe zueinander; feste Maße der Bewegung; feste Rhythmen im Ablauf der organischen Vorgänge [...]. In allem, bis in den personalen Kern, der als Strukturzentrum, als ruhender Zuordnungspunkt, als bleibender Besitztitel, als Gestalt, als "Antlitz" gesehen wird. Leben ist Stand; Leben ist Bau; Leben ist Festigkeit», R. GUARDINI, *Der Gegensatz*, 37.

[53] «In Wahrheit ist's auch Majestät und Gelassenheit des Ruhens, Stehens, Ragens, Sich-Wölbens. Ist eindeutige Selbigkeit der Gestalt und des Angesichts. Und um so lebendiger das Leben, je tiefer die Ruhe, je unerschütterlicher der Stand, je gewaltiger das Ragen, je weiter und unbeweglicher die übergreifende Wölbung, je klarer das Angesicht, je unzerstörbarer die Gestalt», R. GUARDINI, *Der Gegensatz*, 37.

a recordar, como ejemplo, la filosofía de Parménides o la arquitectura de los egipcios. Esta actitud entiende el ser como consistente perennidad, duración serena, unidad inconmovible, decidiéndose por una posición más bien contemplativa que activa. Prevalece el pensamiento conservador, no activo y aristocrático ante el democrático. Pero de la misma forma en que antes se señaló la imposibilidad de pensar el acto como algo puro, en relación con la estructura surge un límite que no se puede atravesar si se pretende pensarla también como *pura estructura*. Todo lo estático para poder ser pensado debe poseer al menos un mínimo de impureza, de tensión y elasticidad. Con ello, Guardini llega a la conclusión de que la vida se experimenta a sí misma como fuerza y acto, fluir y cambio; pero también como estructura y reposo, estado y duración[54]. La vida se experimenta como algo que puede implicar en sí tanto lo uno como lo otro, siendo esencialmente paradójica. La relación contrastada de estructura y acto que aquí considera nuestro autor es una de las raíces de su carácter paradójico (*Das Leben ist wesentlich paradox; und in dem hier behandelten Verhältnis liegt eine Wurzel dazu*)[55].

Este hecho de que lo estático y lo dinámico, la estructura y el acto, la duración y el fluir, el estado y el cambio se comporten de esta forma, de que cada uno de estos aspectos se vea impulsado por su sentido esencial primario a alejarse de los otros y excluirlos, y sin embargo llegue a lo imposible cuando no reconoce al otro en sí mismo, el hecho de la mutua exclusión e inclusión, esto *es* el contraste guardiniano. No se trata, por lo tanto, *nunca* de una «síntesis» de dos elementos en un tercero, que el acto y la estructura se resuelvan en otra cosa que los incluya a ambos. Estamos, más bien, ante una relación originaria, totalmente singular: un protofenómeno, un fenómeno originario o primario (*Urphänomen*). Ambas partes del contraste son esencialmente autónomas, y entre ellas media una frontera real; pero las dos partes se dan

---

[54] «Dieses Bewußtsein, daß Leben Stand ist, kann so stark werden, daß Einzelne oder Zeiten ganz aus ihm heraus leben, schaffen und bauen [...]. Aber auch diese Erlebnisinhalte der "Struktur" und der "Dauer" können nicht "rein" vollzogen werden. Es gibt kein reines Gebautsein. Alles Statische, und sei es noch so ungeheuer, muß, um nur gedacht werden zu können, wenigstens ein Mindestmaß von Strebung, Spannung, Elastizität, Druck und Gegendruck erhalten [...]. Damit kommen wir zu folgendem Ergebnis: Das Leben erfährt sich selbst als Kraft und Akt, als Strom und Wandel. Erfährt sich aber auch als Bau und Ruhe, als Stand und Dauer», R. GUARDINI, *Der Gegensatz*, 38-39.

[55] «Als eine Wesenheit, als einen Vorgang, der eines sein muß und das andere zugleich. Dieser Satz wird fürs erste als verwirrende Paradoxie empfunden. Er ist auch eine. Das Leben ist wesentlich paradox; und in dem hier behandelten Verhältnis liegt eine Wurzel dazu», R. GUARDINI, *Der Gegensatz*, 40.

siempre juntas, una parte solo es posible y pensable junto con la otra. En esto consiste el contraste: que dos elementos, cada uno de los cuales está irreductiblemente e inconfundiblemente en sí, se hallan, sin embargo, indisolublemente ligados entre sí, y no pueden ser pensados sino cada uno junto al otro[56].

El contraste es por un lado una forma de *exclusión* que no puede ser absoluta ya que las partes del contraste no pueden existir en grado puro, y la vida se experimenta como acto, como lo que fluye, pero también como estructura, la vida es, por lo tanto, una cosa como la otra; lo que implica también el fenómeno de la *inclusión*, que no llega nunca a la identidad de los polos opuestos, sino que permanecen en una relación de *tensión*. Esta mirada guardiniana de la vida con su movimiento de mutua exclusión e inclusión caracteriza el «sistema» desde el que Guardini interpreta otras formas de mirar, que no sostienen la tensión como por ejemplo el romanticismo. El error y límite de la mirada romántica radica en la confusión de los polos opuestos e inserta un polo en el otro; porque desconoce su específica distinción (*Er treibt ein Spiel mit dem tragischen Ernst dieser Zweiheit*). Olvida o no ve que ambas partes del contraste son esencialmente autónomas, y entre ellas media una frontera real y cualitativa, que impide deducir un polo del otro[57].

a) *Pureza crítica moderna y mirada contrastada*

En una de las notas del libro de Guardini (*El Contraste*) se habla del concepto de lo *puro* y de la importancia y el lugar que ocupa en la época moderna y en el pensamiento moderno. No solo me parece una nota interesante para hablar de su obra, sino que es un tema desde el que se pueden entender mejor las ideas que aquí expresa nuestro autor e, incluso, la finalidad a la que apunta el libro. Ligada al tema del conocimiento, la idea de una razón pura recuerda la importante obra de Kant y

---

[56] «Diese Tatsache, daß Statik und Dynamik, Bau und Akt, Dauer und Strömen, Stand und Wandel so zueinander stehen, daß jedes seinem ersten Wesenssinne nach sich vom anderen wegbewegt, das andere ausschließt, und doch in die Unmöglichkeit gerät [...]; die Tatsache wechselseitiger Ausschließung und Einschließung zugleich ist der Gegensatz. Nicht "Synthese" also zweier Momente in einem dritten. Auch nicht ein Ganzes, von dem jene beiden Seiten "Teile" darstellten. Noch weniger Vermischung zu irgendwelchem Ausgleich. Es handelt sich vielmehr um ein ursprüngliches, durchaus eigenartiges Verhältnis; um ein Urphänomen. Die eine Gegensatzseite kann nicht aus der anderen abgeleitet, und nicht von der anderen her aufgefunden werden», R. GUARDINI, *Der Gegensatz*, 40.

[57] Cf. R. GUARDINI, *Der Gegensatz*, 40-41.

su crítica de la razón pura. En el pensamiento moderno lo puro implica una medida de valor, una perfección crítica en la que se expresa el afán del pensamiento de dar un fundamento autónomo a cada ámbito de la vida humana, tales como la ciencia, la política, el arte. Los actos fundamentales, como conocer y configurar realidades, y los valores determinantes, como la verdad, el derecho, el orden, deben fundamentarse por sí mismos a partir de su propia esencia, su modo de ser particular y específico. Además, esta fundamentación debe realizarse conforme a los criterios de «pureza», es decir, satisfaciendo las exigencias de la demostración crítica, sin superar los propios límites, llevándose así los ámbitos de lo viviente a una autonomía absoluta que caracteriza peligrosamente, según Guardini, los nuevos tiempos[58].

La exigencia de pureza crítica divide los tiempos: la época más reciente practica una división crítica cuya aplicación radica en el concepto de la «pureza» química de los materiales o en el del funcionamiento perfecto de una máquina, desde donde se pasa en línea ascendente a dominar todos los estratos de lo espiritual, funda los ámbitos, valores y actos con pureza crítica, de modo «autónomo». En la época moderna se llevó este deseo de lo puro a un extremo tal que alejó el pensamiento de la vida, llevando a una abstracción que produjo un autonomismo de cada ámbito vital. Guardini intenta nuevamente acercar el pensamiento crítico a la vida, no del modo en el que lo estaba en la Edad Media, sino asumiendo también la dimensión crítica del pensamiento actual, pero intentando acercarlo a la vida desde su propia propuesta, en la que se busca llevar adelante la tarea de construir una unidad nueva. Con la reiterada invitación de Guardini a entender nuestra experiencia y ponernos en contacto con ella, nos hace ver estas direcciones vitales que no pueden ser rectamente valoradas si se usa la pureza crítica como única medida válida, por el contrario, desde ella se propiciará el surgimiento de la dirección opuesta que tampoco podrá generar la actitud adecuada para acoger lo viviente[59].

---

[58] «Der Begriff des "Reinen" hat für das neuere Denken besondere Bedeutung. Er enthält einen Wertmaßstab, den der "kritischen Vollkommenheit". Darin drückt sich der Wille des neuzeitlichen Denkens – und geistigen Schaffens überhaupt – aus, die Bereiche des Menschenlebens, also etwa Wissenschaft, Politik, Kunst, jeweils in sich zu begründen [...]. "Rein", d.h. den Anforderungen kritischer Prüfung genügend; ohne daß die Grenzen vermischt und das Wesen verdunkelt würde. Es ist dies ein Maßstab, dessen nächste Verkörperung etwa im Begriff der chemischen "Reinheit" der Stoffe liegt; oder des sauberen Funktionierens einer Maschine. Von dort aufsteigend beherrscht er alle Stufen des Geistigen, als Wille, jeden Bereich klar aus sich zu fassen», R. GUARDINI, *Der Gegensatz*, 36.

[59] «Dem Mittelalter gingen die Bereiche vielfach sorglos ineinander. Immer wieder finden wir eine philosophische Frage mit theologischen Argumenten, eine juristische aus

Desde la importancia que tiene para Guardini el intento y la tarea de ampliar el horizonte desde un pensamiento que no valore solo la pureza crítica que conduce a la autonomía absoluta de los distintos ámbitos de lo viviente, me pareció importante subrayar en el concepto de *lo puro* un límite del pensamiento, del que hablará al presentar cada uno de los pares de opuestos, e intentará superar mostrando la imposibilidad de ser actuado y aplicado, ya que impide no solo pensar la realidad de lo viviente concreto, sino también un pensamiento vivo, al anular la tensión propia de la vida incluso en el mismo pensamiento. En la idea de lo puro se encuentra también presente el riesgo que implica poner un criterio previo al camino del pensamiento, lo cual resulta ser un auténtico obstáculo para mirar la vida y ver con mayor claridad la unidad de lo vital. También aquí se escucha como un eco la diferencia que existe entre la unidad de lo viviente concreto y la unidad de la máquina. La compleja unidad de lo viviente concreto, aunque tenga puntos en común con la unidad de la máquina, no se agota en ella, y un principio, como lo puro, aunque pueda funcionar en ámbitos más simples ofreciendo más claridad y seguridad, no resulta para Guardini ser un principio adecuado en el acercamiento y conocimiento de lo viviente concreto, ya que conduce a una abstracción que aleja del pensamiento vital[60]. Por último, creo que Guardini no rechaza totalmente la idea de lo puro y todo lo que esta palabra pueda significar en cuanto que no rechaza los criterios propios de una demostración crítica, pero sí alerta ante una pureza que no considere la seriedad de otros conocimientos y otras miradas, produciendo un conocimiento unilateral y parcializador de la vida[61].

2.1.2 La unidad de plenitud y forma

La vida la experimentamos como algo que fluye, como una *plenitud* de posibilidades plásticas y dinámicas. Lo nórdico según Guardini está especialmente caracterizado por lo amorfo, por una búsqueda constante

---

ethischen, eine historische aus dichterischen, eine politische aus religiösen Gesichtspunkten gelöst. Das war möglich, solange das Bewußtsein von der Einheit der Person, des Kultur – und Lebensganzen, der Wert – und Wesenheitsordnung ungebrochen war. Die Forderung der kritischen Reinheit scheidet die Zeiten. Die neuere Zeit übt kritische Trennung. Sie begründet Gebiete, Werte, Akte in kritischer Reinheit, in "Autonomie". Dieses Bestreben ist aber ins Extrem gegangen», R. GUARDINI, *Der Gegensatz*, 36.

[60] «Die Einheiten des Subjekts, des Geisteslebens und der Wertordnung sind zerfallen. Heute stehen wir vor der Aufgabe, die Ergebnisse der kritischen Zeit in neue Einheit einzubauen. Die dann freilich nicht mehr die naive des Mittelalters, sondern eine kritische sein wird. Dies ganze Buch dient dieser Aufgabe», R. GUARDINI, *Der Gegensatz*, 36.

[61] R. GUARDINI, *Der Gegensatz*, 44.

de plenitud, una especie de *plenitud pura*[62]. Pero la vida tampoco podría pensarse solo como plenitud, esto no estaría de acuerdo con la auténtica «plenitud vital»; sino que se trataría de una caricatura de la plenitud misma, una confusión «en la que no existe orden alguno». Para que se dé la *plenitud* vital debe haber en ella un mínimo de *forma*, debe ser posible un mínimo de orden. La *plenitud* debe ser el contenido y la savia de la *forma*, por eso la vida busca la forma, y se esfuerza por pasar del caos al orden, la configuración, la ordenación, la comprensión[63].

La vida la experimentamos entonces no solo como plenitud sino también como forma, el cuerpo tiene su forma y la vida interior también posee su forma con sus estructuras y leyes. Pero esta autoexperiencia puede ser tan intensa que solo logre hacer ver lo formal de la vida, lo extremadamente preciso, la claridad, el orden, el método, la verificación y el dominio. Esta configuración vital tiende también a la *forma pura* con la finalidad de «perfeccionarse»; pero por este camino se llega otra vez a una zona de riesgo, ahora marcado desde el polo opuesto, ya que la vida sigue siendo lo que fluye constantemente[64]. La búsqueda de plenitud no puede ser nunca totalmente apresada en una forma determinada. Así se hace presente el límite de un pensamiento dominado por lo formal extremo, poniendo de relieve la plenitud de la vida que supera la forma. La vida debe captarse y afirmarse tanto desde la forma como desde la plenitud, ambos aspectos se excluyen, en

---

[62] Para Guardini la cultura alemana forma parte de lo nórdico (ver más adelante el punto 10.1).

[63] «Reine Form wäre ein Abstraktum; reine Fülle ein Unfaßbar-Wesenloses [...]. Damit lebendige Fülle sein und gedacht werden könne – und Leben unterscheidet sich nicht nur von formaler Starre, sondern auch von füllhaftem Chaos; denn auch Chaos ist Tod! – muß sie wenigstens ein Mindestmaß von Form haben; ein Mindestmaß von Entschiedenheit, Eindeutigkeit, Benennbarkeit. So sind wir wieder bei einem Gegensatz angelangt», R. GUARDINI, *Der Gegensatz*, 43.

[64] «Lebend erfahren wir uns als Formung. Der Körper hat eine bestimmte Gestalt, die sich in seinem gesamten Bestande durchsetzt. Sie durchbildet das Körperganze, die Glieder, Organe und Gewebe, bis in die letzten Einheiten. Auch unser Seelenleben ist geformt: Empfindungen, Vorstellungen, Gedanken und Gedankenfügungen, inneres und äußeres Schaffen, das ganze seelische Sein; vom Aufbau des Einzelvorgangs bis zum Gefüge der Gewohnheiten, zur Struktur der inneren Gestalt, zum Typus des Charakters, des angeborenen wie des erworbenen. Diese Strukturen und Gesetze bringen sich über unser individuelles Sein hinaus in der Umgebung zur Geltung, in deren Formen, Maßen und Verhältnissen [...]. Diese Selbsterfahrung kann so stark werden, daß sie Leben nur im Formhaften zu sehen vermag», R. GUARDINI, *Der Gegensatz*, 41.

principio, por virtud de su significado más inmediato, la plenitud no es la forma; pero también se incluyen y dependen uno del otro[65].

La autonomía de la forma y de la plenitud es una *autonomía relativa*, y están inevitablemente ligadas entre sí, no desde una síntesis sino desde el reconocimiento de cada contraste como algo cualitativamente diferente y que *implica* la necesidad de dar algunos *pasos* para ir de uno a otro. El *paso* de un contraste al otro es posible desde la comprensión de cada contraste como cualitativamente distinto. Los pasos que nos conducen de un contraste al otro, no son un movimiento que nos lleva a algo absolutamente distinto; sino a algo diferente y emparentado a la vez[66]: *Freilich enthält dieser Akt eine unvermischte Zweiheit, und kommt vom einen nur so zum Anderen, daß er es eben als qualitativ Anderes erfaßt, durch einen «Schritt», nicht durch unmerklichen Übergang*[67].

En una nota, citando una carta de Guardini en la que se puede constatar como el mismo autor habla de esta relación de su obra con su vida personal, se hace referencia también a la experiencia de Guardini y se ve en la idea del contraste un instrumento que le ayudó a resistir frente a las propias tensiones de la vida: «en el átomo hay tensiones que mantienen la unidad, se trata por lo tanto del momento de la oposición, pero no de la contradicción, lo que mantiene unido el "átomo hombre" [...], también el fenómeno de la oposición y de sus manifestaciones se originó por problemas del todo personales»[68]. Todo esto habla una vez más

---

[65] «Präzision, schärfste, formale Durcharbeitung, Klarheit, Ordnung, Methode, Arbeitsprozeß, Prüfung und Herrschaft sind hier das positiv Betonte. Leben ist Form, Formung, Form-Erfassung. Lebensintensität ist Formintensität. Allein gerade unsere Zeit steht wiederum zur Form in starkem Gegensatz; besonders der Norden bringt neben schärfster Formalistik deren strömendes Widerspiel zur Geltung. Das weist uns darauf hin, daß es reine Form nicht gibt. Sie kann nicht sein; wir vermögen sie nicht einmal zu denken. Lebendige Form ist immer von einem "Was" getragen», R. GUARDINI, *Der Gegensatz*, 42.

[66] Cf. R. GUARDINI, *El Contraste*, Madrid, 1996, 94. Aunque la edición española de esta obra de Guardini es buena y ha sido un muy útil instrumento y una importante ayuda, debemos admitir aquí la dificultad de entender la razón de algunas traducciones, como por ejemplo la palabra «paso» (*Schritt*) que es traducida como «salto» (*Sprung*). De esta forma, pensamos que se puede subrayar una imagen de discontinuidad, en un momento en el que Guardini subraya la importancia de la continuidad desde la tensión de los polos, en el pensamiento y el conocimiento.

[67] R. GUARDINI, *Der Gegensatz*, 45.

[68] «Sie – *Der Gegensatz* – kann als Struktur von Guardinis Denken angesprochen werden uns ist schon von daher kaum zu überschätzen; zugleich aber diente sie ihm zum eigenen Leben, zum Aushalten und Standhalten in eigenen Gegensätzen. "Mir kommt immer wieder der Gedanke, wie die Spannungen mit Atom dessen Einheit zusammenhal-

CAP. II: UNA GUÍA A LA INTUICIÓN   179

de la importancia de la idea del contraste en Guardini, pero también, por un lado, de la vinculación de sus pensamientos a su experiencia personal, y por otro lado, de la independencia con la que desarrolla sus ideas aun ante el riesgo de transformarse en un aficionado, por no poder abordar toda la amplitud y la complejidad de los ámbitos en los que se movían sus pensamientos.

La traducción española, como la traducción italiana que cita Kobylinski[69], hablan de *salto* allí donde el texto alemán habla de *pasos*:

> La vida es la unidad en la cual están vinculados esa multitud de contrastes y relaciones contrastadas. Se da en ella un máximo de tensión, porque cada parte mantiene frente a las otras su propia significación y dirección, y del ámbito de una no hay posibilidades de pasar al de la otra por medio de un tránsito continuo, sino solo mediante un "salto". Se da, a la vez, un máximo de firmeza y unidad, porque cada parte es algo interno a la otra, y cada grupo lo es, a cada una de las partes de los otros; y la autonomía que hacía necesario aquel "salto" descansa, a su vez, en una relación de afinidad, de modo que dicho salto no es una "elevación" hacia algo totalmente ajeno[70].

La nueva traducción italiana es más cercana al original y corrigiendo la anterior traducción dice[71]:

---

ten, so ist es das Moment des Gegensatzes – nicht des Widerspruchs! – was das 'menschliche Atom', die Persönlichkeit zusammenhält. Tatsächlich ista auch das Phänomen des Gegensatzes und seine Äußerungen aus ganz persönlichen Problemen herausgewachsen" (Brief an Richard Wisser am 7.2.1969 – Stabi –, en H-B. GERL, *Romano Guardini*, 25.

[69] A. KOBYLINSKY, «*Modernitá e postmodernitá*», Roma, 1998, 105-106. En la tesis doctoral de A. Kobylinski se afirma, citando una traducción italiana de la obra *Der Gegensatz*, que la oposición polar es una de las características fundamentales de la existencia humana, y según Guardini la esencia de la vida es llevar en sí ámbitos y planos diferentes, pasando de uno a otro no a través de mezcla o confusión de los mismos, sino a través de un *salto* (aquí se cita una traducción italiana del *Der Gegensatz, L'opposizione polare*).

[70] R. GUARDINI, *El Contraste*, 178-179.

[71] R. GUARDINI, «L'opposizione polare», en *Scritti filosofici*, I, Milán 1964, 235. Esta traducción italiana que ha sido corregida, es también un muy buen trabajo, con algunos errores como el que aquí se señala; pero debe tenerse en cuenta la enorme dificultad que representa una traducción de un libro como el *Der Gegensatz*. Guido Sommavilla fue el encargado de esta traducción y en una carta que está en archivo guardiniano de Múnich, habla de la dificultad para traducir esta obra. Dificultad que el mismo Guardini le habría ya advertido: «Sto per finier di leggere "Der Gegensatz". Interessantissimo libro e, credo, fondamentale per capire i modi del suo filosofare [...]. Ma, come Ella mi aveva già avvertito, è molto difficile a tradursi. Io mi sono quasi disperato», (Korrespondenz – P. Guido Sommavilla SJ, en Bayerische Staatsbibliothek, Ana 342). El Cardenal Carlo Maria Martini dice que empezó a apreciar el pensamiento de Guardini del que se siente por algunos aspectos indigno discípulo, despúes de haber leído esta traducción del *Der Gegensatz* que

La vita é quell'unità, in cui, compenetrandosi a vicenda, sta legata quella grande ricchezza degli opposti e dei loro rapporti. Un massimo di tensione, perchè ogni elemento si regge di fronte al altro nella propria significazione e nella propria direzione e dall'uno all'altro non corre semplicemente continuità, ma c'è un "passo". E un massimo, nello stesso tempo, di solidità in sé conclusa, perché ogni lato, ogni gruppo é intimo all'altro; e l'autodistinzione che rendeva quel "passo" necessario riposa tuttavia a sua volta nella reciproca affinità, e cosí quel passo non è un "salto" in ciò che é totalmente altro[72].

Finalmente el texto alemán dice:

Das Leben ist jene Einheit, in welcher, sich wechselseitig durchdringend, jene Fülle von Gegensätzen und Gegensatzbeziehungen verbunden liegt. Ein Maximum von Spannung, da jede Seite jeder anderen gegenüber ihre Eigenbedeutung und Eigenrichtung aufrecht erhält und aus dem Bereich der einen in den der andern keine einfache Kontinuität, sondern nur ein Schritt führt. Ein Maximum zugleich geschlossener Festigkeit, da jede Seite jeder anderen inne ist, jede Gruppe jeder Seite der anderen; und die Eigenständigkeit, welche jenen "Schritt" nötig machte, doch wiederum auf Verwandtschaft ruht, und jener Schritt so kein "Sprung" ins ganz Fremde ist[73].

Me pareció importante citar aquí el texto alemán, aunque fuese un poco extenso, porque en este párrafo se habla de *paso* (*Schritt*) y también de *salto* (*Sprung*) y se puede ver con claridad la diferencia de las palabras que en la traducción española no se pueden percibir. Además, cuando se habla de salto, es para decir que el paso de un ámbito a otro *no es un salto* en algo totalmente extraño (*und jener Schritt so kein "Sprung" ins ganz Fremde ist*). Se trata por lo tanto de pasos entre ámbitos diferentes, entre los que existe un *máximo de tensión*, porque cada ámbito posee su propio significado y dirección (*Eigenbedeutung und Eigenrichtung*), y el paso de un ámbito a otro no se produce desde una simple continuidad (*aus dem Bereich der einen in den der andern keine einfache Kontinuität*), sino que hace falta un paso (*sondern nur ein Schritt führt*); pero es un paso y no un salto, además junto al máximo de tensión se da un máximo de firmeza y solidez en el que cada parte está en íntima unidad con la otra (*Ein Maximum zugleich geschlossener Festigkeit, da jede Seite jeder anderen inne ist*).

---

hizo su compañero de estudios Guido Sommavilla (cf. C. M. MARTINI, «Romano Guardini maestro cristiano», 167-168; ID., «Ricchezza sorgiva e metodo interiore», 94-96.

[72] R. GUARDINI, *L'opposizione polare*, Brescia, 1997, 153.
[73] R. GUARDINI, *Der Gegensatz*, 137-138.

La autonomía (*Eigenständigkeit*) que hace necesaria dar ese paso que permita ir de un ámbito a otro, descansa en esa *íntima afinidad* de los pares de opuestos. No se trata de un salto a algo totalmente diferente. Ayuda a entender lo dicho, recordar que la unidad de lo viviente es tan íntima que ninguno de los contrastes puede existir o ser pensado sin el otro. Los contrastes no solo *coexisten* con los otros sino que *existen uno en otro*[74]. La unidad viva de la que aquí se habla, de cada una de las partes, no solo es *coexistente* con la otra parte; sino que también cada contraste es *in-existente* con el otro, señalando así lo que los relaciona y los conecta. Un último aspecto que deseaba tratar relacionado con este tema es la diferencia que implica la idea de *salto* o de *paso* en la vida espiritual, entre los ámbitos cualitativamente diferentes que nuestro autor trata en su obra sobre Pascal.

a) *Los pasos y la continuidad en la tensión de los ámbitos vitales*

En la obra de Guardini sobre Pascal hay un fragmento de los *Pensamientos* que se hace presente en reiteradas oportunidades y que el autor relaciona con la *distinción cualitativa*. La particular naturaleza y grandeza de la meditación pascaliana consiste, para Guardini, precisamente en la claridad de esa distinción cualitativa, que se une a la voluntad más decidida de totalidad y de unidad. El fragmento en cuestión hace mención a la *distancia* infinita que existe entre el *cuerpo* y el *intelecto*. Esta es un símbolo de la distancia aún mayor que existe entre el *intelecto* y la *caridad*, al tratarse la caridad de algo sobrenatural. Debido a la distancia entre estos ámbitos, la grandeza de las personas que viven la vida del intelecto, no puede ser percibida por los que viven desde la grandeza de lo puramente corporal. Del mismo modo la grandeza de la sabiduría que viene de Dios es invisible para las personas que viven solo radicadas en lo corporal o lo intelectual.

Se determinan tres ámbitos diferentes de la realidad: el *corporal*, el *espiritual* y la *caridad* sobrenatural. Entre los diferentes ámbitos existe una *distancia infinita*, distancia mayor aun entre las dos últimas esferas que para Pascal se amplía considerando lo natural y lo sobrenatural (*Drei Wirklichkeitsbereiche lösen sich hier voneinander: "Les corps" – "les esprits" – "la charité", "la sainteté" oder "le surnaturel". Zwi-*

---

[74] «Es handelt sich um wirkliche Einheit, so eng und innerlich, daß keine ohne den Widerpart sein oder gedacht werden kann. Eine Gegensatzseite koëxistiert nicht nur, sondern inexistiert der andern. Das gerade ist lebendige Einheit», R. GUARDINI, *Der Gegensatz*, 136.

schen ihnen liegt "distance infinie"). De todos los cuerpos juntos no se puede generar el más pequeño de los actos espirituales. Y de todo lo corporal y espiritual junto, tampoco se puede hacer nacer el más pequeño acto de amor cristiano, ya que entre ellos se encuentra siempre presente la *diferencia cualitativa* de un orden diferente (*denn dazwischen steht der jeweilige qualitative Unterschied des "autre ordre"*). Cada ámbito tiene su valor, pero los valores de cada esfera o ámbito no pueden ser deducidos por el otro, y mucho menos se puede determinar la esencia de un ámbito, desde los valores o la perspectiva del otro. Se necesitan en cada ámbito categorías específicas, que deben ser encontradas en el objeto mismo, y que podrán ser elaboradas desde una correcta *mirada* que trabaje y vea allí de forma correcta (*die spezifische Sehkraft, die "vue"*). Solo así se logra captar la lógica propia de cada ámbito[75].

Ideas muy similares se repiten más adelante cuando Guardini comenta algo más del fragmento 793 de Pascal (fragmento 308 de la edición española[76]). Se van agregando algunos matices, como por ejemplo cuando habla de la existencia del hombre en estos tres órdenes o ámbitos. Afirma Guardini que la existencia humana no está determinada de abajo hacia arriba sino de arriba hacia abajo. Lo que decide no es la base sino la cima. Lo más elevado puede ser a veces deseado y esperado, pero no puede ser constituido por lo que está más bajo; aquello que es más elevado debe hacerse presente por propia iniciativa. El elemento último que define al hombre no procede de la naturaleza sino de Dios, no puede ser derivado del mundo, sino solo recibido de la gracia. La palabra decisiva sobre el enigma del ser humano viene de la Revela-

---

[75] «Der Text ist außerordentlich, und verdiente eine eingehende Analyse. Drei Wirklichkeitsbereiche lösen sich hier voneinander: "Les corps" – "les esprits" – "la charité", "la sainteté" oder "le surnaturel". Zwischen ihnen liegt "distance infinie"; mehr, "différence de genre". Aus allem Körperlichen kann nicht der winzigste Geist-Akt erzeugt werden; aus allen Körpern und Geistwirklichkeiten nicht die geringste Bewegung der christlichen Liebe, denn dazwischen steht der jeweilige qualitative Unterschied des "autre ordre". Zwischen beiden letzten Bereichen, betont, der Unterschied des Natürlichen und Übernatürlichen. Jeder Bereich hat seinen Wertcharakter, seine "grandeur"; sie sind aber untereinander qualitativ verschieden, und eine Wertigkeit kann von der anderen ebensowenig abgeleitet werden, wie eine Wesensbestimmung von der anderen. Zur Erfassung bedarf es also der spezifischen Kategorien. Diese müssen am Gegenstand selbst gefunden werden. Das ist aber nur möglich, wenn die spezifische Sehkraft, die "vue" da ist, die sich auf jeder Stufe neu konstituieren muß [...]. Besonders bedeutsam aber ist, daß auch der dritte so gewonnene Wirklichkeitsbereich keiner irrationalen Erfahrung, keiner begriffsfeindlichen Intuition überlassen wird, sondern auch er seine Rationalität und damit Wissenschaftsmöglichkeit besitzt», R. GUARDINI, *Christliches Bewußtsein*, 27-28.

[76] B. PASCAL, *Pensamientos*, 106-108.

ción, procede de una fuente que el hombre no puede conquistar con sus solas fuerzas, esa fuente debe abrirse para él a través de la gracia[77]. Más adelante y nuevamente partiendo desde el mismo fragmento pascaliano (793), hablando de la diferencia cualitativa de los ámbitos vitales a los que se refiere, Guardini señala la gran similitud con la idea kierkegaardiana de la inconmensurabilidad cualitativa[78].

Sören Kierkegaard es citado al comienzo del libro, como quien nos ha familiarizado, según Guardini, con el concepto de los estratos o fases de la vida (*Stadien auf dem Lebenswege*). De acuerdo con esos pensamientos, la existencia del hombre se realiza conforme a un orden que está constituido por grados. Una vida recibe su sentido en relación con la pureza y plenitud con la que se realiza ese orden, y esto se lleva adelante no por un simple progreso en dirección horizontal o vertical, sino que un rol muy importante lo tiene la capacidad personal de decidir y arriesgar. El orden establece planos existenciales. El hombre no pasa automáticamente de una fase a otra (*Er wächst nicht von selbst hinüber, was nur möglich wäre, wenn sie sich rein quantitativ voneinander unterschieden – sondern der Unterschied ist qualitativer Art*). Esto ocurriría si las fases se diferenciaran solo a nivel cuantitativo, pero la diferencia entre las fases es de naturaleza cualitativa, y el hombre alcanza el plano cualitativamente superior solo en el acto en el que se decide y arriesga (*der Mensch gewinnt die höhere, im Anderssein höhere Ebene nur, indem er entscheidet und wagt*). No se trata entonces de un simple acercamiento o de un pasar a otra fase, sino que se trata de una opción,

---

[77] «Hier setzen sich drei Wirklichkeitsbereiche voneinander ab: Der Bereich der "corps", der "esprits" und der "charité". Zwischen ihnen liegt eine "différence de genre"; eine jeweils von unten her unüberbrückbare, qualitative Kluft. Jeder Bereich hat seinen eigenen Wertcharakter, seine "grandeur". Jedem ist eine besondere Erkenntnisvoraussetzung und eine besondere "vue", ein dem spezifischen Gegenstand entsprechender Blick zugeordnet. Der Mensch existiert durch diese drei Ordnungen hindurch - so sollte es sein [...]. Das Letzte, den Menschen eigentlich Definierende stammt nicht aus der Natur, sondern aus Gott. Es kann nicht aus der Welt her abgeleitet, sondern nur aus der Gnade entgegengenommen werden. So kommt das entscheidende Wort über das Rätsel des Menschen aus der Offenbarung», R. GUARDINI, *Christliches Bewußtsein*, 65.

[78] «Das bereits im ersten Kapitel angeführte große Fr. 793, das eigentlich auch hier stehen müßte, sagt: Alle Körper zusammen und alle Geister zusammen und alle ihre Hervorbringungen wiegen nicht die geringste Bewegung der (christlichen) Liebe auf [...]. Eine eigene Wesensordnung; eine eigene Wertzone, "grandeur"; zwischen ihnen eine "différence de genre" - alle Energie des Kierkegaardschen Begriffes der qualitativen Unterscheidung ist hier am Werk», R. GUARDINI, *Christliches Bewußtsein*, 108. También al final de este IV capítulo se vuelve a hablar del fragmento 793 pero con otros matices (cf. *Ibid.*, 121-123).

de un *salto* (*Nicht Annäherung also und Übergang, sondern Wahl und Sprung*). Aquí estamos nuevamente ante la palabra *salto* (*Sprung*), ahora en el contexto de los pensamientos de Kierkegaard y Pascal[79].

El hombre advierte que hay algo más elevado, pero la realidad de ese algo más elevado que se percibe no es claramente visible a la mirada, y al hombre se le ofrece como objeto visible solo cuando arriesga: mientras más arriesga puede ver con mayor claridad (*Der Mensch kommt* [...] *immer deutlicher und dringlicher wird er inne, daß es Höheres gibt* [...]. *Soviel er sich wagt, soviel wird es ihm gegeben*). Pero para lograr esto, el hombre debe dejar la fase en la que se encuentra y *saltar* a una nueva. Debe *saltar* porque el ser humano no recibe en la fase en que se encuentra *ninguna* seguridad que pueda sostenerlo, ya que la nueva fase, como ya se dijo, es *cualitativamente* diferente, cualitativamente más alta respecto a la anterior, y entre las fases hay solo abismo y oscuridad (*Um der Forderung zu genügen, muß er die gegenwärtige Ebene loslassen und auf die andere "springen". Springen, weil er von seinem alten Standort her keine Gewähr bekommt* [...]. *Zwischen der einen Ebene und der andern liegt eine Kluft, ein Dunkel*). El hombre debe arriesgar, debe lanzarse fuera de sí mismo; solo entonces gana una nueva altura y es capaz de vivir una forma de existencia más elevada: Se le abre un nuevo horizonte y es capaz de ver otras cosas; una capacidad nueva de juzgar se despierta en él e incluso puede amar en un nivel más elevado (*Dann gewinnt er Stand, und vermag höher zu existieren; ihm öffnet sich ein neuer Blick, und er vermag Höheres zu sehen*).

Para Guardini estas ideas no están libres de riesgos y peligros, y ellas fácilmente inducen a *construir* la vida desde esquemas ya establecidos. Este peligro se hace más claro en ese continuarse de fases, a las que se llega a través de las decisiones y saltos que permiten alcanzarlas. Frente a esta doctrina como frente a todas las doctrinas estructuradas, se debe,

---

[79] «Durch Sören Kierkegaard sind wir mit dem Gedanken der "Stadien auf dem Lebenswege" vertraut. Danach vollzieht sich die Existenz des Menschen auf Grund einer Ordnung, die nach Rangstufen gebaut ist [...]. Er wächst nicht von selbst hinüber, was nur möglich wäre, wenn sie sich rein quantitativ voneinander unterschieden -sondern der Unterschied ist qualitativer Art, und der Mensch gewinnt die höhere, im Anderssein höhere Ebene nur, indem er entscheidet und wagt. Nicht Annäherung also und Übergang, sondern Wahl und Sprung [...]. Soviel er sich wagt, soviel wird es ihm gegeben [...]. Um der Forderung zu genügen, muß er die gegenwärtige Ebene loslassen und auf die andere "springen". Springen, weil er von seinem alten Standort her keine Gewähr bekommt, daß er auf dem neuen Fuß fassen wird, denn dieser ist jenem gegenüber höher von Art und damit "anders". Er muß es also wagen. Zwischen der einen Ebene und der andern liegt eine Kluft, ein Dunkel», R. GUARDINI, *Christliches Bewußtsein*, 18-19.

CAP. II: UNA GUÍA A LA INTUICIÓN

para Guardini, salvar la vitalidad de la vida, donde todas las reglas se realizan solo en el ámbito interno de acontecimientos irrepetibles y no deducibles (*so muß auch vor dieser die Lebendigkeit des Lebens gewahrt bleiben, worin alle Regeln nur innerhalb unableitbarer Einmaligkeiten zutreffen*). Se debe cuidar la vida y no elaborar un sistema que finalmente nos impida conocerla. Además todo ello conduce fácilmente a olvidar que existe la *continuidad* en la vida, y amenaza por lo tanto con fragmentar la existencia (*Ferner übersieht der Gedanke leicht, daß es auch die Kontinuität des Lebens gibt, und droht so das Dasein aufzuspalten*). Estos pensamientos de los que Guardini toma distancia, no sin reconocerles aspectos valiosos; son los que le permiten entender la vida de algunas personas como Pascal y el mismo Kierkegaard[80].

La idea de las fases y la diferencia cualitativa entre cada una de ellas, subrayando que entre cada fase solo existe oscuridad y abismo, o de acuerdo con Pascal una distancia infinita, creo que acentúa la discontinuidad y hace necesaria la imagen de salto y riesgo como única posibilidad de salvar esa discontinuidad. El sistema guardiniano, manteniendo la diferencia entre los distintos polos opuestos, sigue hablando de conexión y de familiaridad. Los contrastes se *asemejan* y se *diferencian*, y todo ello acrecienta aún más la *tensión*, pero también la *unidad* y la *continuidad*. Creo que mantener la palabra «paso» en la traducción española, además de ajustarse más literalmente al original, correspondería al sentido de lo que esta palabra quiere expresar en todo el sistema guardiniano: expresaría con más claridad la situación paradójica en donde la tensión es aún mayor desde la *coexistencia* y autonomía relativa de cada contraste; pero también desde la *inexistencia* que indica la íntima unidad de cada par contrastado. Con todo esto intenta Guardini reflejar en el pensamiento la unidad tensa de la vida. Al mismo tiempo señala la diferencia de la mirada y la propuesta guardiniana con respecto a otros pensadores que, sin ver con claridad la continuidad, acentúan con énfasis la discontinuidad que conduce a una actitud trágica como en el caso de Kierkegaard[81].

---

[80] «Der Gedanke ist nicht ungefährlich. Er verleitet dazu, das Leben zu konstruieren; besonders wenn eine bestimmte Reihenfolge der Ebenen und damit der "Sprünge" behauptet wird [...]. Ferner übersieht der Gedanke leicht, daß es auch die Kontinuität des Lebens gibt, und droht so das Dasein aufzuspalten. Er hat aber viel Wahrheit in sich, und es gibt Menschen, für deren Existenz er das stilisierende Element liefert. Zu ihnen gehört Pascal», R. GUARDINI, *Christliches Bewußtsein*, 19.

[81] «Freilich enthält dieser Akt eine unvermischte Zweiheit, und kommt vom einen nur so zum Anderen, daß er es eben als qualitativ Anderes erfaßt, durch einen "Schritt", nicht durch unmerklichen Übergang. Welcher Schritt aber nicht in ein absolut Anderes hinüber-

b) *Valoración de la contrasteidad*

En el sistema guardiniano existe un grupo de contrastes que se ocupan de la relación de los contrastes entre sí. Este grupo es llamado por su autor *contrastes trascendentales*, los que a diferencia de los contrastes categoriales se detienen en la función de la contrasteidad en sí misma. Guardini pensó en este grupo solo dos pares de contrastes: el primero es el par de *semejanza y diferencia (Verwandtschaft und Besonderung);* y el segundo par de contrastes es *unidad y pluralidad (Einheit und Mannigfaltigkeit)*. Habiendo tocado en el punto anterior la *diferencia y semejanzas* entre los contrastes, me pareció importante integrar aquí este otro grupo de contrastes, que por un lado aclaran aún más lo dicho y por otro subrayan la importancia que el tema tenía para Guardini, al punto que pensó un grupo específico de contrastes que se ocupara de pensar la autenticidad de los contrastes en sí mismos.

Lo que asemeja los contrastes nos habla de lo que tienen en común, ya que si no existiera algún tipo de semejanza no podría sostenerse una relación de los pares de opuestos que caracteriza la contrasteidad. Aunque el esquema de los anteriores pares de opuestos sigue siendo el mismo, en lo que se refiere a la relación (la autonomía y los límites a los que se llega), en los contrastes trascendentales no se nos ofrece un contenido particular como en los otros contrastes. Su contenido será ofrecido por el resultado de la mirada atenta a la contrasteidad. Si se piensa la relación solo desde la semejanza se llega a una identidad que elimina la tensión propia del sistema de contrastes. Se trata de la *relativa* similitud expresada en la semejanza, y de una *relativa diferencia*[82]. Guardini intentará aclarar nuevamente esta relación de contrastes mencionados apelando a su mirada y a como experimenta él la vida.

---

führt, sondern in ein Gefordert-Anderes; ein Verwandt-Verschiedenes (Hier liegt der Fehler der tragizistischen Haltung; auch Kierkegaards). Das Leben aber ist nicht Synthese dieser Verschiedenheit; nicht ihre Vermischung; nicht ihre Identität. Sondern das Eine, das in dieser gebundenen Zweiheit besteht», R. GUARDINI, *Der Gegensatz*, 45.

[82] «Es sind ihrer zwei Paare: Verwandtschaft und Besonderung; Einheit und Mannigfaltigkeit. Wir spüren sofort: diese Begriffsverknüpfungen bewegen sich auf einer anderen Ebene, als die früher erörterten. Hier handelt es sich um etwas Inhaltsärmeres als dort [...]. Die im Gegensatz stehenden Momente müssen einander ähnlich, verwandt sein, sonst ist keine Beziehung möglich; sie müssen voneinander verschieden, besondert sein, sonst herrscht qualitative Identität. Sie müssen miteinander im Zusammenhang stehen, eine Einheit bilden, sonst handelt es sich um zwei getrennte Sondertatsachen; sie müssen jeweils in sich abgegrenzt sein, Mannigfaltigkeit darstellen, sonst sind sie nur Stücke des Gleichen, oder gar selbig. Es handelt sich also um relative Ähnlichkeit und Verschiedenheit; um relative Verbun-

El hecho y la experiencia de la afinidad y de la semejanza son el fundamento de uno de los grandes tipos de Cosmovisión, que está orientado hacia la unidad, la cosmovisión «monista». La unidad de la que trata este libro, la unidad que propone el sistema de contraste y la unidad de lo vital que intenta conocer, es una unidad que se manifiesta de forma diferente respecto de la descripción monista, que habla inspirada por una propia visión que solo ve unidad. La unidad que se propone a lo largo de esta obra es una unidad en tensión, que no ve o considera solo las *semejanzas* sino también las *desemejanzas*. Una unidad monista que ve solo lo que asemeja, conduce nuevamente al *límite* que aleja al conocimiento de lo vivo. Tan pronto como se impone el hecho de la afinidad de un modo exclusivo, la vida se dirige a una identidad consigo misma. Y para que exista lo vital debe existir siempre al menos un mínimo de diversidad creadora, de tensión, si quiere ser la vida una relación viva de afinidad y no una mortal uniformidad. De este modo se experimenta la vida a sí misma como lo constantemente «otro». Aunque exista semejanza, un órgano es distinto del otro, una función y una reacción diferente de la otra, ningún miembro es idéntico, son semejantes pero no idénticos. En los contrastes trascendentales se trata de ver con más detenimiento lo semejante entre cada uno de los contrastes, los que los *une*, y hace por lo tanto posible la relación; pero al mismo tiempo la *diferencia* que impide hablar solo de identidad[83].

La vida se experimenta a sí misma como algo articulado (*Zusammenhang*), desde las semejanzas que crean conexión en todo el cuerpo se experimenta la unidad de todos los miembros como un *conjunto*. Las partes del cuerpo se ensamblan en órganos y miembros, y la vida se experimenta como una unidad en sí misma; pero si esta conexión o unidad se desarrolla de forma unilateral, también llegará a fracturarse, anulando las relaciones mutuas entre los diferentes ámbitos. Si la vida es una conexión y una unidad viva, tiene que continuar operante al menos un mínimo de diferenciación y pluralidad de los miembros que se articulan entre sí. Ello nos conduce nuevamente a una esfera polar opuesta que subraya las particularidades de cada miembro u órgano del cuerpo. Liberándonos de una mirada que considere todo solo desde una vinculación automática, en la que la vida sería en todas las partes igual[84]. Existe en-

---

denheit und Geschiedenheit je zweier aufeinander bezogener Momente», R. GUARDINI, *Der Gegensatz*, 72.

[83] Cf. R. GUARDINI, *Der Gegensatz*, 74-75.

[84] «Das Leben erfährt sich als Zusammenhang. Wir spüren den Fortlauf der Körperlinie, die Kontinuität der plastischen Form, des ganzen Körperbestandes. Wir sehen Teil

tonces un conjunto, una unidad articulada de todos los órganos y miembros, todo tiende a esa unidad del conjunto, pero debe haber al menos un mínimo de la pluralidad de los diferentes miembros, de lo contrario la diversidad de las formas se disolvería produciéndose también aquí una identificación.

2.1.3 Unidad contrastada de lo individual y la totalidad

El tercero de los contrastes intraempíricos es el par contrastado que forman lo *individual* y la *totalidad*. Lo propio de este contraste se relaciona con la mirada guardiniana que experimenta la vida como algo que se configura desde adentro hacia fuera, intentando alcanzar la plenitud en el todo, en el momento en que lo particular se ensambla al todo, al conjunto. El sentido de cada miembro y de cada órgano reside en el conjunto del cuerpo; en la totalidad de la figura. Así también es considerado cada acto particular desde esta mirada, intentando por lo tanto integrarse en un entramado superior de actos. Uno de los ejemplos que Guardini nos ofrece es el de la respiración constituida por los dos momentos de inspirar y expirar, que constituyen el proceso total de la respiración. El sentido de lo individual radica en el todo, y la vida se siente a sí misma como tendiendo hacia el todo, como un proceso dirigido a crear y conservar una forma total, un acto integral. Y el momento culminante de la vida se da cuando se realiza como totalidad.

En el plano filosófico, esta tensión vital se manifiesta como inclinación hacia el sistema, en el político como orientación hacia el Estado. Pero también aquí se repite de nuevo el riesgo de una actitud que conduzca al totalismo puro. En cuanto la vida llega a un cierto grado de actitud totalizadora, pierde contacto con lo «real». Lo viviente-universal degenera en abstracto; y para poder mantenerse como algo vivo, la *totalidad* de lo real debe tener en sí un «mínimo» de *singularidad*, de realidades particulares. Y si lo particular quiere permanecer vivo se enfrentará con un límite en sentido contrario, para ser posible

---

und Teil zum Organ oder Glied zusammengehen; Organ und Organ zum Körperganzen. Wir erfahren, wie die Gestalt aus einheitlichem Anfang stetig herauswächst; erfahren, wie durch den Körper der Strom der Säfte geht. Jeder Akt stellt einen inneren Einheitszug dar [...]. Zuletzt erfährt sich das Leben als Einheit leiblich-geistigen Seins, die in geschlossener Entwicklung auf – und abgebaut wird; als Gesamtzug eines umfassenden Lebensaktes, der nie abbricht; als Offenbarung einer einheitlichen Gestalt und zusammenhängenden Ordnung [...]. Soll nicht Selbigkeit, sondern lebendiger Zusammenhang sein, so muß ein Mindestmaß wenigstens von Scheidung wirksam werden», R. GUARDINI, *Der Gegensatz*, 77-78.

deberá contar con un mínimo al menos de universalidad, vinculación y correlación.

El nuevo «contraste» ante el cual nos encontramos nos indica que la vida se experimenta a sí misma como estructura y con una dinámica que la dirige hacia el todo. Pero para que exista una totalidad viviente debe surgir en este ámbito polar el otro polo, debe surgir la orientación a lo particular. La vida es una orientación que tiende hacia lo individual, lo singular y específico, por eso estamos obligados a reconocerlas a ambas; la tendencia integradora y la diferenciadora; la orientación al todo y a lo singular, a lo universal y a lo particular. Cada una excluye en principio a la otra de su área de sentido; pero llega a un *límite* en el que la vida empieza a hacerse imposible si sigue solo en esta dirección, aboca a una zona de riesgo, en la cual lo particular perece, y lo universal degenera en una abstracción muerta. La vida es eso único, específico, que existe también en estos dos pares de contrastes[85].

a) *Individuo y comunidad*

Algunos aspectos que ilustran más el contraste de lo individual y el conjunto o la totalidad, los vemos presentes en algunos de los escritos de Guardini. Uno de ellos es un artículo titulado «Posibilidad y límites de la vida comunitaria»[86]. Guardini afirma que la vida tiene múltiples niveles en su estructura y en su desarrollo. No puede ser conocida en un único acto de juicio unilateral; es preciso conocerla en múltiples juicios, contrapuestos polarmente, en figuras llenas de tensión. Tampoco se la puede vivir en un movimiento de dirección única, y de aquí proceden las aparentes contradicciones en la vida del hombre que vive de verdad. Estas contradicciones también se hacen sentir en la relación de la que ahora se habla, de la relación entre la comunidad y el individuo.

En un primer momento surgió de forma espontánea la orientación a la comunidad, luego surgió la experiencia que orientó el movimiento hacia la soledad. Ninguno de estos dos movimientos tienen de forma separada la razón, ni ninguno de ellos está por encima del otro, como una forma de algo superior. Ambos movimientos, tanto el que orienta hacia la comunidad como también a la soledad del individuo, son los que, realizados de forma correcta, pueden alcanzar un nivel nuevo de unidad. Pero ello convierte este movimiento en algo complejo, en una actitud tensa o en un movimiento tenso (*in ge-*

---

[85] Cf. R. GUARDINI, *Der Gegensatz*, 45-50.
[86] R. GUARDINI, «Möglichkeit und Grenzen der Gemeinschaft», 64-81.

spannter Haltung), en el que la comunidad y la soledad del individuo se compenetran mutuamente[87].

El hombre es un ser en relación, no es un ser encerrado en un yo rodeado de muros, sino que existen en él puertas abiertas y caminos que lo conducen al *encuentro* del otro. La misma existencia individual no surge solo de sí misma; procede de la vida de los padres, y va desarrollándose sobre la base de los presupuestos materiales, de las fuerzas y los elementos configuradores de la familia. Esa existencia individual es sostenida, alimentada y determinada por el ambiente de la escuela, de la sociedad de la época; y cuando el individuo reflexiona sobre los otros hombres, el acto viviente de su pensamiento contiene la misma sustancia de su medio ambiente. Guardini se pregunta si teniendo en cuenta todo esto existe en absoluto un individuo que viva aislado y solo para sí. A esto responde negativamente al constatar y considerar que todo pensamiento, incluso el más íntimo, el más silencioso, el más espiritual, acontece en la palabra que nos une a todos. Vivimos en la palabra, en el diálogo; estamos referidos al otro desde la comunidad envolvente de la vida, nos encontramos siempre vinculados con los otros[88].

Pero también nos damos cuenta de que esta realidad común que nos une está llena de diferencias: un pueblo se distingue de otros, hay diferentes tipos o caracteres y los mismos tipos individuales de personas tampoco existen de un modo puro, en una misma persona existen formas combinadas de tipos diferentes, aunque se dé el predominio de alguno de ellos. Además de todo lo dicho, agrega Guardini que a una persona no la define solo lo que es, su figura esencial, sino también lo que ha vivido (en cada historia hay también un *logos* que se debe inter-

---

[87] «Das Leben hat mehrere Ebenen seines Baues und Verlaufes. Es kann nicht in einem einzigen, gleichsam einlinigen Urteilsakt erkannt werden, sondern nur in mehreren, gegensätzlich gestellten; in Spannungsfiguren [...]. Keine der beiden Bewegungen hat recht. Das heißt, jede hat recht; aber keine ganz und bloß für sich. Werden aber beide richtig vollzogen, so gewinnt das Leben als Ganzes eine neue Ebene. Da steht es nicht in unmittelbarer, einfacher, sondern in gespannter Haltung», R. GUARDINI, «Möglichkeit und Grenzen der Gemeinschaft», 64.

[88] «Das individuelle Dasein entspringt nicht aus sich selbst; es geht hervor aus dem Leben der Eltern. Es wächst heran aus den materiellen Voraussetzungen, aus den Kräften und Formungsmomenten der Familie. Es wird getragen, genährt, bestimmt durch die Umgebungen der Schule, der Gesellschaft, der Zeit. Alles das ist unmittelbare Gemeinsamkeit und macht sich auch als solche im Bewußtsein geltend [...]. Alles Denken, auch das innerste, leiseste, "geistigste", geschieht im Wort. Wir denken in der Form des inneren Sprechens. Alles Sprechen aber setzt den voraus, mit dem gesprochen wird. Wir stehen von Natur im Dialog [...]. Immer stehen wir in der Verbundenheit», R. GUARDINI, «Möglichkeit und Grenzen der Gemeinschaft», 67.

pretar), y esto comprende el ambiente que lo rodeó, en el que la persona creció y se desarrolló, la imagen de sus padres y hermanos; la imagen de sus maestros, sus amigos, sus adversarios. Esta compleja trama de figuras penetró en lo íntimo de su vida, todo encuentro, toda experiencia, ya sea negativa o positiva, imprime una huella en la persona, y la persona vive en cada momento la herencia de lo anterior[89].

Después aparecen espacios más estrechos que se van delimitando, hasta que se refieren solo a la persona individual, Dios creó cada alma de forma especial, cada uno existe solo una vez. Al crear a cada hombre, en la unicidad e irrepetibilidad de su persona, Dios lo llamó por su nombre. Ese nombre existe entre Dios y cada persona, y para Guardini es el modo como Dios la pensó. En torno a ese misterio se ciñen la providencia de Dios y el pudor del alma. Pero este centro es el que irradia la calificación última sobre todo lo demás (*Aus dieser einsamsten Mitte aber kommt die letzte Bestimmung in alles andere*), este *centro* tan único, tan aislado, que nos habla de una soledad definitiva, en la que el individuo además se convierte en inaccesible e impenetrable[90].

Desde estos dos movimientos que acentúan por un lado la necesidad de lo comunitario y la necesidad de lo individual-personal, que no puede incorporarse plenamente a lo comunitario, surge la expresión guar-

---

[89] «Ein Volk unterscheidet sich von anderen. Jedes umfaßt ein Gemeinsames gleicher Grundempfindungen und Vorstellungen; gleiche Weisen, wie Menschen der Welt entgegentreten und sich darin bewegen. Ebendies aber scheidet auch Volk von Volk [...]. Die verschiedenen Typen sind aber nicht rein gegeben. Im gleichen Menschen verbinden sich verschiedene Gestalten. Wohl wird immer eine vorherrschen und den Charakter bestimmen; sie wird aber von anderen durchkreuzt, durchbrochen, abgetönt sein. So scheidet sich selbst innerhalb des gleichen typischen Bereiches wieder Mensch von Mensch, denn die nach Art und Maß so verschiedenen Komplikationsformen werden schwer übereinstimmen. Damit engt sich das Daseinsbild immer mehr ein – bis auf jene besonderen Eigenschaften hin, die nur bei diesem Einzelnen vorliegen. Einen Menschen bestimmt aber nicht nur, was er ist, sagen wir also seine Wesensgestalt, sondern auch, was er gelebt hat, seine Schicksalsgestalt. Darin steht die Umgebung, in der er aufgewachsen ist; das Bild der Eltern und Geschwister [...]. So lebt der Mensch in jedem Augenblick die Erbschaft des Vorausgegangenen [...]. Wenn also der Eine dem Anderen gegenübersteht, dann steht sein ganzes Leben hinter ihm, und hinter jenem das seine», R. GUARDINI, «Möglichkeit und Grenzen der Gemeinschaft», 68-70.

[90] «Jede Seele hat Gott besonders geschaffen. Jede gibt es nur einmal. Jeden Menschen hat, in der Einmaligkeit seiner Person, Gott, als er ihn schuf, gerufen; bei seinem "Namen" gerufen. Dieser Name ist nur zwischen Gott und ihm. Er ist die Weise, wie Gott ihn gemeint hat [...]. Im selben Maße aber wird der Mensch Einzelner, und stehe er auch noch so schlicht im Alltag. Sein Innerstes ist umhüllt, weil vor Gott. Er wird unzugänglich, undurchdringbar und ungreifbar. Wenn das alles so ist, wie steht es dann mit der Gemeinschaft?», R. GUARDINI, «Möglichkeit und Grenzen der Gemeinschaft», 70-71.

diniana de que las puertas tienen que estar abiertas, pero también cerradas (*Türen müssen offenstehen, aber auch geschlossen werden*), ya que solo se pueden comunicar cosas cuando existe también espacio para lo incomunicable (*Mitteilen kann man nur, wenn es auch Unmitteilbares gibt*). Si la comunidad era pensada como participación plena, y ahora se experimenta que no todo puede ser participado o compartido, surge un límite que invita a pensar otros aspectos. El tomar y el hacer participar presuponen la particularización, la distinción. Las personas son diferentes, poseen distintos valores y fuerzas, lo que para uno es constructivo, puede en otro resultar destructivo[91].

Se experimenta así una nueva tensión ante la que se puede llegar a pensar que sería mejor que la comunidad no exista, bien para preservar la salud e integridad de la propia esencia, o bien desde una tensión de dirección contraria que ve la comunidad como aquello que impide llegar a una claridad responsable del yo, incentivando la irresponsabilidad personal que se escuda en el nosotros comunitario. La comunidad es puesta en crisis, pero no es posible abandonarla y desde esta crisis gana una nueva claridad en cuanto que entiende la imposibilidad de una participación inmediata del uno en el otro, la comunidad es algo más, implica mirar al otro en su esencia a fin de conocerlo, ya que yo no puedo ser el otro, el otro tiene que continuar siendo él mismo. Pero yo quiero entenderlo y unirme a él, en esa comprensión se apoyará la fidelidad, en esa comprensión se basará la estima, porque sabré que se tratará de un ser auténtico que merece el don de la estima[92].

Una vez más se hace presente también aquí otra crisis, la más profunda según Guardini, cuando se plantea seriamente la pregunta sobre

---

[91] «Gemeinsam müssen sein die Überzeugungen; gemeinsam Werte und Ziele. Die Arbeit muß Kameradschaft sein; die Freude ein Schenken und Empfangen; das Helfen Selbstverständlichkeit. Er hat das zu verwirklichen versucht, und je aufrichtiger er es tat, desto deutlicher hat er erfahren, daß solche Gemeinsamkeit zerstört. Türen müssen offenstehen, aber auch geschlossen werden. Schenken wird unmöglich, wenn nicht auch ein Behalten da ist. Mitteilen kann man nur, wenn es auch Unmitteilbares gibt. Teilnehmen und Teilgeben setzt Besonderheit voraus, Unterscheidung. Die Menschen sind verschieden; verschieden ihr Wert und ihre Kraft. Jede Gabe aber will ihre Stätte finden beim richtigen Menschen, sonst ist es kein Geben, sondern ein Vergeuden. Was bei dem Einen aufbaut, kann bei dem Anderen niederreißen», R. GUARDINI, «Möglichkeit und Grenzen der Gemeinschaft», 71.

[92] «Gemeinschaft heißt dann, den Anderen in seinem Wesen erblicken, um ihn wissen. Jener kann ich nicht sein. Er muß er selbst bleiben. Aber ich will ihn verstehen, und darin bin ich dann mit ihm verbunden. Er muß seinen Weg gehen; ich den meinen. Aber ich will diesen Weg verfolgen, so, daß er drüben geht und ich hüben, und wir im Wechselwissen eins sind», R. GUARDINI, «Möglichkeit und Grenzen der Gemeinschaft», 72.

la posibilidad de poder conocer realmente al otro. Nos damos cuenta que una acción que procede de mí y que transcurre dentro de mi ámbito vital posee un determinado significado; pero tan pronto como penetra en el ámbito del otro, se transforma. Una cosa tiene en mi mundo vital un sentido diferente que en el suyo. Un acontecimiento vivido conjuntamente adopta en su espíritu y en el contexto de su obrar un aspecto completamente diferente que en mí. Me doy cuenta que allí donde yo creía entender al otro en su realidad propia, lo que aconteció fue en realidad un conformar su imagen a la mía, simplificando al otro, constatando después lo injusto de mi comprensión. Nos damos cuenta de que lo que llamábamos comprensión no era otra cosa que una autoconfirmación. Por este camino se llega otra vez a la experiencia de la soledad y aparece la prueba decisiva[93].

Primeo nos ha mostrado Guardini que la comunidad de la *participación* sólo es posible hasta un cierto límite, y apeló a la comunidad del comprender. Pero después admitió que también la comunidad del *comprender* tiene sus límites. Guardini expresa estos límites en formas de preguntas, y desde su propia experiencia manifiesta que ni siquiera nosotros mismos nos poseemos del todo, nos experimentamos en varias ocasiones a nosotros mismos en una forma tal que escapa a nuestra propia comprensión. Si esto es así, mucho menos puedo exigir poder participar a través del entendimiento en la vida del otro. En este caso, la actitud comunitaria sincera significa renunciar a lo imposible. La posibilidad de la comunidad significa en última instancia que yo reconozca al otro a pesar de su extrañeza (*Die eigentliche Gemeinschaft hat ihren Entscheidungspunkt darin, daß ich den Anderen anerkenne [...] auch in seiner Fremdheit*), que le deje la libertad de ser él mismo, que le permita custodiar su misterio y su impenetrabilidad. El reconocimiento es creador, y por eso el reconocimiento básico no se apoya en la penetra-

---

[93] «Kann ich aber auch über die Grenze der Kreise hinweg? Es kommen die Erfahrungen, die mir zeigen, daß er ein, wie ich glaubte, ganz offenbares Wort nicht versteht. Daß ich eine Handlungsweise mißdeute, deren Sinn, wie das Gespräch hernach mir zeigt, doch eigentlich klar zutage lag. Ich merke, wie eine Handlung, aus mir kommend und innerhalb meines Lebensbereiches verlaufend, bestimmte Bedeutung hat; sobald sie aber in den des Anderen gelangt, wandelt sie sich. Ein Ding hat in meiner Lebenswelt einen anderen Sinn als in der seinen. Ein gemeinsam erlebtes Geschehnis nimmt in seinem Geiste und im Zusammenhang seines Handelns eine ganz verschiedene Gestalt an, als bei mir. Ich merke, wo ich den Anderen in seinem Eigenen zu verstehen glaubte, habe ich in Wahrheit sein Bild geformt nach dem meinen [...]. Da kommt die Erfahrung der Einsamkeit mit ihrer Kälte, ihrem Verzagen, ihrer Skepsis und Selbstsucht. Da kommt die entscheidende Probe», R. GUARDINI, «Möglichkeit und Grenzen der Gemeinschaft», 73-74.

ción intelectual, ese reconocimiento se ubica *antes* de esa comprensión intelectual, y al mismo tiempo por encima. La confianza tampoco reposa en esa comprensión intelectual, sino en sí misma. Recibe su impulso en sí misma, una y otra vez. La confianza es un riesgo y la fidelidad no encuentra fundamento en la penetración intelectual; es ella la que crea el fundamento[94].

La cuestión ahora es admitir que la auténtica comunidad tiene su punto decisivo en reconocer o no al otro no sólo en su sentido comprensible, sino también en su extrañeza. En que se admita al otro que tal vez, en el fondo, sea imposible comprender. Por este camino parece que se llega otra vez a un punto de riesgo que se sumerge en la mera soledad. El hecho de haber intentado comprender al otro, y de haber fracasado una y otra vez, puede llevarnos a renunciar a comprender, y también a ser comprendido. Todo ello puede hacer pensar que cada uno tiene que solucionar sus propios problemas por sí solo, y se puede crear toda una filosofía adecuada que corresponda a esto, lo cual no es difícil cuando es la pasión del corazón desilusionado la que guía al entendimiento[95].

Surge desde Guardini una nueva invitación a no detenernos y conquistar el todo de la existencia, superando nuevos límites. Las cosas podemos captarlas de una forma simple, inmediata, yendo directamente a ellas; porque podemos tomarlas, apropiándonos de ellas. Pero con la persona no podemos hacer esto. No hay ningún camino directo que nos lleve a ella. Yo no entiendo a la persona simplemente porque está en la comunidad y la encuentro ahí, sino por el *acto dialéctico* que dice «tú». En ese acto un yo se mueve hacia otro yo, aparta la mirada de sí mismo para fijarla en el otro, sale a su *encuentro* llevándose a sí mismo, se abre a él. Si el otro yo responde con el mismo movimiento, este yo

---

[94] «Nicht auf dem Durchschauen ruht die grundlegende Anerkennung, sondern die Anerkennung ist schöpferisch. Sie ist vor dem Durchschauen und über ihm. Nicht auf dem Durchschauen ruht das Vertrauen, sondern das Vertrauen ruht auf sich, schwingt sich aus sich selbst hinaus, immer neu aus sich. Das Vertrauen ist ein Wagnis. Nicht im Durchschauen findet Treue Grund, sondern die Treue schafft den Grund», R. GUARDINI, «Möglichkeit und Grenzen der Gemeinschaft», 75.

[95] «Die Etappen des nun eingeschlagenen Weges haben wir ja zu beschreiben versucht. Auf ebendiesem Wege scheint er aber nun wieder vor ein Ende zu kommen: vor die Verlorenheit in das bloße Alleinsein. Daß er versucht hat, den Anderen zu verstehen, und immer wieder gescheitert ist, kann ihn dazu bringen, auf alles Verstehen zu verzichten, und auf alles Verstandenwerden auch [...]. Zu alledem kann dann doch die zugehörige Philosophie geschaffen werden. Das ist nicht schwer, wenn die Leidenschaft des enttäuschten Herzens den Verstand lenkt», R. GUARDINI, «Möglichkeit und Grenzen der Gemeinschaft», 76.

puede compenetrarse con aquel yo que se le abre, y comprenderlo. Así se abre también él al primero, y le hace posible la comprensión. Este acontecimiento es espontáneo; brota de sí mismo, sin que nada lo obligue; ocurre o no ocurre, y por ello se lo experimenta como don. El hombre está situado en la naturaleza y el mundo, como un ser personal, único y libre. Desde esa libertad decide en sí mismo, creando y produciendo algo desde un centro irreductible incluso para el entendimiento más agudo, levantando una barrera contra todo propósito de disponer de él[96]. Pero es posible prepararnos para ello, y esto consiste, según Guardini, en la renuncia a concebir al otro como una cosa.

En el encuentro con al otro, una actitud verdaderamente personal, es la de poder tomar distancia, para que el otro sea él mismo. La auténtica actitud respecto al «tú» reconoce que también allí hay un centro, y todo lo que existe constituye también un entorno para aquel centro que no soy yo, que no es mi centro. Las cosas no me están presentes ahí de manera puramente «objetiva», en la conciencia y en el sentimiento, sino que han sido valoradas por mí y están referidas a mí, las cosas no están ahí formando «el mundo», sino formando «mi» mundo; y es muy difícil renunciar a esto. Todo ello representa una invitación de Guardini, ya no solo a ir viendo la realidad desde el individuo y desde la comunidad, de los límites que se repiten y se superan planteándose nuevos límites que implican nuevos desafíos, sino que ahora se trata del difícil intento de mirar el mundo desde ese centro que no soy «yo», que es un «tú». Allí hay otro centro auténtico, un origen personal y una meta personal, un orden diferente de las cosas, un mundo que no es mi mundo[97].

La estructura *egocéntrica* y *monocéntrica* del mundo es la que tiene un solo centro, el del propio yo, y todo es interpretado y valorado desde allí,

---

[96] «Die Person erfasse ich, mit ihr trete ich in Gemeinschaft nicht durch den einfachen Akt, welcher "Das da", sondern durch den dialektischen Akt, welcher "Du" meint [...]. Die person-gerechte Haltung ist vor allem Abstand. Erst ein Freigeben: "Du da drüben – Du sollst Du selbst sein!" Damit ist der Zusammenhang der Unmittelbarkeit zerrissen. Die naive Selbstsucht ist aufgegeben, die sagt: "Ich bin die Mitte der Welt. Alles sonst ist nur Umwelt. Alles hat Sinn nur von mir her, zu mir hin"», R. GUARDINI, «Möglichkeit und Grenzen der Gemeinschaft», 78.

[97] «Die echte Du-Haltung sagt: "Auch dort ist Mitte. Und alles Seiende ist Umwelt auch für Jenen". Wir dürfen das wohl nicht zu leicht nehmen. Es nicht nur zu reden, sondern innerlich zu vollziehen, ist schwer. Die Dinge stehen mir ja doch nicht rein aus ihnen selbst her, rein "objektiv" im Bewußtsein und im Gefühl, sondern von mir bewertet und auf mich bezogen. Nicht als "die Welt", sondern als "meine" Welt. Das aufzugeben, und sei es auch nur der Intention nach, ist sehr schwer», R. GUARDINI, «Möglichkeit und Grenzen der Gemeinschaft», 79.

tanto las cosas como las personas que no son entendidas como personas sino como seres vivos. Lo que nos propone Guardini es una ampliación, un paso del mundo simplificado en el egocentrismo de una mirada, a un mundo más complicado, a un mundo policéntrico. Entender significa aquí no solo entender un objeto que está ahí, sino invertir el punto habitual de referencia, y aprehender al objeto de manera tal que el mundo entero y toda la existencia se encuentren centrados en él[98]. Y si se lograron realizar esos movimientos y se ha logrado llegar al otro y el otro se abrió desde la confianza y el amor, esta adquisición no podrá ser nunca una posesión fija de una vez para siempre. Tan pronto como el movimiento se detiene, el amor es sustituido por una relación utilitaria, por una función. El amor está esencialmente siempre en movimiento, no es nunca una estructura que se construye una vez y dura para siempre[99].

Más adelante cuando se trate la teoría guardiniana de la Cosmovisión Católica (*Weltanschauung*), resonará lo que aquí se dijo, ya que la Cosmovisión Católica del mundo es para Guardini la mirada de Jesús sobre el mundo, no ya una mirada desde un simple «tú» que posee un centro propio que no es el mío, y al que me debo acercar, desde ese difícil movimiento de sacarme a mí mismo del centro. La Cosmovisión Católica del mundo nos ubica ante otro centro vital, pero el centro allí está en Jesús, y la mirada, es la mirada de Jesús. Hacer escuchar la voz de Guardini en este momento tuvo la intención de mostrar algo más que un esquema y poner en contacto con la vida que late más allá de la aparentemente esquemática mirada guardiniana. Esta forma de mirar la realidad (limitada aquí sobre todo a lo individual y a lo comunitario, yendo de un polo a otro), pensamos que pone de relieve la importancia

---

[98] «An Stelle der monozentrischen, egozentrischen Weltstruktur, in welcher oft mit merkwürdiger Selbstverständlichkeit behauptet [...]. Verstehen heißt hier nicht nur einen dastehenden Gegenstand erfassen, sondern den gewohnten Beziehungspunkt herumwerfen, und den Anderen erfassen daheraus, daß die ganze Welt, das ganze Dasein in ihm zentriert sind», R. GUARDINI, «Möglichkeit und Grenzen der Gemeinschaft», 79-80.

[99] «Personales Verhalten bedeutet aber noch mehr. Es bedeutet, daß ich "das da drüben" überhaupt nicht "haben" kann, sondern es in stets neuer Bewegung immer aufs neue gewinnen muß [...]. Und wenn ich im Vollziehen der Bewegung beim Anderen angelangt bin, und er hat sich mir geschenkt im Vertrauen, in der Liebe, zu wirklicher Teilhabe – so wäre mein Besitz kein festes Haben. Morgen könnte ich nicht darauf pochen: Ich "habe" dich –, sondern müßte aufs neue die Bewegung vollziehen, auch und gerade wenn die Treue fortdauert, und die Liebe lebendig bleibt. Denn die Liebe ist wesenhaft in Bewegung. Sie ist kein Gerüst, keine ein für allemal gebaute Brücke, sondern ein Gehend-Sein ins Du hinüber. Sie besteht in fieri, wie die alte Philosophie sagt; im beständigen Getanwerden. Sobald diese Bewegung aufhört, tritt an Stelle der Liebe eine Zweckbeziehung, eine Funktion», R. GUARDINI, «Möglichkeit und Grenzen der Gemeinschaft», 80-81.

del *centro vital* de lo concreto viviente. Surge así una invitación desafiante y difícil que consiste en intentar mirar el mundo no desde mi centro, sino desde el centro de un «tú». Desde el grupo de los contrastes transempíricos intentaré acercarme a nuevos elementos que nos ayuden a percibir mejor ese *centro* presente en lo viviente concreto.

2.2 *El centro viviente en los contrastes transempíricos*

En este grupo de contrastes, nos encontramos con algo que caracteriza a los seis contrastes que lo integran. Todos ellos, al contrario de lo que ocurría con los contrastes intraempíricos, escapan a nuestra experiencia directa. Con los contrastes transempíricos se nos ubica ante el *centro* interno de lo viviente, intentando captar los grupos de polos opuestos, que como realidades últimas e irreductibles, caracterizan el centro interior de lo viviente. Otra idea que se debe tener en cuenta en este sistema guardiniano es la que nos remite una vez más a considerar el mundo interior y el importante rol que desempeña en el conocimiento de lo concreto. Aunque ese mundo no esté directamente en contacto con nuestra experiencia es parte esencial en el camino hacia un conocimiento cercano a la vida, hacia un conocimiento vivo. Por último, veremos que aquí se repiten también aspectos del anterior grupo de contrastes. Cada contraste intenta afirmarse de forma *pura* e *independiente*, excluyendo el polo opuesto, mostrándonos Guardini en cada caso el *límite* que eso implica, y recordándonos que el sistema de contraste corresponde a la complejidad de la vida; y si bien cada contraste excluye al otro, también lo incluye, manteniéndose aquí la tensión que corresponde a la tensión de lo vital.

2.2.1 Unidad fecunda de la transformación creadora

El primer par de contrastes transempírico que Guardini menciona es el de *producir* (*crear*) y *disponer* (*Produktion und Disposition*). La *producción creativa*, y la novedad que ello aporta y que surge de la vida, es experimentada como algo que sucede interiormente. La obra creada aparece como una nueva entidad. Se trata del nacimiento de algo nuevo, y que no es deducible de algo previo. Este fenómeno de producción y creación lo vemos surgir desde dentro, impulsado por un centro profundo de actividad, del seno mismo de la vida; no surge como resultado de algo preexistente, sino que surge una entidad nueva, se produce algo que no existía aún. Todo lo viviente existe solo una vez y vivir significa crear, y cuanto más vital es la vida, tanto más creadora se manifiesta; tanto más constituye un origen, un salto originario desde un trasfondo creador, que hace experimentar la vida como fecundidad. Y cuanto más vital es la vida, mayor es también su fuerza para crear lo que aún no existe. Pero aunque se produzca algo que antes no existía, es también claro que la *creatividad pura* tampoco puede ser posible[100].

Todo acto creador necesita disponer de materiales, la vida interior necesita percepciones, estímulos, impulsos y oposiciones. Todo lo verdaderamente vivo y creador necesita de elementos que le sean dados, aunque se los asuma desde una profunda transformación, tanto en lo corpóreo como en lo espiritual. El hombre creador tiene que poder integrar en su obra los elementos de la realidad que lo rodea para no quedar encerrado solo en sí mismo, y al mismo tiempo tiene que poder integrar su obra creadora ya realizada en esa realidad circundante. Aquí se manifiesta la necesidad de que la obra creadora tenga relación con la realidad dada, *nutriéndose* de ella y al mismo tiempo *aportándole* algo nuevo desde lo artístico[101].

Si no se logra que la obra creadora tenga relación con la realidad, se expresa un rasgo trágico. Guardini nos ofrece un ejemplo de ello cuando habla de un cierto límite del modo de ser alemán, al cual, a pesar de su carácter aparentemente realista, le falta una relación verdadera con la realidad, permaneciendo su creatividad frecuentemente en el aire, lejano de lo concreto, en un mundo de ideas. Y esto ocurre tanto en lo que produce frecuentemente su política, como a nivel de pensamientos[102]. Indica Guardini en esta observación de la cultura alemana que

---

[100] «Was heißt "Schaffen" nach dem besonderen Sinn des Wortes? Gedanken, Bilder, Taten, Werke entstehen so, daß ihr Urheber weiß, sie steigen aus einem Innern empor. Kein Ordnen vorhandenen Materials also, sondern ein Hervorbringen von Neuem [...]. Sie waren "noch nicht da"; sind aus Vorhandenem nicht abzuleiten. Vor ihnen fühlen wir Neues beginnen [...]. Leben heißt Schaffen. Und um so lebendiger das Leben, je schaffender es ist. Je ursprünglicher, je mehr Ursprung, erster Heraussprung aus dem schaffenden Grund. Leben ist Fruchtbarkeit. Und um so lebendiger das Leben, je größer seine Kraft, hinzustellen, was noch nicht war; je voller Tat und Gestalt neue Schöpfung ist, herausgebracht von innen her», R. GUARDINI, *Der Gegensatz*, 53-54.

[101] «Nun gibt es gewiß kein bloß hervorbringendes Schaffen. Alles Schaffen braucht Stoff [...]. Das innere Leben braucht Wahrnehmungen, Gefühlsspannungen, Anregung, Hilfe und Widerspruch; alles, was im natürlichen, geschichtlichen und gesellschaftlichen Zusammenhang steht. Schaffendes Leben nimmt aber diese Stoffe nicht als Bausteine, sondern als Nahrung», R. GUARDINI, *Der Gegensatz*, 55.

[102] «Eine besondere Tragik deutschen Wesens scheint darin zu liegen, daß trotz aller angeblichen Realpolitik eine letzte Beziehung zum Gegebenen fehlt: Die Tat ist im Letzten freischwebend. Der Krieg (gemeint ist der erste Weltkrieg) war so, trotz aller

alcanza también en general a la cultura nórdica, el límite de lo cultural que con otras características también se hace presente en otros pueblos, transformándose, en ciertos aspectos, en un obstáculo determinante que impide una más amplia mirada de la realidad.

Como en los anteriores grupos de contrastes también aquí Guardini señala el límite de *la producción o creación pura*. Toda vida finita necesita disponer de materiales y cuando se quiere limitar solo a su poder creador, se pierde corporal y espiritualmente, ya que la obra creada debe tener también relación con lo dado. Pero aquí pronto se llega también a otro límite. Vivir no significa solo crear, significa también dominar lo dado, elevándolo a un orden nuevo bajo el poder de nuevos fines, planes, estructuras. En este tipo de actividad, la vida no crea algo nuevo como cuando produce algo que no existía, sino que domina lo que está a mano, aquello con lo que cuenta, y en este sentido no produce, sino que transforma. Vivir significa aquí ordenar, elaborar, edificar, dominar y regir[103]. Sin embargo tampoco esto puede ser afirmado de forma unilateral ni ser llevado al extremo, ya que si se recorre solo este único camino, el acto por el que se dispone de los elementos con los que se cuenta, se transforman en algo tan formalista que violenta cada vez más las cosas, las energías y los procesos de la realidad. Por este camino el acto de ordenar se aisla y trabaja en el vacío. Tampoco hay una forma de disponer de lo dado, y de ordenar, que sea totalmente pura[104].

Para Guardini la existencia de una forma de *disposición vital* es posible, solo si esta presente y operante al menos un mínimo de *creatividad*. Si el poder de disposición no quiere degenerar en algo meramente formalista, si quiere conservar su vinculación con las cosas y su carácter objetivo, debe ser creador. Sólo el que de alguna forma crea puede ordenar, solo el que es fecundo puede dominar. La vida abarca ambos aspectos, el *creativo-productivo* y el de *disponer-dominar*, y ninguno de ellos puede ser deducido del otro, ni puede existir en una

---

Rechnung im Bereich des Vor-Letzten. Ähnlich das Denken usw.», R. GUARDINI, *Der Gegensatz*, 56.

[103] «Da erfährt das Leben sich so, daß es Vorhandenem gegenübersteht; zu diesem Vorhandenen in Beziehung tritt, es ergreift, verändert, verarbeitet. Leben heißt hier: Gegebenes bewältigen, in neue Ordnung bringen, unter die Gewalt neuer Zwecke, Pläne, Strukturen [...]. Leben heißt hier: Ordnen, Verarbeiten, Bauen, Meistern und Herrschen», R. GUARDINI, *Der Gegensatz*, 57.

[104] «Leben ist Herrschaft [...]. Schreitet aber das Leben auf dieser Linie weiter, so gerät es in die Eiszone. Der überschauende Punkt rückt so weit hinaus, daß er den Zusammenhang mit der Erde verliert», R. GUARDINI, *Der Gegensatz*, 59.

total independencia del otro, los dos son algo originario, y la vida es la unidad que se realiza en ambos[105].

En una ocasión mirando una silla que tenía ante él, Guardini cuenta que podía ver la relación que se prolonga por todos los lados en los que se encontraba esa silla, y si le hubiera tomado una foto con su cámara fotográfica, se habría hecho nítidamente evidente el carácter de corte y fragmento. Pero afirma que si esa *silla*, la mirase Vincent van Gogh, recordando su famosa obra que lleva ese título, ya en la primera visión se iniciaría un proceso diferente. La silla se convertiría en centro en torno al cual se congrega todo lo demás; y a la vez lo conforma de tal modo que sus partes se ordenan en su propia existencia en torno a ese centro. La silla es parte de ese material que le viene ofrecido al artista, y la creación poética pone de relieve algo más que la simple silla que tiene delante. Esa creación artística pone de relieve la esencia del objeto, y captando desde su centro el mundo que se presenta ordenado desde él mismo, se crea un mundo en el que el centro es la silla. De este modo lo que se muestra en el cuadro aparece como un todo, dejando percibir algo que queda mucho más allá del objeto representado. En el proceso de la creación artística, ocurre algo singular. La unidad que surge de la cosa que se capta, y de la persona que la capta, tiene un poder evocador, y en torno a ella se hace presente la totalidad de la existencia: el todo de las cosas, la naturaleza, y el todo de la vida humana; la silla de Vincent van Gogh según Guardini, en su miserable suelo de baldosas, posee esa fuerza[106].

El artista, observando y configurando, lleva la esencia del objeto a una más clara percepción, y en esa misma manifestación se hace también más evidente su propio ser. En la mirada, valoración y percepción

---

[105] «Nur der irgendwie Schaffende kann ordnen; nur der Fruchtbare vermag zu herrschen [...]. Herrschen bleibt nur möglich, solange es zugleich schafft. Leben umspannt beides. Keines vom andern abzuleiten», R. GUARDINI, *Der Gegensatz*, 59-60.

[106] «Ein echtes Kunstwerk ist nicht, wie jede unmittelbar wahrgenommene Erscheinung, ein bloßer Ausschnitt aus dem, was es gibt, sondern ein Ganzes. Der Stuhl da vor mir etwa befindet sich in einem nach allen Seiten weitergehenden Zusammenhang. Sobald ich ihn mit dem photographischen Apparat aufnehme, kommt der Ausschnitt-Charakter scharf zur Anschauung. Wenn aber Vincent van Gogh ihn sieht, dann setzt schon im ersten Sehen ein eigentümlicher Vorgang ein: der Stuhl wird zur Mitte, um die sich alles übrige im Raume sammelt; zugleich formt er sich so, daß seine Teile sich um eine Mitte in seinem eigenen Bestand ordnen [...]; der Stuhl van Goghs auf dem ärmlichen Ziegelboden hat sie. Um ihn klingt der Ton des Alls. So entsteht in jedem Kunstwerk "Welt"», R. GUARDINI, «Über das Wesen des Kunstwerks», 345-346.

del hombre que se abre a la cosa y que capta su esencia, adquiere la cosa misma una nueva plenitud de sentido. Recíprocamente desde ese movimiento que lleva al artista a intentar mirar desde el centro del objeto que desea captar, llega a otra conciencia y desarrollo de sí mismo. En todo esto se percibe la apertura del artista y una invitación a la apertura de quien mira la obra de arte. El artista, utilizando los materiales de los que dispone, ofrece una mirada creadora y novedosa, que ve más allá del objeto, captando un nuevo centro y haciéndolo más claro. Además, la nueva distancia de sí mismo, le permite plasmar en esa perspectiva creadora una nueva unidad, la del propio ser creador y la de la cosa, plasmando en la obra de arte la unidad de esas dos realidades o centros.

La obra de van Gogh no habla entonces solo de ese mundo creado en torno a la silla, sino que habla también desde esa nueva unidad de su autor. El artista ve emerger en la cosa la esencia, su centro, y se siente impulsado a llevarla adelante, se pone a su disposición para que se manifieste más claramente, no como un científico que trabaja con conceptos y teorías sino sensorialmente, en contacto con lo que ve, lo que escucha y toca. Cuando el pintor capta la esencia de la cosa, se capta también a sí mismo, pero de una forma que no es teórica, diferente al modo en que un psicólogo investiga su propia interioridad. Y la *belleza* de la obra de arte para Guardini no es un algo más secundario que se le añade, es el esplendor de la verdad, que aparece cuando la esencia de la cosa y de la persona alcanzan su clara expresión, cuando se hace presente y se manifiesta abiertamente[107].

2.2.2 Unidad de la originalidad y la lógica vital

Guardini inicia hablando de este contraste con la mirada puesta en la originalidad que surge de cada vida, una originalidad que no proviene de leyes previamente establecidas, ni se ata a leyes para llevar adelante un proyecto. Porque la vida advierte que su sentido no radica en la realización de un fin que venga desde fuera, sino que tiene la raíz en sí misma. Por ese motivo, la vida tampoco se ata, estableciendo constantemente nuevas leyes, ya que la vida no se repite, y cada vida es siempre un constante comienzo que, brotando desde sí misma se siente plenamente libre. Una libertad que no puede ser prevista por carecer de reglas y de esquemas. Sin embargo, considerando únicamente este camino que solo perciba la vida como algo hostil a leyes y esquemas, se

---

[107] Cf. R. GUARDINI, «Über das Wesen des Kunstwerks», 347-348.

llega nuevamente a un nuevo límite de lo vital. Si percibimos en las leyes y las reglas solo un signo de infidelidad a la originalidad de la vida, esa originalidad se transforma en algo negativo, al aferrarse a una falta absoluta de control que degenera en anarquía. Impidiendo así todo tipo de continuidad y crecimiento desde experiencias previas que pueden ayudar a lograr, por ejemplo, un mayor crecimiento o perfección[108].

Para que pueda existir una «originalidad real» y no una «pura originalidad» debe estar ella anclada en una lógica vital de la relación recíproca, de previsibilidad y de anticipación. En el ámbito creador de la vida se hace sentir el polo opuesto, pues la vida se siente a sí misma como un proceso que está ordenado según la razón. La vida es algo ordenado de tal modo que la razón la pueda captar, y se sabe enmarcada en un contexto expresable donde hay reglas y leyes a las que obedece. También en esto se manifiesta la fuerza de la vida, en el hecho de poderse vincular, siendo capaz de tener una ley, y capaz aceptarla, creando un orden y manteniéndolo. Forma también parte de la esencia de la vida una disciplina, saber sobrellevar una responsabilidad. Se puede entonces afirmar que la vida no es solo originalidad sino también regla[109]. Pero como sucede en todos los contrastes, también las reglas en la vida pueden transformarse en un riesgo si se las lleva hasta el límite de una regularidad excesiva que trasforme finalmente la vida en algo

---

[108] «Das Leben spürt, sein Sinn liegt nicht in der Verwirklichung eines von außen herantretenden Zweckes, sondern in ihm selbst. Es erfährt sich als seinen eigenen Sinn [...]. Das Leben wiederholt sich nicht; es setzt sich stets neuen Anfang [...]. Es gibt einen Schlag Menschen, der das Leben als treulos und grausam empfindet [...]. Wir erfahren es immer wieder: sind gesund, wissen aber nicht, wie lange; stark, haben aber keine Sicherheit, wann unsere Kraft von uns weicht. Wir spüren die rätselhafte Welle des Lebens schwellen, ohne allen angebbaren Grund; es kommt über uns und geht wieder von uns, wann "es will"», R. GUARDINI, *Der Gegensatz*, 61-62.

[109] «Nur auf Ursprünglichkeit gestellt, würde das Leben sich selbst entgleiten. Es würde sich selbst nicht mehr gehören. Gerade damit wirkliche Ursprünglichkeit sein könne, will sagen Eigengehörigkeit; damit der schaffende Akt aus dem Leben entspringe, nicht aber bloß an ihm sich zutrage, muß er in einer Bio-Logik des Zusammenhangs, der Voraussehbarkeit und Erwartbarkeit verankert sein. Damit steht aber im schöpferischen Bereich des Lebens sein Gegenpol auf. Denn das Leben erfährt sich als einen Vorgang, der nach Vernunft geordnet ist. Genauer gesagt: der so ist, daß ihn die Vernunft fassen kann. Leben weiß sich in angebbaren Zusammenhang eingeordnet. Weiß, daß Regel und Gesetz besteht, dem es gehorcht, Maß und Gestalt [...]. Kraft des Lebens ist Kraft zum Gesetz. Kraft zur Treue, unabhängig vom Wandel der Verhältnisse, Zustände und Antriebe. Leben heißt, Ordnung schaffen und halten. Wesen des Lebens ist Zucht», R. GUARDINI, *Der Gegensatz*, 63-64.

rígido. Se debe poder llegar a una realidad vital en la que existan reglas sanas, reglas vivientes y no mecanismos muertos. La seguridad de los procesos debe estar entretejida con un mínimo al menos de novedad creadora. La originalidad de la vida y las reglas, deben estar presentes para corresponder a la realidad de lo vital[110].

Un ejemplo, otra vez relacionado, con el arte, ahora desde el arte escultórico, quizás pueda ilustrar esta nueva unidad en tensión del par contrastado que integran la originalidad y las reglas. Guardini cuenta que el friso del Partenón representa la procesión que iba al Acrópolis en la fiesta de Panateneas, para ofrecer allí el solemne sacrificio en el templo de Atenea. En las figuras representadas por la obra del escultor se pueden ver adolescentes que llevan los animales del sacrificio, jóvenes que presentan las vestimentas a la diosa, jinetes montados en grandes y fuertes caballos. Todos ellos en esa obra de arte siguen viviendo, respiran, siguen marchando, mientras lo que permanece palpable y «real» son solo las piedras en las que estas figuras han sido esculpidas. Lo auténtico y original queda tras la realidad empírica, en el ámbito de la imaginación, y allí debe llegar el que contempla esta obra, dejándose guiar por la indicación del escultor a través de lo visible. La vida de las figuras se elevan en el espíritu del observador que las mira y que se deja guiar por las indicaciones, las superficies, los colores, los materiales con sus leyes armónicas, las reglas propias de aquel culto[111].

El acto de intuición y representación del artista lleva el ser a una expresión más plena, y eso que era interior ahora también está afuera, se ha manifestado y puede verse; pero también lo exterior ahora está dentro, se siente y se percibe, y puede ser captado desde otra experiencia, y por este proceso se ha hecho poderosa en su unidad, y perceptible en la totalidad. Toda obra de arte auténtica lleva adherido el mundo, un ámbito conformado, lleno de contenido, de sentido, en el que se puede penetrar mirando, escuchando. Ese ámbito está estructurado de un modo singular, pero tiene un orden, y reglas que permiten captarlo. No solo es más justo que la realidad inmediata, sino que es más profundo, más vivo y tiene una cualidad propia. En ese ámbito las cosas y el hombre están abiertos. En

---

[110] «Ja diese Regelmäßigkeit kann so stark werden, daß sie erstarrt [...]. Hier ist die Regelmäßigkeit des Lebens zur Zwangsläufigkeit geworden. Auch als Charakterzug fixiert, kann solche Regelmäßigkeit zu einer Verfallserscheinung werden [...]. Soll gesunde Regel sein, und nicht kranker Zwang; lebendige Regel, und nicht toter Mechanismus, dann muß alle Sicherheit des Ablaufs von einem Mindestmaß schaffender Ursprünglichkeit durchwoben sein», R. GUARDINI, *Der Gegensatz*, 65-66.

[111] Cf. R. GUARDINI, «Über das Wesen des Kunstwerks», 354-355.

el ámbito de la existencia diaria el hombre y la cosa están atados y velados, lo que se puede percibir de ellos expresa su ser pero también lo oculta. En cambio, en la obra de arte esta separación es superada: en el ámbito de la obra de arte las cosas están más cerca entre sí, y el hombre respecto de las cosas se posiciona de forma diferente[112].

El arte es otro de los temas de los que se ocupó Guardini y en sus obras cita, en varias oportunidades, ejemplos de obras de arte para iluminar las ideas que propone. Al hablar de su teoría de la contrasteidad, una teoría que intenta ayudarnos a mirar desde diferentes perspectivas para acercarnos a un conocimiento de lo concreto viviente, creo que el arte auténtico le sugería aquí a Guardini, esa *actitud* de *apertura* con la que el artista es capaz de captar la esencia de las cosas. Pero el artista además de poder captar esa «esencia» es también capaz de presentarla de forma tal que el que contempla pueda llegar a lo que se muestra. A la originalidad del artista, a la originalidad de una mirada creadora que pone de relieve con más claridad esa esencia que logra captar, se suma una disciplina, unas reglas que le dan un orden a su obra, para que el que la contempla pueda llegar a través de sus indicaciones a ese mundo lleno de contenidos y de sentido.

2.2.3 Unidad vital de autoposesión y autosuperación

La vida se experimenta como habitando dentro de sí misma y al vivir nos experimentamos a nosotros mismos desde una vertiente interior; nos vemos por dentro, nos sentimos, nos tenemos y poseemos desde dentro. Intimidad e interioridad pertenecen a la esencia de la vida. En esta interioridad se siente la vida amparada y allí se fundamenta la autoposesión de la vida. Cuanto más profundidad alcanza, más plenamente se pertenece la vida a sí misma, cuanto más fuerte es la vida, tanto más intensa es la presencia interna, ese estar arraigado en ella. Una de las características más importantes de la vida, dice Guardini, consiste

---

[112] «Der wesenschauende und – darstellende Akt des Künstlers hat das Wesen zu vollerem Ausdruck gebracht. Das Innere ist nun auch "außen", ist Erscheinung und kann angeschaut, das Äußere ist nun auch "innen", ist gefühlt und erlebt und kann ins eigene Erleben aufgenommen werden. Durch eben diesen Vorgang aber ist die Einheit mächtig, das Ganze gegenwärtig und fühlbar geworden. Nun ist die Getrenntheit überwunden. Im Raum des Werkes sind die Dinge untereinander und ist der Mensch ihnen allen in einer Weise nahe, wie das in der unmittelbaren Welt nicht der Fall ist. So kann der Betrachter, indem er in diese Welt eintritt und sie mitvollzieht, selbst im Ganzen leben», R. GUARDINI, «Über das Wesen des Kunstwerks», 349-350.

en tener un «centro» (*Zum letzten Wesen des Lebens gehört, daß es eine "Mitte" habe*). Arraigar en la vida, tener profundidad, implica a mi modo de ver, estar vinculado y en contacto con ese centro. Todo lo que en la vida sucede está orientado hacia ese centro y de él proviene; toda forma (*Gestalt*) está configurada a partir de un centro y orientada hacia él[113].

Guardini nos recuerda la antigua idea de la *esfera* como la representación más perfecta del ser, subrayando el profundo sentido que late en esta idea. En la figura de la esfera el centro se halla presente en todas partes, y cada una de las partes se encuentra a la misma distancia de ese centro, creando una armonía que se construye desde la vinculación a ese centro. Pero surgen también aquí un nuevo riesgo cuando la mirada se fija *solo* en ese centro. Si la vida esta siempre solo en dirección a ese centro, en dirección únicamente hacia la interioridad, puede llegar a un estancamiento; porque la vida es también fluir en varias direcciones, y hacia todos los puntos del exterior. El centro y la interioridad deben conferir a esta relación una forma de autoposesión y recogimiento; pero si la vida se orienta de forma excesiva solo hacia el interior se hunde en sí misma. Y la vida no podrá encontrar el camino hacia fuera, y ni siquiera el que conduce a su propia mismidad. La vida se vuelve insensible, muda, queda encadenada y sumida en un abismo sin fondo, y la intimidad viviente degenera en identidad mecánica a la que le falta la tensión de lo vital[114].

En el sistema guardiniano, la interioridad correctamente considerada impide la deformación de la que se habló en el párrafo anterior. En este

---

[113] «Das Leben erfährt sich als sich selber innewohnend. Es bedarf nur einer raschen Besinnung, um dies zu spüren. Lebend sind wir uns selbst inne; sehen uns von innen; fühlen, haben, besitzen uns von innen her. Innerlichkeit, Innigkeit gehört zum Wesen des Lebens [...]. In dieser Innerlichkeit fühlt sich das Leben geborgen. Auf diesem Innensein beruht der Selbstbesitz des Lebens; je tiefer es geht, desto voller gehört das Leben sich selbst [...]. Um so stärker das Leben, je intensiver die innere Anwesenheit wird; je voller das Tiefste heraufsteigt, in den einzelnen Akten und Vorgängen anwesend ist. Zum letzten Wesen des Lebens gehört, daß es eine "Mitte" habe. Alles Geschehen nach ihr hin gerichtet sei, und von ihr her komme; alle Gestalt von ihr her gebaut und nach ihr hingeordnet», R. GUARDINI, *Der Gegensatz*, 66-67.

[114] «Alter Tiefsinn spricht davon, die Kugel sei die vollkommenste Form des Seins. Von allen Punkten her gehe der kürzeste Weg zur Mitte; diese sei gleichsam überall gegenwärtig. Ergebnis solcher Ordnung ist das harmonische Sein. Harmonisches Sein, im Unterschied zum aggressiven ist an die Tatsache der Mitte gebunden [...]. Dieses In-Sich-Stehen, diese Richtung nach innen kann das Leben zum Stocken bringen. Auch hiervon weiß die Psychopathologie zu sagen. Leben ist Strom; ist Zusammenhang nach vorn, und rückwärts, und nach allen Seiten des Außen hin [...]. Geht das Leben aber zu sehr nach innen, dann versinkt es in sich; findet den Weg nicht mehr nach außen, ja nicht einmal zum eigenen runden Selbst », R. GUARDINI, *Der Gegensatz*, 67.

conjunto de ideas se nos recuerda que la interioridad sólo puede sentirla el que tiene la posibilidad de estar también fuera de sí mismo; de lo contrario no existe una auténtica interioridad, porque todo sería interioridad. Aquí se hace presente el polo opuesto, recordándonos que la vida tiene la enigmática capacidad de estar «fuera de sí», expresándose esto para Guardini, en la capacidad de vivir teniendo memoria del pasado y previsión del futuro. Si estuviéramos presos en nosotros mismos percibiríamos solo el presente, lo que implicaría una percepción errónea incluso del mismo presente, «pues la esencia del presente es estar en el filo agudo del ya-no y el todavía-no; es un paso de lo que ya fue a lo que viene»[115].

Una correcta mirada del fenómeno del «centro» debería ver surgir la trascendencia, pues ese centro expresa ya una relación a contornos, superficies y cuerpos; a algo que es «externo» al ámbito vital concentrado en el aquí, ofreciéndonos la posibilidad de tener conciencia de los miembros, conciencia del cuerpo. La vida entonces también se supera a sí misma, sale de sí misma, está fuera de sí misma, y se experimenta más fuerte y libre cuanto menos encerrada en sí permanece, cuanto más soberanamente dispone de sí, cuanto más ampliamente asume el pasado y anticipa el futuro. En esta auto-superación parece radicar la actitud propiamente activa, en contraposición a la contemplativa, si bien ambas son, naturalmente, «vitales» e implican, por lo tanto, sus correspondientes contra-polos[116].

En su libro sobre oración escribe Guardini que son precisamente los médicos quienes hacen notar que el hombre que vive volcado exclusivamente al exterior acaba consumiéndose y atrofiándose espiritualmente. Para evitar esto la vida debe tener también una orientación hacia la interioridad, renovándose desde la raíz de su intimidad, para reunir

---

[115] «Das Leben hat die rätselhafte Kraft, "außer sich" zu stehen. Lebend haben wir Gedächtnis und Voraussicht. Ständen wir in uns eingefangen, dann wäre nur Gegenwart. Nicht einmal dies; denn das Wesen der Gegenwart ist ein Stehen auf schmaler Scheide, zwischen dem Nicht-Mehr und dem Noch-Nicht; ein Schritt aus dem Gewesenen ins Kommende. Tatsächlich leben wir noch in dem, was bereits vergangen; wissen, daß wir auf den bis jetzt gesammelten Bestand hinreichen [...]. Daß es aber Mitte ist und zugleich Umfang; Lebens-Innen-Punkt und zugleich dieses Glied, und das, und jene Funktion, und so fort, das ist bereits Transzendenz», R. GUARDINI, *Der Gegensatz*, 68.

[116] «Diese beiden Haltungen des Innewohnens und Darüberstehens, der Selbst-Innigkeit und Selbst-Jenseitigkeit, der Immanenz und Transzendenz des Lebens sich selbst gegenüber, genauer: des lebendigen Innenpunktes dem Erfahrungsbestande gegenüber, bilden wiederum einen Gegensatz [...]. Soll lebendige Selbst-Transzendenz bleiben, so maß das Leben in etwa wenigstens sich inne sein», R. GUARDINI, *Der Gegensatz*, 70-71.

fuerzas e incrementar su potencial interior. Estos mismos médicos afirman que el hombre moderno se distancia cada vez más del centro de su personalidad, el cual es el soporte desde el que se estructura y alcanza orientación para su vida. El ser humano, en el torbellino de las exigencias de la vida pública y en la multiplicidad de actividades exteriores, llega a perder su seguridad interior, y detrás de su aparente seguridad exterior le acecha una angustia cada vez más amenazante. Guardini comparte ese diagnóstico, aunque constata la insuficiencia de la respuesta que generalmente se ofrece, desde la imagen de un camino espiritual que además de ser casi siempre ambiguo, pareciera correr pararlelo a la existencia de las personas[117].

En la imagen del centro encontramos una importante perspectiva para entender la teoría del contraste. Esta imagen del centro nos invita a mirar la contrasteidad desde la inmanencia, del estar en sí mismo, desde el contacto necesario de la vida consigo misma, de la intimidad que pide no transformar la vida en un activismo vacío. Pero al mismo tiempo, ese centro hace referencia a todo lo que es exterior. Los contrastes intrempíricos ayudan a una mirada viva de eso que es exterior, pero la contrasteidad nos recuerda que son efecto de algo que es interior, y a eso apuntan los contrastes transempíricos que escapan a nuestra experiencia. El tema del centro no solo nos ofrece una perspectiva importante para entender el «sistema» guardiniano, sino que para Guardini mismo, mientras escribía su obra (*Der Gegensatz*), este concepto junto al de *medida* se le revelaron como los más valiosos.

3. Centro como corazón y misterio

Estos dos conceptos (*centro y medida - Mitte und Maß*) fueron creciendo y cobrando cada vez mayor relevancia en Guardini mientras transitaba el camino de pensar la contrasteidad (*Zwei Dinge sind mir*

---

[117] «Die Ärzte sind es, welche darauf hinweisen, daß der Mensch, der nur nach außen hin lebt, von einem Eindruck zum anderen gerissen wird, redet, strebt, arbeitet, kämpft, sich schließlich verbrauchen und verkrampfen muß. Soll das nicht geschehen, dann muß das Leben auch die Gegenrichtung nach innen nehmen; es muß sich von den Wurzeln her erneuern, Kraft sammeln, Spannung gewinnen. Sie sagen weiter, daß der neuzeitliche Mensch Immer mehr die innere Mitte verliert, welche dem Bau der Persönlichkeit seinen Halt und dem Gang des Lebens seine Richtung gibt; daß er bei allem Anspruch des Redens und allem Geräusch des Sichgebens unsicher wird und unter seinem selbstbewußten Wesen eine immer bedrohlicher werdende Angst lauert. So muß er die innere Mitte, den tragenden und sichernden Halt suchen, den Punkt, von dem aus er in die Welt hinausgehen und zu dem er immer wieder zurückkehren kann», R. GUARDINI, *Vorschule des Betens*, 14.

beim Nachdenken über die Gegensatzfrage besonders teuer geworden: Mitte und Maß). La idea del *centro* que a lo largo de todos sus pensamientos se transformó en algo siempre más valioso y recurrente, no significa solo interioridad, sino que hace más bien referencia al *misterio* de la vida, como su punto central, su *corazón* (*Herzpunkt*), punto de partida y de retorno de todos los cambios vitales. Por esa razón, buscar el centro de lo viviente se transforma en algo esencial, pero para ello cada uno debe ser capaz de estar atento también al propio centro. Una forma de vida es auténtica cuando tiene un centro propio y se mantiene en él, vive orientada por él y para él. Guardini dice que esto es otra de las cosas que tal vez debamos aprender de nuevo, lo que significa tener un centro y mantenerse en él, no estar entregado solo a lo externo, no ser un elemento suelto, sino una unidad ordenada, un mundo propio centrado, de cuya interioridad poder partir para actuar y a la cual podamos regresar una vez cumplido nuestro impulso; un centro desde donde podamos salir al encuentro de las cosas y de los hombres, como seres autónomos, dotados de palabra propia y capaces de fidelidad. Centro es la región, el punto de referencia a partir del cual la vida es posible (*Mitte ist jene Region – aber das Wort genügt nicht; es handelt sich ja nicht um einen Teil, um eine Gegend – jener Beziehungspunkt, von wo aus überhaupt erst Leben möglich wird*)[118].

Este centro no evoca algo rígido, ni puede ser mostrado aquí o allí, porque se trata de algo oscilante, desaparece cuando alguien quiere definirlo, y se le torna inmediatamente claro cuando se tiene un ánimo abierto y sensible para con ese centro y se vive de un modo recto. Ese centro escapa a nuestra experiencia directa, pero es indicado y señalado como el *origen* de todo aquello que sí podemos experimentar, es lo que se descubre y conoce desde lo *intuitivo concreto*, y no como resultado de un conocer

---

[118] «Zwei Dinge sind mir beim Nachdenken über die Gegensatzfrage besonders teuer geworden: Mitte und Maß.Mitte: dieser Begriff ist wohl im Lauf der Überlegungen bereits nahe gekommen. Vielleicht über den bloßen Begriff hinaus noch das Gefühl für die Tatsache, daß es eine Mitte gibt. Nicht hier oder dort: der Erde oder des Raumes oder des anatomisch-leiblichen Baues. Das Wort bedeutet auch nicht soviel wie Innerlichkeit. Sondern "Mitte" als Herzpunkt des Lebens; als Beziehungspunkt lebendiger Gestalt; als Ausgang und Rückkehr schwingender Bewegung [...]. Jenes Leben ist recht, das eigene Mittel hat und darin steht. Von ihr her und zu ihr hin lebt. Vielleicht haben wir neu zu lernen, was es heißt, eine Mitte zu haben und in ihr zu stehen; nicht an ein Draußen preisgegeben, nicht bloß ein Fetzen zu sein, sondern geordnete Ganzheit, mittenbezogene Eigenwelt, aus deren Innerem wir wirkend hinausstreben, und erfüllt dahin heimkehren; von wo aus wir Ding und Mensch entgegentreten, als Eigene, eigenen Wortes, eigener Forderung, eigener Tat und der Treue fähig», R. GUARDINI, *Der Gegensatz*, 178-179.

solo de tipo conceptual racional empírico, que no logra tener experiencia directa de él, ni tampoco lo puede definir (*Sie [die Mitte] wird zerstört, sobald der Mensch sich an die Besonderung verliert*); pero sí será posible conocerlo desde una mirada viva que logre unir lo intuitivo y lo conceptual (*Anschauung*)[119].

La teoría del contraste bien entendida pretende ser un instrumento que nos ayude a descubrir ese centro, ese misterio de todo lo viviente y por lo tanto también de nosotros mismos, ayudándonos a vivir desde él, haciéndolo vigente en el propio ánimo, y viviendo para él (*Ich glaube, wem die Gegensatzidee in der rechten Weise zur Haltung wird, dem kommt daraus ein edler Gewinn: das Bewußtsein von einer Mitte seines Lebens*). Para Guardini toda persona que convierta la idea de contraste en una actitud intelectual equilibrada y recta, puede extraer de ella la importante enseñanza de una mayor conciencia de un centro en su vida, y la voluntad de hacerlo vigente en su ánimo viviendo de él y para él. El centro es lo que subraya lo particular y la autenticidad de cada uno, es el misterio de la vida en donde los contrastes están unidos, y desde donde salen y retornan (*Die Mitte ist das Geheimnis des Lebens. Wo die Gegensätze zusammen sind; von wo sie ausgehen; wohin sie zurückkehren*). El centro nos habla del misterio de la vida pero tan pronto como el hombre eleva a rango de totalidad su condición particular, entonces elimina otra vez el movimiento propio de lo vital, ese centro libre deja de estar en relación con otros centros y se torna rígido[120].

4. Medida como límite y forma de relación adecuada

Con el concepto de *medida* Guardini nos indica algo que posee una doble significación. En primer lugar, nos habla del *límite* de nuestra existencia finita. La dimensión del límite ligado al carácter finito de la

---

[119] «Mitte ist jene Region – aber das Wort genügt nicht; es handelt sich ja nicht um einen Teil, um eine Gegend – jener Beziehungspunkt, von wo aus überhaupt erst Leben möglich wird. Nichts Starres; nichts, was hier oder dort aufgezeigt werden könnte. Etwas Schwebendes ist sie. Entschwindet, wenn einer sie definieren will und steht sofort klar im Gemüt, wenn es sich auftut, in der rechten Weise ist und lebt», R. GUARDINI, *Der Gegensatz*, 179.

[120] «Die Mitte ist des Lebens Geheimnis. Sie wird zerstört, sobald der Mensch sich an die Besonderung verliert. Nicht schon, wenn er ins Besondere geht, seine eigene Art auswirkt; das soll er. Aber wenn er sich an diese Art verliert. Dann geht die Mitte verloren. Sobald der Mensch die Besonderung, die er doch ist, für Gesamtheit erklärt. Dann erstarrt die freie Mitte, um die das Leben schwingt. Die Mitte ist das Geheimnis des Lebens. Wo die Gegensätze zusammen sind; von wo sie ausgehen; wohin sie zurückkehren», R. GUARDINI, *Der Gegensatz*, 179.

existencia humana está más desarrollado en otros escritos de Guardini. Allí se combinan la sencillez y la profundidad guardiniana para dialogar con algunos pensamientos que pretendiendo obviar la finitud de la existencia ofrecen una imágen errónea de la misma. Un ejemplo de ello es el idealismo alemán que ve en el yo humano algo que simplemente cubre un yo infinito. Esto aunque puede sonar muy profundo es para Guardini claramente falso. Se nos invita una vez más a hacer experiencia de nosotros mismos, a ser honestos con nosotros mismos, para percibir también el error que inspira todo panteismo. Deseando ver la verdad de lo que somos podremos lentamente experimentar también que no somos absolutos. Lo particular y maravilloso de nuestra existencia es que cada uno de nosotros es una esencia personal finita[121]. Nuestro yo no es absoluto, sino relativo y finito.

Desde el caracter finito de nuestro ser se desprende una tarea importante a realizar, tal vez la que está en la raíz de todos los demás deberes: debemos querer ser lo que somos. Tenemos que renunciar a tener los talentos que no tenemos, reconocer nuestros límites y aceptarlos. Eso no significa renunciar a ser mejores, tenemos que ser mejores pero en la línea de lo que se nos ha dado. Y para ello debemos *aceptarnos* y *estar de acuerdo* con lo que somos[122]. Guardini después de invitarnos a mirar con claridad los límites de nuestra existencia y de nuestro pensamiento, nos invita a descubrir la importancia de saber aceptarnos como somos, situarnos en nuestra propia verdad, y mirar con claridad y valentía lo que somos. Este es un paso fundamental para profundizar en nuestro conoci-

---

[121] «Denken wir etwa an die Identitätslehre des deutschen Idealismus, die behauptet hat, das endliche Selbst sei nur die verhüllende Form des unendlichen, nämlich des Ichs Gottes. Das klingt sehr tiefsinnig, ist es aber durchaus nicht. Einmal ist der Gedanke falsch; denn wenn ich in Redlichkeit mir selbst gegenübertrete, weiß ich genau, daß ich nicht absolut bin; daß jeder Pantheismus aus einem Rausch, einer Überhebung kommt. Der Gedanke ist aber auch oberflächlich; denn die eigentüm-liche, ebenso wunderbare wie bedrängende Tiefe unseres Daseins besteht ja gerade darin, daß ich als endliches Wesen Person bin», R. GUARDINI, *Die Annahme seiner selbst*, 12.

[122] «Ich muß darauf verzichten, Begabungen zu haben, die mir versagt sind; meine Grenzen erkennen und sie einhalten. Das bedeutet nicht den Verzicht auf das Streben, aufzusteigen. Das darf ich und soll es; aber auf der Linie des mir Zugewiesenen ... Ich darf aber auch nicht dem Ressentiment verfallen; jener Haltung, die verrät, daß ich doch nicht wirklich angenommen, wirklich verzichtet habe, und darin besteht, das mir Versagte schlecht zu machen. An der Wurzel von allem liegt der Akt, durch den ich mich selbst annehme. Ich soll damit einverstanden sein, der zu sein, der ich bin. Einverstanden, die Eigenschaften zu haben, die ich habe. Einverstanden, in den Grenzen zu stehen, die mir gezogen sind», R. GUARDINI, *Die Annahme seiner selbst*, 16.

miento y para encontrar el camino que nos conduzca a una mayor unidad incluso con nosotros mismos.

El otro sentido que el concepto de medida posee en la teoría del contraste es el que nos señala principalmente el límite que aparece como un estribillo que se repite en cada relación contrastada. Se nos indica con ese límite, un constante peligro de unilateralidad, que nos impulsa a recorrer y mirar en el sentido contrario al que se venía mirando o pensando, para luego volver a cambiar. Todo este movimiento nos conduce de un polo al otro del contraste. Movimiento que se transforma en algo mucho más complejo si pensamos en una relación contrastada que implique *todos* los pares de contrastes, y no solo un par a la vez (a eso apunta en realidad la teoría de la contrasteidad). La teoría del contraste nos ayuda a reconocer el límite que nos acompaña en cuanto seres finitos; pero además ese límite radica en lo antes dicho sobre la relación mutua de los contrastes, y la dependencia de una parte de cada contraste respecto de las otras. La contrasteidad misma es, en este sentido, también un juego complejo de *relaciones* y de *límites* (*Grenze liegt bereits in der Endlichkeit unseres Wesens überhaupt*). La teoría del contraste se convierte en una actitud que nos hace más sensibles para reconocer los límites, ayudándonos a descubrir en ellos también un significado vital, y a vivir desde ellos (*Liegt aber dann und besonders in dem, was über das Maß im Verhältnis der Gegensätze zueinander gesagt wurde; über die Abhängigkeit einer Gegensatzseite von der andern. Gegensätzlichkeit ist Begrenztheit*)[123].

La presentación de los límites en la mirada guardiniana expresa también una nueva perspectiva vital al decirnos que podemos «superar» estos límites (*Und doch können wir diese Grenzen überwinden. Nicht dadurch, daß wir sie verneinen [...]. Sie geschieht, wenn wir das Maß bejahen*). No negándolos, lo que sería una falsedad, tampoco intentando pasar por encima de ellos que constituiría una presunción inútil y riesgosa. La única forma de superación posible mira hacia el interior, y surge cuando *aceptamos* esos límites o medidas. Enten-

---

[123] «Grenze liegt bereits in der Endlichkeit unseres Wesens überhaupt. Liegt aber dann und besonders in dem, was über das Maß im Verhältnis der Gegensätze zueinander gesagt wurde; über die Abhängigkeit einer Gegensatzseite von der andern. Gegensätzlichkeit ist Begrenztheit. Die Lehre von den Todesbereichen zeigt, wie dem Leben innere Schranken gezogen sind, die es nicht überschreiten darf. So wird Gegensatzhaltung zur Maßhaltung; darin das Leben um Grenze weiß und sie wahrt; zur Ehrfurcht und Besonnenheit», R. GUARDINI, *Der Gegensatz*, 179-180.

diendo esto desde una relación armónica con los límites, una relación más justa y adecuada a nuestra condición de seres finitos. Cuando aceptamos los límites, renunciamos a la infinitud y aceptamos esos límites que nos determinan, que configuran en nosotros también un modo de ser, y en relación con ellos se define también nuestra propia forma. El límite es tanto barrera como forma, y si nosotros aceptamos la barrera que nos fue impuesta, trazamos de este modo el perfil de nuestro carácter, configuramos la medida de nuestro ser, lo cual es equivalente a la infinitud en el ámbito de lo finito: «una finita infinitud» (*Bejahte Grenze wird zum inneren Verhältnis der Kräfte. Wenn wir die Grenze bejahen, verzichten wir auf Unendlichkeit. Wir gewinnen dadurch, was im Bereich des Endlichen deren Äquivalent ist*)[124].

Desde la teoría del contraste se puede ahondar en el profundo y sabio conocimiento que se relaciona con todas aquellas *condiciones* y *relaciones* que mantienen viviente la vida desde dentro de sí misma. Solo conoce la vida quien sabe de la muerte, y para la mirada guardiniana, la muerte acecha también desde nuestro interior. Y cae en la tentación que conduce a la muerte, quien busca un equilibrio permanente, anulando la tensión vital interior. Con estos temas del centro y de la medida, se nos presenta la vida como algo que puede permanecer viviente si se mantiene mesurada y móvil, en una forma de tránsito constante que renuncia a un equilibrio estable. Estar sano, internamente incorrupto, significa tensión, disciplina, y la capacidad de continuar el propio camino. La tensión y el constante fluir de la vida se manifiesta también en lo racionalmente expresable, que bien entendido contiene también en sí mismo el misterio de lo inexpresable (*Sie weiß um die Tatsache der Spannung, und wie immer eines das andere trägt. Um die sprechbaren Rationalitäten, die das unsprechbare Geheimnis umschließen*)[125].

---

[124] «Und doch können wir diese Grenzen überwinden. Nicht dadurch, daß wir sie verneinen; das wäre Unwahrheit. Auch nicht durch den Versuch, über sie hinauszuschreiten; vom Ethos der Gegensatzlehre aus gesehen Frevel und Überhebung. Die einzig mögliche Überwindung geht nach innen. Sie geschieht, wenn wir das Maß bejahen, aber es umschaffen in die andere Bedeutung des Wortes: Maß ist Einklang, rechtes Verhältnis. Bejahte Grenze wird zum inneren Verhältnis der Kräfte. Wenn wir die Grenze bejahen, verzichten wir auf Unendlichkeit. Wir gewinnen dadurch, was im Bereich des Endlichen deren Äquivalent ist, wenn man so sagen darf: die Sättigung des Endlichen mit der ihm zugewiesenen Bedeutungsfülle, Vollendung. Von der Gegensatzlehre her geformte Haltung gewinnt ein tiefes Wissen um die Bedingungen, unter denen das Leben lebendig bleiben kann», R. GUARDINI, *Der Gegensatz*, 180.

[125] «Leben kann lebendig nur bleiben, wenn es maßvoll und bewegt bleibt; ein steter, auf bleibendes Gleichgewicht, auf dauernde Gegenwart verzichtender Vorübergang. Heil

CAP. II: UNA GUÍA A LA INTUICIÓN 213

Guardini le dedica un importante espacio en su obra *Der Ggegensatz* al tema de las relaciones de los contrastes entre sí. Desde allí se puede apreciar el espesor de la *movilidad* vital de la que se habla. La *medida* como límite y forma de relación adecuada entre los pares de opuestos es un principio importante de las relaciones contrastadas, un principio que fue siendo cada vez más valioso en la mirada del mismo autor. Lo mismo se dijo del *centro*, ese núcleo que escapa a la percepción directa, que escapa a un tipo de conocimiento solo racional empírico, y que solo un tipo particular de conocimiento logra captar, un conocimiento en el que se incorpore la importante y descuidada vertiente intuitiva. De este amplio tema que indica la compleja dinámica de las relaciones contrastadas deseo mencionar muy brevemente algunos aspectos.

5. Las relaciones contrastadas

Los contrastes en el sistema guardiniano no tienen una relación limitada solo a los pares de opuestos que se han nombrado, como por ejemplo acto-estructura, o plenitud-forma, etcétera, sino que se relacionan también entre los pares contrastados del mismo grupo, y con los otros grupos. Es decir que se da una relación de entrecruzamiento con cada contraste del propio grupo, pero también con los contrastes de los otros grupos. Los grupos de contrastes ya se dijo que son tres: el grupo de los contrastes intraempíricos formado por tres pares de opuestos, o sea que hablamos de un total de seis contrastes; los transempíricos formados también por tres pares de opuestos, y los categoriales siendo el único grupo formado por dos pares de opuestos, es decir integrado por cuatro contrastes. Las relaciones no se limitan solo al par contrastado, sino que hay una relación entre todos los contrastes de cada grupo. Pero el tema de las relaciones de contrastes se complica aún más cuando Guardini habla de la relaciones de los grandes grupos de contrastes entre sí; y además de la relación de entrecruzamiento de los contrastes en cada uno de sus grupos. Y entre los tres grupos de contrastes, se da también una relación no solo de entrecruzamiento sino transversal, a través de las llamadas series de contrastes[126]. Todo esto no puede ser desarrollado aquí, pero es importante tenerlo en cuenta para poder apreciar una imagen un poco más cerca-

---

sein, innerlich unversehrt, bedeutet Spannung, Zucht und die Fähigkeit, immerfort zu schreiten, immerfort "hindurchzugehen"», R. GUARDINI, *Der Gegensatz*, 181.
[126] Cf. R. GUARDINI, *Der Gegensatz*, 88-92.

na de esa movilidad de la que se habla, como así también darle una nueva dimensión a lo que se dice cuando se habla de tensión; ya que el significado y el alcance de esta tensión no se limita solo a un par de opuestos[127].

La mención de las complejas relaciones entre los pares de opuestos y los diferentes grupos de contrastes expresa una dinámica que corresponde al conocimiento vital propuesto por Guardini. Este tipo de conocimiento ciertamente complejo, que *nunca* llega a un equilibrio definitivo, se nos presenta aquí como un conjunto de instrumentos que nos ayuda a dirigir una *mirada* más cercana a lo viviente concreto. Desde su complejo conjunto de relaciones en tensión constante, *impide apropiarnos* de lo que conocemos como si se tratase de algo inmutable. Se nos invita a dar siempre nuevos pasos para una mayor y renovada apertura, a mirar y considerar con *mayor atención* la realidad de lo viviente concreto que deseamos conocer. Este es un instrumento para el conocmiento que nos ayuda a diversificar las miradas, a no caer en la tentación de resolver la tensión de forma racional o intuitiva. Además nos recuerda con esta complejidad que no estamos ante una estructura mecánica, sino ante una unidad viviente, compleja y en tensión.

Al analizar los diferentes contrastes, sucedió siempre que el pensamiento partía de una parte del contraste e intentaba captar su esencia de un modo «puro», es decir: captar plenamente su sentido. Pero al hacerlo, se llegaba siempre a un límite insuperable; se advertía que dicho sentido no podría ser realizado de modo puro. Siempre debía estar presente, al menos, una mínima parte contrapuesta para que fuera posible la primera. Solo es viviente una situación vital cuando está presente en ella, al menos, un mínimo de la parte contrapuesta, ya que ésta hace posible que exista y sea pensada. Si la vida se acerca a la realización de un contenido de sentido «puro» significa en principio algo positivo;

---

[127] «Wir haben gesehen, wie jeder der verschiedenen Seiten, eben kraft des Gegensatzverhältnisses, jeweils die Gegenseite mitenthält. Nun gibt es aber zum Beispiel Form nicht im allgemeinen, sondern nur als Form von Etwas. So ist Form ohne weiteres, notwendig, Form etwa von "Bau". Im lebendigen Bau aber liegt von vornherein Akt mitgegeben. So ist auch er ohne weiteres, und sei es nur im lebendigen Mindestmaß, Mit-Inhalt jener Form. Lebendiger Form ist also das Moment der Struktur wie des Aktes, unmittelbar oder mittelbar, notwendig eingegeben. Das Gleiche tritt an der in der Form mitgegebenen Fülle zu Tage. Auch sie ist Fülle von Etwas; so von Akt; lebendiger Akt enthält aber von Struktur wenigstens ein Mindestmaß usf. [...]. Das Kreuzungsverhältnis bedeutet also, daß in jeder Gegensatzseite jeweils beide Seiten der beiden anderen Gegensatzpaare, unmittelbar oder mittelbar, mitgegeben sind. Dadurch entsteht ein vielfaches Geflecht innerer Spannungen», R. GUARDINI, *Der Gegensatz*, 84-85.

pero al mismo tiempo la vida es amenazada en forma creciente, la amenaza viene dada por el crecimiento en la univocidad.

En Guardini surge también una interesante cuestión vinculada con las relaciones contrastadas cuando se pregunta si es posible el equilibrio entre los contrastes. Responde que teóricamente es posible, ya que en la movilidad de las relaciones contrastadas puede ser posible un momento de cierto equilibrio. Sin embargo, teniendo en cuenta la misma movilidad de las relaciones, recuerda que ese equilibrio puede ser solo momentáneo, puede ser solo considerado como el equilibrio que se produce en *una parte* de *todo* el proceso. La relación de equilibrio es un caso excepcional sólo posible como un momento de tránsito. Si se trata de algo perdurable, configura otro caso límite que solo conduce a la ruina de la vida al eliminar la tensión, y por lo tanto conduce a la muerte[128].

6. Mirada contrastada e intuición concreta

La mirada contrastada que propone Guardini forma parte del intento de conocer lo concreto viviente, afirmando la riqueza de la vida y la complejidad que implica su correcto conocimiento. Para esto se debe estar siempre atento a no parcializar nuestro modo de ver con ideas o perspectivas de conocimiento que simplifiquen la realidad haciéndola tal vez más sencilla, pero alejándonos de ella, y confinándonos al ámbito de lo abstracto. Una correcta comprensión de la mirada contrastada debería conducirnos, según Guardini, a ver también el núcleo *supra-racional* de lo viviente concreto, que no puede ser captado *solo* racionalmente por un sistema esquemático (*jenes Lebendige nicht begrifflich erfassen kann*). Lo supra-racional significa para Guardini algo más que a-racional (*Über-rational bedeutet mehr, als außer-rational*), siendo esto último lo que no puede ser captado mediante *un* modo de pensamiento formal-conceptual,

---

[128] «Kann das Maßverhältnis der beiden Gegensatzseiten ein solches sein, daß diese sich darin die Waage halten? Also ein vollkommenes Gleichgewicht bilden? Theoretisch ohne weiteres. Aber in Wirklichkeit? Sicher als Durchgangsform in einem Verschiebungsvorgang [...]. Es gibt also wirklich ein Gleichgewicht beider Gegensatzseiten: als Durchgang einer Verschiebungsbewegung. Das ist ein kurzer Augenblick von kostbarster Wohlgestalt [...]. Ein solches Gleichgewicht würde bedeuten, daß lebendiger Zug und Gegenzug, Druck und Gegendruck einander aufhöben. Es wäre ein ausgeglichenes Energiesystem. Das aber würde Tod bedeuten. Die innere Spannung wäre festgelegt. Das Verhältnis des Gleichgewichtes ist eine Ausnahme-stellung; nur möglich als Übergang. Als dauernd genommen bildet es wiederum einen Grenzfall, der nur im Untergang des Lebens, im Tod verwirklicht werden könnte. Nicht nur Grenzfall, auch Grenzwert», R. GUARDINI, *Der Gegensatz*, 97-98.

sino solo mediante la *intuición*. El equivalente intelectual que traduce directamente su contenido no es el concepto racional, sino la intuición, tratándose también ella de algo a-racional[129].

En el sistema guardiniano lo supra-racional es el *conjunto* de lo viviente concreto, que es tanto racional como a-racional, y que se encuentra en ambas esferas. Pero es todavía algo más, algo distinto de la síntesis de los dos (*Überrational hingegen ist jenes Ganze des Lebendig-Konkreten, das sowohl rational, als auch außer-rational ist; das in beiden Sphären steht, aber doch mehr ist, anderes, als deren Synthese*). El misterio natural de lo viviente radica en lo supra-racional, y aquí se dan las antítesis irreductibles de lo concreto que se caracterizan como «ser en tensión». A este núcleo de lo viviente solo puede hacerle justicia un acto de conocimiento que tenga su misma estructura. Que siendo supra-racional, abarque lo racional y lo a-racional en un acto conjunto superior: esto sería posible para Guardini desde lo que él llama la «intuición concreta» (*"Diesem Kern des Lebendigen ist nur ein Erkenntnisakt gewachsen, der gleiche Struktur hat; der, selbst über-rational, das rationale und das außer-rationale Element in einem mehrseienden Totalakt umfaßt: die Anschauung*)[130].

---

[129] «Es ist im Laufe dieser Überlegungen immer wieder zur Geltung gekommen, wenn es auch nicht besonders erörtert wurde. Alles Lebendige enthält einen überrationalen Kern. Wirkende Gestalt, baugetragener Akt, ins Gesamte bezogenes Eigensein, gegliederte Ganzheit, geformte Fülle, quellende Gestalt; geregeltes Hervorbringen, schaffensfähiges Ordnen, Ursprünglichkeit, die von Regel umfangen ist, Gesetz, das für freien Aufsprung Raum läßt, Selbst-Inne-Sein ohne Versinken, Überschau, die im Innern verwurzelt bleibt; Ähnlichkeit des Mannigfaltigen, Vielartigkeit in Verwandtschaft, gegliederter Zusammenhang, einheitsbezogene Besonderungen – all diese gegensätzlich gebauten Aussagen sind Abwandlungen des Einen: der Lebendigkeit. Sie alle aber bringen dem sauberen, unverschliffenen Denken zu Bewußtsein, daß es jenes Lebendige nicht begrifflich erfassen kann. Es ist überrational», R. GUARDINI, *Der Gegensatz*, 172-173.

[130] «Über-rational bedeutet mehr, als außer-rational. Letzteres ist, was nicht durch formal-begriffliches Denken, sondern nur durch Intuition gefaßt werden kann: die ganze Reihe der "Fülle". Oben wurde ja gezeigt, wenn von "Begriffsreihen" die Rede sei, so bedeute "Begriff" vor der Form-Reihe etwas anderes als vor der anderen [...]. Direkt, inhaltlich erfaßt wird diese Reihe durch die Intuition [...]. Dieses ist außerrational. Überrational hingegen ist jenes Ganze des Lebendig-Konkreten, das sowohl rational, als auch außer-rational ist; das in beiden Sphären steht, aber doch mehr ist, anderes, als deren Synthese. Hier liegt das natürliche Mysterium des Lebendigen. Nicht im Außer-Rationalen; das ist vollkommen "klar", durch eindeutigen Intuitionsakt zu fassen. Es ist falsch, das Wesen des "Geheimnisses" nur aus dem Gegensatz zur begrifflich-rationalen Denkbarkeit zu bestimmen. Aber im Über-Rationalen. Erst hier liegen die nicht aufzulösenden Antithesen des Konkreten: das "Sein in Spannung"; trotzdem in keine einfa-

El concepto por sí solo no puede captar lo concreto viviente, y tampoco la sola intuición. Ambos, el concepto y la intuición, deben producir conjuntamente, para Guardini, *un acto cognoscitivo concreto*, en cuya estructura radicaría la *correspondencia* con la concreción del objeto viviente concreto. Esto acontece del mismo modo en que un contraste está ligado a otro, por lo tanto no se trata de una unión externa ni una síntesis de los dos, se trata de un proceso conceptual formal y preciso, pero desde un *acto de intuición que es dirigido* mediante precisas líneas conceptuales a un fin determinado lógicamente, haciéndose presente un máximo de intuición pero configurado por un máximo de energía conceptual. Esta intuición debe obtener un carácter distinto, el carácter de algo concreto, pudiendo ser designada por Guardini después de todo el proceso en el que ha sido guiada por lo conceptual como *Intuición concreta* (*Anschauung*). Esa Intuición no es el producto de una síntesis de intuición y conocimiento conceptual, como tampoco es lo concreto una síntesis de los contrastes, se trata de un acto cognoscitivo viviente-concreto que se realiza en medio de la máxima tensión que media entre ambos polos vitales. Mantiene la tensión en sí, al igual que la realidad compleja de la vida que se muestra en una unidad en tensión. A la intuición se le prescribe el objeto, la dirección y el camino a través de medios científicos, a través de los conceptos, y surge ya no una intuición indeterminada, sino una intuición concreta, configurada científicamente[131].

El *conocimiento* como acto vivo es en sí mismo un *contraste*, donde se encuentra presente la intuición y el concepto, y no deriva uno del otro. Para pasar de uno a otro dice Guardini que se debe dar un paso (*Und es bedarf eines "Schrittes", um aus einem Gegenstand – und Aktbereich in anderen zu kommen*). Un conocimiento formal puro, co-

---

cheren Elemente zu zerlegen, sondern ein Erstes, Ursprüngliches», R. GUARDINI, *Der Gegensatz*, 173-174.

[131] «Reine Begriffskraft würde das Konkrete zum Abstraktum zerstören. Reine Intuition würde es ins Unfaßbare zerfließen. Es müßte ein Moment durch das andere gebunden werden. Aber nicht äußerlich, "synthetisch", sondern so, wie überhaupt Gegensatz durch Gegensatz gebunden wird: zu einem konkreten Akt. Ebendarin, in der Konkretheit des Aktes, läge die spezifische, der Konkretheit des Gegenstandes zugeordnete Struktur. Es müßte ein eindeutiger, formaler Begriffszug sein, aber auf einen entsprechenden Intuitionsakt hin angelegt. Ein Akt der Intuition, aber durch eindeutige Begriffslinien auf ein logisch bestimmtes Ziel zugerichtet. Ein Höchstmaß also von Intuition, durch ein Höchstmaß von Begriffskraft geformt. Die Intuition würde darin einen anderen Charakter bekommen, eben den konkreten. Bezeichnen wir sie mit Anschauung», R. GUARDINI, *Der Gegensatz*, 151.

mo la intuición pura, es imposible, no pueden ni siquiera ser pensadas. Solamente son viables los máximos de una actitud si cuentan con el apoyo vital de los mínimos de la actitud contrapuesta. *Conocimiento viviente como acto concreto* de un sujeto viviente, se da en ambas actitudes intuitiva y conceptual, no se mezclan y tampoco se puede deducir una de la otra. Ni la intuición puede ser deducida del concepto, considerándola como un pensamiento conceptual realizado muy rápidamente o por costumbre o de modo inconsciente, ni el concepto es deducible de la intuición, interpretándolo como su clarificación formal. Cada modo de conocimiento está en sí como algo irreductible, orientado hacia el objeto de conocimiento de un modo totalmente peculiar. Y tanto el racionalismo como el intuicionismo son para Guardini formas de mirar erróneas que llevan hasta el extremo una forma de ver unilateral, que confunden los ámbitos esenciales, siempre dispuestos a pasar de uno al otro. El racionalismo y el Intuicionismo destruyen así la autonomía de los ámbitos[132].

Este acto de conocimiento del que nos habla Guardini es en sí mismo concreto y adecuado a la concreción del objeto, abarcando el concepto y la intuición. Como tal, solo puede ser expresado inmediatamente a través de una forma concreta: una acción, un símbolo, el propio ser. Pero si esta expresión ha de ser científica, son indispensables los conceptos, y como estos solo captan lo racional, el contenido de la «*intuición concreta*» debe poder ser reducido de nuevo a lo conceptual-racional. Todo este proceso que confluye nuevamente en la captación científico-conceptual de un objeto será incomparablemente más plena y auténtica si se apoya en una intuición plena y rica, frente a un concepto que se apoyara solamente en otros conceptos, transformándose en el resultado de concepto de conceptos que no dispone del contacto con lo concreto que brinda la intuición. Aquí se encuentra para Guardini la respuesta a la pregunta

---

[132] «Reine Formal-Erkenntnis wie reine Intuition sind unmöglich, können nicht einmal gedacht werden. Sie stellen als solche Grenzwerte dar. Möglich sind nur Maxima der einen, lebendig gehalten durch Minima der andern Haltung. Lebendige Erkenntnis, Erkenntnis als konkreter Akt des lebendigen Subjekts, steht in beiden Haltungen, in beiden Sinnsphären. Nicht sie verwischend; man kann keine von der andern ableiten. Weder die Intuition vom Begriff, indem man sie als sehr schnell, oder gewohnheitsmäßig, oder unbewußt vollzogenes Begriffsdenken ansieht, noch den Begriff von der Intuition, indem man ihn als deren formale Klärung auffaßt. Jede Weise steht unableitbar in sich, auf eine ihr spezifisch zugeordnete Seite im Erkenntnisgegenstand gerichtet. Und es bedarf eines «Schrittes», um aus einem Gegenstands- und Aktbereich in den andern zu kommen. Rationalismus wie Intuitionismus sind beide falsch; sie vermengen die Wesensbereiche», R. GUARDINI, *Der Gegensatz*, 149.

sobre si se puede captar o no lo viviente-concreto de modo científico. Si conocimiento científico significa captar algo inmediatamente a través de conceptos, entonces no puede serlo porque los conceptos se dirigen a lo general abstracto, y solo puede ser captado lo concreto mediante la intuición. Pero a la intuición pueden serle prescritos el objeto, la dirección y el camino a través de medios científicos, a través de conceptos, así por el camino del sistema guardiniano se ofrece una posibilidad para llegar de una *intuición imprecisa y formalmente vacía (freischwebender Intuition)*, a una *intuición concreta (Anschauung)*, porque ha sido configurada científicamente (*tritt an Stelle freischwebender Intuition wissenschaftlich geformte Anschauung*)[133].

La intuición concreta (*Anschauung*) debe ser posible para Guardini como hábito perdurable, desde la tensión y el impulso que la mueve de una mirada múltiple. Lo que implica un hábito que habla de disciplina y autovencimiento por no quedar encerrado en una forma de mirar que nos sea más familiar o que nos brinde más seguridad. Es una mirada, por otro lado, que desde su multiplicidad no intenta producir un saber enciclopédico, sino que desea dejarse guiar por la reverencia al misterio de lo concreto viviente, desde la conciencia que el pensamiento individual, como ya se dijo, es unilateral y se dirige a la serie de contrastes que prevalece en cada uno, a eso que le resulta más familiar en la propia constitución, diluyendo la tensión y reposando en lo que es conforme a la condición propia. Toda unilateralidad anula la tensión, por ello la *intuición concreta* de la que habla Guardini será posible solo con la *disciplina* que colabore e impulse a la constante *conversión*, pero que no implica solo lo intelectual sino toda la vida, recordando lo que Guardini nos dijo: *conocer es un acto vivo de toda la persona*[134].

---

[133] «Auch das Ergebnis dieses Erkenntnisaktes ist konkret, Begriff und Intuition überwölbend. Als solches kann es wiederum nur in konkreter Gestalt unmittelbar ausgesprochen werden: in einer Tat, in einem Symbol, im eigenen Sein. Soll diese Aussprache wissenschaftlich geschehen, dann stehen nur Begriffe zur Verfügung. Und da diese nur das Rationale erfassen, so muß der Inhalt der Anschauung wieder auf das Begifflich-Formale reduziert werden [...]. Dies scheint mir die Antwort auf die Frage, ob das Lebendig-Konkrete wissenschaftlich erfaßt werden könne. Bedeutet wissenschaftliches Erfassen soviel wie: unmittelbar durch Begriffe erfassen, dann kann es nicht sein. Denn unmittelbar kann das Konkrete nur von der Intuition erfaßt werden. Wohl aber können der Intuition durch wissenschaftliche Mittel, eben durch Begriffe, Gegenstand, Richtung und Weg vorgeschrieben werden. Dann tritt an Stelle freischwebender Intuition wissenschaftlich geformte Anschauung. Damit ist der Gegenstand indirekt begrifflich erfaßt und wissenschaftlich eingeordnet», R. GUARDINI, *Der Gegensatz*, 159-160.

[134] «Diesem Kern des Lebendigen ist nur ein Erkenntnisakt gewachsen, der gleiche Struktur hat; der, selbst über-rational, das rationale und das außer-rationale Element in

Con estas ideas se opone Guardini tanto al racionalismo e intelectualismo como al intuicionismo y misticismo. Su propuesta es esta intuición concreta que contiene en sí misma la unidad en tensión de lo racional y lo a-racional propio de lo viviente concreto, sin resolverlo en la síntesis de un tercer elemento. Esta no es la propuesta del racionalismo ni del intuicionismo, ya que el primero niega o destruye lo que es irreductible conceptualmente, provocando el surgimiento de lo contrario en la forma del intuicionismo y misticismo que rechazan todo tipo de control. Se trata de un universalismo relacionado con una actitud que intenta ver correctamente lo que aparece ante la mirada[135].

7. Mirada contrastada y mirada femenina

Otro tema importante que pone de relieve la mirada contrastada, es la búsqueda de un nuevo espacio para la mirada femenina. La intuición que es subrayada con intensidad en esta obra de Guardini, se vincula muy estrechamente con lo femenino y pone en evidencia la necesidad de colocarla en un lugar más relevante. En el pensamiento occidental se acentuó con demasiado énfasis por cuestiones sociales, históricas y culturales el pensamiento masculino. Y aunque la situación moderna es diferente, la mirada femenina todavía no logró para Guardini el lugar que le corresponde[136]. Para Guardini esto es también evidente en la

---

einem mehrseienden Totalakt umfaßt: die Anschauung. Sie aber, wie die ganze, tragende Haltung, ist gespannt, mühsam; als ständige Denkgewohnheit nur durch stete Zucht und Selbstüberwindung möglich [...]. Dem "Mysterium" genannten Kern des Lebendigen entspricht nicht etwa irgendwelche nebelhafte Ahnung oder ein Geheim-erlebnis, sondern die gespannte Anschauung, bei der die Ehrfurcht vor dem Mysterium sich umsetzt in Zucht und Selbstüberwindung. Alle Einseitigkeit zerstört die Spannung. Alle Einseitigkeit ist unerlaubte Vereinfachung», R. GUARDINI, *Der Gegensatz*, 174.

[135] «Überlegungen über den Unterschied von "Rationalismus" und "Intellektualismus" gesagt wurde. Der erste leugnet oder zerstört das begrifflich Unauflösbare. So ruft er sein Widerspiel, den einseitigen, jeder Prüfung sich entziehenden Intuitionismus und Mystizismus hervor [...]. Der Universalismus, um den es sich handelt, ist also eigener Art. Keine enzyklopädische Einregistrierung aller Gegenstände [...]. Sondern ganzheitsbezogene Haltung; eine Weise, wie das gesehen wird und das getan, was auf Grund der sachlichen Notwendigkeiten und individuellen Aufgaben gesehen und getan werden muß [...]. Eine optische Richtigkeit, wie das gesehen wird, was vor den Blick kommt; eine Perspektive, wie sich die Dinge dem Auge einordnen», R. GUARDINI, *Der Gegensatz*, 175.

[136] Encontré un solo artículo que habla de lo femenino y el proceso de conocimiento en Guardini, pero no desde la perspectiva que aquí se sigue, relacionado con la intución y la mirada contrastada. Wiesemann menciona brevemente la teoría del contraste para detenerse con más detalle en la devoción Mariana de Guardini, en su interpretación de Dante (sobre todo la figura de Betrice), y la experiencia de lo feme-

escolástica aristotélica[137]. Fianalmente volveremos a tratar la importancia de la intución en la relación de los pares de opuestos, esta vez vinculando la intuición con la categoría del encuentro.

7.1 *Intuición, platonismo y lo femenino*

Ya se dijo que cada contraste, cada grupo y cada serie de contrastes tiende a afirmarse de forma independiente y absoluta, sin considerar el polo opuesto, y tiende a fundamentar esta unilateralidad de modo axiológico, viéndola como un criterio de valor. Esa tendencia a configurarse de modo «puro» significa, al mismo tiempo, el esfuerzo por identificar una serie de contrastes, y todo lo que ella implica, con el hombre auténtico, y con el ser valioso en general. Esto es un riesgo que acompaña tanto al hombre particular como al conjunto de la sociedad y de la historia; eliminar la tensión para hacer más fácil el camino, proponiendo un camino que se afirme en sí mismo desde la unilateralidad y que aleje lo poco claro e inseguro[138]. Eso mismo sucede en el intento de considerar una serie de contrastes como más valiosa, o incluso como criterio absoluto, tal como se hizo, según Guardini, con la ingenua voluntad masculina de poder y dominio en la cultura occidental. Voluntad que pese a su primitivismo, en el fondo todavía, no está superada del todo. A pesar de que hoy se hayan dado algunos pasos en esta dirección desde el tiempo en que Guardini expresa estas ideas, lo cual resulta alentador, parece seguir presente el peligro de que los pasos sean dados más desde una reacción que desde una relación más auténtica y abierta a

---

nino en relacion con la figura de su madre y algunas amistades espirituales importantes que dejaron una huella profunda en la vida de Guardini (Josefine Schleußner y Maria Knoepfler). Cf. K.-H. WIESEMANN, «Das "weibliche Moment"», 25-33.

[137] «"Was *die Materie* ist, ist sie in der Potenz." Das heißt, die Materie ist reine Möglichkeit, reine Bestimmbarkeit. In sich selbst ist sie zwar kein Nichts, aber auch kein qualitativ nennbares Etwas. Alles, was sie ist, empfängt sie durch die Form. Hier liegt das Charakteristikum der aristotelischen Scholastik: ein extremer Maskulinismus. Welche Konsequenzen, wenn man bedenkt, daß diese Scholastik das ganze offizielle kirchliche Denken und durch das kirchliche das ganze abendländische Denken überhaupt bis in die Neuzeit hinein bestimmt!», R. GUARDINI, *Wahrheit des Denkens*, 29.

[138] «Und wird sehen, daß jede Reihe die Neigung hat, sich absolut zu nehmen, und diese Einseitigkeit auch axiologisch, als Wertmaßstab zu begründen. Die Tendenz zur "reinen" Durchbildung bedeutet auch das Streben, die betreffende Reihe und was sie trägt, mit dem eigentlichen, wertvollen Menschen; weiter ausgreifend, mit dem wertvollen Sein schlechtweg gleichzusetzen. Das gilt für den Einzelnen, wie für die gesellschaftliche oder geschichtliche Gesamtheit», R. GUARDINI, *Der Gegensatz*, 108.

toda la realidad de lo viviente. La prioridad que tiene la importancia de la voluntad masculina es puesta de relieve para invitarnos a superar desde el sistema guardiniano una unilateralidad del pensamiento que incorpore más decididamente no solo lo femenino, sino también lo intuitivo, que en el conocimiento vivo propuesto es considerado como parte esencial[139].

Al predominio de la voluntad masculina en el párrafo anterior se puede añadir también el predominio de lo conceptual, con la consecuencia del influjo dominante de lo abstracto, que pierde de vista una perspectiva intuitiva de la mirada más vinculada con lo femenino. En el *Der Gegensatz*, se encuentra una extensa e interesante nota aclaratoria sobre ideas que se hacen presentes por primera vez en esta obra. Están relacionadas con la propuesta de un conocimiento vivo, que corresponda a la vida, y que no se deje encerrar por lo unilateral. En ese texto se dice *que si una madre* sabe con claridad y nitidez perfectas cómo es el estado corpóreo-psíquico de su hijo en un momento determinado, esto no constituye en principio un conocimiento «inmediato» ya que la no-conceptualidad (no-discursividad) de tal conocimiento, no implica un conocimiento no-mediado (inmediatez ontológica). Guardini señala que existe una confusión al considerar el conocimiento no-conceptual como un conocimiento no mediado, lo que hizo crecer mucho la desconfianza frente a la idea del pensamiento no-conceptual. Después nos señala que este acto de conocimiento de la madre también está «mediatizado» por la percepción, la representación; y que el hecho de no ser un conocimiento discursivo no significa que no sea mediatizado. Se señala, además, que la estructura y la orientación de los medios con los que ese conocimiento es mediado no son conceptuales, ni formales, sino intuitivos. Eso no significa que representen formas inmaduras e imprecisas de conceptos, ni formas de juicio y raciocinio tan rápidas que no se lleguen a tomar conciencia de ellas. Se trata más bien del contraste correspondiente a estas formas diferentes de conocimiento conceptual, un contraste que no es antirracional, sino constructivo que aporta también algo importante al conocimiento vivo[140].

---

[139] «Das gleiche gilt auch für den Versuch, eine Reihe als wertvoller, gar als den Wert, den Maßstab hinzustellen – wie es zum Beispiel der naive maskuline Geltungs – und Herrschwille besonders in der abendländischen Kultur immer getan hat. Welcher Wille, trotz seiner Primitivität, im Grunde ernstlich noch nicht erschüttert ist», R. GUARDINI, *Der Gegensatz*, 109.

[140] «Wenn etwa eine Mutter mit vollkommener Klarheit und Eindeutigkeit weiß, wie der augenblickliche seelisch-leibliche Zustand ihres Kindes ist, so bildet das zunächst

CAP. II: UNA GUÍA A LA INTUICIÓN 223

Lo que ve la madre en su hijo no lo podría decir exactamente de modo conceptual, aunque fuese la mejor filósofa; pero sí lo puede expresar a través de una imagen, un gesto, una acción, y esto también forma parte del conocimiento que no contradice lo conceptual, formando parte del polo opuesto de lo conceptual, más ligado a una serie de contrastes que se relacionan con lo intuitivo y creativo[141]. A mi modo de ver, resulta clara la propuesta guardiniana de un conocimiento *más* amplio que considere y valore otros procesos cognoscitivos *sin reducir todo solo a lo conceptual discursivo*, incorporando conocimientos que acerquen más a la vida y que integren aspectos importantes del conocer que se vinculen más con lo intuitivo. Estos aspectos están presentes también para Guardini incluso en la misma ciencia. La atención, además, no solo va enfocada a lo que se dice sino a la forma y a los gestos con los cuales se expresa un conocimiento que también ilumina un acercamiento a lo viviente concreto, destacando la importancia que tiene también el mundo del sujeto cognoscente, quien es también alguien concreto y que conoce con toda su vida. El que conoce no es solo un sujeto lógico que desarrolla el proceso de conocer como si se tratara de algo mecánico[142].

Con esto intenta Guardini seguir profundizando en la cuestión de fondo e interpretarla rectamente, buscando precisar aún más el modo como está relacionado el *aspecto intuitivo* con el *racional* en el acto total del conocimiento, ya que para él, esto constituye un problema central de la

---

keine sogenannte "unmittelbare" Erkenntnis. Gerade die Verwechslung von Nicht-Begrifflichkeit (Nicht-Diskursivität) mit Nicht-Vermitteltheit (ontologistische Unmittelbarkeit) hat viel zum Mißtrauen gegen den Gedanken eines nicht-begrifflichen Erkennens beigetragen. Demgegenüber betone ich, daß dieser Erkenntnisakt durchaus "vermittelt" ist, durch Wahrnehmung, Vorstellung usf. Aber Struktur und Richtung der Vermittlungs-Gebilde sind hier andere. Sie sind nicht begrifflich; nicht formal, sondern intuitiv im unten näher entwickelten Sinne; auf Fülle, Fluß, besondere Differenzierung gerichtet. Sie stellen nicht die noch unklare Vor-Form eines Begriffes dar; ebensowenig blitzrasche, bloß nicht als solche bewußtwerdende Urteile und Schlüsse. Sondern den ganz klar charakterisierten, nicht feindlichen, antirationalen, sondern konstruktiven Gegensatz dazu», R. GUARDINI, *Der Gegensatz*, 146-147.

[141] «Das, was die Mutter da sieht ("fühlt", sagt man wohl irreführender Weise), könnte sie, als solches, begrifflich überhaupt nicht sagen, und wäre sie die schärfste Philosophin; wohl aber durch ein Bild, eine Gebärde, eine Handlung», R. GUARDINI, *Der Gegensatz*, 147.

[142] «Erkennen ist ein bestimmtes lebendiges Verhalten des konkreten Menschen gegenüber dem konkreten Gegenstand. Kein abstraktes, "logisches" Subjekt also trägt es, sondern ein lebendiges. Erkennen ist Begegnung, freilich bestimmt geartete. Wenn nun Erkennen ein lebendiges Verhalten ist, dann muß es, wie alles Lebendige, gegensätzliche Struktur haben», R. GUARDINI, *Der Gegensatz*, 143.

teoría del conocer[143]. Acompañarán estas reflexiones una consideración sobre una actitud cognoscitiva en la que el sujeto se siente distanciado del objeto, indiferente a eso que aparece ante su mirada. Durante este proceso cognoscitivo ese objeto es asumido y elaborado según puntos de vistas formales, comparado, disuelto, reducido a equivalentes lógicos. Y todo eso es contemporáneamente puesto en relación con otros conceptos y juicios. Toda la tarea del conocimiento se dirige, en este caso, al objeto; pero desde un punto de vista solo formal. Expresando este aspecto formal como la matemática de la cosa, captando lo universal, lo que existe de común entre ese objeto y otras cosas, y llegando a una constante desde la que se puede hasta prescindir finalmente del objeto individual. Resultado de este esfuerzo son los equivalentes lógicos de la forma real que configuran las cosas desde notas, conceptos, juicios, sistemas: lo que para la mirada guardiniana equivale a la ciencia[144].

Pero también habla Guardini de otra actitud cognoscitiva en la que el cognoscente no se percibe como puesto «frente» al objeto, sino que más bien siente un equivalente subjetivo de ese objeto en sí mismo, una representación en la conciencia del objeto, y se siente a sí mismo «en dicha representación». El sujeto siente en el acto cognoscitivo que «brota» en su propio interior el equivalente subjetivo del objeto, vi-

---

[143] «Es ist das eine Erkenntnis-Weise, wie sie den verschiedenen Formen des Intuitionismus, Pragmatismus und Symbolismus zu Grunde liegt, freilich einseitig übersteigert, und erkenntnistheoretisch wie metaphysisch falsch gedeutet. Im religiösen Denken ist sie durch die Ahnungs – und Erlebnistheorie mißverstanden und anti-rational ausgebeutet worden. Innerhalb des katholischen Glaubensbereichs hat sie im Modernismus eine geschichtliche Bedeutung erlangt, in dem sie einseitig bewertet und zum rationalen Erkennen in einen wesenswidrigen, auch überflüssigen Gegensatz gebracht wurde. Dem Problem ist aber nicht gedient, wenn man nun das Phänomen wegerklärt, weil es schon falsch gedeutet worden ist, antirational, agnostisch, intuitionistisch, ontologisch oder wie immer. Vielmehr gilt es, den Tatbestand zu sehen, ihn aber richtig zu deuten. Und darin, wie dieses Moment im Gesamtakt der Erkenntnis zum anderen stehe, scheint mir gerade das eigentliche, konstruktive Problem der Erkenntnis zu liegen», R. GUARDINI, *Der Gegensatz*, 146-147.

[144] «Es gibt eine Erkenntnishaltung, darin erfährt sich das Subjekt als in deutlichem Abstand dem Objekt gegenübergestellt. Als "tabula rasa", an und für sich gleichgültig dafür, was ihm ins Blickfeld tritt. Im Erkenntnisvorgang wird der Gegenstand aufgenommen; nach bestimmten formalen Gesichtspunkten bearbeitet, zurechtgerückt, verglichen, aufgelöst, in logische Äquivalente (Merkmale) übergeführt. Diese zu anderen, ebensolchen in Beziehung gesetzt und eingeordnet [...]. Man könnte sagen, um die Mathematik des Dinges. Das Formale als Erkenntnismittel ist das Abstrakte [...]. Ergebnis dieser Bemühung sind die logischen Äquivalente der in den Dingen liegenden realen Form: Merkmale, Begriffe, Begriffsverknüpfungen, Urteile, Beweise, Systeme, kurz: die Wissenschaft», R. GUARDINI, *Der Gegensatz*, 144.

viendo una singular «actividad creadora». El objeto no está «ahí» frente a él, perfectamente terminado y como objeto que debe ser considerado; no es sentido como «viniendo de fuera», sino como producido interiormente en el proceso cognoscitivo. Guardini señala en este proceso una cierta cercanía a la forma de conocer de Platón y su teoría de la anamnesis. Según esa teoría en el acto de conocimiento nos viene «de fuera» solo la percepción, pero *la intelección esencial* brota cuando se ilumina en el recuerdo la visión de las ideas que tuvimos en otro tiempo, en un estado pre-mundano. Lo que a Guardini llama la atención de estas ideas, es que se vinculan a *un modo diferente* de *sentir* el *proceso* cognoscitivo, percibiéndolo como un *brotar desde dentro*, y según nuestro autor también emparentado con lo que ocurrió en el idealismo especulativo[145].

El primer tipo cognoscitivo es experimentado como el reflejo de las cosas que están a mano; su fin es hacerse cargo de lo real dado y transformarlo en equivalentes lógicos. En cambio el segundo tipo es experimentado como producción de un mundo interno, que tiene asimismo la pretensión de ser equivalente al mundo externo. Lo que es captado especialmente por esta última actitud cognoscitiva es la plenitud, lo profundo, lo incesantemente nuevo y cambiante. Y no solo desde la atención a formas precisas que pueden ser aisladas, manejadas ni expresadas como en el primer tipo de conocimiento mediante fórmulas lógicamente adecuadas, sino tan solo revelado en la elocuencia de los gestos y acciones o, incluso mejor, en el hecho mismo de transmitir a otros la misma emoción[146]. Al hablar de estos tipos diferentes de cono-

---

[145] «Es gibt aber noch eine andere Denkhaltung: darin erfährt sich der Erkennende nicht als dem Gegenstand "gegenüber" gestellt, sondern er fühlt den Gegenstand, genauer, dessen subjektives Äquivalent, die Vorstellung, die das Objekt im Bewußtsein vertretende Weise der Gegenstandsvergegenwärtigung "in sich" und sich "darin". Deutlicher gesehen: er fühlt beim Erkenntnisakt das subjektive Äquivalent des Gegenstandes im eigenen Innern "aufsteigen". Er erlebt eine eigentümliche "Schöpfertätigkeit". Der – innere! – Gegenstand steht ihm nicht fertig "da" und wird betrachtet; er wird nicht als "von außen hereingenommen" empfunden, sondern als im Erkenntnisvorgang von innen heraufgebracht. Das klingt paradox, und ich bitte, nicht zu schnell mit der Ablehnung bereit zu sein, sich vielmehr bewußt zu bleiben, daß es nicht bloß eine einzige Form der Erkenntniserfahrung gibt», R. GUARDINI, *Der Gegensatz*, 145.

[146] «Der zuerst beschriebene Typus wird als Widerspiegelung dastehender Dinge erfahren; er endet in einer Bestandsaufnahme des gegebenen Wirklichen und in dessen Umsetzung in seine logischen Äquivalente. Dieser als Hervorbringung einer inneren Welt, die aber ebenfalls den Anspruch macht, Äquivalent einer äußeren zu sein [...]. Was nun von dieser Erkenntnishaltung, wo sie deutlich hervortritt, besonders gefaßt wird, ist das Flutende, die Fülle, die Tiefe, das stets Neue, sich Wandelnde. Und nicht in der Weise ge-

cimiento, Guardini repite el pedido de no rechazar rápidamente ninguno, invitándonos a entrar en cada uno de ellos y descubrir el aporte que hacen. Esta es una actitud que se repite en nuestro autor y que evidencia la importancia que tiene, para él, intentar mirar desde distintas perspectivas, que en este caso son las perspectivas que hablan acerca de cómo se percibe el proceso de conocer. Y nos invita al mismo tiempo a dejarnos guiar por su mirada.

Guardini intenta considerar nuevamente este segunda forma de conocimiento, rescatando lo que considera valioso para una actitud cognoscitiva vital, intentando ponerla en relación con la anterior, son dos formas de vivir el proceso cognoscitivo, caracterizadas globalmente. Son dos formas de conocer que se han hecho presentes también en la historia del pensamiento en diferentes épocas. También aquí nuestro autor ve hacerse presente el riesgo de la unilateralidad si nos decidimos solo por una de ellas, e intenta vincular estos procesos cognoscitivos, señalando que no se contribuye a resolver el problema del conocimiento si se deja de lado *un* aspecto importante de estos, por haber sido interpretado de forma errónea[147].

A nuestro modo de ver, Guardini apunta a revalorizar la importancia de la mirada intuitiva, más estrechamente vinculada a la mirada femenina. Esto además de enriquecer e iluminar el camino del conocimiento de lo concreto viviente, subraya un aspecto de la importante misión que la mirada guardiniana otorga a lo femenino. Y la anterior reflexión que relacionó la mirada intuitiva con una gnoseología de tipo platónica, ofrece, a esa mirada intuitiva, un valioso contexto histórico que nos pareció importante recordar, también como algo que forma parte de la historia del espíritu. Con ello creo que se coloca el acento, otra vez, en una renovada invitación a la apertura, y a las diferentes formas de conocer. Algo de lo dicho se puede apreciar en un interesante artículo en el que Guardini habla de la naturaleza y de la forma de ser de lo femenino, y también de su importante misión[148].

7.2 *La mirada femenina en el camino de la cosmovisión*

Desde una comparación con los diferentes periodos del movimiento feminista, constata Guardini que en un primer momento este movimiento trató de superar lo que impedía a las mujeres ser vistas y consi-

---

prägter Formen, die abgelöst werden und wie feste Münzen zu handhaben sind, sondern als lebendiger Kontakt, der nicht in logisch-adäquaten Formeln ausgesprochen werden kann», R. GUARDINI, *Der Gegensatz*, 146.

[147] Cf. R. GUARDINI, *Der Gegensatz*, 146-147.

[148] R. GUARDINI, «Frauenart und Frauensendung», 23-40.

deradas *iguales* a los hombres. Venciendo así aquella idea pagana y sin sentido que consideraba solo al hombre como un individuo pleno, y a la mujer, por el contrario, como un individuo de segundo rango. Un iluminador principio cristiano que pone de relieve lo realmente importante fue también decisivo. Este principio subraya que lo que cuenta, lo realmente importante, es ser una nueva creatura, y que tanto el hombre como la mujer son hermanos de Jesús e Hijos de Dios[149].

Aunque la lucha por la igualdad entre el hombre y la mujer haya sido importante y en gran parte también exitosa, Guardini constata también que ese primer movimiento feminista en la lucha justa por la igualdad entre el hombre y la mujer, perdió de vista un objetivo igualmente importante, olvidó subrayar también lo que diferencia a ambos. El hombre y la mujer tienen ciertamente igual valor y dignidad, pero el hombre se encuentra más radicado en todo lo que se refiere a leyes, reglas, y a establecer un cierto orden. Por el contrario, la mujer, tiene una especial tendencia a permanecer más abierta especialmente a todo lo que estimula e impulsa la vida, abierta a significados que no pueden ser determinados por reglas y que a menudo solo pueden ser intuidos. El hombre desea tener todo controlado a través de leyes precisas que todo lo prescriban; la mujer por el contrario tiene una especial sensibilidad para la otra parte de la vida que no se puede prescribir detalladamente. Ella sabe mejor de la existencia de muchas cosas que no se dejan controlar previamente, que la vida es algo siempre nuevo y que ningún momento es igual al anterior, y que a menudo las excepciones son más frecuentes que las reglas[150].

Una comparación entre las dos formas de actuar, la del hombre y la mujer, ilustran estas interesantes ideas con las que Guardini percibe la dife-

---

[149] «Die heidnischen Anschauungen hatten den Mann allein als vollen Menschen angesehen, die Frau hingegen als solchen zweiten Ranges. Auch hier hat das Christentum die entscheidende Wendung gebracht. Es hat betont: in der Hauptsache "gilt nicht Mann noch Weib [...], sondern das neue Geschöpf". Es hat lange gedauert, bis diese Grundlehre des Christentums in das allgemeine Bewußtsein der Menschen gedrungen war. Noch heute findet man – und nicht selten – Reste jener heidnischen Anschauung», R. GUARDINI, «Frauenart und Frauensendung», 24-25.

[150] «Der Mann gründet mit einem großen Stück seines Wesens in Gesetz und Regel. Was man "Form" nennen, in bestimmte Regeln fassen, in feste Ordnung einspannen kann, ist sein eigenstes Feld. Wohingegen die Frau für das offen steht, was im Leben treibt und drängt; für das Schwebende, Flutende; für die Kräfte, Zusammenhänge, Bedeutungen, die nicht in Regeln gebunden werden können; für das Rätselhafte, oft nur zu Ahnende. Berechnen will der Mann, allem genaue Gesetze vorschreiben; die Frau hingegen hat Sinn für die andere Seite des Lebens. Sie weiß besser, wie vieles sich nicht vorberechnen läßt, wie vieles kommt und geht, wie es will; wie das Leben stets neu ist und kein Augenblick dem andern gleicht», R. GUARDINI, «Frauenart und Frauensendung», 25.

rencia entre ambos, y desde donde manifiesta no solo la importancia de dar más espacio a la mirada femenina, sino que también invita a afirmar a la mujer como una persona diferente del hombre y que no debe actuar como el hombre, ya que eso no solo le hace perder su identidad, sino que también la conduce al fracaso. El hombre es comparado en este artículo de Guardini con un constructor, que se encuentra separado de las cosas, y desde esa distancia, se siente como ante piedras, planos y albañiles. Dirige y ordena todas las cosas hacia un fin previsto. La mujer, por el contrario, casi sin darse cuenta, se coloca en el interior de las personas con las que trabaja, las entiende, sufre, se alegra con ellas y desde esa convivencia influye en las personas desde dentro. El hombre busca establecer un orden seguro para todos, y para ello puede ser incluso necesario sacrificar algo propio, en vistas a metas y objetivos comunes que debe alcanzar. La mujer, por el contrario, tiene una especial capacidad para lo particular: por ejemplo, una madre con varios hijos, los ama a todos, pero a cada uno de una forma diferente, de la forma que ese hijo necesita ser amado; la mujer tiene una sensibilidad especial para lo particular, lo especial, lo irreemplazable que existe en cada persona[151].

El hombre busca principalmente alcanzar sus objetivos, ya sean científicos, políticos, comerciales o técnicos, y puede tratar más fácilmente con los hombres como si fueran piedras necesarias para la construcción. La mujer por el contrario sirve a todos de forma viva, cuida y protege, teniendo la capacidad de estar atenta a todos los detalles. El hombre juzga con claridad, pero ante la necesidad de claridad y precisión que experimenta y persigue en sus juicios, pierde frecuentemente de vista los pasos intermedios, los procesos. La mujer, por el contrario, sabe que frecuentemente no se pueden hacer juicios excluyentes, sino que a veces, en los juicios, ambas partes tienen algo de razón, y algo importante que aportar, y que a menudo nos encontramos ante cosas que no son para ser juzgadas, sino para ser entendidas[152].

---

[151] «Der Mann will über den Dingen stehen, besser würde man vielleicht sagen: außerhalb ihrer, so wie der Baumeister vor seinen Steinen, Plänen und Bauleuten. Auf diese Weise will er die Dinge von außen her seinen Zwecken unterordnen. Die Frau versetzt sich, fast ohne es zu merken, ins Innere des Menschen, mit denen sie es zu tun hat, versteht sie, fühlt, leidet, freut sich mit ihnen und weiß sie durch solches Mit-Leben von innen her zu beeinflussen. So hat sie auch einen feinen Sinn für das Eigene in jedem Menschen [...]. Denken Sie an die Mutter. Sie hat jedes Kind lieb, aber jedes in anderer Weise, so wie es gerade für dies Kind nötig ist [...]. Sie hat den Sinn für das Eigene, Unersetzliche, was in jedem Menschen steckt», R. GUARDINI, «Frauenart und Frauensendung», 26.

[152] «Der Mann verfolgt seine Zwecke, wissenschaftliche, politische, kaufmännische, technische, und verfährt leicht mit den Menschen wie mit Steinen, die sich einem Bau

CAP. II: UNA GUÍA A LA INTUICIÓN

El hombre ve las cosas, las obras. Además vive en las cosas, en sus obras, en lo que produce, a ellas sacrifica parte de su ser, de sus fuerza, su entendimiento; sintiendo el impulso de nuevos planes, a veces planes imposibles y utópicos, que lo hacen vivir fuera de la realidad. La mujer, por el contrario, en sus tareas no ofrece, como el hombre, una parte de sí misma, sino que entra toda ella en eso que hace. Ella misma es la que se ofrece como un todo, arraigando principalmente no en ideas y utopías sino en la realidad de las personas, de las relaciones y en los auténticos desafíos de la vida, arraigada por lo tanto más a la vida que a los trabajos[153].

Desde la fuerza de lo masculino que marcó la sociedad, tal como nos decía Guardini antes, no son las mujeres las únicas que perciben que este mundo se encuentra un tanto desordenado, sino que también lo sienten los hombres desde la excesiva importancia que tiene el dinero, el poder, la industria, todo eso que a veces parece haberse olvidado de la persona viviente. La unilateralidad masculina, puso un acento excesivo en las cosas, los trabajos, la producción, los aparatos, los esquemas, sin haber dado lugar a una mirada que pueda ayudar a construir un equilibrio. Para Guardini esta es una importante tarea de la mujer: representar la verdad más importante subrayando lo fundamental, la persona viviente; junto a aquella otra, con la que nos indica los verdaderos intereses del individuo como algo que no se opone a los intereses del pueblo[154].

---

einfügen müssen: er zerschlägt, trennt, setzt zusammen. Die Frau hingegen dient allem Lebendigen, schont, hütet. Sie hat ein Gefühl für die tausend feinen Fäden, die von einem Menschenleben zum andern laufen und weiß behutsam mit ihnen umzugehen. Der Mann urteilt: so oder so, und übersieht dabei leicht Übergänge und Zwischenstufen. Die Frau weiß eher, daß es oft kein "Entweder-Oder" gibt, sondern "Eins und das Andere" [...]. So ist ihre Art nicht zu richten, sondern zu verstehen», R. GUARDINI, «Frauenart und Frauensendung», 26-27.

[153] Cf. R. GUARDINI, «Frauenart und Frauensendung», 27.

[154] «Nicht nur die Frauen fühlen es, daß die Welt in Unordnung ist, sondern auch der Mann. Vielerlei Anzeichen erzählen, wie überall etwas Neues werden will. Überall spürt man, daß die Welt aus ihrem Gleichgewicht geraten ist. Man wird einmal erkennen, daß der ungeheure Bankrott der Menschheit in diesem Kriege – der Besiegten wie der Siegreichen – letzthin daher kommt, daß man vor lauter Geld, Macht, Handel, Heer, Industrie, Schiffahrt, Millionen und Milliarden die Seele, den lebendigen Menschen vergessen hat [...]. Aufgabe der Frau ist es, wieder die große Wahrheit zu vertreten, daß die lebendige Seele, der lebendige Mensch die Hauptsache ist [...]. Aufgabe der Frau ist es, die zweite große Wahrheit zur Geltung zu bringen, daß die wahren Interessen des Einzelnen und des Volkes nicht im Gegensatz, sondern im Ausgleich mit denen der andern zu erreichen sind; so wird sie

En un mundo excesivamente mecanizado, donde la vida parece pasar cada vez más por las fábricas, el trabajo y alejarse cada vez más del hogar, la mujer tiene para Guardini la tarea de ayudar a poner de relieve nuevamente ese hogar, lo que no significa que la mujer deba permanecer solo en su casa. Por el contrario, desde una adecuada formación, ella debe poder influir en todos los ámbitos para iluminar con su mirada eso que en el sentido más amplio de la palabra hogar nos habla de la interioridad, de lo más íntimo y del alma que debe hacerse presente de nuevo en este mundo excesivamente mecanizado. Llegando al final de su artículo recuerda también nuestro autor que ese trabajo difícil y complejo de la mujer, solo será posible si ella cuenta con Dios como compañero en esa importante tarea[155].

La mirada femenina como parte irrenunciable de la mirada guardiniana contrastada, incluye esta forma de ver más vinculada con la intuición, con una capacidad de mirar más amplia, que abarca y compromete toda la persona. Una forma de mirar que debe ser acompañada por la mirada masculina pero que no puede ser deducida de ella, y que se nos presenta como un contraste que abre nuevos horizontes desde una tensión que no debe ser superada, que tampoco puede ser dejada de lado si lo que se busca es conocer lo concreto viviente, mirar el mundo, todo el mundo, todos los ámbitos del mundo, sin dejarnos engañar por la unilateralidad que siempre nos acecha a todos.

Los que admiramos la sabiduría femenina, especialmente la sabiduría de esas mujeres que a pesar de las muchas dificultades, nos muestran con sus vidas rayos de la trascendencia y nos acercan un mensaje de misericordia, de amor, de una paciencia y una entrega que en medio de las limitaciones más de una vez conmueve, sentimos que siguen iluminando de esa forma un espacio nuevo en el mundo, abren nuevos horizontes y perspectivas, allí ponen ellas frecuentemente algo que renueva la esperanza y protege e impulsan la vida. Creo que esas mujeres son la parte más importante del paisaje viviente de nuestras iglesias latinoamericanas. Y esa observación guardiniana de la mujer, el espacio que en su sistema ocupa esta forma de entender la mirada femenina, que plasmó en un artículo escrito ya en 1921, creo que habla otra vez de su cercanía a la vida, de su contacto con la realidad, desde donde intenta pensar teológicamente, luchando por no dejarse encerrar solo en conceptos.

überall verstehen, vermitteln, verbinden», R. GUARDINI, «Frauenart und Frauensendung», 34-35.

[155] Cf. R. GUARDINI, «Frauenart und Frauensendung», 39.

En el prefacio escrito por Hanna Gerl al libro de Giuliana Fabris sobre Romano Guardini (*Dallo sguardo di Romano Guardini una rilettura delle coppie della Genesi*) cuenta que Guardini, además de guiar espiritualmente mujeres y chicas del Movimiento de la juventud, ya desde 1925 tenía encuentros con Gerta Krabbel, quien en ese tiempo era presidente de la unión de mujeres católicas alemanas. También nos indica la profesora Gerl un encuentro muy importnate en la vida de Guardini con María Theresia Knoepfler de la que habría aprendido aspectos importantes de la fe. Para ella lo más profundo y lo último era lo que estaba arraigado en esa fe, y eso dió una nueva intensidad en la vida de fe de nuestro autor. La fe no significa que todo se resuelve en armonía, es una fe trágica que soporta que en una misma vida humana existan realidades que contrastan una con otra. Realidades eternas, divinas; y otras transitorias, pero también verdaderas. Y existe una particular fidelidad en no diluir la realidad dada por Dios, en la que se prepara lo eterno, la realidad de las cosas infinitas. Hacerse cargo de este acercamiento, de esta oposición, es la fe, es la fe dolorosa, en toda su grandeza, pero también de una profunda y espiritual felicidad, que vive plenamente en la esperanza. Desde estas palabras que remiten a Romano Guardini recordando a María Knoepfler, dice Gerl que la formación del corazón de Guardini estaba profundamente plasmado por una mujer y que mucho de su comprensión de la fe proviene de aquella fuente[156].

Otro vínculo importante entre la mirada contrastada y la mirada femenina la encontramos en un breve escrito de Guardini que lleva como título *En caso de muerte* (*Für den Todesfall*)[157]. Allí escribe Guardini en 1964, que si su libro (*Der Gegensatz*) fuese nuevamente publicado, debería ir acompañado de un epílogo en el que se diga cuál fue su intención teorética. En *primer* lugar menciona el intento de encontrar una estructura de principios que ayuden a la comprensión y que pudiesen ser aplicados a todo (*ein umfassendes und überall anwendbares Strukturprinzip zu finden*). En *segundo* lugar menciona que en ese libro

---

[156] Cf. H.-B. GERL-FALKOVITZ, «Prefazione», 9-11.

[157] «Mein Buch, Der Gegensatz ist so, wie vorliegt, ein bloßer, dazu noch unausgereifter Entwurf. Sollte es noch einmal veröffentlicht werden, dann wäre es gut, etwa in der Form eines Nachwortes, zu sagen, aus welcher Absicht heraus es entstanden ist [...]. Darüber hinaus war die Absicht aber auch theoretischer Art. Sie ging darauf, 1. ein umfassendes und überall anwendbares Strukturprinzip zu finde; 2. der Überzeugung Ausdruck zu geben, daß die Frau in der abendländischen Geschichte nicht die ihr zukommende Stellung hat; daß sie vielmehr durch die Gleichsetzung von Geist, Wert usw mit der "Formreihe" überall, bewußt oder unbewußt, in den Charakter der Zweitrangigkeit gestellt worden ist», R. GUARDINI, *Für den Todesfall*.

expresó su convicción de que la mujer en la historia de occidente no tiene el lugar que le corresponde. Debido a la identificación de espíritu, valor, etcétera, con la serie de contarstes relacionados con la *forma*, consciente o incoscientemente, la mujer fue considerada como un ser de segundo rango (*der Überzeugung Ausdruck zu geben, daß die Frau in der abendländiscen Geschichte nicht die ihr zukommende Stellung hat*). Guardini menciona también un tercer principio inspirador importante, pero que será tratado en el póximo capítulo. Termino subrayando la intención de Guardini de dar a la mujer el lugar que le corresponde, otorgando también un puesto más importante a la intuición, saliendo por lo tanto de la unilateralidad de lo conceptual-abstracto vinculada más a lo masculino. Todo esto era parte de un horizonte de pensamiento más amplio que nos ayudará a acercarnos desde la propuesta guardiniana a una mirada más completa del mundo.

7.3 *La tensión de los opuestos, el encuentro y la intuición*

Ya se habló de las tensión entre los polos de opuestos, y de los límtes claros que determinan la identidad de cada polo del contraste. Ese límite en la relacion contrastada es indicado también a la mirada y al pensamiento que tienden a ser unilaterales. En cada relación contrastada vimos que se llega siempre a una zona de riesgo cuando se pretende derivar a un polo de otro, o pensar la vida solo desde uno de los polos. Todo esto nos habla de la necesidad de una renovada atención de la mirada ante una vida que no se detiene, de la necesidad de un movimiento constante del pensamiento que quiera reflejar la vida. La vida no se resuelve en una síntesis e impulsa al pensamiento que quiere ser su reflejo a no acomodarse en un sistema inmóvil y cerrado.

Cuando se habló de la relación entre los polos, se dijo que el paso de un polo a otro no puede ser pensado a través de la imágen del salto. Imagen que además de no responder al «sistema» guardiniano, lo colocaría muy cerca de un pensamiento pascaliano y kerkegaardiano del que Guardini mismo se distancia. Pero para algunos autores, la tensión entre los polos opuestos que integran el contraste no se supera por medio de un salto, sino por una *especie de salto*. Esto es lo que nos dice José Manuel Fidalgo. Después de hablarnos en su interesante libro del método contrastado de conocimiento, con el que Guardini entiende captar la estructura contrastada del ser humano, nos habla de la unidad integral de conocimiento que conforman el concepto y la intuición. Desde esta unidad cognoscitiva se intenta captar la existencia real del ser humano. Después nos dice que: «Lo viviente concreto, el hombre en su carácter existencial y personal, sólo puede ser captado si el concepto e intuición son aplicados a él conjuntamente en tensión contrastada. El conocimiento tiene que ir de uno al otro en una suerte de salto cognoscitivo»[158]. Y se cita aquí un texto del Contraste en alemán y español que ya se vio antes para señalar la confusión terminológica entre salto y paso[159]. El libro tiene muchos aspectos interesantes, pero no se encuentra una aclaración que ayude a entender con más claridad en que consistiría esta «especie de salto».

Esta «especie de salto» toma una nueva relevancia, cuando otra importante autora y estudiosa del pensamiento guardiniano, habla también de una especie de salto. Esta autora, tal vez la que más conoce la vida y el pensamiento de nuestro profesor italo-alemán, es la gran profesora Hanna-Barbara Gerl. Nos dice en su libro sobre Romano Guardini que los dos polos del contraste permanecen separados. Además un polo no puede ser derivado del otro. Sin embargo la existencia de cada polo es posible desde la relación mutua. No pueden existir de forma aislada. Pero cuando se nos habla del paso de un polo al otro, Gerl nos dice que ese paso es posible a través de una «especie de salto» (*Absprung*). El paso a otro polo no es algo que se produce de forma gradual. Y una líneas más adelante nos dice que no se puede reproducir con la imaginación el modo en el que es posible este «puro salto» (*Wie dieser "reine Sprung" möglich sei, ist in der Vorstellung nicht mehr zu vollziehen*)[160]. Se le añade a esta «especie de salto», la caracterísitca de ser un «puro» salto. Pero no encontran aquí más detalles para entender de que se trata la especie de salto o el puro salto, y de que manera correspondería esta explicación al pensamiento guardiniano de la contrasteidad.

La relación entre los polos, y lo inadecuado que parece la palabra salto para pensar esta relación en el sistema guardiniano, pone de relieve los pensamientos del interesante artículo de Mario Farrugia en el que se

---

[158] J. M. FIDALGO, *Conocer al hombre desde Dios*, 66.
[159] Ver páginas 124-127.
[160] «Guardini nimmt den Gegensatz als jene Urerscheinung, woran sich der eine Pol weder aus dem anderen ableiten noch in den anderen überführen läßt. Beide bleiben ebenso streng getrennt wie zugleich nur am anderen möglich. Jeder die Voraussetzung des anderen, trotzdem niemals sich berührend: Der übergang vollzieht sich immer in einem Absprung, nie in einem Weitergleiten oder Fließen; "feste Haltungen", nicht ein "schillerndes Ineinander" sind gemeint. Wie dieser "reine Sprung" möglich sei, ist in der Vorstellung nicht mehr zu vollziehen, und doch wird er dauernd gelebt», H-B. GERL, *Romano Guardini*, 257. En una conversación con la profesora Gerl, a quien debo agradecer su generosidad, disponibilidad y toda la preciosa ayuda que me brindó, ella misma manifestó que esto sería algo a cambiar en una próxima edición de su libro.

habla del *encuentro* como realidad fundante en el pensamiento de Romano Guardini[161]. La importancia de la categoría del *encuentro* en Romano Guardini, permite entender el conocimiento que el hombre realiza en cuanto sujeto cognoscente de lo que tiene ante su mirada. En ese artículo se dice que cada encuentro entre un sujeto y un objeto lleva consigo un mínimo de contenido sobre cada uno de los dos[162]. Cada acción humana lleva inevitablemente consigo un contenido que ayuda a obtener una nueva claridad del objeto, pero también se ofrece una nueva claridad al sujeto que toma distancia de sí mismo para conocer. Además a diferencia de M. Buber, E. Ebner y de F. Rosenzweig, en Guardini se debe hablar de encuentro no solo a nivel interpersonal, sino en la interacción entre el sujeto y el objeto[163].

Hablando de los límites de la persona se nos dice que el verdadero límite encierra, pero también abre, por esa otra parte que está más allá del límite. Para Farrugia en Guardini sería mejor hablar de frontera que de límite. La palabra frontera brinda una más clara idea de eso que existe del otro lado del límite, además la fontera nos indica algo que se puede atravesar, para llegar también a esa otra realidad. La persona tiene sus límites, pero no es un individuo cerrado, ni ya termiando. La persona encuentra el camino de la propia realización también tomando distancia de sus límites, tomando distancia de sí mismo. Pero como vimos en los pares de opuestos los límites entre los contrastes, aparentemente, no pueden ser superados sino a través de un salto. Creo que la categoría de encuentro que Farrugia pone de relieve en el conocimiento guardiniano, ofrece una idea diferente sobre la forma de superar los límites que nos permitan llegar a la «esencia» de lo que queremos conocer. Y a mi modo de ver, nos ayuda también a entender mejor como superar los límites de un polo del contraste al otro por medio de pasos.

Algo de las ideas manifestadas en el párrafo anterior se dijo, cuando se intentó ilustrar la unidad del contraste entre lo individual y la totalidad. Más arriba desde algunos de los pensamientos expresados por Guardini en el artículo en el que se habla de la posibilidad y los límites de la comunidad (*Möglichkeit und Grenzen del Gemeinschaft*[164]), se vio como Guardini miraba el límite de lo personal, y la forma en que este límite era superado. Aunque los pensamientos guardinianos que allí se

---

[161] M. FARRUGIA, «L'incontro: realtà fondante», 582-604.
[162] «ogni incontro tra un soggetto ed un oggetto porta con sé un minimo di contetnuto su tutti e due», M. FARRUGIA, «L'incontro: realtà fondante», 584.
[163] Cf. M. FARRUGIA, «L'incontro: realtà fondante», 586.
[164] R. GUARDINI, «Möglichkeit und Grenzen del Gemeinschaft», 64-81.

expresan nos acercan a la idea del encuentro, y yo mismo utilicé la palabra encuentro en varias oportunidades, Guardini sin embargo, no nos habla en ese artículo del encuentro. Los límites que permitan la vida en comunidad no pueden ser superados solo por la participación en la vida del otro, ni por la comprensión, ni por el reconocimiento.

El acto por el cual se superan los límites no es simple, sino que es también un acto dialéctico. En la comunidad un «yo» da pasos hacia un «tú». Estos pasos hablan de una *preparación* posible que implica primero la mirada, dirigiendo también mi atención a la otra persona, *acercándome* con esta actitud a ella. Se debe producir también un movimiento desde el cual se ofrece un espacio para que el otro se manifieste, tomando *distancia*, apartando las propias manos, para que el otro sea lo que es. Con ese movimiento tomamos distancia también de nosotros mismos, al *no* colocarnos en el centro, porque sabemos que ante nosotros tenemos otro centro. Si el otro realiza el mismo movimiento se produce lo que Guardinini llama *sympátheia*, que es una forma del amor. Aquí se subraya que el amor no puede ser producido, podemos prepararnos para ello, pero acontece siempre de forma espontanea, y lo recibimos siempre como un don inmerecido ante el que experimentamos una gran gratitud. Todo esto nos ofrece un nuevo y profundo conocimiento de esa persona, pero es un conocmiento que no poseemos como una propiedad, porque la próxima vez deberemos repetir los mismos pasos[165]. El amor permanece siempre en movimiento, y nunca será como un puente que se contruyó para ir al encuentro del otro, y que por lo tanto debe permanecer allí para cuando yo lo quiera transitar[166].

Farrugia nos ofrece una nueva ayuda para entender por qué no se habla en el artículo anterior de encuentro. El encuentro en Guardini no se limita solo a las relaciones interpersonales, sino que es algo que caracteriza todo el conocimiento, por lo tanto también el relacionado con la interacción entre el sujeto y el objeto. Farrugia se detiene en otro artículo de Guardini, en el que se nos presentan cuatro imágenes, para pensar el encuentro, y ver si se puede, o no, hablar en todas ellas de encuentro.

---

[165] R. GUARDINI, «Möglichkeit und Grenzen del Gemeinschaft», 78-80.
[166] «Morgen könnte ich nicht darauf pochen: Ich "habe" dich –, sondern müßte aufs neue die Bewegung vollziehen, auch und gerade wenn die Treue fortdauert, und die Liebe lebendig bleibt. Denn die Liebe ist wesenhaft in Bewegung. Sie ist kein Gerüst, keine ein für allemal gebaute Brücke, sondern ein Gehend-Sein ins Du hinüber. Sie besteht in fieri, wie die alte Philosophie sagt; im beständigen Getanwerden. Sobald diese Bewegung aufhört, tritt an Stelle der Liebe eine Zweckbeziehung, eine Funktion», R. GUARDINI, «Möglichkeit und Grenzen del Gemeinschaft», 81.

Una imagen es la de dos rocas que colisionan entre sí. Esta imagen puede ser pensada desde las leyes de la física, para observar con detalle la mecánica de esta realidad. Pero no se puede decir que aquí se produce un encuentro, una realidad no se abre a la otra, lo que allí se produce es más bien un choque. Otra imagen de un posible encuentro es la de una semilla que germina en un árbol. Allí también estamos ante dos realidades que interactúan, pero ningún objeto toma distancia del otro, cada uno intenta integrar al otro en el propio plano vital. Y todo eso se desarrolla desde el plano de lo físico y lo biológico. La otra imagen es la de dos animales que luchan entre ellos. Aquí tenemos dos seres vivientes, uno frente al otro, cada uno tiene capacidad de iniciativa. Pero todo acontece completamente en el contexto de las leyes naturales[167].

El encuentro en sentido propio es lo que acontece en una cuarta imágen, solo cuando el hombre encuentra la realidad y no se comporta igual que un animal. Es decir que no choca simplemente con las cosas o con otra persona, ni busca simplemente apropiarse o incorporarla a su ámbito. Sino que la persona ejerciendo su libertad se *acerca* a ella, dirige a ella su atención, pero optando al mismo tiempo por tomar *distancia* de esa realidad, recibiéndola con la mirada y dejándose tocar por su valor, por su singularidad. Se trata de una nueva relación con la realidad, desde la libertad, una relación que el animal no puede entablar[168].

---

[167] «Es ist offenbar noch nicht gegeben, wenn zwei Billardkugeln in Bewegung gebracht werden und zusammentreffen. Was da geschieht, sind bewirkende Stöße und ein Aufeinandertreffen bewegter Massen, das seinerseits weitergehende Bewegungen aus sich entläßt. Das Ganze vollzieht sich auf der Ebene des Mechanischen, nach den in der Physik geltenden Gesetzen [...]. Wenn das Samenkorn einer Mistel in die Rinde eines Baumes fällt – ist das Begegnung? [...]. Das Ganze läuft außer auf der physikalischen auch auf der biologischen Ebene; folgt aber auch da notwendig wirkenden Gesetzen. Es ist noch nicht Begegnung; liegt aber schon näher zu ihr hin. Wenn ein Tier auf ein anderes Tier trifft und sich zwischen ihnen ein Kampf entwickelt – ist das Begegnung? Das Bild des Geschehens nähert sich dem Gemeinten abermals um einen Schritt. Eine lebendige Initiative trifft auf die andere, und ein für beide wichtiges, vielleicht entscheidendes Geschehen kommt in Gang. Dem Ganzen eignet eine Weite des Spielraums, ein Charakter der Freizügigkeit, die leicht vergessen lassen, daß es sich doch nach notwendig wirkenden Gesetzen vollzieht. Die beiden aufeinander treffenden Tiere verhalten sich so, wie Strukturen und Bedürfnisse ihrer beiderseitigen Organisation es verlangen», R. GUARDINI, «Die Begegnung», 231-232.

[168] Cf. M. FARRUGIA, «L'incontro: realtà fondante», 592-594. «"Begegnung" im eigentlichen Sinne findet erst statt, wenn der Mensch es ist, der mit der Wirklichkeit zusammentrifft [...]. Der Mensch kann die Frucht auch so sehen, daß daraus das Apfel-Stilleben von Cézanne entsteht. Dann ist Begegnung geschehen [...]. Aus dem Gesagten geht hervor, was gegeben sein muß, wenn von Begegnung die Rede sein soll. Zunächst, daß ich an eine Wirklichkeit gerate. Aber nicht bloß auf sie treffe, in eine nur mecha-

En este tomar distancia, la persona se aleja de su propio yo, intentando penetrar en lo que tiene ante la mirada, intentando penetrar en su esencia, en su misterio. Se olvida, en cierta forma de sí mismo, ofreciendo un espacio abierto para que aquello que tiene ante la mirada se manifieste. Guardini nos ofrece un ejemplo para entender mejor esta actitud. Si mirando un árbol pienso solo en lo que puedo hacer con él, o cuánto dinero puedo ganar si lo vendo, solo busco incorporar el objeto a mi ámbito. Alejarme de mí implica también alejarme de mis proyectos, de mis intenciones, e intentar penetrar en esa estructura viviente que tengo ante mi mirada, en su cilco biológico, intentando hacer experiencia de su belleza. Busco experimentar su singularidad en cuanto realidad creada, que está ante mi mirada, silenciosa, inmóvil y sin embargo llena de vida[169].

Alejándonome de mí, me *dispongo* al encuentro, que cuando se produce nos ofrece una imágen *viva* de la realidad que no poseíamos antes de esta experiencia. Guardini nos ofrece la ayuda de otra interesante imagen. Es como si algo de lo que me rodea, diera un paso adelante. Es como si en un determiando momento, un objeto o una persona *apareciera* en un horizonte nuevo de sentido. Y eso que era un objeto más, o una persona más, cobrara una nueva importancia, como si su esencia finalmente se me revelara[170]. Y desde ella sentimos que finalmente podemos entenderla más, conocerla mejor[171].

Para Guardini un encuentro no puede ser algo producido por una persona. Nadie puede lograr pensar ni hacer todo lo necesario para «fabricar» un encuentro. Y aquí está la raíz de muchos de los problemas de los esfuerzos inútiles que a veces se hacen para producir un encuentro

---

nische, biologische, psychologische Wechselwirkung zu ihr trete; sondern Abstand nehme, sie richtig in den Blick bekomme, von ihrer Eigentümlichkeit betroffen werde, mich praktisch auf sie hin verhalte usf. Damit das geschehen könne, muß also eine Grundtatsache da sein: die Freiheit», R. GUARDINI, «Die Begegnung», 232.

[169] Cf. R. GUARDINI, «Die Begegnung», 242-243.

[170] «Begegnung bedeutet dann, daß der Betreffende aus der Einordnung in den Ablauf der Funktionen heraustritt. Nicht so, daß er ungewöhnliche Dinge täte, sondern daß er mir in einem anderen Sinnzusammenhang erscheint; wobei aber das Wort „erscheint" keine Scheinhaftigkeit, sondern im Gegenteil ein Deutlich- und Eigentlichwerden meint. Sein Wesen zeigt sich und verlangt», R. GUARDINI, «Die Begegnung», 236.

[171] «Das ist Begegnung. Sie gibt mir ein Bild, das ich vorher nicht hatte und ohne das es kein volles Verständnis des Daseins gibt – denn man kann einen bestimmten Aspekt dessen, was ist, wirklich nicht verstehen, wenn man nicht weiß, was "Quelle" ist ... So kann ich immerfort Dingen begegnen: einem Baum und in ihm "dem Baum" überhaupt; der Blume, dem Wind, dem Raubtier, dem Vogel – sowohl dem kleinen, flinken, wie dem eigentlichen, richtigen, der Bezug zum großen Raum hat – und so fort», R. GUARDINI, «Die Begegnung», 235.

entre personas. Un auténtico encuentro puede suceder solo espontáneamente, y el encuentro en realidad es muchas veces obstaculizado por las intenciones y los proyectos con los que se planea y prepara[172]. Por esta razón, todo auténtico encuentro suscita un sentimiento de algo que no mercíamos, y al mismo tiempo una gran gratitud[173]. Todo esto nos aleja todavía más de la idea de salto como posibilidad de conocimiento, con ese salto se corre el riesgo de poner demasiado el acento en el sujeto cognoscente. Con el encuentro se subraya la importancia de saber prepararnos, abriéndonos al objeto o a la persona, saliendo de nosotros, pero también apartando las manos (*Hände wegnimmt*) para poder conocer realmente eso que se nos muestra y revela[174].

Del encuentro surgen una nueva *intuición* enriquecedora, la visión de algo nuevo se hace presente, surge una nueva creatividad. Y a través del trabajo, que se vincula con lo conceptual, le podemos dar un orden y una forma a esa intuición, purificándola y penetrando más en ella, para que esta intuición permanezca en movimiento y en el tiempo[175]. Los enemigos de una actitud humana que nos permita experimentar en el momento oportuno un encuentro son: una *familiaridad* que nos haga pensar que nuestro conocimiento se trata de algo acabado, creyendo saber todo lo que debíamos saber de un objeto o una persona; la *indiferencia* que no se interesa para nada en ese objeto que está delante; la *presunción* orgullosa y arrogante del que ya lo sabe todo, y no necesita descubrir nada más[176].

---

[172] «Damit ist auch gesagt, daß echte Begegnung nicht gemacht werden kann. Niemand kann all das berücksichtigen, was für ihr Gelingen nötig ist [...]. Auch liegt in jeder echten Begegnung ein produktives Moment: ein Sich- Erschließen des Auges, des Geistes, des Herzens von innen her; ein Ergriffenwerden und Ergreifen; eine lebendige Hervorbringung als Antwort auf eine lösende Berührung. Das alles kann nur spontan geschehen», R. GUARDINI, «Die Begegnung», 238.

[173] «So erweckt denn auch jede echte Begegnung das Gefühl der Unverdientheit, des Dankes, zum mindesten der Verwunderung, wie sie sich so merkwürdig gefügt habe», R. GUARDINI, «Die Begegnung», 238.

[174] Cf. R. GUARDINI, *Welt und Person*, 134.

[175] «Aus der Begegnung entspringt die fruchtbare Einsicht, der schöpferische Keim, der Durchbruch von Neuem; durch die Arbeit wird das alles in Ordnung und Dauer übergeführt. Begegnung allein würde das Leben zu einem Abenteuer machen, unstet und dem Augenblick ausgeliefert. Arbeit allein würde unfruchtbar bleiben; alles würde gewohnt, abgenutzt, "alt" werden. Das Dasein würde ins System gezwungen. Freude wie Erschütterung gingen verloren», R. GUARDINI, «Die Begegnung», 240.

[176] «Je lebendiger ein Mensch, je ursprünglicher sein Weltverhältnis ist, desto häufiger ereignet sich bei ihm Begegnung, und desto länger hält die Fähigkeit dazu bis in sein Alter hin an. Der Widerspruch zu dieser Fähigkeit sind Gewohnheit, Gleichgültigkeit, Blasiertheit», R. GUARDINI, «Die Begegnung», 236.

CAP. II: UNA GUÍA A LA INTUICIÓN   239

En el camino guardiniano del conocimiento dar *pasos* hacia eso que me es desconocido, es una imagen que ilustra de forma más orgánica y adecuada, el estilo guardiniano de conocer que se nos propone a través del encuentro. El *salto* sugiere una imagen de poca continuidad, y una actitud que no piensa previamente en dejar un espacio, para que el encuentro, desde el que se pueden atravesar nuevos límites, pueda acontecer realmente. Saber tomar distancia nos sugiere la fecunda «falta de proyecto guardiniana». El carecer de intenciones reviste una gran importancia para el encuentro, y nos recuerdan las palabras de Guardini cuando nos habla de sus escritos. Desde esa carencia de intenciones previas que busca solo la verdad, proceden todos los escritos importantes de Guardini[177]. Hacen referencia a un espacio para la casualidad en el que las cosas aparecen y yo las puedo recibir con la actitud adecuada[178].

En la experiencia del encuentro se nos dice que somos tocados por el objeto y que nosotros también llegamos al objeto. Pero no se dan demasidos detalles acerca de cómo se produce esto. Farrugia nos advierte en una nota de su artículo que normalmente Guardini no sistematiza su pensamiento, y que toda su actividad de enseñante y de escritor se realiza desde el encuentro continuo con la sociedad[179]. Pero pensando en la importancia del encuentro, me preguntaba que es lo que toca la «esencia» de ese objeto o de la otra persona. Aunque no se dice en el artículo, pienso que la respuesta nos remite nuevamente a la intuición. Si es la intuición en el sistema guardiniano la que toca la realidad, que después es conceptualizada, tiene que ser también aquí la intuición la que en el momento del encuentro logra atravesar el límite, y logra llegar en un momento determinado a eso que está ante mi mirada cuando aparece. Una intuición que después de atravesar los límites que separa los pares de opuestos se hará intuición concreta, intución-conceptual, a través de esa guía abierta o sistema abierto que Guardini nos ofrece.

Farrugia escribe el artículo del que estamos hablando en el año 1991 y manifiesta allí su claro interés teológico en el tema. Dice que en los ulti-

---

[177] Cf. R. GUARDINI, *Stationen und Rückblicke*, 302-307.
[178] «Darin wirkt die Macht des Seinsrufes, der etwas ganz anderes bedeutet als Rechnung und Planung. Von letzterer her gesehen, bildet die echte Begegnung immer einen Zufall. Ein Zug verspätet sich, und ich treffe den Menschen nicht – ich habe irgendetwas versehen, und gerade dieses Versehen bringt mich mit ihm zusammen. Dieser Zufall hat aber einen besonderen Charakter, denn sobald er sich ausgewirkt hat, und die Beziehung zustande gekommen ist», R. GUARDINI, *Freiheit – Gnade – Schicksal*, 109.
[179] Cf. M. FARRUGIA, «L'incontro: realtà fondante», 583.

mos años la teología consideró con mayor claridad la necesidad de ser más consciente de los propios presupuestos y ser capaz de elaborarlos críticamente. Esto nos recuerda la nueva unidad del pensamiento del que nos habla Guardini, y que asume como parte importante de su tarea. Esto lo hemos constatado también en cada par de opuestos de su teoría contrastada, en donde surge la importancia de pensar esa unidad compleja de los opuestos, una unidad que no puede ser la unidad de otros tiempos, debe ser la unidad que corresponda a este tiempo, a nuestro tiempo. Por lo tanto se trata de una unidad que incluya también la dimensión crítica. En la tarea de la teología como mediadora de la manifestación de Dios en una matriz cultural concreta, la teología experimenta la necesidad de fundamentar y justificar su acercamiento en sintonía con la experiencia humana.

Pero nos dice Farrugia que la dificultad más importante continúa siendo individuar una categoría clave que pueda realmente crear un *puente* entre la experiencia y la reflexión. Aquí sitúa Farrugia la catergoria del encuentro guardiniano como un *puente* que se tiende no solo como un servicio al pensar teológico, sino a toda la vida[180]. A la importancia de este encuentro guardiniano que Farrugia destaca, yo le añado que este encuentro posee un centro, y ese centro es la *intuición*, es solo ella la que toca la realidad, también nuestra propia realidad. Y aunque debe ser posible conceptualizarla, el concepeto nos habla de la realidad de forma indirecta, porque reposa en esa intución que sí toca y capta la realidad (*Denn unmittelbar kann das Konkrete nur von der Intuition erfaßt werden*). Una intuición que debe ser guiada y que debe también ser purificada[181]. Y desde el movimiento constante de la intución que tiende a la vida, se nos exige ser capaces de construir ese puente siempre de nuevo, para que el pensamiento sea también un pensamiento vivo que corresponda a la dinámica de lo vital.

8. Relación entre la mirada contrastada y la mirada cosmovisonal

Para considerar correctamente la relación de la mirada contrastada con la mirada del mundo (de ahora en adelante *mirada cosmovisional*), es necesario considerar los diferentes sentidos que para Guardini implica la palabra *mundo*, y ver desde dónde surge la relación entre las dos miradas. Ambos temas, además de encontrase muy vinculados en el sistema

---

[180] Cf. M. FARRUGIA, «L'incontro: realtà fondante», 603.

[181] «Denn unmittelbar kann das Konkrete nur von der Intuition erfaßt werden. Wohl aber können der Intuition durch wissenschaftliche Mittel, eben durch Begriffe, Gegenstand, Richtung und Weg vorgeschrieben werden. Dann tritt an Stelle freischwebender Intuition wissenschaftlich geformte Anschauung. Damit ist der Gegenstand indirekt begrifflich erfaßt und wissenschaftlich eingeordnet», R. GUARDINI, *Der Gegensatz*, 160.

guardiniano, son temas por los que el autor manifestó un interés especial durante toda su vida, ligándose al mismo tiempo a otros temas relacionados con la gnoseología. Alguno de ellos ya han sido mencionados en otros contextos, aunque aquí surge con especial énfasis la importancia de una correcta consideración y tratamiento de los *prejuicios*.

El tema del mundo y las posibilidades de su conocimiento es tratado por Guardini en la última parte de su obra *Der Gegensatz* (*El Contraste*), desde un vínculo que subraya la relación entre el tema del mundo y una propuesta gnoseológica que nos permita conocerlo de forma más amplia y concreta. La unidad vital y compleja del conocimiento, como una constante en los objetivos que se deben alcanzar, pone importantes límites a una consideración del conocimiento solo desde un sujeto abstracto. Aunque también la consideración de un sujeto abstracto de conocimiento tenga su valor, dista mucho de agotar ese tema que se vincula sobre todo a lo concreto. Lo abstracto no es el lugar desde donde Guardini parte, ni el lugar al que desea dirigirse. El sujeto cognoscente para Guardini no es un sujeto abstracto, y el objeto ante el que se encuentra tampoco es un objeto abstracto, es un objeto concreto al igual que el sujeto cognoscente, y se ubican en un *contexto* que también es concreto. Y la mirada se dirige en un primer momento a ese contexto en el que se encuentra la persona cognoscente, para saber desde donde se parte, desde donde surge la mirada que intenta alcanzar su objeto. La palabra alemana que se utiliza aquí para hablar del contexto o ambiente incluye ya la palabra mundo: *Umwelt*[182].

La palabra *mundo* (*Welt*) pueden significar, en primer lugar, el «mundo en sí», haciendo referencia al mundo de las cosas reales, tal como se mostrarían a un ser cognoscente que estuviera plenamente a su altura para captarlo en su totalidad. Pero Guardini constata que un mundo semejante para el hombre no es posible de ser captado; debido al límite mismo de nuestro conocimiento, no podemos conocer ese mundo de *todas* las cosas.

---

[182] «*Die Welt*» es el mundo, y «*Um-welt*» es el mundo de todo lo que rodea al sujeto cognoscente, hace referencia al ambiente de su mundo natural, su cultura, sus relaciones, las influencias bajo las que se encuentra, etcétera. «Es gibt nur konkrete Subjekte. Und zwar ist diese Konkretheit kein Abfall von der allein wesenhaften Normativität des Abstrakt-Formulierbaren; sondern das Subjekt, auf das es allein ankommt, ist gerade das konkrete. Die Frage nach den allgemeinen Erkenntnisverhältnissen, methodisch gruppiert um ein abstraktes Subjekt, bildet ja nur eine Teilfrage in der eigentlichen, umfassenderen. Die aber richtet sich auf die Erkenntnisverhältnisse des konkreten Subjektes. Wie verhält es sich mit diesem? Wie steht das konkrete Subjekt seinem Gegenstand gegenüber? Er steht einem besonderen Objekt gegenüber. Und in einer besonderen Haltung. Es befindet sich in einer "Umwelt"», R. GUARDINI, *Der Gegensatz*, 166.

Nos encontramos situados en un sector determinado de este conjunto, y nuestros órganos cognoscitivos solo reaccionan ante ciertos «ámbitos mundanos» que nos resultan familiares. A partir de un cierto límite, los objetos no pueden ni siquiera ser captados por nosotros, quedando fuera de nuestra percepción, y consecuentemente surgen claros límites en nuestra capacidad de valoración. El mundo en sí, por las limitadas dimensiones de nuestra capacidad humana de percepción y acción se ve reducido en realidad a *nuestro* «mundo humano objetivo»[183].

La mirada guardiniana muestra todavía un nuevo límite afirmando que tampoco las personas están relacionadas con este mundo humano objetivo, ya que de ese mundo humano objetivo cada uno se recorta su «mundo propio» y vive en ese mundo propio, por lo que solo se conoce, trata, habita y utiliza *ciertas partes* del mundo humano, y además como solo ciertas partes de la realidad son especialmente familiares, ellas son las únicas que se ven de forma especialmente clara, y desde ellas se orienta la propia acción[184].

El mundo propio es entonces el «entorno individual» de cada persona, su propio ambiente (*Umwelt*). Afirmando esto, Guardini nos invita a tocar el *límite* que acompaña la palabra mundo cuando hablamos de él. Ese mundo es nuestro pequeño ámbito propio, nuestro mundo personal. Nuestro entorno es una parte de ese amplio mundo desde donde nos encontramos y desde donde miramos e intentamos conocer de forma inicialmente unilateral el resto de las cosas, en cuanto a que se trata de la perspectiva que experimentamos como familiar y segura. A lo dicho se suma, según Guardini, que en el curso del desarrollo individual, cada individuo tiende a volverse más unilateral, por un principio de ahorro de energía que impulsa a desarrollar las *aptitudes* que

---

[183] «Das Wort "Welt" hat vielfache Bedeutung. Es kann zunächst "Welt an sich" meinen; will sagen, die Welt der wirklichen Dinge, so wie sie sich einem erkennenden Wesen darstellen würden, das ihnen voll gewachsen wäre. Eine solche Welt ist uns nicht gegeben [...]. Unsere Erkenntnisorgane reagieren nur auf gewisse "Weltbereiche", die ihnen nach Größe und Eigenschaften entsprechen. Von einer gewissen Grenze ab, der Größe wie der Kleinheit, sind uns Gegenstände nicht mehr faßbar [...]. Wir kommen so zum Begriff unserer "objektiven Menschenwelt". Das wäre jene Reduktion der "Welt an sich", wie sie der Gesamttragweite menschlicher Aufnahme – und Angriffsmöglichkeit entspricht», R. GUARDINI, *Der Gegensatz*, 166.

[184] «Der einzelne Mensch nun ist nicht einmal auf diese objektive Menschenwelt bezogen. Kraft seiner besonderen Veranlagung antwortet er, und richtet er sich wollend wie handelnd von vornherein nur auf bestimmte Teile und Seiten aus dieser Menschen-Gesamtwelt. Er schneidet aus ihr seine "besondere Welt" heraus und lebt darin. Einmal so, daß er nur gewisse Teile von ihr kennt, berührt, bewohnt, gebraucht [...]. Das ist seine "individuelle Umwelt"», R. GUARDINI, *Der Gegensatz*, 166-167.

nos resultan *más fácilmente utilizables*, haciéndolas cada vez más fuertes. Para nuestro tema esto significa que nada es más ilusorio que considerar nuestro pensamiento y nuestra capacidad de visión como algo totalmente libre, ilimitado, objetivo y carente de prejuicios. Solo Dios puede estar frente al mundo sin prejuicios; pero en lo humano no existe esta posibilidad. El hombre que existe es el hombre concreto, y este vive esencialmente en una actitud de prejuicios. Esencialmente relacionado con un mundo individual que le es familiar, en el que se encuentra seguro y desde donde determina su actuar y su camino de conocimiento, éste es el contexto en el que se encuentra y desde el que la persona concreta conoce[185].

La toma de posición previa vinculada a nuestros prejuicios es algo que influye en todo, hasta en los más mínimos detalles aparentemente científicos y exactos, creando una dependencia que es todavía mayor cuanto más ingenua sea la pretensión de falta de prejuicios, al punto que surge en Guardini la pregunta sobre la posibilidad de vencer este influjo tan fuerte, y si incluso la visión del mundo no depende en definitiva del carácter específico de cada uno. Para Guardini que los prejuicios existan no es el problema. No se trata por lo tanto de vencer los prejuicios, lo importante es saber cuáles son, que sean conocidos e individuados de forma consciente y crítica, y que se encuentren unidos en el todo, logrando superar el propio entorno, el propio ambiente, y la unilateralidad en la que nos pueden ubicar con mayor efectividad si no reflexionamos sobre ellos, o si pretendemos desconocerlos[186].

Aunque se privilegien determinados temas o aspectos en nuestro conocimiento, es importante que esas partes sean vistas en relación con las restantes, intentando ver desde la unidad de todas las relaciones, desde la *totalidad*. Aquí radica para Guardini la significación crítica de la idea del contraste y de la mirada contrastada, ya que el entorno indi-

---

[185] «Nichts ist fiktiver, als die Annahme, unser Sehen und Denken sei vorurteilslos, oder die Forderung, es solle so sein [...]. Im Menschlichen aber gibt es nicht einmal den "Menschen überhaupt". Es gibt nur den konkreten Menschen, und der steht wesenhaft im Vorurteil; wesenhaft bezogen auf eine ihm wahlverwandte Individualwelt, Umwelt», R. GUARDINI, *Der Gegensatz*, 167.

[186] «Soviel liegt jedenfalls klar, daß diese Abhängigkeit sehr weit geht, unendlich zäh ist; und um so stärker und unentrinnbarer wirkt, je naiver der Anspruch der Vorurteilslosigkeit erhoben wird [...]. Nicht ob Vorurteile seien, ist die Frage, sondern welche. Nicht ob der Forschende von Vorurteilen loskomme, sondern ob er sie "richtig" habe, will sagen, ob das Moment des Vorurteil-Habens bewußt, kritisch bewältigt und eingeordnet sei», R. GUARDINI, *Der Gegensatz*, 168.

vidual es conocido desde los límites mencionados. Desde una mirada contrastada también se no ofrece una valiosa ayuda al necesario ejercicio personal, a través del cual se intenta salir de la unilateralidad. Se trata de la búsqueda de una forma de conocer más amplia que nos permita entrar en relación con esas partes que no nos son familiares, con esos aspectos oscuros y distantes. Esto no implica necesariamente perder las propias características, ni la originalidad de la mirada personal, y que se produzca en nosotros una vida sin raíces. Lo que se intenta es lograr que ese mundo propio parcial se integre con un mundo más amplio, y se relacione con lo que le es desconocido o todavía poco claro, abriendo los ojos para percibir lo que todavía no se advierte[187].

Teniendo en cuenta algunas de las dificultades para conocer correctamente y conocer incluso cuáles son nuestros prejuicios relacionados con nuestro ambiente, cobra aún mayor importancia la luz que puede aportar en esta tarea la *intuición concreta* (*Anschauung*) y el camino para llegar a ella. Se nos ofrece en ello un valioso servicio que nos permite una mayor claridad en el conocimiento de nuestro mundo, de nuestro ambiente, con los prejuicios que allí se encuentran, para que, ampliando nuestro horizonte podamos crecer en una forma más amplia de mirar.

9. La mirada contrastada y sus límites

Guardini piensa que puede parecer excesivo esperar tanto de la idea del contraste, y aunque en algunos casos particulares los resultados no sean los adecuados, para él la idea de la contrasteidad crea una *relación* con un mundo más amplio; aunque también se trate de una relación que no se encuentra libre de riesgos y nuevos límites[188]. El universalismo que plantea el «sistema» propuesto por la actitud contrastada puede conducir a una *nivelación de la forma de ver*, a lo que además se agrega un cierto *esquematismo de las relaciones* que pueden hacer perder

---

[187] «Jemand kann im Sinne der Menge der Inhalte umfassendstes Wissen besitzen und doch das, was er weiß, in ganz einseitiger Weise wissen, durch seine besondere "Umwelt" bestimmt. Die Überwindung der individuellen Umwelt, von der hier die Rede ist, meint, daß einer die Dinge, die er sieht, rund sehe, als lebendige Ganzheit, wenn auch sein Blick gemäß innerer Verwandtschaft sich vor allem auf besondere Seiten daran richtet und das Gesehene von da aus ins Dunklere verläuft [...]. Gerade hier liegt die kritische Bedeutung der Gegensatzidee», R. GUARDINI, *Der Gegensatz*, 169.

[188] «Es könnte anmaßend scheinen, so große Wirkungen zu erwarten. Aber durch lange Zeit hin habe ich erfahren, wie die Gegensatzidee wirklich "Weltbeziehung" schafft – so falsch die Ergebnisse im einzelnen geraten mögen», R. GUARDINI, *Der Gegensatz*, 170.

CAP. II: UNA GUÍA A LA INTUICIÓN 245

fuerza a las formas y procesos individuales; y que el crecimiento y la actividad individual sean al mismo tiempo paralizadas por el predominio del conjunto. Este modo de pensar podría imposibilitar, según la objeción que se le hace, la originalidad y la manifestación de lo específico. Para Guardini se encuentra aquí una verdad que insiste en la defensa de la vida contra una excesiva configuración consciente. Se muestra en sus pensamientos la importancia que tiene para él acercarse siempre más a la vida como es en sí, apartando las teorías que pueden impedirlo o parcializarla[189].

Ante los límites o riesgos que puedan representar una mirada contrastada para la vida y lo vital, es igualmente sostenida por Guardini su propuesta de un «sistema» de contrastes, considerando que nos encontramos en una época de consciente supervisión de nuestra situación vital, en la que no siempre se deja transcurrir simplemente la vida desde el respeto, sin manipularla, y ello requiere una actitud reflexiva basada en una relación disciplinada entre el individuo y el conjunto, a ello quiere también ayudar la mirada contrastada, recordando que los límites y riesgos no solo se hacen presentes en nuestra perspectiva de conocimiento, sino también en una forma de conocer que pueda imponerse en un determinado tiempo[190].

Aquí radica para mí otro servicio importante de la mirada contrastada, que no desea encerrarnos en un sistema, sino ayudarnos a crecer en una *disciplina* de pensamiento crítico para individuar los límites negativos de una forma de conocer propia o externa. Ayudarnos a individuar el límite de pensamientos que proceden no solo desde nuestra unilateralidad, sino también desde una unilateralidad externa a nosotros, para

---

[189] «Freilich, die gegensatzbestimmte Schau kann selbst zur Gefahr werden. Jeder Wert wird mit einem andern bezahlt; wir können nicht alle zugleich besitzen. Der Universalismus der gegensätzlich bestimmten Haltung kann zu einer Einebnung des Sehens führen. Dazu, daß vor einem gewissen Schematismus der Beziehungen Einzelgestalt und Einzelvorgang verblassen; daß Wachstum und Tat vom Ganzen her gelähmt werden [...]. Darum bleibt aber doch ein Wert, auch wenn, wie es immer geschieht, seine Verwirklichung anderes gefährdet [...]. Darin liegt eine Wahrheit; ja eine Gegenwehr des Lebens gegen überstark werdende bewußte Einformung», GUARDINI, *Der Gegensatz*, 170.

[190] «Und doch: ob nicht die Zeit des Faustrechts in Denken und Schaffen, die Zeit des Glaubens an das "Spiel der Kräfte" und seine anonyme Vernunft langsam zu Ende geht? Ich will sie gewiß nicht abkürzen. Aber mir scheint, auch hier treten wir in die Zeit der bewußten Überschau unseres Lebensbestandes ein, in der uns der Kampf aller gegen alle und das unbesorgte Gehenlassen mit seinem Vertrauen auf die Reserven des Lebens nicht mehr erlaubt, ja allmählich nicht einmal mehr möglich sind», R. GUARDINI, *Der Gegensatz*, 171.

aprender también a custodiar lo que nos es propio, considerando contemporáneamente lo que nos acerca desde las semejanzas.

El tema del mundo coloca en un plano más cercano la teoría de la contrasteidad con la de la cosmovisión guardiniana. La teoría del contraste ofrece, al mismo tiempo, elementos que nos ayudan a entender mejor su mirada cosmovisional, desde una correcta y crítica visión del «mundo propio». Ayudándonos también a descubrir la importancia de que ese mundo propio no se cierre en sí mismo y logre encontrar un camino de relación con el mundo más amplio de lo humano; situándose así la mirada contrastada en una estrecha relación con la teoría guardiniana de la cosmovisión católica del mundo, en cuanto visión total del mundo que nos ofrece un *nuevo marco de relación* a la mirada contrastada. Tanto la mirada contrastada como la mirada cosmovisional intentan captar las cosas como mundo, es decir como un *todo* que no es el resultado final de una suma de conocimientos particulares o la síntesis de los conocimientos que se van sumando en la mente del que conoce.

La mirada cosmovisional no se identifica simplemente con lo que ve la mirada contrastada. Esta mirada contrastada se halla más bien contenida en la mirada cosmovisional sin agotarla. Para que la «intuición concreta» (*Anschauung*) de la teoría del contraste se convierta en una visión amplia del mundo, debe producirse una *distancia* mayor, que nos pueda brindar una perspectiva «extra mundana». La actitud basada en la idea del contraste ganará una nueva significación desde la concreción del modo cosmovisional de mirar si se abre a la fe, pero para ello debemos ver con más detalle cómo puede ser esto posible y qué novedades implican estos pasos para que la mirada contrastada sea una mirada cosmovisional[191].

10. Teoría guardiniana de la cosmovisión

Al tratar aquí un tema que ocupó a Guardini durante toda su vida como docente universitario creo importante indicar algunos aspectos que describan brevemente ese contexto y nos ayuden a captar mejor la originalidad y la importancia de lo que nuestro autor propone desde esa cátedra que ocupará por primera vez en Berlín. Para concretar esa con-

---

[191] «Der weltanschauende Blick deckt sich nicht mit jenem, der das Konkrete sieht. Dieser ist vielmehr in jenem enthalten, erschöpft ihn aber nicht. Damit die Anschauung des Konkreten zur Schau des Welthaften werde, muß noch jener eigentümliche Abstand hinzukommen, den erst der außerweltliche Standpunkt, der Glaube, gibt. Dann allerdings gewinnt die Gegensatzhaltung für den Vollzug dieser Sicht äußerste Bedeutung», R. GUARDINI, *Der Gegensatz*, 177.

textualización, es oportuno comenzar con las palabras del mismo Guardini haciendo memoria de algunos aspectos de su actividad docente cuando contaba ya con setenta años de edad, o sea después de haber dedicado casi toda su vida a esa actividad. Cuando Guardini cumplió setenta años, pronunció una breve conferencia en la Universidad de Múnich, en la que hizo memoria del tiempo transcurrido como docente de «*Filosofía de la religión y Cosmovisión Cristiana*», cátedra que marcó toda su actividad docente, desde 1923. Hay una intuición presente al inicio de esta tarea y un camino vital en el que esa intuición se va encarnando con mayor claridad, y que va descubriendo un propio estilo para ser pensada.

10.1 *Europa y Weltanschauung*

Europa y la cosmovisión son los temas que Guardini trata en las palabras de agradecimiento que dirigió a los que asistieron a su cumpleaños en 1955. El título de esa breve conferencia que Guardini pronunció en la Facultad de Filosofía de la Universidad de Múnich es «Europa y la Cosmovisión Cristiana del Mundo» (*«Europa» und «Christliche Weltanschauung»*)[192]. Aquí Guardini habla de dos experiencias personales que influyeron en su actividad docente. La primera experiencia es la que se relaciona con un pueblo y un país, nos recuerda que nació en Italia (Verona) pero, por motivos laborales, su familia se trasladó a Alemania. Mientras que en su casa se hablaba y se pensaba en italiano, él creció espiritualmente en el idioma y la cultura alemana.

Sintiéndose con el tiempo interiormente ligado más al mundo de la cultura alemana, debería haberle resultado fácil a Guardini optar por la ciudadanía alemana, siendo este un requisito necesario para poder ejercer su tarea docente. Pero no fue así, no podía renunciar fácilmente a eso que lo unía con Italia, por sus padres y porque en los inicios del 1900 se vivía con muchas mayor intensidad la realidad del pueblo y el estado; tal decisión implicaba un gran desarraigo que hacía surgir en él la pregunta si se trataba de una decisión lícita. En este contexto se hace presente en él un nombre que en ese momento estaba bastante olvidado: «Europa».

Guardini percibe en Europa la base desde la cual podía existir también desde lo alemán; pero permaneciendo al mismo tiempo fiel a su primera patria, y las dos unidas desde una misma realidad que es Europa. A pesar de que la relación en Europa no se percibe del mismo modo en todas las direcciones (era más compleja la relación norte-sur que por

---

[192] Cf. R. GUARDINI, *Stationen und Rückblicke*, 294-301.

ejemplo la relación este-oeste), habiendo crecido en Alemania desde que tenía un año, sintió tempranamente una inclinación hacia lo nórdico. Pero con todo ello, Guardini desea expresar el despertar que en él se produjo de la *conciencia europea*; y al mismo tiempo ese «*camino*» de *unidad* que encontró desde el nombre Europa, que le permitía sentirse fiel a su patria primera y a su sentirse alemán.

A estos pensamientos agrega Guardini algo más en relación con el camino de unidad que encontró desde su experiencia de vida. Después de confesar las dificultades que tuvo que superar *interiormente* para poder aceptar el ofrecimiento que le hicieron de enseñar en Berlín, y el peso negativo de la poca experiencia con la que contaba, habla también de las dificultades *exteriores*, haciendo referencia a la poca claridad que tenían en la misma universidad de Berlín sobre lo que en esa cátedra debía enseñarse. En este panorama de amplia confusión interior y exterior surge nuevamente su agradecimiento a Max Scheler por su valiosa ayuda con la que alumbró su camino en esta nueva empresa. Su consejo era básicamente el de centrarse en la palabra *Weltanschauung* (cosmovisión), y hacer lo que esa palabra indicaba, observando las cosas y el mundo, las personas y sus acciones, pero como un cristiano responsable, y expresar con nivel científico lo que observaba. Un ejemplo que Scheler le ofreció y que Guardini concretó más tarde, fue el de investigar a Dostoyevski y tomar posición como cristiano ante lo que allí se expresa[193].

Esa actividad que ponía a Guardini en contacto con el mundo literario formará una parte importante de su tarea de presentar la cosmovisión cristiana. La interpretación de la poesía y la literatura serán momentos significativos del encuentro entre la fe y el mundo concreto, que se relaciona con la cultura y sus manifestaciones, la historia, y la vida social. Pero todo ello exigía un contacto continuo con el mundo en sentido amplio, es decir, con la vida de las personas, la historia, y los procesos de la tarea cultural. Para lograr ese objetivo y teniendo en cuenta la importancia del lenguaje y la obra de arte que nace de él, dirigió su atención desde el inicio a obras poéticas, surgiendo así sus obras sobre Dante, Hölderlin, Rilke, Mörike, etcétera[194].

---

[193] Cf. R. GUARDINI, *Stationen und Rückblicke*, 299.

[194] «Wenn aus dieser Arbeit kein abstraktes Begriffswerk, sondern etwas Lebendiges, Wirklichkeitshaltiges entstehen sollte, dann war eine beständige Begegnung mit dem gefordert, was im weitesten Sinne "Welt" heißt: mit dem Menschenleben, der Geschichte, den Vorgängen und Werken der Kultur. Eine besondere Bedeutung im Bereich der Kultur aber hat die Sprache und das aus der Sprache erwachsende Kunstwerk, die Dichtung. So

Los trabajos de Guardini no expresan una interpretación literaria científica (*Diese Studien haben nicht die Absicht, in die Literaturwissenschaft als solche einzugreifen*), y los especialistas pueden criticar con razón este límite que el autor mismo confiesa en su trabajo interpretativo, debido a su falta de claridad metodológica. A lo que Guardini apunta es a eso que surge como resultado de un *encuentro* entre la fe y el mundo, cómo se ve el mundo desde la fe, y cuáles son las preguntas que el mundo dirige a la Revelación. Los riesgos a los que se expone un trabajo que no se realiza de acuerdo con el rigor metodológico de otras ciencias no pueden impedir, según Guardini, esta urgente tarea, la cual resulta aún más urgente si se tiene en cuenta que desde el inicio de la edad moderna la distancia entre la fe y la vida del mundo se hace siempre más profunda, manifestándose en una pretendida existencia *autónoma* del mundo[195].

En su tarea docente, y en su trabajo intelectual, se reprodujo de alguna forma lo mismo que había sucedido en su historia personal, perdía algo para ganar otra cosa. «Perdía» su ciudadanía italiana para sentirse europeo y descubrir interiormente la unidad que eso representaba. Aceptando la cátedra de Berlín «perdía» la teología sistemática por buscar el mundo, encontrando la unidad de la teología y el mundo en la teoría de su cosmovisión (*Weltanschauung*). Para Guardini desde su experiencia es más claro todavía la imposibilidad de pensar que el hombre experimente el mundo y después además sea creyente. Todo ello debe ocurrir desde un encuentro en el que la fe hable y ofrezca respuestas, y viceversa, que el mundo en el ámbito de la fe formule preguntas y experimente una claridad definitiva. Además, ello debe ser llevado a cabo desde una responsabilidad crítica, y realizado desde un proceso metódico, en la que adquiere un importante protagonismo la cosmovisión cristiana del mundo[196].

---

war die Aufmerksamkeit des Verfassers von Anfang an auch auf Dichterwerke gerichtet. Es entstanden umfassendere Arbeiten über Dante, Hölderlin, Dostojewskij, Rilke, Mörike», R. GUARDINI, *Sprache, Dichtung und Deutung*, 9-10.

[195] «Diese Studien haben nicht die Absicht, in die Literaturwissenschaft als solche einzugreifen. Der Fachgelehrte wird gegen sie den Einwand erheben können, ihnen fehle jene methodologische Eindeutigkeit, wie er sie fordert [...]. Immer handelt es sich um Ergebnis von Begegnung: um Deutung der Welt vom Glauben her; um Fragen, welche die Welt an die Offenbarung richtet [...]. Je weiter seit dem Beginn der Neuzeit der Bericht des Glaubens und der des Weltlebens auseinander traten; je entschiedener ein autonomes Weltdasein sich herausarbeite, desto notwendiger wurde die Arbeit an einer christlichen Weltanschauungslehre», R. GUARDINI, *Sprache, Dichtung und Deutung*, 10.

[196] Cf. R. GUARDINI, *Stationen und Rückblicke*, 300-301.

A partir de su conversión, Guardini experimenta que el conocimiento que parecía alejarlo de la fe, deja de ser solo un conocimiento científico técnico para tomar una nueva forma de unidad que incluye su vida, obteniendo desde él una nueva serenidad, un nuevo sentido, y una visión más orgánica. Esta nueva mirada que nace desde la fe se expresa en la unidad que descubre en el nombre de Europa, como respuesta a sus inquietudes personales, su propio contexto que lo había formado desde dos culturas y dos estilos de pensamientos. También aquí nace para Guardini otro camino que intenta integrar el mundo y la fe. La importancia de esta experiencia se proyecta en la importancia que el mundo debe tener para cada creyente. El que cree está situado en un mundo, una cultura, un estilo de vida, y es desde ahí que se cree. El que cree, es creyente con toda su vida, con toda su historia. El mundo no puede ser ajeno a la teología, porque si así fuera, se dejaría el espacio para que se siga manteniendo una *autonomía* de algo que en realidad forma parte constitutiva del hombre creyente, y que por lo tanto debe formar parte de la teología. Renunciar a ello no solo limita la fe, sino que favorece que el mundo sea pensado de forma autónoma, profundizándose aún más la distancia que entre el mundo y la fe se produjo.

10.2 *La cosmovisión: estructura guardiniana fundamental*

Silvano Zucal, en el prólogo a la traducción italiana de la obra de Guardini «*Vom Wessen Katholischer Weltanschauung*» (*Visione Cattolica del Mondo*), hace mención del carácter *asistemático* de la obra guardiniana y la *aparente* dispersión de sus escritos. También indica el carácter fragmentario de algunos de sus aportes. Pero nos dice Zucal que aun así, es fácil constatar y reconocer la profunda e interior unidad del pensamiento guardiniano que es claramente visible para todos en la amplia obra de Guardini. Añade, citando a Riva, que el *perno unificador* de la obra guardiniana es la cosmovisión. Esta idea es también compartida por Hans Mercker, quien define la misma *Weltanschauung* como *la estructura guardiniana fundamental* de su obra. A la importancia que reviste la enseñanza de la Weltanschauung para Guardini en su actividad, se suma esto de ser perno unificador de su obra, siendo considerada la teoría guardiniana de la *Weltanschauung* por estos estudiosos de Guardini, como su elemento más original. Lo dicho por estos especialistas del pensamiento guardiniano es una motivación más para acercarnos a las ideas presentes en la teoría de la cosmovisión guardiniana[197].

Silvano Zucal nos ofrece una pequeña guía que consta de tres puntos importantes que se deben tener en cuenta como ayuda adicional, para no perdernos por caminos secundarios en el universo teórico guardiniano. Estos tres puntos se detienen en tres temas decisivos: primero el *maestro* secreto, siempre presente, que es San Buenaventura; segundo el *método* particular de Guardini que es el de la teoría del Contraste (*Der Gegensatz*); y tercero el *manifiesto programático* como tema central y objetivo de su actividad como pensador cristiano centrado en la obra que ahora nos ocupa, La Esencia de la Cosmovisión Católica (*Von Wesen katholischer Weltanschauung*)[198].

Reconociendo también *en parte* la importancia de estos aspectos que señala Zucal, creo que la estructura fundamental de la obra de Guardini debería también estar integrada por la *intuición* personal que lo guía. Es la unidad de la intuición guardiniana la que encuentra su estructura, la que se expresa en su trabajo y su tarea. Aunque el encuentro con el pensamiento de Buenaventura haya sido importante para Guardini, optando por el teólogo franciscano para realizar tanto su doctorado como su habilitación, en las palabras del prólogo al *Contraste* mencionan inclusos sus trabajos sobre el gran teólogo franciscano como momentos en los que puso a prueba su teoría de la contrasteidad. Se pone así de relieve nuevamente la mirada personal desde la que leyó incluso al gran teólogo medieval[199].

---

[197] «C'è chi ha rimproverato a Romano Guardini una certa dispersione della sua pur incomparabile produzione scientifica, la frequente occasionalità dei suoi interventi, la frammentarietà di taluni contributi. Eppure se l'approccio allo straordinario mondo guardiniano non rimane superficiale, anche l'osservatore od il critico più prevenuto non può non constatare e riconoscere la profonda, interiore unità del suo pensiero, un timbro ed un tratto davvero originali che ovunque fanno capolino. C'è infatti una sorta di "filo d'Arianna" che percorre tutta la sua opera, un elemento unitario che la determina con incredibile continuità dagli esordi fino alla fine. Questo "perno unificatore" è la *christliche-katholische Weltanschauung*. Hans Mercker definisce giustamente la Weltanschauung cristiana come la struttura fondamentale nell'opera guardiniana (*Grundstruktur im Werk Romano Guardinis*), il vero asse portante che ne sostiene tutta l'impalcatura e ne disegna l'intero orizzonte», S. ZUCAL, «Premessa», 7.

[198] Cf. S. ZUCAL, «Premessa», 8-9.

[199] «Im Winter 1905 haben wir angefangen, diesen Fragen nachzugehen. Von da an sind die Gedanken gewachsen. Im Jahre 1912 habe ich das Ganze zu formen gesucht; alles Wesentliche lag bereit. Dann blieben die Aufzeichnungen liegen. In einer Reihe von Einzelarbeiten wurden die Gedanken erprobt. Meine Versuche über die Philosophie und Theologie des heiligen Bonaventura – über seine Erlösungslehre die eine; die an-

La experiencia de conversión en Guardini despierta en él una nueva intuición que lo ayuda a encontrar un punto de unidad más ligado a las raíces de su pensamiento. La intuición que percibía solo como algo negativo y angustiante, como algo de lo que carecía, se transforma en algo positivo y fecundo cuando se encamina desde la fe a Jesús y a la Iglesia, y encuentra en la Iglesia la estructura fundamental que acoge su intuición. La Iglesia le ofrece al mismo tiempo un camino de purificación del pensamiento. Es esta dimensión más autobiográfica del pensamiento guardiniano la que se intentó subrayar en el primer capítulo, y que ahora desde el presente capítulo intenta mostrar la «sistematización» desde lo que la intuición percibe, también como parte de su misión y tarea. En respuesta a esa misión a la que Guardini se siente llamado, se plasma el escrito programático de la Cosmovisión Católica, al que hace referencia Zucal, para subrayar su papel protagónico central, al afirmar que la cosmovisión católica contiene una *clave interpretativa* de la entera producción guardiniana[200].

10.3 *Intuición y cosmovisión*

En la traducción italiana del texto de Guardini, se puede leer una nota que acompaña la palabra *Weltanschauung* cuando aparece por primera vez. El traductor italiano hace una aclaración para señalar que esta palabra está compuesta por *Welt* (*mundo*) y por la palabra *Anschauung* traducida como *intuición, pero no en el sentido bergsoniano o kantiano*, sino más bien en relación con el sentido más cercano a la escolástica, que ve en ella una visión global e intelectual de las cosas. La nota del traductor nos muestra que la *intuición* forma ya parte de la palabra que designa la estructura fundamental de esta obra programática de Guardini[201]. En el *Lexikon für Theologie und Kirche* en el artículo

---

dere, noch ungedruckt, über die "Systembildner" seines Denkwerkes», R. GUARDINI, *Der Gegensatz*, 11.

[200] «Come ben s'esprime Roberto Esposito, se il volume sull'opposizione polare, Der Gegensatz, "costituisce il vero plafond filosofico" dell'intera opera guardiniana, giacché ne fornisce le coordinate metodologiche, "lo scarno, intenso, frammento del *Vom Wesen katholischer Weltanschauung* contiene una chiave interpretativa per l'intera produzione guardiniana" (n. 6: R. ESPOSITO, *Categorie dell'impolitico*, 48). Con esso si ottiene una griglia ermeneutica che ci può davvero orientare nel ricchissimo panorama teorico guardiniano, una sorta di bussola che ci impedisce di perderci in fraintendimenti pericolosi», S. ZUCAL, «Premessa», 9.

[201] La nota del traductor italiano dice que: «In *Weltanschauung*, vocabolo composto da *Welt* (Mondo) e *Anschauung*, si è ritenuto opportuno tradurre *Anschauung* con "intuizione", non nel significato specifico kantiano o in quello bergsoniano, ma in corrispondenza

que escribe Schöngen, se habla de la dificultad de traducir esta palabra (*Weltanschauung*) a otro idioma, además se señala, al igual que lo hace Guardini, la importancia del lenguaje en la tarea y desarrollo de esta ciencia, el lenguaje en cuanto instrumento que posibilitará presentar una cosmovisión[202].

La palabra cosmovisión, dice Guardini, se había transformado en una palabra común, de uso general, pero a la que cada uno le daba un significado diferente, lo cual transformaba la tarea de definir la *cosmovisión* en algo difícil de determinar con precisión. Este problema se transformó para Guardini en algo urgente de solucionar cuando fue llamado a enseñar en la universidad de Berlín. En ese momento era para él particularmente necesario entender y decir claramente en qué consistía la *Weltanschauung católica,* como así también de qué manera ella podía transformarse en una ciencia independiente y no solo una mezcla de filosofía y teología[203].

El horizonte que se presenta ante la cosmovisión es muy amplio, forma parte de la filosofía y de la historia de la cultura, en cuanto descripción de las intuiciones vitalmente válidas que se han tenido. Indaga además la relación que tiene lo que se conoce desde la cosmovisión, con lo que se logra conocer desde las ciencias particulares. Guardini toma distancia de esa perspectiva, ya que no pretende hablar de la cosmovisión (*Weltanschauung*) en general, aunque haga propias algunas de las preguntas presentes en ese contexto, y valore positivamente el progreso en los distintos ámbitos del conocimiento de las ciencias particulares. Guardini en su teoría de la cosmovisión no desarrollará un análisis histórico o sistemático de las imágenes del mundo que surgie-

---

del classico e scolastico *intuitus rei* "visione – globale – intellettuale della cosa". Analogamente s'è tradotto *Anschauen* con intuire, ritenendo che contemplare comportasse un sovrasenso" religioso e mistico specifico, che nell'uso corrente il verbo (e il sostantivo derivato) ha assunto e che non sembra qui inteso generalmente dall'Autore», (cf. R. GUARDINI, *La visione cattolica del mondo*, 13). No se nos dan mayores detalles de la diferencia entre la comprensión de la intuición bergsoniana, kantiana ni escolástica.

[202] «Das Wort ist in dem, was es über seinen nächsten Sinn alles mitbedeutet, eine eigentümlich dt. Begriffsprägung, die in der dt. Romantik [...], u. kaum in andere Sprache übersetzbar ist [...]. Weit anspruchsloser gibt sich "Weltbild" [...]. Zu den Bildekräften einer W. zählt mit an erster Stelle die Sprache, vorab unsere Muttersprache: Welt ist Welt in Sprache», G. SÖHNGEN, *LThK* 10, 1027-1029.

[203] «Das Wort Weltanschauung ist allgemein üblich, und jeder verbindet damit einen Sinn. Diese Muß aber doch sehr unbestimmt sein, denn eine deutliche Antwort, was Weltanschauung sei, ist nicht leicht zu bekommen. Für mich wurde die Frage dringlich, als ich den Auftrag übernahm, an der Berliner Universität über den Gegenstand zu lesen», R. GUARDINI, "Vom Wesen katholischer Weltanschauung", 13.

ron en el pasado, sino que tratará de presentar y desarrollar *una cosmovisión* específica, la cosmovisión *católica*[204].

10.3.1 Cosmovisión general y cosmovisión católica

La idea de la cosmovisión como *resultado* de *perspectivas personales*, y por lo tanto subjetivas, era algo común en pensadores como Dilthey y la corriente del historicismo, lo que los conducía a dejar de lado la pregunta acerca de la *verdad*. Lo único que en realidad se podía hacer era clasificar los diferentes tipos de cosmovisiones, excluyendo la posibilidad de hablar de *una* cosmovisión. Troeltsch, Jaspers y Scheler llegaban al resultado *relativo* de toda doctrina que afirme *una* cosmovisión. Para estos autores no era posible hablar de una verdad histórica absoluta, y al dejar de lado la pregunta sobre la verdad, se dejaba de lado la posibilidad de una sola cosmovisión. Lo único posible era presentar las diferentes visiones del mundo, destacando la relatividad de cada una de ellas, condicionada por los presupuestos subjetivos desde donde cada cosmovisión era pensada. Ello conducía por otro lado a la necesidad de ser tolerantes y respetuosos con todas la visiones del mundo. Esta era la situación normal entre los profesores que hablaban de estos temas, incluso entre los profesores católicos, sin necesidad de tomar parte por una visión del mundo ni juzgarla[205].

---

[204] «Es handelt sich hier nicht um Weltanschauungslehre überhaupt, sondern um die Lehre von der katholischen Weltansicht [...]. Es wird nicht gefragt, was überhaupt Weltanschauung sei, sondern eine bestimmte soll dargelegt werden. Es geht nicht um die geschichtliche oder systematische Auflösung früher aufgetauchter oder jetzt-vorhandener Weltbilder, sondern jenes soll entwickelt werden, das der Vortragende als Wahrheit vertritt», R. GUARDINI, "Vom Wesen katholischer Weltanschauung", 13-14.

[205] «Dilthey und der Historismus ließen deshalb resignierend die Wahrheitsfrage fallen und begnügten sich mit der Darstellung der bloßen Klassifikation von typischen Hauptformen, ohne beurteilend dazu Stellung zu nehmen. Auch Troeltsch, Jaspers und Scheler kommen – wenn auch unter verschiedenen Problemstellungen – zum Ergebnis der Relativität aller Weltanschauungssysteme, die wiederum durch die subjektiven Voraussetzungen des Betrachtenden bedingt sind. Deshalb sind nach ihnen alle solche Entwürfe subjektiv und im Letzten unverbindlich. "Diesem Gefühl für Perspektivität und Toleranz" entsprach dann auch die Errichtung der sogenannten Weltanschauungsprofessuren, unter ihnen auch jener für katholische Weltanschauung. Naturwissenschaft, Psychologie, Soziologie und Religionswissenschaft haben in Verbindung mit der Einsicht in die geschichtlichen Bedingungen des Erkennens den Glauben an eine allgemein verbindliche Weltsicht, die den Anspruch auf Wahrheit erheben könnte, aufgegeben. Damit aber zerfiel das Wissen vom Ganzen in spezialisierte Einzelerkenntnisse, denen das geistige Band fehlte. Umgekehrt aber erzeugte gerade diese Situation ihrerseits wieder das verstärkte Bemühen um Weltanschauung, weil ohne den Willen zur Ganzheit und Universalität nur unerträgli-

Si no es posible preguntar por la verdad, no existe una relación objetiva con algo que nos permita establecer la medida de verdad que una teoría pueda tener, o establecer un juicio sobre la mayor o menor verdad de lo afirmado. Eso generaba una situación contradictoria ya que en la misma cosmovisión no era posible una universalidad ni una totalidad. Se transformaba esa visión de la totalidad en algo imposible de alcanzar, permaneciendo como un proyecto trunco, dejando sin orientación la cosmovisión y ubicando el saber ya no en la creación de *una* posible cosmovisión, sino en los resultados de las distintas ciencias particulares. Para la actitud liberal una unidad del conocimiento era algo auténticamente subjetivo e ilusorio.

En Guardini este tema toma otra dirección. Cuando piensa la cosmovisión católica (*katholische Weltanschauung*) ve en el hombre la unidad y la relación que une todas las cosas, formando también una unidad que debe ser reconocida, valorada y amada. Las cosas no existen solo como realidades aisladas e independientes, al punto que no puedan ser vistas en la unidad del mundo al que pertenecen. Aunque algunos renuncien a una visión global transformando la ciencia solo en un tipo de conocimiento especializado de lo individual, eso para Guardini no implica la imposibilidad de hablar allí de una falencia, de la incapacidad que impide ver lo que une con el todo. Desde esta situación surgió en Guardini un mayor esfuerzo por pensar la cosmovisión como una verdad no solo de tipo subjetiva, sino también una verdad en la que lo objetivo tiene importancia y valor[206].

Ciertamente, Guardini admite diferencias en la forma de mirar y considerar las cosas que se hacen presentes incluso en la cosmovisión católica, lo cual permite considerar los diferentes matices entre distintos

---

che Orientierungslosigkeit bliebe», H. MERCKER, *Christliche Weltanschauung als Problem*, 57.

[206] «Während aber der Skeptizismus der liberalen Haltung diese Einheit als subjektiv und illusionär entlarvt – weil sie vom Einheitswillen des geschichtlich bedingten Subjekts her entworfen werde, von objektiver Einheit des Weltganzen also keine Rede sein könne, geht Guardini bewußt von der Einheit der Welt wie des erkennenden Menschen aus. Der Mensch bildet "eine geschlossene Einheit ins sich selbst". Ebenso ist die Welt "als Inbegriff der äußeren Dinge" eine "Ganzheit". Im Menschen, der einerseits zur Welt gehört, ihr aber gleichzeitig gegenübersteht, sind beide Ebene verzahnt. Der Weltanschauungsakt des Menschen ist darum nicht willkürlich entwerfend oder subjektivistisch relativierend, sonder "erkennend, liebend, wertend". Die dem Anschauen vorausliegende Einheit aber ist begründet in Gott, dem "absoluten Grund und Ursprung von Welt und Mensch". [...]. Weltanschauung wird so der bloßen unverbindlichen Mutmaßung entrissen und wieder mit dem Anspruch objektiver Wahrheit ausgestattet», H. MERCKER, *Christliche Weltanschauung als Problem*, 58.

pensadores católicos. Por ejemplo, la diferentes cosmovisiones de Ignacio de Loyola, de Agustín, Tomás de Aquino o Newman; y no sería correcto situarlos en una línea absolutamente idéntica, ya que se empobrecería el rico mundo católico. Pero lo que une a todos esos pensadores, lo que todos ellos poseen como una característica común, es precisamente que son católicos[207]. La cosmovisión católica no es entendida como *un* tipo determinado, sino como *la actitud* que abraza todos los tipos y las formas de mirar, es una actitud de apertura y de respeto para con todos, sin negar a nadie, reconociendo lo valioso presente también en lo que no es católico.

La mirada guardiniana considera que el catolicismo se realiza en tipos caracterizados por una psicología diferente, particularidades sociales y nacionales diferentes, en personas diferentes, pueblos diversos y tiempos diversos, y esto marca la diferencia incluso dentro de la cosmovisión católica. Esto además de ser lícito es también deseable, ya que según Guardini se debe arraigar en lo propio para que la mirada sea una mirada viva, clara y fuerte (*Diese Verwurzelung im Typischen muß sein, denn Kraft und Rang jeder Lebenserscheinung hängen davon ab*). La cosmovisión debe estar fundamentada en lo propio, ya que no se puede lograr una forma «pura» de mirar, no existe un «tipo puro» de cosmovisión católica. Ya se habló de esa pretendida pureza y se dijo algo que Guardini repite una vez más en esta descripción de su teoría de cosmovisión católica, recordándonos que esa pureza solo está presente en los conceptos, y que lo concreto vivo está, más bien, caracterizado por un fenómeno de contrastes y de oposiciones polares[208].

---

[207] «Gibt es dann überhaupt noch eine allgemeinkatholische Weltanschauung? Und wenn ja, ist sie dann noch geschlossen und einheitlich? Fassen wir die Wirklichkeit ins Auge, so sehen wir sofort, daß diese Typik tatsächlich besteht. Die Weltansicht Tertullians zum Beispiel ist eine andere als etwa die J.M. Sailers – um zwei recht weit voneinander abliegende Ethiker zu nennen. Das Weltbild Augustins tief verschieden von dem des heiligen Ignatius von Loyola. Thomas von Aquin sieht anders als Kardinal Newman. Alle zweifellos katholisch, aber ebenso zweifellos verschieden in der Weise, wie ihnen die Welt erscheint. Und wir fühlen sofort: Es hieße diesen Persönlichkeiten und ihrem Werk einen schlimmen Dienst erweisen, wollte man sie auf eine Linie bringen. Es wäre nicht nur unwahr, sondern man hätte Unersetzliches zerstört; hätte die reiche, katholische Welt arm gemacht», R. GUARDINI, «Vom Wesen katholischer Weltanschauung», 28.

[208] «Diese Verwurzelung im Typischen muß sein, denn Kraft und Rang jeder Lebenserscheinung hängen davon ab, wie klar und stark diese in ihrem Sein ein besonderes Wesensbild verkörpert. Mit dem Blick der Weltanschauung ist es nicht anders. Auch er muß typisch begründet sein, und je stärker ein deutlich umrissenes eigenes Wesensbild in ihm zum Ausdruck kommt, desto größer seine Schau – und Formkraft. Rein sind jene Typen natürlich nur im Begriff. In Wirklichkeit gehen sie ineinander über. Es läßt sich zeigen,

En realidad los tipos y las formas de mirar se mezclan unas con otras, y cada individuo vivo trae consigo diferentes tipos posibles en sí mismo, recordando también que las características personales dependen también de situaciones económicas, culturales concretas en las que arraiga y desde donde toma fuerza la propia mirada, permitiendo que sea una forma viva de mirar y de considerar la realidad, pero implicando también la presencia de un límite. De todos los tipos o factores presentes en el individuo, algunos son los que predominan y dirigen la mirada en una dirección, esto muestra las características personales propias de la mirada, pero también su límite[209].

El catolicismo esencial no es pensado como un tipo más junto a una cosmovisión budista o a la protestante; vinculada estrechamente esta afirmación con la seriedad con la que Guardini piensa y considera la Revelación sobrenatural en todos sus contenidos y con todo lo que implica en la vida concreta. Guardini afirma que el católico abraza todos los tipos posibles, y toda la vida misma; totalidad que no deriva de un sincretismo histórico o de una técnica de organización, sino que surge de una totalidad esencial originaria. De esto se deriva una importante tarea para el católico y que consiste precisamente en salir de toda posición de antítesis hacia otros grupos, reconquistando la actitud esencial que le es propia, la que vive de la amplitud comprensiva del propio ser y tiene por único adversario la negación[210].

---

daß das Phänomen des Konkreten überhaupt nur durch ein bestimmtes Gefüge typischer Gegensätzlichkeiten erfaßt werden kann. Jedes Lebendige trägt sogar alle verschiedenen typischen Lebensmöglichkeiten in sich, und sei's nur als Nebentöne im Ganzen», R. GUARDINI, «Vom Wesen katholischer Weltanschauung», 28-29.

[209] «Der Einzelne vermag immer nur bis zu einer bestimmten Grenze die verschiedenen typischen Gestalt – und Aktmöglichkeiten in sich zu verwirklichen. Geht er in der Universalität weiter, dann verliert er die innere Spannung, Klarheit und Kraft; die Wesensstruktur löst sich auf [...]. Nun gibt es wohl eine bestimmte Haltung des Schauens und Handelns, die sich gerade auf die Tatsache der wechselseitigen Bezogenheit der Typen, auf die Tatsache der Ganzheit richtet», R. GUARDINI, «Vom Wesen katholischer Weltanschauung», 29.

[210] «Der wesenhafte Katholizismus aber – das muß gegenüber den Typisierungs – und damit Relativierungsversuchen der jüngsten Zeit nachdrücklich betont werden – ist kein Typus. Er bedeutet das Ernstmachen mit der übernatürlichen Offenbarung in all ihren Gehalten, und allen Gebieten und Verwicklungen des wirklichen Lebens gegenüber [...]. Diese Totalität kommt nicht aus geschichtlichem Synkretismus [...]. Und wenn es für den Katholiken eine Aufgabe gibt, dann diese: daß er aus jeder Gegensatzstellung anderen Gruppen gegenüber heraustrete. Daß er seine wesenseigene Haltung wiedergewinne, die ganz aus der Umfassendheit des eigenen Wesens lebt und keinen Gegner hat außer der Verneinung», R. GUARDINI, «Vom Wesen katholischer Weltanschauung», 30.

El catolicismo, entonces, posee como propio solamente la *actitud* católica, ofreciendo a cada uno la posibilidad de desarrollar con confianza las propias posibilidades, y para que cada tipo de cosmovisión se explique al interior del ámbito espiritual católico según la propia esencia. Esto último se podrá concretar mejor mientras más intacta se encuentre la vida católica en el creyente. Guardini nos recuerda que ha sido siempre un signo de empobrecimiento el excesivo predominio de *un* determinado tipo, sabiendo que al mismo tiempo cada uno, cada tipo determinado, debe relacionarse con la *totalidad*. En estos pensamientos resuena también la mirada contrastada, como un instrumento que intenta ayudar a mantener esta apertura que evite el empobrecimiento de un unilateralismo, como un riesgo que acompaña a todas las personas y a todos los tipos. Creciendo en la conciencia de lo propio se debe también crecer en la conciencia de la misión por construir la *unidad*[211]. Aunque creo que aquí también encontramos un punto en el que la mirada comovisional y la mirada contrastada se separan. La mirada contrastada apunta a pensar los caminos que construyan un horizonte más amplio, a ponernos en relación con un mundo más amplio, a salir del mundo propio, para dirigirnos al mundo humano y el mundo en sí. En la mirada cosmovisional se parte ya de un mundo más amplio.

10.3.2 La cosmovisión y el mundo como unidad y totalidad

La cosmovisión se diferencia de las ciencias particulares por tratarse de una mirada que se dirige al *todo* como *unidad*, y a *cada cosa* como un todo, inserta en otro todo, como algo orgánico que pide ser captado vitalmente. Por ejemplo *la mano* es un todo, pero incorporada en el todo del *cuerpo*. Pero además, la mirada cosmovisional pone de relieve que a esta totalidad no se llega desde un registro completo de cada parte, sino que se parte ya de este todo, de esta unidad. La ciencia también tiende según Guardini a la unidad, pero desde la amplitud de todo su trabajo con sus especificaciones y diferencias, nunca logra llegar a ella;

---

[211] «Der Katholizismus umfaßt grundsätzlich alle typischen Möglichkeiten. Eigen ist ihm nur die katholische Haltung: daß jede jener Möglichkeiten zuversichtlich sich selbst entfalte; in unserem Falle: daß jeder weltanschauliche Typus sich innerhalb des katholischen Geistesbereiches dem eigenen Wesen gemäß auswirke – und das kann er um so voller, je ungebrochener das katholische Leben ist; hingegen war es immer ein Zeichen innerer Verkümmerung, wenn bestimmte Typen zu sehr vorherrschten. Zugleich aber, daß jeder auf das Ganze bezogen sei [...]. Bewußt, mit seiner Besonderheit eine Sendung für das Ganze zu haben», R. GUARDINI, «Vom Wesen katholischer Weltanschauung», 30-31.

la ciencia se liga al objeto que le es propio, profundizando siempre más en las particularidades del objeto que estudia. Además de los obstáculos que Guardini señala, en el ámbito científico se tiende a la unidad a través de una síntesis. Para la mirada guardiniana por ese camino nunca se logrará el objetivo, porque el camino de las ciencias es un camino infinito, la ciencia tiene siempre nuevos pasos para dar y añade siempre nuevos conocimientos, el progreso de la ciencias particulares no se concluye nunca; por el contrario la cosmovisión no busca construir la totalidad ni la unidad[212].

La cosmovisión ve cada cosa ya desde el principio como una totalidad (*Die Weltanschauung sieht jedes Ding von vornherein "ganzhaft"*), la totalidad aquí no es algo que surge como resultado que se debe registrar y comprender desde cada una de las partes (*Diese Ganzheit, diese "Welt" ist, wiederum gesagt, kein Endergebnis, das herauskommt, sobald alle Teile erfaßt sind, sondern von vornherein da*). El mundo está presente en cada cosa, y cada cosa en sí misma es una totalidad, que a su vez forma parte del mundo no solo a nivel cuantitativo sino como una realidad orgánica. Recordandonos que en lo orgánico, el todo y cada parte están íntimamente vinculados. Si intentamos penetrar más en profundidad en lo que se llama una «cosa particular», veremos que el dato de hecho «cosa particular» tiene esencialmente una relación con la realidad «todo». La complejidad de la mirada contrastada refleja la unidad de lo concreto viviente, una unidad que no construimos con el pensamiento. Un pensamiento capaz de captar lo concreto, debe ser también capaz de reflejarlo. En la cosmovisión se concreta este pensamiento de unidad, que ya desde el inicio parte desde la unidad del todo sin construirla.

La cosmovisión guardiniana al entender también las cosas como órganos, es decir como totalidades «provisorias» en sí mismas, las entiende también desde su relación, porque están relacionadas a otra totalidad definitiva (*Weltanschauung erfaßt die Dinge als Organe, das heißt als vorläufige – provisorisch – Ganzheiten in sich, bezogen auf*

---

[212] «Die Weltanschauung sieht jedes Ding von vornherein "ganzhaft". Sieht es als Ganzheit in sich selbst und als in eine Ganzheit eingefügt. Diese Ganzheit, diese "Welt" ist, wiederum gesagt, kein Endergebnis, das herauskommt, sobald alle Teile erfaßt sind, sondern von vornherein da. "Welt" steckt in jedem einzelnen Ding, denn jedes ist Ganzheit in sich und auf die Gesamtheit des Übrigen bezogen. Ist kein gestaltloser Fetzen Wirklichkeit, sondern geschlossene Seinsformung. Kein verlorener Wirkstoß, sondern geordnetes Kraftgebilde. Und jedes Ding nicht nur quantitativer, massenmäßiger Teil der Welt, sondern deren Organ. "Organ" aber befaßt in sich das Ganze, sofern es auf dieses hin geordnet ist», R. GUARDINI, «Vom Wesen katholischer Weltanschauung», 15.

abschließende, endgültige Gesamtheiten)[213]. La imagen de la mano y del cuerpo, en relación con una comprensión orgánica, no quiere ser en Guardini una oposición polémica a una compresión mecánica del mundo, lo que quiere es subrayar la relación entre la *parte* y el *todo*, la totalidad de cada cosa relacionada con el orden universal, subrayando así que la cosmovisión mira la unidad de la totalidad singular con la totalidad general relacionadas entre sí. Las ciencias intentan llegar también a la totalidad como una meta, pero a esa meta la ciencia finalmente nunca llega por su misma naturaleza, que la conduce a una sucesión interminable de desarrollos. Si bien la cosmovisión crece, continúa dando pasos, dice Guardini que los pasos de su crecimiento no se dan hacia la unidad que ya posee, sino hacia adentro, hacia una siempre mayor profundidad, plenitud, claridad, al interno de la totalidad que fue ya captada al inicio (*Auch sie schreitet fort, aber nicht auf das Ganze hin, sondern nach innen*)[214].

10.3.3 Cosmovisión y la Intuición de lo concreto

La cosmovisión comparada con la metafísica se mueve en líneas similares. También la metafísica intenta captar el todo, dirigiéndose a la esencia de las cosas, de los acontecimientos y los contextos. Ella va a las cosas esenciales no a través de la composición de conocimientos psicológicos individuales, sociológicos, históricos, sino con una mirada particular sin mediaciones sobre el conjunto esencial del objeto. Desde

---

[213] «Das Organisch-Gesamte und das Organisch-Einzelhafte sind ineinander gegeben. Sobald wir die Hand in ihrer organischen Lebendigkeit nach Bau und Tätigkeit erfassen, haben wir sie als Hand eines Leibes; als Glied, das konstruktiv und funktionell bereits das Leib-Ganze in sich verwirklicht, wenn auch auf einen besonderen, eben den Organzweck hin. Das Leibganze steckt bereits in der Hand, in deren Bau und Wirkgesetzen. Umgekehrt enthält der Leib als Gesamtes die Hand [...]. Weltanschauung erfaßt die Dinge als Organe, das heißt als vorläufige - provisorisch - Ganzheiten in sich, bezogen auf abschließende, endgültige Gesamtheiten», R. GUARDINI, «Vom Wesen katholischer Weltanschauung», 15-16.

[214] «Ich möchte nun nicht so verstanden werden, als sei von einer sogenannten "organischen" im Unterschied von einer "mechanischen" Weltauffassung die Rede [...]. Und da ist, was Weltanschauung im Auge hat, jene letzte Einheit, darin Einzel- und Gesamtganzheit auf einander bezogen und mit einander gegeben sind. Darin besteht die "Welthaftigkeit" des Seins. Die Einzelwissenschaften nehmen das Ganze als ein letztes, aus der Zusammenfügung der Einzelheiten sich ergebendes Ziel. Ihr Fortschritt dorthin ist aber endlos; das Ziel nie zu erreichen. Die Weltanschauung hingegen hat dieses Ganze bereits im ersten Griff. Auch sie schreitet fort, aber nicht auf das Ganze hin, sondern nach innen; nach immer größerer Tiefe, Fülle und Klarheit innerhalb der sofort erfaßten, mindestens gemeinten Ganzheit», R. GUARDINI, «Vom Wesen katholischer Weltanschauung», 16.

esta perspectiva, la metafísica se pondría en la misma línea de la cosmovisión. Sin embargo, entre las dos hay una diferencia profunda. La metafísica quiere captar la «esencia» en pura universalidad, no importa si esa se realiza en una cosa concreta o no; en cambio la cosmovisión se dirige a la «esencia» realizada, la esencia de *esta* cosa concreta, (*Weltanschauung hingegen richtet sich gerade auf das "Wesen" als verwirklichtes. Metaphysik beschäftigt sich [...] der Wirklichkeit überhaupt, nicht dieses wirklichen Dinges*). Para la metafísica, la cosa real, el evento real son puros puntos de partida, puros «casos», incluso aquella realidad, que se da solo una vez, es para ella solo un «caso»[215].

La cosmovisión guardiniana en cuanto profundamnte ligada a al contrasteidad, tampoco se dirige a una esencia separada o pura. Se dirige al *centro* de lo que quiere conocer, pero un centro vinculado con todos los contrastes exteriores, es la esencia de la cosa viva concreta y en tensión. Es esa esencia de este mundo, en su irrepetible y concreta *unicidad*. Se trata de la «esencia» del «mundo», pero vinculada a *este* mundo dado y concreto (*Anders die Weltanschauung. Ihr Blick gilt dieser Welt in deren ganz leibhaftiger Einmaligkeit. Wohl dem "Wesen" der "Welt", aber gebunden an diese gegebene*). La cosmovisión no habla de un mundo en general, sino de *este* mundo tal y como es hoy. Es por lo tanto una toma de posición de quien mira al mundo como lo ve y como lo encuentra (*wie sie ihm begegnet*), lo que nos hace recordar también la complejidad de lo que implica el encuentro como movimiento dialéctico de acercamiento y de distancia.

Ante la importancia de lo concreto, para la cosmovisión surge la cuestión si no sería la ciencia histórica la que en realidad se ocupa de los acontecimientos concretos y de las personas en cuanto únicas. Guardini afirma que habría que diferenciar dos formas de investigación histórica, una es la que considera lo irrepetible como «un caso más»

---

[215] «Nun sucht aber auch die Metaphysik das Ganze zu erfassen. Und ebenfalls nicht allmählich, durch fortschreitende Zusammenfügung von Einzelheiten, sondern sofort. Richtet sie sich doch auf das Wesen der Dinge, Geschehnisse und Zusammenhänge; auf die letzten, durchaus ganzhaften Wesenheiten, zum Beispiel des Menschen, des Staates, der Pflicht, des Leides usf. Sie erfaßt diese Wesenheiten nicht durch Zusammenfügung psychologischer, soziologischer, geschichtlicher Einzelheiten, sondern durch einen ihr eigentümlichen, unmittelbaren Blick auf das Wesensgesamte des Gegenstandes. Damit würde Metaphysik mit Weltanschauung auf eine Linie gerückt. Trotzdem besteht zwischen beiden ein tiefer Unterschied. Metaphysik will das "Wesen" in reiner Allgemeinheit erfassen, abgesehen davon, ob es in einem konkreten Ding verwirklicht ist oder nicht. Weltanschauung hingegen richtet sich gerade auf das "Wesen" als verwirklichtes», R. GUARDINI, «Vom Wesen katholischer Weltanschauung», 16-17.

desde leyes generales, intentando explicar todo desde la investigación de las fuentes, por medio de contextos psicológicos, sociológicos, económicos. La otra forma de investigación histórica se dirige a la forma viviente, a su imagen dinámica y a la totalidad significativa de una persona o de un proceso histórico. Este último es el modo más cercano a la cosmovisión guardiniana. Si uno se coloca ante una persona real o ante un acontecimiento real en su esencia concreta y especial vitalidad, Guardini afirma que es necesario algo más que dar lugar solo al primer proceso de interrogación, se debe hacer presente una actitud más amplia que no se ajuste únicamente a una serie de procesos[216].

La cosmovisión en cuanto mirada de la totalidad del ser, en cuanto *este* ser *concreto* con sus determinaciones y particularidades concretas, no es posible desde una mirada distante o neutral, sino desde una *mirada comprometida* que descubre el desafío de lo que este ser implica como tarea a realizar. En la dimensión de lo concreto y en la apertura que implica, se aprecia también la cercanía de la cosmovisión con la mirada contrastada. Todo ello va acompañado de una clara afirmación del valor que posee el aporte de las ciencias para la intuición de la cosmovisión, en cuanto a la ayuda que le ofrece y desde la que se amplía y se hace más clara, aunque tengan entre sí diferentes puntos de partida en la forma de conocer[217].

10.3.4 Distancia e intimidad de la cosmovisión y el encuentro con la Revelación

La mirada de la cosmovisión, según Guardini, aunque se trate de una actitud de conocimiento importante del hombre no puede ser concretada de forma simple. Para poder dirigir y concretar esa mirada a la totalidad de las cosas, las personas necesitan de una particular distancia que permita *ver* la *totalidad* que se presenta a la mirada del hombre, desde

---

[216] Cf. R. GUARDINI, «Vom Wesen katholischer Weltanschauung», 17-18.

[217] «Damit ist nach einer Seite hin umschrieben – etwas umschreiben etwas mit anderen Worten sagen paraphrasieren –, was Weltanschauung bedeutet: den Blick auf die Ganzheit des Seins, und zwar als eines konkret bestimmten. Dieses Sein aber nicht unbeteiligt gesehen, sondern als Aufgabe, als Aufforderung zu Werk und Nachfolge. Für diese Einsichten haben die Ergebnisse der Philosophie und der Erfahrungswissenschaften natürlich großen Wert. Weltanschauung nimmt sie auf, erweitert und klärt sich mit ihrer Hilfe. Ja, auf weite Strecken hin werden sich die Gebiete überhaupt kaum scheiden lassen, wie ja auch sonst die geistigen Bezirke ineinanderwachsen. Aber von den Ursprungspunkten der jeweiligen Erkenntnishaltung her gesehen, sind beide Bereiche verschieden», R. GUARDINI, «Vom Wesen katholischer Weltanschauung», 18.

la apertura a lo particular, con una gran capacidad de escucha para percibir el tono particular de los objetos, y una conciencia comprometida que pueda mantenerse ante las formas y situaciones irrepetiblemente vivas. Pero la especial distancia necesaria para la cosmovisión resulta ser la más llamativa de las condiciones en esta teoría guardiniana, ya que una condición imprescindible de la mirada cosmovisional radica en la capacidad del observador (*Schauende*) para poder abarcar el mundo, captarlo, y al mismo tiempo encontrarse libre: (*Damit Weltanschauung zustande komme muß der Schauende die Welt umfassen, ja durchdringen, zugleich aber von ihr frei sein*). La cosmovisión presupone la superación del mundo (*Weltanschauung setzt Weltüberwindung voraus*). Pero esta superación solo es posible desde un punto de vista que esté por encima del mundo[218].

El hombre por sí mismo no puede alcanzar algo semejante para acercarse al objeto de la cosmovisión, ya que permanece siempre limitado en el mundo, al espacio y al tiempo en el que se encuentra. Pensar en un alejamiento lógico del objeto, pondría al hombre en un punto de vista siempre más abstracto e incluso limitado y «atrapado» en el mundo. El punto de vista que permita ver la totalidad del mundo debe ser algo que no sea el mundo, debe ser algo que este más allá del mundo, diferente del mundo; pero tampoco puede ser algo totalmente extraño al mundo (*Jenes Über-Weltliche müßte wohl der Welt gegenüber "anders" sein, aber nicht nur anders*). Esa *distancia* no puede ser una pura distancia que me aleje totalmente del mundo y de las cosas, y el punto de vista que está más allá del mundo tiene que tener también contacto con el mundo. Aquí entra en escena para Guardini el rol importante de la Revelación[219].

---

[218] «Eines Abstandes, weit genug, daß diese Ganzheit zu Gesicht komme [...]. Eine große Bejahung der Welt ist also gefordert. Eine Liebe, die deren ganzem Sein offensteht. Und zugleich eine Freiheit von der Welt, die Überschau und Wertung möglich macht. Damit Weltanschauung zustande komme, muß der Schauende die Welt umfassen, ja durchdringen, zugleich aber von ihr frei sein. Weltanschauung setzt Weltüberwindung voraus. Die wäre aber nur von einem Standpunkt aus möglich, der über der Welt liegt, über allem, was irgendwie natürlich gegeben sein kann», R. GUARDINI, «Vom Wesen katholischer Weltanschauung», 22.

[219] «Er könnte nicht etwa dadurch erreicht werden, daß ich mich räumlich oder zeitlich vom Gegenstand entfernte, denn damit bliebe ich doch immer in der Welt. Auch nicht so, daß ich mich logisch vom Gegenstand entfernte und immer weiter ins Abstrakt-Allgemeine aufstiege; auch damit würde ich immer noch in der Welt sein [...]. Ein völlig Fremdes würde mir auch die Welt, das Natürlich Gegebene nicht sichtbarer machen; es bliebe, diesem gegenüber, nur negativ. Jenes Über-Weltliche müßte wohl der Welt gegenüber "anders" sein, aber nicht nur anders. Es müßte zur Welt auch ein positives Verhältnis

Al hablar de la Revelación se está hablando de la Revelación histórica, y sobrenatural, y no de la revelación natural a través de la creación. Se habla de la palabra con la que Dios habla en la historia y que alcanzó la plenitud en el Hijo hecho hombre. *Jesús* se encuentra en libertad respecto del mundo, y su libertad es una libertad que se fundamenta en el más allá: (*Das ist der Punkt, wo die Tatsache der Offenbarung in die Welterkenntnis eintritt sich das wahre Wesen der Welt*)[220]. En el encuentro con Jesús descubrimos la verdadera esencia del mundo (*In der Begegnung mit ihm enthüllt sich das wahre Wesen der Welt*). La plenitud de la Revelación la encontramos en Jesús, en Él habla Dios que está sobre el mundo, y es totalmente libre del mundo, y al hablar desde esta libertad nos revela la realidad esencial de las cosas. Siendo distinto del mundo, nos revela el verdadero rostro del mundo. Al mismo tiempo, Jesús ama el mundo con un amor creador que es totalmente diferente del nuestro (*Er ist "anders" als die Welt; ist "von oben". So stellt er die Welt in Frage*).

En Cristo percibimos cómo es o cómo se ve todo el mundo, aprendemos a verlo en su forma correcta. La mirada de Cristo es la mirada de la cosmovisión católica, y ser creyente significa *participar* en la mirada de Cristo, mirar con sus ojos, medir con su medida, así también el creyente desde la fe siendo del mundo está fuera del mundo (*In Christus spüren wir, wie er die Welt "ganz" sieht; richtig sieht [...]. Der weltschauende Blick ist der Blick Christi*)[221]. La particularidad de la revelación, al tratarse de algo que está fuera del mundo y al mismo tiempo es

---

haben[...]. Das ist der Punkt, wo die Tatsache der Offenbarung in die Welterkenntnis eintritt», R. GUARDINI, «Vom Wesen katholischer Weltanschauung», 22-23.

[220] «Nicht von der natürlichen Selbstoffenbarung Gottes, wie sie in allem Geschaffenen liegt, sondern von dem positiven Wort, das Gott in die Geschichte spricht, vorbereitend durch seine Propheten, vollendend in seinem Mensch gewordenen Sohn. Der Träger des Wortes Gottes, vollendeterweise, wesenhafterweise Jesus Christus, steht der Welt mit einer im Jenseits begründeten Freiheit gegenüber. In jedem Wort, aus allem Tun und in der ganzen Haltung Christi spüren wir, daß er eigenherrlich ist. In ihm spricht der von der Welt freie Gott über die Welt. In der Begegnung mit ihm enthüllt sich das wahre Wesen der Welt; vor ihm offenbart sich das Gute und das Böse», R. GUARDINI, «Vom Wesen katholischer Weltanschauung», 23.

[221] «In Christus spüren wir, wie er die Welt "ganz" sieht; richtig sieht. Wie er die Person sicher und ehrfürchtig und unabhängig zugleich anredet. Wie er den Forderungen des Augenblicks – welcher aber zugleich ist "die Fülle der Zeit" – restlos Stand hält, aus dem Bewußtsein einer eben darauf gerichteten Sendung. Christus hat den vollen Blick der Weltanschauung. Der weltschauende Blick ist der Blick Christi. Der Glaubende nun tritt zu Christus. Glauben heißt, zu Christus treten, auf den Standpunkt, auf dem er steht. Aus seinen Augen heraus sehen. Mit seinen Maßstäben messen», R. GUARDINI, «Vom Wesen katholischer Weltanschauung», 24.

lo más interior al mundo, permite la mirada más completa del mundo desde la *distancia* en que es contemplado, y al mismo tiempo la mirada más *profunda* y esencial. Esta es la mirada de Cristo y de esta mirada participa el creyente. En todo esto resuena el fenómeno del contraste en cuanto la persona se distancia de sí misma; pero el creyente participa en un horizonte nuevo que permite la cosmovisión, la persona se coloca en una perspectiva que le ofrece la mayor distancia posible respecto del mundo. Esta insuperable distancia permite contemplar el mundo como realmente es, permite contemplar el mundo desde su centro. Esa mirada motiva un *compromiso más íntimo* con el mundo, el compromiso del amor que implica toda su vida, toda su existencia, una entrega total. Ésta es *la nueva amplitud que la mirada comovisional aporta a la mirada contrastada* que se abre a la fe, un nuevo horizonte imposible de alcanzar con las solas fuerzas humanas.

En este último párrafo la mirada cosmovisional añade algo importante a la mirada contrastada, marcando una diferencia que le da a la intuición una amplitud y una profundidad mayor. Cuando en el Contraste se habla del mundo, se habla de un mundo en sí, como algo imposible de ser pensado por el hombre; se habla de un mundo humano al que tampoco logra llegar la persona solo con su pensamiento; y se habla de un mundo propio, que es en el que realmente vive cada persona. En la teoría contrastada se nos ofrecen instrumentos para ver caminos que nos permitan ampliar nuestra mirada del mundo. Pero en la mirada cosmovisional se parte ya de un mundo más amplio, y esta amplitud es posible desde la Revelación, desde la participación en la mirada de Jesús.

10.3.5 Cosmovisión y mirada de la fe

El lugar de la fe en la teoría de la cosmovisión católica, como se puede advertir desde lo que se dijo antes, es central. Se cree realmente cuando participamos en el punto de vista sobrenatural en el que se encuentra Jesús, y en él intentamos ubicarnos una y otra vez, porque una y otra vez de allí caemos o nos desplazamos hacia otros puntos de vista más prácticos, simples, o más seguros. Esto se debe a nuestra propia debilidad y también a las numerosas dificultades que se experimentan en la vida de fe. Guardini afirma que el que cree realmente de forma viva y personal participa en el punto de vista de Cristo, experimentando la inseguridad de la fe. Pero en medio de esa particular inseguridad tiene también una débil e inestable seguridad, que frecuentemente tiende a desaparecer; pero que viniendo de Dios le otorga fuerza para seguir adelante por ese sendero frecuentemente estrecho y sinuoso[222].

Intentando mirar las cosas y el mundo desde el punto de vista de Dios que se revela, Guardini nos invita a pensar cómo vieron el mundo Pablo y Juan, sobre todo cómo vio el mundo Jesús desde la cruz, desde ese lugar de rechazo, de soledad y de dolor; pero también lugar de un amor inabarcable con el solo pensamiento, e impensable antes de tan inimaginable sacrificio de Dios por su creación, capaz de generar una esperanza que no conoce límites. Así se llega al lugar más importante de la mirada cosmovisional, la cruz y la mirada que dirige al mundo Jesús crucificado. El conocimiento científico y el aporte de todas las ciencias se nos presenta como un aporte importante y del que no se puede prescindir en el camino de clarificación y profundización de la mirada de la cosmovisión; pero existe también en esa mirada un dato que no surge desde el conocimiento científico y que tampoco puede ser derivado de ese tipo de conocimiento. El aporte de la mirada de Cristo en la cruz hace surgir en este caso la pregunta ¿cómo se podría deducir desde las ciencias la mirada que Jesús dirige a los hombres y al mundo desde la cruz? Pero al mismo tiempo se impone la pregunta sobre la tarea que implica esta mirada de Cristo, ¿cómo hacer de esta mirada una mirada científica, cómo conceptualizarla, cómo darle una forma que pueda ser captada también racionalmente?

Las preguntas planteadas nos colocan ante nuevas dificultades y desafíos, ya que al pensar que nos encontramos ante una mirada nueva, que crea para el hombre una nueva perspectiva y una nueva forma de ver, conduciéndonos a la esencia última de cada cosa, debe poder hacerse visible también hoy desde un discurso que las ciencias puedan captar, si permanecen abiertas a una forma de mirar y de conocer que incorpore lo intuitivo como parte importante de la unidad del conocimiento y que por lo tanto no se cierre solo en el orden racional-conceptual-abstracto. La mirada cosmovisional nos invita a *participar* en la mirada de Cristo en la cruz, pensando e intentando mirar hoy *este* mundo como Jesús lo ve,

---

[222] «Wirklich glaubt erst, wer sich lebendig persönlich auf den übernatürlichen Standpunkt stellt, dorthin, wo Christus steht. Sich immer wieder dorthin stellt, weil er immer wieder abgleitet. Der Glaubende mag klar die zahllosen Schwierigkeiten sehen, die sich dem Glauben gegenüberstellen. Mag immer wieder erfahren, wie er, natürlich gesprochen, im Ungewissen steht. Aber er hat in all dieser Unsicherheit jene eigentümliche, oft verschwindend feine Sicherheit, die von Gott herkommt und Kraft gibt, auf dem oft so schmalen Grat weiter zu gehen. Dabei ist es bereits zum mindesten Anfang des Glaubens, wenn einer vielleicht ganz ratlos steht, aber aufrichtig bereiten Willens und offenen Herzens sucht, wartet», R. GUARDINI, «Vom Wesen katholischer Weltanschauung», 25.

siendo capaces de sostener también desde ahí la tensión que implica la necesidad de volcar este contenido en conceptos[223].

10.3.6 Cosmovisión y fe de la Iglesia

La Weltanschauung católica en sentido pleno, es decir la mirada sobre el todo, es propia de la Iglesia, ella es la histórica portadora de la mirada total de Cristo sobre el mundo. Y la actitud católica del individuo se fundamenta en el hecho de vivir en la Iglesia. La persona vive en la Iglesia y de la Iglesia; pero sin perder la propia identidad, más bien personificando a la Iglesia desde sus propias características. Al igual que lo que sucede con cada pueblo y cada época que forma parte de la Iglesia.

Lo católico tampoco es para el individuo un tipo especial, ni una síntesis de todos los tipos particulares, sino que se refiere a una *actitud* especial que cada tipo de individuo puede asumir. Un insertarse particular de las diversas esencias, de las diferentes realidades y de la situación histórica, en el orden del *todo*, fundado en la comunidad de la Iglesia. La actitud católica en esta dirección está caracterizada por el respeto y el amor hacia convicciones diferentes; pero también sabiendo que ese respeto no puede ser un impedimento para hablar con amor de la verdad[224]. Y la actitud que se contrapone a lo católico es la de pretender ser autónomo de la comunidad, o la actitud que pretenda mantener alejados algunos tipos de personas. Cuando la apertura de lo católico se desvirtúa en una autonomía que separa, se aleja para Guardini de la esencia de lo católico.

La imagen de la mano, a la que ya hemos aludido, como un órgano vivo que solo insertado en el cuerpo continúa vivo y allí logra también

---

[223] «Wenn wir so vom offenbarenden Gott her die Dinge sehen – versuchen wir einmal, zu denken, wie Jesus die Welt gesehen hat ... wie Paulus sie sah, Johannes – was geschieht dann mit der Welt? Wenn sie vom Kreuz her gesehen wird? Werden wir diesen Blick ertragen? [...]. Hier liegt die große Entscheidung, ob einer zur Weltanschauung gelangt oder nicht. Ob er sie aufrechterhält oder verlorengibt. Hier liegt das praktisch-religiöse Problem der Gesamtfrage, nämlich eine Bildungslehre der Weltanschauung zu entwickeln», R. GUARDINI, «Vom Wesen katholischer Weltanschauung», 26.

[224] «Katholisch ist also für den Einzelnen nicht ein besonderer Typus des Seins oder Lebens, aber auch nicht eine – immer unmögliche und seinsunfähige – Synthese der Typen, sondern eine bestimmte Haltung, die jeder Typus haben kann. Ein bestimmtes Eingeordnetsein des besonderen Wesensbildes, der geschichtlichen Tatsache oder Situation in das Ganze, ruhend auf der Gemeinschaft der Kirche [...]. Ehrfurcht und Liebe für anders gerichtete Überzeugung darf nicht hindern, die Wahrheit zu sagen», R. GUARDINI, «Vom Wesen katholischer Weltanschauung», 32.

realizar la actividad para la que fue creada, colaborando a la plenitud de todo el cuerpo sin dejar de ser mano, quiere ser una imagen de la realidad del creyente en la comunidad eclesial. La mano vive en el cuerpo pero como mano y el individuo se transforma plenamente en sí mismo transformándose en un órgano vivo del todo y en *comunión* con el otro[225]. En la Iglesia encuentra un sentido nuevo, una plenitud de vida nueva, sin dejar de ser lo que era, sin perder la propia identidad, sin perder las raíces que lo vinculan a una cultura y a un pueblo.

La mirada de la cosmovisión ofrece en la fe de la Iglesia, desde la mirada de Cristo vivo, un horizonte nuevo que permite crecer en un conocimiento más profundo aún de la propia realidad. Ofrece al creyente una importante ayuda para alcanzar también una nueva plenitud, y aportar algo nuevo a la plenitud de todo el cuerpo eclesial. Pero para ello se debe participar desde una *viviente unidad* a la comunidad eclesial, como comunidad y unidad objetiva que no puede ser derivada de la unidad de cada persona, por tratarse de una unidad compleja y originaria. No es algo que podamos construir solo racionalmente. Pretender fundar la unidad viva de la Iglesia solo desde las personas, sería como fundar la unidad del cuerpo humano desde una construcción que uniera, paso a paso, los órganos que componen el cuerpo. La unidad de la Iglesia es una unidad compleja que no deriva de una tarea solo humana, que no surge desde una unidad sincrética o estratégica de los diversos tipos, esta unidad es también un don que hay que pedir y estar abiertos para poderlo recibir y custodiar.

En el sistema guardiniano, la actitud de apertura se ha repetido en cada par contrastado, la tensión habla de la propia identidad, pero también de la dinámica de la vida que invita a salir de nosotros, superar los límites que nos permitan enriquecernos con una mirada que surge desde otros centros vitales. Cada contraste es pensable solo si permanece en la tensa unidad con el otro contraste. Situarse o pretender construir una autonomía absoluta conduce la vida a una zona de riesgo de lo vital. La actitud autónoma aparta de lo vital, del mismo modo que la mano se apartaría de lo vital si pudiera decidir no formar parte del cuerpo. La autonomía del individuo tampoco puede ser una autonomía absoluta. Para mantenerse vivo debe

---

[225] «Der Einzelne lebt aus der Kirche; aber er verliert darüber nicht seine Eigenart, sondern lebt die Kirche aus seiner besonderen Art heraus – ebenso das einzelne Volk, die einzelne Zeit. Die Hand lebt aus dem Leibe, aber als Hand. Darin verwirklicht sich jene letzte Einheit der Lebenshaltung: Der Einzelne wird ganz er selbst, eben darin, daß er Organ des Ganzen wird. Und darin hat er Gemeinschaft mit den Anderen», R. GUARDINI, «Vom Wesen katholischer Weltanschauung», 32.

estar presente algo del polo opuesto, tiene que alcanzar el conjunto. Esto no significa que el individuo se pierda en el todo, debe conservar su autonomía; pero esta debe ser una autonomía relativa desde la que se mantiene en sus límites, que delinean su forma y su identidad. Desde estos pensamientos Guardini considera errado valorar como algo superior la actitud que subraya solo la *autonomía relativa*, rechazando la *actitud católica* como *apertura al conjunto*, caracterizándola como algo heterónomo que impide llegar a la plenitud[226].

Para Guardini la cosmovisión católica es entonces la mirada que la Iglesia desde la fe dirige al mundo, desde el punto de vista del Cristo viviente y en la plenitud de una totalidad que trasciende todos los tipos[227]. Y la *teoría* católica de la cosmovisión es la comprensión científica de esta mirada y de lo que ella ve (*Katholische Weltanschauungslehre aber ist die wissenschaftliche Erfassung dieses Blickes, und dessen, was er sieht*)[228]. La distancia de la mirada cosmovisional permite captar la esencia más profunda de todo lo creado y nos indica un camino de unidad siempre respetuosa de la concreta singularidad.

10.3.7 Los límites de la cosmovisión

En esta perspectiva de la mirada cosmovisional se *concreta*, de acuerdo con el sistema guardiniano, una mayor *cercanía* a la vida, desde los pasos que da y que la diferencian de las ciencias y de la filosofía. Pero esta mirada de la cosmovisión también cuenta con algunos límites que Guardini considera importante señalar. Uno de estos límites es el que reconoce a la cosmovisión una *actividad solo contemplativa* (*intuitiv erfassen*), limitándose solo a ver sin pasar a la actividad. La importancia de este límite en la cosmovisión que la mantiene distanciada de

---

[226] «Noch weniger steht es so, daß die Ablehnung als "autonome" Haltung der katholischen als der "heteronomen" überlegen wäre. Vielmehr bedeutet letztere eine Selbstabschnürung des Lebens aus dem gottgewollten Zusammenhang. Bedeutet das nämliche, als wenn die Hand sich weigern wollte, im Leibe zu stehen. Ehrfurcht und Liebe für anders gerichtete Überzeugung darf nicht hindern, die Wahrheit zu sagen. Welche Problematik freilich aus dem katholischen Standpunkt erwächst, dessen ist der Katholik sich tief bewußt», R. GUARDINI, «Vom Wesen katholischer Weltanschauung», 32.

[227] «was katholische Weltanschauung sei: Der Blick, den die Kirche im Glauben, aus dem lebendigen Christus heraus und in der Fülle ihrer übertypischen Ganzheit auf die Welt tut», R. GUARDINI, «Vom Wesen katholischer Weltanschauung», 33.

[228] «Katholische Weltanschauungslehre aber ist die wissenschaftliche Erfassung dieses Blickes, und dessen, was er sieht», R. GUARDINI, «Vom Wesen katholischer Weltanschauung», 33.

una actividad, pone el acento en la importancia de la mirada, añadiendo la necesidad de una mirada que sea clara y comprometida, que no sea una mirada distante ni neutra, que sea una mirada conducida por el amor, una mirada que ama lo que mira y desde ese amor va creciendo en intensidad y profundidad (*Gewiß darf, ja soll dieser Blick von aller Glut getragen sein, aber einer Glut des Schauens, nicht des Tuns. Jene macht den Blick weit und tief, ist doch die Liebe sehend*). El acento está puesto en ver las cosas que se presentan ante la mirada y no en cómo la persona quisiera que esas cosas fueran, lo que también señala una actitud particular en las personas. La Weltanschauung es un *encuentro* entre el hombre y el mundo, y recordando la importancia de lo que significa un auténtico encuentro para Guardini. Solo desde un verdadero encuentro se entenderá cómo la mirada cosmovisional implica toda la vida desde una nueva forma de mirar[229]. También así se entiende que el *Ethos* más propio de la cosmovisión consista precisamente en la limpieza de esa mirada. La mirada de la cosmovisión intenta ver las personas y las cosas como ellas mismas son. Es una actividad que alcanza un elevado grado de fuerza y creatividad, pero permanece siempre solo en el ámbito de lo contemplativo.

Con la teoría de la cosmovisión se agrega una nueva amplitud a la mirada contrastada. El camino a la intuición concreta (*Anschauung*) quedaría incompleto sin la *distancia* y el *compromiso* de la mirada desde el amor del que habla la mirada cosmovisional. Al mismo tiempo, la mirada cosmovisonal no sería posible de ser entendida en toda su amplitud sin el itinerario que ofrece el sistema de contrasteidad. Se trata entonces de un límite de la mirada cosmovisional y también de un lími-

---

[229] «Wir haben Einzelwissenschaft und Philosophie gegenüber Weltanschauung als das Lebendigere, Lebensnähere erkannt. Sie muß aber auch gegen das Leben selbst, gegen die schaffende und handelnde Tat abgegrenzt werden. Ihr geht es um Anschauung, Kontemplation, nicht um Handlung, Aktion. Gewiß bedeutet sie Einsicht in die Welt als Aufgabe, als Aufforderung zum Werk, aber sie selbst ist eben doch Einsicht, nicht Werk; Grundlage des Tuns, nicht selber ein Tun. Weltanschauung ist Begegnung zwischen Welt und Mensch, ein Gegenüberstehen Aug' in Auge, aber eben doch ein Gegenüberstehen im Auge. Sie ist ein Blick, ein Erkennen, mag auch dieses Erkennen mit ungleich schwereren und lebensnäheren Gehalten gesättigt sein als die Schau der Wissenschaft und Philosophie. Das eigenste Ethos des Weltanschauens besteht gerade in der Lauterkeit dieses Blickes. Gewiß darf, ja soll dieser Blick von aller Glut getragen sein, aber einer Glut des Schauens, nicht des Tuns. Jene macht den Blick weit und tief, ist doch die Liebe sehend. Diese hingegen würde ihn trüben. Weltanschauung schafft nicht, sondern sieht. Wohl wirkt ein Gestalten in ihr, eine tiefe schöpferische Kraft, aber ein Gestalten aus der Schau heraus. Da sieht der Mensch die Dinge, wie sie in sich sind, nicht aber macht er sie zu dem, was er will», R. GUARDINI, «Vom Wesen katholischer Weltanschauung», 19.

te de la mirada contrastada al no poder ser pensados de forma independiente uno de otro. Lo dicho nos lleva a pensar en una relación de opuestos polares entre la mirada contrastada y la mirada comovisional.

La intuición debe pasar por el camino de la mirada contrastada para crear una relación más amplia, para ayudarnos en una relación con esos aspectos que nos son menos conocidos y por diferentes motivos más lejanos y oscuros. La mirada contrastada nos ayuda a caminar hacia una comovisión más amplia. Pero llegados a una comosvisión más amplia, desde la mirada cosmovisiónal deberemos volver a pensar desde una nueva amplitud y profundidad de la intución lo concreto vivo. La vida no se detiene y exige en el sistema guardiniano este ir y venir de la mirada cosmovisional a la mirada de lo vivo concreto. Son miradas emparentadas pero una pone el acento desde el inicio en la unidad de lo concreto vivo, mientras la mirada cosmovisional pone el acento desde el incio en el mundo, en el todo. Ambas miradas aportan algo diferente, y están unidas en la Intuición. En la mirada cosmovisiónal la intuición, desde la mirada de la Iglesia en la fe desde el punto de vista de Cristo, encuentra una nueva distancia que permite una mayor amplitud y una nueva profundidad. Utilizando una imágen guardiniana, creo que se podría decir que el método de Guardini tiene dos vertientes, uno es el caracterizado por la mirada contrastada y el otro por la mirada cosmovisional. Y la intuición que intenta captar la vida se mueve constantemente entre estas dos miradas.

Con lo dicho en el párrafo anterior no se debe pensar que finalmente el sistema guardiniano pueda encontrar así una visión completa. Las dos miradas como dos vertientes del método guardiniano, forman párte de un sistema que queda abierto, y que sigue siendo una guía para pensar la vida desde lo individual y el conjunto. Me parece importante recordar también aquí los pensamientos de Guardini con los que señala el caraceter permanente de un sistema abierto. La advertencia guardiniana sobre el riesgo de una mirada demasiado esquemática que pueda desdibujar el objetivo principal a alcanzar y penetrar en lo vivo concreto sigue vigente[230]. Y la movilidad entre una mirada (contrastada) y la otra (cosmovisional) le ponen un nuevo énfasis.

---

[230] «Auch dies ist wohl klar geworden: Die Gegensatzlehre will ihrer letzten Absicht nach kein "System". Wohl war viel die Rede von Gruppen, Ordnungen und Systemen. Ich habe erfahren, welch ein Zwang aus diesen Gedanken kommen kann. Aber nur, solange sie mechanisch genommen werden. Heute geht es um folgendes: Die Wirklichkeit wird uns wieder sichtbar, nachdem wir lange in Formeln gelebt [...]. Zergehen aber mechanische Begriffssysteme, dann steht zu besorgen, daß wir uns in der Fülle der Dinge verlie-

Otro límite de la cosmovisión es el señalado por Mercker, cuando nos habla de la utilización del pensamiento filosófico en el ámbito teológico. Mercker nos recuerda que al igual que Buenaventura, tampoco el pensamiento guardiniano está marcado por un rechazo de la filosofía. El de Guardini se trata de un pensamiento abierto a un uso crítico de la filosofía en la teología. Pero este uso de la filosofía en la teología será posible si primero se purifican los elementos o conceptos filosóficos. Según Mercker, una diferencia importante entre Buenaventura y Guardini, radica en que Buenaventura tematiza su diferencia con la filosofía, y concreta ese ejercicio previo de purificar los elementos filosóficos; pero Guardini elabora su teoría de la cosmovisión católica con elementos de la filosofía, pensando ya en un espacio filosófico su intento de cosmovisión aunque de forma decididamente teológica (*Guardini denkt also bereits im "philosophischen" Vorraum seines Weltanschauungsentwurfs dezidiert "theologisch"*)[231].

11. La autonomía como principio de interpretación cultural

En la cosmovisión católica del mundo se expresa una sensibilidad típicamente alemana, y para algunos autores como por ejemplo Andrzej Kobylinski la teoría de la visión católica del mundo es una especie de *hilo conductor* de toda la obra de Guardini, y desde ella concreta el intento de interpretar también el propio tiempo, subrayando la pretensión de una siempre mayor *autonomía* del hombre moderno y postmoderno. Este principio de *autonomía* se transformará en el análisis guar-

---

ren. So gilt es, wohl das der Wirklichkeit entfremdende, mechanische System abzulegen, dafür aber dessen edleres lebendiges Äquivalent zu gewinnen: Richtung ins Blut. Mir scheint, die ganz tief begriffene Gegensatzidee könne das wirken. Sie bedeutet kein geschlossenes System, sondern ein Aufgetansein der Augen und eine innere Richtung im lebendigen Sein», R. GUARDINI, *Der Gegensatz*, 182-183.

[231] «Guardini bejaht die Philosophie, aber nicht so, daß ihre Erkenntnisse einfach als Bauelemente in die Theologie integriert werden könnte. Wie bei Bonaventura heißt "Philosophie ancilla theologiae" für Guardini offenbar keineswegs fraglose Übernahme philosophischer Erkenntnisse. Vielmehr müssen diese zunächst aufbereitet werden – Bonaventura sagt dafür "gereinigt" –, um erst derart umgestaltet der Theologie zu diensten sein zu können. Der formale Unterschied zu Bonaventura liegt jedoch im gänzlichen Fehlen irgendwelcher Polemik. Während Bonaventura die Auseinandersetzung mit der Philosophie ausdrücklich thematisiert, ordnet Guardini die von ihm aus der Philosophie übernommenen Elemente der Weltanschauungsanalysen diskret aber bestimmt in sein eigenes Konzept ein. Guardini denkt also bereits im "philosophischen" Vorraum seines Weltanschauungsentwurfs dezidiert "theologisch"», H. MERCKER, *Christliche Weltanschauung als Problem*, 59.

diniano en un punto central desde el que la mirada de su propia época será considerada como el principio que pretende transformar el mundo moderno en algo absoluto[232]. Al principio ya de su tesis afirma Kobylinski que la obra de Guardini indica una parábola del destino ético y espiritual europeo, en un esquema que va de Kant a Nietzsche, indicando con estos nombres el camino que va del formalismo racionalista al vitalismo. La matriz de este proceso es la pretensión de *autonomía* que conduce a la separación radical del finito creado de lo infinito. El paso decisivo de esta separación consiste en la opción de una finitud radical *exclusiva*[233].

Según Guardini, el hombre moderno ya no considera el mundo como una unidad, la conciencia moderna considera el ser como naturaleza, como sujeto y como cultura, y los tres desde una triple autonomía. La autonomía de la naturaleza se concreta pensándola como una divinidad, y la autonomía del sujeto y de la cultura como si se tratara de una segunda naturaleza. La estructura de estos tres elementos indica algo radical y último, por encima de los cuales no es posible pensar nada más, son realidades autónomas que no tienen necesidad de ser justificadas y no toleran nada por encima de ellos[234].

En este intento de autonomía ve Guardini el auténtico drama del hombre de la época moderna que afirmó así una independencia absoluta de todo Ser superior, conduciendo al hombre a una forma nueva de esclavitud bajo la tiranía de una anarquía absoluta o a la esclavitud ante un poder totalitario que se expresa no solo a nivel político sino también a nivel de conocimiento. Reconociendo un poder vinculante únicamente a lo que deriva de una verdad establecida con método científico. En su diario expresa estos pensamientos ligados a una forma de mirar y de conocer que a su criterio fue en parte promovido por el mismo liberalismo alemán, llegando a un juicio muy duro, ya que desde su forma que destruyó todos los criterios absolu-

---

[232] Cf. A. KOBYLINSKI, *Modernità e postmodernità*, 111.
[233] Cf. A. KOBYLINSKI, *Modernità e postmodernità*, 12.
[234] «Dem neuzeitlichen Denkgefühl schien ein Erkenntnisakt oder ein sittliches Urteil wirklich dadurch gültig, daß sie von der Autonomie des Subjekts getragen waren –eine Entsprechung zu dem, was oben über die Erkenntnis aus der Natur und den Wertmaßstab der Natürlichkeit gesagt worden ist [...]. Persönlichkeit und Subjekt sind grundsätzlich ebensowenig verstehbar wie die Natur; was aber von ihnen her verstanden wird, ist gültig verstanden [...]. Das Dasein ist als Natur und als Subjekt gegeben [...]. Auch in ihm liegt ein Autonomieanspruch. Der Mensch [...] macht sich zum Herrn des eigenen Daseins. Im Willen zur Kultur schickt er sich an, die Welt nicht im Gehorsam gegen Gott, sondern als eigenes Werk aufzubauen», R. GUARDINI, *Welt und Person*, 20-21.

tos aun en nombre de la libertad, finalmente se transformó en padre del nazismo[235].

Pero al entrar en crisis los principios de autonomía en los que la época moderna se apoyaba surge una nueva época difícil de definir y que recibe el nombre en relación a la época anterior (pos-moderna - *nach-neuezeit*)[236]. En esta nueva época la *naturaleza* ya no es pensada como una especie de divinidad sino como un objeto de dominio; el *hombre* no es más un hombre autónomo señor de sí mismo, sino que se transforma en un hombre no humano, en un hombre de masa; la *cultura* no es más una naturaleza de segundo grado y algo que ofrece seguridad, porque el hombre usando su potencia y su creatividad amenaza su propia existencia con sus obras. Todo ello agotó el paradigma de la modernidad, dando lugar a un nuevo tiempo.

Lo que sigue vinculando la nueva época con la época anterior es la pretensión de una *autonomía radical*. La cultura posmoderna no se distingue de la moderna por lo que respecta a los principios de fondo o sea el principio de la autonomía; pero sí se distinguen en cuanto que la época posmoderna crea una cultura que pasa de ser un lugar seguro, casi como una segunda naturaleza, a ser cada vez más una amenaza, no solo de la naturaleza sino de la vida de las personas. La posmoderna voluntad de dominio no respeta la estructura natural del ser, sino que elige arbitrariamente sus fines pensados desde consideraciones puramente racionales.

Guardini, en sus *Cartas del lago de Como,* habla del dominio humano señalando dos formas de conocer diferentes. Por un lado, una forma de

---

[235] «Zum Unbegreiflichsten, das es gibt, gehört die Blindheit des Liberalismus für die historischen Konsequenzen seiner Haltungen und Anschauungen [...]. Die Zerstörung aller absoluten Maße, der Möglichkeit echter Entscheidung, auch gerade dessen, von dem er sich nennt, der Freiheit. Der deutsche Liberalismus war – und wird in irgendeiner Form immer wieder sein – der Vater des Nazismus», R. GUARDINI, *Wahrheit des Denkens*, 132-133.

[236] «Die Verhaltensweisen, die auf Gewissen ruhen, werden immer schwächer. Es entstehen jene auf die Dauer unlösbaren Probleme, wie sie sich in der Krisis des nachneuzeitlichen sozialen, wirtschaftlichen, staatlichen Lebens zeigen. Denn es wird auf diesem Wege nicht möglich sein, Phänomene, auf denen doch das menschliche Dasein ruht, einsichtig zu machen und durch die Allgemeinheit zu verwirklichen. Zum Beispiel, daß ein Gesetz nicht nur zwingt, sondern gilt; daß eine Instanz nicht nur Macht hat, sondern Autorität; daß ein Handeln nicht nur funktionell genau, sondern von innen her gewissenhaft ist - mit einem Wort: daß menschliches Zusammenleben aus Freiheit und Verantwortung hervorgeht», R. GUARDINI, *Ethik*, 228. Guido Sommavilla subraya que Guardini fue el primero en verificar en profundidad que la modernidad había terminado y que una nueva época iniciaba, a la que llamó: *posmoderna* (cf. G. SOMMAVILLA, «Ricordi di un testimone», 40.).

conocer que intenta penetrar en lo que se quiere conocer, intentando vivir en ese objeto, vivir en ese contexto; mientras que la otra forma de conocer y de actuar se interesa sobre todo por reunir solo las cosas necesarias, ordenarlas, adueñarse de ellas y ejercer sobre todo eso su dominio. La primera forma de conocer es también una forma de dominio, pero un dominio que de alguna forma se sentía más vinculado a la naturaleza, un dominio en el que está presente también la bondad y una mayor sabiduría. Por el contrario, la segunda forma de conocer no observa sino que analiza, no va componiendo la imagen del ser que tiene delante sino una fórmula del mismo, para poder someterlo a su poder.

La primera forma de conocer que se ubicaba más en el contexto de la cosa, lograba estar en mayor sintonía con la naturaleza, alcanzando a reinar sobre las cosas pero desde un servicio, creando también desde las líneas que le indicaba la naturaleza sin superar sus límites. Pero hoy, desde la eficacia y la fuerza de las fórmulas obtenidas, se produjo un nuevo incremento de las fuerzas de dominio, que se declara *autónoma* también de la naturaleza, de las reglas y los caminos que ella sugería, ya no se siente obligada a respetar los caminos que la naturaleza le indica. Se eligen con mayor autonomía y arbitrariedad los fines desde consideraciones puramente racionales. Estas son las características de la ciencia en el tiempo de Guardini, una ciencia que no posee unidad interior, alejado de la naturaleza, es cada vez más autónoma y tiene un poder fundado solo en la razón. Este fenómeno es considerado presente tanto en la vida política, como en los medios de comunicación, la economía, y la pedagogía. Este nuevo poder, esta nueva actitud de conocimiento y de dominio ha producido un nuevo orden en todas las cosas[237].

11.1 *Autonomía y poder*

El *poder* del hombre moderno posee nuevas dimensiones y capacidades. Este poder que, en cuanto fenómeno vivo debería saber reconocer también sus límites, los que le ofrecen no solo una perspectiva negativa de privación sino que le darían también una más clara forma e identidad como a todo lo humano para ser un poder creador, crece sin embargo en una autonomía siempre mayor. Ante los problemas de un poder sin límites, que no se sabe medir por instancias superiores, resuenan los aspectos que desde Guardini lo relacionan con el carácter ontológico que el poder tiene en su origen, en cuanto que se trata de algo que Dios le concedió al hombre, un poder sobre la naturaleza, y la vida. Ese

---

[237] Cf. R. GUARDINI, *Die Technik und der Mensch*, 48-53.

poder del hombre tiene su raíz en la semejanza con Dios, y no es un derecho autónomo del hombre, es algo que le ha sido confiado. El hombre autónomo no sabe usar bien su poder, y no es verdad que toda adquisición de poder sea simplemente un progreso.

Guardini dice que no existe aún una *ética* auténtica y eficaz del uso del poder, sino más bien la tendencia a considerar este uso solo como un proceso natural, no sometido a normas que regulen su libertad, dependiendo únicamente de lo que indica la utilidad y la seguridad del hombre, al punto tal que parece haberse transformado en algo que ya no es poseído y utilizado por el hombre, sino que se desarrolla autónomamente según un aparente proceso lógico. Pero Guardini subraya y recuerda que nada existe sin dueño, y si lo que existe pertenece a la naturaleza quiere decir que pertenece a Dios, cuya voluntad se expresa en las leyes desde la que esa naturaleza subsiste, y lo que aparece en el ámbito de la libertad humana, debe pertenecer al hombre, y el hombre debe hacerse responsable de su poder, de cómo lo ejerce. Si el hombre no se hace responsable de ese poder, no quiere decir que degrade en naturaleza, sino que un elemento anónimo lo ejerce. En término psicológicos dice Guardini que se podría hablar aquí del inconsciente, en cuanto algo caótico, cuyas posibilidades destructivas son muy poderosas.

Para Guardini, la Edad Moderna ha olvidado todo esto, porque se dejó cegar por su fe rebelde en el autonomismo[238]. Su poder ahora ya no sirve, como sucedía con el hombre primitivo, para protegerse de las fuerzas incontroladas de la naturaleza que no hacían posible la vida. Ahora el hombre en gran parte domina la naturaleza y esa naturaleza se transformó en la fuente «inagotable» de sus recursos. Esto cambió la perspectiva y la relación con la naturaleza, y ahora son sus mismas obras las que la amenazan y ponen en riesgo, poniendo de relieve el nuevo problema que representa un determinado tipo de poder. El hombre ahora domina en gran medida los efectos inmediatos de la naturaleza, sin embargo no domina su poder, su capacidad misma de dominar. Tiene poder sobre las cosas pero no tiene todavía poder sobre su poder. Desde estos pensamientos, Guardini dice que el problemas central, en torno al cual va a girar la tarea cultural del futuro y de cuya solución dependerá todo, y no solamente el bienestar o la miseria, es el problema

---

[238] «Das alles hat die Neuzeit vergessen, weil der Empörungsglaube des Autonomismus sie blind gemacht hat. Sie hat gemeint, der Mensch könne einfachhin Macht haben und in deren Gebrauch sicher sein - durch irgendwelche Logik der Dinge, die sich im Bereich seiner Freiheit ebenso zuverlässig benehmen müßten, wie in dem der Natur. So ist es aber nicht», R. GUARDINI, *Das Ende der Neuzeit*, 72.

del poder, lograr superar una perspectiva de poder totalmente autónomo. Lograr que el hombre se haga responsable de su poder, recordando que no se trata de un poder infinito. En el esquema guardiniano equivale todo esto a invitar nuevamente a la tensión vital de este fenómeno para que sea auténticamente creador, recordando que se trata de un poder limitado, que para ser auténticamente creador y encontrar un sentido pleno que custodie y proteja la vida, este poder debe permanecer unido a Aquel que le otorgó al hombre la posibilidad de ejercerlo[239].

La semejanza natural del hombre con Dios consiste en este don del poder, en la capacidad de usarlo y en el dominio que brota de aquí. El hombre no puede ser hombre y además ejercer o dejar de ejercer el poder. Le es esencial al hombre hacer uso del poder, porque el creador de la existencia lo destinó a ello. Lo que Guardini nos recuerda es esa inclinación peligrosa y destructiva de un poder autónomo e ilimitado que evoluciona desde la Edad Moderna y que se profundiza cada vez más tanto a nivel científico como técnico. El poder humano y su capacidad de domino tiene sus raíces en la semejanza del hombre con Dios, por ese motivo el hombre no tiene el poder como un derecho propio, autónomo, sino como algo que se le concede. El hombre es señor por la gracia de Dios, y debe ejercer su dominio respondiendo ante aquel que es Señor por su propia esencia. El dominio se convierte de este modo en obediencia, en servicio. En un primer momento, ejerciendo el poder de acuerdo con la verdad de las cosas y no desde un perspectiva que solo proponga imponer la voluntad del hombre a lo dado en la naturaleza. En un segundo momento, el dominio es además obediencia y servicio en cuanto que se mueve dentro de la creación de Dios, y tiene la tarea de desarrollar en el ámbito de la libertad finita lo que Dios en su libertad absoluta creó como naturaleza.

El poder en la mirada guardiniana es visto desde el contexto de la creación. El hombre tiene poder porque fue creado semejante a Dios. Pero este

---

[239] «Der Mensch muß lernen, durch Überwindung und Entsagung Herr über sich selbst zu werden – und dadurch auch Herr zu werden über seine eigene Macht. Die so gewonnene Freiheit wird den Ernst auf die wirklichen Entscheidungen richten, während wir heute eine schier metaphysische Gravität an Lächerlichkeiten gewandt sehen. Sie wird den bloßen Mut zur wirklichen Tapferkeit machen, und die Schein-Heroismen entlarven, in denen der heutige Mensch, von Schein-Absolutheiten gebannt, sich opfern läßt. Aus alledem muß schließlich eine geistige Regierungskunst hervorgehen, in welcher Macht über die Macht ausgeübt wird. Sie unterscheidet Recht und Unrecht, Ziel und Mittel. Sie findet das Maß und schafft in den Anstrengungen der Arbeit und des Kampfes Raum für den Menschen, daß er in Würde und Freude leben könne. Das erst wird die eigentliche Macht sein», R. GUARDINI, *Das Ende der Neuzeit*, 78.

poder humano se debe ejercer teniendo en cuenta el contexto que lo vincula y que le impide la ilusión de lograr un poder absoluto (*Wenn die menschliche Macht und die daraus kommende Herrschaft ihre Wurzel in der Ebenbildlichkeit zu Gott hat, dann ist die Macht dem Menschen nicht aus eigenem Recht, in Autonomie*). Para ser el poder humano algo vivo se debe ejercer desde su *relativa autonomía*, pero si pretende ser ejercido desde una *autonomía absoluta* eliminando la tensión de lo vital, tal como se muestra en la tendencia que se afirma cada vez con más fuerza desde la época moderna, pasa a ser algo que amenaza la vida. Un ejemplo de esta tendencia moderna de un poder absoluto y su capacidad de destrucción fue la experiencia del movimiento nacional socialista alemán. Para ese estado absoluto lo que contaba no era lo justo o lo injusto, sino solo las consideraciones que se relacionaban con su propio poder político. Y si para ese estado un grupo de personas representaba un impedimento, debían ser eliminadas. En este caso se produjo durante el nazismo por primera vez en la humanidad, con los efectos destructores terribles que ya conocemos, la unidad de un poder inhumano absoluto con el poder de una gran precisión técnica y una fría racionalidad, que consideró a las personas como una cosa más, porque lo realmente importante eran los objetivos del estado y su política[240].

La perspectiva de la autonomía es aquí la perspectiva desde la que la mirada guardiniana mira el fenómeno del poder. La autonomía absoluta que el hombre pretende poseer desde el poder que le es concedido produjo profundos cambios en los principios en los que se apoyaba la cultura moderna, y lo que la nueva cultura produce ya no es una segunda naturaleza, ni un refugio seguro; dando lugar en esta nueva época a un poder humano que posee una nueva dimensión y alcance. Lo que vincula la época moderna con la posmoderna es desde la mirada de Guardini la *profundización* de esta pretensión de *autonomía* desde la que el hombre intenta construirse *su* mundo y ser cada vez más independiente. Esto condujo a una transformación de la imagen de la naturaleza, de la cultura y del hombre mismo, desde una autonomía que se muestra más

---

[240] «Der Autonomismus des neuzeitlichen Staates, der bis dahin immer noch von bewußten oder unbewußten Ehrfurchtshaltungen vor dem Menschen beziehungsweise einer transzendenten Hoheit gezügelt war, wirft alle Hemmungen ab und entscheidet über das Unantastbare: das Recht des Menschen zu existieren. Er verfügt über ihn einfachhin. Nun zählt weder Recht noch Unrecht. Nichts Göttliches noch Menschliches kommt mehr in Betracht. Nur die machtpolitische Erwägung: dieser Mensch, diese Gruppe sind dem Staatswillen hinderlich – sie müssen verschwinden. Darauf folgt dann "die Maßnahme", und sie wird in vollkommener Kälte, in immer größerer Rationalität und mit immer präziserer Technik ausgeführt», R. GUARDINI, *Verantwortung*, 46-47.

amenazante en cada uno de ellos, situación que puede cambiar si el poder es pensado y ejercido desde la búsqueda de la verdad, y desde el servicio en el contexto de la creación[241].

11.2 *Autonomía en la literatura*

La perspectiva literaria de la que aquí me ocupo es la que tiene relación con el esfuerzo de Guardini por interpretar su tiempo también desde la creación poético literaria. En la novena elegía de Rainer María Rilke, que Guardini considera como la más felizmente equilibrada, llena de belleza y optimismo (*die neunte sei jene, die im glücklichsten inneren Gleichgewicht steht, voll Schönheit und Zuversicht*), su autor describe el proceso de una mirada *autónoma* de las cosas. Pone de manifiesto así Rilke el nacimiento de una *nueva interioridad* que nace *a la luz de la revelación*; pero solo utilizando algunas de sus ideas, para dejarla finalmente de lado, y mostrar también la autonomía de su autor en relación con la misma Revelación.

En la novena elegía se pregunta Rilke sobre la finalidad y el sentido de la existencia del hombre. Responde en un primer momento que no puede ser la felicidad, ni siquiera la curiosidad; y encuentra la respuesta desde su estar en el mundo, ya que ese estar en el mundo es al mismo tiempo un estar que debe ser responsable de todo lo que existe, surgiendo desde el carácter terrestre de la existencia la tarea de intentar situarse en el interior de las cosas del mundo para poder conservarlas por siempre[242].

La palabra es el medio a través del cual el hombre concretará su tarea, pero teniendo en cuenta también que no existimos para decir lo extraordinario y enorme. La lista de las cosas posibles de ser dichas tiene relación

---

[241] «Wenn die menschliche Macht und die daraus kommende Herrschaft ihre Wurzel in der Ebenbildlichkeit zu Gott hat, dann ist die Macht dem Menschen nicht aus eigenem Recht, in Autonomie, sondern als Lehen zu eigen. Er ist Herr von Gnaden, und soll seine Herrschaft in Verantwortung gegen Den ausüben, der Herr von Wesen ist. Dadurch wird die Herrschaft zum Gehorsam, zum Dienst. Zuerst in dem Sinne, daß sie aus der Wahrheit der Dinge heraus geschehen soll. Das wird an der für den Sinn des zweiten Schöpfungsberichtes entscheidenden Stelle gesagt, nämlich bei der Bestimmung des Menschenwesens: Dieses ist von dem des Tieres verschieden; so wird nur zum anderen Menschen hin möglich, was zum Tier hin nicht möglich ist, nämlich die Lebensgemeinschaft. Herrschaft bedeutet also nicht, daß der Mensch dem Natur-Gegebenen seinen Willen aufzwingt, sondern daß sein Besitzen, Gestalten und Schaffen aus Erkenntnis geschieht; diese Erkenntnis aber entgegennimmt, was das Seiende in sich ist, und es im "Namen", d.h. im Wesenswort ausspricht», R. GUARDINI, *Die Macht*, 112-113.
[242] Cf. R. GUARDINI, *Rainer Maria Rilkes*, 296-298.

con la cotidianidad, y así van apareciendo el sonido de las palabras casa, puente, fuente, puerta, boca, árbol. Todo esto que tiene que ver con la cotidianidad, esto que es limitado y terrestre, debe ser dicho de un modo que por su intensidad pueda ser transformado en igual y hasta superior a la grandeza de lo extraordinario. En ello la cosa adquiere una densidad y un significado ontológico que por sí misma nunca habría podido alcanzar. Solo en ese momento, las cosas deben pensar que son reales, teniendo en cuenta que el primer ser es pura presencia, y de esta forma las cosas no son cercanas a sí mismas, no se habitan a sí mismas, no son todavía ellas mismas. Pero en un segundo momento se concreta y se manifiesta la comunicación de las cosas con el corazón del hombre y alcanzan en el corazón del hombre su interioridad y la plenitud del ser. Se realiza lo que en la primera y la segunda elegía Guardini había señalado en relación con la dimensión de profundidad que las cosas reciben desde el alma humana, cuando la tierra entra en lo íntimo del corazón para estar allí y adquirir una nueva dimensión de la realidad. Concretando así el hombre, desde la obediencia que acoge todas las cosas, el significado propio de su existencia[243].

Aquí alcanza su desarrollo definitivo la idea de un conformarse auténtico del mundo en la interioridad del corazón. En este proceso de interiorización rilkeano se elabora, según Guardini, lo que un día será capaz de ser transferido en otra relación. Se trata para Guardini de otro contenido de la fe cristiana que se deslizó en estas ideas, transformándose en algo que *pertenece al mundo*, y no ya al hombre nuevo, el nuevo cielo, la nueva tierra, en el corazón de quien creyó en Cristo, el Dios vivo (Rm 8, 16-26, Ap 21-22). El espíritu de Dios que creó el mundo lo transforma desde la fe en una nueva creación; pero consciente o inconscientemente, directa o indirectamente esta idea, afirma Guardini, parece encontrarse en la base de la concepción rilkeana, como frecuentemente sucede en él, que habiendo nacido en la fe católica se hacen presente temas bíblicos como en esta oportunidad, aunque alejándose paradójicamente siempre más del cristianismo[244].

---

[243] «Die neunte Elegie wird sagen, es sei das "Drängen der Erde", die ins Innere des Herzens hineinwill, um dort "innig" zu werden, die neue Wirklichkeitsdimension zu gewinnen; und daß der Mensch diesem Drängen Folge leistet, bilde den Sinn seines Lebens», R. GUARDINI, *Rainer Maria Rilkes*, 37; cf. *Ibid.*, 88-89; 300-305.

[244] «Im Raum der Innig-Werdung bereitet sich zu, was einst fähig sein wird, in den "anderen Bezug" "hinübergenommen" zu werden. Damit scheint wieder ein christlicher Glaubensinhalt ins Welthafte geglitten zu sein: das Werden des neuen Menschen, des neuen Himmels und der neuen Erde, aus der Innigkeit des Herzens, welches in Christus an den Lebendigen Gott glaubt. (*Röm* 8,16-26; *Offb* 2-22) Der Geist Gottes, der einst die erste Welt gebildet hat (Gen 1,2), schafft in diesem Glauben die zweite. Gewußt oder

CAP. II: UNA GUÍA A LA INTUICIÓN 281

Mientras Rilke se aleja de la fe, construye mitos desde ella, desde los temas presentes en la revelación, insertándolos en el contexto del mundo, devolviendo a la dimensión terrena lo que según Rilke la Iglesia inadecuadamente ha situado en un más allá. Eliminada la revelación cristiana el mundo parece asumir una dimensión nueva que la antigüedad pagana todavía no conocía, la dimensión de la *interioridad*. Desde estos pensamientos subraya Guardini que Rilke no se mantiene ligado al cristianismo, sino que pertenece más bien a la serie de los que anuncian el mensaje de la realidad finita únicamente fundada en sí misma[245]. Muchas veces se intentó mantener ligado a Rilke al cristianismo, pero él mismo puso en duda esta pertenencia cristiana hablando de forma blasfema de Cristo y del cristianismo, declarándose partidario de un anticristianismo, y alejándose cada vez más decididamente de lo cristiano. Aunque como vimos antes, en sus obras se hacen siempre más presentes ideas cristianas[246].

La autonomía que al inicio de la edad moderna había surgido en las personas, fue haciéndose siempre más intensa, y las últimas consecuencias de todo ello las dedujo Nietzsche cuando declaró que el hombre ya era maduro para asumir las iniciativas, y las responsabilidades que antes, cuando era todavía inmaduro, había colocado en la divinidad. De ahora en adelante el hombre debe ser la instancia absolutamente decisiva, siendo capaz no solo de descubrir normas y valores, sino incluso inventarlos. La autonomía de todo lo finito expresa también a la autonomía de la persona que desde esa nueva realidad, y proceso de interiorización, ya no necesita de una dimensión trascendente, la persona es la instancia suprema, fundada en sí misma[247].

Todo esto está expresado también en otras obras, en las que se agregan algunos matices desde ideas de otros autores. Por ejemplo, en la

---

ungewußt, direkt oder indirekt, scheint dieser Gedanke der Rilkeschen Vorstellung zu Grunde zu liegen – wie ja in ihm, dem geborenen katholischen Christen, überall biblische Vorstellungen weiterwirken. Auch dann noch, nachdem er, wie er so scharf betont, sich "immer leidenschaftlicher vom Christentum entfernt" hat», R. GUARDINI, *Rainer Maria Rilkes*, 306-307.

[245] «Auch wird Rilke durch das Gesagte durchaus nicht für das Christentum in Anspruch genommen; er gehört ja in die Linie derer, welche die Botschaft der nur in sich selbst gründenden Endlichkeit verkünden», R. GUARDINI, *Rainer Maria Rilkes*, 307-308.

[246] Cf. R. GUARDINI, *Rainer Maria Rilkes*, 51.

[247] «In der Wende zur Neuzeit hat die Person sich autonom gesetzt. Durch eine immer schärfere Anspannung aller Akte und Haltungen hat sie die Autonomie auf allen Lebensgebieten durchgeführt. Die letzten Konsequenzen hat Friedrich Nietzsche ausgesprochen, als er den Menschen für reif erklärte, jene Initiativen und Verantwortungen, die er einst, noch unmündig, in eine Gottheit gelegt habe, selbst zu übernehmen», R. GUARDINI, *Rainer Maria Rilkes*, 374.

ética, dice Guardini, que ya desde fines del siglo XIV en Italia, por obra sobre todo de los humanistas que se alejan del cristianismo, se inicia un proceso mediante el cual de forma cada vez más aguda algunas personalidades elevan la aspiración de ser autónomos como individuos. Y todo lo que procedía de la relación cristiana con Dios se usa ahora para afirmar la independencia del individuo contra Dios. Todo esto es posible para Guardini desde la misma Revelación, que permite en un principio una nueva visión del hombre y de su interioridad[248].

Desde la concepción *budista*, el hombre permanece encadenado en una serie de sucesivas reencarnaciones de las que simplemente no se puede escapar. Es un engranaje que no produce historia sino un proceso natural espiritual. En la *cultura griega*, situándose sobre todo Guardini desde Sócrates y Platón, se ve cómo se mantiene erguido el derecho personal, pero nunca se les ocurre cuestionar desde ese mismo derecho personal el juicio del tribunal que representa la ley que gobierna y rige la Polis. En la cultura Romana, la existencia es ordenada desde el derecho, elevando al César a una divinidad, en continuidad con un carácter también divino del Estado ante el que la persona individual queda relativizada. Es el Estado el que tiene una naturaleza divina y que aspira a ser adorado aún suprimiendo, si es necesario, la dignidad personal. Pero la Revelación introduce en este contexto algo realmente novedoso, permitiendo una nueva interioridad y una nueva comprensión de la persona. El ser humano es creado desde una llamada de Dios que lo convierte en su tú, desde el que surge el carácter imperdible, inderivable e irrepetible de cada persona. Al mismo tiempo eso le otorga a la persona una independencia frente a los diferentes contextos sociológicos y naturales.

La nueva libertad e interioridad que la Revelación abre a la persona le permite obtener un nuevo impulso para crear de una forma que interpreta ahora también como inderivable, como ley última. Desde Kant se recuerda que la naturaleza es un caos de sensaciones, pero el hombre al conocer le prescribe las leyes del orden lógico que proviene de su conciencia espiritual, y de esa misma conciencia proviene la ley moral con la que obliga su propia voluntad, y desde las que rige también el reino de la naturaleza y la totalidad de la existencia[249].

---

[248] Cf. R. GUARDINI, *Ethik*, 570-581.
[249] «Mit den Worten dessen formuliert, der hierüber das Entscheidende gesagt hat, Kants: Die Natur ist dem Menschen nur als Chaos von Empfindungen gegeben; erkennend schreibt er ihr die Gesetze der logischen Ordnung vor, die selbst aus seinem geistigen Bewußtsein stammen. Aus dem gleichen Bewußtsein kommt das Sittengesetz, mit

El hombre moderno está convencido de estar fundado en sí mismo y la autonomía significa actuar como si Dios no existiera y la historia fuese toda y la sola realidad, cerrada en sí misma y suficiente para todo. La proclamación enfática de la autonomía es sin duda el corazón de la historia moderna de la libertad. Guardini pone de relieve que el concepto de autonomía expresa la idea que el hombre es ley a sí mismo. Las normas morales no son impuestas al hombre desde afuera como obligaciones heterónomas sino que se desarrollan desde el mismo hombre con la fuerza de la razón. El hombre autónomo se siente dotado de capacidad y autoridad de darse a sí mismo las leyes de la propia vida y pretende poderse comprender a partir de sí mismo. Según Guardini, la pretensión de autonomía tiende siempre más decididamente a poner al hombre como absoluto.

11.3 *Autonomía y dialéctica*

En Dostoyevski, Guardini intenta también interpretar una cosmovisión desde algunas de sus novelas más importantes, siguiendo el valioso consejo que Scheler le diera antes del inicio de su actividad como docente en Berlín[250]. En esta obra de Guardini se pueden percibir su mirada contrastada, desde la que señala interpretando al gran novelista ruso el límite y la imposibilidad de la sola razón para un conocimiento vivo de lo concreto. Hay una autonomía absoluta que cierra en el propio mundo y conduce a la muerte, ya sea la autonomía de la razón o de la intuición, nos alejan de lo vital. Pero existe también una autonomía que se abre al otro y que en medio de la tensión puede percibir y abrirse a la vida.

El método utilizado por Guardini consistió en dejar hablar el máximo posible a Dostoyevski motivo por el que se encuentran numerosas y a veces extensas citas. Al mismo tiempo, decidió renunciar, también esta vez, a casi toda la literatura sobre Dostoyevski. Guardini confiesa haber leído muy poco de la amplia literatura que había en su tiempo sobre Dostoyevski, y aun de lo poco que leyó se mantuvo muy independiente, aunque afirma no tener la pretensión de haber agotado el argumento, no sintió tampoco el deber de discutir puntos de vistas de otros autores[251].

---

dem er seinen Willen verpflichtet. Ebendaher die Ideen letzter Einheit, mit denen er den Bereich der Natur und den des Sittlichen zur Ganzheit des Daseins zusammenschließt», R. GUARDINI, *Ethik*, 1028.

[250] R. GUARDINI, *Religiöse Gestalten in Dostojewskijs Werk*, Mainz – Paderborn 1989.

[251] «Von den zahlreichen, zum Teil sicher bedeutenden Studien über Dostojewskij habe ich sehr wenig gelesen und auch von diesem Wenigen mich unabhängig gehalten.

Otro aspecto importante del método interpretativo en Guardini, y que nuevamente lo vincula a su propia intuición y a un camino que quiere hacer desde ella para acercarse a la realidad concreta, se manifiesta con particular claridad en la interpretación de la novela *El Idiota* de Dostoyevski. Cuando Guardini trata en su libro esta obra de Dostoyevski subraya su significado religioso y el vínculo que la une a la figura de Cristo. Allí afirma Guardini que no es suficiente conservar una actitud interpretativa ético-objetiva, ya que una tal actitud no es suficiente ante una obra que posee un trasfondo religioso. Se puede captar el verdadero significado solo cuando lo dejamos formar parte de nuestra existencia, subrayando que no se puede determinar solo objetivamente su significado, sino que este significado aparece cuando nos *apropiamos (Aneignung)* de él, cuando dejándonos conducir por la intuición entramos en ese mundo. Solo así permitiremos que aparezca con claridad detrás del dato inmediato, un plano de significación que está detrás de él (*Tritt man aber in die geforderte Haltung, so wird man von jeder Stelle dieses Lebensgebildes zurückgewiesen auf ein Dahinterliegendes*)[252].

En la conclusión del libro en el que Guardini se ocupa del novelista ruso, señala que su obra no trataba de interpretar su pensamiento desde aspectos filológicos o desde los principios de la ciencia del espíritu, sino que trataba de establecer la posibilidad de un *encuentro* con este escritor (*sondern um eine Begegnung mit ihm*), se trató de un *diálogo* entre Dostoyevski y Guardini sobre los problemas esenciales de la existencia humana. Se debe recordar el trasfondo que la palabra encuentro

---

Wenn ich mich angeregt fühlte, habe ich es gesagt. Ich wußte mich in hinreichend nahem Kontakt mit den Werken selbst; so schien mir eine solche Selbständigkeit erlaubt. Andererseits erhebe ich keinen Anspruch auf wissenschaftliche Erschöpfung des Gegenstandes; darum fühle ich auch nicht die Pflicht, mich mit den Anschauungen der Dostojewskijforschung auseinanderzusetzen», R. GUARDINI, *Religiöse Gestalten in Dostojewskijs Werk*, 14.

[252] «Damit scheint mir aber auch das Besondere dieses Werkes charakterisiert: Man kann ihm gegenüber nicht in der Haltung ästhetischer Objektivität bleiben. Und nicht nur so, wie es allen echten religiösen Werken gegenüber der Fall ist, die ihren eigentlichen Gehalt erst offenbaren, wenn man sie sich existentiell aneignet, sondern in einem besonderen Sinne: Der letzte Gehalt steht gar nicht objektiv da, sondern tritt erst im Akt der Aneignung hervor – wobei man freilich riskiert, was bei der religiösen Entscheidung überhaupt auf dem Spiele steht: den Unsinn zu wählen [...]. Tritt man aber in die geforderte Haltung, so wird man von jeder Stelle dieses Lebensgebildes zurückgewiesen auf ein Dahinterliegendes. Nicht so, daß man Absicht fühlte; daß die Zweiheit des Eigentlichen und Uneigentlichen, des Ausgedrückten und des Ausdrucksmittels auseinanderträte, vielmehr hat echte Übersetzung stattgefunden», R. GUARDINI, *Religiöse Gestalten in Dostojewskijs Werk*, 305-306.

(*Begegnung*) tiene para Guardini, la importancia de su movimiento dialéctico. Y el libro ofrece los resultados de este encuentro y este diálogo como un intento de aportar elementos que ayuden a construir una Europa más humana, más espiritual, y que también ayuden al conocimiento del espíritu y del corazón humano[253].

En uno de sus comentarios, Guardini habla de lo que considera el *error más grande* de Occidente. Este consiste en haber identificado la *forma* con la *esencia* y con el *valor*, mientras que el «caos» en el contexto del mundo de Dostoyevski (en el sistema guardiniano este caos recibe el nombre de «plenitud», como polo opuesto de la forma) se identificó con la negación del valor, la negación del ser, con la oscuridad y la apariencia. Este error que no tiene solo un carácter teórico. Fue acompañado de una decisión vital, una actitud y una política concreta con enormes consecuencias, ante las que surgieron movimientos de reacción que defendieron diferentes formas de irracionalidad. El pensamiento occidental no encontró de nuevo la unidad que perdió al eliminar la tensión entre la *forma* y la *plenitud* (caos). Guardini pone ante nuestra mirada la ruptura que produjo esa separación al identificar el valor y lo esencial con la forma, eludiendo desde entonces los problemas fundamentales que aquello representa para el pensamiento y la acción. Se intenta aquí dar nuevos pasos en su misión de construir una nueva unidad, la cual será posible desde una mirada más amplia y un conocimiento que no considere lo matemático racional como lo único serio[254].

---

[253] «Es ist mir nicht um eine philologisch-geisteswissenschaftliche Darstellung der Gedanken Dostojewskijs gegangen, sondern um eine Begegnung mit ihm. Um ein Gespräch mit ihm über die Dinge des Menschendaseins – *salva reverentia*, und in dem Sinne, in dem Gespräch eine Form ist, wie überhaupt geistiges Leben sich vollzieht. Darzustellen, was in einer solchen Begegnung hervortritt, in einem solchen Gespräch über Dinge, um die es für uns alle geht; einen Beitrag also zum menschlichen und geistigen Europa zu bringen, und damit zur Erkenntnis des Menschengeistes und Herzens überhaupt – das ist die Absicht dieses Buches», R. GUARDINI, *Religiöse Gestalten in Dostojewskijs Werk*, 316.

[254] «In deutlicher Absage also an einen uralten Irrtum, der für das Abendland zu tieferem Verhängnis geworden ist, als ohne weiteres ermessen werden kann: an die Gleichsetzung nämlich von "Form" mit "Wesen", "Wert", "Wirklichkeit", samt allen Konsequenzen, die sich daraus ergeben – welcher Gleichsetzung die andere gegenübersteht, "Chaos", aber nun nehme ich richtiger den Terminus meiner Gegensatztheorie, "Fülle" sei soviel wie "Unwesen", "Unwert", "Schein", "Finsternis" ... Dieser Irrtum – doch er war nicht nur theoretischer Fehler, sondern auch lebendige Entscheidung, Haltung, "Politik" – hat weittragende Folgen für das Abendland gehabt, wie denn auch die Gegenbewegung all der Irrationalismen, der romantischen Polarisationen, der Verdächtigungen des Geistes von ihm gerufen ist. Die eigentlich geforderte

Para Guardini, la plenitud de la existencia, lo no definido, lo que fluye y escapa a la forma y que al no ser forma puede ser llamado «caos», en cuanto que con ello se hace referencia a lo imprevisible, habla también de la posibilidad de mayor plenitud. Eso es el caos particular que se encuentra presente en los gestos, rostros, sentimientos y pensamientos de los personajes de Dostoyevski. De aquí surge la ambigüedad de estas figuras, y por tal motivo cuando se cree haber entendido lo que significa una particularidad singular en el carácter de un personaje o de una acción en el contexto de su vida, nos damos cuenta después que la explicación obtenida podría ser también diferente. Se cree haber entendido una figura y de inmediato uno se encuentra obligado a reconocer que existe una relación dialéctica entre esta y otras figuras, en la que cada una de ellas, al mismo tiempo, está determinada por otras. Y si se intenta fijar la dialéctica de estas relaciones, se debe constatar que la acción misma es ambigua y se sustrae a una determinación precisa[255].

Estas ideas de Guardini sobre el mundo de Dostoyevski nos hacen recordar no solo el par de opuestos que hablan de *forma* y *plenitud*, y la imposibilidad de poder pensarlos si se los separa y se elimina la tensión. También nos recuerda la imposibilidad de captar lo vivo, cuando el pensamiento transita por ese camino. La búsqueda de un equilibrio permanente en el pensamiento equivale a la muerte. Para la mirada guardiniana mirar la vida solo desde la forma conduce a ese equilibrio que no permite al pensamiento reflejar la vida que no está nunca en un equilibrio permanente. Cuando el pensamiento elimina la tensión nos encontramos ante un pensamiento cada vez más abstracto, un pensamiento ordenado, pero que en su orden se aleja de la realidad viva y de lo concreto.

Spannungslage hat das neuere abendländische Denken nicht mehr gewonnen», R. GUARDINI, *Religiöse Gestalten in Dostojewskijs Werk*, 315.

[255] «In Dostojewskijs Werken ist das Fülle-Moment des Daseins, das Nichtdefinierte, aller Form Entgleitende, Fließende, Unvorhersehbar-Plötzliche in die Gestalten selbst heraufgestiegen. Es durchströmt sie. Es ist in ihren Zügen, in ihren Gebärden, in ihrem Fühlen und Denken, in ihrem Wollen und in ihrem Schicksal. Daher die entmutigende Vieldeutigkeit dieser Gestalten. Kaum glaubt man verstanden zu haben, was ein Charakterzug im Gesamtbilde eines Menschen, oder eine Handlung im Zusammenhang seines Lebens bedeutet, so sieht man, daß sie geradesogut auch anderes bedeuten können. Meint man, eine Gestalt begriffen zu haben, so merkt man bald, daß sie ja in einem dialektischen Verhältnis zu andern Gestalten steht, worin immer die eine von der andern neue Bestimmung empfängt; versucht man aber, die Handlung als einheitlichen Sinnzusammenhang zu begreifen, um aus ihr die Dialektik jener Beziehungen festzustellen, so sieht man, daß diese Handlung selbst vieldeutig ist und sich einer genauen Bestimmung entzieht», R. GUARDINI, *Religiöse Gestalten in Dostojewskijs Werk*, 315-316.

En la existencia de un «caos» positivo presente en los personajes de Dostoyevski como polo opuesto de la forma (forma y plenitud), se hace de nuevo presente la cuestión del conocimiento en Guardini y la importancia de reconocer que lo real no es solo lo que se puede captar racionalmente o que el único conocimiento serio sea el conocimiento racional. Se pone nuevamente de relieve la importancia de ver que existe también un elemento *alógico* en la existencia que puede ser captado por la intuición, como así también la importancia de que esa intuición no rechace lo racional. Para que ninguna de esas perspectivas de conocimiento se transforme en *totalmente* autónoma. En este contexto habla Guardini nuevamente de Pascal subrayando desde sus pensamientos la capacidad de saber reconocer en la existencia un aspecto que no puede ser captado por lo racional y que debe ser alcanzado por la intuición. Pero al mismo tiempo una intuición que no rechaza lo racional, un espíritu de fineza que penetra en el ámbito alógico de la existencia, pero que no rechaza la lógica, y que desea alcanzar una lógica de la fineza, una lógica del corazón[256].

Pero volviendo al novelista ruso, me pareció oportuno presentar un ejemplo de lo dicho, por ese motivo me detendré en algunos de los personajes a los que Guardini se acerca y desde los que encuentra un hilo conductor para hablar del mundo que nos presenta Dostoyevski, desde la relación entre las personas, con la naturaleza y con el pueblo y la cultura de ese pueblo. Este triple esquema (*naturaleza, sujeto, y cultura*) ya lo vimos antes al hablar de la época moderna y posmoderna, considerando cómo cada uno de estos principios se transforman en algo más autónomo, cambiando así la imagen que el hombre tiene de cada uno de ellos. Debido a que es imposible tratar todos los personajes que Guardini interpreta, y para subrayar la importancia singular de la mujer en la propuesta guardiniana en el camino hacia una nueva unidad que supere una perspectiva solo racional, decidí detenerme en las dos Sonias (la de la novela *Crimen y Castigo* y la Sonia de la novela *El Adolescente*). También trataré otro personaje que permite ver la contradic-

---

[256] «Das macht ja die Reinheit und Wirklichkeitskraft der Pascalschen Daseinsdeutung aus, daß der rationale Erkenntniswille vor keiner Subtilität zurückschreckt, um dem Konkreten beizukommen, und dennoch die Unauflösbarkeit des Lebendigen überall durchschlägt. So gewinnt die Klarheit der Begriffe eine besondere Tiefenresonanz –wie sich umgekehrt der Sinn für die Unauflöslichkeit des Daseins und ihre intuitive Erfassung nicht in einer Flucht vor der "netteté de vue" und der Logik des "esprit de finesse" ausdrückt, sondern gerade darin, daß er die Logik aushält», R. GUARDINI, *Religiöse Gestalten in Dostojewskijs Werk*, 313.

ción que se presenta cuando se deforman las relaciones de los tres principios mencionados, desde una mirada errónea que se dirige al pueblo, a la naturaleza y al sujeto. Todo se transforma por ese camino en algo patológico, así ocurre con Iván Karamazov, desde su creciente aislamiento en el que se encierra cada vez más, haciendo de su mundo algo cada vez más autónomo[257].

11.4 *Autonomía absoluta y aislamiento: Iván Karamazov*

Iván es prisionero de un gran orgullo, consecuencia de un espíritu solitario, distante y frío, pero al mismo tiempo lo tortura un gran complejo de inferioridad. Guardini interpreta un desacuerdo insoportable en el mismo Iván: por un lado desea sentirse superior a los demás pero en su naturaleza misma hay algo que se lo impide. A partir de esto propone y considera la ruptura del ser como algo en sí mismo definitivo, las antinomias de la existencia existen, pero una persona intentaría encontrar en su interior la fuerza que le permita superar el desorden. No es el caso de Iván, él no admite que el desorden y la ruptura puedan ser un día sanadas por el amor de Dios, además tampoco piensa que Dios habría podido crear un mundo mejor, y de alguna manera se alegra del mal en sí mismo, del mal en el mundo, y hasta lo desea. El sentimiento de inferioridad presente en Iván debería ser vencido con la humildad que libera el corazón y abre el camino del amor; pero, desde el camino de la rebelión que Iván elige, esos sentimientos crecen cada vez más en él, subrayando con mayor intensidad las imperfecciones del mundo para humillar a Dios y declarar su impotencia, intentando desde su profunda división compensar el sentido de inferioridad con una titánica rebelión contra Dios[258].

Para Guardini puede entenderse más claramente desde las indicaciones que ofrece sobre la vida de Iván el significado de *la leyenda del*

---

[257] Cf. R. GUARDINI, *Religiöse Gestalten in Dostojewskijs Werk*, 12.

[258] «Iwan will nicht. Er lehnt es ab, daß die Risse einst durch Gottes Liebe überwunden werden sollen [...]. Ja im Grunde zielt die Anklage noch tiefer: Gott hat die Welt gar nicht recht schaffen können. In ihm selbst liegt irgendwo der Riß ... So ist die Welt in der Unvollkommenheit versiegelt. Das aber festzustellen, ist der Wille, Gott zu beschämen, ihn für ohnmächtig zu erklären. Ist die Anklage auf Schwäche, Unrecht – und vielleicht noch Furchtbareres. Das heißt also: Empörung. Nicht Atheismus, sondern Angriff. Damit projiziert Iwan seine Zerrissenheit ins Absolute. Jenes Minderwertigkeitsgefühl, von dem wir sprachen, hätte seine echte Überwindung in der Demut zu suchen, die das Herz löst und der Liebe den Weg bereitet», R. GUARDINI, *Religiöse Gestalten in Dostojewskijs Werk*, 154-155.

gran inquisidor. Aparentemente se trata en la leyenda de un ataque a la Iglesia de Roma en nombre de un auténtico cristianismo, en nombre de la libertad y del amor. Pero su significado está vinculado con la existencia misma de Iván, y entretejida con la historia de su padre, sus hermanos y el resto de las personas que se relacionan estrechamente con él. Considerar que el sentido de la leyenda sea el de un ataque de la Iglesia de Oriente a Roma es para Guardini algo demasiado obvio, y no cree que esa interpretación vaya a lo más auténtico de sus sentido. La leyenda se inserta en la trama fundamental de la obra en cuanto se pone atención a las diferentes situaciones humanas de las que allí se hablan. La disposición fundamental de ánimo que encontramos en los personajes de la novela, de la gente del pueblo, en los hombres espirituales, incluido Alioscha, desaparecen en Iván quien es precisamente el creador de esa leyenda. Iván se aísla cada vez más con su razón individual y con su voluntad subjetiva, hasta perder todo contacto con el pueblo y terminar en poder de un personaje monstruoso[259].

Los lazos con la existencia perdieron para Iván todo carácter de necesidad, toda significación, y por eso puede nacer en su mente la idea del rechazo de este mundo y el rechazo de Dios. Tampoco tiene Iván relación con el pueblo, lo que podría haber sido un espacio nuevo a una posible relación con Dios[260]. En su libro, señala Guardini más de una vez que según Dostoyevski la verdadera desgracia es perder el contacto con el pueblo y con la tierra. El sufrimiento, el pecado, el delito pueden ser nuevamente vencidos desde ese contacto con el pueblo, solo cuando esa relación se rompe acontece lo más terrible, e Iván a roto todos esos lazos desde donde el hombre cesa de comunicarse con la fuente de la vida alejándose de Dios[261].

En esa situación, Iván intenta justificar la propia visión del mundo y la *leyenda del gran inquisidor* es una manifestación de ello. Él piensa que este mundo es un absurdo, rechaza la creación porque la ama con un amor perverso, la rechaza como obra de Dios para separarla de su

---

[259] «Iwan steht nicht mehr darin. Er hat sich herausgelöst. Er hat sich auf seine individuelle Vernunft und seinen subjektiven Willen gestellt. Er hat keine Verbindung mehr zum Volke; darum verfällt er einem solchen Un-Wesen wie Smerdjäkoff. Und auch keine echte Verbindung zur fruchtbaren Erde; darum geht ihm die Natur, deren Mächte er wohl fühlt, in ein astronomisches Weltsystem oder in dämonisierte "Erdkraft" über. Der Zusammenhang des Daseins ist ihm weder notwendig noch sinnvoll mehr; von daher wird ein Gedanke wie der von der Nicht-Annahme der Welt überhaupt erst möglich», R. GUARDINI, *Religiöse Gestalten in Dostojewskijs Werk*, 178.
[260] Cf. R. GUARDINI, *Religiöse Gestalten in Dostojewskijs Werk*, 178-179.
[261] Cf. R. GUARDINI, *Religiöse Gestalten in Dostojewskijs Werk*, 183.

creador, siendo el mismo Cristo de la leyenda que Iván crea, un Cristo que no conoce la obediencia al Padre que creó este mundo. El Cristo de Iván, que ignora al Padre y que no tiene una relación real con el mundo, porque es un Cristo para sí que no salva ni redime a nadie, es para la mirada guardiniana una justificación del mismo Iván que quiere la muerte de su propio padre. El gran inquisidor es Iván mismo en cuanto rechaza reconocer este mundo y quiere arrancarlo de las manos de Dios para darle un orden diferente y mejor[262].

En sus novelas, Dostoyevski nos muestra que en la vida no existe solamente la aspiración a elevarse, a perfeccionarse, sino que existe también la inclinación a hacer sufrir a los otros y a nosotros mismos. Pero llega un momento en el que se alcanza la medida soportable del sufrimiento. En Iván ese momento da paso a una gran rebelión contra Dios, se impone cada vez con mayor fuerza una actitud de autonomía, y cuanto más fuerte es la necesidad de acercarse a Dios, es paradójicamente también más fuerte la necesidad de alejarse. Todo eso es un tormento que produce el más grave de los sufrimientos en la angustia. Un personajes de la novela de *Los demonios,* Kirillov, para terminar con esta angustia solo desea el suicidio, intenta así primero eliminar los dos temores más importantes, por los cuales las personas no se atreven a suicidarse: el miedo al dolor y el miedo al otro mundo (miedo a un castigo eterno). El dolor es fácil de superar a través de un tipo de muerte rápida, y el temor al castigo es algo que no tiene sentido si efectivamente Dios no existe. En ese caso el temor no tiene razón de ser. Reconocer que no existe Dios y no reconocer al mismo tiempo que el hombre se transformó en dios es algo absurdo, y el atributo más importante de la divinidad del hombre es el libre arbitrio[263].

El hombre tiene que transformarse en plenamente autónomo, soberano, y de una forma tal como antes solo correspondía a la soberanía de un dios que ya no existe, es decir manifestando su dominio sobre la vida y la muerte, disponiendo de la vida de los demás pero también de la propia vida, y haciéndolo desde la propia absoluta libertad, sabiendo

---

[262] «Der Großinquisitor ist Iwan selbst, sofern er die Welt ablehnt und sie Gott aus der Hand nehmen will, da Er sie falsch gemacht habe, mit dem Anspruch, anders und besser anzuordnen als der Urheber ... Und ist wiederum Iwan, der die gleiche Welt qualvoll und mit kranken Nerven liebt; der sie gar nicht anders möchte, als sie ist, weil sie ihm nur so geben kann, was er sucht; der sie daher in ihrem Zustand erhalten will, damit er protestieren und sie doch in diesem unter Protest gestellten Zustand genießen könne», R. GUARDINI, *Religiöse Gestalten in Dostojewskijs Werk*, 143-144.

[263] Cf. R. GUARDINI, *Religiöse Gestalten in Dostojewskijs Werk*, 189-200.

que ahora no existe ninguna autoridad. Con estos pensamientos, puede concluir que quien se suicide para matar definitivamente el miedo será finalmente un dios[264]. Una autonomía absoluta del hombre en la que se muestra una supuesta plenitud de la vida que paradójicamente conduce a la no-vida. Guardini tuvo una experiencia cercana de los pensmientos que ven en el suicidio una forma de solución valiente. Pero en varias oportunidades desmiente esta valentía, para expresar que la auténtica valentía y la auténtica solución consite en encontrar los caminos que nos ayuden a superar una mirada parcial de la vida[265]. Una mirada que atraviese los límtes de la autonomía absoluta de un pensamiento esclavo de la unilateralidad. El método guardiniano en las múltiples perspectivas de miradas que nos ofrece desea ayudarnos a mirar la vida y a nosotros mismos en toda su complejidad y misterio. La verdadera valentía consiste en asumir este desafío y hacernos responsable ante el Señor de la vida que nos colocó en el lugar en el que estamos, hasta que Él lo decida.

Otro tema que vuelve a aparecer desde el contexto de las novelas de Dostoyevski es el que nos habla de una época que llega a su fin y el inicio de algo nuevo, donde una característica novedosa importante es la *autonomía* creciente de lo finito, en un intento de afirmarse como valor absoluto. Para la antigüedad y el medievo el mundo era finito, creado por Dios, y Él lo contenía, penetraba todo, todo era finito pero llevaba las huellas del Absoluto, porque todo era símbolo de Dios, todo era representación temporal concreta de una realidad y de un significado eterno. Lo finito participaba de lo eterno y era algo más que pura y simple finitud, simbólicamente todo esto era expresado con la forma de la esfera en el que centro se encuentra en relación con cada una de las partes y a la misma distancia de cada una de ellas (*Alles in dieser Welt war geordnet; ja "absolut", nämlich symbolisch geordnet, durch Kugelgestalt, Mitte und Radius*). En este orden armónico de todas las cosas, el hombre representaba el culmen de lo creado, y el sacerdote de la creación ante Dios.

---

[264] «Will der Mensch beweisen, daß er die bloße Endlichkeit annimmt, so muß er sie in ihrem Schwersten auf sich nehmen. Er muß tun, was dem Hingabe verlangenden das Schlimmste ist: selbständig werden, eigenmächtig, souverän. Und zwar muß er es in jener Weise tun, die der Souveränität Gottes als Herrschaft über Leben und Tod entspricht: im Verfügen über – nicht das fremde, sondern das eigene Leben und den eigenen Tod. Er muß dem eigenen Leben die Endlichkeitsgrenze setzen, und er muß es frei tun und mit dem Bewußtsein, daß hier "Obrigkeit" nichts zu schaffen hat, und daß "keine Reue nötig ist"», R. GUARDINI, *Religiöse Gestalten in Dostojewskijs Werk*, 200.
[265] Cf. R. GUARDINI, *Ethik*, 211; 529; ID., *Die Annahme seiner selbst*, 14-15.

A partir de la edad moderna el mundo comienza a ampliarse, se transforma en algo ilimitado y la experiencia inmediata del mundo es impotente para comprenderlo. Se desvanece el sentido de la presencia vigilante de Dios en torno a cada cosa, y la certeza de estar en Él como en un gran mar de bondad y potencia, y se conforma un nuevo orden que ya no tiene en la esfera su carácter simbólico. Siendo el mundo ahora algo ilimitado, las cosas pasan a ser algo solo finito (*Die Welt wird endelos; zugleich aber werden die Dinge bloß endlich. Beides hängt zusammen, und führt zur nämlichen Endwirkung*). Que el mundo sea algo sin límites crea las condiciones psicológicas para su separación de Dios, el mundo aparentemente infinito y aparentemente absoluto comienza a sentirse autosuficiente, y Dios pierde valor y sentido frente a este mundo (*Dafür beginnt diese schein-unendliche, scheinabsolute Welt sich als selbstgenügend zu empfinden*). Todo esto va haciendo surgir una conciencia creciente de autonomía de la existencia terrena, y lo que antes era llamado absoluto no es más que un atributo del finito, lo que un tiempo era llamado Dios es una dignidad, una actitud, una particular condición de la vida que se propone como fin, el sujeto finito es pensado ahora con las categorías de lo divino (*Damit ist die kategoriale Autonomie begründet [...]. Was einst "Absolutheit" genannt wurde, ist in Wahrheit eine Qualität des Endlichen selbst*)[266].

También existen comentadores que interpretan de forma diferente las obras de Dostoyevski y son muy críticos con la lectura guardiniana de los Hermanos Karamazov y de su lectura de la *leyenda del gran inquisidor* presente en la misma novela. Tilliette, si bien se muestra de acuerdo con lo que señala Guardini en cuanto a que en la novela se encuentra una descripción dostoyevskiana crítica de la sociedad y del movimiento político socialista ateo de su tiempo, señala también sus desencuentros interpretativos desde las opiniones de otros comentadores del novelista[267]. No se puede aquí hacer un estudio exhaustivo desde las diferentes interpretaciones de las obras de Dostoyevski. Aunque Tilliette manifiesta puntos de vistas interpretativos diferentes a los que señala Guardini valorando la figura de Cristo en la leyenda, sobre todo su *silencio*, que según su opinión Guardini no habría interpretado correctamente, aunque esa crítica pueda ser correcta, no toca el aspecto subrayado desde el sistema guardiniano, que mira en la *leyenda* y la figura de Iván una autonomía cada vez más absoluta y que profundiza

---

[266] Cf. R. GUARDINI, *Religiöse Gestalten in Dostojewskijs Werk*, 211-216.
[267] Cf. X. TILLIETTE, *I filosofi leggono la Bibbia*, 168-185.

el aislamiento de Iván, desde el que piensa también un Cristo aislado de la realidad y que por ese motivo no puede redimir a nadie. Otra idea interpretativa guardiniana que resalta ante la crítica de Tilliette es la *pluralidad de miradas* que propone Guardini desde las diferentes relaciones de Ivan, sin detenerse demasiado en *un* aspecto como en este caso es el silencio del Cristo, sin pretender aquí juzgar la centralidad y profundidad que ese silencio pueda tener y que el mismo Guardini no habría interpretado de forma correcta.

11.5 *Autonomía relativa y apertura: las dos Sonias*

Además del camino de Iván, que nos habla de la rebelión y del rechazo de Dios, existen en las novelas de Dostoyevski otros personajes que presentan propuestas diferentes, más cercanas a la cultura del pueblo y que, vinculadas a las fuentes de lo vital, son instrumentos que colaboran al surgimiento de una vida nueva. Entre estos personajes ocupan un lugar central las dos Sonias. También se podrían considerar aspectos interesantes en los que Guardini llama hombres espirituales como Macario, Alioscha o Zósimo; pero por razones de brevedad, y desde la importancia que deseo subrayar en la intuición de lo femenino, me detendré en las dos Sonias, la Sonia de *El Adolescente* y la Sonia de *Crimen y Castigo*[268].

En Occidente, el sentimiento religioso parece dominado por la creencia que Dios, después de haber creado el mundo, lo dejó solo, estableciendo una relación religiosa pero distante con el hombre y el mundo, que parecen encontrarse solos en el ámbito de lo finito, y tendiendo hacia Dios que está más allá. El mundo de Dostoyevski no parece puesto a distancia, no parece ser por lo tanto algo autónomo, sino que reposa en la mano de Dios. Además es un mundo que aparece en constante devenir, donde todo fluye, y Dios actúa de forma misteriosa, y el hombre desde la fe puede percibirlo. Pero esto no quiere decir que el hombre de Dostoyevski adore la naturaleza o identifique el mundo con Dios. La obra misteriosa que Dios desarrolla en la naturaleza está caracterizada por la redención, es una acción en vistas a una nueva creación. Dios se manifiesta en la naturaleza y en la vida, pero desde Cristo, a través de Cristo, y mediante Cristo invita el hombre a salir de la pura relación natural para entrar en su reino[269].

---

[268] Que en realidad podrían ser tres si se hablara aquí también del personaje de Sonia de la novela de *los Demonios*, pero esta figura tiene otros matices que implicaría un tratamiento más amplio.

[269] «Drücken wir es genauer aus: Für dieses Empfinden hat Gott seine Schöpfung nicht losgegeben. Das religiöse Weltgefühl des Abendlandes scheint durch das Bewußtsein

En las novelas de Dostoyevski encontramos muchas figuras en las que habla el alma del pueblo como él la percibió. Entre estas figuras se encuentran las dos Sonias. El pueblo de Dostoyevski sufre terriblemente, toda su existencia está marcada por el dolor; pero ese dolor es aceptado y sufrido como expresión de la voluntad de Dios. Quien no cree en Dios no cree tampoco en un pueblo de Dios; pero quien cree en un pueblo de Dios intuirá también el misterio de Dios, aunque no haya creído todavía en Él. Por ese motivo perder el contacto con el pueblo es casi como perder el contacto con Dios de forma todavía más radical[270].

El pueblo, por su forma de vida, se encuentra en una actitud que le posibilita escuchar la palabra de la revelación, desde una intuición que acercándolo a la revelación despierta en él la sed por esta palabra, sed que nos habla del anhelo de toda la creación por la palabra de Dios, por la redención, por la nueva creación (*Ohne Gottes Wort geht das Volk unter, denn seine Seele dürstet nach dem Wort und nach der Empfängnis alles Schönen*). Esa actitud de apertura y de unidad presente en el pueblo puede ser oscurecida por el pecado; pero que no logra suprimir la dimensión religiosa. Lo que si puede acontecer cuando se rompe el vínculo con el pueblo como en el caso de la autojustificación, y de una mirada unidireccional que se manifiesta en Iván o Kirillov. Al señalar Guardini la diferencia del sentimiento religioso entre Occidente y el mundo de Dostoyevski subraya desde la voz del pueblo que aquí resuena el olvido del *mundo* en el sentimiento religioso occidental.

En una de sus cartas teológicas, afirma Guardini que el cristiano católico consideró el mundo como el espacio en el que se desarrolla el destino del hombre, la creación del cosmos y del hombre, el pecado, la redención y el juicio. Este mundo era importante como obra de Dios, como

---

bestimmt zu sein, Gott habe die Welt fertig geschaffen, geschaffen durchaus, freigegeben in das Alleinstehen des rundherum Vollendeten, so sehr, daß sich das religiöse Verhältnis auf Distanz aufgebaut hat. Gleichsam aus Abstand geschaffen, scheinen Menschen und Welt sich im Endlichen allein vorzufinden und nun, über jeden Abstand hin, zu Gott hinzustreben [...]. Die Welt Dostojewskijs hingegen scheint sich vom Schöpfer nicht in die Abgelöstheit des Fertigseins gestellt zu fühlen. Sie scheint sich in keinem Sinne in eigenem Stand zu fühlen, sondern durchaus und mit besonderer Unmittelbarkeit in Gottes Hand liegend [...]. Dostojewskijs Mensch ist weder ein Naturverehrer, noch setzt er die Welt mit Gott in eins. Mitten in aller Verbundenheit geschieht eine Entscheidung, welche dieses Dasein christlich macht. Jenes Gotteswirken in der Natur ist durch die Erlösung bestimmt. Es ist ein Wirken auf neue Schöpfung hin. Wohl tritt Gott aus Natur und Leben entgegen, aber bestimmt durch Christus; und durch Christus fordert Er den Menschen auf, aus einfacher Naturverbundenheit in das Seinige zu kommen», R. GUARDINI, *Religiöse Gestalten in Dostojewskijs Werk*, 19-20.

[270] Cf. R. GUARDINI, *Religiöse Gestalten in Dostojewskijs Werk*, 21-22.

lugar de la existencia cristiana y de su drama; pero tenía en definitiva solo la función de *escenario* en el que acontecía lo verdaderamente importante, y representaba también un peligro constante que amenazaba la concreción de lo importante. Es decir que el mundo en sí mismo no tenía ningún interés cristiano. Mientras el creyente profesaba la fe y vivía en un mundo que no tenía demasiada importancia, para la moderna sensibilidad el mundo se transformaba en algo siempre más importante. Todo esto le hace ver a Guardini con mayor claridad la importancia del mundo, el cual no puede ser solo considerado como el lugar en el que el hombre vive, sino que el hombre participa existencialmente de su transformación. Y la transformación del mundo constituye para el hombre un problema existencial, algo que también toca su destino, el interés por el mundo no es algo que pueda ser ubicado fuera de su ser cristiano, y el mensaje del evangelio no puede ser entendido separado de este mundo[271]. El profesor Mercker afirma que Guardini vio en la teología tradicional un déficit importante en su relación con el mundo, y este olvido la hizo también en parte responsable de la comprensión autónoma del mundo de la edad moderna[272]. De este olvido del mundo nos habla Guardini también desde Dostoyevski intentando dar una respuesta, sobre todo desde su teoría de la cosmovisión del mundo.

Sonia Andrejevna es la esposa de Macario Dogolruki, el «peregrino», y la madre de Arcadio Makarovic, el *adolescente*. Sonia no

---

[271] «Der katholische Christ hat – wenn man das so mit einer großen Vereinfachung sagen kann – die Welt als mehr oder weniger fest definierten Raum angesehen, in welchem sich das Schicksal des Menschen – Schöpfung, Erschaffung, Sünde, Erlösung, Erneuerung und Gericht– abspielt. Diese Welt war wichtig als Werk Gottes, als Raum der christlichen Existenz und ihres Dramas; sie hatte aber im Ganzen den Charakter des Schauplatzes für das Eigentlich-Wichtige – und, nicht zu vergessen, der immerfort drohenden Gefahr für dieses Wichtige. Sie selbst und als solche hatte keine christliche Relevanz [...]. Alles das ist nicht nur "Ort", in welchem der Mensch lebt, sondern der Mensch ist existentiell daran beteiligt, daß das alles immerfort wird. Auch er selbst "wird" – und wie das Weltwerden vor sich geht, ist für ihn eine Existenzfrage, eine Sache des Schicksals. Die beiden "Bereiche", wenn man so sagen darf: Werden der Welt und Entscheidung des Heils, Werden des Christen, greifen für den heutigen katholischen Christen nicht ineinander [...]. Die Botschaft des Evangeliums darf in keiner Weise mehr pietistisch-beschränkt, weltabgewandt verstanden werden», R. GUARDINI, *Theologische Briefe an einen Freund*, 45-46.

[272] «Guardini sieht in der herkömmlichen Theologie ein Defizit an Welthaltigkeit, das er als Versäumnis und Schuld apostrophiert. Das autonome Selbstverständnis der Neuzeit sei con der Theologie mitzuverantworten. weil sie die Welt nur als Schauplatz, nicht aber als Thema des Heils ernstgenommen habe», H. MERCKER, *Christliche Weltanschauung als Problem*, 77.

vive con su esposo, vive con su antiguo patrón Andrej Petrovic Versilov quien a su vez es el padre de Arcadio, estos dos hombres determinan en gran parte su condición humana. Macario se casó con Sonia siendo mucho mayor que ella, es una persona de buen aspecto, seria, de carácter noble, absorto en una intensa vida interior que con el andar del tiempo se hará siempre más profunda. El patrón de Sonia y de Macario (Versilov) es el tipo dostoyevskiano que representa un gran pecador -como Stavroghin de la novela *Los demonios* o Iván de *Los hermanos Karamazov*- un personaje en el que el elemento genial se mezcla con el patológico, abierto a los sentimientos más nobles pero al mismo tiempo amenazado por las fuerzas del mal, de todo lo que es enfermizo y hasta demoníaco.

El hombre que vive ahora con Sonia, Versilov, es conciente del error cometido contra Macario, pero no quiere dejar a Sonia con la que ya tiene dos hijos, y finalmente será la misma Sonia para él un instrumento de salvación. Toda la narración de los hechos en esta novela pone una vez más de relieve, según Guardini, la diferencia de la estructura de la personalidad entre Oriente y Occidente, colocándonos siempre más cerca del límite que representa para el pensamiento filosófico y moral occidental. Sonia sabe que actuó mal, y habría encontrado normal que su marido, Macario, le pidiese cuentas de su conducta y que la tratara con dureza. Cuando por el contrario su marido no solo no la trata mal sino que la deja libre, y decide no hacer nada por reivindicar algún derecho, ella no prueba alegría, siente que todo eso no confirma un eventual derecho de la pasión, aunque acepta la situación y continua con Versilov. Viviendo con Versilov se siente siempre en culpa porque su matrimonio con Macario no puede ser anulado, pero aun así no cambia de vida, sin que se pueda hablar de ligereza o de cinismo. Sonia ama a Versilov y sabe que para él ese amor es un camino de salvación, aunque sea tratada frecuentemente por él con un capricho enfermizo. El perdón de Macario a Sonia por su infidelidad en el pasado, y la libertad que le concedió para vivir con Versilov no le permiten sentirse justificada; pero Macario, su anterior marido, adquiere ante sus ojos una grandeza sagrada y misteriosa, permaneciendo su culpa, su propia infidelidad para con este hombre siempre presente ante su mirada. Ella reconoce su pecado y lo condena sinceramente, pero no sabe cómo habría podido actuar de otra forma. Aunque esto nunca la lleva a buscar una justificación de su actuar, se sabe culpable, pero tampoco piensa ni puede cambiar de vida. Sonia sabe que es culpable pero siente también sobre sí misma la mano de Dios[273].

Guardini expresa la perplejidad que ocasiona todo lo dicho, la insatisfacción de las explicaciones dadas, y esto porque probablemente toda esa historia es juzgada desde un punto de vista demasiado occidental. La piedad de Sonia quizás se manifiesta en su doloroso inmovilismo, en un destino que según ella no podía ser diferente, en una culpa que ella no habría debido cometer, pero que no ve cómo habría podido evitar. Ella permanece inmóvil en una actitud de silenciosa y dolorosa perseverancia que es la única posible, porque siente de alguna forma la presencia de Dios en cada cosa. Todo es incomprensible, aunque Sonia no pide entender, y parece ser su suerte particular sufrir hasta el final el *misterio* de esta vida. La filosofía moral de Occidente parece negarse a ofrecernos un concepto positivo, y para nosotros no escuchar esta advertencia sería fatal, desde el temor que se pueda borrar la línea que divide lo justo de lo injusto, el bien del mal. Tampoco nuestro pensamiento religioso occidental parece poder dar a esta existencia un valor positivo sin encontrar dificultad. Pero dice Guardini que si sabremos captar su profunda nota original, sentiremos claramente que nos encontramos en presencia de algo grande moralmente, y también desde el punto de vista cristiano. En esta mujer, todo expresa el misterio doloroso de una culpa que de alguna forma Guardini intuye que es también santificada (*Diesen Klang leidvoller, schuldbelasteter, und doch irgendwie geheiligter Unbegreiflichkeit hören wir aus allem heraus*)[274].

---

[273] Cf. R. GUARDINI, *Religiöse Gestalten in Dostojewskijs Werk*, 45-46.

[274] «Alles ist im Grunde unbegreiflich. An die Unbegreiflichkeit rührt sie nicht. Nichts darf darin aufgelöst werden. Nicht die Schickung, nicht die Schuld, nicht die Liebe, nicht die Bejahung. Vor allem nicht – auch wenn es nicht gesagt wird –, daß hinter allem Gott steht. Nichts "Neues" darf kommen. Diese Unbegreiflichkeit durchzuleiden scheint ihr eigentliches Leben zu sein. Auch hier ist Gott Jener, der aus dem tägliches Dasein herantritt. Dieses Dasein ist unbegreiflich; so ist es die Unbegreiflichkeit des Geheimnisses, die Seine gestalt vor allem bestimmt. Nie wird gefragt, ob Gott sei; er ist. Nie wird gefragt, ob er heilig sei, und die Schuld mit unendlicher Entschiedenheit hasse; er tut es [...]. Die Kategorie dafür scheint zu fehlen. Unser abendländisches ethisches Denken scheint sich zu weigern, einen positiven Begriff dafür herzugeben, aus Furcht – und es wäre verhängnisvoll, wenn wir uns nicht durch diese Furcht warnen ließen! –, die Eindeutigkeit des Unrecht Charakters, des Bösen, möchte dadurch ins Fließen kommen. Wie auch unser abendländisches religiöses Denken nicht in der Lage zu sein scheint, ohne Schwierigkeiten einen positiv wertenden Begriff für diese Existenz zu bilden. Öffnen wir uns aber ihrem Wesensklang, so fühlen wir wohl deutlich, daß hier etwas ethisch wie christlich Großes ist», R. GUARDINI, *Religiöse Gestalten in Dostojewskijs Werk*, 47-48.

Si preguntáramos a Sonia si cree que es bueno lo que hace, respondería que no lo es. Si se le preguntara si la ayuda que ofrece a Versilov la justificaría para permanecer con él, también respondería de forma negativa. Y si le preguntáramos si no sería mejor dejar a Versilov, ella respondería que no. Lo que Dios quiere con todo esto para Sonia solo Dios lo sabe y por eso permanece junto a Versilov, y nosotros debemos creer que pueda darse una experiencia similar, vivida y sufrida; pero sin sacar de todo ello un principio, ni elaborar una teoría. Por su propia salvación, Sonia exigiría que se mantenga para con ella un claro juicio de condena, porque ella puede vivir solo con la condición que este juicio sea aplicado. Si su actuar y sufrir fueran justificados sería invalidada la distinción entre el bien y el mal, se iniciaría la mistificación diabólica que subyace en Iván (*Um ihres Heiles willen würde sie fordern, daß das klare Urteil: Es ist nicht recht, stehen bleibe*)[275]. Ella no se pregunta si Dios existe, sabe que existe; no se pregunta si es Santo, si aborrece el mal, o la culpa, ella sabe que la aborrece; nunca se pregunta si Dios es amor, un amor que todo lo comprende, porque sabe que es amor; no se pregunta si lo que sucede viene de Él, si Él está presente en cada cosa, porque para ella es así, todo viene de Él que está siempre presente. Y, sin embargo, todo es incomprensible y esta mujer carga con el peso de este misterio.

En el juego de miradas que se hacen presentes en los pensamientos de Guardini, nuevamente se añade desde el contexto de estas novelas rusas una mirada que ahora viene de Oriente y una mirada occidental, una forma de mirar que, sin borrar la línea que divide el bien y el mal, parece hacer presente con mayor densidad el misterio que no borra la claridad con la que se condena el pecado y la infidelidad, y se rechaza una justificación de aquella situación. Pero que contemporáneamente nos coloca ante un límite del pensamiento occidental, de nuestras categorías, y la importancia de la intuición, de un espíritu de fineza que, sin rechazar la lógica del pensamiento, nos acerque también a la dimensión a-lógica de la vida. Desde allí se puede percibir que el misterio perma-

---

[275] «Wenn man Sonja fragen würde: ¿Ist das recht, was du tust? – so würde sie erwidern: "¡Nein!" Noch einmal: ¿Ist es gerechtfertigt dadurch, daß du Werssiloff hilfst? – Sie würde antworten: "¡0 nein!" ¿Wäre es nicht richtiger, du gingest fort? – "¡Nein!" ¿Was bedeutet denn das alles? – "Gott weiß es." Und ¿was tust du nun? – "Ich bleibe". Wir müssen ihr wohl glauben. Es wird etwas derart geben. Sicher aber nur so, daß es getan wird, erlitten. Nie kann daraus eine Theorie, ein Grundsatz gemacht werden [...]. Um ihres Heiles willen würde sie fordern, daß das klare Urteil: Es ist nicht recht, stehen bleibe. Denn davon, daß sie das nicht antastet, lebt sie», R. GUARDINI, *Religiöse Gestalten in Dostojewskijs Werk*, 50.

nece siempre inabarcable, y que aun desde el trabajo de la razón y la intuición parece todavía hacerse más espeso, pero quizás también más habitable en su tensa unidad.

Para Guardini, una vez más ni la conciencia ni la moral pueden ayudarnos a aclarar la posición de Sonia y quien creyera entenderla haría bien en no confiarse demasiado, porque tal vez su propia comprensión de alguna forma oscureció la línea que separa el bien y el mal. Ella encuentra su paz interior cristiana en no justificarse de ninguna manera, permanece convencida de su culpa, y espera un signo, siempre pronta a hacer penitencia, con una confianza que ella misma no osaría expresar abiertamente[276]. Nuevamente nos coloca Guardini con este relato y esta mujer ante el límite de la sola razón, no para rechazarla sino para abrirnos a la intuición, y poder penetrar aún más en el misterio de lo vital que continúa siendo indescifrable. Una sensibilidad mayor, que capte este misterio con mayor profundidad, podrá también pensar de forma más adecuada la vida, lo concreto, para lo que no siempre hay categorías claras ante los aspectos de la vida que sin ser ilógicos no entran siempre en nuestra lógica.

La otra Sonia, de la novela *Crimen y Castigo*, también debe cargar con el peso de lo incomprensible en su vida. Ella es hija de un ex funcionario, el consejero Marmeladov, quien se casó en segundas nupcias con Katerin Ivanovna y de este segundo matrimonio nacieron otros hijos. Marmeladov se dedicó a la bebida y llevó su familia a la ruina en una situación de gran pobreza y necesidad. Un día, la madrastra le reprocha a Sonia su insensibilidad por no aportar nada sabiendo la difícil situación familiar en la que todos viven. Ella salió en silencio de su casa y fue a ofrecerse por dinero. Algunas vecinas que la vieron la de-

---

[276] «Sonja steht dort, wo nach Christi Wort die Kleinen und Unmündigen und Ausgestoßenen, die Zöllner und Sünder stehen. Sie hat ein Geheimnis mit Christus. Sie ist im Einvernehmen mit ihm. Von dorther hat sie Autorität. Von dorther lebt sie. Von dorther stammt die Klarheit, welche macht, daß sie keinen Augenblick der Sophistik Raskolnikoffs verfällt, obwohl sie ihn liebt. Was aber über die andere Sonja gesagt wurde, gilt auch von ihr. Sie rechtfertigt ihr Dasein nicht. Sie lebt es nur. Sie erleidet es. Sie macht keine Theorie daraus, nicht einmal so, daß sie es selbst zu begreifen versuchte, sondern nimmt es in seiner unbegreiflichen Verstricktheit auf sich, glaubend, sie müsse. Alles würde falsch, trughaft, dämonisch, sobald sie es zu rechtfertigen suchte, und sie würde versinken [...]. Wo der Punkt ist, auf dem sie steht, kann man nicht mehr sagen, rational begreifend, noch ethisch wertend, und man tut gut, sich selbst zu mißtrauen, wenn man glaubt, man begriffe. Wahrscheinlich hat man dann den nicht anzutastenden Unterschied zwischen Gut und Böse irgendwie verwischt. Sonja selbst würde nicht begreifen», R. GUARDINI, *Religiöse Gestalten in Dostojewskijs Werk*, 64-65.

nunciaron, debiendo Sonia después inscribirse en la lista de las prostitutas, y la familia vive desde ese momento además de la pobreza una situación de deshonor. Raskolnikov llega a esa familia de forma casual después de su gran delito, después de haber robado y asesinado una anciana, y siente que la joven se encuentra en una situación similar a la suya, excluida de las personas respetables. El asesino le confía a la joven su delito, y ella le pide entregarse a las autoridades, Raskolnikov termina siguiendo el consejo de Sonia y se entrega a las autoridades. El asesino es condenado y ella lo sigue a Siberia ayudándolo con su amor a renacer a una vida nueva. Guardini dice que esta Sonia es la figura femenina más conmovedora y apasionada de Dostoyevski (*Sonja ist die innigste aller Frauengestalten Dostojewskijs*), pudiendo decirse que es expresión del misterio del reino de Dios que se dirige a los niños y a los humildes, no a los grandes y sabios, y lo reciben los publicanos y pecadores, mientras la gente respetable lo rechazará. En este mundo ella se encuentra indefensa, en una difícil situación, de pobreza, de deshonor y, sin embargo, envuelta en la protección del Padre[277].

Sonia no se defiende, acepta, no pide nada no rechaza nada, acepta la ruina inmerecida de toda la familia a la que el padre la condujo dedicándose a la bebida. No intenta defenderse, tampoco rebelarse interiormente, encuentra natural que la madrastra le reprochara su vida, por motivo de la miseria en que vivían. Pero Sonia tampoco es débil, y cuando es necesario revela también su fuerza inquebrantable, colocándonos ante la paradoja de una incapacidad de defenderse que proviene de una gran fuerza y claridad interior. Se trata de la claridad de su conciencia singularmente recta que sabe responder y corregir incluso al hombre que ama cuando intenta justificar su delito. Ella exige de él la verdad interior y la expiación de la culpa, y esa genialidad de su corazón le permite ejercer una lúcida compasión que se percibe cuando Raskolikov le confiesa su delito[278].

Sería natural que Sonia se sintiera desilusionada ya que Raskolnikov no había sido sincero con ella y le ocultó algo muy importante que los ataba a un futuro diferente del que ella habría pensado; pero ella lo ama y tiene en el corazón solo su destino, lo ve en una luz que no engaña. Sonia vive un puro don de sí misma y no considera el valor de lo que da, sino que simplemente lo da todo, aunque el sacrificio parezca inútil, expresando una actitud de absoluto desinterés y en este olvido de sí

---

[277] Cf. R. GUARDINI, *Religiöse Gestalten in Dostojewskijs Werk*, 50-51.
[278] Cf. R. GUARDINI, *Religiöse Gestalten in Dostojewskijs Werk*, 52-58.

misma está el sentido de la salvación de Sonia. Raskolnikov grita preguntándose ¿por qué no la conoció antes? Ese ¿por qué? se repite y pesa en toda su vida. Por el contrario, en Sonia con una vida también llena de dificultades y difícil, siente ese ¿por qué? pero todavía sabe que Dios hace todo por ella, acepta y sabe que aplicar *solo* la medida de la razón no conduce a una respuesta satisfactoria (*Nach den Maßstäben der Vernunft und Gerechtigkeit ist nicht weiterzukommen*). Sonia considera que lo que ella es, lo es por voluntad de Dios, y para Guardini poder decir esto es un signo de auténtica existencia religiosa. Sonia se acepta desde Dios y se siente ante Dios, y desde allí abre un posible nuevo camino para Raskolnikov[279].

Un momento central de la novela es el conmovedor relato donde Sonia le lee a Raskolnikov el milagro evangélico de la resurrección de Lázaro. El muerto está ya en estado de putrefacción, y ahí Jesús muestra su poder sobre la muerte, el poder de dar vida cuando eso parece imposible. A Sonia le temblaban las manos, le faltaba la voz, intentó dos veces comenzar a leer y no pudo, hasta que lo logró, pero su voz vibraba de forma particular, se entrecortaba, no podía respirar, se le cerró el pecho. Raskolnikov no entendía bien por qué no podía leer normalmente, y a medida que fue entendiendo, más insistentemente le pedía que continuara leyendo, hasta que comprendió que la dificultad se encontraba en que Sonia mostraba allí su intimidad. El había entendido que esos sentimientos constituían en realidad su verdadero secreto. Al mismo tiempo, Raskolnikov sabía con certeza que aun estando angustiada y sintiendo una especie de temor al leer, tenía el ferviente deseo de hacerlo, y leer precisamente para él, para que él escuchara. Cuando Sonia está por leer el momento del grandísimo milagro tiembla aún más, cambia de nuevo su voz, no puede ver bien y se le confunden los renglones por la emoción, pero ese texto ella lo conocía de memoria. En el relato se afirma que muchos comenzaron a creer, y Raskolnikov, que la escuchaba con atención e inmóvil, era otro de los que también de la incredulidad pasaría a creer. Cuando Sonia terminó de leer estaba casi sin fuerzas y parecía tener vergüenza de levantar su mirada ante la luz de una vela que se estaba apagando, en una habitación miserable en la que estaban el asesino y la pecadora extrañamente unidos en la lectura del libro eterno[280].

Las dos Sonias no intentan justificarse, viven y sufren la propia existencia, no hacen una teoría de ellas, ni siquiera para entenderla. La

---

[279] Cf. R. GUARDINI, *Religiöse Gestalten in Dostojewskijs Werk*, 58-60.
[280] Cf. R. GUARDINI, *Religiöse Gestalten in Dostojewskijs Werk*, 61-64.

aceptan, también en sus incomprensibles entramados. Estos relatos nos habla también de Guardini mismo, de lo que a él le fascinaba, ese misterio de la vida que quería presentar a sus alumnos y a sus lectores, y que para poder ser percibido hace falta una sensibilidad que no puede ser producto solo de categorías racionales lógicas. Su mirada que se centra en la vida nueva que suscita la fe, nos habla una vez más de forma indirecta de su propia experiencia de conversión, de la nueva vida y la nueva mirada sobre sí mismo y sobre todas las cosas que se iluminó en él, al comenzar a creer de nuevo. Se hace otra vez presente la profunda intuición que muestran los pensamientos de Pascal, quien con una sutil técnica intenta captar la singularidad y unicidad de lo viviente desde el espíritu de fineza. Una filosofía que atribuye solo al conocimiento racional la característica de verdadero conocimiento, y llame real solo lo que pueda ser captado por la razón, es lo que amenaza los fundamentos mismos y la dignidad de la vida. El ser contiene un elemento alógico, que no se entiende como una deficiencia respecto de lo racional, sino como su polo opuesto. Se necesita y se postula una racionalidad que no excluya lo alogico ni le atribuya un importancia secundaria y ambigua, sino que reconozca a priori la validez del elemento alógico de la existencia al que se puede acceder desde la intuición. De otra forma será inevitable el despertar de un irracionalismo también radical que transfiera esta vez lo esencial del acto cognoscitivo a la intuición y proclame la razón como enemiga de la vida.

Gerhard Mahr considera que uno de los motivos por los que Guardini se ocupó de Dostoyevski fue también su gran popularidad sobre todo entre los jóvenes de su tiempo, y citando a Hugo von Hofmannsthal señala la fascinación que Dostoyevski ejerció en el mundo de los jóvenes de entonces, quien a través de la descripción social de su época toca diversos temas relacionados con el anarquismo, el ateísmo, la libertad, el caos interior, el suicidio y otros temas que tenían un eco particular en la juventud después de la Primera Guerra Mundial. Estos temas son tratados de tal forma que los jóvenes se reconocen y se sienten cercanos a esa sensibilidad, siendo considerado el gran novelista ruso como el más importante aspirante al trono de emperador espiritual de una época[281]. Se une a la recomendación scheleriana, que motivó la interpreta-

---

[281] «Daß Guardini die Reihe seiner Interpretationen mit Dostojewskij begann, mag seinen Grund vor allem in der außerordentlichen Popularität des Russen bei der damaligen Jugend gehabt haben: Atheismus und Anarchismus, personale Freiheit und Psychologie, inneres Chaos und Selbstmord, Zivilisationshaß und Lebenssinn waren die großen Themen der Jugend nach dem ersten Weltkrieg, und eben diese fand sie in einer völlig

ción guardiniana de Dostoyevski al inicio de su actividad académica, el interés por encontrar y alcanzar el espíritu de los jóvenes de su tiempo.

Las interpretaciones guardinianas han recibido diferentes tipos de comentarios. Por ejemplo, Zenta Maurina quien es considerada una importante conocedora del novelista ruso, expresa haber encontrado en el bello libro de Romano Guardini uno de los más profundos intérpretes de Dostoyevski, que se acerca a él no de *forma intelectual*; sino desde una perspectiva cristiana, interpretándolo desde su experiencia interior de unidad y de amor por la creación redimida. El valor de sus palabras creo que es importante, primero porque es una valoración de una ensayista que se dedicó al escritor ruso y que considera como algo valioso la interpretación de Guardini, y segundo, porque no ubica esta interpretación guardiniana en una perspectiva solo intelectual, mostrando un reflejo indirecto de una característica del intento interpretativo guardiniano que en estas páginas se viene señalando, me refiero al camino que Guardini va haciendo desde su intuición desde la que intenta aportar algo más que variaciones conceptuales. Su deseo de indicar una nueva amplitud desde una pluralidad de miradas, a la que se suma la mirada que desde la fe dirige Guardini al mundo de los jóvenes y del gran novelista ruso[282].

Otra persona que nos ofrece su opinión sobre la interpretación guardiniana de Dostoyevski es el escritor protestante Hermann Hesse, quien después de mencionar los diferentes intentos interpretativos de varios especialistas sobre los fundamentos de nuestra época, sobre la fe, la moral, etcétera, afirma casi con sorpresa que la más profunda y valiosa interpretación procede de representantes de la más antigua tradición de

---

neuen, ja radikalen Weise in den Romanen Dostojewskijs zur unvergeßlichen Sprache gebracht [...]. Hugo von Hofmannsthal hat die Situation treffend zusammengefaßt: "Hat die Epoche einen geistiger Beherrscher, so ist es Dostojewskij. Seine Gewalt über die Seele der Jugend ist unberechenbar, es ist eine wahre Faszination, das fieberhaft Gesteigerte in seinen Romanen ist der Jugend die gemäß Nahrung – das gleiche, was vor hundert und noch vor fünfzig Jahre das Phatos Schillers für sie war –, er stößt durch die soziale Schilderung hindurch ins Absolute, ins Religiöse – die jungen Menschen aller Länder glauben in seinen Gestalten ihr eigenes Innere zu erkennen –, er und kein Anderer ist Anwärter auf den Thron des geistigen Imperators"», G. MAHR, *Romano Guardini*, 61-62.

[282] «Die große Essayistin und Dostojewskij-Kennerin Zenta Maurina schrieb später einmal: "Einer der tiefsten wesentlichen Dostojewskij-Deuter ist aber, wie mir scheint, Romano Guardini, der sich Dostojewskij nicht intellektuell nähert, sondern selbst im Einvernehmen mit Christus steht und in seinem Inneren die Einheit der in der Liebe erlösten Schöpfung erlebt. Wir fühlen das Geheimnis des Herzens Gottes in diesem Verfasser, der sich vor dem Heilig-Unerforschlichen beugt und dadurch eine große Dostojewskij-Verwobenheit in seinem schönen Buch erreicht"», G. MAHR, *Romano Guardini*, 62.

nuestra época. Y en el contexto de estos intérpretes menciona especialmente a Romano Guardini y a su libro sobre Dostoyevski (*In diesem Zusammenhang möchte ich auf das Buch eines führenden Katholiken, R. Guardini: Der Mensch und der Glaube, hinweisen*) como uno de los únicos libros que en el suelo alemán ha logrado captar la esencia del novelista ruso. Tratándose, Según Hesse, de un libro escrito desde la responsabilidad de un pensador católico; pero desde un gran respeto y amor para con el novelista ruso y para con lo asiático[283]. Pero Hesse señala como especialmente valioso en el libro la lucha presente entre una clara y precisa formulación de fe católica y el respeto por el misterio del gran novelista; afirmando que el mundo de esta literatura no es presionado a entrar en categorías romanas de conceptos y lenguaje, sino que más bien desde ellas es interpretado e iluminado. Desde estas palabras de Hesse deseo pasar al tercer capítulo en el que me detendré en la intuición guardiniana que interpreta las palabras del libro eterno que Sonia lee a Raskolnikov y que casi al final de la novela encontraremos debajo de su almohada mientras cumple con su condena en Siberia. Ese libro de los evangelios es el mismo desde el que Sonia le había leído la resurrección de Lázaro, y esa nueva vida que nace cuando parecía que la muerte de Lázaro era la última palabra, es también ahora la vida nueva que va creciendo en él.

---

[283] «Herman Hesse, der Protestant, schrieb 1933 dazu: "Wenn wir die Versuche unserer Zeit betrachten, sich über die unseligen Spezialisierung und Parteien hinweg wieder über die Grundlage des Menschentums, des Glaubens, des Geistes und der Moral zu besinnen, so sehen wir, daß die bemerkenswerten und gründlichen Leistungen nicht von den Gleichmachern und Geschichtslosen ausgehen, nicht von den weder legitimierten noch verantwortlichen Predigern einer allgemeinen, idealistischen Humanität, sondern im Gegenteil von den Vertretern gerade ältesten Tradition [...]. In diesem Zusammenhang möchte ich auf das Buch eines führenden Katholiken, R. Guardini: Der Mensch und der Glaube, hinweisen. Ich halte es für das einzige der vielen Bücher über Dostojewskij, das im Mutterboden dieser gewaltigen und unheimlichen Dichtungen heimisch wird und das Grundgeheimnis ihres Wesens erfaßt hat. Es ist aus der vollen Verantwortlichkeit des Katholiken geschrieben und wird doch dem Russischen, ja dem Asiatischen des Dichters in behutsamer Verehrung und Liebe gerecht; das Lebendigste in diesem aufregend lebendigen Buch der Kampf zwischen den klaren und exakten Formulierungen des katholischen Glaubens und der Ehrfurcht vor dem Geheimnis und seines großen Dichters. Die wogende übervolle Welt des Sehers wird nicht gewaltsam in die Kategorien der römischen Begriffssprache gepreßt, sondern von ihnen aus erhellt und gedeutet», G. MAHR, *Romano Guardini*, 63-64.

Capítulo III

Intuición e interpretación

Una característica importante del modo de interpretar guardiniano está fuertemente marcada por el principio que considera lo que se quiere interpretar como una *unidad*. Esto se relaciona con la forma de conocimiento guardiniano que ya consideramos al hablar de lo concreto desde todas sus relaciones. La intuición es la que logra captar esta unidad viva de relaciones en la tensión de lo concreto, como un mundo que tiene su propio centro. El que interpreta debe poder lograr mirar el mundo desde *ese* centro, al que es posible llegar desde el juego dialéctico de los opuestos contrastados. Estos consideran no solo el centro, sino también las formas exteriores en las que se manifiesta. La unidad de lo viviente posee dos direcciones: desde lo *exterior*, lo que podemos experimentar (*contrastes intraempíricos*); lo que a su vez nos indica una realidad *interior* que escapa a nuestra experiencia (*contrastes transempíricos*). Pero todo forma parte de esa unidad viva en tensión integrada por lo que se nos manifiesta exteriormente y por el centro al que esas manifestaciones remiten.

La interpretación guardiniana que nos remite al principio contrastado de lo exterior y lo interior, que ya fue tratado en el capítulo anterior, ahora es considerada desde el intento de focalizar la mirada en la perspectiva literaria. Para esto iniciaremos el camino desde el aspecto histórico-lingüístico, desde lo más exterior y desde las diferentes conexiones que encuadran el objeto que se debe interpretar, para intentar llegar a su centro. Pero tanto la creación literaria como la interpretación nos colocan ante la pregunta sobre la verdad: si las palabras ante las que nos encontramos corresponden o no a la realidad de lo que se dice. Desde el aspecto cognoscitivo se intentará proponer un camino que nos conduzca a esa realidad, para poder mirarla con la mayor claridad posible. Este camino cognoscitivo podrá corresponder a la realidad si descubre también en sí mismo la complejidad de lo exterior y lo interior, y trabaja desde ello para lograr dar pasos que le permitan llegar a la unidad y mirar así con mayor claridad toda la realidad. El camino del conocimiento que intenta aquí interpretar de forma correcta, haciendo justicia al objeto que tiene ante sí, no corre paralelo al camino de toda nuestra vida, y de todo lo que somos.

La ambigüedad que quizá limita nuestra mirada, puede también limitar nuestro conocimiento y capacidad interpretativa. Esto también funciona así al momento de interpretar las Sagrada Escritura, con algunos posibles agravantes desde lo humano que también serán aquí tenidos en cuenta. Guardini nos indica algunos principios que nos hacen posible alcanzar un horizonte más amplio, y que al mismo tiempo nos conducen más allá de todo aquello que pueda producir la tendencia natural a la unilateralidad interpretativa desde nuestros límites. Desde otras experiencias de encuentro con la Sagrada Escritura se subrayan algunas actitudes que nos ayuden a prepararnos para ese importante encuentro con la revelación, para dejarnos iluminar y purificar desde ella. Finalmente intentaremos valorar los principios interpretativos guardinianos desde la mirada más reciente de otros autores.

1. Características del modo guardiniano de interpretar

En un primer momento me ocuparé de lo que a nivel interpretativo es lo más exterior. Aquí creo que Guardini no aporta «nada demasiado novedoso», pero me pareció importante indicar algunas coordenadas de esta interpretación que se ubican en una perspectiva que señala la importancia de la perspectiva histórica, la crítica textual y la relación con la verdad. Todo este trabajo debe ser conducido no solo por la intuición sino también por la razón y un trabajo riguroso de conceptualización. La razón por sí sola no es suficiente para abordar la realidad, pero tampoco la sola intuición. Además, la relación con la verdad que señala Guardini, implica en esta etapa de interpretación algo que a mi modo de ver nos habla también de la tensión del conocimiento que pretende captar la unidad en tensión de lo vital. A la tensión de lo vital debe corresponder un pensamiento en tensión como condición indispensable para acercarnos a la verdad. No será suficiente, por lo tanto, la sola aplicación de un método neutral.

En un segundo momento me detendré en algo que es para Guardini central, y al mismo tiempo creo que es lo más novedoso de su camino interpretativo. Me refiero a aquello que intentará ayudarnos a llegar al *centro* de lo que se quiere interpretar, pero también al centro del que interpreta. Sin un correcto contacto con el propio centro, el intérprete tampoco logrará una correcta comprensión del centro de lo viviente a lo que se dirige su atención interpretativa. En este segundo momento, se situará todo lo que se refiere a la importancia del corazón y la mirada en el conocimiento y la interpretación.

1.1 *Interpretación e interés histórico*

El que interpreta intenta aclarar desde sí mismo lo que otra persona creó, y Guardini se pregunta sobre la forma más adecuada de realizarlo. En un primer momento, el intérprete puede ser guiado por un interés histórico, entonces aborda, por ejemplo, una poesía como una fuente desde donde puede satisfacer su interés. Intenta penetrar en lo que la poesía dice buscando comprender también a la persona que la creó, conociendo más su vida y su obra. De este modo procura obtener una experiencia de aquella época. Pero surge casi inmediatamente en la interpretación guardiniana algo que forma parte de su aspecto más original y que se expresa en la invitación a intentar penetrar en la forma en que el autor miró la naturaleza, a las personas y a su propia cultura (*wie sie die Natur, den Menschen und sein Werk gesehen habe*). Intentando responder a las preguntas relacionadas directamente con las cosas que influyeron en el autor, intentando individuar por ejemplo aquello que le pareció atractivo y lo que le produjo rechazo[1].

Guardini nos propone un camino con el cual invita, sobre todo, a buscar la forma de *participar en la mirada del autor*, para así obtener un conocimiento que permita satisfacer *desde allí* el interés histórico que motivó el conocimiento. Aunque la dimensión crítica de lo histórico tiene también un lugar importante en la mirada guardiniana, al momento de iniciar el camino de una interpretación, no es considerada por sí misma una dimensión suficiente, sino que desde el principio todo ello va unido al intento de participar de alguna forma en los sentimientos del autor, tratando de mirar como él vio. La interpretación se

---

[1] «Wer interpretiert, sucht in eigener Weise zu klären, was ein Anderer in der seinen gestaltet hat – warum tut er das? Er kann von historischem Interesse geleitet sein. Dann nimmt er die Dichtung als Quelle und sucht durch ihr Verständnis mit der Persönlichkeit, dem Leben und Wirken des Menschen, der sie geschaffen hat, in Fühlung zu kommen – um dann, über ihn hinaus etwas über seine ganze Epoche zu erfahren: wie sie die Natur, den Menschen und sein Werk gesehen habe; welche Motive in ihr wirksam gewesen; was ihr schön und was ihr schlimm erschienen sei», R. GUARDINI, *Sprache, Dichtung und Deutung*, 231.

muestra así como algo que no se detiene solo en las palabras, sino que intenta ir más allá de las palabras, e intenta *mirar con la mirada del autor* que no es la mirada propia y que es la que dio forma o creó aquello a lo que se dirige ahora nuestra atención. El sistema guardiniano nos coloca nuevamente ante la importancia de la mirada. Ya la mirada de Cristo en la cruz, tal como se dijo en el capítulo anterior, es el fundamento de la *Weltanschauung*, fundamento de la mirada comovisional guardiniana, que contiene terminológicamente la palabra intuición (Welt-*anschauung*), una intuición que se vincula estrechamente con una forma de mirar que no se detiene solo ante lo que aparece, sino que también intenta profundizar en las formas que se encuentran, buscando crecer en una capacidad nueva de ver.

El intérprete tiene ante sí la tarea de mostrar, por ejemplo, lo que una poesía expresa en su texto. Recordando también que allí se expresan experiencias, relaciones, procesos que hablan de un *mundo* que no es el mundo del que interpreta; sino el mundo de otra persona que tiene una forma propia y única de encontrar las cosas (*Jedesmal ein anderer Mensch, ein anderes Schicksal, eine andere Art, den Dingen zu begegnen – ebendamit aber überhaupt eine andere Welt*). Para poder intuir ese mundo el intérprete debe encontrar de alguna forma el camino que le permita participar de los sentimientos del autor. Nos recuerda Guardini que en su significado más propio el *mundo* no es la suma de las cosas y de los acontecimientos objetivos, sino que es eso vivo que surge cuando un hombre *encuentra* las cosas y es *tocado* por los acontecimientos (*was ersteht, wenn ein Mensch den Dingen begegnet und von den Geschehnissen berührt wird*). Entonces, no se considera suficiente, para poder interpretar de forma correcta, entrar en el mundo de las ideas y pensamientos del autor; sino que es también necesario entrar de alguna forma en el mundo de sus sentimientos, y lograr obtener una mirada viva del mundo del autor y de su obra. Todo ello dificulta mucho la tarea del intérprete, al tiempo que le señala la imposibilidad de lograr una correcta interpretación que sea solo el producto de un rígido esquema interpretativo «estandarizado»[2].

---

[2] «Das Gedicht ist aber auch Ausdruck. In ihm tritt das Fühlen des Dichters ins Wort; die Weise, wie er Dinge und Geschehnisse erfährt und wie er selbst ist, der er ist. So hat der Interpret die Aufgabe, das deutlich zu machen: etwa das Erleben, wie es sich in einer Ode von Hölderlin und wieder in einer von Leopardi offenbart. Jedesmal ein anderer Mensch, ein anderes Schicksal, eine andere Art, den Dingen zu begegnen – ebendamit aber überhaupt eine andere Welt; denn "die Welt" im eigentlichen Sinn ist ja nicht nur die Summe der objektiven Dinge und Geschehnisse, sondern das, was ersteht, wenn ein

1.2 *Interpretación y crítica textual*

En Guardini la respuesta sobre una correcta interpretación implica ciertamente un ocuparse también de un trabajo de crítica textual. Se subraya así una tarea y un paso en el camino de la interpretación que no puede estar ausente de una correcta exégesis. Si el que interpreta no puede llevar adelante por sí mismo un estudio crítico del texto, debe al menos informarse a través del estudio crítico realizado por otra persona. Esto último sucede cada vez con más frecuencia ya que tratándose de un trabajo que se lleva adelante desde métodos complejos resulta ser una tarea que no cualquiera puede concretar. Desde la *base* de esta crítica, podrá entonces iniciarse el trabajo interpretativo preguntándose sobre lo que, por ejemplo, entendía el poeta al expresar una frase determinada. El intérprete deberá trabajar intensamente sobre frases y palabras; lo que indican las frases y lo que indican las palabras; profundizando en las imágenes que se encuentran presentes y en la relación que existe entre ellas, considerando al mismo tiempo la relación que tienen con los pensamientos expresados de forma conceptual, preguntándose sobre el ritmo, las rimas, y cómo cada parte se relaciona con el *todo*. Las breves indicaciones que Guardini menciona destacan su interés por la crítica textual, por una interpretación que parta del texto. Pero al mismo tiempo resulta interesante ver como su inquietud interpretativa se dirige tanto a lo que se expresa conceptualmente como lo que se expresa a través de *imágenes*, al tipo de *relación* de esas formas expresivas y a la relación de cada parte con el todo[3].

Advierte Guardini que se deben tener en cuenta también los diferentes niveles de sentidos. Por ejemplo el sentido de una frase puede tener varios niveles de interpretación, ya que los conceptos juegan en diversos ámbitos de la existencia, el ámbito de las cosas o de las personas, lo empírico o metafísico, lo profano o religioso. Ya el mismo lenguaje cotidiano contiene esta multiplicidad de significados, y la frase puede ser más rica aun dependiendo del que hable. Para la sabiduría esa mul-

---

Mensch den Dingen begegnet und von den Geschehnissen berührt wird; wenn er erkennt, Stellung nimmt, Schicksal erfährt. Wo diese Aufgabe nicht durch unmittelbare psychologische Verwandtschaft erleichtert wird, kann sie erhebliche Mühe machen. Einen, der bei Stifter oder Mörike zu Hause ist, wird es viel Eindenken und Einfühlen kosten, bevor er versteht, welches Menschentum aus Eliots "Vier Quartetten" spricht. Leichter wird die Aufgabe dort, wo es sich um weiter Zurückliegendes handelt, das durch längere Tradition in eine Art Normativität gebracht worden ist», R. GUARDINI, *Sprache, Dichtung und Deutung*, 236.

[3] Cf. R. GUARDINI, Sprache, *Dichtung und Deutung*, 233-234.

tiplicidad constituye frecuentemente un instrumento para decir lo que entiende. Hacer emerger la pluralidad de voces y de expresión de la creación poética es tarea del trabajo interpretativo.

1.3 *La relación con la verdad*

Ante la creación poética, nos recuerda Guardini, no se consideraba la relación con una verdad que pudiese ser expresada de forma conceptual. Por esa razón, frente a una frase poética, no se pretendía llegar a un juicio sobre el carácter verdadero o falso de lo que allí se afirma, como tampoco sobre lo moralmente bueno o condenable de lo manifestado (*Angesichts eines dichterischen Satzes könne man nie zum Urteil gelangen, was er meine, sei in sich wahr oder falsch*). Para la mirada guardiniana, si bien es correcto proteger la poesía de un racionalismo extremo que trate la obra poética solo como un texto teorético más, eso no justifica el otro extremo que coloque la creación poética más allá de lo verdadero y de lo falso, del bien y del mal. La perspectiva racional tampoco aquí puede actuar sola, pero desde una perspectiva amplia que incluya también la mirada intuitiva, buscando mirar con la mirada del creador literario, se pone de relieve que hay todavía una instancia crítica superior relacionada con la *verdad*, desde donde se pone a prueba si la palabra del poeta, esa palabra que posee o debería poseer un profundo vínculo con la existencia, corresponde o no con la verdad (*dann habe der Hörende nicht nur das Recht, sondern auch die Pflicht – Pflicht im Namen der Wahrheit – das Gesagte ernst zu nehmen und zu prüfen*)[4].

Para la mirada guardiniana es importante recordar que cuando un hombre se expresa, habla también su propia tierra, el propio pueblo y su propio tiempo. Mientras más «grande» es el hombre es más evidente la expresión de su mundo, de todo aquello que lo rodea. En sus palabras

---

[4] «Man betont heute gern, das Gedicht habe mit gedanklich ausdrückbarer Wahrheit nichts zu tun. Angesichts eines dichterischen Satzes könne man nie zum Urteil gelangen, was er meine, sei in sich wahr oder falsch – ebensowenig wie zu dem, es sei sittlich gut oder verwerflich. Das Dichtwerk stehe vielmehr in einem Bereich außerhalb des Erkenntnismäßig-Wahren und des Sittlich-Guten; autonom in einer ihm eigenen Gültigkeit [...]. Es ist vielmehr die Meinung jedes ursprünglich Denkenden, wenn der Dichter sage, "Liebe" sei das und das, dann habe der Hörende nicht nur das Recht, sondern auch die Pflicht – Pflicht im Namen der Wahrheit – das Gesagte ernst zu nehmen und zu prüfen, ob es zutreffe [...]. Von daher erwächst der Interpretation eine weitere Aufgabe, um so dringlicher, als das Wort des Dichters, wie schon gesagt, nicht nur einfache, sondern "verdichtete" Aussage ist und zum Dasein in einem so viel näheren Verhältnis als das des Alltags steht», R. GUARDINI, *Sprache, Dichtung und Deutung*, 238-239.

se expresa algo más que su individualidad. En el caso de un poeta, esta situación se muestra de forma particularmente clara. En culturas antiguas, al poeta se le atribuía una fuerza especial, a tal punto que eran considerados como *visionarios*, por considerarse que tenían una mirada que lograba, de alguna forma, penetrar en el futuro. En el tiempo moderno algo de esto ha sido exagerado y vinculado al intento ya mencionado de ubicar la creación poética más allá de la verdad, intentando paradójicamente sustraerla de una mirada crítica que culturalmente es omnipresente. Se intentó eliminar los límites que la creación poética contiene. Guardini ilustra esta idea una vez más desde Rilke, señalando que el error rilkeano consistió en considerarse ya no solo un vidente, sino también un profeta; casi invitando a someterse sin ostentar una mirada crítica sobre su poesía, como si esta se tratara de la posibilidad definitiva y última de conocer. La mirada guardiniana señala aquí una incapacidad de ver y de reconocer con claridad los propios *límites*. El verdadero poeta logra expresar con maestría su mundo, pero también reconoce sus límites, recordándonos así que estaremos siempre ante una mirada y una expresión limitada[5]. En el poeta se expresa algo más que su sola individualidad empírica y su personalidad (*das Wort des Dichters sei mehr als der bloße Ausdruck seiner Persönlichkeit*), pero esto no es igualable a la dimensión infinita que se manifiesta en la palabra del profeta real. En el profeta hay algo más que la expresión de su personalidad.

La poesía de Dante es más grande que su autor. Por esa razón, la tarea del intérprete intenta hacer emerger eso que lo supera. Quien entra en el mundo de la *Divina Comedia* de Dante sabe que ella dice más de lo que podía conocer el florentino. Interpretar teniendo en cuenta todo

---

[5] «Je größer ein Mensch, desto voller offenbart er das Allgemeine um ihn her. Beim Dichter aber zeigt sich dieser Sinnverhalt in einer besonderen Weise – so, daß man versteht, wie die Antike in ihm einen Seher erblicken konnte. Rainer Maria Rilke sagt in einem Brief an Witold von Hulèwicz: "Und bin ich es, der den Elegien die richtige Erklärung geben darf? Sie reichen unendlich weit über mich hinaus". Über die "Sonette an Orpheus" schreibt er an seine Frau: "Wo ein Dunkel bleibt, da ist es von der Art, daß es nicht Aufklärung fordert, sondern Unterwerfung". Dazu wäre wieder mancherlei anzumerken. Es war Rilkes Unrecht und, ebendamit, Unheil, sich mit einem Propheten zu verwechseln, und es hat manche gegeben, die ihn darin bestätigten – es gibt sie heute noch. In Wahrheit gehört es zur Selbstbescheidung des echten Dichters, die Ergriffenheit des Schaffens für das zu verstehen, was sie ist. In ihr spricht mehr als seine empirische Individualität; aber von dem, was im wirklichen Propheten redet, ist es um ein Unendliches verschieden. Doch soll das nur vorausgeschickt sein, um den Sinn des Satzes zu klären, das Wort des Dichters sei mehr als der bloße Ausdruck seiner Persönlichkeit», R. GUARDINI, *Sprache, Dichtung und Deutung*, 242.

lo dicho, sobre todo el carácter más indeterminado de la interpretación, coloca ante el riesgo de que esa tarea termine siendo una interpretación arbitraria. Para evitarlo, Guardini habla de la máxima vigilancia y responsabilidad espiritual que debe tener el intérprete (*ist ein geheimer Auftrag an den Interpreten, der ihn zugleich zur höchsten Sophrosyne auffordert*). Para realizar correctamente su tarea, el intérprete deberá estar totalmente disponible ante la composición poética, dejándola entrar en sí mismo, dejándose *tocar* por ella, pensando *desde* ella, y siguiendo sus líneas de significación. En la medida en que todo esto se realice con la mayor precisión, mayor será la posibilidad de dar a la palabra aquel *plus* que posee, aquello que la excede, y en la que se expresa «un mundo amplio», y la mirada de un creador «visionario» no siempre consciente de ello[6].

Antes de pasar al siguiente punto, deseaba subrayar cómo la mirada guardiniana busca no someterse a una única forma de mirar, invitando a una apertura plural de miradas: la mirada de la crítica textual, la mirada histórica, y a esa otra mirada más difícil que es la que intenta participar en la mirada del autor, con la intención de alcanzar de alguna forma sus sentimientos. Desde todos estos instrumentos interpretativos se intenta llegar a la percepción de ese mundo vivo, que es el mundo del autor, que debe ser percibido desde un conocimiento igualmente vivo. En esta *unidad* cognoscitiva que Guardini nos propone en el ámbito de la interpretación, creo que se hace constantemente presente un *límite* en su camino interpretativo concreto. En sus obras, con mucha frecuencia, Guardini nos advierte que nos encontramos ante un «intento» no acabado de interpretación, y uno de los aspectos más concretos que indican sus límites lo expresa él mismo cuando manifiesta la deficien-

---

[6] «Wer in Dantes Göttliche Komödie tiefer eingedrungen ist, weiß, daß sie mehr sagt, als der Mann aus Florenz wissen konnte, der 1265 geboren wurde und 1326 starb - denken wir etwa an den neuen Sinn, welchen das von ihm gezeichnete Weltbild gewonnen hat, seitdem es astronomisch widerlegt worden ist. In solcher Bemühung darf der Interpret nicht eigenmächtig vorgehen. Also nicht etwa sagen: das Gedicht sagt zwar das und das, ich aber berichtige es da und dahin. Die Instanz, auf die er sich beruft, um über das unmittelbare Wort hinausgehen zu dürfen, ist keine persönliche Ansicht, sondern das Werk selbst, das wirklich "über den Dichter hinausreicht" [...]. Man braucht nicht besonders zu betonen, wie gefährlich diese Befugnis ist. Sie kann zum Freibrief für jede Willkür werden. Was sie wirklich meint, ist ein geheimer Auftrag an den Interpreten, der ihn zugleich zur höchsten Sophrosyne auffordert. Um ihm zu genügen, muß er sich der Dichtung ganz zur Verfügung stellen, ihre Bewegungen in sich eindringen lassen, aus ihr heraus denken, ihre Sinnlinien verfolgen. Je reiner er das tut, desto größer wird die Aussicht, jenes "Mehr" ins Wort zu bringen», R. GUARDINI, *Sprache, Dichtung und Deutung*, 243.

cia de su perspectiva histórica. A pesar de advertir la importancia de lo histórico, este es un límite que no logra superar, y que con gran honestidad intelectual señala reiteradamente al lector.

En el primer capítulo del presente estudio ya se indicó que al advertir la amplitud del campo en el que se movían sus interpretaciones, advirtió también Guardini la imposibilidad de manejarlos y estar informado sobre todos los detalles y resultados de la investigación más reciente. Esto último lo condujo a moverse con un método caracterizado más bien por lo personal que por lo académicamente acostumbrado, manifestando su aspecto más débil en la perspectiva histórico científica[7]. Aunque reconociendo este límite creo que se puede afirmar también un aporte a la dimensión de lo histórico en la mirada guardiniana, concretado en su intento de abrir un horizonte nuevo que no se limitara solo a lo científico conceptual[8].

Con los años fueron creciendo en Guardini la conciencia y la importancia de lo histórico desde lo académico y científico; estos aspectos conocen en él así una clara evolución. Cuando habla de los tres semestres de teología que estudió en Tübingen manifiesta haber encontrado finalmente lo que tanto había buscado inútilmente, un claro punto de partida para el pensamiento, una atmósfera y un orden. En aquel tiempo logró poner el fundamento de todo lo que vendría después (*Damals wurden die Grundlagen von alledem gelegt, was nachher kam und immer noch weitergeht*). Sin embargo, inmediatamente después agrega que en aquel tiempo le faltaba todo el sentido de lo histórico (*Hinzufügen möchte ich, daß mir damals der Sinn für das Geschichtliche vollkommen fehlte*). Para él existía solo la idea, los principios y el desarrollo del todo[9]. Después será siempre más consciente de la importancia de lo que llamará la existencia histórico cristiana. Los efectos de esta mayor y creciente conciencia de lo histórico en sus trabajos será algo que se indicará más adelante relacionado, sobre todo, con su tarea interpretativa.

1.4 *Un ejemplo interpretativo*

Un ejemplo que ilustra algunos aspectos de la complejidad en la tarea interpretativa en la propuesta guardiniana puede ser considerado de forma más cercana en un artículo en el que Guardini se ocupa de una novela del escritor Wilhelm Raabe. El nombre de la obra es *Stopfku-*

---

[7] Cf. R. GUARDINI, *Berichte über mein Leben*, 47. Esta debilidad de la perspectiva histórica era algo que lo acompañaba desde sus estudios. Tanto su trabajo de doctorado como su habilitación fueron criticadas por su deficiente fundamentación histórica.
[8] Cf. R. GUARDINI, *Berichte über mein Leben*, 33.
[9] Cf. R. GUARDINI, *Berichte über mein Leben*, 87.

chen (Pan de navidad o Panettone). Raabe es uno de los grandes narradores alemanes del 1800, sus obras poseen características diversas, que Guardini intenta clasificar muy brevemente en su artículo. La grandeza nórdica presente en este autor se expresa en una tendencia constante de ocultarse a sí mismo por caminos transversales, lo cual es muy evidente, sobre todo, en su obra *Stopfkuchen*. El mismo Raabe declaró que esta era su mejor obra, aunque también la menos conocida[10].

Antes de abordar el argumento del libro, Guardini da algunas indicaciones del método que utiliza en su interpretación y que es utilizado también en esta novela (*er muß einverstanden sein, daß ich nach der Methode vorgehe, welche im "Stopfkuchen" selbst gehandhabt wird*). El método consiste en desarrollar sus ideas *desde diferentes puntos de partida*. Primero una idea se desarrolla y se abandona, para después comenzar a desarrollar otra idea desde una perspectiva diferente, y después una tercera y una cuarta idea; para finalmente retomar todo desde una especie de juego que abarca las diferentes perspectivas. Guardini dice que en un primer momento, el lector se puede revelar ante este método; pero el que se abandone a él podrá constatar cómo las diferentes ideas irán confluyendo, y se podrá ver algo más de la compleja y misteriosa realidad allí presente, recordándonos que nosotros mismos somos también parte de esa misma realidad marcada por el misterio. Creo que este breve comentario guardiniano sobre su forma de interpretar, hace pensar en una forma circular de interpretación: Se va rodeando desde distintas perspectivas el objeto que se debe conocer, con una diversidad de argumentos que no quieren definir, sino solo iluminar frente a la mirada atenta del lector que acepta con paciencia dejarse conducir ante un misterio que se hace allí presente y que cada uno tiene que poder experimentar. La otra imagen que sugiere esta forma de interpretar es la de una *red* de ideas que se va tejiendo y que va dibujando lentamente la trama de lo que cada perspectiva logra hacernos ver. Esto nos recuerda la mirada contrastada desde la red que conforman los ocho pares de opuestos que se entrecruzan constantemente. Guardini sabe que esta no es la forma más segura de interpretar. Además, creo que esto nos indica el motivo de sus múltiples repeticiones. Pero a pesar de los límites, la mirada guardiniana que utiliza esta forma de expresar lo que ve, acepta en este caso, también el riesgo, aun sin saber cuál será el resultado final, optando no por la seguridad, sino por una forma que él cree la mejor para acer-

---

[10] Cf. R. GUARDINI, *Sprache, Dichtung und Deutung*, 88-89.

carse al misterio de la vida que se *intuye* presente también en esta obra de Wilhelm Raabe[11].

El libro narra lo que acontece durante una visita que hace un alemán llamado Eduard – que reside hace años en África – a su amigo de la juventud Heinrich Schaumann (*Stopfkuchen* – «Pan de navidad»: llamado así por su gran obesidad). Lo que se ha narrado son principalmente los extensos discursos en los que Schaumann con una gran calma dice de sí mismo y de su pasado. *Stopfkuchen* vive en un antiguo castillo con una gran historia que se remonta a la guerra de los siete años. Este castillo es conocido como el «fortín rojo». Los discursos se producen con una lentitud que puede desesperar al lector. Guardini advierte que se debe aceptar esta forma de narrar, donde minuciosamente se van agregando detalles a lo que se narra, mientras se vuelve en innumerables ocasiones a repetir lo que ya se dijo. Alrededor del castillo hay un campo que pertenecía a *Andreas Quakatz*; pero, a pesar de la fecundidad de sus tierras y su acomodada ubicación, el trabajo rural no rinde buenos frutos, debido a que al pesar sobre su propietario la sospecha de haber asesinado a un comerciante de animales llamado *Kienbaum*, la gente del lugar no tiene ninguna relación con este campesino, que se ve forzado a aceptar como ayudantes en la tarea rural a la gente que nadie quiere. Toda la situación se transformó para Andreas en algo muy difícil de soportar, sufriendo demasiado, sobre todo el gran aislamiento en el que deben vivir él y su hija. Su esposa murió y la hija de ambos (*Valentine*) crece indefensa. Por un lado ante la desesperación siempre creciente del padre que se desahoga con ella, y por otro lado ante los maltratos e insultos de los niños del lugar.

La gran lentitud, obesidad y pereza de Heinrich (*Stopfkuchen*) también lo hacen vivir al margen de los demás niños y ser rechazado en la escuela. Sin embargo vive fascinado por el Fortín Rojo y las historias

---

[11] «Eigentlich müßte der Leser, der das Buch noch nicht kennt, es herholen und mit all der Ruhe in sich aufnehmen, welche die gejagte Zeit ihm ließe. Er würde es nicht bereuen, und wir könnten uns dann mit Behagen darüber unterhalten. Oder aber er muß einverstanden sein, daß ich nach der Methode vorgehe, welche im "Stopfkuchen" selbst gehandhabt wird – in einer Weise gehandhabt, daß man zuerst aus der Haut fahren möchte: einen Faden anzuspinnen und ihn liegen zu lassen; an einer anderen Stelle anzufangen und wieder aufzuhören; und noch an einer dritten und an einer vierten; dann die Enden neu aufzunehmen und so her und hin. Zuerst wird der Leser rebellisch; gibt er sich aber hinein, dann sieht er die Fäden zusammenlaufen, und ein Stück jenes geheimnisvollen Etwas, das wir selber sind, blickt ihn an... Ein vorsichtiger Mann wählt den sicheren Weg; so versuche ich es denn auf die zweite Art – nicht ohne einige Besorgnis, was dabei herauskommen möge», R. GUARDINI, *Sprache, Dichtung und Deutung*, 90.

que ese castillo encierra, al punto que sueña con transformarse un día en su dueño. Heinrich no teme entablar diálogos con Valentine, y un día, mientras habla con ella, llegan unos niños para maltratarla, arrojándole objetos como era costumbre. Pero por primera vez, esta niña que era rechazada por todos vive junto con Heinrich la experiencia de alguien que interviene para defenderla. El padre de Valentine ha visto todo, dándose cuenta que ese joven obeso es realmente diferente a los demás. Unos años más tarde, Valentine se transformará en su esposa y Heinrich habrá logrado, de forma particular y muy delicada, liberar a Valentine al despertar en ella su humanidad. Al matrimonio de Heinrich y Tine (Valentine) fueron invitados todos los habitantes del pueblo, se realizó un gran banquete al que asistieron los calumniadores y los envidiosos, los vagabundos y la gente rechazada. El padre de Valentine, el campesino Andreas Quakatz, vivió el acontecimiento como una reparación de su honor, y después de un tiempo de mayor tranquilidad murió en paz, transformándose Heinrich en el Señor del Fortín Rojo y en un exitoso campesino.

Heinrich tiene una inteligencia particular, su *mirada* logra captar las *conexiones* entre las cosas y las situaciones, advertiendo también la profundidad particular de cada cosa. Todo esto le significa una importante ayuda para poder entender, entre otras cosas, quién fue el verdadero asesino de Kienbaum. Pero también sabe guardar todo aquello en secreto sin revelarlo nunca a nadie hasta que no llegue el momento oportuno. Heinrich es una especie de juez obeso que se decidió en este caso y en un primer momento por el silencio, y el verdadero asesino sabe que no sucederá nada, que debe continuar viviendo su vida y que no tiene nada que temer. Valentine, la hija del campesino que sufrió la condena de la gente del lugar, continúa ahora viviendo en la paz que finalmente la acompaña en su interior después de una infancia y una juventud difícil. Pero cuando el asesino muere, Heinrich cree que finalmente llegó el momento de revelar la verdad de toda aquella historia[12].

Heinrich, en su gran lentitud, sabe esperar el momento adecuado, sabe callar, pensar, y muestra en todo esto que su lentitud contiene una enorme fuerza que calma la vida y la libera. En esta obra de Raabe la mirada guardiniana subraya la tesis de su autor, con la que se afirma que – a pesar de las condiciones más desfavorables que por ejemplo produjeron el rechazo de Heinrich no solo en la escuela, sino también en la universidad, y a pesar de las resistencias del ambiente en el que

---

[12] Cf. R. GUARDINI, *Sprache, Dichtung und Deutung*, 109-121.

vivió, cargando con las contradicciones entre su imagen exterior y su imagen interior – sigue siendo posible encontrar un espacio favorable para el alma, la liberación de la mirada y del corazón para lo que es bello y grande. El personaje *Stopkuchen* parece también creado como un símbolo que intenta ilustrar con más claridad lo que allí se expresa al afirmarse que: *la belleza camina con paso lento y silencioso, al igual que la auténtica felicidad y el auténtico heroísmo (Auf leisen Sohlen wandeln die Schönheit, das wahre Glück und das echte Heldentum)*. La fuerza incontenible que vive en Heinrich se abre camino hacia la libertad, donde se encuentra lo noble y delicado. Todo lo que tendrá duración en este mundo cambiante es generalmente inadvertido, en este mundo donde lo que más ruido hace y más atrae la atención es el falso heroísmo, la falsa felicidad y la belleza inauténtica. Para descubrir lo realmente importante hay que saber mirar y discernir el camino correcto, recorriéndolo de forma adecuada y en el tiempo oportuno[13].

En el sistema guardiniano la *mirada* ocupa un lugar muy importante. *La mirada contrastada* ofrece a la intuición una guía para mirar desde perspectivas diferentes la realidad de lo concreto, y la *mirada cosmovisional* le ofrece la mayor distancia y la mayor profundidad desde la participación en la mirada de Cristo en la cruz. Este es el fundamento de la *Katholische Weltanschauung*. Heinrich *Schaumann* (*Stopfkuchen*) el personaje de la novela, este hombre obeso que sabe mirar y descubrir las conexiones entre las cosas y las situaciones, tiene un apellido que lo vincula también a la mirada (*Scahu*: es vista; y el verbo es *scahuen*:

---

[13] «Stopfkuchen versteht zu warten. Er weiß Schicksale an sich heranzulassen. Ja er zieht Schicksal an. Er weiß es aufzunehmen, versteht zu schweigen und zu überlegen, und in seiner unmenschlichen Langsamkeit liegt eine Gewalt, die das Leben stillt und ins Freie führt. Tief unter allem sich Ereignenden hin geht der Kampf der Einsamen, Verlassenen, Unterdrückten gegen die kompakte Mehrheit: die Menschen, das Geschick, die Welt mit all dem Unbegreiflichen, Dummen, Grausamen, das darin ist. Noch einmal tiefer der Kampf dessen, was sich im Inneren bemüht: der Sehnsucht, hinauszukommen; den Kopf herauszubekommen, aus dem Staub, aus dem dunklen, verworrenen, schmutzigen Dasein: Raum zu erhalten für die Seele, Lösung des Auges und des Herzens für das Schöne und Große, mit einem Wort, Mensch zu werden. Es ist tröstlich zu lesen, wie entschieden Meister Raabe seine These aufstellt, es sei möglich [...]. Zu Beginn der "Alten Nester" stehen die tiefen Worte: "Eine Blume, die sich erschließt, macht keinen Lärm dabei; auch das, was man von der Aloë in dieser Beziehung behauptet, halte ich für eine Fabel. Auf leisen Sohlen wandeln die Schönheit, das wahre Glück und das echte Heldentum. Unbemerkt kommt alles, was Dauer haben wird in dieser wechselnden, lärmvollen Welt voll falschen Heldentums, falschen Glücks und unechter Schönheit". Man sollte nicht glauben, diese Sätze paßten auf den dicken Stopfkuchen, und dennoch tun sie es», R. GUARDINI, *Sprache, Dichtung und Deutung*, 129-130.

mirar). La dimensión de su cuerpo, y el apodo que invita a imaginar una persona lenta, muy limitada e incapaz, parecen poner aun más de relieve su capacidad para ver, para saber mirar de forma correcta, una mirada desde la cual logra encender ideas y pensamientos que ayudan a iluminar de otra forma el ambiente de las personas del lugar, en el interior de Valentine y ayuda a descubrir, finalmente, la verdad de una historia difícil que ninguna otra persona supo ver y que fue producto de numerosas injusticias. El blanco al que se dirigió la injusta condena «anónima» y corporativa de la gente del lugar fue el Fortín Rojo y los que lo habitaban. Y es desde el centro de ese mismo lugar, aparentemente marcado solo por lo condenable, desde donde surge en el momento adecuado una mirada auténticamente creadora de algo nuevo y vital para todos.

Eduard, el amigo que escuchó los largos monólogos de Heinrich que se narran en este libro, finaliza diciéndonos que poco después de medianoche se había puesto en el lugar de su obeso amigo, entró en su piel, para intentar participar de su mirada y así logró ver esas conexiones de situaciones y cosas que hablaban de una realidad y una verdad más amplia, que nunca antes había advertido. Guardini subraya de este modo la invitación a adoptar la mirada de lo que queremos interpretar, salir de nosotros para entrar en la mirada que creó eso a lo que se dirige nuestra atención, para entrar en ese mundo que no es el nuestro y que tiene un centro que no somos nosotros. La gran lentitud en la que se desarrolla toda la trama de esta novela y las casi insoportables repeticiones parecen advertirnos que ver realmente algo nuevo no es un trabajo fácil, y para lograrlo se debe ser muy paciente, y aceptar el ritmo y las condiciones que el objeto nos impone[14].

2. El mirar humano y el conocimiento

Otro de los artículos en los que Guardini nos habla de la mirada es un escrito que se sitúa en el contexto interpretativo de algunos versículos de la carta los Romanos[15]. Es un texto que trata la posibilidad humana de conocer a Dios; y la hipótesis interpretativa de trabajo que nos ofrece en esta oportunidad el autor se vincula con una extensa consideración sobre las diferentes formas que pueden caracterizar la mirada humana. Se confronta aquí la manera humana *moderna* de mirar, en la que se intenta ver sobre todo las *causas* y las *funciones* de lo que

---

[14] Cf. R. GUARDINI, *Sprache, Dichtung und Deutung*, 130-131.
[15] R. GUARDINI, «Das Auge und die religiöse Erkenntnis», 181-203.

vemos, con una mirada diferente que intenta ver por sobre estas prescripciones modernas, una mirada que busca la realidad auténtica más allá de lo que aparece, poniendo de relieve y recordándonos que el ojo no es un aparato fotográfico. Pero precisamente por no ser algo mecánico es capaz de captar una realidad más amplia detrás de lo que vemos. Se destaca todo lo que interiormente influye en la mirada produciéndose desde ella un resultado que no es siempre el mismo, ni siquiera en todos los casos predecible.

Guardini comienza con una cita de la carta a los Romanos, pero intentando plantear desde estos versículos algunos presupuestos filosóficos que pueden ofrecer una ayuda para la exégesis. La cita de la carta a los Romanos es Rm 1,19-21: «pues lo que de Dios se puede conocer, está en ellos manifiesto: Dios se lo manifestó. Porque lo invisible de Dios, desde la creación del mundo, se deja ver a la inteligencia a través de sus obras: su poder eterno y su divinidad, de forma que son inexcusables; porque habiendo conocido a Dios, no lo glorificaron como Dios, ni le dieron gracias, antes bien se ofuscaron en sus razonamientos y su insensato corazón se entenebreció»[16].

Para la época moderna la consideración de lo religioso surge desde necesidades concretas del ser humano. Lo que permite analizar este fenómeno que se origina, según Jacob Burckhard, en la necesidad metafísica del hombre se puede diluir en funciones y reducir en causas. Un ejemplo de lo dicho es el que conduce a considerar que la religión surge del *miedo*, del temor del hombre primitivo, que se enfrenta a un mundo que no comprende ni domina. Este mundo se convierte en un misterio, en una potencia superior, es como una divinidad, y el ser humano se somete a él en adoración. Pero lentamente el hombre se vuelve más seguro, conoce la esencia y el orden de las cosas, y así se disuelve su misterio, se hace dueño de todo ello y elimina su prepotencia, poniendo

---

[16] «Im ersten Kapitel des Römerbriefes sagt Paulus: "Was nämlich von Gott zu erkennen ist, das ist unter ihnen [den Menschen] offenbar, denn Gott hat es ihnen offenbar gemacht. Denn das [an sich] Unsichtbare von Ihm wird von Erschaffung der Welt her an seinen Werken mit [dem Auge] der Vernunft geschaut, nämlich seine ewige Macht sowohl als seine Göttlichkeit, damit sie ohne Entschuldigung seien -darum nämlich, weil sie wohl Gott erkannt, aber Ihn nicht als Gott gepriesen oder Ihm Dank erstattet haben, sondern eitel geworden sind in ihren Gedanken, und ihr unverständiges Herz sich verfinstert hat" (Röm 1,19-21). Die Worte scheinen eine lebendigere und reichere Bedeutung zu enthalten, als man meistens annimmt. Das Folgende geht zwar zunächst von philosophischen Voraussetzungen aus, bildet aber vielleicht doch eine Hilfe für die Deutung des Textes. In diesem Sinne, als Arbeitshypothese, will es denn auch genommen sein», R. GUARDINI, «Das Auge und die religiöse Erkenntnis», 184-185.

en crisis la verdadera religión. Sin embargo, restos de esta religión permanecen como efecto ulterior de miedos ya superados, hasta que el hombre adquiera una seguridad total en el mundo[17].

Otra respuesta y mirada sobre el origen de la religión parte de la contradicción existente entre el *instinto* y la *voluntad* del *individuo*, y el instinto y la voluntad de las personas *que lo rodean*. A la voluntad de la vida del niño se enfrenta la voluntad de los padres, construyendo para él un «no» puro y simple[18]. La religión es el intento de dar sentido a ese no, y a la vez la búsqueda de un camino de reconciliación con esos aspectos discrepantes. Ella permanece viva hasta que el hombre consiga conocer el mecanismo psicológico del que surge todo esto, y domine de manera diferente el choque con aquello que se le opone. Por ejemplo, afirmando lo que se le contrapone como elemento de la existencia en su conjunto y, por consiguiente, haciéndose definitivamente adulto[19].

Existen otras respuestas similares de tipo psicológicas, sociológicas, históricas; pero ante ellas la mirada guardiniana advierte que examinando la manera cómo llevan adelante estas consideraciones, cómo se indaga y cómo responden, se consideran muchas posibilidades salvo una: que la religión pueda «haber surgido» porque hay Dios, porque Dios existe (*nur eine einzige nicht: die Religion könne daraus "ent-*

---

[17] «In seinen "Weltgeschichtlichen Betrachtungen" kommt Jakob Burckhardt auf die Religion zu sprechen und stellt die Frage, wie sie entstanden sei. Er erörtert verschiedene Theorien und endet bei dem Ergebnis, ihre Quelle liege im metaphysischen Bedürfnis des Menschen (Kröner, S. 41f.). Die Art, wie die Frage gestellt wird, charakterisiert das neuzeitliche Denken überhaupt, denn dieses setzt einfach voraus, die Religion sei "entstanden", das heißt, man könne sie in Funktionen auflösen und auf Ursachen zurückführen. Beantwortet wird die Frage durch die Religionswissenschaft in verschiedener Weise. So wird etwa gesagt, die Religion gehe aus der Furcht hervor», R. GUARDINI, «Das Auge und die religiöse Erkenntnis», 185.

[18] «Eine andere Antwort geht vom Widerspruch zwischen dem Trieb und Willen des Individuums und dem seiner Umgebung aus. Dem Lebenswillen des Kindes tritt jener der Eltern gegenüber und bildet für ihn das Nein schlechthin. Der Eindruck gräbt sich in sein Gemüt ein und wird zum Erfahrungsschema für jedes Nein, das der Erwachsene fernerhin in den Forderungen der Gesamtheit als Sitte, Gesetz, Staat erfährt», R. GUARDINI, «Das Auge und die religiöse Erkenntnis», 185.

[19] «Nein mit seiner ebenso unverstandenen wie unaufhebbaren Macht empfängt den Charakter geheimnisvoller Absolutheit, wird zur Gottheit. Die Religion ist der Versuch, ihm Sinn zu geben und zugleich mit ihm fertig zu werden. Sie bleibt lebendig, bis es dem Menschen gelingt, den psychologischen Mechanismus, aus dem sie entsteht, zu erkennen und den Zusammenstoß mit dem Entgegenstehenden anders zu bewältigen; etwa so, daß er dieses als Element des Gesamtdaseins bejaht und damit endgültig erwachsen wird», R. GUARDINI, «Das Auge und die religiöse Erkenntnis», 186.

CAP. III: INTUICIÓN E INTERPRETACIÓN 321

standen sein", daß es Gott gibt). Curiosamente esa misma mirada moderna rehúsa considerar que el comportamiento religioso del hombre sea una respuesta a la realidad de Dios, y que forme con ella una relación originaria (*einen Ur-Bezug*), que es esencial y también necesaria. La mirada guardiniana subraya una forma moderna de indagar, de preguntar y de explicar, que desde la tensión por reducir todo a causas y funciones, oscurece la posibilidad de mirar lo que se ofrece a la vista, corriendo el importante riesgo de alejarnos de la realidad. Aquí parece escucharse como un eco la crítica al modo kantiano de acercarse a la realidad, donde todo es *fenómeno*, pero el *noumeno* o realidad en sí misma es imposible de ser abordada. La realidad que existe para este tipo de conocimiento es aquella que la persona construye con los *a priori* de su sensibilidad y del entendimiento. La Edad Moderna, afirma Guardini, actúa como una persona que al preguntársele en qué se basa la vista, responde que en la objetivación de ciertas percepciones o en el anhelo del individuo de superar su soledad, u otras cosas parecidas. Sin tener en cuenta, sin embargo, esta única posibilidad: la de que la visión sea la respuesta al hecho de que hay algo para ver (*aber eine einzige Möglichkeit außer acht ließe, nämlich die, das Sehen sei die Erwiderung auf die Tatsache, daß es ein zu Sehendes gibt*). Cosa y ojo, figura y captación de la figura forman juntas una de las realidades originarias en las cuales se basa la existencia[20]. El afán de defender una autonomía siempre mayor de la persona y construir desde ahí un tipo de conocimiento que todo lo puede construir manifiesta aquí su poder para parcializar incluso la propia forma de ver.

Guardini intenta mostrarnos un camino que, ayudándonos a no quedar atrapados en nosotros mismos, nos acerque a la realidad, a la unidad viva de esa realidad que miramos, sin anteponer una teoría que nos aleje de ella, como por ejemplo las que consideran que cuando mi-

---

[20] «Solcher Antworten gibt es noch andere, psychologische, soziologische und historische. Prüft man aber die Weise selbst, wie gefragt und geantwortet wird, dann sieht man, daß die verschiedensten Möglichkeiten ins Auge gefaßt werden, nur eine einzige nicht: die Religion könne daraus "entstanden sein", daß es Gott gibt; das religiöse Verhalten des Menschen antworte auf eine Wirklichkeit, die Wirklichkeit Gottes, und bilde mit dieser zusammen einen Ur-Bezug, der einfachhin gegeben, wesentlich und notwendig ist. Die Neuzeit verfährt wie jemand, der auf die Frage, worin das Sehen begründet sei, antwortet, es entstehe aus der Objektivierung gewisser Empfindungen, oder aus dem Verlangen des Individuums, über seine Einsamkeit hinauszugelangen, oder ähnliches mehr – dabei aber eine einzige Möglichkeit außer acht ließe, nämlich die, das Sehen sei die Erwiderung auf die Tatsache, daß es ein zu Sehendes gibt», R. GUARDINI, «Das Auge und die religiöse Erkenntnis», 186.

ramos un objeto no percibimos una unidad sino solo sensaciones, colores, valores luminosos, líneas, superficies. En realidad, para Guardini lo que se ve desde el primer momento son figuras (una unidad), en las que cada elemento es sostenido por los demás, y el *todo* es tan fundamental como las *partes* específicas que lo integran o conforman. La unidad de la realidad no hace desaparecer los elementos particulares que la conforman, pero esa *unidad* es más que la suma de todos los elementos importantes y valiosos. Además, desde la experiencia de la mirada guardiniana, se nos dice que las cosas no son solo materiales, sino que también incluso lo corporal está ya de antemano determinado por el espíritu, siendo lo espiritual algo que no se añade desde el entendimiento a lo que es percibido por los sentidos[21].

Cuando miro una persona y hablo con ella no veo solo movimientos de piel y de músculos. Aunque es cierto que el alma espiritual no se ve, se puede percibir en el rostro y en sus movimientos. Los actos y la creación humana no son, como en el animal, fruto de la naturaleza. La persona es una individualidad viva determinada a partir del espíritu, que está en sí misma y obra desde sí. Es desde ese espíritu individual concreto y encarnado que la persona toma conciencia de su interioridad, de la importancia del bien, de la verdad y de la justicia, pero también de esa otra interioridad viva que mira cuando ve otra persona[22]. El rostro humano es parte del alma que se hace visible, espíritu que se hace intuíble. Nuestro ojo, cuando mira una persona, capta una

---

[21] «In Wirklichkeit sehe ich vom ersten Augenblick an "Gestalten", worin jedes Element von allen anderen getragen wird, und das Ganze ebenso grundlegend ist, wie die Summe der Einzelheiten. Eine solche Gestalt ist aber nicht nur körperlich. Sie bedeutet Proportionsgesetz, Funktionszusammenhang, Entwicklungsform, Wesensbild, Wertfigur – und das alles ist ebensoviel geistig wie materiell. Das bloß materielle Ding gibt es gar nicht, sondern der Körper ist von vornherein geistig bestimmt. Und dieses Geistige kommt nicht erst nachher, etwa durch die Arbeit des Verstandes, zum sinnlich Gesehenen hinzu, sondern wird sofort, wenn auch erst unbestimmt und unvollkommen, vom Auge aufgefaßt», R. GUARDINI, «Das Auge und die religiöse Erkenntnis», 187.

[22] «Gestalt, Individualität, Persönlichkeit – was Person im letzten Sinn bedeutet, ist damit noch nicht gesagt, wohl aber in etwa vorbereitet. Der bisherigen Erörterung lag die Frage zu Grunde: Was ist das da? Darauf lautete die Antwort: "Ein gestaltetes, in Innerlichkeit begründetes, geistig bestimmtes und schaffendes Wesen". Anders die Frage: Wer ist Dieser da? Darauf lautet die Antwort: "Ich" – oder, in der Form des Berichtes: "Er". Jetzt erst ist die Person berührt. Und zwar ist sie das gestalthafte, innerliche, geistig-schöpferische Wesen, sofern es – mit den Einschränkungen, von welchen noch die Rede sein wird – in sich selbst steht und über sich selbst verfügt. "Person" bedeutet, daß ich in meinem Selbst sein letztlich von keiner anderen Instanz besessen werden kann, sondern mir gehöre», R. GUARDINI, *Welt und Person*, 121.

realidad corporea determinada ya por el espíritu, un espíritu que se muestra también en la materia. Todo esto pone de relieve una vez más la complejidad y riqueza del mirar humano. El «mirar» en el sistema guardiniano implica también percibir la unidad que somos cada uno de nosotros, un mirar que está determinado a partir del espíritu. Si el ojo es íntegro, puro y atento, puede ver en cada cosa, en cada forma, algo más de lo que aparece[23].

Para Guardini *mirar* (*sehen*) implica ser de alguna forma tocado por la aparición sensible de *todo* el objeto que nos invita (*aufgefordert*) a comprender su contenido (*"Sehen" -vielleicht sagen wir genauer "Erblicken" – heißt zuerst und grundlegenderweise, von der Sinnerscheinung im Gegenstand berührt*). En el texto original transcripto, Guardini habla primero de *mirar* pero inmediatamente después acompaña este verbo con otro (*erblicken*) traducido aquí como *percibir* y se relaciona, a mi modo de ver, con la *intuición*. Es uno de los términos que se vincula también con la intuición concreta (*Anschauung*) y que nos indica un percibir que alcanza el *todo* en su unidad-viva, integrada por las diferentes partes que lo componen. En estos dos verbos que Guardini coloca juntos (*sehen-erblicken*), en esta pequeña «precisión» terminológica, nuestro autor manifiesta la amplitud y la profundidad que posee el mirar humano[24]. Mirar es también percibir e intuir, es algo que va más allá de lo que se ve a simple vista. No estamos ante un acto que solo registra lo que se presenta ante la mirada, porque logra penetrar de alguna forma en aquello que mira. En el sistema guardiniano, a la importancia y riqueza del *mirar*, desde el que se percibe e intuye, también se le indica un camino de purificación, que le ayude a evitar la unilate-

---

[23] «Unser Auge ist nicht bloß das physiologische Organ, sondern ein weit-schichtiger Zusammenhang, der von den Zellen und optischen Einrichtungen bis zur Empfänglichkeit für den Sinn reicht. Von diesem "Auge" ist das, was der Anatom erfaßt, nur der Mechanismus – und nicht einmal das trifft zu, denn einen "bloßen Mechanismus" gibt es im Menschen gar nicht. Entsprechend ist das Sehen ein weitgespannter und vielgeschichteter Akt, der physikalische und chemische Vorgänge, Sinnesreize und Bildeindrücke usw. bis zum Wahrnehmen und Verstehen des sich offenbarenden seelisch-geistigen Gehaltes umfaßt [...]. Wenn das Auge unverbildet, rein und wach ist, sieht es an jedem Ding noch mehr», R. GUARDINI, *Die Offenbarung*, 12.

[24] Si es la intuición la que toca la realidad, y el concepto llega a la realidad en un segundo momento, apoyado en la intuición, esta precisión que vincula el mirar con percibir, nos indica la relación de los sentidos con la intuición. Conozco la totalidad y la unidad de la forma vital, no desde una suma de conceptos que finalmente iluminan lo vital en mi entendimiento, los conceptos nos indican lo vital, pero la vida trasciende todos los conceptos. Es el conocimiento vivo el que ve y percibe la vida. La vida toca nuestros sentidos y desde la intuición capto esa unidad que después se intenta conceptualizar.

ralidad. Esta purficación debe ayudar a desarrollar un mirar unido también a la razón, transformándose en un mirar crítico respecto a la propia forma de mirar²⁵.

Guardini intenta rescatar la *riqueza de la mirada* de una perspectiva que desea considerarla solo desde lo biológico-mecánico, ayudándonos a profundizar en aquello que la caracteriza y que nos permite captar la realidad auténtica que aparece en lo dado, en *todo* lo que se nos ofrece a la mirada²⁶. Ver es *encontrarse* con la realidad, que tampoco es algo solo reducible a lo empírico-mecánico ni a lo que el hombre puede producir, u ordenar desde ella (*"Sehen" ist Begegnung mit der Wirklichkeit; das Auge aber ist einfachhin der Mensch, sofern er von der Wirklichkeit in ihren dem Licht zugeordneten Formen getroffen werden kann*). Ya los objetos y la luz en los que esa realidad se nos presenta son algunos de los datos que no puedo determinar siempre solo desde mí mismo. El ojo es también parte de esa realidad amplia, y el ojo es también la persona en la medida en que puede ser tocada por otra realidad. La persona en su mirada también manifiesta la lucha interior por

---

[25] «"Sehen" – vielleicht sagen wir genauer "Erblicken" – heißt zuerst und grundlegenderweise, von der Sinnerscheinung im Gegenstand berührt und zum Verständnis ihres Inhalts aufgefordert zu werden. Was sehe ich, wenn ich auf eine Pflanze oder ein Tier blicke? Wieder eine Sinngestalt, und zwar die eines Organismus, der seine konstruktive und funktionelle Mitte in sich hat, sich von dorther aufbaut und behauptet, in Beziehung zur Umwelt tritt, beeinflußt wird und selbst beeinflußt, das heißt "lebt". Das Auge sieht dieses Leben: an der Art der Gestalt, ihrer Formen und Verhältnisse», R. GUARDINI, «Das Auge und die religiöse Erkenntnis», 187-188.

[26] Estos pensamientos apuntan a marcar también una diferencia que es señalada con frecuencia por Guardini cuando se hablar por ejemplo de los diferentes métodos con los que trabaja la ciencia. La física no trabaja de la misma forma que la litaratura o que la biología, ni posee el mismo método. Pero estas diferencias de métodos no son claramente puestas de relieve cuando se señala la *actitud cognoscitiva* de cada una de ellas (*Diese Verschiedenheiten betreffen aber nicht die wesentlichen Voraussetzungen der Ebene, der Haltung usw., sondern nur das Technische des Vorgangs*). Es desde esta actitud en la que se piensa solo desde una perspectiva técnico-mecánica, como si el conocer y el intuir desde por ejemplo la mirada trabajara siempre como un aparato fotográfico, al que no le interesan las diferencias cualitativas de los objetos. Y como si lo único importante fueran los accesorios técnicos, los lentes de mayor o menor precisión y los diferentes instrumentos con los que se lleva adelante las diferentes tareas científicas. Nuevamente se nos coloca ante la importancia del aspecto cualitativo y cuantitativo de cada objeto, pero esto podrá ser percibido si el conocimiento mismo sigue siendo considerado desde un dinamismo vital, y no se deforma pensando que se trata de un proceso solo mecánico. No se trata solo de registrar cantidades y medidas, se trata también de percibir, no se trata solo de conceptos sino también de intuir (cf. R. GUARDINI, *Das Christusbild*, 22-31; ID., «Heilige Schrift und Glaubenswissenschaft», 341).

alcanzar la verdad y la justicia. Si esto no fuese así, mirar sería equiparable a un aparato fotográfico, pero que funcionaría mucho peor si se tiene en cuenta lo que dice la psicología respecto de las repercusiones que desde la interioridad influyen e interfieren en nuestra forma de mirar. Las personas viven también en su mirar. Por esa razón, los problemas de su vida repercuten también en este caso en su mirada, pero también en sus palabras, o en sus actos (*In seinem Sehen lebt der Mensch – ebenso wie in seinem Hören, Reden, Tun –, so kehren alle Problem seines Lebens in seinem Sehen wieder*). El ojo no es solo un instrumento más. En lo concreto vivo lo interior influye también en lo exterior, y esto también puede ser captado por la mirada, y la mirada misma puede verse afectada por ello[27].

2.1 *Liberación o purificación de la mirada*

En el acto mismo de mirar existe ya previamente una decisión presente en cada uno de nosotros. Decisión ante la cual Guardini intenta sensibilizarnos y ayudarnos a penetrar a través de algunas preguntas que nos acerquen a eso que influye en nuestra mirada, para darle más amplitud o para limitarla: ¿miro para imponerme a mí mismo o para conocer la verdad? ¿quiero dominar con mi mirada, haciendo violencia a lo que ya existe, o servir, es decir obedecer el orden de sentido de esa realidad? El objetivo de todo esto se dirige a subrayar que el mirar debería tener su sentido en encontrar la verdad, para lo cual se debe luchar por liberar el camino, incluso contra nuestro propio interés. Solo así el ser de las cosas podrá hacerse presente ante la mirada como lo que es en realidad. Conforme a la decisión que cada persona previamente to-

---

[27] «"Das Auge" ist also viel mehr, als die mechanisch-biologische Denkweise ihm zubilligt. "Sehen" ist Begegnung mit der Wirklichkeit; das Auge aber ist einfachhin der Mensch, sofern er von der Wirklichkeit in ihren dem Licht zugeordneten Formen getroffen werden kann. Sehen ist die Antwort des Auges, und im Auge des Menschen, auf das lichtbezogene Wirkliche [...]. Wird das Auge so von der Innerlichkeit her bestimmt, dann folgt daraus, daß es nicht in festgelegter, immer gleicher Weise arbeitet. Es ist nicht nur ein Werkzeug, das der lebende Mensch gebraucht, sondern dessen Leben selbst. In seinem Sehen lebt der Mensch – ebenso wie in seinem Hören, Reden, Tun –, so kehren alle Problem seines Lebens in seinem Sehen wieder. Es ist nicht so, daß er etwa von Trieb und Selbstsucht bedrängt würde, gegen sie kämpfte und zur Wahrheit und Gerechtigkeit durchzudringen suchte, oder ihnen nachgäbe und unfrei würde, im übrigen aber und daneben auch noch sein Auge brauchte – sondern jene Kämpfe spielen sich im Gebrauch dieses Auges selbst ab. Man kann keine Lehre vom Sehen aufbauen, ohne die Existenz des Menschen zu berücksichtigen», R. GUARDINI, «Das Auge und die religiöse Erkenntnis», 190-191.

me, podrá cambiar el sentido de lo que se mira, y con ello cambiar también la manera como todo se desarrolla y se valora[28].

Uno de los medios con que trabaja la afirmación de sí mismo en el proceso del conocimiento es el *ahorro de energías*, resultándonos más cómodo reducir todas las cosas a la misma categoría, ahorrándonos la energía de diferenciarlas; en vez de situar cada una de ellas en la categoría que le correspondería, haciendo que primen las categorías subjetivas más que la realidad misma de las cosas. El resultado de ello es que el esquema físico químico para el materialista será el predominante, el esquema que subraya el misterio viviente será el que tenga más fuerza para el romántico, el espíritu y las ideas para el idealista, etcétera. Esto ha sido ya mencionado pero en relación con los contrastes y como cada contraste o serie de contrastes tiende a afirmarse de forma unívoca, haciendo surgir la tarea de ampliar y liberar lo que tiende a ser un conocimiento unilateral. Lo mismo sucede en el pensamiento guardiniano al considerar la mirada humana, aquí surge también el necesario trabajo de luchar por liberar nuestra mirada. Llevar adelante esta tarea nos permitirá crecer en una forma de ver más clara, que nos acerque a lo que realmente tenemos ante los ojos sin intentar reducirlo a nuestros esquemas predominantes, ayudándonos a percibir aquello que las cosas manifiestan. Cada cosa dice algo más de lo que es, cada una apunta a algo que no es ella misma, y este algo originario de todas las cosas se vincula contemporáneamente con la realidad de lo religioso en general[29].

---

[28] «So liegt im Sehen von vornherein eine Entscheidung: Tue ich es, um mich selbst durchzusetzen, oder um die Wahrheit zu erkennen? Will ich mit meinem Sehen "herrschen", das heißt das Seiende vergewaltigen, oder "dienen", das heißt, dem Sinnbefehl des Seienden gehorchen? [...]. Oder aber ich dringe zur "Gerechtigkeit" durch; erkenne, daß das Sehen den Sinn hat, Wahrheit zu finden; gebe die Wahrheit um ihrer selbst willen, auch gegen mein eigenes Interesse, frei – und dann kann das Wesen der Dinge in meinem Blick als das hervortreten, was es ist», R. GUARDINI, «Das Auge und die religiöse Erkenntnis», 191-192.

[29] «Eines der Mittel, mit denen die Selbstbehauptung im Erkenntnisvorgang arbeitet, ist das der Kraftersparnis. Es ist bequemer, alle Dinge unter die gleiche Kategorie zu bringen, als jedes unter die ihm eigene zu stellen. Ein zweites Mittel liegt darin, welches Generalschema man verwendet. Der Positivist nimmt dazu das materielle Ding; für ihn gibt es nur die chemisch- physikalische Wirklichkeit. Der Romantiker das Geheimnisvoll-Lebendige; für ihn sind auch Steine und Sterne voll Leben. Der Idealist Geist und Idee; für ihn sind diese das Eigentliche und alles andere "wesenloser Schein". Im Grunde tun aber alle das gleiche: sie ersparen sich die Mühe der Unterscheidung, setzen ihr Selbstgefühl zum Maß des Seins und zwingen die freie Wesensfülle der Wirklichkeit unter das ihren Eigenwillen repräsentierende Schema, während doch die grundlegende Pflicht und An-

Guardini relaciona estos pensamientos expuestos con el texto de la carta a los Romanos antes citado, ese *algo más* que las cosas transmiten es puesto en relación con lo cognoscible de Dios que se manifestó entre los hombres. Porque desde la creación del mundo, lo invisible de Dios es contemplado en sus obras por medio de la *mirada de la inteligencia*, tanto su eterno poder como su divinidad. Guardini, en una nota a este texto de san Pablo, cita los términos griegos *noúmena kathoratai*, para hablar de un *nous* que vinculado a la razón superior no es fruto de un simple investigar y desvelar, aunque permanece unido siempre a una mirada (*Dieses Sehen durch den "nous", die höhere Vernunft, ist kein bloßes Untersuchen und Erschließen, sondern eben ein "Sehen"*)[30]. Se afirma también que en esa expresión paulina, la realidad auténtica no es captada solo con la percepción sensible, sino también con la *intuición* del *espíritu* (*wonach das Eigentliche nicht mit der sinnlichen Wahrnehmung, sondern mit der reinen Anschauung des Geistes aufgefaßt wird*). Subrayando finalmente que se trata *siempre* de un ojo que mira,

---

strengung des Sehens gerade darin liegt, das jeweils Eigene der Erscheinung freizugeben», R. GUARDINI, «Das Auge und die religiöse Erkenntnis», 192-193.

[30] La frase *tois poiémasin noúmena kathoratai*, es traducida en la mayoría de los casos como «essere percepito intellettualmente grazie alle opere» (S. LÉGASSE, *L'Epistola di Paolo ai Romani*, 83). Antonio Pitta dice que en el versículo 20 se hace presente un axioma peteneciente al judaísmo griego: 'l'assioma della conoscenza di Dio mediante le sue opere [...]. Con un ossimoro che veicola il paradosso del contenuto, Paolo sostiene che gli atributi invisibili di Dios si possono contemplare mediante le sue opere» (A. PITTA, *Lettera ai Romani*, 88-89). Este oximoron es presentado con mayor claridad en el comentario de Fitzmyer a través del juego de palabras *visible* e *invisible*, indicando que Dios en cuanto invisible es percibido por el hombre: «Nella contemplazione del mondo creato e nella riflessione su di esso, l'uomo percepisce dietro a tutto ciò il grande "Invisibile", l'onnipotenza e il carattere divino del Fattore del mondo. Paolo riprende un insegnamento già presente in *Sap* 13,5» (J. A. FITZMYER, *Lettere ai Romani*, 337). En consonancia con estos comentarios las palabras de Guardini añaden la importancia del ojo y de la mirada humana como una parte importante que permite la percepción de *algo más* detrás de las cosas. Mirada que debe ser liberada de una perspectiva fisiológico-mecánica restrictiva, y purificada desde su conexión con *toda* la capacidad de percepción humana intuitivo-espiritual. Una última idea es la relacionada con la traducción que Ulrich Wilckens hace del mismo versículo 20: «Denn seine unsichtbaren (Geheimnisse) sind von der Weltschöpfung her in den (Schöpfungs-)Werken vernünftige Einsicht durchsichtig: seine ewige Macht und Gottheit» (U. WILCKENS, *Der Brief an die Römer*, 94). Guardini traduce, *vernünftige Einsicht durchsichtig*, en el texto que antes transcribimos como: los ojos de la razón ([*dem Auge*] *der Vernunft*), que luego relaciona también con la intuición espiritual (*Anschauung des Geistes*). Además de notarse una cercanía entre *Einsicht* y *Anschauung* nuevamente se pone de relieve la *unidad* de todo el conocimiento (sensible-intuitivo y espiritul-racional).

y no de un intelecto abstracto (*auf jeden Fall geht es aber um ein "Auge", nicht um einen abstrakten Verstand*). La *mirada* se encuentra vinculada aquí a la *intuición del espíritu*, sin eliminar el elemento concreto de lo sensible y un ojo también concreto[31]. En esto se pone de manifiesto, una vez más, el intento guardiniano de hacernos ver las conexiones profundas de la mirada humana, sin intentar valorizar más una perspectiva sobre otra. Creo que el intento sigue también aquí la línea de indicarnos desde la complejidad del conocimiento la importancia de un trabajo armónico de *toda* la persona, y la correcta conexión y valoración de todos los pasos para que el conocimiento sea verdaderamente algo vivo.

San Pablo nos dice que las cosas son algo más que solo cosas (Was Paulus sagt, ist aber Wahrheit [...]; jedes Ding mehr, als nur "ein Ding"; und das Menschenauge mehr, als ein bloßes physiopsychologisches Organ) y ese algo más que las cosas transmiten está vinculado para la mirada guardiniana con el poder creador de Dios. Guardini formula así la hipótesis acerca de que las cosas nos muestran también su creaturalidad, la condición de haber sido creadas, siendo ese carácter creatural algo que el ojo humano puede percibir. Por lo tanto no es algo formal que se puede añadir junto a las otras determinaciones materiales de las cosas. Y el ojo humano es un órgano capaz de ver el misterio y la condición creatural de las cosas (Unser Auge spricht [...]: "Ich sehe das Geheimnis. Ich sehe die Geschaffenheit"). Todo lo que existe nos habla del misterio, de una existencia posible por el poder creador de Aquel que creó todas las cosas y que las sostiene[32]. Se nos invita aquí a reali-

---

[31] «Wir sehen sie wirklich. Davon redet der Satz des Römerbriefes: "Was nämlich von Gott zu erkennen ist, das ist unter ihnen [den Menschen] offenbar, denn Gott hat es ihnen offenbar gemacht. Denn das [an sich] Unsichtbare von Ihm wird von Erschaffung der Welt her an seinen Werken mit [dem Auge] der Vernunft gesehen, nämlich seine ewige Macht sowohl als seine Göttlichkeit" (Röm 1,19-20). Vor dieser Tatsache haben, so scheint es, sowohl der Rationalismus wie eine enge Gläubigkeit Angst. Jener, weil er das Religiöse in die unverbindliche Sphäre des "bloßen Glaubens" abdrängen will; diese, weil sie fürchtet, Gott in die Welt hineinzuziehen. Was Paulus sagt, ist aber Wahrheit. Die Welt ist mehr, als nur "Welt"; jedes Ding mehr, als nur "ein Ding"; und das Menschenauge mehr, als ein bloßes physiopsychologisches Organ», R. GUARDINI, «Das Auge und die religiöse Erkenntnis», 194.

[32] «Und nun unsere Hypothese: auch diese Tatsache wird gesehen. Die Geschaffenheit ist nichts Formales, das zu den inhaltlichen Bestimmungen des betreffenden Seienden - daß es dieser Kristall ist, diese Pflanze, dieses Tier- hinzugefügt wird, sondern ist selbst etwas Inhaltliches, das Fundament für jede mögliche Inhaltlichkeit. [...]. Wir dürfen keine angeblich reine, in Wahrheit aber verkümmerte "Wissenschaft" von einer ebenso angeblich reinen, in Wahrheit aber seinsfern gewordenen religiösen Gläubigkeit abscheiden,

zar el ejercicio de considerar, desde una mayor apertura, el orden y la belleza de todo lo creado como algo que podemos ver y que nos manifiesta al mismo Dios creador. Aquí, según Guardini, se manifiesta lo cognoscible de Dios que el hombre puede captar de acuerdo con el texto de la carta a los Romanos. Y aunque el ojo no pueda ver a Dios en sí mismo, puede ver, sin embargo, el mundo como obra suya, como su creación. La liberación de la mirada es entendida como una correcta comprensión de esa capacidad humana vinculada al ojo humano, el cual no es solo una cosa o un mero órgano fisiológico. Y la purificación de esta capacidad que permite penetrar en la realidad más amplia de las cosas que la mirada humana puede percibir se vincula con su conexión a todo el proceso cognoscitivo que implica tanto la intuición como el espíritu.

2.2 *El corazón como raíz de la mirada humana*

Guardini se remite a resultados de estudios psicológicos que nos recuerdan algunos aspectos de la mirada humana que la vinculan al querer del dictado interno de la persona. Desde este dictado interior se nos puede impedir, por ejemplo, ver un objeto determinado, o se nos puede impedir percibir algunos detalles de aquello que vemos. Al hablar del Creador del mundo, las cosas resultan aún más complejas, y la capacidad humana para hacer de su presencia algo invisible e ignorarlo es paradójicamente más fácil de concretar. Hacer que Él permanezca en la oscuridad puede estar motivado, por ejemplo, por la percepción de que el gran poder de Dios sea una amenaza a la propia persona. Otro motivo puede originarse en el hecho de que la perfección en sí, y el correcto funcionamiento del universo no es algo siempre llamativo que remita al Creador que todo lo sostiene, es más bien lo defectuoso lo que llama la atención. Desde este contexto se subrayan otras perspectivas sobre los diferentes caminos con que la mirada guardiniana se acerca a los posibles factores que pueden limitar el mirar humano. En esta oportunidad también se nos indica un camino para revisar y purificar nuestra mirada desde un contexto evangélico: «Bienaventurados los limpios de corazón, porque ellos verán a Dios» (Mt 5,8). Es la pureza del corazón la que nos permite entender mejor también aquello que se afirma en la carta a los Roma-

---

denn was herauskommt – beides – ist ebenso unwahr wie unlohnend. Unser Auge spricht anders; es sagt: "Ich sehe das Geheimnis. Ich sehe die Geschaffenheit"», R. GUARDINI, «Das Auge und die religiöse Erkenntnis», 193-194.

nos sobre las posibilidades humanas de ver a Dios de modo indirecto a través de la creación[33].

La raíz del ojo se encuentra en el corazón y en la pureza de ese corazón la mirada encontrará también una nueva claridad. Ninguna lente puede funcionar correctamente si está sucia o deformada, solo se podrá ver correctamente si el corazón permanece abierto y «enfocando» la realidad que se desea conocer, sin encerrarse solo en sí mismo. En la cotidianeidad de nuestras vidas hemos experimentado ya la facilidad con la que escapan a nuestra mirada algunas cosas, incluso importantes. La mirada guardiniana, al recordarnos las dificultades que pueden oscurecer nuestra mirada en la cotidianeidad tratando con cosas relativamente simples, nos advierte también que esas dificultades son aún mayores cuando el objeto que se mira es mucho más complejo. Las condiciones para una correcta visión en este último caso revisten una importancia mayor (*Je höherem Rang aber der Gegenstand zugehört* [...], *desto größere Ansprüche stellt er an die sehende Haltung*)[34].

Es desde el contexto de las bienaventuranzas, y ya no solo desde la propia capacidad de la mirada humana de percibir el misterio, que Guardini nos indica un camino que conduce a una forma más amplia y profunda de mirar, esta vez relacionada con la pureza del corazón[35]. Pero

---

[33] «In der Bergpredigt steht das Wort: "Selig, die reinen Herzens sind, denn sie werden Gott schauen" (Mt 5,8). Seinem ersten Sinn nach bezieht es sich offenbar auf den Lebenszustand, wie er sein würde, wenn das von Jesus heraufgeführte Reich Gottes sich unmittelbar verwirklichte. Dann auf den Zustand des erlösten und vollendeten Menschen überhaupt. Wir sind aber wohl berechtigt, es im Zusammenhang mit Röm 1,19-20 auch auf die religiöse Erkenntnisfähigkeit des Menschen einfachhin zu beziehen und als Aussage über die Voraussetzungen eines "Sehens Gottes" im irdischen Leben zu verstehen», R. GUARDINI, «Das Auge und die religiöse Erkenntnis», 199.

[34] «Freilich untersteht das alles einer Bedingung: das Auge – vom körperlichen Organ bis in die Tiefe des Geistes und Herzens reichend – sieht nur, wenn es rein und offen ist. Damit ist nichts Unbestimmt-Erbauliches, sondern etwas ganz Genaues gemeint. Keine Linse arbeitet richtig, wenn sie trüb oder gar falsch geformt ist. Die geforderte Reinheit wird um so anspruchsvoller, je höher der Gegenstand steht, um den es sich handelt. Ein einfaches Körperding zu erfassen, ist noch einfach – und selbst dieser Einfachheit hat die Psychologie zu mißtrauen gelehrt; denken wir an die verschiedenen Formen des Übersehens und Falschsehens. Je höherem Rang aber der Gegenstand zugehört, je näher er das Heil der Person angeht, desto größere Ansprüche stellt er an die sehende Haltung», R GUARDINI, *Die Offenbarung*, 14.

[35] Ulrich Luz dice que «el corazón puro» es una expresión judía que deriva de la religiosidad veterotestamentaria que se encuentra presente en los salmos (Sal 24,4; 51,12). Con esa expresión se entiende una obediencia total a Dios que no aleja del mundo, es una obediencia a Dios *en* el mundo y en la cual manifiesta la esperanza en la futura visión de Dios. De acuerdo al uso hebraico el «corazón» *no indica un ámbito*

CAP. III: INTUICIÓN E INTERPRETACIÓN 331

con ello se nos coloca ante algo que no se logra solo siendo libres de todo aquello que desde los sentidos pueda oscurecer la mirada. Ver a Dios no es algo que pertenezca solo a la inteligencia. También es posible para una mirada viviente pero que debe ser considerada no exclusivamente desde lo racional[36]. El nuevo horizonte de la mirada se hace posible desde una purificación del corazón si la persona abre su corazón y su mente a Jesús, que no viene al mundo para añadir un nuevo conocimiento a los ya existentes, sino que nos presenta una realidad sagrada, fruto de la plenitud celeste reservada únicamente a Dios. La actitud adecuada para captarlo es la de los pobres, enfermos, publicanos y pecadores que van al encuentro de Jesús e intentan creer. El que in-

---

interior del hombre (*nicht einen inneren Berecih des Menschen, sondern das Zentrum des menschlichen Wollens, Denkens und Fühlens*), sino más bien el centro del querer, del pensar y del sentir (lo que resulta un tanto difícil de entender, ya que aquí no parece haber contradicción entre algo interior y el centro del sentir). Otro dato interesante que nos ofrece Luz es el que nos recuerda la presencia de esta expresión en el salmo 24 que se cantaba al ingreso del templo (*der beim Eintritt in den Tempel gesungen wurde* [...], *nicht auf Polemik gegen den Kult*). No se trata de una expresión que polemice con el culto, esas palabras estaban incorporadas al momento litúrgico del ingreso al templo. En el comentario esta interesante mención que recuerda la dimensión histórica desde un horizonte más amplio, donde se incorpora lo comunitario y lo litúrgico, se diluye más adelante, haciéndose presente solo una dimensión horizontal. Con unas palabras de Lutero se nos indica la dirección de la purificación del corazón. Con ello se entiende la importancia de buscar a Dios entre los pobres, los que sufren, los pecadores, porque allí se ve a Dios, y el corazón se purifica (*Man soll nicht in die Höhe, sondern in die Tiefe streben, sagt Luther, wie es Gott selbst getan hat*). El corazón purificado piensa en lo que Dios hizo y en lugar del propio pensamiento se coloca la palabra de Dios (*statt seiner eigenen Gedanken Gottes wort setzen*). Afirma Luz que en la interpretación posterior a la reforma esta pureza del corazón se transformó en una actitud interior identificada con la «simplicitas» y la «integritas». Resultan interesantes las similitudes que este comentario reciente tiene con las palabras de Guardini. Aunque nuevamente creo que desde Guardini se podría subrayar claramente con mayor fuerza la tensión constante entre lo interior y lo exterior, tensión que parece desdibujarse en el comentario de Luz, tanto en la actitud interior como la tensión que desde lo exterior sigue ligando la palabra de Dios a lo eclesial y lo litúrgico (cf. U. LUZ, *Das Evangelium nach Matthäus*, 211-213).

[36] «Selig werden gepriesen, die lauteren Herzens sind, deshalb, weil sie Gott schauen werden. Diese Reinheit des Herzens meint nicht nur das Freisein von den Trübungen der Sinne, sondern die Lauterkeit des Innern überhaupt, den guten Willen vor Gott. Von dieser Gesinnung wird gesagt, daß sie Gott schaue; denn Gott zu erkennen, ist nicht Sache des bloßen Verstandes, sondern des lebendigen Blickes. Dieser Blick ist klar, wenn das Auge rein ist; die Wurzeln des Auges aber liegen im Herzen. Um Gott zu erkennen, hilft es nicht viel, den bloßen Verstand anzustrengen; das Herz muß lauter werden», R. GUARDINI, *Der Herr*, 82-83.

terpreta rectamente las palabras de Jesús para dejarse purificar por ellas conserva también serenamente las ideas que se formó sobre lo grande en el mundo, pero al mismo tiempo comprende que todo esto es pequeño relacionado con los criterios que vienen de lo alto. Y por eso es capaz de valorar lo positivo del mundo pero sin quedar aferrado únicamente a los propios criterios y a la propia razón. De otra forma resultará incoherente e incomprensible que no solo se deba perdonar a los enemigos sino incluso amarlos, imposibilitando también que los criterios de Jesús purifiquen nuestro corazón y nuestra mirada[37].

La pureza del corazón aquí no implica eliminar lo racional. Guardini nos hace pensar en criterios que nos acerquen a la verdad más auténtica de ese *todo* complejo del mirar, ofreciéndonos una ayuda que nos permita liberarnos de una serie de criterios bilógico-mecánicos que pretendan explicar la realidad de la mirada humana solo desde ellos. Pero cuando la Revelación nos habla de la pureza del corazón tampoco debemos desechar lo que racionalmente es valioso y verdadero. Lo que aquí se subraya es la idea de que abrirse a la palabra de Jesús implica también transitar el camino que nos haga *pensar* con un *intelecto creyente*, pensar desde los *criterios* de Jesús, para que esa purificación del corazón y de la mirada alcance su plenitud en los criterios evangélicos[38]. El corazón y la razón también en este caso se alimentan y sostienen *mutuamente* en esa *unidad* en la que el corazón debe poder purificarse a través de los criterios evangélicos que percibe la razón. Tal como el *corazón* y la *razón* deben poder creer y hacer cada uno el propio camino de fe, la purificación debe poder alcanzar también tanto a uno como al otro.

El corazón es ese centro personal del hombre en el que acontece la decisión más íntima de las personas frente a otra persona y ante la existencia en su totalidad. La complejidad de la mirada corresponde, de alguna forma, a la complejidad de la realidad, y por eso también a la compleja unidad del hombre, en el que la mirada se vincula con toda su

---

[37] Cf. R. GUARDINI, *Der Herr*, 82-88.

[38] «Unser natürliches Empfinden nimmt Anstoß an der Bergpredigt [...]. Sie erschüttern die "Welt" vom "Himmel" her. Und wer sie falsch versteht, ist nicht nur das Ärgernis, das erklärt, die Welt genüge sich selbst, sondern auch die gedankenlose Selbstverständlichkeit, welche die Seligpreisungen annimmt, aber innerlich nicht vollzieht; die Mittelmäßigkeit, welche die eigene Schwäche den starken Forderungen der Welt gegenüber mit ihnen deckt; die scheinfromme Kümmerlichkeit, die das Kostbare der Welt vom Christlichen her schlecht macht. Jenen Worten wird nur gerecht, wer sich sein Urteil über das, was in der Welt groß ist, nicht trüben läßt – aber zugleich versteht, daß es klein, ja befleckt und zerfallen ist vor dem, was vom Himmel kommt», R. GUARDINI, *Der Herr*, 85-86.

vida íntima (nuestra capacidad de conocer no es independiente de nuestra vida). La figura de sentido de una cosa no es desvelada solo por el intelecto, sino que es captada para Guardini primero por la mirada y en la medida en que nos dejamos afectar y tocar por lo que miramos (*Die Sinngestalt eines Dinges wird nicht erst vom Verstande erschlossen, sondern ist das erste, was der Blick – mehr oder weniger deutlich, vielleicht zunächst nur in der Form eines Betroffenseins – auffaßt*)[39]. Y desde un contexto agustiniano se nos indica en el *amor auténtico* el camino que nos permite purificar el corazón para ver con mayor claridad (*Das "reine Herz" aber ist das richtig liebende Herz*). Será desde ese amor auténtico, que no busca en primer lugar poseer o dominar, sino que es movido sobre todo por el respeto (*Ehrfurcht*), desde donde será posible ofrecer un espacio para la libertad y para la propia existencia de lo que deseamos conocer. Rompiéndose así el círculo que intenta encerrarnos en el deseo de incorporar lo que miramos en la propia perspectiva, como si se tratara solo de una pieza más de nuestro mundo[40].

Nuestro conocimiento está vinculado a toda nuestra vida, y es también nuestra vida. En él existimos y tiene una historia como nosotros la tenemos. Uno de los elementos o momentos de esa historia es también la desobediencia por la cual el hombre cerró su corazón y su mirada a Dios. La posibilidad humana de conocimiento del que nos habla la carta a los Romanos nos hace recordar que lo que fue decisión y acción de muchos individuos se convirtió poco a poco en estado general de todos, determinandos presupuestos concretos de nuestra forma de conocer. Ahora consideramos nuestra situación actual de conocimiento como algo natural y normal, pero ella es también el resultado de una historia que fue alcanzada por el pecado, y ante esto la mirada guardiniana nos invita a advertir una tarea que nos llama a la conversión (*Wir müssen*

---

[39] R. GUARDINI, «Das Auge und die religiöse Erkenntnis», 200.

[40] «Die Wurzeln des Auges liegen im Herzen; in der innersten, durch die personale Mitte des Menschen vollzogenen Stellungnahme zur anderen Person wie zum Dasein als Ganzem. Letztlich sieht das Auge vom Herzen her. Das hat Augustin gemeint, wenn er sagte, die Liebe allein sei fähig, zu sehen. Das "reine Herz" aber ist das richtig liebende Herz. Diese Liebe beginnt nicht mit dem Begehren, sondern mit der Ehrfurcht. Ihr erster Akt ist nicht ein Hin-Zu, sondern ein Zurück-Von. Darin verzichtet sie darauf, aus dem Geliebten ein Stück der eigenen Umwelt zu machen; gibt ihm den Raum des eigenen Daseins frei und ist bereit, ihn aus sich selbst heraus entgegenzunehmen. Erst wenn wenigstens der Anfang davon geschieht, vermag das Auge den anderen Menschen wirklich zu sehen. Das Schicksal eines Menschen kann offen daliegen, und ich kann ihm jeden Tag begegnen; wenn ich ihm aber nicht das Recht des eigenen Daseins zuerkenne, sehe ich es nicht», R. GUARDINI, «Das Auge und die religiöse Erkenntnis», 199.

unsere Erkenntnissituation als Ergebnis einer Geschichte sehen, die voll Schuld ist und Bekehrung fordert). Trabajar en esos presupuestos desde donde conocemos es importante también para que la conversión alcance no solo nuestra vida moral sino también nuestro conocimiento, lo que implica transitar un camino de conversión que alcance también nuestra razón[41].

El tema del *conocimiento* y la *actitud* cognoscitiva encuentran en Guardini un nuevo centro de gravedad desde una nueva unidad, intentando armonizar el *pensar* con el *mirar* y con los sentidos en general. Se trata de "equilibrar" y completar el reino *intermedio* de los *conceptos* (*Zwischenbereich der Begriffe*) que en la época moderna se vio transformado en una especie de reino separado y alejado de las cosas, ayudando así a que los conceptos mismos tengan contacto con la realidad. En el camino hacia una nueva unidad, el pensamiento guardiniano tiene el objetivo de revalorizar los *sentidos*. Se trata de mirar, de escuchar, de volver a tener un contacto más directo con las cosas, e intentar entender aquello a lo que se dirige nuestra atención, desde *ese* mundo que no es el nuestro, intentando descubrir la importante conexión que desde lo exterior nos habla del centro luminoso de lo vivo concreto[42]. Guardini pone un nuevo énfasis en estos pensamientos desde un antiguo proverbio, donde se afirma que no hay nada en el intelecto que antes no haya estado en los sentidos (*Nichts ist im Verstande, was nicht*

---

[41] «Wir nehmen unsere heutige Erkenntnissituation, als ob sie die natürliche und wesentliche wäre. Doch unser Erkennen ist, noch einmal gesagt, unser Leben. In ihm existieren wir. So hat es eine Geschichte, und diese Geschichte steckt in unserer jeweiligen Erkenntnissituation. Zur Geschichte des Erkennens gehört aber auch jener Ungehorsam, durch welchen der Mensch immer aufs neue vom Herzen her sein Auge gegen Gott verschlossen hat. Was durch lange Zeit hin bei vielen Einzelnen Entscheidung und Tat war, ist allmählich zum Allgemeinzustand geworden: von diesem Zustand redet der Römerbrief. Seine Worte sind Offenbarung, die ernst genommen sein will. Wir müssen unsere Erkenntnissituation als Ergebnis einer Geschichte sehen, die voll Schuld ist und Bekehrung fordert», R. GUARDINI, «Das Auge und die religiöse Erkenntnis», 201.

[42] «Vielleicht vollzieht sich aber auch der Wandel der Philosophie, besser gesagt, der Erkenntnishaltung überhaupt von der "Neuzeit" zur kommenden Epoche darin, daß der Schwerpunkt aus dem Denken ins Sehen rückt; aus dem so seltsam verselbständigten Zwischenbereich der Begriffe in das der Dinge. Worauf es ankommt, wäre dann, vor die Wirklichkeit zu gelangen, ihren Stoß zu empfinden, von ihrer Sinngestalt betroffen zu werden [...]. Die Dinge müssen wieder gesehen, gehört, gegriffen, geschmeckt, in ihrer ganzen Erscheinungspotenz aufgefaßt werden, dann kann erst wieder das Denken, und zwar ein ebenfalls regeneriertes, einsetzen, welches der Wirklichkeit gehorsam ist und alles aufnimmt, was an ihr erscheint; fähig, sie zu benennen, zu verstehen und aus ihr "Welt" zu bauen», R. GUARDINI, «Das Auge und die religiöse Erkenntnis», 202.

vorher in der Sinneswahrnehmung gewesen). Estas palabras subrayan también la importancia de la *experiencia* en el ámbito religioso. Pero la importancia que la *experiencia* posee para el pensamiento no la transforma en algo libre de riesgos, siendo también algo que puede verse oscurecido y transformarse en ambiguo. Por esa razón, la experiencia debe ser pensada con atención para poder ser purificada, encontrando el camino a una profunda y definitiva claridad en la obediencia a la Revelación.

3. La Ambigüedad de la experiencia religiosa y la diferencia de lo cristiano

El fenómeno religioso es muy complejo y lleno, no solo de su propia problemática, sino también de la ambigüedad de la existencia humana que también se refleja en él. Guardini ilustra todo ello desde la ambigüedad de los dioses antiguos. Como Kali, diosa de la crueldad y del terror, Hermes el dios de lo incierto, de las penumbras y el engaño, o la misma diosa Afrodita con sus historias de engaños e infidelidades[43]. En su obra sobre Hölderlin, Guardini se ocupa con más detenimiento de estos dioses griegos y de las diferentes experiencias que de estos dioses dan cuenta algunos escritores que se han hecho eco de ellos en algunas de sus obras. La poesía de Hölderlin, nos dice Guardini, está llena de seres divinos. Mayormente se trata de las deidades griegas, como por ejemplo el padre de los dioses y de los hombres, la madre Tierra, Apolo, Poseidon, Dionisio. A veces también se hace presente la mitología nórdica, aunque de forma más escueta. Guardini constata una importante diferencia entre la experiencia que Hölderlin tiene de estas deidades y la experiencia, por ejemplo, de Goethe o de Schiller. En estos últimos se habla de personajes mitológicos y deidades, pero como figuras simbólicas o estéticas, en cambio para Hölderlin se trata de una auténtica experiencia religiosa con significado existencial[44].

---

[43] «Die religiöse Vorstellungswelt der Völker zeigt eine so verwirrende, nicht nur morphologische, sondern auch sinngemäße Verschiedenartigkeit der Erscheinungen; das religiöse Verhalten hat so verschiedenartigen, manchmal geradezu entwürdigenden Charakter, daß die Frage nach der Zuverlässigkeit wirklich an die Wurzeln geht. Was ist das, was religiös berührt? Kann es auch in falscher und böser Weise berühren? Dann würde es "falsches" und "böses Religiöses" geben – siehe etwa das Dämonische. Was sind die Götter? Vollends solche wie Kali, die Göttin der Grausamkeit und des Schreckens; oder Hermes, der Gott der Zweideutigkeit, des Halbdunkels und des Truges; oder Aphrodite, die ja auch die törichte und ehrlose ist?», R GUARDINI, *Die Offenbarung*, 22-23.

[44] Cf. R. GUARDINI, *Hölderlin. Weltbild und Frömigkeit*, 156.

La profunda actitud religioso-poética de Hölderlin se dirige a potencias y seres objetivos, sin una subjetividad tan marcada como en Goethe y en Schiller o como la actitud de la edad moderna. Esta idea se ilustra más claramente por medio de una expresión de Goethe, cuando afirma que él que no tiene arte ni ciencia, necesita de la religión. Él, en cuanto poseedor de arte y ciencia, tiene ya su propia religión. Hölderlin, después de tomar distancia del mensaje cristiano, encuentra una expresión adecuada a su experiencia religiosa en el ámbito del mundo de los dioses, los que adquieren una profundidad metafisca y una interioridad espiritual *desde* el mismo elemento relgioso cristiano que Höldelin abandonó, similar a lo que sucedió más tarde a Rilke[45]. Pero aun en este proceso más objetivo que se nos ofrece en Hölderlin, de una imagen diferente y una formación particular de dioses, lo que en realidad acontece, según Guardini, es un proceso que sirve en último análisis a construir un mundo contrario al mundo de Dios. Todo esto es un reflejo más del *deseo* de *autonomía* con el que el hombre interpreta también el misterio, como el fondo sagrado del mismo mundo[46]. La revelación del Dios viviente es una iluminación que permitirá vencer la ambigüedad de los dioses y la autonomía de la razón, pero solo si se acepta la invitación a dejarse guiar por ella y a no tener otros dioses fuera del único Dios viviente. Lo determinado y concreto ante lo cual el ser humano puede tomar una decisión referida a lo divino no puede ser construida sin ambigüedad por el hombre mismo[47].

La figura de Cristo también tiene lugar en los himnos de Hölderlin, pero siempre desde la ambigüedad. Los himnos expresan el conflicto en el que Cristo, permaneciendo unido a las otras divinidades, participa de ese mismo contexto en un rango de igualdad. La ambigüedad de la figura de Cristo en Höldelin es doble en el sentido que el mismo autor aparentemente deja una puerta abierta a otra posibilidad de lectura cristológica, que le habría permitido a Hölderlin una lectura más cercana al propio sentido cristiano. Este conflicto interpretativo permanece abierto y no fue resuelto por Hölderlin, quedando todo ello dentro de la ambigüedad que caracterizó su obra, según la mirada guardiniana[48]. En el epílogo a la edición italiana, Giuseppe Beschin habla de la importancia que Guardini le dio a la cristología de Hölderlin, señalando el conflicto interior del poeta. Su corazón era fuertemente atraído por Cristo. Esto

---

[45] Cf. R. GUARDINI, *Hölderlin. Weltbild und Frömigkeit*, 157-161.
[46] Cf. R. GUARDINI, *Hölderlin. Weltbild und Frömigkeit*, 279-280.
[47] Cf. R. GUARDINI, *Hölderlin. Weltbild und Frömigkeit*, 283.
[48] Cf. R. GUARDINI, *Hölderlin. Weltbild und Frömigkeit*, 452- 461.

lo conduce a darle una importancia mayor que a las otras deidades, pero su conciencia se lo impide. En este conflicto se muestra a Hölderlin como un poeta que expresa la propia época desde la tendencia a considerar el mundo como autónomo, sustituyendo a Dios con la naturaleza que asume los atributos divinos[49].

Estos pensamientos que indican en la experiencia de lo religioso aquello que puede ser también equivocado o malvado nos sugieren, por un lado, la necesidad y la importancia de encontrar *criterios*, normas de distinción, puntos de referencia del movimiento interior y reglas de purificación. Pero, por otro lado, todo esto nos recuerda también que con la experiencia religiosa nos encontramos ante algo que debe ser trabajado, algo que, aunque pueda ser considerado como necesario e insustituible, no puede ser lo último ni lo definitivo. Es algo que debe ser sometido a un trabajo importante de discernimiento, remitiéndonos al precioso servicio que ofrecen tanto la tradición religiosa como las personalidades religiosas más destacadas[50]. El carácter ambiguo de lo religioso se expresa en una experiencia que nos habla del misterio, de algo que parece ser el otro lado del mundo, pero que en algunas imágenes de dioses, especialmente en los que se manifiesta una gran crueldad, ese otro lado del mundo parece ser algo que ata aún más lo humano a una dimensión más profunda del mismo mundo. No se advierte que pueda tratarse aquello de una dimensión en la que se exprese una elevación o un guiar la existencia a su plenitud. Son imágenes que nos hablan de algo proveniente del mismo mundo y que nos deja encerrados en él. Pero al advertir que necesitamos criterios que nos permitan poner luz en las sombras de este complejo fenómeno de lo religioso, esos criterios no pueden provenir *solo* del mundo, deben tener un contacto profundo con el mundo, pero no puede ser algo *solo* del mundo[51].

---

[49] Cf. G. BESCHIN, «Postfazione», 743-744.

[50] «Was bedeutet es, wenn Mythen und Sagen neben der Ehrfurcht vor den Göttern auch die Notwendigkeit, sich vor ihnen zu schützen, die Ironie und den Spott verraten? Fragen wir noch schärfer: Ist jener Charakter, womit das Religiöse sich als un-irdisch und un-welthaft bezeugt, in sich klar? In welcher Weise ist es "anders"? Absolut oder relativ? Innerhalb der Welt, zu einem Teil oder einem Bezug von ihr, oder zu ihr als Ganzem? In welcher Weise ist es "fern"? Als die andere Seite dessen, was auch "nahe" sein kann, oder aber so, daß es der ganzen Welt enthoben und unzugänglich ist? Wie, wenn das in der religiösen Erfahrung Aufgefaßte selber nur eine andere Seite der "Welt" wäre? Ihre Geheimnissphäre, ihre Entrücktheitszone, ihr "inneres Jenseits"?», R GUARDINI, *Die Offenbarung*, 23.

[51] «Es sind also Kriterien nötig. Sie könnten zunächst innerer Art sein: Maßstäbe der Unterscheidung, Richtungspunkte der inneren Bewegung, Regeln der Reinigung und Erziehung usw. Gibt es solche unmittelbaren, das Erfahren ohne weiteres sichtenden und regelnden Momente? Doch nur dann, wenn im erfahrenden Menschen etwas wäre, das

Desde aquí se puede ir vislumbrando algo de las diferencias que se expresan en una experiencia religiosa que nos habla de un misterio de lo «otro» que se hace presente. Suponiendo que el *otro* fuera el sol, estaremos ante una experiencia vinculada a los elementos del mundo. Ciertamente algo diferente acontece si ese *otro* de la experiencia religiosa, como por ejemplo la luz divina de la que habla san Agustín, la cual se separa también con nitidez de todo lo malo, lo ambiguo y destructivo[52].

Lo dicho en relación con la ambigüedad de lo religioso nos recuerda un principio teológico que, según H. Fries, se encuentra muy presente en la obra de Guardini: *la diferencia de lo cristiano*. Fries en un epílogo que acompaña, treinta años más tarde de su primera aparición, una reedición sin cambios del breve escrito de Guardini sobre *La esencia de la Cosmovisión católica del mundo* (*Vom Wesen Katholischen Weltanschauung*) traza allí las líneas del contexto histórico en el que surge ese escrito de Guardini con el que comenzaba su actividad académica en la cátedra creada para él en la Universidad de Berlín[53]. En primer lugar, Fries constata que el pensamiento de Guardini era muy cercano al de la fenomenología de Husserl y de Scheler, coincidiendo, sobre todo, en la búsqueda de una posición alternativa a un pensamiento moderno cada vez más abstracto y conceptual, y cada vez más alejado de lo concreto individual[54]. Un pensa-

---

selbst außerhalb jener Fragwürdigkeit stünde. Wie aber, wenn sich im Menschen, wie er von sich her ist, etwas derart außerhalb Stehendes nicht fände? Wenn – und je länger wir den Gesamtbereich des Religiösen betrachten, desto mehr neigen wir dieser Vermutung zu – alles, die ganze Existenz, in die Fragwürdigkeit gezogen wäre? Dann müßte der Erfahrende, sobald er die Unsicherheit der natürlichen Religiosität ahnt, sich auf eine andere beziehen können, die dem Menschen einen Standort über sich selbst, einen Maßstab zur Beurteilung auch des Religiösen, eine Fähigkeit zur "Unterscheidung der Geister" gäbe ... Damit sind wir an dem Punkt angelangt, wo die unmittelbare Offenbarung aus der Welt auf eine andere hinweist», R GUARDINI, *Die Offenbarung*, 24-25.

[52] «Daß es aber wirklich verschiedene Arten des Anders – und Fern – seins gibt, zeigt sich, wenn man etwa die religiöse Erfahrung, welche die Verehrung der Sonne voraussetzt, mit jener vergleicht, welche Augustinus vom göttlichen Lichte macht. Die erste Art des "Anderen" kann sich offenbar mit jedem Welt – und Daseinselement verbinden, während die zweite scharf scheidet und mit dem Bösen, Zweideutigen, Zerstörenden nichts zu tun hat», R GUARDINI, *Die Offenbarung*, 23-24.

[53] Cf. H. FRIES, «Nachwort und Deutung», 41-42.

[54] «Das Denken der Neuzeit verstand sich weithin als abstrakt-begriffliches Denken und erblickte seine höchste Erfüllung in der möglichsten entfernung vom Gegenstand oder wenigstens von seiner konkretheit und Individualität. Demgegen-über regte sich immer wieder ein Denken, das sich damit nicht zufrieden geben konnte, sondern entschlossen war, sich vom Reichtum und der Lebendigkeit des Gegebenen bestimmen und beschenken zu lassen. Dies war vor allem das denkerische Ethos der Phänomenologie, wie sie Husserl

miento y un método que intentan estar determinados más bien por la riqueza y vitalidad de lo dado, intentando penetrar siempre más en lo concreto vivo[55]. Después de las precisiones que marcan la cercanía y la distancia de la mirada guardiniana con la mirada fenomenológica, Fries se detiene en la *diferencia de lo cristiano,* señalándolo como un principio que en Guardini expresa el cristianismo en cuanto verdad y acontecimiento; pero también como *diferencia* de todo lo previamente dado.

La particularidad de lo cristiano no puede ser derivado de otros principios preexistentes, y por esa razón, lo que nos dice lo que *es* la Revelación cristiana, solo puede venir de ella misma, porque nos encontramos ante *un nuevo inicio* que se da en Cristo, y no estamos ante un caso más de lo humano[56]. Algo característico y único de lo cristiano se indica desde la mirada guardiniana señalando que Dios habló y actuó en la historia, y ese acto de automanifestación culminó en la encarnación del Hijo de Dios. Lo

---

und Scheler vertrate. Davon ist auch Guardinis Denken in hohem Maße bestimmt», H. FRIES, «Nachwort und Deutung», 79-80.

[55] Por otro lado, en el pensamiento fenomenológico, la *intuición* manifiesta un rol importante, no como una forma de desechar el conocimiento conceptual sino desde un intento de ampliarlo. Pero se señala aquí uno de los límites importante de la fenomenología, individuado en el riesgo que representaba reducir todo a la esencia de las cosas, y a su pobre base metafísica; en el intento de captar la esencia de las cosas corría el riesgo de reducir los objetos solo a *pura* esencia, alejándose así de su dimensión concreta, y existencial, siendo estos aspectos los que para Fries indican una distancia de la mirada guardiniana, y desde los que subraya Fries la importancia del *todo* y la *unidad* de la realidad y del mundo, al que el conocimiento debe adecuarse sin dejar de lado ningúno de los elementos que componen el objeto al que se dirige la propia atención. Fries afirma que la intuición (*Anschauung*) es en el sistema guardiniano la forma y la figura más propia de su pensamiento; pero a diferencia de la fenomenología, en Guardini no estamos ante una intuición incontrolada que trabaje de forma aislada (*Demgegenüber bestimmt Guardini als eigentliche Form und maßgebliche Gestalt des Denkens die Anschauung*), en ella debe estar presente una mirada espiritual, que proceda de lo profundo de la persona, haciéndose presente también la conceptualidad, todo ello se debe expresar en esa tensa unidad de *un* acto del espíritu (cf. H. FRIES, «Nachwort und Deutung», 80-81).

[56] «Das Prinzip, das insbesondere das theologische Denken Guardinis Kennzeichnet, heißt: Die Unterscheidung des Christlichen. Dieses Prinzip besagt, daß das Christentum als Wahrheit und Ereignis sich von allem sonst Gegebenen und Vorhandenen unterscheidet. Die Unterscheidung des Christlichen stellt die Unverwechselwahrkeit und Einzigartigkeit der in Christus geschehenen Offenbarung heraus und erklärt es von vornherein für unzulässig, sie aus anderen, ähnlichen, höheren oder allgemeineren Prinzipien abzuleiten, innerhalb dieser zu begreifen und zu würdigen. Daraus folgt der von Guardini oft ausgesprochene Satz: Was christliche Offenbarung ist, kann nur diese selbst sagen. Christus ist kein Fall, sondern ein Anfang. Von dieser Grundbestimmung muß alles Denken über das Christliche seinen Ausgang nehmen», H. FRIES, «Nachwort und Deutung», 82.

que en ese evento aconteció es algo incomparable y para siempre válido, ante ello desaparece toda *posible analogía* o paralelismo que se intente establecer desde la historia de las religiones y de la mitología. Y el signo de esta relación fundamental con lo cristiano es la cruz, en la vertical de una intervención divina y el horizontal que indica la buena noticia de la salvación dirigida a todos[57].

Desde la Revelación cristiana, Guardini nos brinda una respuesta diversa a la ofrecida por Troeltsch y por Dilthey para los que no era posible conciliar algo absoluto con la dimensión histórica: la diferencia de lo cristiano se fundamenta en la encarnación, la cruz y la resurrección del Hijo de Dios. Además, nos recuerda Fries, que ya desde el comienzo de su actividad académica y siguiendo un valioso consejo de Scheler, la intención de Guardini era hablar de esa *diferencia* de lo cristiano en sus encuentros con los autores a los que interpretó, y que, a su vez también aportando nuevas preguntas y contextos, permitieron un intercambio en el que se manifestó la fecundidad inagotable de la Revelación[58]. La claridad de la diferencia entre lo cristiano y el mundo intenta también poner luz en todo aquello que pueda desdibujarlo, mostrando que lo propio de Cristo y lo que a él le pertenece es un signo de contradicción y de juicio, y que el encuentro con la Revelación cristiana es posible solo si está también presente una decisión de toda la persona, abriéndose a la revelación y dejándose iluminar por ella[59].

---

[57] «Wenn aber gefragt wird, worin die Unterscheidung des Christlichen besteht, so heißt die Antwort: Gott hat in einer ihm allein vorbehaltenen Weise innerhalb der Geschichte gesprochen und gehandelt. Diese Tat göttlicher Selbsterschließung kulminiert in der Menschwerdung des Sohnes Gottes. Was in diesem Ereignis geschah und was daraus folgt, hat das unvergleichliche Zeichen des Einmal und des ein für alle Mal. Davor verstummen die scheinbaren Analogien oder Paralelen aus der Religionsgeschichte und der Mythologie. Das Symbol dieses Grundverhältnisses des Christlichen zum Nichtchristlichen in jeder Form ist das Kreuz, das als Schnittpunkt des Horizontalen und Vertikalen eindrucksvoll hervorhebt, daß und wie sehr das Christusereignis und die Christusbotschaft quer zu allem stehen», H. FRIES, «Nachwort und Deutung», 82-83.

[58] «Von Anfang an ging es Guardini darum, Prinzip und Anliegen der Unterscheidung des Christlichen zu vertreten, es im Allgemeinen sowie in seiner Ausstrahlung und Verwirklichung im Einzelnen darzustellen und zumal in der Begegnung mit Gestalten wie Platon, Dante, Pascal, Kierkegaard, Nietzsche, Dostojewski, Hölderlin, Rilke seine erhellende und richtende Kraft zu erproben», H. FRIES, «Nachwort und Deutung», 83-84.

[59] «Die Errichtung klarer Fronten ist dem Stand des Christentums in der Welt gemäßer als die in der Neuzeit vielfach versuchten Tarnungen und falschen Kompromisse. Heute und erst recht morgen wird offenbar werden, daß Christus und die zu ihm Gehörigen ein

El Profesor Hans Mercker tiene una mirada crítica de la forma en que Guardini pone el acento en la diferencia de lo cristiano. Sobre todo, señalando insistentemente el carácter *inderivable* de la Revelación, del que procede esa *libre iniciativa divina* de automanifestarse, y desde donde Guardini destaca el motivo por el cual la Revelación puede entenderse solo desde el camino que la misma Revelación propone al hombre, sin «mezclarse» con lo humano (*Nichts an ihr soll mit menschlichem Zutun auch nur im entferntesten vermischt sein*). Subraya Mercker que en Guardini la verdad de la Revelación marca una importante y clara *distancia* ante lo humano, con lo cual *nada* tiene que ver, ni siquiera con su presencia divina en la creación, para hablar de la absolutamente libre iniciativa divina. El camino propuesto por Guardini puso de relieve la importancia de pensar el *mundo* en teología, y eso es algo que continúa siendo para Mercker su mérito inapelable. Pero el mismo camino guardiniano termina paradójicamente, según Mercker, alejando la Revelación del mundo, desde la insistencia con la que se marca la diferencia de lo cristiano. En este sentido, la cercanía de la Revelación al mundo podría ser pensada mejor, según Mercker, si se desarrollara el tema en una perspectiva que, por ejemplo, colocara más el acento en la *potentia oboedencialis*[60].

Las palabras del profesor Mercker en las que se hacen presentes una sugestiva crítica y la valoración del camino guardiniano, creo que habría que acompañarlas de lo que se dijo en estas páginas sobre la mirada guardiniana y su particularidad de ser una mirada contrastada, en la que los polos no pueden ser derivados uno de otro; pero también recordando que en esa mirada contrastada, un polo no puede existir sin el otro. En esta diferencia que determina la propia identidad cristiana y

Zeichen des Widerspruchs und des Gerichts sind, daß die Begegnung mit der christlichen Offenbarung nur als Entscheidung des ganzen Menschen geschehen kann», H. FRIES, «Nachwort und Deutung», 86.

[60] «Diese Fähigkeit des Schauens und Beschreibens dürfte wohl mit ein Grund gewesen sein, daß ihm die Welt als ausdrückliches Thema der Theologie im Sinne christlicher Weltanschauung als Aufgabe aufgegangen ist. Nur muß man sehen, daß dieses Anschauen der Welt bei Guardini kaum fundamental-theologisch im Sinne einer Aufbereitung gemeint ist [...]. So sind seine phänomenologischen Ansätze eher Einführungen als Hinführungen, mehr Sensibilisierung als eigentliche Lösungswege. Sie stehen aufs Ganze gesehen vorwiegend im Dienste einer didaktischen Aufbereitung der Problem, ohne daß ihnen bei Problemlösung eine Schlüsselrolle zukäme. Es verhält sich eher umgekehrt: innerhalb des Grundanliegens Guardinis, das sich mit der Kurzformel der "Unterscheidung des Christlichen" charakterisieren laßt, erfüllt dieser ausladende phänomenologische Vorspann die Funktion des kontrastierenden Hintergrundes», H. MERCKER, *Christliche Weltanschauung als Problem*, 101.

que Mercker ve como una creciente y paradójica separación entre la Revelación y el mundo, considera que la mirada guardiniana se acerca cada vez más al dualismo dialéctico que caracterizó un tiempo el pensamiento de Karl Barth. Aunque al subrayar Mercker la *cercanía* y al mismo tiempo la *distancia* que Guardini toma de los argumentos de Barth, creo que también señala el contraste de cercanía y distancia de la realidad de la Revelación propia de la mirada guardiniana contrastada. *Cercanía* desde la que ve el contacto con lo humano, y *distancia* desde la que se subraya el misterio de la Revelación que para las personas es imposible abarcar totalmente[61].

Al considerar Mercker el valioso aporte de la cosmovisión del mundo que Guardini pone de relieve y su carácter problemático e insuperable que finalmente desde el sistema guardiniano impide la realización de una cosmovisión real, subraya que en realidad la intención más importante de Guardini es lograr una nueva mirada de la teología y de la fe, intentando lograr otra relación entre fe y pensamiento, desde una perspectiva más amplia que sea iluminada desde la fe y que pueda ofrecer al pensamiento un horizonte que de otra forma resulta impensable (*Vielmehr will er das Grundverhältnis zwischen Denken und Glauben aufdecken, innerhalb dessen die Souveränität der Offenbarung gewahrt werden soll*). Aquí volvemos a la distancia bien señalada por Mecker, en cuanto que la Revelación acerca a un horizonte *inimaginable* desde la sola razón, con una plenitud de sentido inabarcable. Porque la automanifestación de Dios al hombre nos acerca su palabra, pero también a su misterio. Se trata de una distancia que desde el misterio divino se nos muestra en una profunda cercanía, liberando lo más propio de las per-

---

[61] «Die Gegenwart Gottes in seiner Schöpfung wird von Guardini zwar festgehalten. Sie ist gekennzeichnet durch Gleichzeitigkeit, Allgegenwart und Nähe. Aber all dieses tritt zurück und verblaßt, ja verschwindet hinter der geschichtlichen Offenbarung, deren Übergewicht Gottes Schöpfungsgegenwart förmlich entleert, wie die Gegenbegriffe "kundtun", "Selbstbezeugung", "reden", "berufen" nahzulegen scheinen [...]. Eine gewisse Nähe zum Anliegen Karl Barths scheint mir unverkennbar, wengleich betont werden muß, daß Guardinini der Schärfe desseb dialektischer Antinomie nicht folgt und keineswegs beabsichtig, zwischen Natur und Gnade eine unüberbrückbare Kluft zu sehen. In einer aus dem Jahre 1922 stammenden kurzen Stellungnahme zu Karl Barths Römerbrief läßt sich Guardinis Nähe wie Distanz erkennen: "Was Barth sagt, ist alles richtig". "Alles was Barth sagt, ist erschütternd wahr". Dennoch sieht Guardini in Barths Position "eine letztes Ausweichen vor der Wirklichkeit. Denn jene... Beziehung des Geschöpfes zu Gott besteht nun einmal doch... Es ist uns nicht erspart, nach der wahren Religion zu suchen... Aber wenn wir alles getan haben, dann sollen wir sprechen: wir sind unnütze Knechte ... Der unbekannte Gott mit seiner souveränen Gnade relativiert alles, aber anders als Barth will"», H. MERCKER, *Christliche Weltanschauung als Problem*, 103.

sonas y conduciendo todo a su plenitud. Desde el más profundo compromiso por lo humano y el mundo, y un amor ilimitado, lo más íntimo y propio de todas las cosas encuentra el espacio que permite la mayor fecundidad, si se está dispuesto a dejar el suelo en el que se proyecta una autosalvación personal, arriesgando todo por el evangelio[62].

Fries también señaló, algunos años antes que Mercker, el riesgo de que la diferencia de lo cristiano sea marcada con tanta fuerza y profundidad que resulte finalmente algo extremadamente lejano, transformándose en una tarea muy difícil la de lograr establecer una relación con lo humano y el mundo. El principio que indica la diferencia de lo cristiano debe ir acompañado, para Fries, de otro principio importante. Este nuevo *principio es el de la encarnación*: es desde él que se pone de relieve la unión íntima que existe entre la creación y la redención. El Logos que se hace hombre para redimirnos es el mismo por medio del cual todo lo creado fue hecho. Y aunque el hombre haya pecado, la culpa y la caída, no pueden tener un poder tan destructor que haga desaparecer totalmente la huella de lo divino[63].

---

[62] «Nicht Antiintellektualismus, aber sicher Neuorientierung von Theologie und Glaube wird von Guardini gefordert. Es ist bezeichend, daß die Begriffe "Theologie" und "Glaube" bei ihm vielfach synonym gebraucht werden. Als Aufgabe der Theologie sieht Guardini weniger das Zusammendenken von Welt und Offenbarung in durchsichtiger Verstehensstruktur. Vielmehr will er das Grundverhältnis zwischen Denken und Glauben aufdecken, innerhalb dessen die Souveränität der Offenbarung gewahrt werden soll; nicht um den Glauben aus Gründen der Verdienstlichkeit ader dergleichen "schwer" zu machen, sondern in seiner Schwere den Indikator für die Unableitbarkeit der Offenbarung zu sehen, die menschlichem Denken gegenüber "quer" stehen muß», H. MERCKER, *Christliche Weltanschauung als Problem*, 120.

[63] «Wird allerdings die Unterscheidung des Christlichen so extrem gefaßt, daß darin nur noch das ganz Andere, die radikale Unvergleichlichkeit und damit die Negation der Welt, der Natur und des Menschen zum Audruck kommen – Kierkergaard, der frühe Karl Barth und die von ihm inspirierte dialektische Theologie, die unaufhörlich den "unendlichen, qualitativen Unterschied zwischen Gott und Mensch" betonen, fassen die Unterscheidung des Christlichen in dieser Weise – dann ist nicht mehr zu sehen, wie die christliche Offenbarung als Botschaft und Ereignis irgendwelche Beziehung zum Menchen oder irgendeine Form der Verwirklichung innerhalb der Welt soll gewinnen können [...]. Das Prinzip der Unterscheidung des Christlichen bedarf der Ergänzung. Denn das Christliche kann nicht mit einem Prinzip oder einer Kategorie allein ausgesprochen werden. Das neue Prinzip und seine Konsequenzen ergeben sich aus der gleichen Wahreit und Tatsache, die die Unterscheidung des Christlichen konstituieren: aus der Menschenwerdung Gottes in Jesus Christus [...]. Beiden gründen in Gott, der Schöpfer und Erlöser der Welt ist. Gewiß ist der Mensch in Schuld gefallen und hat damit die rechte und ursprüngliche Ordnung [...] gestört.

Con estos pensamientos, Fries, además de ampliar el principio que señala la diferencia de lo cristiano acompañándolo de otro principio con el que se indica la íntima unidad entre creación y redención, nos recuerda la forma de interpretar de Guardini. Para la mirada guardiniana nunca es suficiente mirar en una sola dirección, ella se muestra siempre como un intento de mirar desde varias direcciones. Nos invita constantemente a superar, desde la complementariedad de las miradas, la tendencia constantemente presente en lo humano que quiere conducirnos a la unilateralidad del conocimiento. También la razón debe transitar el camino que le permita llegar a este horizonte de sentido tan novedoso que nos ofrece la Revelación. Indicándonos en la diferencia de lo cristiano los criterios que permiten pensar y discernir la ambigüedad presente en la experiencia humana de lo religioso. Teniendo en cuenta que la tendencia a la autonomía absoluta y a la unilaterialidad del pensamiento es algo que quiere encerrar a la razón en ella misma, y alejarla también así de la realidad que no es solo lo racional, ni solo lo que la razón pueda constatar y verificar.

3.1 *La ambigüedad del conocimiento religioso y la Revelación*

El conocimiento no se reduce a un simple meditar, pensar, comparar y luego constatar; por el contrario conocer implica algo más complejo y que nos involucra consciente o inconscientemente más de lo que creemos. Al conocer, una realidad determinada del mundo entra en la esfera vital del que conoce. Existe un proverbio en alemán, al que Guardini hace referencia, y que en castellano dice algo *similar*: «ojos que no ven, corazón que no siente» (*was ich nicht weiß, mach mich nicht Heiß*)[64]. Todo lo que conozco me afecta de forma cercana, determina de alguna forma también mi vida y mi destino. Con esto se nos indica que en la vida no se deja tan fácilmente espacio al conocimiento. El instinto intentará eliminar un elemento que se perciba como hostil o indeseado. Todo ello sucede ya en la esfera del primer contacto y del conocimiento más incipiente, al menos que no se trabaje sobre ello y se intente profundizar en esos aspectos[65].

Doch Schuld und Fall des Menschen konnten nicht so zerstörisch sein, daß von der Spur Gottes überhaupt nichts mehr sichtbar gewesen wäre», H. FRIES, «Nachwort und Deutung», 86-87.

[64] En alemán ese probervio no habla de ver, sino de conocer (*weiß*), literalmente sería algo así como «lo que yo no conozco no me afecta»; pero tratándose de un proverbio, éste proverbio español me pareció ser el más cercano.

[65] «"Was ich nicht weiß, macht mich nicht heiß", sagt das Sprichwort – das besagt aber auch, daß alles, was ich wirklich weiß, mich "heiß" macht, in den Bereich seiner

Existen en nosotros percepciones previas o conocimientos previos que no desean ver o dejarse tocar interiormente por algunas ideas o pensamientos. Ello nos conduce a anularlos, o por ejemplo al tratarse de una persona a malinterpretarla, ante la imposibilidad de anularla, porque un determinado prejuicio en nosotros así lo desea. Todo esto afecta especialmente nuestro conocimiento de Dios en cuanto esencia de la verdad y de una *"alteridad"* que nos juzga[66].

También Dios puede ser malinterpretado, de formas incluso muy sutiles, en las que tiene un rol importante la íntima rebelión contra Dios presente en el corazón humano, y que puede crear un espacio a la ambigüedad en el conocimiento y en la forma de entenderlo, de forma tal que nos permita manejarlo o anularlo. Un ejemplo de lo dicho lo encontramos cuando Guardini habla del pensamiento que considera a Dios como el Otro, con el cual el hombre expresa algo importante en cuanto que se señala así la *distancia* que existe entre Dios y la persona. Dios no se identifica con mi yo, ni tampoco es un ser creado. Si esta distancia se anulara, se produciría la confusión y el error de pensarlo desde la identidad con nosotros (*wir nicht in den bösen Widersinn der Identität verfallen*), por esa razón hablamos de Dios como el Otro. Pero tampoco es suficiente hablar de Dios *solo* como el Otro, porque al mismo tiempo Dios es también la fuente más íntima de nuestra existencia. Una vez más encontramos en las palabras de Guardini el pensamiento de la particular *cercanía* y *distancia* de Dios que debe ser comprendida de forma correcta, y todo esto no como resultado de una

---

Wirksamkeit zieht, in Schicksal bringt. Wenn das so ist, dann wird das Leben die Erkenntnis nicht einfach gewähren lassen. Wenn Erkenntnis den ersten Grad des Nahekommens bildet, auf welchen dann jene des Berührens, Kämpfens, Erschüttert – und Überwältigtwerdens folgen, wird der Instinkt das Feindliche oder Unerwünschte schon aus der Erkenntnis auszuschalten suchen- soweit er nicht bemüht ist, es gerade deshalb möglichst scharf zu erkennen, weil er sich seiner erwehren muß», R. GUARDINI, *Die Offenbarung*, 42.

[66] «Der Vorgang des Erkennens wird also von inneren Vorgängen durchspielt, die ihm Richtung geben und ihn formen. Je lebenswichtiger der Gegenstand ist, um den es sich handelt, desto stärker wird dieses regelnde Walten des Lebensinstinkts sein. Die Erfahrung zeigt, daß wir einen Gegenstand lange vergeblich suchen können, obwohl er vor uns auf dem Tische liegt, weil, wie uns nachher bei genauerer Prüfung bewußt wird, etwas in uns nicht wollte, daß er da sei. Wir können einen Menschen, der vor unseren Augen lebt, vollkommen mißverstehen, weil ein geheimer Wille es so veranlaßt. Dieser vermag jenen Menschen nicht auszulöschen; so erreicht er wenigstens, daß er der Auslöschung würdig erscheint. Wie tief muß dann erst die Erkenntnis Gottes, dieses Wesens der Wahrheit und uns richtenden heiligen Andersheit von solchen Einflüssen durchwirkt sein!», R. GUARDINI, *Die Offenbarung*, 42.

ingeniosa y brillante forma de pensar, sino que se trata de algo que está ya presente en una auténtica experiencia religiosa donde se despierta una intuición que a su vez debe purificarse, confrontarse y hacerse más consciente (*Die Ahnung davon liegt denn auch in jeder echten religiösen Erfahrung*)[67].

Si recordamos además que Dios está siempre presente, que todo lo conoce, que todo lo ve, aunque sea un amor inimaginable e ilimitado, expresar su constante presencia como la presencia de Otro, ante cuya mirada transcurre toda nuestra existencia, transforma la vida en algo imposible de ser vivida. No quedaría un espacio para la intimidad, y para las personas es imposible vivir bajo la mirada constante y siempre presente de otro. La defensa de esa mirada y de esa constante presencia se transforma en defensa legítima de mi existencia: si ese otro existe la vida para mí es algo imposible. Pero yo debo vivir, entonces ese otro no puede existir, debe ser anulado (*Jener Gedanke, jene Empfindung, die in Gott den übermächtigen Anderen sehen, bedeuten zunächst einen Irrtum des Denkens [...] dahinein hat sich aber die wirkliche Empörung gegen Gott verkleidet*[68]). Aquí constata Guardini la raíz del ateísmo postulativo de Nietzsche, que concibe a Dios *solo* como Otro, para después defenderse de ello y poder finalmente eliminarlo.

El pensamiento que considera a Dios solo como Otro es erróneo, porque Dios no es solo el Otro. Es el que me creó, y su poder creador y su amor me llamaron a la existencia, y yo existo en Él. La fe impone la tarea de aprender la comprensión y la actitud adecuada en relación con Dios. Él es Aquel cuya existencia permite que yo exista, y mientras Él sea más importante en mi vida, seré más claramente yo mismo. La creciente autonomía del sujeto, de la naturaleza y de la cultura tienen sus raíces en pensar a Dios como el Otro, y todo ello es posible desde la profunda rebelión del hombre contra Dios. Necesitamos ayuda para encontrar una salida a estos pensamientos que identifican a Dios como

---

[67] «Wenn wir nicht den Menschen mit Gott identisch setzen wollen, dann müssen wir sein Verhältnis zu Ihm mit dem Begriff des Anderen denken. Dieser bildet die logische Garantie dafür, daß wir nicht in den bösen Widersinn der Identität verfallen. Zugleich müssen wir uns aber bewußt sein, daß der Begriff des Anderen eigentlich ausgeschieden werden müßte. Der Begriff der Schöpferschaft, der das Verhältnis Gottes zum Menschen ausdrückt, sagt ein Doppeltes aus: Einmal, daß der Mensch wirklich in eigenes Sein gestellt ist; dann aber und zugleich, daß Gott kein Anderer neben ihm, sondern die schlechthinnige Quelle seines Seins ist und ihm näher, als er sich selbst. Die Ahnung davon liegt denn auch in jeder echten religiösen Erfahrung», R. GUARDINI, *Welt und Person*, 41.

[68] R. GUARDINI, *Welt und Person*, 40.

el Otro, pensamientos en los que una vez más se hace presente la ambigüedad humana que desea ver a Dios, que lo busca; pero al mismo tiempo se rebela contra él. Necesitamos los instrumentos adecuados que nos permitan conocer a Dios en su esencia y en su misterio, una ayuda que debe alcanzar nuestro intelecto, pero también nuestra forma de vida, entendiéndonos desde una relación auténtica con Él, y haciéndonos conscientes que de Él provienen también nuestra libertad y nuestra dignidad[69].

La autoglorificación humana, el deseo de autoafirmarnos, nos impulsa a buscar que Dios no exista, y si no fuese posible afirmar triunfantes, como Zarathusthra, que Dios ha muerto, se intenta, según Guardini, buscar alguna forma de anularlo, y esto influye en el proceso del conocimiento. Se impone con esto una importante tarea de transformación interior, que alcance las raíces de nuestra forma de conocer. La vitalidad de la experiencia religiosa, la claridad de la visión simbólica, la evidencia de la comprensión racional dependen de que la persona logre superar las resistencias interiores, y se torne *disponible* a Dios. Permitiendo así que Él entre en la propia vida, y dejando que sea Dios el que la determine desde sus criterios, para que, como dice la carta a los Romanos, podamos reconocerlo a través de sus obras[70].

La libertad de lo «religioso», entendido en sentido general y no directamente vinculado a lo cristiano es tratado por Guardini también en otro de

---

[69] Cf. R. GUARDINI, *Welt und Person*, 37-44; ver también, ID., *Freiheit – Gnade – Schicksal*, 82-83. El mismo tema de Cristo como «Otro» aparece ligado a la experiencia religiosa de Pablo en: ID., *Das Christusbild*, 93-95. «Dieser Andere aber war Christus; und die ungeheure Entdeckung bestand in der Erkenntnis, daß Er gar nicht "ein Anderer" im gewöhnlichen Sinne ist; keiner, der vom Redenden durch die einfache Unterscheidung "Er, nicht ich... Er oder ich" getrennt ist, sondern eben Christus, der Erlöser», (*Ibid.*, 93).

[70] «Die Selbstherrlichkeit des Geistes, des Gemütes, des Triebes möchte, Gott wäre nicht. Sie hofft, die Botschaft des "Zarathustra" zu hören: "Gott ist tot" – hinter welcher der Triumphruf steht: "ich habe ihn getötet!" Das wirkt in die Erkenntnisarbeit ein. Und da die stärkere Einflußkraft nicht den bewußten, sondern den unbewußten Stellungnahmen eignet, ist mit einer einfachen Einsicht und Umkehr der bewußten Haltung bei weitem nicht alles getan, sondern es bleibt die Aufgabe eines bis in die Wurzel reichenden inneren Umwerdens. Hierauf deuten die Sätze des Römerbriefes: "was von Gott erkannt werden kann, ist unter ihnen offenbar, denn Gott hat es ihnen geoffenbart" [...] (1,19-21). Die Lebendigkeit der religiösen Erfahrung, die Klarheit der Symbolschau, die Deutlichkeit des denkenden Erfassens hängen davon ab, wie weit der Mensch den inneren Widerstand überwindet und sich bereit macht; wie aufrichtig er damit einverstanden ist, daß es Gott gebe, Er in sein Leben eintrete und dieses Leben bestimme», R. GUARDINI, *Die Offenbarung*, 43.

sus libros (*Freiheit – Gnade – Schicksal*)[71]. Lo religioso designa la vivencia y actitud que se dan dentro de lo *divino* en general, como lo llama la ciencia de las religiones desde Rudolf Otto. Esta experiencia de lo religioso toca la más profunda intimidad del hombre e ilumina algo que es más que la sola tierra y el mundo inmediato. Se trata de algo misterioso y sin embargo extraordinariamente íntimo, no ordenado en categorías conocidas. Esto que nos habla de lo religioso desde categorías que evocan nuevamente lo más lejano, el misterio, la mayor distancia; pero al mismo tiempo lo más íntimo lo más cercano. Guardini lo considera como algo que el mundo moderno en general ha perdido de vista. Aunque Rodolf Otto y la fenomenología son parte de un intento que buscan hacer todo ello nuevamente visible, poniéndose nuevamente de relieve la importancia de elaborar la experiencia de lo religioso para comprenderla más profundamente[72].

Para algunos, lo divino es otra cara del mismo mundo, considerándolo como su origen, su interioridad y su fundamento, vinculándose con el panteísmo clásico en el que lo divino es el fundamento de la naturaleza. Para el psicologismo moderno, lo divino es la esencia de las imágenes internas, en cuanto normas y direcciones que regulan la personalidad. Otra perspectiva de lo divino, para Guardini, es la que se muestra bajo el influjo de la antigüedad, desde algunas creaciones literarias, como por ejemplo las obras de Hölderlin, y algunas filosofías existenciales, que consideran lo divino como la forma en la que resplandecen las cosas y los acontecimientos, en los que se manifiesta un sentido último, claro e inefable[73].

---

[71] Cf. R. GUARDINI, *Freiheit – Gnade – Schicksal*, 55-61.

[72] «Es hat eines langen Weges bedurft, um das Phänomen des Religiösen zu Gesicht zu bekommen – sagen wir richtiger, es wieder zu Gesicht zu bekommen, nachdem die Neuzeit es aus den Augen verloren hatte [...]. Empirismus und Relativismus der zweiten Jahrhunderthälfte verdrängten sie aber, und es bedurfte der Entdeckung Rudolf Ottos und der auf ihr weiterbauenden Arbeit der Phänomenologie, um die Ursprünglichkeit des Religiösen wieder vor Augen zu bringen. Von da an schreitet die Forderung rasch voran [...]. Die Aufgaben sind noch groß. Der erfahrungsmäßige Sachverhalt muß weiter durchgearbeitet, der Sinn des Phänomens muß tiefer verstanden und die auf Schritt und Tritt durch die historische, psychologistische und idealistische Betrachtungsweise verursachten Verschiebungen und Verfälschungen müssen überwunden werden», R. GUARDINI, *Freiheit – Gnade – Schicksal*, 55-56.

[73] «Auf die Frage, was das Heilige als Seiendes sei, antworten Erfahrung und Denken der Menschheit: Es ist das Göttliche. Was ist aber das Göttliche? Wie steht es als Seiendes zur Welt? Wir können dem nicht genauer nachgehen, sondern nur auf die Grundentscheidung hinweisen, zu welcher der fragende Geist schließlich gelangt. Die eine Antwort lautet: Das Göttliche ist die Welt selbst; allerdings ihr Geheimnis, ihre andere Seite [...]. Die Antwort kann näherhin in verschiedener Weise gefaßt werden. Für den klassischen

En todas las perspectivas de lo divino mencionadas, se manifiesta una vez más, para Guardini, el denominador común que las une: la rebelión humana contra su Creador. En esa rebeldía se manifiesta la voluntad del ser humano que se niega a poseer el mundo como propiedad de Dios. El hombre quiere ser señor del mundo, reclama ante el mundo una propiedad soberana. A veces, con sutiles teorías, el hombre manifiesta la profunda intención de dar a lo divino un sentido separado de Dios, un sentido que se limite y se refiera solo a este mundo. Con ello se manifiesta la decisión cada vez más firme con la que el hombre desea afirmar su autonomía, y la autonomía de la creación. Otra vez se abre paso desde lo divino y la interpretación de lo divino que debería remitir a Dios, la ambigüedad (*Zweideutigkeit*) en la que se encuentra la relación del hombre con Dios por el desorden del corazón humano. Lo religioso, en cuanto manifestación de liberación de lo inauténtico, de la mentira y de la culpa, se puede transformar por el camino de la ambigüedad en algo que conduzca finalmente a una mayor esclavitud[74].

Los textos religiosos de los pueblos, en los que se expresa su sabiduría religiosa, manifiestan la experiencia de lo divino como una experiencia liberadora, en cuanto que posibilita una mirada más amplia y una apertura de la existencia. Pero en cuanto experiencia religiosa *inmediata*, sujeta a la ambigüedad, encierra al hombre en lo creado y convierte la libertad que ofrece lo religioso en una nueva esclavitud. La respuesta ofrecida por la Revelación no se trata únicamente de algo sensible, y para llegar a la claridad que ella nos presenta, y superar la ambigüedad, no se debe partir de la experiencia religiosa inmediata sino desde Dios. La comprensión de Dios que nos presenta la Revelación es posible desde la fe. Únicamente esto nos permite superar la ambigüedad

---

Pantheismus ist das Göttliche der Urgrund der Natur und die Urmacht der Geschichte; für den neueren Psychologismus der Inbegriff der inneren Bilder, Maße und Richtungen, welche die Persönlichkeit regieren und von deren Wahrung ihr Heil abhängt. Eine neue Antwort scheint heute unter dem Einfluß der Antike, Hölderlins, gewisser Richtungen der Existentialphilosophie und anderer zu entstehen. Danach ist das Göttliche die Weise, wie Dinge und Geschehnisse aufleuchten, sich in ihrer Eigentlichkeit öffnen, den Geist treffen und ihn eines letzten, zugleich deutlichen und unaussagbaren Sinnes vergewissern», GUARDINI, *Freiheit – Gnade – Schicksal*, 58.

[74] «Die Zweideutigkeit aber im Verhältnis des Menschen zu Gott, von welcher die Rede war, bringt zugleich eine tiefe Verwirrung hervor. Im religiösen Leben, wie der Begriff hier verstanden wird, können alle, auch die bedenklichsten, gefährlichsten, ja bösesten Motive und Impulse zur Geltung kommen und die Freiheit von innen her zerstören [...]. Immer enthält die unmittelbare religiöse Erfahrung die Möglichkeit, den Menschen ins Geschaffene hineinzubannen und so die Freiheit in ihr Gegenteil zu verkehren», R. GUARDINI, *Freiheit – Gnade – Schicksal*, 61.

a la que conduce pensar a Dios *solo* desde el mundo, *solo* desde el hombre o *solo* desde la historia. Dios es como se presenta en la Revelación comprendida en la fe. Dios no necesita del mundo para ser, porque no le falta nada, y lo divino es el carácter que el mundo tiene por haberlo recibido de Dios: Dios es solo y totalmente él mismo (*Gott ist nur und ganz Er-selbst*), no es el mundo, ni el hombre, ni la historia[75].

Cristo no viene al encuentro de las personas para hacer presente el conocimiento de «lo religioso», ni tampoco hacer presente una novedad interior. La humanidad no necesita de Cristo para conocer lo religioso, o para ser religiosa, lo es ya antes de encontrar a Cristo. Jesús viene al encuentro de las personas para redimirlas no solo del mal, sino también del bien que es únicamente y solamente humano. Para redimirnos del ateísmo y del conocimiento de lo religioso guiado *solo* de criterios humanos. Este conocimiento de lo religioso es también parte de lo ambiguo, porque todo lo que existe en el hombre se hace presente también en la vida religiosa, todo el bien y todo el mal se potencian en este ámbito a su máxima expresión y posibilidad. Lo religioso puede contener en sí mismo toda forma de autoadoración, de autocomplacencia y de engaño (*Was im Menschen ist, ist auch in seinem religiösen Leben: alles Gute bis zum Besten, alles Unklare bis zum Chaos, alles Schlimme bis zum Bösesten und Schlechtesten*). Pero en la obediencia de la fe (de un corazón creyente y de una razón creyente) a la revelación, la persona encuentra el camino definitivo que lo puede conducir fuera de la ambigüedad del conocimiento religioso natural y de toda religiosidad natural[76].

---

[75] «Die andere Antwort kann durch den Menschen geahnt und vorbereitet werden, erfolgt aber in ihrer Klarheit erst von der Offenbarung her. Danach ist jenes Göttliche nicht sinnrein. In ihm geht es wohl um etwas Urgegebenes; das ist aber in eine Zweideutigkeit geraten, die aus ihm selbst heraus nicht überwunden werden kann. Dazu darf man nicht von der allgemeinen religiösen Erfahrung, sondern muß von Gott ausgehen, wie er sich in der Offenbarung kundtut und im Glauben aufgefaßt wird. Dieser Gott ist nicht die Welt, nicht der Mensch, nicht die Geschichte, nicht das Dasein. Er ist auch nicht die andere Seite von alledem, oder dessen Geheimnis, oder dessen aufleuchtende Eigentlichkeit. Gott ist nur und ganz Er-selbst. Er bedarf der Welt nicht, um zu sein, sondern wäre, auch wenn die Welt nicht wäre, und es würde nichts fehlen», R. GUARDINI, *Freiheit – Gnade – Schicksal*, 59.

[76] «Was im Menschen ist, ist auch in seinem religiösen Leben: alles Gute bis zum Besten, alles Unklare bis zum Chaos, alles Schlimme bis zum Bösesten und Schlechtesten. Ja es scheint, als ob, wie das letzte Gute, so auch das letzte Böse des Menschen erst im Religiösen herauskäme. Sehr oberflächlich also, zu meinen, das Religiöse als solches sei schon gut; in Wahrheit kann es jede Form der Selbstüberhebung, des Selbstgenusses und der Täuschung enthalten. Was Christus gebracht hat, ist aber gar nicht "das Religiöse"! [...]. Er ist gekommen, um ihn [den Mensch-

Para Guardini, reconocer a Dios a través de la creación es una cuestión compleja, de la cual una pequeña parte se limita a las pruebas que la creación misma puede ofrecernos. El contexto de los prejuicios forma también parte, para el profesor italo-alemán, de un amplio discurso que limita nuestros conocimiento en el ámbito de lo religioso, si tenemos en cuenta que la raíz de la mirada está también dominada por el deseo de que Dios no exista. Para encontrar una salida que nos conduzca fuera de esta ambigüedad del conocimiento, será importante purificar también la mirada desde su raíz, es decir desde el corazón, y no solo buscar claridad desde lo racional. Desde este contexto más amplio se podrá vislumbrar un camino viable para el discurso de la autorrevelación de Dios a través de la creación[77]. Estas ideas que Guardini propone forman parte de un esfuerzo que intenta sintonizar y entrar en contacto con lo humano, desde proverbios populares y desde experiencias cotidianas. Allí busca también hacernos tocar el límite concreto de pensamientos que oscurecen nuestra mirada, invitándonos a una nueva apertura, y a la nueva libertad que procede de Dios desde la Revelación. Pero para ello debemos dejarnos conducir, y estar disponibles para recibir una Palabra que impone una enorme tarea, y que además no puede ser correctamente entendida teniendo en cuenta únicamente nuestros criterios.

3.2 *Lo divino, la filosofía y la Revelación*

Algunos de los pensamientos tratados tal vez resultan en algún punto inquietantes, y creo que pueden ser vistos como la última estación de un diálogo con otras religiones y distintas formas de pensar lo religioso y lo divino. Creo que debemos seguir teniendo presente aquí la *distancia* y la *cercanía*, en cuanto principios guardinianos interpretativos, y

---

en] nicht nur vom Bösen, sondern auch vom Menschlich-Guten; nicht nur von der Gottlosigkeit, sondern auch von der menschlichen Frömmigkeit zu erlösen. Er enthüllt das Religiöse und ist auch diesem gegenüber das "Zeichen", dem "widersprochen wird" (Lk 2,34) [...]. Er führt jede Frömmigkeit in den Untergang; dann freilich aus diesem Untergang zur Auferstehung. Die Offenbarung in Christus steht zu jener, welche durch alle Zeiten geht und in allen Gestalten hervortritt, quer. Sie trifft jede dieser möglichen Offenbarungen und führt sie zur metanoia», R. GUARDINI, *Die Offenbarung*, 88-89.

[77] «Wenn wir also fragen, ob Gott aus der Welt erkannt werden könnte, ist die Antwort nicht leicht. Das aber, worauf die Diskussion meistens beschränkt wird, nämlich das Problem der Gottesbeweise, bildet nur einen kleinen Teil aus einem vielfältigen Zusammenhang. Erst aus diesem Ganzen wird klar, wie die Selbstoffenbarung Gottes durch die Schöpfung vor sich geht», R. GUARDINI, *Die Offenbarung*, 44.

en cuanto principios que nos permiten entender su pensamiento. Guardini busca en reiteradas ocasiones el punto de contacto con lo religioso en otros ámbitos, aquello que habla de cercanía en otros ritos, o escritos en los que se habla de lo divino desde la sabiduría religiosa de otros pueblos; pero sin olvidar lo que marca las diferencias, y lo que determina las identidades de cada uno. Creo que desde esta perspectiva se deben entender los pensamientos que parten desde una búsqueda de lo que une, y los pensamientos que intentan señalar contemporaneamente las distancias y los límites.

En una homilía que Guardini pronunció en una de las numerosas celebraciones litúrgicas en la parroquia de San Luis, frente a la Universidad de Múnich, formula una pregunta que se le podría hacer a él cuando habla de la Biblia. Los que lo escuchan podrían pensar que el predicador se refiere a la Biblia como si fuese el *único* libro sagrado, sin tener aparentemente en cuenta los otros libros sagrados que existen en otros pueblos y que hablan de otras concepciones y pensamientos religiosos, como por ejemplo el Budismo o también la sabiduría que se expresa en los antiguos textos chinos[78]. Frente a toda la variedad existente de libros sagrados, surge la pregunta: ¿por qué lo que dice la Biblia en el Antiguo y el Nuevo Testamento debería ser lo *único* verdadero? En las cosas que se relacionan con lo divino ¿puede existir un

---

[78] La mirada guardiniana que se detiene a considerar las obras religiosas no cristianas y las otras relgiones, intenta desde ellas ver también lo cristiano e individuar con mayor claridad la diferencia de lo cristiano y de Jesús. En este juego de miradas guardinianas una figura importante en la que Guardini se detiene con frecuencia es Buda. En la obra *La esencia del cristianismo* (cf. R. GUARDINI, *Das Wesen des Christentums*, 16-22) dedica un amplio espacio a Buda, señalando con particular énfasis la actitud desde la que él indica el camino religioso del budismo, pero sin identificarse con la esenica de la religión. Buda señala un camino religioso, pero advierte que ese camino existe también sin él. La mirada guardiniana subraya la característica de su existencia llamada a proclamar algo que sobrepasa por naturaleza su propio ser y su propia capacidad. Pero desde aquí se indica la diferencia con Jesús y el orden religioso que proclama. Jesús no señala un camino, él *es* el camino. En Jesús tampoco existe desproporción entre sus palabras y su ser. Él es el salvador y la salvación. Jesús, el mediador que nos revela al Padre, nos habla no solo con palabras, sino con todo su ser. Todo lo que él es, es revelación del Padre. Así para Guardini el concepto cristiano de Revelación alcanza toda su plenitud, la cual se había visto opacada por una mirada racionalista que situaba la esencia de lo cristiano *en el pensamiento* que se revela en la palabra expresada (cf. *Ibid.*, 36-45). Pero Cristo es la palabra incluso cuando no abre su boca y habla. Desde la mirada guardiniana dirigida a las otras religiones y figuras religiosas importantes, desde el diálogo que allí nace, nos indica el profesor ítalo-alemán a Cristo como *la categoría* del pensar cristiano. Se subraya así la importancia fundamental de edificar el pensamiento teológico desde Cristo y no desde otras categorías abstractas (cf. *Ibid.*, 68-70).

anuncio determinado? Siendo Dios lo Infinito y lo que trasciende todos los criterios y medidas, ¿es posible fijarlo a una doctrina determinada, o a una regla de vida? ¿no implicaría más bien todo esto una forma arbitraria de restringir su autoridad y su libertad?[79].

Toda persona es cercana a Dios, pero cada uno es cercano a Dios de forma diversa, por lo tanto cada uno debe poder decir como lo experimenta vitalmente. La verdad religiosa, para la mirada guardiniana, se da en una innumerable diversidad de formas, y ella consiste, en cada caso, en el modo en que cada uno honestamente siente y expresa lo que le es propio. Guardini intenta responder a esas preguntas antes formuladas colocándolas en relación con la vida, y subrayando sobre todo ese aspecto de la vida que nos impulsa a elegir, a tomar decisiones. No es una respuesta que parte de argumentos científicos, es de nuevo eso que la mirada guardiniana ve, lo que él mismo experimenta en este tema. Nos habla de su experiencia del Dios cristiano, y partiendo de esta experiencia central, enunciará la sabiduría presente en otras religiones, para pasar al tema de la verdad de la revelación. Otra vez se pone de relieve la propia *experiencia* como el punto de partida de sus pensamientos, pero una experiencia que ilumina una mirada, e impulsa una intuición, que no permanece encerrada en sí misma, sino que intenta confrontarse con otras miradas, y otras experiencias y otras intuiciones[80].

Guardini nos habla del deseo que experimentamos de abrazar y de alcanzar de alguna forma el *todo*. Por ejemplo, cuando contemplamos el inmenso cielo estrellado, o cuando miramos el mar, o el paisaje que se abre a nuestra mirada desde lo alto de una montaña. Se percibe en todos ellos la invitación a salir de nosotros mismos, y al mismo tiempo nos sentimos más cerca y atraídos por el todo. Pero después sentimos

---

[79] «Der Mann da spricht, als ob es nur die Bibel gäbe -gibt es aber nicht auch noch andere heilige Bücher? [...]. Kann in göttlichen Dingen überhaupt eine bestimmte Verkündung gelten? Gott ist doch der Unendliche, alle Maßstäbe Übersteigende – ist es möglich, ihn auf eine bestimmte Lehre und Lebensregel festzulegen? Ist das nicht Enge und Rechthaberei? Ist das nicht Gewalttätigkeit an einer Stelle, wo strengste Selbstbescheidung der eigenen Aussage und größte Ehrfurcht vor der Erfahrung des Anderen herrschen müßten?», R. GUARDINI, «Die Offenbarung und die Endlichkeit», 398.

[80] «Gott ist doch Jener, zu dem alle Völker Beziehung haben, und dem alle Zeiten gleichzeitig sind. Also muß ihn jedes Volk so aussprechen dürfen, wie es ihn empfindet, und damit recht haben. Jede Zeit muß ihr Bild vom Göttlichen aufstellen und, wenn sie es ehrlich meint, sagen dürfen, es sei wahr. Jeder Mensch ist Gott nahe, aber jeder Mensch ist verschieden [...]. Wer verstanden hat, worum es geht, stellt Gottes Unbegreiflichkeit in den Mittelpunkt seines religiösen Denkens. Er verzichtet auf jede bestimmte Aussage, weil sie immer Anmaßung bedeutet, und bleibt in schweigender Ehrfurcht vor dem Unaussagbaren stehen», R. GUARDINI, «Die Offenbarung und die Endlichkeit», 399.

también la necesidad de regresar a nuestro puesto, a nuestro lugar, a nuestro país, al lugar donde vivimos. Lo mismo sucede con la historia. Comprendemos que el hombre que tiende al todo, tiene también su lugar en el espacio y en el tiempo, un tiempo y un espacio concretos, y esto otorga seguridad; pero también limita. Somos seres históricos, no estamos destinados o relacionados con la inconmensurabilidad del espacio cósmico, sino a un punto determinando dentro de ese espacio. Y la claridad con la que se reconoce ese pensamiento determinará la claridad de la propia existencia, la claridad de la responsabilidad y la honestidad del actuar. Cada uno de nosotros siente o sintió el deseo de ser diferente de lo que es, y sin embargo nuestra conciencia moral sabe que toda ética comienza y termina con la actitud de estar de acuerdo con lo que somos, aceptándonos a nosotros mismos y siendo fieles a nosotros mismos. En la dimensión ética se hace presente lo concreto y la fidelidad a lo concreto, en este caso lo concreto que somos cada uno de nosotros con límites y potencialidades[81].

Interrogándose sobre la real satisfacción de las personas ante lo que se debe hacer, el propio trabajo, la propia profesión, también allí para Guardini se puede constatar una íntima insatisfacción. Ella se expresa en la búsqueda de algo más, de algo diferente de todo aquello que se hace, incluyéndose en esta búsqueda también el deseo de la totalidad. Guardini nos ofrece un ejemplo desde las actividades paralelas que las personas realizan en los tiempos libres, como los diferentes hobbys. Pero al mismo tiempo las personas experimentamos el peligro que surge en la vida de quien no hace nada determinado o específico, el riesgo de ocuparnos de todo lo posible, y de nada en concreto. Sabiendo de todo o intentando saber de todo; pero sin estar situados en un propio espacio o un propio ámbito en el que nos sintamos en nuestra casa. Como personas *debemos elegir, debemos decidirnos* y *actuar*, concretar con claridad la propia decisión y permanecer en ella[82].

---

[81] «Es gibt die Sehnsucht in das All. Jeder von uns hat sie schon gefühlt. Etwa des Nachts, wenn "das Übermaß der Sterne" ihm von der Grenzenlosigkeit der Welt sprach; oder am Meer, wenn seine Weite ihn hinausrief; oder auf dem Gipfel eines Berges, wenn er fühlte, was Raum ist. So hat man sich hinausgesehnt, hinausgefühlt, vielleicht einmal in einem auserwählten Augenblick empfunden, was "All" ist – dann aber hat man an seinen Ort zurückkehren müssen, auf diese Erde, in dieses Land, an die Stelle, wo man lebte. [...]. Wir sind geschichtliche Wesen. Als solche sind wir nicht auf die Unausmeßbarkeit des Weltraums bezogen, sondern auf eine bestimmte Stelle in ihm», R. GUARDINI, «Die Offenbarung und die Endlichkeit» 400-401.

[82] «Wer hat nicht das Gefühl, er möchte gern etwas anderes tun, und meint, dann werde er glücklich? Wer möchte zur seinigen nicht noch andere Tätigkeiten hinzunehmen, damit

El deseo de totalidad lo experimentamos, según Guardini, también en las relaciones personales. Pero el amor al prójimo tampoco puede ser algo ilimitado. Estamos situados en un lugar concreto y frecuentamos determinadas personas, y de lo que se trata es de amar y de ser buenos con las personas que tenemos cerca nuestro. Se pueden tener muchos amigos, pero solo se puede mantener una fidelidad real de amistad a pocas personas. Por grande que sea la fuerza del corazón de un hombre o de una mujer, cada uno tiene que decidirse por personas concretas. Llegarán los momentos en los que se adviertan los límites de las personas por las que se optó, y surgirá el deseo de dirigir la atención a otra persona. Pero si se conoce más profundamente la vida, se sabe también, que en definitiva, todo depende del saber guardar fidelidad a lo que se eligió. De nuevo el hombre experimenta que no puede tener todo, sino que debe elegir algo determinado. No puede vivir en lo ilimitado sino que debe tomar decisiones y permanecer en ellas. La base de nuestra existencia no es un espacio infinito, sino el aquí y el ahora. Nuestras posibilidades no son tampoco algo ilimitado, sino que nos vienen indicadas con nuestro yo. No son las múltiples posibilidades de las personas que habitan la tierra, sino las disposiciones que la vida destina a cada uno. Pero la persona satisface estas exigencias si se limita y se determina, si realiza una conversión (*Genügt der Mensch aber der Forderung, beschränkt und bestimmt er sich, dann vollzieht sich eine Umkehr*), es esto lo que abre la mirada para entrar en el todo: la *acción singular correcta* y justa desde *un espíritu atento* y un *corazón generoso* abre la mirada para entrar en el todo (*das recht getane Einzelne öffnet den Blick ins Ganze*). Aceptar los *límites* como lo que nos da forma, lo que nos determina a ser lo que somos, lo que también nos ofrece la posibilidad de ser lo que somos. Somos esto, y desde esto que somos, desde los límites que nos determinan, debemos amar otra realidad también limitada, u otra persona limitada, y respetar esos límites, siendo fieles a nuestra realidad y

---

er mehr ins Allgemeine wachse? Wer möchte nicht mit seinem Tun im Ganzen des Weltgeschehens stehen dürfen? [...]. Schon dieses Hinübergehen in ein Anderes bedeutet eine Ahnung des Ganzen. Dennoch wissen wir, was aus dem Leben des Menschen wird, der nichts Bestimmtes tut. Wir sehen doch, erfahren vielleicht an uns selbst, wie gefährlich es ist, alles Mögliche zu treiben und nichts richtig; von allem Möglichen zu wissen und nirgendwo wirklich zu Hause zu sein. Der Mensch muß also wählen [...]. Immer aber muß der Mensch sich entscheiden, und darauf, daß er seine Entscheidung sauber vollzieht und in ihr fest bleibt, steht das, was "Charakter" heißt», R. GUARDINI, «Die Offenbarung und die Endlichkeit», 402.

a nuestras opciones, este camino es el que nos permitirá abrir la mirada al *todo* que anhelamos[83].

Guardini nos coloca con estas ideas, que expone con sencillez y maestría, ante una ley fundamental de la vida. Y si aquí radica una ley fundamental, si las personas deben decidirse ante algo determinado, en el ámbito de lo religioso no puede ser demasiado diferente. Si se debe tratar también de algo relacionado con lo humano, las personas deben decidirse también en la esfera religiosa ante algo determinado[84]. Dios es infinito y el hombre en cuanto finito no puede abarcar totalmente lo infinito, por esa razón son importantes para Guardini los *criterios* desde donde el hombre puede acercarse a Dios de una forma determinada. Dichos criterios se encuentran presentes para Guardini en todo lo que se refiere a la propia existencia: el tiempo en el que las personas viven, la cultura que lo rodea, las predisposiciones que orientan su necesidades religiosas, etcétera.

Pero Dios no puede ser determinable por ser infinito, aunque el hombre desde lo que antes se dijo debe poder determinarlo. Ante esto, Guardini subraya que en *primer lugar* la *determinación* más *importante radica en Dios* mismo; Dios que es *eterno*, y *contemporáneo* a *todos* los tiempos, no se manifestó, sin embargo, a todas las épocas de la misma forma, sino que se reveló de una forma determinada, y en un lugar determinado, y a determinadas personas. Fe y vida religiosa se fundamentan en la iniciativa de Dios, en la revelación y la redención, pero Guardini subraya que la iniciativa divina no tiene una forma general, sino que tiene un carácter *histórico*, Dios se acerca al mundo porque así lo decidió, y nació en Palestina en el

---

[83] «Man kann wohl viele Freunde haben; aber dann verliert das Wort seinen Sinn. Wirkliche Freundestreue kann man nur wenigen halten. Die Herzenskraft eines Mannes oder einer Frau mag noch so groß sein – sie müssen doch einmal sagen und, mehr als sagen, tun: Dieser, oder diese, und niemand sonst! Dann kommen wohl die Augenblicke, in denen sie die Enge des Menschen fühlen und zu jemand Anderem gehen möchten. Wenn sie aber das Leben tiefer kennen, wissen sie, daß letztlich alles daran hängt, ob sie die Treue vollbringen [...]. Genügt der Mensch aber der Forderung, beschränkt und bestimmt er sich, dann vollzieht sich eine Umkehr: das recht getane Einzelne öffnet den Blick ins Ganze. Wer dem Seinigen gerecht wird – wirklich gerecht, mit der Aufmerksamkeit des Geistes und der Hingabe des Herzens –, dem wird ebendarin das Ganze geschenkt», R. GUARDINI, «Die Offenbarung und die Endlichkeit», 403.

[84] «Sollte die Beziehung zu Gott ins Unbestimmte führen, und das, was doch den Inbegriff des Sauberen, Klaren, Verantwortbaren bildet, nämlich die Wahrheit, auflösen? Sollte es mit Bezug auf Gott "Wahrheiten" in der Vielzahl geben? Muß nicht im Gegenteil Gott gegenüber das Gesetz der Entscheidung seine letzte und endgültige Bestätigung finden?», R. GUARDINI, «Die Offenbarung und die Endlichkeit», 404.

CAP. III: INTUICIÓN E INTERPRETACIÓN   357

tiempo de Augusto, decidiéndose entrar en el seno de una Virgen y ser llamado Hijo del carpintero[85].

La decisión de Dios de ligarse al mundo fue una decisión libre, lo hizo así porque así lo quiso. Sostener que Dios hizo todo lo que hizo por amor, para Guardini en realidad no dice mucho, ya que Dios no necesita del mundo para poder amar, porque la real plenitud del amor existe eternamente solo en Él mismo. Dios sería un Dios amante también sin el mundo, por lo tanto la decisión de crear el mundo fue una decisión de su pura libertad[86]. Solo existe el Dios que se manifiesta en la Revelación, y lo que la filosofía llama *absoluto* es en realidad el Dios creador del mundo, que se encarnó, y que con todo esto pone en crisis la estructura desde la que la filosofía lo piensa y desde donde surgen sus cuestionamientos y preguntas. Dios no puede ser encerrado o contenido en los conceptos filosóficos de lo absoluto, sino que debe ser pensado desde los *acontecimientos concretos*. Así nos encontramos con un Dios que es *eterno*, pero entra en el *tiempo*, es *omnipresente* pero

---

[85] «Gott ist der Unendliche, und das Unendliche kann der Mensch nicht fassen, also muß er sich Gott in einer bestimmten Weise nähern. Die Maßstäbe für diese Bestimmung liegen in seinem eigenen Dasein: in der Zeit, in der er lebt; in dem Lande, dessen Kultur ihn umgibt; in der Veranlagung, die sein religiöses Bedürfen so oder so ausrichtet [...]. Die Bestimmung liegt aber auch, nein zuerst und wesentlich, bei Gott selbst. Die biblische Offenbarung, von der man erst allmählich erkennt, wie groß, ja wie unerhört sie ist, sagt, Gott selbst habe sich entschieden. Gott ist ewig. So ist er jeder Zeit gleichzeitig [...]. Glaube und religiöses Leben ruhen auf Gottes Initiative, auf Offenbarung und Erlösung. Diese Initiative hat aber keine allgemeine Form, die sich auf die Welt im allgemeinen richtete und ihre Gestaltung aus der jeweiligen geschichtlichen Situation empfinge, aus jeder neu, sondern sie ist selbst geschichtlich, richtiger gesagt, heilige Geschichte schaffend», R. GUARDINI, «Die Offenbarung und die Endlichkeit», 405-406.

[86] «Gott hat die Welt geschaffen, weil er es gewollt hat, aus reiner Freiheit. Keinerlei Notwendigkeit bestand. Weder war diese Welt eine Konsequenz aus Gottes Wesen, noch hat er ihrer bedurft. Absolut gesprochen, hätte nichts gefehlt, wenn sie gefehlt hätte. Gott allein ist genug. Selbst die Antwort, Gott habe die Welt aus Liebe geschaffen, führt nicht weiter. Sobald damit mehr gesagt werden soll, als daß er sie aus einem göttlich-hohen Motiv geschaffen habe, sobald damit ein inhaltliches Warum ausgedrückt werden soll, sind wir bei Plotin. Dieser war der Meinung, Gott sei liebend; Liebe aber bedeute Selbstmitteilung. Darum habe er nicht anders gekonnt, als aus der Liebesnotwendigkeit seines Wesens heraus zu schaffen, so, wie die Quelle fließen müsse, weil ihr Wesen sei, sich zu ergießen. Damit ist aber wieder die Offenbarung zerstört [...]. Hier handelt es sich aber um Gottes Liebe zur Welt, zum Endlichen, und die ist nicht notwendig. Er wäre liebend auch ohne sie. Daß er sich zu ihr entschlossen hat, war reine Freiheit: Er hat es gewollt – weil er es gewollt hat», R. GUARDINI, «Die Offenbarung und die Endlichkeit», 406-407.

particularmente presente también en *un lugar* y en *un tiempo concreto* naciendo en Belén, es *indeterminable* pero aparece en forma *determinada* en Jesús de Nazareth[87].

Acoger este mensaje, implica para Guardini una apertura de las estructuras que predominan en el propio pensamiento, implica *partir desde la Revelación* y *desde la fe*. Esto puede requerir en un primer momento una obediencia difícil, pero desde la gracia nos permitirá participar en una mirada más amplia. Guardini no pretende ofrecer con todo esto una respuesta exhaustiva, sabe que habría todavía mucho para aclarar; pero con esto intenta poner de relieve que no existe el Dios de la pura impensabilidad, el Dios indeterminado, que cada uno tendría que precisar desde sí mismo, haciéndose cada uno un Dios a su medida. El Dios real es el que se decidió venir a nuestro encuentro, llamó y llama al hombre a decidirse no frente a algo indeterminado sino frente a Él. Pero para entrar en esta realidad, la razón debe estar dispuesta a considerar seriamente la mirada que surge desde la Revelación, desde la automanifestación de Dios abordada desde la fe, solo así será posible mantener unidos los contrastes en tensión que la constituyen. La razón también podrá llegar así a *una* cosmovisión, pero debe abrirse íntimamente a este mensaje que le ofrece la Revelación y dejarse alcanzar por su valor, renunciando a lo que intente encerrarla en ella misma, transformándola en una razón *solo* autónoma[88].

El profesor Mercker observa que en esta homilía, Guardini deja ver el carácter poco teológico-fundamental de sus argumentos (*wie wenig fundamentaltheologisch Guardinis phänomenologische Hinführungen ge-*

---

[87] «Den absolutistischen Gott gibt es nicht. Es gibt nur den Gott, der sich in der Offenbarung kundtut [...]. Gott ist auch der Absolute, gewiß, aber er kann nicht in die Absolutheitsbegriffe eingeschlossen, sondern muß auch mit Tatsächlichkeitsbegriffen gedacht werden. Er ist ewig, tritt aber auch geschichtlich in die Zeit. Er ist überräumlich, steht aber auch an einem Ort, so daß gesagt werden muß: in Bethlehem, nicht in Athen. Er ist allseiend, erscheint aber auch in bestimmter Gestalt, als Jesus von Nazareth. Er durchwirkt alles, handelt aber auch so, und hier, und jetzt, so, daß dieses bestimmte Wunder sein Werk ist», R. GUARDINI, «Die Offenbarung und die Endlichkeit», 408.

[88] «Gott ist so, wie er da erscheint. Den Gott der bloßen Unbegreiflichkeit; den Gott der Unbestimmtheit, den sich jeder präzisieren müßte, gibt es nicht. Das wäre ein Gott, den der Mensch sich selbst zurecht macht, um an der Entscheidung vorbeizukommen. Der wirkliche Gott ist Jener, der sich selbst entschieden und ebendamit den Menschen angerufen hat, daß er sich ihm gegenüber entscheide. Damit haben wir nichts bewiesen. Wir haben nur auf einen Charakter hingewiesen, der allem Menschlichen eignet – der aber auch Jenem eignen muß, der den Menschen geschaffen hat. Gott kann in seinem Verhältnis zu uns nicht das verleugnen, was er als für unser ganzes Dasein verbindlich gesetzt hat», R. GUARDINI, «Die Offenbarung und die Endlichkeit», 409.

CAP. III: INTUICIÓN E INTERPRETACIÓN 359

meint sind), subrayando que la diferencia entre las reflexiones iniciales en las que Guardini considera la necesidad de las personas de algo determinado ante lo que puedan decidirse y el problema de una revelación concreta con su pretensión de autenticidad es demasiado grande. Este comentario me parece, por lo menos, un tanto desmedido si se tiene en cuenta que se trata de *una* homilía y no de un *curso* de teología fundamental. Pero Mercker insiste afirmando que el problema central es como considerar la predicación de una verdad que se fundamenta en la pretensión de verdad de una revelación, si se tienen en cuenta otros libros sagrados que dan testimonio de otras visiones e intuiciones de lo divino. Ese problema se ahonda aún más cuando se considera además que el hombre como finito no logra abarcar la realidad infinita de Dios. Esto último debería conducir a las personas, según Mercker, a un silencio ante lo que no se puede definir, y no a la elaboración de una doctrina, cosa que significaría más bien una violencia a la realidad de lo divino[89].

A mi modo de ver, Guardini intenta exponer con respeto lo que él ve y considera verdadero, sin condenar a nadie, sino más bien intentando nuevamente abrirse a todas las miradas. Pero también dice lo que él como creyente católico ve, sin pretensión de tener el mejor de los argumentos y sin pretender decir todo, ya que como subrayó desde la misma homilía incluso el profesor Mercker, el hombre finito no logra abarcar la realidad de lo infinito. Sería bueno que además del espacio que el profesor Mercker propone para el silencio desde donde se expresa el importante respeto y veneración del misterio, se pudiera seguir profundizando en un pensamiento que ofrezca argumentativamente la posibilidad de expresar también con palabras un argumento superador, y más adecuado en relación con el aparentemente ilógico y solo formal

---

[89] «Ein markantes Beispiel für den Denkansatz und die Denkweise Guardinis bietet eine Predigt von 1951 in St. Ludwig zum Semesterbeginn, mit dem Titel: Die Offenbarung und die Endlichkeit [...]. Hier läßt sich auch gut ablesen, wie wenig fundamentaltheologisch Guardinis phänomenologische Hinführungen gemeint sind. Im Gegenteil: zwischen Anfangsüberlegung und eigentlichem Problempunkt ist der Bruch der Gedankenführung unübersehbar. Guardini stellt zunächst das Problema vor: woher nimmt der Prediger den Wahrheitsanspruch, wenn er von Selbstbekundung Gottes im Alten und Neuen Testament spricht, da es sowohl noch andere heilige Bücher und andere Anschauungen über das Göttliche gebe. Durch den zusätzlichen Einwand, der von der Unendlichkeit Gottes ausgeht, wird die Fragestellung noch verschärft. Der unendliche, alle Maßstäbe übersteigende Gott spiegele sich im menschlichen Erkennen als Unbegreifbarkeit, die den Verzicht auf jede bestimmte Aussage nahezulegen scheine. Wäre schweigende Ehrfurcht vor dem Unaussagbaren nicht die einzig zutreffende Haltung, und wäre umgekehrt nicht jeder Versuch einer bestimmten Lehre Enge, Rechthaberei und Gewalttätigkeit?», H. MERCKER, *Christliche Weltanschauung als Problem*, 95-96.

argumento guardiniano desarrollado en la homilía de la que hablamos, y que se refiere a un tema específico[90].

Para Mercker, el aspecto de la Revelación que se pone en evidencia en la mirada guardiniana intenta subrayar una correspondencia con la perspectiva antropológica, pero en el fondo no corresponde a un real acercamiento a la condición humana, y por ello no profundiza Guardini en este argumento. Según Mercker, dejando caer el argumento inicial, Guardini insiste en la historicidad de la revelación, subrayando la perspectiva de su inabarcabilidad. Como dije antes, creo que aquí una vez más lo que Guardini está poniendo de relieve es la cercanía y la distancia, la conexión y la diferencia, como parte de un contraste también presente al hablar de la revelación. Creo que recordar los contrastes del anterior capítulo permitirá ver la búsqueda de un «equilibrio». Por un lado la cercanía de la revelación a las personas; pero también su distancia y su misterio[91].

En un párrafo de un artículo italiano escrito por el profesor Carmelo Dotolo, hablando del pensamiento guardiniano, coloca el acento en el interés del teólogo ítalo-alemán de intentar una multiplicidad de enfo-

---

[90] «Guardini will also sagen, daß der Weg der Selbstmitteilung Gottes nicht universal, also nicht jedem Raum, jeder Zeit und Kultur gleichzeitig, sondern in einer geschichtlichen Selbstbindung Gottes erfolg sei: Nach Guardini besteht also sehr wohl eine Entsprechung zwischen der im menschlichen Bereich zunehmenden Sebst-beschränkung und der götlichen Selbstbindung in dem vom ihm eingeschlagenen Weg seiner Selbsterschließung [...]. Hier sehe ich den Bruch des Gedankengangs. Zwar ist es richtig, daß ähnlich wie im Leben, welches unzählige Möglichkeiten eröffnet und deshalb eine Selbstbeschränkung in Entscheidungstreue fordert, so auch im Religiösen eine Enstscheidung nötig ist, weil der unendliche Gott in seiner Unfaßbarkeit nicht in allen Dimensionen auszuloten ist [...]. Dem steuert Guardini dadurch entgegen, daß er die Beschränkung Gottes auf eine gechichtlich-faktische Kundgabe seiner selbst als ganz aus seiner Initiative hervorgehend betont. Damit wird aber die Entsprechung zwischen notwendiger Beschränkung des Menschen im natürlichen Bereich und der Beschränkung Gottes im faktischen Weg seiner Selbsterschließung nur noch formal aufrechterhalten», H. MERCKER, *Christliche Weltanschauung als Problem*, 98.

[91] «Für ihn ist die Demut der Deszendenz Gottes in Jesu Christus keineswegs eine Anähnlichung an die conditio humana. Tatsächlich verfolgt Guardini den anthropologischen Ausgangspunkt seiner Vorüberlegungen auch gar nicht weiter, er läßt ihn vielmehr fallen und betont im Folgenden die geschichtliche Faktizität der Offenbarung nun geradezu unter dem Aspekt der Unbegreiflichkeit, die menschlichem Denken gegenüber quer steht. Die Geschichtlichkeit der Offenbarung in Christus ist nach Guardini also nicht, wie man aufgrund der Einleitung vermuten möchte, als Entgegenkommen, als Angleichung gemeint, vielmehr trägt diese Faktizität der geschichtlichen Offenbarung geradezu den Charakter des Nichterklärbaren und Nicht-Hinterfragbaren», H. MERCKER, *Christliche Weltanschauung als Problem*, 99.

ques que acerquen el horizonte del mundo humano con el «mundo» de lo divino. Se pone también de manifiesto la clara conciencia guardiniana de saber que, a pesar de todos los posibles acercamientos y valiosos intentos, lo «divino» que nos presenta la Revelación excede siempre todo cálculo humano. Esta perspectiva de una constante y necesaria búsqueda que permita construir y trabajar por la unidad del pensamiento a la altura de cada época histórica, según Dotolo, nos presenta la reflexión teológica guardiniana como un fecundo modelo de articulación teológico-fundamental: dar razones de la fe en cuanto «*logos* inédito» que ofrece una nueva visión del mundo, y del *ethos* de una humanidad necesitada de descifrar el enigma de su lugar en el mundo. Señala también Dotolo la relación esencial de la fe a la Revelación, y la prioridad y centralidad que esa Revelación posee. Solo la Revelación nos puede decir lo que ella es, en cuanto que ella es el resultado de una libre automanifestación del Dios personal[92].

El interés de presentar aquí la opinión de Dotolo, forma parte de intentar considerar otras valoraciones que este profesor de teología fundamental hace de la perspectiva guardiniana, de los intentos guardinianos con los que se busca señalar el *acercamiento* de la Revelación a lo humano, y al mismo tiempo la *distancia* de la Revelación que supera todo posible cálculo humano. Ello sugiere en este profesor una opinión diferente a la que expresó antes el profesor Mercker. En la distancia y la cercanía de la Revelación al mundo humano, se pone de relieve también la esencial *relación* de la fe a la Revelación, y la centralidad que debe tener la Revelación en el pensamiento de quien desee entenderla y penetrar en ella. Solo esta prioridad de la Revelación permitirá mantener la tensión de la auténtica unidad, que supere la ambigüedad de un conocimiento que se cierra solo en lo humano, y en la propia experiencia. La Revelación manifiesta la perspectiva de la mayor distancia al

---

[92] «Proprio l'attenzione alla concretezza della storia conduce la riflessione guardiniana a tentare nella molteplicità degli approcci una fusione di orizzonti tra il mondo umano nella sua eloquente mondanità e il "mondo" divino, la cui tangenza alla storia è una possibilità che eccede qualsiasi calcolo umano. Questa prospettiva segna la sua riflessione teologica che appare, alla luce della storia deglie effetti, un modello fecondo per l'articolazione della reflessione teologico-fondamentale: rendere ragione della fede quale inedito logos di una nuova visione del mondo ed ethos di una umanità bisognosa di sciogliere l'enigma della sua posizione nel mondo. La fede nella sua essenziale relazionalità alla rivelazione mostra la priorità e centralità di questa, evento che muta radicalmente l'interpretazione del mondo e della storia perché innesta nello spazio dell'autocomprensione dell'uomo il "punto di vista di Dio" che riconfigura il campo dell'umano», C. DOTOLO, «Ermeneutica della Fede», 37-38.

manifestar el punto de vista de Dios; pero también la perspectiva que ilumina más profundamente la realidad de todo lo humano y de todo lo creado. Esto no significa un rechazo de la cultura, del mundo humano, ni tampoco ignora las cuestiones que cada tiempo pone a la revelación; sino que nos pone ante la tarea de trabajar por favorecer el encuentro entre estos dos horizontes en tensión, sabiendo que después de la enorme gracia del *encuentro*, esa tensión continuará presente, si la fe sigue siendo una fe viva.

El punto de vista de Dios debe transformarse en mi punto de apoyo, que me permita cambiar el rumbo y volver a Dios. Ese punto de apoyo lo encontramos en Jesucristo. El Hijo de Dios vino al mundo para hacernos experimentar y comprender que en el fondo todo es caduco, lo superior y lo inferior, lo noble y lo vulgar, el conjunto y todas las partes. No se niega con todo ello el valor individual de las cosas, y lo que es bueno lo sigue siendo. Pero teniendo en cuenta que la existencia humana se alejó de Dios, Jesús no viene a restaurar cosas aisladas o abrir perspectivas nuevas o superiores, sino que viene para hacernos comprender el sentido mismo del mundo entero y de la existencia, para facilitarnos *un punto de vista que permita comenzar de nuevo*, empezando por cada uno, por nosotros mismos[93]. Quiere abrirnos los ojos para que nos demos cuenta de todo esto, y al mismo tiempo nos ofrece el punto de apoyo para que podamos cambiar el rumbo de nuestra existencia orientándola hacia Dios. Jesús, en cuanto redentor, es el nuevo punto de partida. No nos trae ninguna religión, nos trae el mensaje del Dios vivo que está en contradicción y en oposición con todo, incluso con las religiones[94]. Así creer es además imitar a

---

[93] «Wozu ist nun Jesus gekommen? Um in der Stufenfolge der Werte einen noch höheren zu zeigen? Eine neue Wahrheit über den schon bekannten? [...]. Nein, sondern Er ist gekommen, um uns zu Bewußtsein zu bringen, daß Alles, Höheres wie Geringeres, Niedrigeres wie Edleres, das Ganze mitsamt seinen Teilen, vom Leibe bis zum Geiste, vom Trieb zum herrlichsten Menschenwerk – daß alles das in einem letzten Sinne verfallen ist. Damit ist der Wert des Einzelnen nicht geleugnet. Was gut ist, bleibt gut, und edles Streben wird immer edel sein. Dennoch ist das Ganze des Menschendaseins von Gott abgesunken. Und Christus ist nicht gekommen, um darin Einzelnes zu erneuern oder höhere Möglichkeiten zu erschließen, sondern um dem Menschen die Augen darüber zu öffnen, was Welt und Dasein als Ganzes sind; um ihm einen Standpunkt zu geben, von dem aus er allem, was ist, auch sich selbst gegenüber, neu anfangen kann. Und "neu" nicht aus einer schöpferischen Innerlichkeit des Lebens, oder aus einem noch nicht in Anspruch genommenen Bereich des Daseins heraus, sondern von Gott her», R. GUARDINI, *Der Herr*, 367-368.

[94] «Christus hingegen bringt keine "Religion", sondern die Botschaft des Lebendigen Gottes, die zu Allem in Unterschied und Widerspruch steht, auch zu den Religionen. Glaube aber begreift das; denn Glauben heißt nicht, in einer der verschiedenen "Wel-

Jesús, seguirlo, hacernos sus discípulos en todo lo que implica la vida humana, orientando el *pensamiento*, el *corazón*, los *sentimientos* que nos inspiran y hacen adivinar lo que es justo y lo que no lo es según sus enseñanzas. Todo ello exige que renunciemos cada vez más a nuestra seguridad natural, a nuestro amor propio y a querer tener siempre la razón. Implica abandonarnos incesantemente a la llamada de Aquel que se dirige a nosotros, en esto consiste para Guardini la imitación y el seguimiento de Jesús[95].

La fe del que cree en Jesucristo es para Guardini una fe capaz de soportar la tensión de lo vital, y en esta tensión, ella debe estar constantemente desarrollándose, porque la novedad de la fe no reposa en nuestro interior como un trozo de realidad celestial caído del cielo ya terminado. La fe está hecha de las fuerzas vivas de nuestro corazón y de nuestro espíritu. Creo con todo lo que tengo, lo cual quiere decir que en mí está también presente el mundo que quiere alejarse de Dios (*daß in diesem Glauben wiederum jene Welt mit inne ist, die von Gott wegwill*). Por lo tanto *no* se encuentra por un lado mi vida como creyente y por otro el mundo caído. La fe debe ser realizada en el mundo existente de *mi* ser viviente, y en mi ser viviente trabaja constantemente aquello que intenta destruir la fe, alejar mi vida de Dios y convertirla en una seguridad en la que pueda apoyarse mi vida terrena orgullosa y engreída. Los horizontes que deben acercarse, el del mundo humano caído y el mundo de Dios, tengo que acercarlos constantemnte en mí mismo. Lo que no me permite sentirme seguro de mi fe, lo que no me permite decir que soy cristiano, y menos mirar de reojo a aquellos que creo que no lo son. Guardini afirma que, en realidad, no somos cristianos, sino que estamos en camino de serlo, si Dios nos lo concede (*Ich "bin" nicht Christ, sondern, wenn Gott es schenkt, auf dem Wege, es zu werden*). Nuestra fe no es una forma de propiedad y menos aún una plataforma desde donde podemos dominar y juzgar a los demás, sino que se trata de un movimiento. El peligro más grave para Guardini no es que falle mi voluntad, sino que deje de ser cristiano en mi interior, y este peligro es mayor aún si mi voluntad se cree más segura. Nada nos fue dado bajo la forma de seguridad. Todo nos

---

treligionen" stehen, sondern, "daß sie Dich, den einzigen wahren Gott, erkennen, und den Du gesandt hast, Jesus Christus" (Joh 17,3), und die Botschaft Gottes als Standort des neuen Daseins nehmen», R. GUARDINI, *Der Herr*, 371.

[95] «Das alles aber bedeutet ein immer neues Loslassen der natürlichen Sicherheit, des Selbstgefühls und des Rechthabens; ein fortwährendes Sich-Lassen an Den, der da herüberspricht: die Nachfolge», R. GUARDINI, *Der Herr*, 373.

fue dado bajo la forma de punto de partida, de camino, de desarrollo, de confianza, de esperanza y de súplica[96].

La experiencia religiosa tiene el carácter de la inmediatez, de lo que toca y obra en la interioridad, ella puede consolar, conmover y colmar de alegría; pero también puede desviar, transformándose en algo rígido y sin vida. Una religiosidad impura puede confundir, cerrar, puede distorsionar los criterios de lo verdadero y de lo falso, de lo posible y de lo imposible, de lo digno, lo justo y lo conveniente, puede contener una profunda impureza tanto en el instinto como el sentimiento y en el espíritu. Ante todo ello, la persona de Cristo, su Espíritu, sus enseñanzas, su vida, son el juicio constante y el encuentro con lo auténtico, con lo que nos purifica de lo ambiguo. El encuentro con Cristo eleva la persona, elevándola también de la experiencia religiosa inmediata, y del carácter ambiguo de lo religioso[97]. A la luz de la Revelación también el

---

[96] «Das Glauben ist aus meinen lebendigen Kräften gemacht; meines Herzens, meines Geistes. Mitsamt allem, was ich bin, stehe ich in meinem Glauben; daß heißt aber, daß in diesem Glauben wiederum jene Welt mit inne ist, die von Gott wegwill. Es ist nicht so, daß auf der einen Seite ich, der Glaubende, stünde, auf der anderen die verfallene Welt, sondern der Glaube muß in der Weltwirklichkeit, in meinem lebendigen Sein verwirklicht werden. Das ist aber beständig an der Arbeit, den Glauben selbst herumzuwerfen, von Gott weg, und aus ihm eine Sicherung meines sich selbst behauptenden Weltdaseins zu machen. Wehe mir, wenn ich sage: "Ich glaube" und mich in diesem Glauben sicher fühle. Dann bin ich in Gefahr, herauszufallen (1 K o r 10,12). Wehe mir, wenn ich sage: "Ich bin ein Christ"; womöglich mit einem Seitenblick auf andere, die es meiner Meinung nach nicht sind; oder auf eine Zeit, die es nicht ist; oder auf eine kulturelle Strömung, die dagegensteht. Dann droht mein Christsein nichts anderes zu sein, als die religiöse Form meiner persönlichen Selbstbehauptung. Ich "bin" nicht Christ, sondern, wenn Gott es schenkt, auf dem Wege, es zu werden. Nicht in der Form eines Habens, oder gar eines Standortes für die Beurteilung der Anderen, sondern in einer Bewegung. Christ kann ich nur sein, wenn ich mir der Gefahr bewußt bleibe, abzufallen. Nicht das ist die tiefste Gefahr, daß mein Wille vor einer Aufgabe versage; das kann er mit Gottes Hilfe einsehen und sich neu zusammennehmen -sondern daß er in sich selbst unchristlich werde. Diese Gefahr wird aber am größten, wenn der Wille seiner selbst sicher zu sein glaubt. Nichts ist mir in der Weise der Sicherheit gegeben; alles nur in der Weise des Anfangens», R. GUARDINI, *Der Herr*, 373.

[97] «Die religiöse Erfahrung hat den Charakter der Unmittelbarkeit, des zuinnerst Berührenden und Durchwirkenden. So kann sie trösten, vergewissern, erschüttern und beglücken -aber auch überwältigen, verführen, bannen, Abstand und Urteil aufheben. Die echte Begegnung mit Christus bricht diesen Bann. Der Glaube entzaubert die religiöse Unmittelbarkeit. Das Verhältnis zu Christus schafft eine Höhe, wie über allem, so auch über dem religiösen Leben. Von ihr her werden sowohl der Sinn wie auch die Fragwürdigkeit des Religiösen deutlich. Der numinose Eindruck, der Symbolcharakter der Dinge, das Hinweisen und Hinüberführen, Loslösen und Beheimaten – alles das gewinnt erst in dem Raume, den die Person Christi öffnet, seine volle Klarheit und Genauigkeit.

conocimiento de Dios recibe su auténtica libertad y seguridad. Conocer el Dios verdadero y viviente a partir del mundo, aunque sea "sistemáticamente" posible según Guardini, no se lo pude concretar por la confusión presente en el corazón humano. En el pensamiento guardiniano es incluso algo imposible de realizar para la fe que proviene de una experiencia religiosa que no ha sido purificada en la Revelación divina, ya que también en ella se encuentran activos todos los presupuestos de un conocimiento ambiguo[98].

Cristo no pertenece a la serie de las figuras a través de las cuales se expresa de modo siempre nuevo la experiencia religiosa de la humanidad. Cristo no es un genio religioso, ni un descubridor de nuevos valores espirituales y posibilidades divinas, no nos revela algo más elevado, más profundo, ni sabio o más solemne de lo que ya existía; sino que nos revela algo esencialmente diferente de todo el resto. En Cristo habla el Absoluto, el único-necesario. Medir a Cristo solo con la medida humana de la explosión creativa o del desarrollo infinito significa no verlo realmente. Lo que Cristo quiere obedece a un criterio completamente diferente: a la verdad de Dios que pone al descubierto en su problematicidad y ambigüedad, la orgullosa y presuntuosa verdad humana (*Was er will, gehorcht einem davon durchaus verschiedenen Maßstab: der Wahrheit von Gott her, welche die angebliche "Wahrheit" des Menschlichen in ihrer Fragwürdigkeit enthüllt*). Cristo es el absoluto desencanto también de lo religioso, pero al mismo tiempo en él habla lo Absoluto y el Único necesario[99].

Ebenso deutlich werden aber auch die mit alledem verbundenen negativen Momente. Ungereinigte Religiosität kann verwirren und dumpf machen; sie kann die Maßstäbe des Wahren und Falschen, des Möglichen und Unmöglichen, des Würdigen, Rechten und Anständigen verfälschen», R. GUARDINI, *Die Offenbarung*, 89-90.

[98] «Im Lichte seiner Offenbarung kommt auch die Erkenntnis Gottes aus der Welt zu ihrer eigentlichen Freiheit und Sicherheit. Paulus hat in seinem ersten Brief an die Korinther (1Kor 1,21) wie auch in dem an die Römer (Röm 1,18-23) sehr eindringlich gesagt, die Erkenntnis Gottes durch die "Weisheit", das Schauen des unsichtbaren Gottes an seinen Werken sei an sich möglich, werde aber durch die Verworrenheit des Herzens und die Widerspenstigkeit des Willens verhindert. An sich, systematisch gesprochen, steht die Erkenntnis Gottes aus der Welt vor jener aus dem Glauben; faktisch kommt es aber zu einem klaren Verständnis der natürlichen Gottesoffenbarung erst, wenn die übernatürliche, ausdrückliche geschehen und angenommen ist [...]. Den wahren und lebendigen Gott aus der Welt zu erkennen, setzt eine Klarheit des Blicks, eine Sicherheit des Urteils und eine Bereitschaft für die Konsequenzen voraus, die sich unter dem Einfluß der ungereinigten religiösen Erfahrung in der Regel nicht finden», R. GUARDINI, *Die Offenbarung*, 90-91.

[99] «So ist denn auch Christus nicht gekommen, um das Unendliche zu bringen, sondern das Unbedingte; nicht das immer Neue, sondern das Entscheidende; nicht das Un-

El creyente debe primero ir a la escuela de Cristo, debe dejarse decir por Él lo que es correcto y válido, lo que es duradero y lo que es transitorio. Debe recibir de Cristo los criterios de juicio, de forma tal que para él se transforme en algo real lo que para Cristo es real; posible e imposible lo que a partir de él puede o no serlo; justo y equivocado, lo que corresponde o contradice su medida. En *esto* se concreta la *conversión del espíritu*, y a esto se refiere san Pablo, según Guardini, cuando nos habla de tener la mente de Cristo (cf. 1Co 2,16)[100]. Cuando se habla de conversión, se suele poner el acento solo en la transformación del querer, de la voluntad, de lo que hacemos; y aunque eso es ciertamente un elemento primario y esencial, es también importante que vaya unido a la *conversión del pensamiento* (*Darin vollzieht sich die Bekehrung des Geistes* [...]; *des Denkens. Von ihr spricht Paulus, wenn er sagt, "wir haben die Vernunft Christi"*).

Esto último que se relaciona con la mente, y el pensamiento debe ser también afirmado respecto de la voluntad y del amor, siendo algo realmente posible de concretar si la persona creyente sigue la voluntad del Padre y se vence a sí misma, intentando entender lo que significa amar a Dios sobre todas las cosas y al prójimo como a sí mismo. Hablar de esto no es fácil tampoco para Guardini, porque sabe que lo que estas palabras proponen superan su misma vida (*Es ist nicht leicht, dergleichen zu sagen, denn der Redende weiß, daß er selbst vor dieser Forderung nicht besteht*). La capacidad de amar y el corazón son también llamados a la conversión. Con estos pensamientos, Guardini nos invita a pensar en algo que podemos llamar una *conversión afectiva*. El amor recibe así desde Jesús una nueva libertad, que ayuda a iluminar las sombras y ambigüedades presentes entre el amor y el sentimentalismo,

---

erschöpflich-Mannigfaltige, sondern das Eine-Notwendige [...]. Christus mit dem Maßstab des schöpferischen Ausbruchs oder der unendlichen Entfaltung zu messen, heißt ihn überhaupt nicht sehen. Was er will, gehorcht einem davon durchaus ver-schiedenen Maßstab: der Wahrheit von Gott her, welche die angebliche "Wahrheit" des Menschlichen in ihrer Fragwürdigkeit enthüllt. Christus ist die absolute Ernüch-terung, auch des Religiösen. Es ist das Gericht, das der lebendige und heilige Gott an allem Menschlichen, auch und gerade am Religiösen vollzieht», R. GUARDINI, *Die Offenbarung*, 92-93.

[100] «Der Glaubende muß es in die Schule Christi geben. Er muß sich von Ihm sagen lassen, was ist und was nicht ist; was gilt und was nicht gilt; was bleibt und was vergeht. Er muß die Maßstäbe von ihm entgegennehmen, sodaß für ihn das wirklich wird, was von Christus her wirklich ist; das möglich und unmöglich, was von Ihm her sein und nicht sein kann; das richtig und falsch, was Seinem Maßstab entspricht öder widerspricht [...]. Ebenso wichtig wie die *metanoia* des Willens, ja im Ganzen des christlichen Daseins weiter tragend, ist die des Denkens. Von ihr spricht Paulus, wenn er sagt, "wir haben die Vernunft Christi" (1Kor 2,16)», R. GUARDINI, *Die Offenbarung*, 99-100.

entre el amor y la debilidad, entre el amor y el dominio. Se descubre que el amor debe arraigarse en la verdad y que la conciencia cristiana debe transformarse en un corazón cristiano, participando en el entendimiento de Cristo y también en el corazón de Cristo[101].

4. Interpretación e intuición guardiniana como salida del escándalo evangélico

En el constante acercamiento a las diferentes miradas presentes en el mundo humano, la mirada guardiniana considera no solo la presencia de lo que intenta alejar nuestra existencia de Dios, sino también elementos positivos y valiosos. Guardini se acerca a todo ello consciente de su energía y de sus límites. Un ejemplo significativo de este acercamiento lo hayamos nuevamente en su libro sobre Dostoyevski. En el último capítulo vemos cómo elementos positivos de ese mundo se transforman también en una ayuda para su camino interpretativo, ofreciéndole elementos que le permitan leer e interpretar mejor la Sagrada Escritura.

Para la mirada guardiniana, la novela *El idiota* es la obra religiosa más profunda del novelista ruso (*seines tiefsten religiösen Werkes, des Romans «Der Idiot»*), y su interpretación se fundamenta nuevamente en su experiencia personal. No pretende ofrecernos más que una simple hipótesis de lectura (*von der Erfahrung ausgehen, die ich selbst mit dem Buche gemacht habe*)[102]. El personaje de la novela *El idiota* se

---

[101] «Was vom Denken gesagt wurde, wäre auch vom Willen, von der Liebe zu sagen. Die Fähigkeit zu lieben, das Herz, wird ebenfalls zur Bekehrung gerufen. Sie beginnt nicht mit einem Gefühl, sondern damit, daß der Mensch den Willen des Vaters tut und sich selbst überwindet [...]. Das Lieben empfängt von Christus her eine neue Freiheit: jene, von welcher das dreizehnte Kapitel des ersten Korintherbriefes redet, wenn es sagt, daß die Liebe "alles trägt, alles glaubt, alles hofft, alles duldet". Das wiederkehrende "Alles" drückt aus, was gemeint ist. Auch dazu kommt es nur langsam. Viele Überwindungen sind gefordert. Viele Unklarheiten wollen durchdrungen sein. Es muß zwischen Echtem und Unechtem unterschieden werden: zwischen Liebe und Sentimentalität, Liebe und Schwächlichkeit, Liebe und Selbstgenuß, Liebe und Herrschsucht [...]. Sie ist die Teilhabe am "Herzen Christi" (Phil 1,8) und der bloßen Menschen-Liebeskraft gegenüber in der gleichen Weise anders, wie die Teilhabe an der "Vernunft Christi"», R. GUARDINI, *Die Offenbarung*, 101-102.

[102] «Jede Betrachtung der geistlichen Welt Dostojewskijs wird auch zu der Frage führen müssen, welches der Sinn seines tiefsten religiösen Werkes, des Romans "Der Idiot" sei. Ich will eine Antwort darauf versuchen. Dabei muß ich, mehr als wohl sonst zulässig ist, von der Erfahrung ausgehen, die ich selbst mit dem Buche gemacht habe. Was folgt, wird sagen, wie ich mich in ihm zurechtzufinden suchte; es will also nicht mehr sein als eine Hypothese. So oft man zum "Idioten" zurückkehrt, spürt man die gewaltige religiöse

llama Michkin, y es el último descendiente de una antigua familia ligada a la historia de Rusia; pero interiormente se encuentran en él los signos de una gran decadencia. Michkin de niño sufrió epilepsia, y esa enfermedad le produjo una pérdida casi total de sus capacidades intelectuales. Estuvo un tiempo internado en Suiza, hasta que en un determinado momento encontró nuevamente un camino desde el que restableció su relación con la naturaleza y con las personas. El período de su enfermedad le mereció el calificativo de idiota, y a pesar de encontrarse en una etapa de recuperación, aun es considerado por algunos como un idiota. Estando ya notablemente recuperado regresa a Rusia para recibir una herencia, pero su salud es frágil y una nueva recaída, esta vez definitiva, nos mostrará al príncipe, al final de la novela, nuevamente internado en Suiza, en la misma clínica desde la que había salido[103].

En una oportunidad, el príncipe Michkin presenció una pelea en la casa de Gania, este era un joven enamorado de Nastasia Filipovna. Nastasia ofrecía una fiesta en su casa y fue a invitar a Gania, pero mientras se encontraba allí, llegó Rogochin borracho con un grupo de amigos. Rogochin también estaba enamorado de Nastasia, y entre Nastasia y Rogochin tuvieron un comportamiento poco respetuoso con la familia de Gania. Vania, hermana del joven Gania, se lamentó de que nadie los pusiera en su lugar; pero al escucharla, Nastasia se ofendió y amenazó con irse. Gania, que amaba a Nastasia, se enojó con su hermana y, tomándola de la mano, la reprendió violentamente. Vania escupió a su hermano, mientras este le tenía todavía las manos y la reprendía adelante de todos. Después de haber sido escupido por su hermana, Gania levantó la mano para golpearla; pero en ese momento entra en escena Michkin para detener la mano de Gania. El joven, todavía enojado y fuera de sí, terminó golpeando a Michkin. El príncipe Michkin se puso pálido, sus labios temblorosos hicieron un esfuerzo para hablar y al fin se contrajeron en una *extraña sonrisa*. Nastasia era una mujer muy hermosa, que había tenido una infancia muy desdichada, su madre había muerto cuando era pequeña, y al poco tiempo murió su padre, quien poseía una pequeño campo pero al que lo acompañaba la mala suerte en los negocios. Nastasia había sido la amante de Totzky, quien tenía mucho dinero y era mucho mayor que ella; pero la

---

Intensität dieser Welt, nur mit jener vergleichbar, die in Rembrandts Schöpfungen webt. Man empfindet eine mächtige und tiefe Gegenwärtigkeit Gottes, ohne daß viel von ihm gesprochen würde. Er ist da. Er erhebt sich. Er waltet. Das ist deutlich. Deutlich ist weiter, daß diese Gegenwart vor allem an der Person des Fürstin Myschkin hervortritt», R. GUARDINI, *Religiöse Gestalten in Dostojewskijs Werk*, 265.

[103] Cf. R. GUARDINI, *Religiöse Gestalten in Dostojewskijs Werk*, 273.

había dejado porque deseaba contraer matrimonio con alguien de la alta sociedad.

El príncipe Michkin parece ser el único que logra entender el dolor y el drama que vive Nastasia, pero igualmente es tratado, también por ella, durante mucho tiempo como un idiota[104]. Todos sienten lo que hay de «insólito» en Michkin. Él, a su vez, sabe lo que otros no saben, tiene un cierto poder sobre las almas y los hombres. En su cercanía, las personas se transforman, y Nastasia que lo sabe mucho mejor que los demás, dice una cosa muy simple pero significativa e importante. En un momento, después de considerar su desesperado sufrimiento el príncipe decide finalmente proponerle matrimonio. Sin embargo, mientras Nastasia lo rechaza porque no cree tener el derecho de pertenecerle, mientras se retira con Rogochin se despide diciéndole: «Adiós príncipe: es usted *el primer hombre* de verdad que he conocido»[105].

Pero volvamos *a la sonrisa enigmática del príncipe* en la que Guardini se detiene considerando ese gesto aparentemente fuera de lugar (*Dieses Lächeln, das nicht in die Situation hereinpaßt!*). Aquí Guardini comparte una experiencia personal de comprensión e interpretación que va de esta obra de Dostoyevski al evangelio de Juan. Dice que durante mucho tiempo el evangelio de San Juan le había resultado inaccesible, porque no lograba explicarse cómo se expresaba allí el pensamiento de Jesús. Leía las preguntas que se dirigían a Jesús y no lograba entender el nexo entre aquellas y las respuestas, pensando que en realidad esas respuestas no explicaban nada. Pero después de leer *El idiota* y encontrar la figura de Michkin creyó intuir en su actitud algo que le recordaba al Cristo del evangelio de Juan (*In dessen Haltung glaubte ich etwas Ähnliches zu finden wie im johanneischen Christus*). Entendió que al constituirse una determinada situación, participan diversas relaciones de cosas y acontecimientos ordenados en diversos planos (*und mir wurde klar, was für die Struktur einer Situation und ihres Verständnisses die "Ebene" bedeutet*). Los planos de una situación pueden tener acentos diferente y situarse desde posiciones diversas. Para dos personas que se encuentran, esto hace que sea más fácil entenderse si están en planos de existencia cercanos. Pero si una de las personas se encontrara a nivel de pensamiento y de conciencia en un plano absoluto, en la eternidad, radicado en la voluntad de Dios, muy probablemente tendríamos la impresión de encontrar un ser incomprensible. Esta experiencia de asombro y de incomprensión al encontrar esa persona se transformará

---

[104] Cf. F. DOSTOYEVSKI, *El Idiota*, 96-130.
[105] F. DOSTOYEVSKI, *El Idiota*, 192.

en irritación, rebelión y odio, si el corazón no se abre a la humildad y al amor[106]. Aquí surge para la mirada guardiniana la cercanía con el fenómeno bíblico elemental del *escándalo* en la perspectiva que aparece en el evangelio de Juan. El príncipe Michkin actúa y habla desde un plano diferente, lejano y más profundo que aquel de las demás personas de esta novela. Por esa razón no puede ser entendido, es un extranjero en medio de toda la gente ante la que actúa y esa enigmática sonrisa es para la mirada guardiniana un claro signo de ello[107].

Para el pensamiento guardiniano, el escándalo en el Nuevo Testamento no consiste en el hecho de que la plenitud del Bien y el Verbo hayan aparecido en el mundo a los hombres, y que ellos le hayan cerrado sus corazones. El problema real es el modo en el que todo ello se manifiesta, en la «forma de un esclavo, de un siervo». La aparente negación de la luz divina en la forma terrena de concretarse, y la necesidad humana de preservar su libertad de acuerdo con los criterios del mundo, se unen a la rebelión latente en el corazón humano ante lo divino, sintiéndose así legitimada la actitud de ejercer un claro rechazo. El escándalo es el rechazo al reconocer el mensaje divino, pero, y aquí radica un acento guardiniano importante, por motivos que son considerados humanamente serios. Es el rechazo de los valores más importantes, pero realizado en nombre de valores auténticos, aunque ciertamente inferiores (*die Ablehnung des letzten Wertes durch echte, freilich vorletzte Werte begründet werde – darin erst besteht das Ärgernis*)[108].

---

[106] «Dieses Lächeln, das nicht in die Situation hereinpaßt! Das "rätselhafte" Lächeln, das nachher wiederkommt [...]. Ich möchte eine persönliche Erfahrung einfügen dürfen. Lange Zeit ist mir das Johannesevangelium unzugänglich geblieben, weil ich nicht verstehen konnte, in welcher Weise darin gedacht wurde [...]. Da geriet ich an den "Idioten" und die Gestalt Myschkins. In dessen Haltung glaubte ich etwas Ähnliches zu finden wie im johanneischen Christus [...]. Da man aber doch zugleich fühlen müßte, daß hier etwas sehr Großes ist: Reinheit, Adel, Kraft, Heiligkeit, oder [...], wenn nicht Demut und Liebe das Herz lösten, zur Gereiztheit werden, zur Empörung, zum Haß. Das aber wäre ein elementar-biblisches Phänomen: das Ärgernis! In dieser Weise steht denn auch tatsächlich der Herr da», R. GUARDINI, *Religiöse Gestalten in Dostojewskijs Werk*, 287-288.

[107] Cf. R. GUARDINI, *Religiöse Gestalten in Dostojewskijs Werk*, 284-288.

[108] «Was bedeutet im Sinne des Neuen Testamentes das "Ärgernis"? Nicht, daß die reine Fülle des Guten und Wahren in die Welt gekommen wäre, offen dastünde, die Menschen aber, aus Verworfenheit oder Unbotmäßigkeit oder Verblendung, sich ihr verschlössen. So einfach liegen in der Wirklichkeit die Dinge nicht [...]. Daß die Ablehnung der Gottesbotschaft mit gewichtigen Gründen geschehe; daß die Ablehnung des letzten Wertes durch echte, freilich vorletzte Werte begründet werde – darin erst besteht das Ärgernis. Das Bild dieses Ärgernisses geht durch den ganzen Roman. Immer

La situación de escándalo aparece varias veces en la novela *El idiota*. Alrededor del príncipe continuamente se unen personas que se sienten atraídas por él, sintiéndose entendidas, animadas, perciben en él una confianza que no es nunca defraudada, y advierten en el príncipe una presencia misteriosa y conmovedora. Pero a pesar de todo ello, surge frecuentemente de sus bocas la palabra *idiota* para hablar y referirse a él. Todos lo escuchan y reconocen que en lo que dice hay un significado profundo; pero la conversación continúa y surge la irritación de los que lo escuchan y el príncipe se encuentra nuevamente del lado del error. Lo que el príncipe hace es algo considerado como insensato. Posteriormente, y de forma creciente, todos se desilusionan del Príncipe, y ninguno sabe ofrecerle una ayuda. El Príncipe ve derrumbarse todo alrededor suyo, y pocos meses después, lo encontramos nuevamente lejos de su tierra internado en la clínica desde donde se había dirigido a Rusia.

El Nuevo Testamento nos habla también de ese *escándalo* al que está ligada la existencia de Cristo. Cuando los enviados de Juan van a ver a Jesús para preguntarle: «¿Eres tú el que ha de venir o debemos esperar a otro? Jesús les respondió: Id y contad a Juan lo que oís y veis: los ciegos ven y los cojos andan, los leprosos quedan limpios y los sordos oyen, los muertos resucitan y se anuncia a los pobres la Buena Nueva; ¡y dichoso aquel que no halle escándalo en mí!» (Mt 11,3-6). A la pregunta que le dirigen los discípulos de Juan, Jesús responde con una palabra mesiánica del profeta, pero agregando que es feliz el que no se escandaliza de Jesús. Las personas que no se escandalizan de Jesús son grandes y dignas de ser alabadas, porque el peligro de escandalizarse de Jesús es grande y casi inevitable. En el hecho mismo de que Jesús sea hombre, ya se nos ofrecen las objeciones a su divinidad. Precisamente el signo más grande del amor de Dios, el haber asumido la «forma de siervo» (*in Knechtsgestalt*), parece excluir la presencia esencial y personal del amor de Dios en el Galileo: ¿No es este el hijo del carpintero? Por este motivo su vida representa una continua provocación al escándalo, hasta que finalmente es castigado, recurriendo a todo el aparato del orden y del derecho, por haber pretendido ser lo que Él es. Son tantas las razones que actúan contra Él, que Él solo puede ser revelado a los pequeños y a los humildes a los publicanos y a los pecadores[109].

---

wieder sammeln sich die Menschen um den Fürsten [...]. Sie empfinden eine geheimnisvolle, ihr Innerstes berührende Gegenwart -und dennoch: Jeden Augenblick fällt von ihren Lippen das Wort "Idiot"!», R. GUARDINI, *Religiöse Gestalten in Dostojewskijs Werk*, 289.

[109] «Das Neue Testament sagt uns auf jeder Seite, wie tief das Ärgernis mit der Existenz Christi zusammenhängt. Als die Boten des Täufers kommen: "Johannes hat uns

Ante Jesús solo la mirada que logre ver más allá de lo que aparece y tenga el corazón abierto a sus gestos y palabras podrá percibir y vislumbrar un camino que no se hunda en el escándalo. En relación con el evangelio de San Juan, Guardini hace una observación en la que recuerda la aparente desconexión de algunos de los diálogos que allí leemos, el aparente desentendimiento entre las preguntas y las respuestas. Estas son algunas de las cosas que dificultan la comprensión del texto del cuarto evangelista. Para Guardini, esto se debe, por un lado, a que los pensamientos de ese evangelio son profundos y misteriosos; y por otro por la forma en que estos pensamientos se nos presentan.

Guardini, en una de sus meditaciones de su libro *El Señor* comentando el capítulo 6 del evangelio de san Juan, nos ofrece un ejemplo aclarador refiriéndose a cuando Jesús afirmó: «Yo soy el pan de vida. El que venga a mí no tendrá hambre, el que crea en mí no tendrá nunca más sed [...]; porque he bajado del cielo, no para hacer mi voluntad, sino la voluntad del que me ha enviado» (Jn 6,35;38); los judíos murmuraban y se preguntaban: «¿No es este Jesús, hijo de José, cuyo padre y madre conocemos? ¿Cómo puede decir ahora: He bajado del cielo?» (Jn 6,42). Ante estas preguntas se espera una respuesta que contenga algo en relación con ella y que de alguna forma explique las dificultades que no permiten entender, y que las preguntas ponen de manifiesto, expresiones que digan algo así como: «Aunque soy de Nazaret e hijo de los padres que ustedes han nombrado, en realidad soy otro, porque vengo del misterioso seno de Dios, etcétera». En lugar de tal respuesta, las palabras de Jesús a esas inquietudes dicen: «nadie puede venir a mí si el Padre que me ha enviado no lo atrae; y yo le resucitaré el último día [...]. No es que alguien haya visto al Padre; sino aquel que ha venido de Dios, ese ha visto al Padre. En verdad, en verdad os digo: el que cree tiene vida eterna» (Jn 6,44;46-47)[110].

---

zu Dir gesandt, daß wir fragen: Bist Du es, der da kommen soll, oder sollen wir auf einen anderen warten?" – antwortet er: "Gehet und meldet dem Johannes, was ihr gesehen und gehört habt: Blinde sehen, Lahme gehen, Aussätzige werden rein, Taube hören, Tote stehen auf, Armen wird die frohe Botschaft verkündet, und selig, der an mir kein Ärgernis nimmt". Auf die Frage antwortet er also mit dem messianischen Prophetenwort, das nun in Taten und Zeichen erfüllt ist. Aber sofort fügt er hinzu: "Selig, der an mir kein Ärgernis nimmt!"», R. GUARDINI, *Religiöse Gestalten in Dostojewskijs Werk*, 290-291.

[110] «Es ist nicht leicht, in den vierten Evangelisten einzudringen. Einmal, weil seine Gedanken tief und geheimnisvoll sind; dann aber auch wegen der Art, wie er sie führt. Nehmen wir ihn einmal zur Hand und lesen in dem soeben behandelten sechsten Kapitel der Verse 35-47. Vers 41 kommt der Protest der Juden gegen das, was Jesus gerade gesagt

Guardini se pregunta si lo que se nos ofrece en el texto puede ser considerada una respuesta lógica, afirmando con esta pregunta retórica que esa respuesta no corresponde a un ordenamiento lógico «normal», y que esconderíamos la dificultad para entender el texto, si nos esforzáramos por establecer un orden lógico. Además nos indica que es más fácil así de entender el enojo de los judíos que escuchaban a Jesús. Nos muestra con este ejemplo que el pensamiento de san Juan no se puede adecuar a una lógica estricta, esas palabras son expresión de un nivel de conciencia de Jesús. Lo mismo sucede con los discursos en Cafarnaún, o las palabras de despedidas. No cuentan ellas con una acostumbrada secuencia lógica discursiva, sus oraciones no se desprenden una de otra; sino que cada una de ellas surge de una fuente que está enraizada en la eternidad, y que es el fundamento de todo. Por lo tanto, la relación de las oraciones no es «lógica» en sentido estricto; sino que es como un movimiento ondulante de una fuerza originada por una fuente que tiene sus raíces en la eternidad[111].

Para poder entender estos discursos hay que esforzarse por *intuir* (*Wenn man sie verstehen will, muß man hinter sie zurückgehen und jenen Punkt zu ahnen suchen*[112]) el origen o la fuente generadora de

---

hat: Wie kann Er behaupten, Er sei vom Himmel gekommen, da Er doch der und der ist, aus dem Nachbarort stammt und irdische Eltern hat? Welche Antwort erwartet man nun? Doch diese: Ich stamme zwar aus. Nazareth, meine Eltern sind zwar die und die, aber ich bin doch ein Anderer, komme aus dem Geheimnis Gottes, und deshalb usw. Statt dessen folgen die Verse 44-47», R. GUARDINI, *Der Herr*, 255-256.

[111] «Der Sachverhalt liegt tiefer: die johanneische Denkweise ist nicht "logisch" nach der üblichen Bedeutung des Wortes, sondern Ausdruck für eine Schicht in Jesu Bewußtsein, die unter jener liegt, von welcher die Synoptiker reden. Genauer: die zwar auch in den Synoptikern liegt, aber in deren Redeweise nicht so deutlich zum Vorschein kommt. Die Sätze der Rede von Kapharnaum – ebenso wie die der großen Streitreden in Jerusalem, oder der Abschiedsreden- stehen untereinander nicht im üblichen Verhältnis. Sie entwickeln sich nicht auseinander, sondern jeder geht aus einem hinter dem Ganzen liegenden Ursprung hervor. Der Zusammenhang der Sätze ist nicht "logisch", nach So und Also, sondern sie sind wie der Wellenschlag einer Bewegung, die aus einem in der Ewigkeit liegenden Quellpunkt kommt», R. GUARDINI, *Der Herr*, 256.

[112] La palabra que en el texto de la edición española se traduce como *vislumbrar*, en el texto original alemán es *ahnen*. Creo que el término vislumbrar que se usa en la muy buena traducción de Francisca Palau-Ribes Casamijtana es también correcto (R. GUARDINI, *El Señor*, 367); pero yo prefiero utilizar el término *intuir*. Además de la importancia dada en este trabajo al término intuición, el diccionario de la Real Academia dice en su segunda acepción que *vislumbrar* es «conocer imperfectamente o conjeturar por leves indicios algo inmaterial», e *intuir* es «percibir íntima e instantáneamente una idea o verdad, tal como si se la tuviera a la vista». Intuir como un «percibir íntimamente» creo que sean términos más adecuados a la propuesta del «siste-

estas oraciones. Las oraciones no tienen la secuencia acostumbrada (antecedente y consecuente), sino que se compentran mutuamente. Guardini aclara que no es posible rechazar totalmente una lógica, y que ciertamente existe una lógica y una gramática, sin las cuales no nos sería posible entender lo que allí se dice. Pero desde sus palabras pienso que se debería recordar aquella lógica que también implica una comprensión más amplia y que por eso insinúa una «ruptura» lógica, una lógica que implica también el corazón (una unidad en tensión de un espíritu *geométrico* y un espíritu de *fineza* que nos permita intuir esa fuente que está enraizada en la eternidad), y una relación de contrastes, donde podríamos decir que las oraciones se excluyen (desde la ruptura lógica) y al mismo tiempo están una dentro de la otra (una *co-existencia* y una *in-existencia* gramatical de las oraciones)[113].

En otras de sus meditaciones bíblicas vuelve a tratar Guardini el tema del escándalo. Afirma que se trata de un gran adeversario de Jesús, ya que el efecto que produce consiste en cerrar los oídos al anuncio de la buena nueva, no creer en el evangelio, conduciendo a resistirse a la venida de reino de Dios, llegando incluso a combatirlo. Este peligro del escándalo va unido a la persona misma de Jesús, ya que produce una gran rebeldía que el mensaje del reino de Dios proceda de una boca

---

ma» guardiniano al indicarnos un camino y una forma de conocimiento que no se detenga solo en el intelecto, sino que implique toda la persona, también sus afectos y sus sentimientos.

[113] «Wenn man sie verstehen will, muß man hinter sie zurückgehen und jenen Punkt zu ahnen suchen. Jeder Satz enthält immer schon die übrigen mit, weil keiner einfachhin aus dem voraufgehenden kommt und den folgenden aus sich entläßt, sondern jeder aus dem jenseitigen Ursprung hervorgeht. Eigentlich stehen sie nicht hintereinander, jeweils dem vorausgehenden folgend, sondern liegen ineinander. Ich habe mit Absicht übertrieben. Natürlich gilt auch Logik und Grammatik, sonst wäre ja nur ein ekstatisches Gestammel. Es schien mir aber richtig, das Gemeinte scharf herauszuheben, damit es in Blick und Gefühl komme», R. GUARDINI, *Der Herr*, 256; (cf. ID., *Das Christusbild*, 130-136. Aquí se pueden leer otros interesantes ejemplos que nos indican cómo la mirada guardiniana ve la lógica del cuarto evangelio. Según Guardini esta particular lógica del cuarto evangelio al no ser «*linear*» y proceder a través de *saltos lógicos* nos indica un punto de partida diferente. Nos está indicando el *original centro* desde el que proceden estas palabras y pensamientos. También en esto se señala y se subraya la importancia de una actitud adecuada del lector para poder sintonizar con ese centro que no responderá solo a sus expectativas lógicas. Deberá dejarse guiar desde la razón pero sobre todo desde el corazón – *Er muß mit dem Geiste, richtiger noch mit dem Herzen jene Mitte suchen* – por esta lógica de las palabras de Jesús sin pretender aferrarse solo a los propios esquemas. Se trata de entrar en una lógica que no fluye como un río, sino que va y viene como las olas del mar – *gleicht nicht dem Fortgang eines Flusses, sondern dem ewigen Wellenschlag eines Meeres*).

humana. Esto es lo que aconteció en Nazaret, después de escuchar las primeras palabras de Jesús y quedar maravillados por la fuerza amable de sus palabras («Y todos daban testimonio de él y estaban admirados de las palabras llenas de gracia que salían de su boca», Lc 4,22a), surge la rebelión del corazón humano contra quien le trae la salvación («Y decían: "¿Acaso no es éste el hijo de José?"», Lc 4,22b). Este escándalo se abre paso de forma indirecta, y cualquier cosa es útil para alimentar esa rebelión: que cure en sábado, que coma con los pobres y desprestigiados de la sociedad, que no sea lo suficientemente penitente. Pero el verdadero motivo no es nunca el que se pone de manifiesto. En la visita de Jesús a Nazaret que leemos en el evangelio de Mateo, después de haber enseñado en la sinagoga, los que lo habían escuchado decían maravillados: «"¿De dónde le viene a éste esa sabiduría y esos milagros? ¿No es éste el hijo del carpintero? ¿No se llama su madre María, y sus hermanos Santiago, José, Simón y Judas? Y sus hermanas, ¿no están todas entre nosotros? entonces, ¿de dónde le viene todo esto?". Y se escandalizaban a causa de él» (Mt 13,54c-57a)[114].

La intuición guardiniana, en la que se intenta pensar desde la razón y el corazón, ilumina un camino que nos puede hacer capaces de per-

---

[114] «An unserer Stelle Lukas: «Alle gaben Ihm Zeugnis und staunten über die Worte der Gnade, die aus seinem Munde hervorgingen». Das Wort «Gnade» ist hier noch kein fester Begriff, sondern noch Hinweis auf etwas Lebendiges, «Gnade» und «Anmut» zugleich. Im Deutschen meint das Wort jenes, das durch kein Recht erzwungen und durch keine Menschenkraft erobert werden kann, vielmehr aus reiner Huld kommt; im Griechischen liegt noch etwas mehr: Charis ist das aus der Huld Geschenkte, zugleich aber auch das Liebliche und Anmutige; zarte freie Schönheit ... So also empfinden sie Jesu Worte. Sie staunen über ihre herzberührende Macht. Und trotzdem der Einspruch: «Ist das nicht der Sohn Josephs?» [...]. Er weiß, was da vorstößt, und steht ihm. Es ist der Feind; Jesus zwingt ihn, herauszukommen und sich zu zeigen: »Da wurden alle in der Synagoge, als sie das hörten, von Zorn erfüllt [...]. Das ist die Offenbarung des Ärgernisses [...]. Doch tritt das Ärgernis selten nackt, als unverhülltes Angehen gegen Gottes Heiligkeit hervor», R. GUARDINI, *Der Herr*, 52-53. A lo largo de casi toda esta meditación se habla del escándalo (páginas 50-55), la parte de esta meditación que aquí es citada incluye la diferencia que Guardini constata entre el alemán y el griego al hablar de la palabra *Charis*, relacionado con las palabras llenas de gracia que salían de la boca de Jesús. Gracia (*Cahris*) en griego además de indicar algo que no obliga, que es un don gratuito, dice Guardini que indica una *belleza delicada*, *armónica*, *libre* y *elegante*. En la traducción al quitar la comparación con el alemán creo que pierde un poco de fuerza lo que su autor intenta mostrar. Es decir, que a pesar de toda la profunda belleza y bondad de las palabras de Jesús, surge el escándalo. Por último deseaba subrayar el interés de Guardini por el idioma original griego en sus meditaciones, intentando alcanzar el sentido literal del texto y ser también siempre respetuoso de lo que el texto dice.

cibir íntimamente algo más de lo que a simple vista aparece, para que no quedemos encerrados en el camino que conduce al escándalo que, por ejemplo, puede producir la humanidad de Jesús y la Iglesia como la mediadora en la que el Hijo de Dios es contemporáneo a cada tiempo y a cada persona. Entender el plano vital desde el cual el príncipe habla, y el «desnivel» con el plano vital desde el que es escuchado y juzgado por los otros personajes de la novela sugieren ya la tarea que implica una correcta interpretación. Para entender al príncipe, sus palabras y sus gestos, debemos ubicarnos en su mismo plano, mirar desde él, mirar como él mira la realidad. Lo mismo sucede con una correcta interpretación de Jesús, ella será posible si salimos de nosotros, si no nos dejamos encerrar solo por nuestros criterios, si nos ponemos en camino y nos dejamos guiar por Él, intentando participar en su mirada.

5. La contemporaneidad de Cristo en la Iglesia y el escándalo

El escándalo que provoca el Mediador tal como fue antes considerado nos acerca también al escándalo que provocan las mediaciones puestas por Jesús. Algo de esto expresa Guardini cuando habla del sentimiento humano que protesta contra el hecho de que la palabra revelada nos salga al encuentro a través de hombres, que nos parecen extraños, que tal vez ni siquiera son parte de nuestro pueblo, o hasta nos pueden parecer desagradables. Estas resistencias y este escándalo que se experimenta, como vimos en el punto anterior, no se dirigen tampoco en esta oportunidad contra Dios ni contra sus mediaciones en forma directa. El escándalo encuentra los motivos válidos en los valores y criterios humanos que consideran inadecuadas esas mediaciones con la realidad misma de Dios. Se pueden así elevar una serie de objeciones, ya sea contra las personas, el lenguaje, el tono de voz del que me transmite la palabra de Dios, porque me es humanamente lejano o personalmente antipático. Aquí aparece, según Guardini, en toda su claridad el significado de la fe (*Hier erscheint in aller Schärfe, was "Glaube" heißt*). La fe es escuchar el mensaje de Dios de la boca de personas que también tienen sus límites (*die Botschaft Gottes aus der Sprache von Menschen herauszuhören*). Es recibir la palabra eterna desde lo que está totalmente inserto en el tiempo (*das ewige Wort aus dem zu empfangen, was ganz in die Zeit verwoben ist*). Es aceptar eso que me habla de la forma más íntima; pero desde algo que me es extraño y quizás me causa rechazo. Es recibir ese mensaje que se me acerca, y llevar juntos toda la

CAP. III: INTUICIÓN E INTERPRETACIÓN

historia a la que ese mensaje está vinculado (*und die Last der Geschichte mitzutragen, die daran hängt*)[115].

Estos pensamientos subrayan una perspectiva nueva de la *inderivabilidad* y la novedad de la Revelación. Si la Revelación fuera posible de ser derivada o deducida solo desde criterios humanos debería poseer características diferentes a las que posee, y debería poder llegar a nosotros en una forma más acorde a los criterios y valores del mundo. Pero la Revelación desde la íntima cercanía a todo lo humano se abre camino y viene a nuestro encuentro en una forma que *no corresponde totalmente* a nuestros criterios humanos. La Revelación se muestra de esta forma independiente de los presupuestos humanos y la forma humana de comprenderla. Siempre hay en ella algo *oculto* y algo que la *manifiesta*, y el que escucha la palabra de Dios para poder captarla debe abandonar el terreno seguro de la experiencia inmediata, debe entregar su alma para ganarla (cf. Mt 10,39). Dios nos habla a todos porque todas las cosas manifiestan su providencia, actúa en todos los acontecimientos; pero todo ello queda indeterminado, marcado como vimos por la ambigüedad, de la cual se sale solo por medio de la Revelación. Y el camino por el cual la Revelación que nos manifiesta la realidad y la voluntad de Dios llega a nosotros es a través de personas, Dios nos habla por medio de sus mensajeros[116].

---

[115] «Darin protestiert das menschliche Gefühl dagegen, das offenbarende Wort durch andere Menschen entgegennehmen zu wollen; überhaupt durch andere, vor allem aber durch diesen Bestimmten, der ihm etwa als fremd, oder unangenehm, oder in irgend einem Sinn feindlich erscheint. Und es hat dafür auch gute Gründe – wie ja überhaupt das Ärgernis nicht im Widerstand gegen Gott einfachhin besteht, sondern darin, sich um wirklicher innerweltlicher Werte willen gegen die entscheidenden Forderungen Gottes aufzulehnen. Das Religiöse ist mein Lebendigstes und Eigenstes: wie kann mir zugemutet werden, Gottes Wort aus dem Wort eines anderen Menschen entgegenzunehmen? [...]. Hier erscheint in aller Schärfe, was "Glaube" heißt: die Botschaft Gottes aus der Sprache von Menschen herauszuhören, die sind, wie sie eben sind; das ewige Wort aus dem zu empfangen, was ganz in die Zeit verwoben ist; das am tiefsten Angehende aus dem Fremden, vielleicht Widerwärtigen. Das Herantretende aufzunehmen und die Last der Geschichte mitzutragen, die daran hängt. So hat sich der Vorgang des göttlichen Redens Schritt um Schritt von den Voraussetzungen menschlicher Einsichtigkeit abgelöst», R. GUARDINI, *Die Offenbarung*, 52.

[116] «Das Ergebnis solcher Überlegungen wird also wohl sein, daß die Situation des Glaubens im Wesentlichen die nämliche bleibt. Immer ist da, was offen macht; immer ist da, was verhüllt [...]. Immer gilt, daß er "seine Seele hingeben muß, um sie zu gewinnen; sie ihm aber verloren geht, wenn er sie festhält" (Mt 10,39). Wie sich das im Einzelnen zuträgt, kann man nicht vorweg sagen. Im Grunde kommt es wohl darauf hinaus, daß die Bereitschaft für die Offenbarung da sei. Etwas im Hörenden muß auf Wache stehen und horchen», R. GUARDINI, *Der Herr*, 319.

Nos engañamos si pensamos que el encuentro inmediato con Jesús facilitaría la fe. Si ver a Jesús y escucharlo directamente facilitaran creer en Él como el Hijo de Dios, se pregunta Guardini ¿por qué no creyeron en Él aquellos que tuvieron ese privilegio? Solo un grupo muy reducido creyó en Jesús. Desde nuestra experiencia sabemos también que es difícil creer al oír hablar a Jesucristo a través de mensajeros, que para nosotros no son ni siquiera los mensajeros de los primeros tiempos que vieron a Jesús con sus propios ojos, y que a veces tampoco son mensajeros convencidos. También es difícil la tarea de hacer oír la voz de Jesús a través de sermones, libros, símbolos; pero es casi tan difícil como el hecho de reconocer al Hijo de Dios en el Hijo del carpintero. El que escucha la palabra de Dios debe ser invitado a hacerlo con docilidad y con humildad, obedeciendo esa palabra y siendo paciente aun en los momentos de oscuridad. Esto permitirá que en algún momento *la mirada del amor* pueda reconocerlo y pueda así acontecer el encuentro. Es muy importante, para Guardini, saber esperar y permanecer siempre sincero. Es mejor soportar la incertidumbre que imponerse una actitud de inautenticidad. La buena voluntad, la auténtica disponibilidad, contiene ya de alguna forma la fe[117].

La relevancia de estos pensamientos en el contexto de este trabajo radica en los matices que permiten mirar la importancia de la experiencia personal de fe desde un horizonte que no permanece solo en lo subjetivo. Para la experiencia de fe no existen reglas precisas que determinen una forma o un tiempo, sino que más bien lo que Guardini sugiere en este camino del *encuentro*, son solo *algunas actitudes importantes* a tener en cuenta. Pero esa experiencia personal debe ser también confrontada con el horizonte más amplio que ofrece la palabra de Dios, que no es confiada a las personas en forma individual sino a toda la Iglesia. Cristo no confió su imagen y su mensaje a la corriente libre del espíritu y a las energías creativas del corazón, porque no solo envió el Espíritu, sino que también fundó la Iglesia. Selló una Nueva Alianza y no como simple alianza de la fe y de la vida, sino también del orden y de la auto-

---

[117] «Bleiben wir bei dem Blick, den die Liebe hat [...]. Dieser Blick wird Ihn erkennen. Freilich gibt es hier keine Regel, weder für die Weise, noch für die Zeit. Es kann sein, daß die tiefsinnigste Darlegung nichts sagt, eine schlichte Mahnung aber oder die Großmut eines Menschenherzens das Licht bringen. Es kann im Augenblick kommen; vielleicht muß man aber auch Jahr und Tag in der Unklarheit ausharren. Wenn man nur ausharrt und wahr bleibt! Es ist besser, die Ungewißheit weiterzutragen, als sich selbst in eine Entschiedenheit zu überreden, die doch keinen wirklichen Stand hat», R. GUARDINI, *Der Herr*, 320.

CAP. III: INTUICIÓN E INTERPRETACIÓN 379

ridad (*Er hat den Neuen Bund gestiftet; und nicht als bloßen Bund des Glaubens und Lebens, sondern auch der Ordnung und Autorität*). Todo esto es en la misma medida «espíritu», y es un falso espiritualismo y una evasión de lo que Dios dispuso no quererlo admitir. También la Iglesia constituida como misterio y ordenada de forma vinculante es obra del Espíritu. El Espíritu vino para darle forma y para guiarla. Y Cristo está ligado a la Iglesia de forma inseparable (*Mit ihr ist Christus unlöslich verbunden*)[118].

Esto no implica que Cristo no pueda ir al encuentro de quién quiera y como Él quiera. Él puede revelarse cuándo y cómo quiere, pero la regla es que Él se confió a la Iglesia, y la Iglesia anuncia a Jesús y su mensaje, desarrolla lo que ese mensaje contiene, lo hace presente en el mundo, desde aquí interpreta la existencia y hace entrar en el espacio de Cristo lo que vive en la existencia. Se preserva de los errores y si el tiempo lo requiere, hace evidente a través de fórmulas importantes los límites que separan la verdad del error. Siempre que se desvincula a Cristo de la Iglesia se cae en el puro intelectualismo, o en la arbitrariedad de la experiencia religiosa, en las secretas tentaciones de la voluntad o en las tendencias de determinadas estructuras individuales y nacionales. La Iglesia puede llegar a padecer también rigidez y dureza en sus doctrinas, pero allí donde tiene la tarea de conservar a Cristo en su libertad redentora, está protegida por Dios (*Die Kirche kann schlimme Verhärtungen und Verengungen erfahren – dort, wo sie die Aufgabe hat, Christus in seiner Erlöserfreiheit zu erhalten, ist sie göttlich behütet*). Este es el sentido más profundo de la promesa por la cual las puertas del infierno no prevalecerán sobre ella (cf. Mt 16,18)[119].

---

[118] «Christus hat sein Bild und seine Botschaft nicht einfachhin dem freien Strömen des Geistes und den schöpferischen Kräften des Herzens anvertraut, denn er hat nicht nur den Geist gesendet, sondern auch die Kirche gegründet. Er hat den Neuen Bund gestiftet; und nicht als bloßen Bund des Glaubens und Lebens, sondern auch der Ordnung und Autorität. Diese sind aber ebenfalls "Geist". Es ist eine falsche Geistigkeit, und bedeutet ein Ausbrechen aus der von Gott gesetzten Zucht, das nicht wahrhaben zu wollen. Auch die im Amt verfaßte und mit Verbindlichkeit anordnende Kirche ist Werk des Geistes; und um sie zu formen und zu führen, ist der Geist gekommen. Mit ihr ist Christus unlöslich verbunden», R. GUARDINI, *Die Offenbarung*, 123-124.

[119] «Das bedeutet keineswegs, Christus könne nicht kommen, zu wem er will und wie er will [...]. Für die Regel gilt aber, daß er der Kirche anvertraut ist [...]. Wo immer sie [seine Botschaft] von der Kirche abgelöst wird, verfällt sie der bloßen Intellektualität, oder der Willkür des religiösen Erlebens, oder den geheimen Absichten des Willens, oder den Tendenzen bestimmter individueller und volklicher Strukturen. Dann ist es nicht mehr der aus der Freiheit Gottes hertretende, die Welt unter Gericht nehmende und ebendarin erlösende Gottmensch, der da redet. Die

La Iglesia asume la función de la contemporaneidad de Jesús que pone a prueba la voluntad de creer. Aunque también es cierto que la fe del que enseña ayuda al oyente: la fe, enciende la fe (*Glaube entzündet Glaube*). Con esto se está en contacto no ya con una mera palabra, sino con una palabra creída, al menos en alguna medida. A partir de aquí se abre una nueva mirada sobre la existencia de la Iglesia. Ella es la comunidad en la que uno ayuda a otro a creer. Se está normalmente inclinado a pensar que la condición auténtica de la fe es aquella en la que se encuentra el oyente en forma *directa* y en primera persona frente a la palabra que transmite el primer mensajero. De este sentimiento nació la teología de Kierkegaard, cuando insistía en que la verdadera decisión de fe es la que surge de la contemporaneidad, lo cual es posible desde el ejercicio del cristianismo. Pero esto para Guardini es falso, ya que esa contemporaneidad no es la condición normal de la fe, y ni siquiera la condición mejor, sino una condición ocasional, que pasa rápidamente y que además es muy riesgosa[120]. En este proceso que culmina en la contemporaneidad de la Iglesia reconocemos nuevamente el camino de conversión de Guardini. Es desde esa experiencia religiosa que lejos de encerrarse en sí mismo, va subrayando cada vez con más claridad en el tiempo, la importante dimensión eclesial que caracteriza también su estilo interpretativo como un *principio guía* que se hace siempre presente. La dimensión eclesial le permite ampliar siempre más el nuevo horizonte que surgió en el momento de su

---

Kirche kann schlimme Verhärtungen und Verengungen erfahren – dort, wo sie die Aufgabe hat, Christus in seiner Erlöserfreiheit zu erhalten, ist sie göttlich behütet. Das ist der tiefste Sinn der Verheißung, wonach die "Pforten der Hölle sie nicht überwältigen werden" (Mt 16,18)», R. GUARDINI, *Die Offenbarung*, 125.

[120] «Was je in der Kirche an Mißlichem und Unwürdigem war, spricht gegen die Botschaft, und die Unzulänglichkeit des Lehrenden zeugt wider das, was er lehrt – insofern kann man sagen, für die Späteren übernehme die Kirche die Funktion der Gleichzeitigkeit, welche den Glaubenswillen erprobt. Wahr ist aber auch, daß der Glaube des Lehrenden dem Hörer hilft. Glaube entzündet Glaube. Was herantritt, ist kein nacktes, sondern ein geglaubtes – in irgend einem Maße wenigstens geglaubtes – Wort. Von hier aus öffnet sich ein neuer Blick in das Wesen der Kirche: sie ist jene Gemeinschaft, in welcher der eine dem andern glauben hilft; die Bewährung des einen sich beim andern zum Unterpfand der Wahrheit macht; der eine den andern in die religiöse Bewegung mitnimmt [...]. Aus diesem Gefühl ist denn auch eine ganze Theologie entstanden. Sören Kierkegaard hat gesagt, die eigentliche Glaubensentscheidung sei die in der Gleichzeitigkeit. Jede spätere sei nicht mehr eigentlich, sondern werde erst dazu, wenn der Mensch sich durch die "Einübung ins Christentum" in jene furchtbare Situation zurückversetze, das Entweder-Oder zwischen Glaube und Ärgernis erlebe und von da aus, durch keine Hilfe getragen, es mit dem Glauben wage. Die Theorie klingt rein und heroisch, ist aber falsch», R. GUARDINI, *Die Offenbarung*, 133-134.

conversión, y superando el escándalo de algo que no corresponde a un esquema de pensamiento solo humano, puede ver siempre con mayor claridad el contexto y las conexiones vitales que le permiten penetrar en la Sagrada Escritura.

6. El proceso de encuentro con la Sagrada Escritura

En este punto consideraremos tres momentos diferentes, primero cómo Guardini valora y se confronta con otras experiencias de encuentro con la Sagrada Escritura. Nos detendremos en la forma en el que este camino se desarrolla en tres figuras importantes: san Agustín, Pascal y Madeleine Sémer. En san Agustín es posible individualizar con más claridad algunos aspectos del proceso de encuentro con la Sagrada Escritura. En los otros dos autores, la Escritura aparece de manera más difusa, pero siguen siendo una ayuda importante que aporta claridad a todo el proceso. Un artículo de Massimo Borghesi sobre san Agustín nos servirá por momentos de guía[121]. Los otros dos autores antes nombrados se hacen presentes también en el artículo de Borghesi: Pascal y Madeleine Sémer. Pascal aparece muy brevemente en el artículo citado desde aspectos que lo vinculan a la *filosofía* y la *teología del corazón*. En este punto estos temas mencionados ocuparán un espacio más significativo desde indicaciones que aportan mayor claridad sobre todo en lo que se refiere al rol del corazón en el conocimiento y su vinculación con la ciencia. Nietzsche es otro de los protagonistas en el artículo de Borghesi, vinculado también con la filosofía y la teología del corazón[122], y desde él surge la relación con una figura importante en la que Guardini se detiene que es Madeleine Sémer. Con ella estamos ante una figura que se mueve entre Agustín y Nietzsche. El itinerario espiritual de Madeleine es similar al que se describe en las *Confesiones*, pero sin implicar la negación de la belleza ni de la bondad del mundo, lo que la transforma en una interlocutora que desde el agustinismo intenta dar respuestas a las objeciones nietzscheanas[123].

La elección de los tres autores antes mencionados se debe a que Guardini mismo relaciona sus caminos de búsqueda. La importante experiencia de conversión en cada uno de ellos, impulsados por un primado común del corazón, creemos que evidencia un momento luminoso de encuentro, en el que convergen el camino del corazón y el camino del

---

[121] M. BORGHESI, «Romano Guardini. Lumen Cordis», 175-198.
[122] Cf. M. BORGHESI, «Romano Guardini. Lumen Cordis», 195.
[123] Cf. M. BORGHESI, «Romano Guardini. Lumen Cordis», 194-195.

espíritu. Desde ese importante encuentro con Dios surge una nueva unidad en la que coincide lo exterior con lo interior, la propia conciencia con una forma de vida y una nueva forma de mirar. Después consideraremos la propia experiencia y reflexión guardiniana desde la cual Guardini mismo se confronta con la Sagrada Escritura e intenta considerar las actitudes indispensables al momento de dirigir la atención al conocimiento de la Escritura. El contexto de estas reflexiones guardinianas está marcado, sobre todo, por el momento en el que se encontraban los estudios bíblicos de su tiempo. Por último me detendré en un aspecto que desde su conversión estuvo siempre muy presente en la vida y el pensamiento de Guardini: la Iglesia, y el rol que la Iglesia desempeña en relación con el conocimiento de la Escritura.

6.1 *El primado del corazón en el conocimiento de San Agustín, Pascal y Madeleine Sémer*

Massimo Borghesi dice que en el itinerario especulativo y espiritual de Romano Guardini el encuentro con san Agustín representa un momento esencial. Agrega además que no es suficiente decir que Guardini es un pensador marcado por el agustinismo, sino que además se debe decir que Agustín es «su» autor. Aunque después añade que a nivel conceptual otros pensadores como Max Scheler tienen en Guardini un rol más importante. Por último, y casi de forma un tanto desconcertante, afirma Borghessi que no se puede decir que Guardini *conozca de verdad* el *pensamiento de san Agustín*[124]. Agregando, finalmente, en otra página que las pocas referencias críticas a otros autores y las pocas obras de Agustín que Guardini cita en sus libros son un prueba de su imperfecto conocimiento[125].

Es importante recordar que Guardini cita muy poco en todos sus libros, salvo en sus trabajos académicos de doctorado y habilitación. Escribe intentando dar forma a lo que su intuición le sugiere, dejando de lado casi toda la información que logró adquirir, dirigiéndose sobre todo a expresar lo que *él* percibe y considera importante. Intenta darle forma a lo que en *su* encuentro lo tocó desde la intuición (*Anschauung*), por eso no pretende dar la última palabra en sus interpretaciones, pretende más bien compartir sus respuestas y sus encuentros vitales desde el esquema de contrastes, invitando al lector a transitar el propio camino de encuentro. Borghesi repite nuevamente en su artículo que, no

---

[124] Cf. M. BORGHESI, «Romano Guardini. Lumen Cordis», 175.
[125] Cf. M. BORGHESI, «Romano Guardini. Lumen Cordis», 176.

obstante este límite en el conocimiento de san Agustín, este es «el» autor de Guardini, y lo es antes que por los contenidos, por la *unidad de fe* que constata en él, la *unidad de vida y conocimiento*, por el *encuentro entre amor y conocimiento*, entre *corazón e intelecto*, esto está también en el centro de la gnoseología guardiniana[126]. En este trabajo ya hemos hablado de la unidad de la gnoseolgía guardiniana, la unidad del concreto viviente y la importancia de un conocimeinto que logre captar esta unidad. A la unidad de la gnoseología guardiniana que señala Borghesi queremos dirigir nuevamente la atención, deteniéndonos en los pasos que desde el pensamiento agustiniano conducen a ella, considerando con atención la nueva actitud que surge de allí y desde la cual Agustín se dispone y prepara al encuentro con la Sagrada Escritura.

6.1.1 San Agustín y el primado del corazón en el conocimiento

El libro de Guardini sobre Agustín habla principalmente de su proceso de «conversión». Yo me detendré en un aspecto de ese proceso, y es el que se refiere a la nueva perspectiva de conocimiento y a la nueva actitud que el proceso de conversión va iluminando en la vida de San Agustín, posibilitando contemporáneamente una nueva perspectiva para *encontrar* la Sagrada Escritura. Un importante aspecto de ese proceso es el que se pone de relieve al hablar del corazón y todo lo que ello significa, también en cuanto centro interpretativo. Al inicio de este libro sobre la conversión de san Agustín Guardini manifiesta una vez más *el límite de lo histórico* en su obra. Tampoco aquí pretende con esta obra hacer un aporte a la investigación histórica sobre San Agustín (*Es will keinen Beitrag zur historischen Augustinusforschung liefern*)[127]. Lo que aquí intenta Guardini es más bien entender la persona-

---

[126] «Cionondimeno, Agostino resta il "suo" autore. Lo é prima ancora che per i contenuti, per l' unità tra fede-vita-conoscenza, per l'incontro tra amore e conoscenza, cuore e intelletto, che sta al centro della gnoseologia guardiniana. Lo é, infine, per il tono esistenziale, personale, in cui é incontrato il mondo, l'altro, Dio», M. BORGHESI, «Romano Guardini. Lumen Cordis», 177.

[127] «Es will keinen Beitrag zur historischen Augustinusforschung liefern, sondern die Persönlichkeit und ihren Gedanken in ihrer dauernden Gestalt und als immer offene Möglichkeit christlichen Daseins verstehen. Der Verfasser konnte auch die *Confessiones* nicht in den Zusammenhang der übrigen augustinischen Schriften stellen. Diese Aufgabe hätte seine Kräfte ebenso überschritten, wie jene, ihn in den Zusammenhang seiner Zeit, und seine Zeit in die geistige und dogmengeschichtliche Gesamtentwicklung einzufügen. Dadurch wird der Wert der vorgelegten Untersuchungen stark eingeschränkt, und es muß dem Urteil des Lesers überlassen bleiben, wieweit das

lidad y el pensamiento de Agustín, intenta llegar a la raíz y al corazón de sus pensamientos, y, a mi modo de ver, se nos indican así aspectos importantes del corazón interpretativo guardiniano[128].

En la autopercepción de Agustín influye claramente no solo el intelecto sino toda su existencia. Estos son factores muy importantes en su proceso de conversión, en cuanto un lento proceso de *armonización,* al que lo condujeron una serie de encuentros, una armonización en su persona entre lo que vivía interiormente y lo que vivía y manifestaba exteriormente. Agustín no se hizo cristiano, ya que jamás fue pagano, ya de niño aprendió a rezar para que no lo golpearan en la escuela por no ser un estudiante muy aplicado con las tareas escolares[129]. Cuando Agustín tenía diecinueve años, dos años después de la muerte de su padre, leyó el *Hortensio* de Cicerón, libro que tocó profundamente su espíritu acercándolo a Jesús[130]. Después de la lectura de Cicerón se sintió atraído por las Sagradas Escrituras sin obtener en este primer acercamiento mucho provecho, al no hacerlo desde una actitud adecuada que le permitiera comprenderlas[131].

El proceso interior de las Confesiones nos habla de un camino de *clarificación* de las representaciones y conceptos religiosos, y una *transformación* de la *actitud vital* desde donde se percibe toda la realidad cristiana. Agustín experimenta la realidad particular de Dios y de

---

tatsächlich Beigebrachte den Versuch dennoch rechtfertigt», R. GUARDINI, *Die Bekehrung des Aurelius Augustinus*, 14.

[128] «Unsere Arbeit möchte wissen, wie Augustins Gedanke an seiner Wurzel aussieht; dort, wo er mit der Möglichkeit eines vom Christlichen absehenden "rein natürlichen" Standpunktes gar nicht rechnet, sondern in der Welt, wie sie aus der Offenbarung hervortritt, "die" Welt, und daher im Glaubensdenken das wahre Denken einfachhin sieht. Sie möchte diesen Gedanken dort erfassen, wo er aus dem inneren Tun und Sein hervorgeht und wieder dahin zurückkehrt, ohne noch von der Aufgabe einer kritisch abgeschiedenen und methodisch durchgeführten Theorie beunruhigt zu sein», R. GUARDINI, *Die Bekehrung des Aurelius Augustinus*, 15.

[129] «De ahí que siendo aún niño, comencé a invocarte como a mi refugio y amparo, y en tu vocación rompí los nudo de mi lengua y, aunque pequeño, te rogaba ya con no pequeño afecto que no me azotasen en la escuela», S. AGUSTÍN, *Las Confesiones*, 85-86). En una ocasión también siendo niño, debido a una grave enfermedad del estómago que casi lo conduce a la muerte, solicitó con fervor ser bautizado (cf. *Ibid.*, 88).

[130] «Semejante libro cambió mis afectos y mudó hacia tí, Señor, mis súplicas e hizo que mis votos y deseos fueran otros», S. AGUSTÍN, *Las Confesiones*,137.

[131] «En vista de ello decidí aplicar mi ánimo a las Santas Escrituras y ver qué tal eran. Mas he aquí que veo una cosa no hecha para los soberbios... Sin embargo, al fijar la atención en ellas, no pensé entonces lo que ahora digo, sino que simplemente me parecieron indignas de parangonarse con la majestad de los escritos de Tulio. Mi hinchazón recusaba su estilo y mi mente no penetraba su interior», S. AGUSTÍN, *Las Confesiones*, 138-139.

Cristo, pero los instrumentos con los que Agustín contaba no eran suficientes para pensar esa realidad. Gran parte de la historia de su conversión está formada por la serie de intentos a través de los cuales se esforzó por obtener esas herramientas necesarias, sobre todo el concepto de espíritu. En este proceso subyace el camino de la apertura del corazón, desde el que se generó la viva unidad humano-física y espiritual. Cuando a través de este proceso Agustín llega a la *decisión* definitiva, alcanza allí su punto culminante, y se hace cada vez más clara la conciencia de que Dios existe. Que su rostro está dirigido hacia él y todo ello no desde una conciencia noética, sino desde una profunda experiencia. Se trata de un *saber* que se encuentra *antes* de todo pensamiento teórico, juicio ético o decisión práctica (*das vor allem theoretischen Gedanken, ethischem Urteil oder praktischem Entschluß liegt*). Desde este punto de vista, la historia de su conversión es la historia de esa aproximación y compenetración. Cuando su corazón se abre al bien, y cuando su voluntad se hace más dócil, permitiendo entrar en eso diferente que él no logra definir, ni pensar solo con sus criterios, experimenta algo nuevo, una realidad de algo diverso que le viene dado, y es *tocado* también íntimamente por eso que ahora conoce. Se hace así presente un nuevo conocimiento que lo toca profundamente y crea en él una nueva mirada y una nueva unidad[132].

Su conversión consistió en la *decisión* de hacerse responsable no solo ante Dios, y ante Jesús, sino también ante sí mismo, de eso que ya existía en su ser más profundo. La conversión en Agustín no se presenta como un pasaje de la incredulidad a la fe, sino que se trata de superar las resistencias de su persona, para extraer todas las consecuencias de lo que en él estaba presente ya interiormente. Desde diferentes encuentros y vivencias, desde su propia reflexión, es conducido gradual-

---

[132] «Die verfügbaren Denkmittel reichen aber nicht aus, um sie so zu denken, wie er sie erfährt, und wie anderseits sein intellektuelles Gewissen es verlangt. So ist die Geschichte seiner Bekehrung zu einem guten Teil die Geschichte der Anstrengungen und Begegnungen, die ihm diese Denkmittel, vor allem den Begriff des Geistes und des Bösen verschaffen – welchem Vorgang der andere zugrunde liegt, daß der Herzraum sich öffnet, die Herzkraft aufbricht, und darin die lebendige Leibseelische Menscheneinheit wird [...]. Von hier aus gesehen, ist die Geschichte seiner Bekehrung die Geschichte der allmählichen Auflockerung jener Widerstände, bis zu dem mit großer Kraft geschilderten Gipfelungspunkt, wo die letzte Entscheidung fällt [...]. Damit ist kein Bewußtsein im gedanklichen Sinne gemeint, sondern jenes innere Gegenüberstehen, Daran-Geraten, Bescheid-Wissen, das vor allem theoretischen Gedanken, ethischem Urteil oder praktischem Entschluß liegt. Der Erfahrende steht in Fühlung von Wirklichkeit zu Wirklichkeit», R. GUARDINI, *Die Bekehrung des Aurelius Augustinus*, 156-157.

mente, paso a paso, hasta que llega la hora de la decisión desde donde se armonizan lo interior y lo exterior, la conciencia y la manera de vivir (*Denken und Tun allmählich von Schritt zu Schritt geführt, bis die Stunde für die letzte Entscheidung da ist, durch welche Inneres und Äußeres [...] in Übereinstimmung gelangen*). En un determinado momento, en Agustín, se hace más dócil la íntima voluntad que se resistía y prentendía continuar con la vida anterior. Su *corazón* se abre al bien, y las fuerzas del amor se despiertan, permitiendo que su espíritu penetre en toda su vida. Y que la sangre y la carne penetre también en lo espiritual. Surge en Agustín una nueva unidad que hace su vida interior más rica y humana[133].

Agustín expresa la poca utilidad que le brindaba comprender todos los libros que tenía a mano para su búsqueda más íntima. A pesar de su inteligencia y capacidad interpretativa se experimentaba esclavo de sus malas inclinaciones. Aunque contaba con una gran capacidad intelectual desde la que lograba enteder muchas cosas, no era sin embargo capaz de entenderse a sí mismo, vivía de espaldas a sí mismo sin poderse ver claramente (*so wurde mein Angesicht, mit welchem ich das Beleuchtete sah, selbst nicht beleuchtet*)[134]. Pero a partir de una nueva claridad que se le ofrece a la mirada, y que no podía obtener por sus propios medios, pero sí recibirla preparándose para dejarla entrar en lo más íntimo de su vida, encuentra el camino de una nueva comprensión y de unidad consigo mismo. Desde ese nuevo conocimiento y unidad podrá entender también de forma diferente la vida, ya no solo confiado en sus criterios y capacidades, sino también abierto a esa luz que le viene al encuentro y que le ofrece una mirada diferente de las cosas[135].

Solucionar el problema del conocimiento que lo hacía percibirse de espaldas a la luz no le fue posible a través del maniqueísmo, ni a través

---

[133] «Die Antwort aber scheint jedenfalls zu lauten, daß Augustinus durch jene Bekehrung nicht Christ geworden ist, da er nie Heide war [...]. Denken und Tun allmählich von Schritt zu Schritt geführt, bis die Stunde für die letzte Entscheidung da ist, durch welche Inneres und Äußeres, Gewissen und Lebensführung, mahnendes und handelndes Sein in Übereinstimmung gelangen [...]. Der böse Wesenskern und sein Wille lockern sich; das Herz öffnet sich dem Guten; seine Kraft, zu lieben, erwacht. Der Geist dringt in die Vitalität; das Blut in die Spiritualität. Das Innenleben wird reicher, freier, wärmer, zarter, innerlicher», R. GUARDINI, *Die Bekehrung des Aurelius Augustinus*, 143-144.

[134] «¿De qué me aprovechaba también que leyera y comprendiera por mí mismo todos los libros que puede haber a la mano sobre las artes que llaman liberales, siendo yo entonces esclavo perversísimo de mis malas inclinaciones? Gozábame con ellos, pero no sabía de dónde venía cuanto de verdadero y cierto hallaba en ellos, porque tenía las espaldas vueltas a la luz y el rostro hacia las cosas iluminadas, por lo que mi rostro, que veía las cosas iluminadas, no era iluminado», S. AGUSTÍN, *Las Confesiones*, 184-185.

[135] Cf. R. GUARDINI, *Die Bekehrung des Aurelius Augustinus*, 139-148; 182-204.

del escepticismo, desde dónde Agustín sintió que se aportaban pocas cosas realmente sólidas. Finalmente, Agustín vio con claridad que un camino de solución implicaba una decisión que partiera desde los fundamentos de la propia existencia. Esto lo puede concretar solo desde una mirada que penetre en toda su vida. Desde estas reflexiones que implican también una decisión existencial, descubre, según Guardini, la autoridad de las Sagradas Escrituras, autoridad que se abre paso a través del sentido que ellas le ofrecen, y que le hacen prestar más atención al mensaje de la Iglesia. Una reflexión adecuada puede acercarnos más a todo esto para poder descubrir y conocer esta autoridad de las Sagradas Escrituras, pero no puede forzarnos a una tal aceptación. Aquí es decisiva una *experiencia*, una confrontación, un revelarse y un ver. De esto surgirá, no solo una comprobación racional, sino también una obediencia viva. Y Agustín experimenta aquella apertura nueva de la existencia que se genera cuando la persona reconoce otro centro de sentido, incondicionado, que está frente al propio yo humano[136].

El conocimiento se presenta nuevamente como algo que no acontece por un camino separado del resto de la existencia, y nuestra relación con los instintos determinará también nuestro conocimiento. Guardini invita a cuestionar la creencia moderna de que el cristianismo es hostil a los sentidos y al mundo. Aquí debe recordarse la lucha constante que el cristianismo libró contra los dualismos y espiritualismos de todo tipo, ya que el cristianismo apunta a redimir y transformar el mundo, y no busca su destrucción. Pero por otro lado se nos recuerda que la relación ordenada con los instintos no es fácil. Guardini nombra de forma explícita la relación con el poder, con la sexualidad y la propiedad. La postura

---

[136] «Bald aber reift eine entscheidende Erkenntnis. Ihm kommt zu Bewußtsein, wie der Manichäismus – nicht anders als die Esoterik aller Zeiten – zwar dem Glauben der Kirche gegenüber den Anspruch macht, auf Geisteseinsicht und Wissenschaftlichkeit zu beruhen, zugleich aber aus angeblich höherer Erfahrung heraus der Gläubigkeit seiner Anhänger das Unwahrscheinlichste zumutet... Anderseits sieht er, wie wenig wirklich Festes eine immer wieder in Skepsis absinkende Philosophie zustande bringt... Dadurch wird ihm klar, daß es um eine Entscheidung über die letzten Grundlagen geht; um die Begründung der existentiellen Ebene. Die aber kann weder durch Philosophie, noch durch Mystik, sondern nur durch einen wirklich sehenden Blick auf das Dasein und durch einen wirklichen Entschluß in diesem Dasein vollzogen werden. So erkennt er die Autorität der Heiligen Schrift [...]. Was aber die Erkenntnis angeht, ob wirklich Autorität dastehe, so können bloß gedankliche Überlegungen sie wohl näher bringen, doch nicht erzwingen. Das letzte geschieht durch eine Erfahrung, ein barangeraten, einen Stoß, ein Offenwerden und Sehen. Daraus geht dann nicht mehr nur gedankliche Feststellung, sondern lebendiger Gehorsam oder ebensolche Auflehnung hervor», R. GUARDINI, *Die Bekehrung des Aurelius Augustinus*, 190-191.

que el pensador adopta ante los instintos afecta profundamente sus convicciones (*So läuft zum Beispiel die Erkenntnis nicht als abgetrennter Bereich neben dem übrigen Dasein her, sondern nimmt es mit allen seinen Inhalten in sich auf*). Afirmar la existencia de un pensamiento incondicionado, de naturaleza independiente de la vida que se lleva, significa una inmadurez del conocimiento de la vida que en realidad no debería permitirse. Sin embargo, la experiencia demuestra que dicha inmadurez puede ir a la par de un elevadísimo grado de conocimiento racional[137].

El crisitianismo como camino de plenitud es una ayuda que se ofrece a cada persona para ampliar los horizontes de conocimiento, lo cual es posible solo si se asume la difícil tarea de ordenar la relación con los propios instintos. El *cristianismo* quiere conducir a *toda* la persona a una relación viva con Dios. Para ello se deben vencer las cadenas que atan la voluntad, desde la servidumbre de los instintos ligados al poder, la posesión y la sexualidad. La forma en que cada uno debe llevar adelante esta batalla estará vinculada también a su propia vocación. Pero ciertamente el camino común para todos es el del *ascetismo*, que para la mirada guardiniana significa vivir cada vez más fielmente las consecuencias que la fe tiene en nuestra vida. La fe exige una *transformación*, y esa transformación no puede realizarse de otra forma que no sea a través del vencimiento. Eso para Guardini pone de relieve la importancia y la necesidad de la ascética, la cual se vincula así también desde la unidad de toda la persona a un correcto conocimiento (*Glaube fordert einen Umbau des inneren Lebens, und dieser Umbau kann nicht anders vollzogen werden als durch Überwindung. Das ist Askese*)[138].

Todo esto nos habla de un vivo movimiento interior que Guardini describe magistralmente. Dice que el corazón está en contacto con Dios

---

[137] «Hier muß wohl eine grundsätzliche Bemerkung eingeschaltet werden. Das neuzeitliche Dogma, wonach das Christentum als solches sinnen – oder weltfeindlich ist, sollte nachgerade erschüttert sein. Eigentlich sollte nicht mehr übersehen werden können, welch unablässigen Kampf es gegen Dualismen und Spiritualismen aller Art geführt hat und immer weiter führt; wie deutlich es darauf gerichtet ist, die Welt nicht zu zerstören, sondern zu erlösen und zu verwandeln. Anderseits sollte man aber auch sehen können, daß für jeden Menschen, der nicht einfach im Trieb aufgeht, das Verhältnis zu Macht, Besitz und Geschlecht alles andere als einfach ist», R. GUARDINI, *Die Bekehrung des Aurelius Augustinus*, 200.

[138] «Sie bedeutet nichts anderes, als daß der Glaube Folgen für die Lebensführung hat. Daß man also, um "Gott zu dienen", auf den "Mammon" verzichten; um für Ihn frei zu werden, die Verklammerung der Welt lockern muß. Glaube fordert einen Umbau des inneren Lebens, und dieser Umbau kann nicht anders vollzogen werden als durch Überwindung. Das ist Askese», R. GUARDINI, *Die Bekehrung des Aurelius Augustinus*, 202.

y la voluntad desea creer; pero aquello no puede llegar a la mente pensante, porque ella no dispone de los conceptos necesarios. El corazón sabe quién es Dios y lucha contra los obstáculos que le pone el pensamiento. Pero, el pensamiento es demasiado poderoso como para rendirse ante el corazón que ya está dispuesto a creer. *Y está bien que así sea*, porque no solo debe creer el corazón, sino también el espíritu (*Ja, es darf das gar nicht; denn nicht nur das Herz, auch der Geist soll glauben*). Y para que el espíritu crea, es necesario hacerle justicia a la conciencia pensante. Lo que implica la tarea de hacer justicia al misterio y presentarlo de forma correcta como una auténtica realidad y no como un mito o una idea que todavía no fue discernida en profundidad (*Das darf sich wohl vor dem christlichen Geheimnis beugen, denn das Geheimnis ist eine echte Wirklichkeit, und ihm entspricht also auch ein echter Begriff*)[139].

El misterio cristiano es la Grandeza y la Santidad de Dios que se dirige al hombre finito y pecador (Das christliche Geheimnis ist die Hoheit, welche der Heilige Gott gegenüber dem Menschen, seiner Endlichkeit und seiner Sünde aufrichtet). La conciencia pensante puede inclinarse ante el misterio cristiano, porque el misterio es una realidad auténtica a la que le corresponde un concepto auténtico. Este misterio se relaciona con una existencia. Está bien que ante el misterio el pensamiento terrenal realice el sacrificio de su propia autonomía. Algo muy diferente y que no sería correcto es que el pensamiento debiera aceptar como verdadero algo que considera falso y absurdo. Agustín mantiene claramente la conciencia de que el corazón no puede quitarle ninguna responsabilidad a la razón, y la voluntad no debe menoscabar la dignidad de la razón; aun cuando el corazón ya sepa y la razón aún no[140].

---

[139] «Das Herz steht in Fühlung mit Gott. Der Wille will glauben. Das alles kann aber nicht in den denkenden Geist gelangen, weil dieser die nötigen Begriffe nicht hergibt. Das Herz weiß, wer Gott ist, und rennt gegen die Hindernisse an, die das Denken ihm entgegenstellt. Dieses aber ist zu mächtig, als daß es einfach vor dem glaubenswilligen Herzen kapitulierte. Ja, es darf das gar nicht; denn nicht nur das Herz, auch der Geist soll glauben. Zur Gläubigkeit des Geistes gehört aber, daß dem Denk-Gewissen sein Recht werde. Das darf sich wohl vor dem christlichen Geheimnis beugen, denn das Geheimnis ist eine echte Wirklichkeit, und ihm entspricht also auch ein echter Begriff. Es bedeutet nicht nur die Tatsache, daß etwas noch nicht richtig gesehen oder verstandesmäßig durchdrungen worden ist; aber auch nicht den Bereich der Ahnung und des Mythos. Das christliche Geheimnis ist die Hoheit, welche der Heilige Gott gegenüber dem Menschen, seiner Endlichkeit und seiner Sünde aufrichtet», R. GUARDINI, *Die Bekehrung des Aurelius Augustinus*, 206.

[140] «So ist es recht und vorbildlich, wenn Augustinus sich bewußt bleibt, daß das Herz dem Verstande keine Verantwortung abnehmen kann und der Wille die Würde

No se quieren repetir aquí cosas ya dichas, solo subrayar para tener también en cuenta lo que se dijo sobre la mirada contrastada, en una nueva forma de expresión desde la que se ve la tensión entre el corazón y la razón. Cada uno de ellos debe poder hacer su camino de fe, recordando que uno no puede ser deducido del otro, en ambos se manifiesta la vida y ninguno de ellos puede ser suprimido o no ser tenido lo suficientemente en cuenta.

El espíritu es el que puede contemplar y aprehender a Dios, lo que en el hombre es *capax Dei* (*Geist ist das, was Gott schauen, Gott fassen kann, was capax est Dei*). Este espíritu es el alma del ser humano en la medida en que dicha alma está llamada a participar de Dios. Según Agustín es factible hablar de forma adecuada del espíritu desde el punto de vista filosófico recién cuando por la fe y la experiencia religiosa aprendemos lo que es Espíritu divino y lo que es el espíritu del hombre en relación con Dios[141]. Pero esta experiencia que fundamenta la existencia espiritual de Agustín no se opera desde el mero espíritu, sino también desde el corazón. Se trata por lo tanto de un espíritu *abierto a Dios* y *abierto al propio corazón*. En esta unidad en tensión y apertura recíproca de corazón y espíritu es en la que la totalidad de idea, luz interior, verdad, ser, espíritu y el propio yo, es percibida, sentida y abrazada (*um den Zusammenhang von Idee, innerem Licht, Wahrheit, Sein, Geist, Selbst und ewigem Leben*). Esta unidad vital no se trata de una razón autónoma, ni de la razón que solo teoriza, ni de una razón solitaria; sino que se trata de la razón unida al cuerpo, abierta al corazón y cercana a la sangre. Es el corazón el que está en el centro de la existencia espiritual cristiana de Agustín (*was im Mittelpunkt von Augustins geistig-christlichem Dasein steht*) y desde ese corazón alcanzado por el amor de Dios la persona puede responderle (*Was darauf im Menschen antwortet, ist das Herz – aber das von der Gottesliebe berührte, in der Gnade sich bekehrende*). No se

---

des Verstandes nicht antasten darf, selbst wenn das Herz schon wissend ist und der Verstand noch nicht weiß», R. GUARDINI, *Die Bekehrung des Aurelius Augustinus*, 207.

[141] «Geist ist das, was Gott schauen, Gott fassen kann, was capax est Dei. Geist ist die Menschenseele, sofern sie berufen ist, an Gott teilzuhaben, und tatsächlich teilhat. Ein autonom-philosophischer Begriff des Geistes besteht, wie wir bereits im ersten Teil dieser Arbeit gesehen haben, für Augustinus nicht, oder besser er interessiert ihn nicht [...]. Erst unter der Überwölbung des pneumatischen wird das natürlichspirituelle Geistsein deutlich, das dann als Unzerstörbarkeit, Freiheit, Sinnfähigkeit usw. bestimmt werden mag. Philosophisch über den Geist handeln kann man nach Augustinus zuständigerweise erst dann, wenn man durch Glauben und religiöse Erfahrung belehrt wird, was göttlicher Geist ist, und was der Geist des Menschen mit Bezug auf Gott», R. GUARDINI, *Die Bekehrung des Aurelius Augustinus*, 216.

habla aquí del corazón y del amor como si se tratara solo de algo sentimental, o solo de sentimientos. Ya se dijo que todo esto va unido al espíritu, es la tensa unidad de espíritu y corazón, por lo tanto no se habla tampoco aquí de un espíritu autónomo, abstracto; sino de un espíritu que se hizo cálido por el calor de la sangre, vulnerable, entregado y a la vez custodiado. El hombre conoce la verdad que se revela aquí, en este «ámbito» de unidad en tensión de *corazón* y *espíritu*, precisamente porque la verdad que se nos revela es una verdad *viva* y es *amor*[142].

Guardini afirma casi al comienzo de su obra sobre Agustín que lo religioso es vida, por lo tanto opera con las fuerzas del hombre vivo, necesita la vida religiosa de la vida del espíritu, necesita las energías del instinto. La psicología moderna enseña a ver mejor algo que la sabiduría religiosa ya sabía, y es aquello que señala que la dimensión de los instintos se incorpora a los actos religiosos, que las *fuerzas fundamentales* del ser humano *nutren* tanto su *vida orgánica* como su *vida religiosa*. Se coloca así en evidencia que ambos campos de acción se influyen mutuamente, ya sea de forma positiva o negativa. Por esa razón, el desarrollo de la vida religiosa depende también de esas energías vitales fundamentales. Cuando ese flujo de energías vitales fluyen de forma adecuada, entonces el plano de los sentidos es iluminado, movilizado y transformado por el espíritu. Pero eso será posible en un plano intermedio que posibilite el encuentro entre los sentido y el espíritu. Ese lugar de *encuentro* entre los *sentidos* y el *espíritu* es para Guardini el *corazón* (*Dieser Mittenraum ist das Herz*). El *corazón* es el plano en el que el espíritu cala hasta los huesos, *dónde el espíritu es asumido por lo orgánico*, y donde *lo orgánico se acerca al espíritu y se dispone a ser transformado por el espíritu*[143].

---

[142] «Dieses Augustins geistige Existenz begründende Geschehnis vollzieht sich aber nicht aus dem bloßen Geiste, sondern aus dem Herzen [...]. Er handelt von etwas, was im Mittelpunkt von Augustins geistig-christlichem Dasein steht: um den Zusammenhang von Idee, innerem Licht, Wahrheit, Sein, Geist, Selbst und ewigem Leben. Gesehen, empfunden und in lebendiger Entscheidung bejaht wird dieses Ganze im Herzen. Nicht im theoretischen, sondern im schätzenden; nicht im bloßen, fernen, sondern im leibverbundenen, blutnahen Geiste [...]. Was darauf im Menschen antwortet, ist das Herz – aber das von der Gottesliebe berührte, in der Gnade sich bekehrende [...]. Nicht "Gefühl" im neuzeitlichen Sinn des Wortes, sondern "Geist". Aber nicht losgelöster, gar abstrakter, sondern im Blute warmgewordener Geist; dem Schicksal zugänglich, verletzbar, preisgegeben und behütet zugleich; arm und himmlisch reich, der Tränen und des Lachens fähig [...]. Die Liebe erkennt die sich hier und so offenbarende Wahrheit – deshalb, weil diese Wahrheit lebendig und selber Liebe ist», R. GUARDINI, *Die Bekehrung des Aurelius Augustinus*, 217-218.

[143] «Das Religiöse ist Leben; so arbeitet es mit den Kräften des konkreten Menschen, auch denen des Triebes. Die neuere Psychologie hat besser sehen gelehrt, was die

Es el amor el que hace ver lo que en la Revelación debe ser visto, es el que crea la existencialidad de la auténtica relación entre creatura y creador. La caridad es la que conoce, la que percibe la luz, cuyo conocimiento implica también la conversión. Pero ese amor no puede concretarse de forma arbitraria. Hay condiciones para su realización, ya que el hombre debe querer llegar a la pureza del amor, creciendo en la armonía entre lo interior y lo exterior, que supere la dialéctica de la contradicción, de querer pero no querer totalmente, con todas las consecuencias, donde el amor tampoco logra llegar a la posesión de su energía vital. En este camino de la conversión, la persona debe aceptarse como lo que es, es decir como pecadora, pero también desde la Revelación[144]. El conocimiento obtenido crecerá en la medida en que aumente la pureza, la fuerza desde la unidad, el amor. Conocer a Dios significa entrar en un campo de fuerza que modifica al cognoscente, el corazón unido al espíritu lo va guiando a una transformación, el amor unido al pensamiento, y unidos entre ellos, unidos a todo el cuerpo y a los sentidos[145].

Después de la experiencia religiosa y del camino de fe iniciado en la vida de san Agustín, este regresa a las Sagradas Escrituras como lo hizo cuando tenía diecinueve años, pero su actitud es diferente. El resultado más importante de todo ello es el descubrimiento de una verdad allí presente y que no es posible de ser alcanzada desde un conocimiento meramente autónomo (*Sie werden nicht als autonome Erkenntnis, sondern als Gabe erfaßt*). Ese conocimiento es posible solo como un don, las verdades allí presentes ofrecen una luz diversa para mirar y entender toda la

---

religiöse Weisheit immer gewußt hat: daß der Trieb in die religiösen Akte eingeht – falls man nicht richtiger sagen muß, daß die gleichen Grundkräfte des Menschen sowohl sein organisches, wie auch sein religiöses Leben speisen; daß diese Aktbereiche einander wechselseitig beeinflussen, fördern und stören [...]. Soll aber dieser Einstrom richtig vorsichgehen, dann muß die Sinnensphäre vom Geiste her aufgehellt, in Bewegung gebracht, gebändigt, umgewandelt werden. Das wiederum ist nur möglich, wenn über ihr, zwischen ihr und dem Geiste, ein Minenbereich entsteht, wo der Geist "ins Blut gehen", vom Organischen angeeignet werden; wo das Organische seinerseits in Geistnähe kommen und verwandlungsbereit werden kann. Dieser Mittenraum ist das Herz», R. GUARDINI, *Die Bekehrung des Aurelius Augustinus*, 53-54.

[144] «Die Liebe, die Augustinus meint, ist [...] die *caritas*. [...]. Um sie zu gewinnen, bedarf es nicht nur des Durchdringens zur Lauterkeit der Gesinnung und Kraft des Könnens, sondern der Bekehrung. Denn diese Liebe wird als Gnade empfangen und im Mitvollzug der Liebe Gottes verwirklicht. Darin ist aber vorausgesetzt, daß der Mensch als das offenbar werde, was er ist, als Sünder; daß er dieses Offenbarwerden annehme und vollziehe; es durchvollziehe zu lebendigem Können, zur heiligen "Tugend der Liebe"», R. GUARDINI, *Die Bekehrung des Aurelius Augustinus*, 221.

[145] Cf. R. GUARDINI, *Die Bekehrung des Aurelius Augustinus*, 220-226.

CAP. III: INTUICIÓN E INTERPRETACIÓN

realidad. Al leer las cartas de san Pablo, Agustín experimenta que esas palabras son realmente una gracia, como así también la mirada nueva con las que las puede leer (*das ist wichtiger: jene Wahrheiten sind bei Paulus in der richtigen Weise vorhanden, nämlich "unter Voranstellung der Gnade", das heißt als Offenbarung*). Él mismo puede mirarse de una forma nueva, por conocer algo más que una verdad filosófica. Escuchando la palabra divina asume una nueva actitud que corresponde a ella: la humildad[146]. Y a esta intuición se liga la conciencia de la necesidad de conversión, y de un cambio de mentalidad. Ante las Sagradas Escrituras ahora Agustín tiene una actitud de creyente disposición para recibir la Revelación como la verdad sobre Dios y la existencia[147]. Después de tanto

---

[146] La *humildad* de la que aquí se habla es también ya una gracia. La humildad cristiana no va de abajo hacia arriba ni tampoco se la puede entender en esa dirección. No consiste en que quién es más pequeño muestre respeto por el más grande; sino en que el más grande se incline respetuosamente ante el primero (*Demut aber geht nicht von unten nach oben, sondern von oben nach unten. Sie bedeutet nicht, daß der Kleinere den Größeren anerkennt, sondern daß dieser sich vor dem Kleineren in Ehrfurcht beugt. Ein großes Geheimnis, an dem erhellt, wie wenig die christliche Gesinnung aus dem Irdischen abgeleitet werden kann*). Una vez más la mirada guardiniana subraya lo erróneo de querer derivar la mentalidad cristiana de las costumbres terrenas. El amor que sustenta la vida de Jesús, dice Guardini que, reposa sobre esta humildad. Dios es el que ama humildemente. Y el amor cristiano se une a Dios en estas disposiciones divinas *aceptando* ser una criatura, y un pecador. Desde esa humildad la persona *va más allá del propio gusto* inclinándose ante Dios más allá de las propias objeciones, y más allá de esa humildad de Dios que puede ser vivida también como un escándalo. Un Dios que entró en el mundo de forma tal que a los ojos del mundo parecía despreciable. Aclara Guardini que no se debe confundir humildad con la *cobardía* del que se entrega fácilmente, ni con la *diplomacia* o el complejo de *inferioridad* (*Freilich darf man das nicht mit Schwäche verwechseln, die sich preisgibt; oder mit Lebensschlauheit, die sich kleiner macht, als sie ist; noch viel weniger mit einem Trieb zur Selbsterniedrigung unguter Herkunft. Demut und Liebe sind keine Degenerationstugenden. Sie entspringen in der alle natürlichen Mächte aufhebenden schöpferischen Bewegung Gottes*). La verdadera humildad surge de la mano creadora de Dios y el hombre la puede practicar en la medida en que va teniendo consciencia de su grandeza, la que solo debe a la gracia de Dios (cf. R. GUARDINI, *Der Herr*, 404-413).

[147] «Die Folgerichtigkeit des religiösen Erlebens aber – Augustinus erkennt aus seinem späteren Glauben heraus, daß sie Gnade und Vorsehung ist – führt ihn über die Gefahr hinweg, und er greift wieder zur Heiligen Schrift [...]. So tut er das gleiche, was er damals, in seinem neunzehnten Jahr, nach der Lesung des *Hortensius* getan hat: er greift zur Heiligen Schrift, zu den Paulusbriefen [...]. Und zwar erkennt er ein Doppeltes: [...]. Wer glaubt, steht nicht neben der Welt, sondern in ihrer ganzen Fülle. Dann aber, und das ist wichtiger: jene Wahrheiten sind bei Paulus in der richtigen Weise vorhanden, nämlich "unter Voranstellung der Gnade", das heißt als Offenbarung. Sie werden nicht als autonome Erkenntnis, sondern als Gabe erfaßt [...]. und gewinnt die neue, jener Weise des Gegebenseins zugeordnete Haltung: die Demut.

buscar, experimenta Agustín que es Dios quien lo quita de sus espaldas, dónde él mismo se había colocado para no verse, y es colocado ante su propia mirada. A partir de ese momento puede verse a sí mismo, no solo psicológicamente sino desde lo profundo de su conciencia[148]. Esta mirada le permite ver lo que en él había de deforme, haciendo surgir el deseo y la tarea de *purificar el corazón*, de *decidir* colaborar en la tarea de la propia conversión, para que también el propio conocimiento pueda ser más claro y amplio. Se subraya con esto aquello ya dicho sobre nuestro conocimiento, el cual nunca será autónomo de aquello que continúa empañando nuestra mirada[149].

También la purificación debe llegar al ámbito del corazón (*Freilich müßte nun eine "Kritik des Herzens" folgen [...]. es muß sich selbst reinigen und umwandeln*). También en el corazón se hace presente la tendencia a la unilateralidad, al no considerar por ejemplo seriamente la realidad del espíritu, del cuerpo y los instintos. Se corre el riesgo de que la superioridad del sentimiento se crea infalible, olvidando que el corazón también se puede equivocar y esto es todavía más grave. El corazón, según Guardini, es más difícil de instruir que el intelecto, ya que confunde rápidamente la inmediatez de su experiencia con la verdad. Esto pone de relieve una vez más desde la perspectiva del corazón la necesidad de una unidad vital con el espíritu. La purificación del corazón ya se dijo que será esencial para una mirada limpia, solo los puros de corazón verán a Dios, es decir el corazón libre de egoísmo, el corazón libre especialmente de las sutilezas del instinto[150].

Mit der Erkenntnis verbindet sich aber das Bewußtsein, tun zu müssen: die Notwendigkeit der "Bekehrung", die "Änderung des Sinnes"», R. GUARDINI, *Die Bekehrung des Aurelius Augustinus*, 226-227.

[148] «Narraba estas cosas Ponticiano, y mientras él hablaba, tú Señor, me trastocabas a mí mismo, quitándome de mi espalda, adonde yo me había puesto para no verme, y poniéndome delante de mi rosto para que viese cuán feo era, cuán deforme y sucio, manchado y ulceroso. Veíame y llenábame de horror, pero no tenía dónde huir de mí mismo. Y si intentaba apartar la vista de mí, con la narración que me hacía Ponticiano, de nuevo me ponías frente a a mí y me arrojabas contra mis ojos, para que descubriese mi iniquidad y la odiase. Bien la conocía, pero la disimulaba, y reprimía, y olvidaba», S. AGUSTÍN, *Las Confesiones*, 327.

[149] Cf. R. GUARDINI, *Die Bekehrung des Aurelius Augustinus*, 231-232.

[150] «Freilich müßte nun eine "Kritik des Herzens" folgen. Denn es genügt nicht, daß das Herz zur Geltung komme; es muß sich selbst reinigen und umwandeln. Auch ihm droht Gefahr [...]. (D)as Herz irren kann, tiefer, verhängnisvoller und schwerer belehrbar als der Verstand, weil es die Unmittelbarkeit seines Erfahrens so leicht mit Wahrheit verwechselt. Auch im Herzen ist die Sünde; und wenn nur "jene Gott schauen, die reinen Herzens sind", dann ist auch nur das rein und frei- von der

6.1.2 Pascal y la purificación del corazón

La imagen de Dios que quita a Agustín de sus espaldas para que se vea a sí mismo nos recuerda a Pascal, quien a su vez inspirándose en la tradición agustiniana no habla solo de un Dios escondido sino también de un hombre que se esconde de sí mismo, al no poder ver a Dios por la ceguera de su espíritu y por lo impuro de su corazón. Cuando el hombre se hace pecador, el lugar que Dios ocupa para él es el lugar de la oscuridad, de lo incognoscible. Y en ese mismo lugar se coloca el hombre (*In Wahrheit, nicht nur Deus, auch homo absconditus*). La posibilidad de ver y de vernos con más claridad, incluso a nosotros mismos, está enraizada profundamente en el espíritu y el corazón. Trabajar en estos ámbitos le permitirá al hombre saber un poco más de Dios y poder mirar y saber finalmente quién es él mismo (*Er weiß so wenig, was Gott ist, daß er nicht weiß, was er selbst ist*)[151].

La forma de quitar el velo que impide ver con mayor claridad consiste en recorrer el camino inverso del pecado. El pecado es egoísmo, soberbia, la pretensión del propio yo de ser el centro de todo. Por lo tanto se requiere una superación de sí mismo, abandono a Dios y *humildad*. Por esa razón solo el corazón que renuncia a la pretensión de ser el centro de todo es capaz de purificación. Pero esto no es posible solo con las propias fuerzas, porque se trata, según Pascal, de transitar un camino que se ubica en un *orden diferente*. Todo eso es posible de ser realizado desde la caridad. Y la caridad es el amor que no procede del alma humana, la caridad pertenece a otro orden. En el fragmento

---

Selbstsucht, auch der feineren Selbstsucht der Triebe frei gewordene Herz fähig, jene Aufgabe des Mittenbereiches zu erfüllen, von welcher die Rede war», R. GUARDINI, *Die Bekehrung des Aurelius Augustinus*, 55-56.

[151] «Dennoch ist das, was Pascal aus der augustinischen Tradition heraus über die Situation des Menschen der Gotteswahrheit gegenüber sagt, schwer genug. Fr. 843 beginnt mit den Worten: "Hier ist nicht das Land der Wahrheit. Sie irrt unbekannt unter den Menschen. Gott hat sie mit einem Schleier bedeckt" (S. 718). Nach Fr. 194 lehrt das Christentum, daß "die Menschen in Finsternis leben und in Entfernung von Gott; daß dieses geradezu den Namen bildet, den er sich in der Heiligen Schrift gibt: Deus absconditus" (S. 415). Ein Gott, der trotz der Verblendung des Geistes und der Verunreinigung des Herzens ohne weiteres erfaßbar wäre, wäre nicht der heilige Gott. Gerade daß er durch die Sünde in Verborgenheit kommt, ist ein Zeichen seiner Wahrheit und Heiligkeit. Sobald der Mensch Sünder wird, wird diesem Menschen gegenüber die Verborgenheit zum wesensgemäßen Ort Gottes. Aus dem gleichen Grund aber ist auch der Mensch sich selbst verborgen: "Er weiß so wenig, was Gott ist, daß er nicht weiß, was er selbst ist", sagt Fr. 430. (S. 525) [...]. In Wahrheit, nicht nur Deus, auch homo absconditus, und deshalb dieses, weil jenes"», R. GUARDINI, *Christliches Bewußtsein*, 107.

793 Pascal dice que: «La distancia infinita de los cuerpos a los espíritus simboliza la distancia infinitamente más infinita de los espíritus a la caridad, porque ésta es sobrenatural [...]. De todos los cuerpos juntos no se sabría conseguir un pequeño pensamiento. Es imposible y de otro orden. De todos los cuerpos y espíritus no se sabría obtener un movimiento de verdadera caridad; es imposible, y de otro orden sobrenatural»[152]. Se necesita una mirada diferente, para ello es preciso también una distancia nueva de sí mismo, una mayor libertad; pero esto es gracia. En este punto se muestra lo *fundamental* de la experiencia religiosa que manifiesta *el memorial* de Pascal. La gracia procede de esta libre experiencia religiosa, pero se trata de una experiencia que pone en camino y abre nuevos horizontes que se liga a figuras de la historia, como Abrahán, Isaac y Jacob, que representan la línea de proclamación de la Alianza y de los profetas en general. Y después, y en forma definitiva, se vincula al Mediador que es Jesucristo[153].

La historia de la Iglesia está en continuidad, para Pascal, con la historia de la salvación (*Die Geschichte der Kirche ist mit der Heilsgeschichte des Alten und Neuen Testamentes kontinuierlich*). Para Pascal es imposible que los que aman a Dios con todo el corazón no reconozcan la Iglesia, ella está vinculada con la historia de salvación representada en el Antiguo Testamento y en el Nuevo Testamento. Y la Sagrada Escritura no constituye un fenómeno aislado de Dios en el espacio universal de la historia, sino que además está confiada a una realidad que

---

[152] B. PASCAL, *Pensamientos*, 106-107.

[153] Algunos autores se muestran un tanto escépticos ante tales afirmaciones y ven en la mirada guardiniana de Pascal otra forma de unilateralismo («Ja, Guardini geht soweit zu schreiben, Pascals Leben erhate erst durch das Mémorial seinen Sinn», O. WEISS, «*Der erste aller Christen*». Zur deutschen Pascal-Rezeption von Friedrich Nietzsche bis Hans Urs von Balthasar, 140). Creo que el intento guardiniano es el de mostrar en Pascal alguien que no renuncia a la tensión vital del conocimiento entre le espíritu geométrico y el de fineza (el corazón pascaliano es también lugar de la tensión), y desde donde al mismo tiempo mira con ojos críticos el riesgo de una razón parcial y reductiva al incio de la modernidad (Pascal als einen Menschen der beginnenden Neuzeit kritisiert, ihn jedoch neben Kierkegaard und Newman – auch sie neuzeitliche Menschen – stellt und ihm schließlich trotz allem zugesteht, dass in ihm das Katholische überwiege», O. WEISS, «*Der erste aller Christen*», 223). Y aunque su camino lo condujo por momentos a él mismo a sucumbir a un conflicto violento e injusto, nunca dejó de buscar desde una razón amplia. Por esa razón Guardini ve y subraya en el silencio que marcó su último tiempo de vida el momento de una tercera conversión que lo alejó de aquella postura polémica («So wird Pascals Leben ein ständiger Kampf, nicht zuletzt gegen sein eigenes Ich, was seinem ganzes Wesen und Denken etwas Dunkles verleiht, bis er in einer "dritten Bekehrung" in das Schweigen findet», O. WEISS, «*Der erste aller Christen*», 222).

se sitúa en la historia, que es precisamente la Iglesia, y es en la Iglesia que enseña esta palabra el lugar en el que la misma palabra puede ser correctamente escuchada (*Die Heilige Schrift bildet kein isoliertes Phänomen* [...]; *ist einer in der Geschichte stehenden Wirklichkeit anvertraut, eben der Kirche; wird von ihr dargelegt und kann nur in ihrem Raum recht gehört werden*). El Dios libre que continúa actuando nos sigue poniendo en relación con esa realidad eclesial que está en la historia, y a través de ella es contemporáneo a cada uno de nosotros[154]. La purificación del corazón, que implica salir de una actitud que nos coloque siempre al centro de todo, manifiesta aquí la consecuencia de intentar también salir de nosotros mismos y mirar desde otro centro, en este caso desde el centro de la misma Sagrada Escritura y desde *todas* sus conexiones y relaciones.

El corazón es el que siente a Dios y no la razón (*Voilà ce que c'est que la foi, Dieu sensible au coeur, non à la raison*)[155]. Guardini cita en francés dos fragmentos importantes en esta dirección, uno es el que se acaba de citar y el otro es el número 423: *Le coeur a ses raisons, que la raison ne connaît point; on le sait en milles choses. Je dis, que le coeur aime l'être universel naturellement, et soi-même naturellement, selon qu'il s'y adonne; et il se durcit contre l'un ou l'autre, à son choix*[156]. El corazón, para Pascal, estrechamente ligado a la tradición agustiniana no es expresión de la emotividad ni de la ilogicidad que se contrapone a lo intelectual y a lo racional. Algunas cosas pueden ser captadas solo desde el corazón, pero eso *no significa* que permanezcan en el estado de una *intuición irracional*, ya que en este acto de ser captados por el corazón, son accesibles también a una comprensión intelectual lógica.

El corazón es el espíritu en cuanto cercano a la sangre, corazón es el espíritu que se hace sensible. *Ambos* se elevan juntos a la claridad de la intuición, a la evidencia de la figura y a la precisión del juicio (*aber zugleich in die Klarheit der Anschauung, in die Deutlichkeit der Gestalt, in die Präzision des Urteils aufsteigende Geist*). El corazón pascaliano ilumina una intuición que transita el camino de una profundización racional. Una intuición que no es la suma de diferentes perspectivas, porque si la intución concreta es una intuición viva que capta la vida, esto nos recuerda que la vida es más que la suma de las partes. Guardini considera a Pascal uno de los pensadores que pertenecen a la patria del corazón, esa patria que para Guardini se sitúa geográficamen-

---

[154] Cf. R. GUARDINI, *Christliches Bewußtsein*, 107-110.
[155] B. PASCAL, *Pensamientos*, núm., 424, 131.
[156] B. PASCAL, *Pensamientos*, núm., 423, 131.

te más cercana a las culturas del sur de Europa. Es ese el ámbito en el que se encuentra la base de la civilización clásica, medieval y neolatina. Esta estructura "cordial" llega directa o indirectamente a través de la nostalgia al espíritu nórdico, y tanto Nietzsche como Kierkegaard son para Guardini una muestra más de ello[157].

Para que el concepto de corazón no se desvirtúe, transformándose en una realidad puramente emotiva que no permita ver la unidad que aquí se produce, es también importante, según Guardini, tener en cuenta la relación que para Pascal existe entre el corazón y el «espíritu de fineza». Corazón es el órgano que corresponde al espíritu de fineza. Para Pascal hay dos tipos de espíritus, el espíritu de geometría, que es abstracto, lógico y lento para ver, además es más fuerte e inflexible (*Es gibt Geister von zweierlei Art: der eine ist der geometrische [...], der andere jener, den man "de finesse" nennen kann*). Por otro lado está también el espíritu de fineza, que posee una mayor flexibilidad del pensamiento. Pascal apunta a la presencia de estos dos espíritus. Desde ambos será posible una nueva plenitud del amor, porque desde los dos espíritus se posee tanto la fuerza como la flexibilidad del espíritu[158]. Esta vez, la unidad que se produce en el corazón queda expresada en la unidad de los dos tipos de espíritu que nuevamente se entretejen desde lo cordial pascaliano.

En el corazón pascaliano es donde se *intuyen* los primeros axiomas del pensamiento, es el corazón el que pone las *presupuestos* y *premisas* de

---

[157] «"Herz" ist der Geist, sofern er in Blutnähe gelangt; in die fühlende, lebendige Fiber des Leibes – ohne jedoch dumpf zu werden. Herz ist der vom Blut her heiß und fühlend gewordene, aber zugleich in die Klarheit der Anschauung, in die Deutlichkeit der Gestalt, in die Präzision des Urteils aufsteigende Geist. Herz ist das Organ der Liebe – jener, aus der die platonische Philosophie und wieder, vom christlichen Glauben neu befruchtet, die Göttliche Komödie aufgestiegen sind. Diese Liebe bedeutet nämlich die Bezogenheit der verlangenden und fühlenden Menschenmitte auf die Idee; die aus dem Blut in den Geist, aus der Leibgegenwart in die geistige Ewigkeit gespannte Bewegung. Sie ist es, die im Herzen erfahren wird», R. GUARDINI, *Christliches Bewußtsein*, 117.

[158] «Damit wir es aber ja nicht ins bloß Emotionale abgleiten lassen, wollen wir noch die erstaunlichsten Aussagen Pascals hören. "Coeur" ist das Organ des "esprit de finesse". Es gibt Geister von zweierlei Art: der eine ist der geometrische – d.h. abstrakt logische –, der andere jener, den man "de finesse" nennen kann. Die Art zu sehen, die dem ersten eignet, ist langsam, hart und nicht zu beugen; der zweite hat eine Biegsamkeit des Denkens, (so daß er dieses) zu gleicher Zeit auf die verschiedenen liebenswerten Teile Dessen richten kann, was er liebt. Von den Augen dringt er bis ins Herz, und an der Bewegung des Äußeren erkennt er, was im Innern vorsichgeht. Wenn man den einen Geist hat und den anderen zugleich – wie groß ist dann die Freude des Liebens!», R. GUARDINI, *Christliches Bewußtsein*, 118.

todo posible conocimiento de la realidad (*daß im Herzen die ersten Axiome des Denkens zur Anschauung gelangen; daß das Herz es ist, welches die Voraussetzungen alles möglichen Erkennens zur Gegebenheit bringt*). Conocemos la verdad no solamente por la razón, sino también por el corazón. Es desde este último modo como conocemos los primeros principios, y en vano el razonamiento, que no tiene parte alguna en ello, intenta combatirlos. Pues los conocimientos de los primeros principios son tan firmes como los que nos ofrecen nuestros razonamientos, y sobre esos conocimientos del corazón y del instinto es preciso que se apoye la razón y que fundamente todo su discurso. El *corazón siente* que hay tres dimensiones en el espacio y que los números son infinitos, y la *razón demuestra* después que no hay dos números cuadrados de los cuales uno sea el doble del otro[159]. Este texto de un importante pensador al que Guardini tenía una gran aprecio, expresa pensamientos que provienen de alguien que además era matemático, inventor, físico, filósofo. Es decir de alguien familiarizado con el ámbito de las ciencias de su tiempo y con el pensamiento crítico; pero que también manifiesta con palabras muy elocuentes la importancia del corazón y no solo de la razón como la única forma correcta de conocer[160].

Pero el corazón también está bajo el influjo del pecado, por esa razón insiste enfáticamente Pascal en la importancia de una *correcta actitud interior*, poniendo el acento sobre todo en la *humildad*, el *desinterés*, la *disponibilidad*. Estos signos son los que indican un camino de *apertura* del corazón, lo que le permite superar aquello que no deje ver de forma correcta lo que se nos presenta a la mirada. Las actitudes mencionadas concretan también un camino de renuncia a ser el centro de la realidad y la apertura para aceptar la llamada de todo aquello que nos conduce más allá de nosotros mismos, renunciando a ser el auténtico y único punto de referencia. Aquí cita Guardini aquellas palabras del evangelio

---

[159] Cf. B. PASCAL, *Pensamientos*, num. 110, 48.

[160] «Pascal also behauptet, daß im Herzen die ersten Axiome des Denkens zur Anschauung gelangen; daß das Herz es ist, welches die Voraussetzungen alles möglichen Erkennens zur Gegebenheit bringt. Fr. 282: Wir erkennen die Wahrheit nicht nur durch die Vernunft, sondern auch durch das Herz. In der letzteren Form erkennen wir die ersten Prinzipien, und umsonst versucht die Überlegung der Vernunft, die an ihnen keinen Anteil hat, sie in Frage zu ziehen. Die Skeptiker haben kein anderes Ziel, aber sie mühen sich umsonst... Die Erkenntnis der ersten Prinzipien, so z.B. die, daß es Raum gibt, Zeit, Bewegung, Zahlen, (ist) ebenso fest wie irgendeine jener (Erkenntnisse), welche die Überlegungen unserer Vernunft uns vermitteln. Auf diese Erkenntnisse des Herzens und des Instinktes muß die Vernunft sich stützen und all ihre Arbeit auf ihnen aufbauen», R. GUARDINI, *Christliches Bewußtsein*, 119.

que, además de ilustrar la situación interior a la que está haciendo referencia, fueron claves y decisivas en su propio proceso de conversión: «Porque quien quiera salvar su vida, la perderá; pero quien quien pierda su vida por mí y por el Evangelio, la salvará» (Mc 8,35; Mt 10,39; Lc 17,33). Mientras mayor sea la disponibilidad y la distancia del propio yo, mayores serán las probabilidades de superar la ambigüedad presente en el corazón, en los primeros axiomas de nuestro conocimiento y más limpia será nuestra mirada (*Je reiner diese Bereitschaft, je vollkommener dieses Loslassen, desto größer die Chance, durch die Ambiguität hindurchzukommen. Desto klarer der Blick dafür*)[161]. Se puede constatar desde esta frase evangélica y el contexto gnoseológico en el que ahora aparece, que de alguna forma, el lugar central que tuvo en los primeros pasos de la conversión de Guardini, sigue animando los pasos de una correcta actitud cognoscitiva en la que se exprese también el nuevo horizonte y la nueva unidad que derivó de aquella importante experiencia.

6.1.3 Madeleine Sémer: la belleza (como esplendor de la verdad) en la unidad cordial del conocimiento

Estamos de nuevo ante la figura de una mujer, cuyo camino de fe causó una profunda impresión en nuestro autor. Guardini leyó la biografía escrita por Klein sobre Madeleine, luego la tradujo al alemán y escribió un epílogo para esa edición alemana[162]. Se trata de una mujer que nació en Ginebra en 1874. Sus Padres provenían del sur de Francia, su madre era una mujer de salud muy débil que murió joven. El padre de Madeleine fue trasladado a diferentes ciudades y frecuentemente estaba de viaje por su trabajo de ingeniero. Medeleine era, para Guardini, un ser dominado por el primado del corazón, que se manifestaba en un impulso a amar a los demás por lo que eran; por complacerse en la alegría que podía transmitir a otras personas; en su tendencia a ser ella

---

[161] «So ist es konsequent, wenn Pascal mit solchem Nachdruck von der rechten inneren Haltung redet: der Demut, der Selbstlosigkeit, der Bereitschaft – verschiedene Bezeichnungen dafür, daß das Herz die Verklammerung in sich selbst löst, sich selbst als Mittelpunkt des Daseins aufgibt und willens wird, das Herüberrufende als den eigentlichen Beziehungspunkt anzunehmen. Es ist im Grunde das, was das Wort des Evangeliums meint: "Wer seine Seele festhält, wird sie verlieren; wer sie aber hergibt, wird sie gewinnen". Je reiner diese Bereitschaft, je vollkommener dieses Loslassen, desto größer die Chance, durch die Ambiguität hindurchzukommen. Desto klarer der Blick dafür, was das ist, das da redet», R. GUARDINI, *Christliches Bewußtsein*, 122.

[162] F. KLEIN, *Une expérience religieuse, Madeleine Sémer*.

la que entendiera, intentando ser ella quien perdonara, consolara y protegiera. Madeleine dice de sí misma que, mirando las personas de su ambiente, nunca se ha sentido superada en la capacidad de amar y sacrificarse por los demás. Ella sentía tener el genio del corazón, que se manifestaba en esa generosa entrega de sí misma[163].

Al hablarnos de su vida, Madeleine nos dice en su diario que antes de cumplir catorce años sentía que la luz de la fe se había apagado en ella. El infierno no la asusta y afirma que trascurriría gustosamente su tiempo en el infierno con sus amigos intelectuales, antes que estar en compañía de muchos de los devotos que conoce. Madeleine se transforma en una persona que vive totalmente el presente, en el cual se borró todo rasgo de una vida de fe. A los dieciséis años, encontrándose en una pequeña ciudad de África donde su padre trabajaba, se compromete y un año más tarde se casa solo por lo civil. Dos años después, nace su hijo Paul, quien no fue bautizado. Vive una vida intensa y libre de todo aquello que no pueda deducirse desde el intelecto, y desde la verdad de la naturaleza. Pero con todo ello Madeleine es buena, siempre disponible a ayudar, es estimada por todos, no solo por su belleza y por su inteligencia, sino también por la nobleza de su corazón[164].

A los treinta años de edad y catorce de matrimonio, nace otra relación afectiva en la vida de Madeleine, y su infidelidad es descubierta. Toda esa historia adquiere gran notoriedad, debe enfrentar el proceso de divorcio, y finalmente todo se decide en detrimento de Madeleine. Ella abandona su casa y se va con su hijo de dieciséis años a vivir a la casa de una hermana suya que era todavía soltera. Allí vivieron Medeleine y su hijo de forma muy modesta, pero sin demasiadas preocupaciones económicas. Pero la situación empeora cuando el padre del niño decidió que su hijo fuera a vivir con él. Al dolor de la separación se agregaron para Madeleine las dificultades económicas. Ante estas dificultades decide regresar a Francia y se instala en París. Tiene una gran formación intelectual marcada principalmente por el positivismo, y por un gran aprecio de Nietzsche. Con treinta y cinco años se encuentra en París, pero sin un título académico y sin dinero. Esto la conduce a un hogar para gente carenciada que administran unas religiosas. Tiene algunas posibilidades de trabajo, pero además de ser humillantes, le duran poco tiempo. En medio de estas dificultades suele dirigirse a la capilla donde se despiertan en ella nuevamente algunas inquietudes religiosas[165].

---

[163] Cf. R. GUARDINI, «Madeleine Sémer», 578-579.
[164] Cf. R. GUARDINI, «Madeleine Sémer», 580-581.
[165] Cf. R. GUARDINI, «Madeleine Sémer», 582-584.

Aparentemente, Madeleine era una gran lectora. Durante este tiempo leía Tolstoy y Flaubert. En 1911 en medio de esta difícil situación en la que Madeleine se encuentra escribe el 9 de abril en su diario que a las 18.45 horas cuando sonó el Angelus, fue tocada intensamente por el pensamiento de Dios, de la bondad, y el deseo de algo mejor (*das Verlangen nach dem Besseren*). El mismo año, pero unos meses más tarde, el 24 de julio, señala Guardini otra anotación en el diario de Madeleine, aún más extraña, en la que nuestro autor se detiene: «Yo amo a Dios y no creo en él; creo en muchas cosas y no las amo; pero deseo vivir más desde mi amor, que desde mi fe» (*Ich liebe Gott und glaube nicht an ihn; ich glaube einen Haufen von Sachen, und liebe sie nicht; und lieber will ich nach meiner Liebe leben, als nach meinem Glauben*)[166]. Para Guardini estas palabras de Madeleine se las puede relacionar con el proceso de conversión de san Agustín, en el que el corazón estaba ya en camino hacia Dios, pero la razón todavía no había sido alcanzada.

Subraya Guardini desde estas experiencias (Agustín-Pascal y Madeleine) que el corazón toca de alguna forma a Dios, percibe y sabe algo de Él; pero el intelecto, la conciencia, la voluntad, las propias acciones, se hallan en Madeleine, como en Agustín al momento previo de su conversión, aún lejos de Él. Pero estamos ante un corazón que ama a Dios aunque no sea plenamente consciente de ello, y que además no *impide* sino que *motiva* a la razón para que transite el propio camino hacia Dios. Subraya nuevamente Guardini en estas experiencias religiosas un primado del corazón, de un corazón que sabe de Dios antes que la razón, pero que no ocupa el lugar de la razón, que debe hacer también su camino y llegar a la experiencia del encuentro. Solo allí la intuición es concreta (*Anschauung*).

El 15 de agosto del mismo año (1911), Medeleine escribe nuevamente en su diario sobre la experiencia de un amor sin fe, después de la participación en la eucaristía. Pero en esta oportunidad añade que se trata de un amor que *juzga* (*einer Liebe ohne Glauben, einer Liebe, die urteilt*). Aquí Guardini percibe dos posibles interpretaciones, *por un lado* un posible significado que podría referirse a un amor que se apoya en el propio intelecto; pero *por otro lado* dice que se podría pensar en un posible eco pascaliano, que se vincula con la *lógica del corazón*. Una lógica desde la que el amor mismo es espíritu, experiencia de valores, capacidad de captar un significado. Aunque quizás ambas interpretaciones se conjugan y se armonizan (*Vielleicht gehen aber beide Bedeutungen ineinander*), lo que una vez más nos habla tanto del contraste, en cuanto a significados que se

---

[166] R. Guardini, «Madeleine Sémer», 584.

oponen y se encuentran en tensión, como del mismo conocimiento indeterminado, que debe ser todavía guiado para llegar al otro polo[167].

El conocimiento en el sistema guardiniano implica la unidad en tensión, la unidad vital. En este caso del corazón y de la razón. Guardini habla solo de un percibir del corazón, el corazón ha sido *tocado* (*Es scheint möglich, daß das Herz bei Gott anlangt, der Verstand aber, das Bewußtsein, ausdrückliches Wollen und Reden und Tun noch ganz anderswo sind*)[168], y puede conocer *algo*. Ello le permite hablar en este tipo de experiencias del primado del corazón y de un cierto tipo de conocimiento aunque todavía indeterminado. Se despierta una intuición que debe hacerse plenamente consciente, que debe recorrer un camino hacia la unidad, un camino hacia lo concreto y transformarse en intuición concreta (*Anschauung*).

Más adelante vincula nuevamente Guardini el camino de Medeleine con san Agustín afirmando que si se tiene un poco de familiaridad con san Agustín y se sigue la evolución de Madeleine, se pueden constatar sorprendentes semejanzas entre la estructura de su personalidad espiritual, religiosa, su camino de fe y los acontecimientos narrados en las *Confesiones*. El libro de las *Confesiones* y la vida de Madeleine se iluminan mutuamente. Estas semejanzas no implican todas sus vidas y el nivel de sus escritos, la semejanza a la que se refiere Guardini es al *primado del corazón* que se manifiesta en ambos (*des eigentümlichen Primates der Liebe*). Existe la estructura de conocimiento en el que el amor sigue al conocimiento. Sin el conocimiento este amor es incapaz, porque el amor debe ver el objeto para poder amarlo. Pero existe también otra estructura de conocimiento en el que el primado le corresponde al amor, para esta forma de conocimiento no es apropiada la afirmación de que el amor sea ciego sin el conocimiento (*Es gibt die Struktur, in der die Liebe der Erkenntnis folgt; ohne sie hilflos ist [...]. Es gibt aber auch eine andere, in der die Liebe souverän ist*). Aquí el amor tiene en sí la fuerza de moverse y de buscar porque algo puede ver. Este amor anticipa el conocimiento,

---

[167] «Am 15. August 1911 berichtet das Tagebuch von einem Kirchgang: "In der Messe: fromm, und an Herz und Sinn berührt; süßer Zustand einer Liebe ohne Glauben, einer Liebe, die urteilt". Der Satz kann Verschiedenes bedeuten: Liebe, die nicht glaubt, sondern "urteilt", also auf ihrem eigenen irdischen Verstande besteht. Es kann aber auch noch etwas anderes gemeint sein, ein Widerhall der Gedanken Pascals über die "logique du coeur"; richtiger gesagt, ein Ausdruck jener Wesensart, von der bereits die Rede war, und worin die Liebe selbst etwas "Urteilendes" ist; selbst Geist, Werterfahrung, Sinnerfassung. Vielleicht gehen aber beide Bedeutungen ineinander», R. GUARDINI, «Madeleine Sémer», 585.

[168] R. GUARDINI, «Madeleine Sémer», 584.

lo estimula, y cuando finalmente se produce el conocimiento, se obtiene una realidad iluminada, que todo renueva y hace florecer el amor más intenso. Esto es lo que, según Guardini, sucedió tanto en Agustín como en Madeleine[169]. Las dos estructuras de conocimiento antes mencionadas en este mismo párrafo creo que pueden ser puestas en relación con las grandes líneas o series de contrastes del capítulo segundo del presente estudio. En cada persona prima una de ellas, y en ello se insinúa también la inclinación a la unilateralidad, desde la que se debe trabajar para mantener siempre la tensión de la unidad dirigiéndose a aquello que nos es menos familiar.

Lo vital es tan intenso, tiene tanta fuerza en Agustín y en Madeleine, que la realidad es para ellos al principio solo lo corpóreo. Cuando irrumpe la otra *experiencia*, pueden ver que lo real no es solo la sangre, sino también el espíritu (*Es bedarf eines besonderen Durchbruchs, damit dieser die Wirklichkeit suchende Wille erkenne*)[170], el cual es más real que la misma materia. Así la palabra *espíritu* expresa para ellos en este esquema de conocimiento, la realidad y no únicamente el pensamiento conceptual. A esto se vincula la dificultad que encontraba Pascal para explicar el espíritu de fineza y lo que ese espíritu capta a los que estaban acostumbrados solo al espíritu geométrico, operando con conceptos y fórmulas claras y precisas, y que no han experimentado todavía algo diferente que toque el corazón y la mente, los sentimientos y la razón. El espíritu de fineza capta algo que va más allá de las fórmulas del espíritu geométrico, pero se trata siempre de algo concreto, que no se opone ni niega lo conceptual.

a) *La experiencia religiosa y la unidad de la persona*

Guardini dice que si se considera el primer movimiento de esta experiencia religiosa de Medeleine se pueden constatar claramente algunos elementos. El primer elemento que menciona es el que considera el

---

[169] «Wenn man ein wenig mit Augustinus vertraut ist und dem Entwicklungsgang Madeleines folgt, wird man oft von der Beobachtung betroffen, wie sehr die Struktur ihrer geistig-religiösen Persönlichkeit sowohl wie ihr Weg zum Glauben dem inneren Geschehen der Confessiones ähneln [...] vor allem hinsichtlich des eigentümlichen Primates der Liebe [...]. Es gibt die Struktur, in der die Liebe der Erkenntnis folgt; ohne sie hilflos ist, weil sie den Gegenstand sehen muß, um lieben zu können. Es gibt aber auch eine andere, in der die Liebe souverän ist. Für sie trifft die Aussage, ohne Erkenntnis sei die Liebe blind, nicht zu [...]. Sobald die Erkenntnis eintritt, bekommt sie das Leuchtende, Allerneuernde dadurch, daß sie über der bereits glühenden Liebe aufgeht», R. GUARDINI, «Madeleine Sémer», 587-588.

[170] R. GUARDINI, «Madeliene Sémer», 588.

compromiso de *toda* la persona. Se trata de una experiencia espiritual, pero humana. Y por ser humana se compromete a toda la persona y no solo su interioridad, ni solo su entendimiento o su razón. Es una experiencia que se inicia en la interioridad más profunda de la persona, que no es la interioridad del espíritu en cuanto diferente del cuerpo, es la interioridad que constituye la raíz más profunda de lo que es la persona toda, y por ello compromete también todo el cuerpo y los sentimientos del ser humano[171]. Estamos ante la raíz más profunda y ante el centro de lo humano. Es allí dónde Dios dirige su llamada.

Dios no llama al alma aislada, sino a la persona entera, y la persona lo debe amar con las fuerzas de su naturaleza que se elevan hasta las fuerzas del espíritu. No se puede considerar el cuerpo como si se tratara de algo manchado o sucio, que ensucia lo espiritual. Es a través del cuerpo que se escucha y se responde al llamado que Dios hace. Son esas mismas fuerzas físicas las que permiten amar a Dios. Considerar una vida espiritual separada de la vida corporal sería caer en el dualismo. En realidad, en las cimas más altas existe solo la vida humana, que contiene todo lo que es propio del hombre. Esta vida no se transforma en algo intelectual, sino en algo espiritual en sentido religioso, es decir algo unido al cuerpo y a todo lo humano[172]. Cuando la psicología afirma que el insitino no satisfecho en su plano inmediato y directo puede subir a *otro nivel* más elevado y transformarse en materia disponible para la actividad creativa espiritual, señala Guardini que lo hace desde el presupuesto o la premisa que ese nivel más elevado *ya* existe previamente. Pero la sublimación no se puede realizar desde un nivel inferior a otro superior. El instinto no produce la configuración de lo espiritual, sino que es asumido y puesto al servicio de lo religioso. Para Guardini existe una psicología que ensaya una explicación intramundana del fenómeno religioso, lo cual en sí no está mal si se hace desde una autonomía relativa de las ciencias, y no desde una autonomía absoluta que no considere otras miradas, lo cual ya tampoco sería una correcta mirada científica[173].

---

[171] «Einmal, daß der ganze Mensch erfaßt ist; das "ganze Sein", wie es heißt. Dieses Erfahren ist nicht "geistig", sondern menschlich. Es beginnt in der tiefsten Innerlichkeit, welche aber nicht die des Geistes im Unterschied zum Leibe ist, sondern die Innenwurzel des Gesamtmenschlichen – so sehr, daß der Leser sich vielleicht durch die Stärke der körperlichen und gefühlmäßigen Beteiligung fremdartig berührt fühlt», R. GUARDINI, «Madeliene Sémer», 597.
[172] Cf. D. LANGNER, *Schauen im Glauben*, 297-329.
[173] Cf. D. LANGNER, *Schauen im Glauben*, 324-326.

Para la mirada de una psicología solo intramundana lo que en realidad se encuentra en la experiencia religiosa es algo solo aparente. Es una experiencia en la que el sujeto cree estar ante una realidad independiente de su capacidad subjetiva de experimentar, pero en realidad solo tiene lugar una proyección de su inconsciente. Guardini acepta que estos fenómenos puedan acontecer, pero para él esa proyección puede ser puesta a prueba relacionándola con datos objetivos y se puede demostrar el engaño, mientras que la auténtica experiencia religiosa resiste la prueba.

Una indicación importante que caracteriza una experiencia religiosa «inauténtica» es la que a través de una falsa apariencia objetiva hace permanecer a la persona prisionera de sí misma (*daß er durch jene falsche Gegenständlichkeit in sich selbst hineingebannt wird*), y eso representa una forma más de autoafirmación. Mientras que la experiencia religiosa genuina, la fe y la experiencia mística en la que se apoya es la fe, contienen siempre la exigencia y el estímulo de superarse, y ofrecen el punto de referencia o el lugar desde donde esa superación es posible (*während die echte religiöse Erfahrung [...], immer die Forderung enthält, sich selbst zu überwinden, und den Standort gibt, auf den hin das geschehen kann*)[174]. Aquí podríamos situar la importancia de lo eclesial fuertemente presente también en Madeleine. En ella va creciendo la confianza en la autoridad de la Iglesia. Ella, que había vivido y sentido tan intensamente su propia independencia, asume ahora una actitud de profunda obediencia en relación con la Iglesia, con la vida divina, con su sabiduría y la entrega del propio ser y de todo su amor a Dios que desde su propio camino y vocación la conducen a una nueva plenitud en el voto de castidad[175].

b) *Fe y unidad del conocimiento como camino hacia la belleza*

Otro elemento importante que se subraya desde la mirada guardiniana en la experiencia en esta mujer es el lugar que ocupa la belleza. Guardini afirma que la belleza es lo que más profundamente expresa la naturaleza de este ser humano. Una belleza que no se manifiesta solo en

---

[174] Cf. R. GUARDINI, «Madeleine Sémer», 599-600.

[175] «Das Vertrauen zur Autorität der Kirche wächst in ihr. Die Unabhängige fühlt, was der Gehorsam bedeutet. Sie erfährt die lösende und umgestaltende Wirkung, die er ausübt, sobald er nicht auf den Menschen als solchen geht und weder ängstlich noch unfrei ist. So tritt sie in ein tiefes Gehorsamsverhältnis zur Kirche, ihrem göttlichen Leben, ihrer Weisheit, und die Hingabe ihres eigenen Seins und ihrer ganzen Liebeskraft an Gott vollendet sich schließlich im Gelübde der Keuschheit», R. GUARDINI, «Madeleine Sémer», 593.

formas exteriores, sino en una característica propia que invade toda su existencia, que se irradia en una delicada integridad de su ser (*In Madeleine ist die Schönheit nicht nur äußere Wohlgestalt, sondern eine Eigenschaft, die das ganze Dasein durchdringt*)[176]. En 1914, con cuarenta años de edad, Madeleine toma una decisión importante. Su biógrafo nos dice que, siendo una mujer muy atractiva y de gran belleza, recibe una propuesta de matrimonio de un hombre que le era cercano y al que ella también quería. Además de no contar con ningún impedimento para el matrimonio, este paso habría significado una mejor condición de vida. Pero rechaza la propuesta, sintiendo en el fondo de su corazón la llamada de Dios a entregarse solo a Él, escribiendo el 9 de abril de 1914: «San Agustín tiene razón "Cuando un alma es capaz de acoger a Dios, entonces nadie más puede colmarla"» (*Der heilige Augustin hat recht: "Wenn eine Seele fähig ist, Gott zu fassen, dann kann kein Anderer als er sie füllen"*)[177].

Para Madeleine, las cosas del mundo mantienen su belleza. Su biógrafo habla de la alegría que le producía un elegante vestido. Y porque no sabe, ni desea destruir su gusto por las cosas bellas, equilibra todo ello desde una creciente búsqueda de la belleza espiritual. Pero contemporáneamente todo lo terreno es rodeado de algo más grande. Se va realizando una profunda transformación en su relación con las cosas, produciéndose también una distancia. La exigencia de la pobreza es cada vez más intensa, despojándose Madeleine cada vez más de toda posesión, al punto que después de su muerte se encontrarán vacíos los armarios y los cajones, ya que había regalado todo[178].

Guardini recuerda a Nietzsche y la acusación que este dirige al cristianismo de haber destruido la naturaleza de lo humano, la voluntad fuerte, la fuerza creativa, la belleza, transformando el hombre natural y su nobleza en algo débil, servil y deformado. Nietzsche contrapone la voluntad de la condición humana puramente natural, en cuanto naturaleza que se afirma a sí misma, con hostilidad a todo lo que se le opone. La renuncia que pide Cristo y que amenaza en transformarse en una destrucción de lo humano, en una pérdida de la vida, en Madeleine ha conservado la importancia de lo bello, y desde la fe encontró una nueva plenitud y el esplendor, la verdad más luminosa de su propia vida. La aceptación de la cruz de Cristo no la condujeron a un desprecio de lo bello, ni de lo que embellece realmente la vida, tal como Nietzsche

---

[176] R. GUARDINI, «Madeleine Sémer», 579.
[177] R. GUARDINI, «Madeleine Sémer», 591.
[178] Cf. R. GUARDINI, «Madeleine Sémer», 593.

pensaba[179]. Desde la vida de Madeleine la mirada guardiniana intenta nuevamente ofrecer una comprensión diferente de la existencia cristiana a la presentada por la mirada nietzscheana. Una experiencia de fe auténtica, tal y como nos la presenta Madeleine y es subrayada por Guardini, no es una negación de la vida y de todo lo que la favorece. La fe permite alcanzar la unidad personal en todo el esplendor de la verdad, y por eso en cuanto camino de unidad en tensión es también el camino de la belleza[180].

La actualidad que en nuestro tiempo reviste este tema es también puesto de relieve por Benedicto XVI en el contexto de la nueva evangelización. En el discurso de apertura al Congreso eclesial de la Diócesis de Roma, el 13 de junio del 2011, el Papa Benedicto XVI invitaba a cada creyente a llevar el mundo la buena noticia de que Jesús es el Señor, este anuncio que nos recuerda también el amor de Dios por cada persona, debe escucharse nuevamente en las regiones con antigua tradición cristiana, recordando las palabras de Juan Pablo II, sobre la necesidad de una nueva evangelización dirigida a aquellos que, habiendo sentido hablar, de la fe no aprecian y no conocen la belleza del cristianismo. E incluso a veces piensan que el cristianismo es finalmente un obstáculo para alcanzar la felicidad. Al invitarnos a todos los miembros de la Iglesia a un renovado compromiso en esta nueva evangelización, se coloca junto a la importancia de mostrar la *racionalidad* de la fe, también la *belleza* de la fe[181].

---

[179] «Madeleine hat sich in das "Verlieren der Seele" hineingegeben mit allem, was sie war. Sie hat, vollkommen wissend und restlos bereit, das Kreuz als das Entscheidende umfaßt. Durch all das ist sie hindurchgegangen und hat das Bewußtsein der Gesundheit und Schönheit beibehalten. Hier liegt das Eigentliche, dessen Tragweite man nur versteht, wenn man Nietzsches Anklage gegen das Christentum verstanden hat», R. GUARDINI, «Madeleine Sémer», 603.

[180] Cf. R. GUARDINI, «Madeleine Sémer», 602-605. Guido Sommavilla habla más ampliamente de esto que aquí señalamos como parte del «sistema» guardiniano, vinculando la belleza con una Weltanschauung católica estética, en el que la mirada guardiana nos coloca en el camino de una visión no parcial ni ambigua de la realidad, una mirada que nos permite captar el esplendor de toda la verdad de la vida. La belleza como parte de la mirada íntegra también se relaciona con el sentido más clásico tomista de los trascendentales que se implican unos a otros: verum, bonum, unum, pulchrum convertuntur (cf. G. SOMMAVILLA, «Romano Guardini Interprete della letteratura», 433-448).

[181] «Cari amici, la Chiesa, ciascuno di noi, deve portare nel mondo questa lieta notizia che Gesù è il Signore, Colui nel quale la vicinanza e l'amore di Dio per ogni singolo uomo e donna, e per l'umanità intera si sono fatti carne. Questo annuncio deve risuonare nuovamente nelle regioni di antica tradizione cristiana. Il beato Giovanni Paolo II ha parlato della necessità di una nuova evangelizzazione rivolta a quan-

c) *El riesgo de la unilateralidad en la claridad de lo cordial*

La vida religiosa de Madeleine es de una unidad admirable y de una coherencia que se desarrolla sin fisuras; pero al hablar de la gran claridad que muestra Madeleine, sobre todo en las cartas a su hijo, observa Guardini el riesgo del espíritu latino del que se habló en el primer capítulo, y que se refiere a una consideración tan clara de la realidad, tan transparente, que diluya el misterio y deforme la vida. Se ahoga al espíritu también cuando se aplica *solo* la medida de la claridad, ya que la realidad no es solo clara, sino que el espíritu y la vida son también incomprensibles, y trágicamente complejos (*Der Geist erstickt, sobald ihm "Klarheit" allein als Maßstab gesetzt wird. Die Wirklichkeit ist nicht nur "klar", sie ist auch unbegreiflich, ja tragisch verstrickt*). En la pasión por la claridad, el espíritu del sur suele olvidar este aspecto, siendo esta la dirección de un nuevo riesgo de unilateralidad, al considerar solo la *forma* de la vida. Se fractura de esta manera el vínculo del contraste con la *plenitud*, que en el sistema guardiniano subrayó también su inabarcabilidad, pero en esta relación con la plenitud es en la que la forma se mantiene viva. La fe debe ser capaz de soportar también la duda. No todo es descifrable, no todo es comprensible, ni se puede aplicar la medida de la claridad a todo, eso constituiría también una forma unilateral que alejaría de lo vital. La interpretación guardiniana no pretende solo explicar todos los espa-

---

ti, pur avendo già sentito parlare della fede, non apprezzano, non conoscono più la bellezza del Cristianesimo, anzi, talvolta lo ritengono addirittura un ostacolo per raggiungere la felicità. Perciò oggi desidero ripetere quanto dissi ai giovani nella Giornata Mondiale della Gioventù a Colonia: "La felicità che cercate, la felicità che avete diritto di gustare ha un nome, un volto: quello di Gesù di Nazareth, nascosto nell'Eucaristia"!... Cresca, dunque, l'impegno per una rinnovata stagione di evangelizzazione, che è compito non solo di alcuni, ma di tutti i membri della Chiesa. L'evangelizzazione ci fa sapere che Dio è vicino: Dio ci è mostrato. In quest'ora della storia, non è forse questa la missione che il Signore ci affida: annunciare la permanente novità del Vangelo, come Pietro e Paolo quando giunsero nella nostra città? Non dobbiamo anche noi oggi mostrare la bellezza e la ragionevolezza della fede, portare la luce di Dio all'uomo del nostro tempo, con coraggio, con convinzione, con gioia? Molte sono le persone che ancora non hanno incontrato il Signore: ad esse va rivolta una speciale cura pastorale. Accanto ai bambini e ai ragazzi di famiglie cristiane che chiedono di percorrere gli itinerari dell'iniziazione cristiana, ci sono adulti che non hanno ricevuto il Battesimo, o che si sono allontananti dalla fede e dalla Chiesa. E' un'attenzione pastorale oggi più che mai urgente, che chiede di impegnarci con fiducia, sostenuti dalla certezza che la grazia di Dio sempre opera, anche oggi, nel cuore dell'uomo», BENEDICTO XVI, «Apertura del Convegno Ecclesiale», 842-847.

cios, sino que invita también a mirar y respetar eso que nos habla de misterio y que no puede ser explicado de forma exhaustiva[182].

También en Agustín advierte Guardini el riesgo de una unilateralidad que puede conducir al límite de no tener suficientemente en cuenta lo terrenal. Aunque referido más concretamente al peligro del absolutismo religioso que elimine el ámbito del ser finito, con sus valores, responsabilidades y todas las cuestiones intramundanas[183]. Este riesgo de debilitar finalmente lo finito es consecuencia de una falta de claridad en la mirada y no puede ser identificado con el vencer al mundo del que nos habla el evangelio. Por esta razón, la reflexión y la perspectiva agustiniana debe ser acompañada, manteniendo la tensión vital, con otros maestros del pensamiento como Tomás de Aquino que lograron hacer justicia a lo finito, experimentado su densidad propia de manera natural y auténtica (*von Meistern, bei denen die Eigendichte des endlichen Seins ganz ursprünglich erfahren und zu ihrem Recht gebracht wurde. Ihr Führer ist Thomas von Aquin*)[184]. También este

---

[182] «Madeleines beste Kraft ist diese Klarheit. Vor ihr glaubt man das Tiefste des echten französischen Wesens zu verstehen: die Leidenschaft und den hinreißenden Schwung, die Zartheit und Süße, aus denen die großen Heiligen Frankreichs und die Herrlichkeit seiner Kathedralen entstanden sind. In dieser Klarheit liegt aber auch – das muß gesagt werden dürfen – Madeleines Schwäche [...]. Die Wirklichkeit ist nicht nur "klar", sie ist auch unbegreiflich, ja tragisch verstrickt. Gerade im Zusammentreffen mit dieser Unbegreiflichkeit und tragischen Verflechtung aber atmet der Geist frei, denn darin ist lebendige Wahrheit. Es gibt die Sehnsucht ins Klare, in den Süden des Geistes. Es gibt aber auch, gerade aus der südlichen Durchsichtigkeit heraus, die Sehnsucht nach seinem Norden», R. GUARDINI, «Madeleine Sémer», 601-602.

[183] La mística agustiniana contiene el riesgo de una tendencia absolutista de la fe. Si es Dios el que hace siempre *absolutamente todo* (*Allursächlichkeit Gottes*), aunque se diga que Dios es amor, surge la pregunta acerca de cuál es el lugar de lo finito, qué puede hace lo finito («so Guardini, bringt der Gedanke der Allursächlichkeit Gottes die Gefahr mit sich, dass der Glaube absolut gesetzt wird und das Irdische und Endliche "entmächtigt" wird. Die Mystik Augustinus enthält also nach Auffassung Guardinis die gefährliche Tendenz zu "Supranaturalismus" und "Glaubensabsolutismus", welche die Eigenständigkeit des irdischen Bereichs vorschnell zu vereinnahmen pflegen», D. LANGNER, *Schauen im Glauben*, 686).

[184] «Trotz alledem birgt die augustinische Lehre von der All-Ursächlichkeit Gottes eine große, bereits mehrmals berührte Gefahr: die des religiösen Absolutismus. Die Gefahr, den Bereich des endlichen Seins und Schaffens mit seinen Werten und Verantwortungen und allen daran hängenden innerweltlichen Fragen auszulöschen [...]. Auch damit hängt jene besondere Rolle zusammen, die das augustinische Denken in der christlichen Geistesgeschichte gehabt hat und auf die wir bereits aufmerksam geworden sind: Immer war es der Herd, von welchem die Flamme geholt wurde – nicht ist es zur herrschenden und wegbestimmenden Macht, zur *via ordinaria* der christlichen Denkbildung geworden [...]. Die allgemeine Bildung des christlichen

límite del pensamiento agustiniano que indica Guardini es recordado por Borghesi, agregando que, con esta observación, Guardini se distancia igualmente de la perspectiva scheleriana que mantiene la separación entre agustinismo y tomismo[185]. El platonismo desde el que se estructura la metafísica de Agustín tiene el peligro de perder lo corporal y con ello el hombre, transformarse en algo solo espiritual y dualista. Corre el riesgo de caer en lo abstracto, perdiendo lo concreto, la historia y de permanecer solo en el ámbito de lo metafísico, místico o estético[186].

6.2 *Sagrada Escritura ciencia de la fe*

En el artículo donde Guardini trata sobre de la interpretación de la Sagrada Escritura, ya en el título se nos indica una perspectiva que al autor le parece imprescindible: la perspectiva de la fe[187]. La interpretación de la Sagrada Escritura para la mirada guardiniana se trata de un trabajo científico pero *desde* la fe, guiado desde ella, ya que es el conocimiento de la fe el que se ordena y elabora científicamente para ser expresado y transmitido posteriormente de forma conceptual.

Este extenso artículo dedicará toda la primera parte al tema del conocimiento desde dos vertientes: la del conocimiento general y la del co-

---

Denkens mußte von anderswoher kommen: von Meistern, bei denen die Eigendichte des endlichen Seins ganz ursprünglich erfahren und zu ihrem Recht gebracht wurde. Ihr Führer ist Thomas von Aquin», R. GUARDINI, *Die Bekehrung des Aurelius Augustinus*, 137-138.

[185] Cf. M. BORGHESI, «Romano Guardini. Lumen cordis e "visione del mondo"», 192-193. Ideas que van en esta dirección y que nos hablan del interés guardiniano por el pensamiento de Santo Tomás de Aquino como parte de una mirada complementaria del pensamiento agustiniano, se encuentran también presentes en otros escritos de Guardini. En la Academia católica de Baviera existe un escrito en el que Guardini aparentemente intentaba ordenar algunas ideas tal vez con la intención de escribir alguna obra sobre Santo Tomás. Se trata de un escrito de 38 páginas con una introducción, que fueron redactadas entre abril y mayo de 1945. Este libro nunca se concreto, y solo una parte muy breve de estos apuntes se publicaron en su diario personal (R. GUARDINI, *Marginalien zur Summa Theologica*).

[186] «Das platonische Denken hat auch spezifische Gefahren: 1. Den Körper und damit den Menschen zu verlieren; spiritualistisch oder gar dualistisch zu werden. 2. Das Konkrete zu verlieren; ins Abstrakte, Idealistisch-Blasse zu geraten. 3. Die Geschichte zu verlieren, ins Bloß-Metaphysische oder Mystizistische oder Ästhetische zu geraten. 4. Die Demut zu verlieren und, aus dem spezifisch-platonischen Höhenbezug heraus, hochmütig zu werden. 5. Die Liebe zum Menschen, wie er ist, nicht zu finden, humorlos zu werden», R. GUARDINI, *Wahrheit des Denkens*, 20.

[187] R. GUARDINI, «Heilige Schrift und Glaubenswissenschaft», 337-383.

nocimiento religioso cristiano[188]. Al hablar del conocimiento en general se abordan temas como la relación que existe en el proceso cognoscitivo entre el sujeto y el objeto de conocimiento. Se considera aquí el conocimiento como un movimiento vivo en el que se produce un *encuentro* entre el hombre y el objeto. El conocimiento no se trata por lo tanto del resultado de un proceso que pueda ser simplificado y reducido solo a lo mecánico o que considere al objeto solo desde un aspecto cuantitativo. Una vez más se hace explícita la crítica guardiniana a Kant, al señalar el límite de un pensamiento abstracto que cree poder ofrecer un esquema crítico *a priori* de categorías aplicable a todo tipo de conocimiento. Con todo esto, Guardini nos invita nuevamente a considerar y mirar el conocimiento como un acto humano vivo, realizado por un sujeto concreto. Esta mirada guardiniana convierte al conocimiento en algo mucho más complejo de lo que Kant propone. Se nos indica también la riqueza concreta de los objetos a conocer, desde lo que los diferencia cualitativamente y sin reducirlos solo a lo cuantitativo. Se nos exige como consecuencia una actitud adecuada, que logre alejarse de una perspectiva predominantemente abstracta que pretende considerar todo el conocimiento solo desde un sujeto general y de un objeto general. Se trata de pensar el conocimiento de forma más amplia, como parte de un camino que al ser recorrido nos permitirá poder superar una mirada unilateral y un conocimiento que permitirá penetrar en aquello a lo que se dirige nuestra atención[189].

Al pensar en el conocimiento vivo como un movimiento complejo de toda la persona y la diferencia cualitativa del mundo objetivo, nos encontramos con la exigencia de un conocimiento que debe poder acer-

---

[188] «Wir stehen hier vor einer Grundfrage der Lehre von der Erkenntnis überhaupt; der religiös-christlichen Erkenntnis im Besonderen», R. GUARDINI, «Heilige Schrift und Glaubenswissenschaft», 338.

[189] «Das Denken ist nicht gesetzgebende Gestaltung des Gegenstandes durch spontane Kategorien, wie Kant und der Idealismus, das Problem vereinfachend, behaupten. Es erfaßt vielmehr in sich seiende und bestimmte Wirklichkeit, und muß das so tun, wie diese Wirklichkeit erfaßt zu werden fordert. Aber: Dieses Erfassen bedeutet nicht einfaches Wiedergeben. Das Erkennen ist kein toter Spiegel, der den Gegenstand reflektiert [...]. Das Hervortreten des Geltungsgehaltes, der Wahrheit, hängt davon ab, daß jener konkrete Erkenntnisakt des lebendigen Menschen gerate. Welches sind die -nicht abstrakten, sondern lebendigen- Vorbedingungen dieses Geratens? Im konkreten Erkenntnisakt habe ich es nicht mit "Subjekt überhaupt", sondern mit dem lebendigen Subjekt zu tun; nicht mit "Gegenstand überhaupt", sondern mit dem "konkreten Gegenstand". Was bedeutet das für den Erkenntnisakt? Das Seiende ist unter sich nicht gleichartig, sondern qualitativ verschieden», R. GUARDINI, «Heilige Schrift und Glaubenswissenschaft», 338-339.

carse desde la actitud adecuada al objeto que desea conocer, teniendo en cuenta las exigencias que cada objeto presenta. Conocer implica poder disponerse desde la especial actitud de receptividad y apertura al objeto concreto que tenemos ante nosotros, recordando que en esa actitud actúan todas las capacidades receptivas (ojos, oído, tacto, fantasía, discernimiento, facultad de comparación, la intuición y la comprensión) y los límites, por ejemplo de nuestros prejuicios, también están allí presentes (*Ja selbst das anscheinend exakteste Moment der Gegenstandserfassung [...], unterliegt subjektiven Voraussetzungen*)[190]. En el movimiento del conocimiento, la viva capacidad cognoscitiva se trasciende intencionalmente a sí misma para alcanzar el objeto, *adecuándose* a la índole peculiar del objeto. Si no se produce esta adecuación del sujeto, el objeto no es percibido como dato y permanece fuera de mi horizonte cognoscitivo. Un objeto es conocido realmente si en el movimiento del conocer se abre la propia interioridad para recibir allí el objeto[191].

Cuando nuestra atención se dirige al conocimiento de la Sagrada Escritura nos encontramos ante textos. Nuestro objeto es ahora de carácter literario, y dicho objeto requiere ser comprendido con una actitud adecuada que nos permita captarlo y entenderlo. Esta actitud es diferente de aquella que intenta entender, por ejemplo, un fenómeno natural o un evento psicológico. Pero al mismo tiempo, las obras literarias son consideradas cada una de acuerdo con su particular cualidad literaria, no todas las obras literarias pueden ser consideradas de la misma forma. A obras históricas se les hace justicia si se las considera como tal, pero a

---

[190] «Ja selbst das anscheinend exakteste Moment der Gegenstandserfassung, die Feststellung von "Maß" im weitesten Sinne, von Größe, Gewicht, Intensität, Bedürfnis, Dringlichkeit usw. unterliegt subjektiven Voraussetzungen. Die Psychologie der Abschätzung und der Täuschung zeigt, wie wenig das Fehlschätzen nur darauf zurückgeht, daß Auge oder Ohr falsch arbeiten, vielmehr darauf, daß psychologische Impulse irreführen. Ja die Sinnesapparatur arbeitet falsch, weil sie falsch arbeiten soll; weil unterbewußte Interessen den Vorgang der Gegenstandserfassung beeinflussen und so den Tatbestand fälschen», R. GUARDINI, «Heilige Schrift und Glaubenswissenschaft», 344.

[191] «Die Gegenstandswelt zerfällt in eine Reihe von qualitativ unterschiedenen Bereichen. Diese zu erkennen, macht aber bestimmte Voraussetzungen in der erkennenden Haltung [...]. Die Erkenntnis ist kein fester Apparat, sondern eine lebendig-plastische Potenz jeder geist-leiblichen Einheit, die wir "Mensch" nennen. "Ich erkenne" bedeutet, daß ich "mich" in jener besonderen, nicht weiter rückführbaren Grundhaltung der Aufnahme auf den Gegenstand richte; in welchem Gesamt-Tun die fassenden Potenzen von Auge, Hand, Ohr, von Vorstellung, Unterscheidung, Vergleichung; von Eindringen und Verstehen; von Verknüpfung und Urteil wirksam sind [...]. Ist diese Selbsteinpassung des erkennenden Subjektes nicht da, dann gelangt das Objekt nicht zur Gegebenheit. Es wird ausgeschaltet», R. GUARDINI, «Heilige Schrift und Glaubenswissenschaft», 344-345.

obras poéticas no se las considera del modo adecuado si se las ve solo como obras históricas. En el interior del ámbito literario también los diversos géneros requieren una actitud cognoscitiva adecuada[192]. Pero el Nuevo Testamento nos pone, además, frente a otras características al tratarse también de un texto sagrado.

El Nuevo Testamento es la repercusión escrita de un evento religioso que es expresión de la Revelación (*Das Neue Testament ist ein heiliger Text, Niederschlag eines religiösen Vorgangs, Ausdruck von Offenbarung*). El Nuevo Testamento por su carácter literario es un conjunto de apuntes de personalidades, doctrinas y acontecimientos, de cartas y de textos proféticos, que no nos coloca ante un fenómeno puramente natural, sino que nos remite al evento de la Revelación (*ist keine Erscheinung nur natürlicher Art, sondern geht auf das Ereignis der Offenbarung zurück*). Dios habló en la historia, en ella tuvo lugar la autorrevelación de Dios, una autorrevelación especial, libre y personal. Los textos del Nuevo Testamento han nacido en un contexto histórico concreto, desde el Espíritu Santo, en virtud del cual la Revelación es posible y comprensible. La escritura es obra del Espíritu de Cristo, es inspirada, es un texto espiritual y santo. Todo esto constituye la particularidad cualitativa distintiva de su carácter literario e histórico, exigiendo como consecuencia una disposición interior específica y apropiada que esté en grado de comprenderlo[193].

---

[192] «Beim Neuen Testament stehen wir vor Texten. Es handelt sich also zunächst um einen literarischen Gegenstand. Ein solcher will aus einer anderen Haltung gefaßt werden, als etwa ein Naturvorgang oder ein soziologisches Geschehen. Der Betrachtende muß sich der Besonderheiten des geistigen Schaffensvorganges öffnen. Dann sieht er dessen Eigenart; prägt Begriffe und Worte von ihr her [...]. Aber diese Gesetze sind nicht mechanisch; und die oberste Bestimmung wissenschaftlicher Methode lautet, daß ein Gegenstand nicht mit "Methode überhaupt", sondern mit "der ihm zugeordneten Methode" erfaßt werde», R. GUARDINI, «Heilige Schrift und Glaubenswissenschaft», 352-353.

[193] «Das Neue Testament ist ein heiliger Text, Niederschlag eines religiösen Vorgangs, Ausdruck von Offenbarung [...]. "Das Neue Testament", seinem literarischen Charakter nach eine Sammlung von Aufzeichnungen über Persönlichkeiten, Lehren und Geschehnisse, von Briefen und prophetischen Texten, ist keine Erscheinung nur natürlicher Art, sondern geht auf das Ereignis der Offenbarung zurück. Es ist von deren Kraft getragen, von ihrem Inhalt erfüllt, von ihrer Würde und Geltung gestützt. Gott hat hier in die Geschichte gesprochen; und zwar nicht nur in dem allgemeinen Sinne, wonach alles wesenhaft Geschehende irgendwie ins Ewige reicht, sondern eine besondere, freie, persönliche Selbstoffenbarung Gottes hat stattgefunden. Aus deren Zusammenhang heraus sind diese Texte entstanden. Sie sind entstanden aus dem Pneuma, dem heiligen Geiste, durch den Offenbarung geschieht und verständlich wird

CAP. III: INTUICIÓN E INTERPRETACIÓN 415

La actitud adecuada a la recepción del texto sagrado es la actitud religiosa. Pero para Guardini esa actitud religiosa necesita ser precisada, ya que en sí misma tampoco es suficiente. Ya se habló de la ambigüedad presente en la actitud religiosa. El cristianismo no es solo una religión, sino la Revelación del Dios viviente, del Padre en su Hijo hecho hombre, única revelación definitiva, que el hombre recibe en la fe. La experiencia religiosa posee una gran importancia, es allí que hemos situado el inicio de la intuición guardiniana, pero todo ello debe permanecer en el contexto de una tensión vital que impida a la experiencia y a la intuición cerrarse en sí mismas, transformándose en algo unilateral y en una autoridad absoluta. En la dimensión religiosa, hablar de interioridad y de autenticidad no es suficiente, estamos llamados también a realizar la importante tarea de *discernir desde la verdad*, incluso contra nosotros mismos, y contra lo que nos pueda sugerir nuestro corazón. Aquí veremos que la Revelación aportará criterios valiosos y definitivos para un discernimiento que nos ayude a combatir la unilateralidad y nos conduzca a la vida real de lo religioso. El aporte de Cristo no consiste en el aporte de lo religioso, sino en la claridad de esos criterios definitivos que nos permitan llevar a cabo el discernimiento (*Was Christus gebracht hat, ist aber gar nicht "das Religiöse"!*)[194]. Es en la fe cristiana en cuanto respuesta de la persona a la revelación que radica, para Guardini, la auténtica actitud religiosa adecuada a este objeto del texto sagrado (*So ist diesem besonderen Gegenstand eine besondere positive, religiöse Haltung zugeordnet: Der christliche Glaube*)[195].

[...]. Die Schrift ist das Werk von Christi Pneuma; ist inspiriert. Es ist ein pneumatischer, ein heiliger Text. Dieser bildet also über seine rein literarische Bestimmung hinaus einen besonderen Gegenstandsbereich», R. GUARDINI, «Heilige Schrift und Glaubenswissenschaft», 353-354.

[194] «Auch das Religiöse ist vieldeutig, ja sogar in besonderem Maße. Was im Menschen ist, ist auch in seinem religiösen Leben: alles Gute bis zum Besten, alles Unklare bis zum Chaos, alles Schlimme bis zum Bösesten und Schlechtesten. Ja es scheint, als ob, wie das letzte Gute, so auch das letzte Böse des Menschen erst im Religiösen herauskäme. Sehr oberflächlich also, zu meinen, das Religiöse als solches sei schon gut; in Wahrheit kann es jede Form der Selbstüberhebung, des Selbstgenusses und der Täuschung enthalten. Was Christus gebracht hat, ist aber gar nicht "das Religiöse"!», R. GUARDINI, *Die Offenbarung*, 88.

[195] «Welches ist nun die besondere, dem heiligen Text zugeordnete Haltung, die da sein muß, soll er in seinem spezifischen Sinn deutlich werden? Offenbar die religiöse. Das genügt aber noch nicht, sobald man darunter nur eine allgemeine religiöse Geöffnetheit versteht [...]. Christentum ist – vorausgesetzt, was oben vorausgesetzt wurde – nicht nur "eine Religion", sondern die positive Offenbarung des lebendigen Gottes,

6.2.1 Interpretación e investigación histórica de la Sagrada Escritura

La Sagrada Escritura se nos presenta como un texto originado históricamente. Son narraciones escritas en un determinado tiempo histórico, con contextos y problemáticas particulares. Aquí confirma una vez más su validez el principio según el cual una expresión histórica debe ser entendida desde sus presupuestos básicos. En este caso se debe indagar acerca del tiempo en el que esta palabra fue escrita, sobre sus autores humanos, el significado que estas palabras tenían en su tiempo de origen. También tiene gran importancia el contexto particular al que hacen referencia y las condiciones culturales que se presuponen. Guardini afirma claramente que para conocer la Palabra de Dios no se puede dejar de lado una verdadera investigación histórica, respetando naturalmente la categoría guía del texto sagrado y la actitud dominante y central de la fe. Llegaremos al texto y a su sentido intentando reconstruir el camino por el cual el texto llegó a nosotros[196].

La investigación histórica intenta captar el esquema y la estructura propia de un fenómeno que en este caso es la Escritura. Estas estructuras presentes en la Escritura las encontramos también en otros ámbitos humanos. Los fenómenos humanos poseen una estructura determinada que se expresa también a través de una naturaleza psicológica, lógica que está activa por todos lados, pero siendo funcional a diferentes tipos de procesos de la existencia. Para conocer un fenómeno, se deben constatar

---

des Vaters, in seinem menschgewordenen Sohn; einzig und verbindlich. Damit treten wir aus dem Bereich des allgemeinen Religionswesens heraus. Dieser Anspruch ist ungeheuer; vom Standpunkt der heutigen Geschichtsauffassung unsinnig. Er ist "Ärgernis und Torheit". Das Christentum selbst weiß das, aber es hält ihn aufrecht. So ist diesem besonderen Gegenstand eine besondere positive, religiöse Haltung zugeordnet: Der christliche Glaube», R. GUARDINI, «Heilige Schrift und Glaubenswissenschaft», 355-356.

[196] «Die Schrift tritt uns zunächst als geschichtlich entstandener Text entgegen. Es sind Berichte, in einer bestimmten Zeit geschrieben; Briefe, aus angebbaren zeitlichen und örtlichen Verhältnissen hervorgegangen; prophetische Äußerungen, von bestimmten Menschen getan. Dieses alles ist an bestimmte geschichtliche Umgebung geknüpft, und es gilt der Grundsatz, daß man eine geschichtliche Äußerung aus ihren Voraussetzungen heraus verstehen müsse. Will man danach das Wort Gottes verstehen, so muß man fragen: Wann wurde es geschrieben? Von welchen menschlichen Urhebern? Was bedeuten in der damaligen Zeit die Worte, die der Text braucht? Auf welche Verhältnisse bezieht er sich? Welche geistigen Zustände setzt er voraus? So könnte das Wort Gottes nur durch eigentliche, geschichtliche Befragung verstanden werden – immer natürlich unter der leitenden Kategorie des heiligen Textes, und aus der beherrschenden Grundhaltung des Glaubens», R. GUARDINI, «Heilige Schrift und Glaubenswissenschaft», 369-370.

CAP. III: INTUICIÓN E INTERPRETACIÓN

los esquemas y mecanismos que allí actúan, pero al mismo tiempo se debe poder reconocer cuando los mismos esquemas son asumidos por un particular y propio núcleo de sentido. La importancia de llegar a las estructuras y esquemas de los fenómenos a los que se dirige nuestra atención, debe ir acompañada por el interés de llegar a ese núcleo que le es propio y que diferencia un fenómeno de otro, aunque posean esquemas comunes[197].

Desde el párrafo anterior se entiende la crítica guardiniana al pensamiento positivista-evolucionista que quiere deducir lo más elevado desde lo humanamente más básico. Ese pensamiento trabaja con una técnica que conduce los fenómenos a un mismo plano nivelando las diferencias. El pensamiento que propone Guardini es el de considerar como unidad de medida la *realidad misma* y *no* un *esquema previo* que nivele la realidad desde una estructura abstracta a priori. Al considerar la realidad misma como unidad de medida, el camino que se propone es el de penetrar en el fenómeno y en sus aspectos, a partir de los diferentes momentos que allí se nos presentan. Un ejemplo de lo dicho lo encontramos cuando Guardini comenta brevemente el culto sacrificial en el Antiguo Testamento. Estos sacrificios pueden ser puestos en relación con la historia general de los ritos en otras prácticas cultuales; pero más allá de una similitud estructural del fenómeno se debe poder reconocer lo propio y característico de la forma veterotestamentaria, lo que la diferencia de las otras. La oferta del sacrificio en el Antiguo Testamento es siempre un encuentro con el Dios santo y personal de la revelación, relacionada con la alianza divina y la exhortación profética de ofrecer el propio corazón a Dios[198].

---

[197] «Vor allem sind ganz andere Mittel der "Unterscheidung" nötig. Ferner die Einsicht in das, was wir die "Mechanismen" nennen wollen. Alle menschlichen Vorgänge haben nämlich bestimmte psychologische, logische usw. Strukturen, die überall wiederkehren, aber ganz verschiedenen Sinngehalten dienen können. Wer also ein Phänomen erfassen will, muß sehen, daß in ihm die gleichen Mechanismen erscheinen, wie sonstwo auch, und dennoch das Phänomen selbst etwas Eigenes bedeutet, weil sie von einem besonderen Sinnpunkt her in Dienst genommen sind», R. GUARDINI, *Das Christusbild*, 35.

[198] «Das gilt auch für die frühesten Zeitschichten des Alten Testaments, worin die Ähnlichkeit mit gemeinreligiösen Phänomenen am größten scheint. Allein ein Gesamtzusammenhang muß aus seinen deutlichen, nicht aus seinen unklaren Stellen heraus verstanden werden. Das evolutionistische Denken will das Höhere aus dem Tieferen ableiten; so arbeitet es mit der Technik der Übergänge, welche die Unterschiede einebnet. Das wirklichkeitsgemäße Denken sucht das Phänomen an der Stelle seiner höchsten Klarheit auf, und kommt so in Stand, es auch an den scheinbaren Übergängen unterscheiden zu können... So muß das alttestamentliche Opferphänomen an den Stellen seines höchsten Sinnranges erfaßt werden, das heißt aber im Zusammenhang mit dem Bundesbewußtsein und mit der prophetischen Mahnung zum Opfer des Herzens. Beides gehört zusammen; beides setzt den nämlichen Gottesbegriff des

En el prólogo al libro de cristología en el que Guardini trata la realidad humana del Señor (*Die menschliche Wirklichkeit des Herrn*) nos habla de algunas características del método que él sigue, señalando lo que lo distancia de esas ideas evolucionistas aplicadas también a la interpretación de la figura de Jesús por parte de la teología liberal. El carácter abstracto del método histórico y psicológico de la teología liberal condujeron a Guardini a buscar y transitar un camino diferente, desde el que intentó acercarse a una imagen más concreta de Jesús, para llegar a apreciar así lo más propio y auténtico que en Él se nos ofrece[199]. La teología según Guardini debería prestar más atención a la literatura espiritual, las homilías de los padres y las obras de los místicos, en cuanto que allí se anticipan e indican algunos conocimientos y comprensiones concretas, que van más allá del esquema teológico abstracto con el que trabajaba la teología liberal (*geistliche Literatur hierfür manche Einsicht vorweggenommen hat. So wäre es sicher nützlich, die Homilien der Väter, die Schriften der Seelenführung und die Werke der Mystiker daraufhin zu untersuchen*)[200]. Con esto se señala un peligro de unilateralidad en el trabajo teológico, en el que ha caído sobre todo la teología liberal al dejarse atrapar por un modelo de ciencia histórica que la aleja del principio que le es propio en cuanto ciencia: la Revelación.

---

geistigen, heiligen, personalen Herrn der Welt und Lenkers der Geschichte voraus. Von dort aus wird deutlich, daß schon an den scheinbaren Übergängen das volle Phänomen da ist», R. GUARDINI, *Das Christusbild*, 108.

[199] Wie wenig die historische und psychologische Methode der liberalen Theologie der Gestalt Christi Genüge tut, wird jedem deutlich, der sehen will. Der Widerhall, den sie innerhalb des katholischen Bereiches als Modernismus erfahren hat, ist überwunden. Wir wissen, daß eine abgeschwächte Christlichkeit nicht nur irrt, sondern auch die Mühe nicht lohnt, die es kostet, sie denkend zu begründen. Das Selbstwagnis des Glaubens hat einen Sinn nur auf die reine und volle Offenbarung und damit auf deren Über-Begreiflichkeit hin. Auf der anderen Seite ist aber auch klar, daß die Christologie einen Schritt weiter tun muß. Und das nicht nur der Folgerichtigkeit des theologischen Forschens, sondern auch des christlichen Lebens wegen. Die betende Meditation bedarf eines Zugangs, der sie tiefer ins Eigentliche führt. Entsprechendes gilt für das Handeln. Wir verstehen das christliche Leben als "Nachfolge" [...]. In diesem Zusammenhang ist auf ein Phänomen hinzuweisen, an welchem die Untersuchung sich üben und vielleicht manche der nötigen Begriffe finden kann, und zwar auf das des Heiligen und seines Seelenlebens», R. GUARDINI, *Die menschliche Wirklichkeit des Herrn*, 78-79.

[200] «Wobei angemerkt werden mag, daß die von der wissenschaftlichen Theologie oft vernachlässigte geistliche Literatur hierfür manche Einsicht vorweggenommen hat. So wäre es sicher nützlich, die Homilien der Väter, die Schriften der Seelenführung und die Werke der Mystiker daraufhin zu untersuchen», R. GUARDINI, *Die menschliche Wirklichkeit des Herrn*, 79.

CAP. III: INTUICIÓN E INTERPRETACIÓN

Ante una desconcertante multiplicidad de imágenes de Cristo, Guardini propone centrar la mirada nuevamente en *todo* el Nuevo Testamento desde la primera hasta su última frase. La realidad de Cristo es transmitida mediante la palabra que nos habla de la memoria de *todos* los apóstoles. La figura de Jesús no pierde autenticidad en el camino que plantea un esquema de evolución en un escrito o testimonio tardío. La distancia cronológica entre Lucas y Marcos no debe conducir al teólogo a una actitud de desconfianza ni de preferencia por ninguno de los dos. Si la investigación retrocede desde el Evangelio de Juan a los evangelios anteriores, no por eso se abre paso a estratos más genuinos de la realidad de Cristo, sino solo a estratos que simplemente se han ofrecido antes a la mirada. Sucede lo contrario si al pasar de las primeras noticias a las posteriores, se hacen evidentes en la imagen de Jesús estratos que muestran el carácter de una reflexión más sólida, de una profundidad metafísica mayor y de una más precisa delimitación frente a las dificultades de la época, no por eso lo manifestado es menos genuino. Lo que allí se muestra son elementos que sólo podrían ser llevados a manifestarse por la situación del tiempo y por el desarrollo de la misión[201].

Con estos pensamientos en los que se critican los presupuestos que consideran lo más simple como un equivalente de una narración más auténtica o más antigua, Guardini nos recuerda que si se lograran dejar de lado todos los informes y obtener una mirada inmediata de Jesús, tal como fue en la tierra, tampoco se presentaría al observador una *simple* figura del Jesús histórico. Lo que se manifestaría sería una figura de grandeza e inconmensurabilidad estremecedoras[202]. La *evolución* o el progreso (*Fort-*

---

[201] «Angesichts der verwirrenden Vielheit der Christusbilder, die im heutigen Bewußtsein umgehen, müssen wir nämlich noch fragen, von "welchem" Jesus Christus hier die Rede sein solle. Wenn dann die Antwort lautet: von jenem, der die Fülle der Offenbarung gebracht hat, und in dieser selbst offenbar geworden ist –, dann geht die Frage weiter: wo Er zu finden sei? Darauf kann nur erwidert werden: im Neuen Testament. Aber im ganzen Neuen Testament; in allen seinen Schriften, von ihrem ersten bis zu ihrem letzten Satz – und damit stehen wir mitten in der theologischen Problematik. Die Wirklichkeit Christi wird uns durch das Wort bzw. das Gedächtnis der Apostel vermittelt; aller Apostel, von Markus bis Johannes», R. GUARDINI, *Die menschliche Wirklichkeit des Herrn,* 80.

[202] «Wenn es gelänge, sämtliche Berichte zur Seite zu schieben und einen unmittelbaren Blick auf Jesus Christus zu gewinnen, wie Er auf Erden war, dann würde dem Betrachter nicht etwa ein "einfacher" geschichtlicher Jesus, sondern eine Gestalt von erschütternder Größe und Unbegreiflichkeit entgegentreten. Der Fortgang in der Darstellung des Jesusbildes bedeutet keine Zutat der Verkündenden, sondern die schrittweise Entfaltung dessen, was "von Anfang an war" – vorausgesetzt al-

gang) en el modo de presentar la imagen de Jesús no significa ningún aporte de los que dan noticia de Él, lo que se muestra es un mayor despliegue de lo que *estaba ya presente desde el principio*. Hablar de evolución o progreso al interpretar la escritura no puede implicar para Guardini una selección de estratos más auténticos, más confiables, en relación con otros menos auténticos. La teoría evolutivo-interpretativa no puede ser considerada como algo *anterior* a la Revelación misma, a la palabra eterna de Dios, que estamos invitados a recibir en la sencillez de la confianza creyente, sin una técnica crítica previa que nos permita «destilarla» para poder finalmente llegar a ella en toda su pureza.

En el esquema interpretativo fundamental guardiniano no es posible entender que una investigación del texto bíblico pueda ser llamada teológica y que al mismo tiempo desconozca lo que *implica* el *principio fundamental* de la Revelación. Considerar la Revelación como una fuente histórica más supone una falta de claridad de la categorías en las que la teología se fundamenta, lo cual se contradice con el mismo ámbito científico. Sin embargo, esto último es posible por una comprensión errónea del concepto de ciencia. La ciencia es investigación de un objeto con el método que el objeto exige. Por lo tanto no existe un método general aplicable a todo tipo de objetos, ya que de esa forma se destruiría el carácter propio y específico de cada ciencia. La teología es ciencia, precisamente, porque no emplea los métodos de la historia o de la psicología, sino que está determinada por el carácter de su objeto en cuanto revelación (*Theologie ist gerade dadurch Wissenschaft [...], die durch den Charakter ihres Gegenstandes als Offenbarung bestimmt wird*). El teólogo actúa científicamente en cuanto asume en su método el carácter de la Revelación como algo decisivo. Solo concretando esta exigencia se realiza la teología como ciencia[203].

---

lerdings – und damit steht und fällt alles, daß der Gotteswille, der in Christus die erlösende Wahrheit des ewigen "Wortes" zur Offenbarung gebracht, auch gewollt und bewirkt hat, daß diese Wahrheit überhaupt zu den Späteren gelange. So zu ihnen gelange, daß sie in der Schlichtheit des gläubigen Vertrauens aufgenommen werden könne, und es keiner kritischen Sondertechnik bedürfe, sie aus dem Wortlaut der Verkündung herauszulösen», R. GUARDINI, *Die menschliche Wirklichkeit des Herrn,* 80-81.

[203] «Wissenschaft ist die Erforschung eines Gegenstandes mit der Methode, die er verlangt, nicht aber mit einer für alles gültigen Generalmethode, die seinen eigentlichen Charakter zerstört. Theologie ist gerade dadurch Wissenschaft, daß sie nicht die Methoden der Allgemeinhistorie oder – psychologie verwendet, sondern jene, die durch den Charakter ihres Gegenstandes als Offenbarung bestimmt wird.

Nos recuerda además Guardini que la fuente de nuestro saber sobre Jesucristo nos remite a la memoria de los apóstoles, pero no como individuos aislados, sino en cuanto miembros de la Iglesia. La Iglesia como la totalidad del conjunto de la comunidad, de su fe, su culto, y de su vida de oración[204]. Guardini reconoce la importancia del intento de alcanzar las características de la figura de Jesús en los diversos niveles históricos de propagación y anuncio de la fe; pero la búsqueda de estas etapas históricas no pueden ser guiadas ni motivadas por la desconfianza. La intención que motive la pregunta no puede ser la voluntad de llegar detrás de lo que manifiestan los apóstoles para alcanzar al más auténtico Jesús, e independizarse así del condicionamiento temporal de la palabra apostólica[205]. Estas ideas nos hacen recordar las palabras de Albert Schweitzer cuando ya en 1906 ponía en evidencia que la investigación histórica de Jesús no tenía solo un interés histórico, la búsqueda del Jesús histórico era un instrumento más en la lucha que se llevaba adelante para liberarse de los dogmas[206]. Por ese camino se olvida que el auténtico Jesús nos viene dado solo mediante los apóstoles, y al decidir previamente rechazar esa di-

---

Dieser Charakter ist nicht eine private Bestimmung, welche die Subjektivität des Forschers an den Gegenstand heftete, die aber, sobald es sich um Wissenschaft handeln soll, weggetan werden müßte. Sondern nur dann und dadurch verhält der Theologe sich wissenschaftlich, daß er den Charakter der Offenbarung als den entscheidenden in die Methode hineinnimmt», R. GUARDINI, *Die menschliche Wirklichkeit des Herrn*, 82.

[204] «Wir sagten, die Quelle für unser Wissen von Christus sei das Gedächtnis der Apostel; aller Apostel und durch die ganze Zeit ihres Verkündens bis zu ihrem Tod, das heißt also vom Tage der Pfingsten bis zum Tod von Johannes. Diese sind aber keine individuellen Berichterstatter, deren jeder so viel gälte, als er persönlich befähigt ist, sondern sie sprechen als Apostel, das heißt aber, als Träger und Glieder der Kirche», R. GUARDINI, *Die menschliche Wirklichkeit des Herrn*, 82.

[205] «Selbstverständlich ist die Frage sinnvoll, welchen Charakter das Jesusbild der verschiedenen geschichtlichen Verkündungsstufen gehabt habe, und ein ganz besonderes Interesse heftet sich an die Frage nach dem Bild der frühesten Verkündung. Das Suchen nach diesen Schichten darf aber nicht vom grundsätzlichen Mißtrauen gegen eben diese Verkündung geleitet sein, die um so fragwürdiger würde, als das Jahrhundert vorschritte. Die innervierende Absicht des Fragens darf nicht der Wille sein, "hinter" das zu kommen, was der Apostel verkündet, um zum echteren Jesus zu gelangen und so von der "Zeitbedingtheit" des apostolischen Wortes unabhängig zu werden, sondern der echte Jesus ist durch die Apostel, nur durch sie, aber durch sie alle gegeben. Eine Haltung wie die gezeichnete wäre nicht "wissenschaftlich", sondern ungläubig», R. GUARDINI, *Die menschliche Wirklichkeit des Herrn*, 83.

[206] «Die Geschichte Erforschung des Lebens Jesu ging nicht von dem rein geschichtlichen Interesse aus, sondern sie suchten den Jesus der Geschichte als Helfer im Befreiungskampf vom Dogma», A. SCHWEITZER, *Geschichte der Leben-Jesu-Forschung*, 47.

rección se opta ya por un camino que no permite obtener una imagen plena de la realidad de Cristo. Esta actitud motivada por la desconfianza *resolvió a priori* que el primer Jesús histórico fue simple, y no fue el que ellos consideran el Jesús metafísico tardío. Posteriormente, esa primera auténtica realidad del Jesús histórico se desfiguró a lo largo de los siglos a través de la metafísica, aproximándose a la categoría del salvador. Pero con todo ello se acentuó de forma desmedida la importancia de lo histórico y se perdió lo que se llama Revelación, oscureciendo su importancia fundamental para la teología, en cuanto que se trata de la manifestación de algo que no está condicionado por parte del hombre, sino que entra en su terreno desde Dios, para juicio y redención de lo humano[207].

Las fuentes neotestamentarias no son simples objetos, son textos históricos de naturaleza religiosa detrás de los cuales se encuentra el evento particular que es la Revelación misma (*hinter denen ein besonderes Geschehnis, nämlich die Offenbarung, steht*). Esta Revelación posee también un centro en la persona de Jesucristo. Al conocimiento humano que desea penetrar en la Revelación se le pide dar el «paso» que requiere ahora este objeto. Solo la Revelación nos puede ofrecer las categorías que nos permitan comprenderla y percibirla (*daß nur sie selbst sagen kann, was sie meint und wie sie verstanden werden muß*). Todo esto nos conduce a la actitud cognoscitiva adecuada que corresponde a la correcta comprensión de la Revelación que es la fe[208]. La Revelación en cuanto categoría a la que no se puede anteponer *a priori* otro esquema ni otro pensamiento

---

[207] «Die beschriebene Haltung verschließt sich aber auch methodologisch den Blick auf die volle Wirklichkeit Christi. Für sie steht von vornherein fest, der erste "geschichtliche" Jesus sei der "einfache", un-metaphysische, schlechthin menschenmäßige gewesen, und seine wahre Größe habe in seiner menschlichen Genialität, seiner religiösen Erlebnistiefe und Wortgewalt gelegen [...]. Damit ist aber von vornherein alles verspielt, was im eigentlichen Sinn "Offenbarung" heißt, Kundwerdung dessen, was nicht vom Menschen her bedingt, sondern von Gott zum Gericht und zur Erlösung alles Menschlichen in dessen Bereich eintritt. Und ebenso verspielt alles das, was der Fortgang der Zeit, der wachsende Abstand vom ersten Ereignis, der Wandel der geschichtlichen Situation und die durch alles das hindurchgehende Tradition für die Erschließung des "Anfangs", der Heil begründenden und Geschichte stiftenden Realität bedeuten», R. GUARDINI, *Die menschliche Wirklichkeit des Herrn*, 83-84.

[208] «Die neutestamentlichen Quellen sind nicht Gegenstände überhaupt, sondern geschichtliche Texte; nicht geschichtliche Texte im allgemeinen, sondern religiöse; nicht religiöse Texte wie alle anderen, sondern solche, hinter denen ein besonderes Geschehnis, nämlich die Offenbarung, steht [...]. Offenbarung in dem absoluten Sinne, daß sie von keiner außer ihr liegenden Kategorie her bestimmt werden kann, sondern die für sie in Betracht kommende Kategorie selbst erst gibt. Das alles bestimmt die Erkenntnishaltung in einer neuen Weise, nämlich als Glaube», R. GUARDINI, *Das Christusbild*, 25-26.

previo se nos manifiesta también como un principio interpretativo fundamental. Es desde el inicio absoluto de la Revelación misma que es posible la interpretación. Este inicio absoluto (*absoluten Anfang: darum, daß Gott kommt, redet, handelt, schafft*) es captado desde el encuentro vivo de la fe, cuyo centro es el comienzo de una nueva mirada que se ilumina desde la *intución* del creyente, que experimenta también la gracia de un nuevo inicio[209].

Revelación y *fe* conforman una unidad que tiene a Dios como creador (*Offenbarung und Glaube bilden zusammen ein Ganzes, das Gott wirkt*). Cuando Dios se muestra, abre también los ojos de las personas para que puedan descubrirlo y ver un nuevo horizonte. Hablando da a las personas la capacidad de escucharlo[210]. La importancia que en todo este proceso de conocimiento y obediencia a la revelación posee la fe, conduce a Guardini a poner de relieve que esta fe no será más cristiana, ni más profunda o precisa si a través de interpretaciones racionalistas viene remplazada por la filosofía existencialista, intuicionista u otra creación que sea solo producto del pensamiento y de categorías humanas (*Das Verhältnis des Glaubens wird weder richtiger noch christlicher, wenn die rationalistische Deutung durch ihr Gegenteil [...] ersetzt wird*). Por esa razón, la auténtica teología bíblica debe, según Guardini, realizar un giro copernicano frente al planteamiento racionalista. Su intención científica no puede dirigirse a extraer,

---

[209] «Wo immer ein echter Anfang geschieht [...] kann der Sinnverhalt nur in der Form des Zirkels gedacht werden... Hier nun handelt es sich um den absoluten Anfang: darum, daß Gott kommt, redet, handelt, schafft [...]. Dieses aus reinem Anfang hervorgehende Sich-Kundtun Gottes ist Offenbarung; damit ist aber auch klar, daß das vorher Bestehende wohl Entsprechungen, Hinweise, Vorbereitungen bedeutungsvollster Art, aber keine eigentlichen Kriterien für die Gültigkeit des Offenbarungsinhaltes geben kann, sondern jene Selbstbekundung im Letzten sich selbst bezeugt. Glaube aber ist wesentlich die – durch den gleichen Gott ermöglichte – Annahme und Auffassung des göttlichen Selbstzeugnisses. Darin muß notwendigerweise ein Zirkel liegen. Das, womit die christliche Existenz beginnt – die neue Schöpfung – kann aus nichts vorher Bestehendem abgeleitet werden, sondern muß sich aus sich selbst öffnen», R. GUARDINI, *Das Christusbild*, 27.

[210] «Das Verhältnis des Glaubens wird weder richtiger noch christlicher, wenn die rationalistische Deutung durch ihr Gegenteil – heiße sie nun intuitionistisch oder aktualistisch oder existentiell oder wie immer – ersetzt wird. Ebenso muß hier auf sich beruhen bleiben, daß der Glaube – und also auch seine Erkenntnis – keine einfache neue Aktform des Erkenntnisorgans, sondern selbst Gabe ist; aus jenem Anfang her gegeben, aus dem die Offenbarung kommt. Offenbarung und Glaube bilden zusammen ein Ganzes, das Gott wirkt. Indem Er spricht, gibt Er, daß gehört werden könne; indem Er sich zeigt, öffnet Er das Auge und läßt Er den neuen Raum werden», R. GUARDINI, *Das Christusbild*, 26.

de unas representaciones supuestamente exageradas, una primera realidad auténtica, supuestamente simple y original[211].

El Nuevo Testamento no pueden ser calificado como un testimonio exagerado que debe ser purificado por un método y criterios que guían al auténtico mensaje que allí se ofrece. El testimonio de los apóstoles consiste en una introducción a Jesús, y constantemente ese testimonio queda rezagado respecto a la plenitud y grandeza del Dios-hombre. Los apóstoles nunca dicen más de lo que era el Jesús histórico, sino siempre menos[212]. Es incuestionable para Guardini la importancia y el valor del trabajo filológico histórico[213], pero el trabajo teológico interpretativo no puede encontrar allí el principio fundante que guíe su tarea, eso sería caer en un cientificismo que pretende una validez universal, haciendo perder de vista el principio teológico interpretativo de la Revelación, principio que por otro lado caracteriza y da su fundamento a la ciencia teológica.

6.2.2 Cientificismo e historicismo en la interpretación de la Sagrada Escritura

Guardini señala las limitaciones de una mirada que pretenda por sí sola descubrir el camino de una adecuada interpretación de la Sagrada Escritura, considerando valiosa únicamente la propia perspectiva. Un ejemplo de esta unilateralidad es mencionado al hablar de la comprensión *historicista de la Escritura*. Para el pensamiento guardiniano

---

[211] «Die echte biblische Theologie muß also gegenüber der rationalistischen Einstellung geradezu eine "kopernikanische Wendung" vollziehen. Ihre wissenschaftliche Intention darf nicht darauf gehen, aus angeblich übersteigernden Darstellungen eine ebenso angebliche einfache erste Realität herauszuholen, sondern aus einer Reihe von Darstellungen, deren jede gültig ist, aber trotz fortschreitender Vertiefung immer versagen muß, das Ursprünglich-Große deutlich zu machen. Dieses Ursprünglich-Große ist es denn auch, was in der Geschichte gewirkt, die Kirche aufgebaut, den niemals zu erstickenden Anstoß der Bewegung und Umwandlung gebildet hat, wie er uns aus Vergangenheit und Gegenwart entgegentritt», R. GUARDINI, *Die menschliche Wirklichkeit des Herrn*, 85.

[212] «Der Christus, den der ernsthaft Glaubende meint, ist jener der ursprünglichen Wirklichkeit. Die Verkündungen der Apostel aber sind Hinführungen zu Ihm und bleiben hinter seiner gottmenschlichen Fülle stets zurück. Die Apostel sagen niemals mehr, als der historische Jesus war, sondern immer nur weniger. Daher denn auch jeder, der das Neue Testament richtig liest, hinter jedem seiner Sätze eine Wirklichkeit vorleuchten fühlt, die das Gesagte übersteigt», R. GUARDINI, *Die menschliche Wirklichkeit des Herrn*, 85.

[213] «Die Theologie hat sie weithin auch für sich als verbindlich angenommen und dadurch nicht geringen Schaden gelitten. Es ist Zeit, daß sie sich davon befreie und ihre Norm in ihrem eigenen Wesen finde. Daß damit von den Aufgaben philologisch-historischer Art nichts abgestrichen ist, versteht sich von selbst», R. GUARDINI, *Die menschliche Wirklichkeit des Herrn*, 86.

nuestra ciencia bíblica es prevalentemente historicista (*Unsere biblische Wissenschaft ist weithin historisch*). Comprender científicamente la Sagrada Escritura coincide en gran medida con su comprensión histórica, corriendo así el riesgo de perder el aspecto propiamente teológico que pone de relieve el carácter absoluto y eterno de esta palabra. Ya se habló de la importancia del aspecto histórico, pero no puede ser considerado como lo único determinante. Entre otras cosas porque, además, la palabra de Dios tampoco se entiende de forma correcta a nivel teológico, si no es comprendida desde su dimensión temporal actual, si queda fuera lo que le pertenece esencialmente, que es también el que escucha esa palabra hoy (*So wird es auch theologisch nicht richtig erfaßt, wenn es nicht aus seiner Zeitunmittelbarkeit erfaßt wird. Es fällt aus dem Ganzen heraus, was wesentlich hineingehört: der "Hörer des Wortes", denn der ist der Heutige*). La Palabra de Dios es un mensaje desde la eternidad para cada presente[214].

a) *Un ejemplo de historicismo*

Refiriéndose Guardini a Cristo como «Imagen de Dios invisible, Primogénito de toda la creación» (Col 1,15), nos recuerda que él en cuanto Imagen ejemplar del Padre, es el que nos revela al Padre. El Padre es visible en el Hijo. Se puede reconocer aquí un paralelo con el evangelio de Juan cuando se nos dice que: «A Dios nadie lo ha visto jamás, el Hijo Unigénito que está en el seno del Padre, él lo ha contado» (Jn 1,18). Lo que en Pablo se dice del Hijo, en Juan se nos dice en relación con el Logos, ambos conceptos señalan el carácter mediador y de imagen ejemplar (el Hijo o el Logos *imagen* del Padre)[215]. Este Hijo asume la forma de

---

[214] «Das ist wiederum wichtig für den rechten Begriff vom Wesen der Theologie. Unsere biblische Wissenschaft ist weithin historisch [...]. Der Historismus verliert in seinem Gestern das Ewige und auch das Jetzt. So wird er unaktuell, akademisch. Das Wort Gottes ist aber nicht nur in pastoreller "Anwendung", sondern wesenhaft praktisch. Es ist wesenhaft Anruf Gottes, aus seiner Ewigkeit in – nicht Zeit überhaupt, sondern – die heutige Zeit. So wird es auch theologisch nicht richtig erfaßt, wenn es nicht aus seiner Zeitunmittelbarkeit erfaßt wird. Es fällt aus dem Ganzen heraus, was wesentlich hineingehört: der "Hörer des Wortes", denn der ist der Heutige. Ebendamit aber wird die Theologie zu einer gleichgültigen Angelegenheit. Worum es also theologisch geht, ist eine tiefe, umfassende, freilich die historischen Ergebnisse sorgsam verarbeitende Durchdringung des heiligen Textes aus dem Bewußtsein, daß er unser heutiges Jetzt anruft; Botschaft aus Gottes Ewigkeit an die Gegenwart ist», R. GUARDINI, «Heilige Schrift und Glaubenswissenschaft», 375-376.

[215] «Das erste Kapitel des Kolosserbriefes nennt Ihn "das Ebenbild des unsichtbaren Gottes" (Kol 1,15). "Gott" ist hier der Vater. An sich "unsichtbar" – "unbekannt" nennt

siervo, del hombre que carga con el peso de la ley de la existencia terrena, y el peso del pecado. Pasando a través de la muerte, resucita y torna a ser de nuevo Señor (*in die Gestalt des Knechtes* [...], *und erfährt darin die kénosis, den Verlust der offenen Herrlichkeit. Doch schreitet sie durch den Tod hindurch, steht auf und ist nun wieder «Herr»*). El resucitado es ahora, para los que tienen una mirada de fe, la epifanía del Padre. Porque «el mismo Dios que dijo: *Del seno de las tinieblas brille la luz* la ha hecho brillar en nuestros corazones, para iluminarnos con el conocimiento de la gloria de Dios que está en la faz de Cristo» (2Co 4, 6)[216]. Volviendo a la carta a los Colosenses, Guardini nos recuerda que «en él fueron creadas todas las cosas, en los cielos y en la tierra, las visibles y las invisibles, tronos, dominaciones, principados, potestades: todo fue creado por él y para él» (Col 1, 16-17). Esto se vincula con las palabras del evangelio de san Juan en el que se nos recuerda que: «todo fue hecho por ella y sin ella no se hizo nada» (Jn 1, 3). Indicándose a través de la «palabra» al Hijo por medio del cual todo fue creado. Como Dios Padre es invisible en su más profunda fisonomía y se hace visible solo en la semejanza ejemplar del Hijo, así también el Padre no crea el mundo inmediatamente, sino a través del Hijo. El Hijo es el arquetipo y el fin último, el punto de partida de la finitud y la morada a la que se regresa[217].

Ihn die Areopagrede (Apg 27,13-24) – der "sichtbar" im "Sohn seiner Liebe"; und zwar dadurch, daß dieser Sohn seine eikōn ist; sein "Ebenbild", die anschaubare Offenwerdung seiner ewigen Sinnfülle. Die Parallele zu dem johanneischen Satz springt in die Augen: "Gott hat keiner je gesehen. Erst der einziggeborene Sohn, der an des Vaters Brust lag, hat Ihn kund getan" (Joh 1,18)», R. GUARDINI, *Das Christusbild*, 79.

[216] «Das wesenhafte Ebenbild des Vaters, die ewige Sichtbarwerdung des unsichtbaren Gottes, geht dann in die Gestalt des Knechtes, des durch das Gesetz des Erdendaseins und das Joch der Sünde gebundenen Menschen ein und erfährt darin die kénosis, den Verlust der offenen Herrlichkeit. Doch schreitet sie durch den Tod hindurch, steht auf und ist nun wieder "Herr" – aber in voller menschlich-geschichtlicher Wirklichkeit. Nun ist auch für Christi Menschentum die kénosis aufgehoben; heißt es doch im Kolosserbrief, daß "Er beschloß (im Auferstandenen), die ganze (offene) Fülle wohnen zu lassen", welche dieser vorher als "Knecht" nicht hatte (Kol 1,19). Der Auferstandene ist nun für jeden, der das Auge des Glaubens hat, die Epiphanie des Vaters; denn "der Gott, der da sprach: 'aus der Finsternis soll leuchten das Licht', ist es, der es in unseren Herzen tagen ließ zum strahlenden Aufgang der Erkenntnis der Herrlichkeit Gottes im Antlitz des Christus" (2Kor 4,6)», R. GUARDINI, *Das Christusbild*, 80.

[217] «Der ewige Sohn, Ebenbild des Vaters und in der Gestalt Gottes existierend, ist seinerseits Urbild der Schöpfung [...]. Wieder denken wir an Johannes: "Durch es (das Wort) ward alles geschaffen; und ohne es ward nichts geschaffen, was geschaffen ist". (Joh 1,3) Gleichwie Gott der Vater in seinem An-sich unsichtbar ist und erst sichtbar wird in der Ebenbildlichkeit des Sohnes, so schafft auch der Vater die Welt nicht unmittelbar, sondern durch den Sohn [...]. Die gleiche Gefühlsschwingung wird aber in einem ähnlichen Zu-

CAP. III: INTUICIÓN E INTERPRETACIÓN   427

Del carácter de imagen y semejanza de Dios en la creación se habla también en la carta a los Romanos (Rm 1,19-23). Estos versículos señalan la manifestación natural de la gloria de Dios que se actúa en cada cosa, y que debería ser percibida con claridad por la capacidad cognoscitiva humana; pero esta capacidad cognoscitiva quedó oscurecida y menoscabada por el pecado. La condición ontológica después del pecado es señalada por Pablo con una expresión similar a la que usa Juan: como «poder de las tinieblas», de las cuales el Padre nos libera a través del Hijo (cf. Col 1,13), mientras el evangelio de Juan habla solo de las «tinieblas» en las que la luz viene a brillar (cf. Jn 1,5). Así se pone de manifiesto cómo la natural ejemplaridad de lo creado se debilita. La carta a los Romanos no vuelve a tratar este tema, solo se habla de la ejemplaridad que florece en el hombre redimido en virtud del contacto con la figura de la gloria de Cristo resucitado. En relación con todo ello la carta a los Colosenses dice que el individuo, al despojarse del hombre viejo, revistiéndose del hombre nuevo podrá alcanzar un conocimiento perfecto (cf. Col 3, 8-11)[218].

Estos pensamientos son considerados por Guardini de una gran importancia para la comprensión de la conciencia neotestamentaria. Ellos están presentes a lo largo del anuncio paolino y joánico, es decir la porción más extensa del Nuevo Testamento. Pero ante ellos surge la objeción que señala el supuesto carácter ajeno y extraño que estos pensamientos tienen en relación con el patrimonio del pensamiento cristiano original. Estos pensamientos son vinculados por parte de una mirada crítica con un ámbito de pensamiento metafísico-filosófico. El pensamiento de un Hijo de Dios preexistente al Jesús terreno y el intento de

---

sammenhang schon bei Paulus merkbar, wenn es im Kolosserbrief heißt, der Vater habe "uns befreit von der Macht der Finsternis und versetzt in das Reich des Sohnes seiner Liebe" (Kol 1,13). Die Kraft der Offenbarung ist -ebensowenig wie die der Schöpfung- kein kaltes Licht, sondern Unmittelbarkeit des Gefühls, Glut der Liebe. Gottes Wahrheit sowohl wie seine Macht sind Innigkeit. Der Raum seines Wortes und seines Werkes ist Raum des Herzens» R. GUARDINI, *Das Christusbild*, 81-82.

[218] «Dieser Zustand des Daseins wird von Paulus in ähnlicher Weise ausgedrückt wie von Johannes: dort als "Macht der Finsternis", aus welcher der Vater uns durch den Sohn befreit (Kol 1,13); hier als "Finsternis" einfachhin, die das Licht nicht einläßt (Joh 1,5). So wird die natürliche Ebenbildlichkeit ohnmächtig, und der Römerbrief spricht weiterhin nicht mehr von ihr, sondern nur noch von jener, die im erlösten Menschen durch die Berührung mit der Herrlichkeitsgestalt des auferstandenen Christus entsteht. Über sie sagt der Kolosserbrief, der Mensch solle "zur Erkenntnis erneuert" werden; in die Offenheit der Wahrheit, vor den "erscheinenden" Gott gelangen, und so "nach dem Bilde seines Schöpfers" geformt sein (Kol 3,8-11)», R. GUARDINI, *Das Christusbild*, 82.

identificarlo mediante conceptos con la imagen eterna del Padre o bien del Logos, pondría en evidencia la influencia de la filosofía griega[219].

En estas ideas se expresaría la influencia de una visión platónica del mundo, que más tarde fue desarrollada por Plotino. Según este pensamiento existe al *inicio* una realidad absolutamente simple, pero que contiene en sí mismo todos los rasgos de la realidad y del valor. Por otro lado, se encuentran una multitud de cosas que están en continuo cambio. En medio de la realidad simple y de las cosas en continuo cambio se hace presente una realidad mediadora, la cual es algo inferior a la realidad originaria, pero en relación con el mundo de las cosas en continuo cambio posee un valor de arquetipo. En términos platónicos es algo semejante a decir que: por una lado está el Bien (el inicio), por otro lado las cosas (el mundo en continuo cambio), y en medio de ambos las ideas (los arquetipos). Las ideas son los arquetipos eternos de las cosas, que reciben su consistencia solo del Bien absoluto y representan así de algún modo su imagen. En Plotino las ideas se entrelazan unas con otras y dan vida a la unidad ideal del *Logos*. Y mientras en un primer momento no eran pensadas como activas, sino solo como eternamente válidas en su plenitud de significado, ahora se transforman en reales potencias cósmicas. Así el *Logos* es finalmente un poder creador, que encuentra su lugar entre el *Uno* absoluto, infinitamente más allá del mundo y la multitud de *las cosas* que lo habitan[220].

Este esquema de pensamiento habría ejercido una tan importante influencia ante los pensadores cristianos que no fueron capaces de permanecer fieles a la pura simplicidad de la fe, y como consecuencia fueron introducidos en las imágenes paulinas y joánicas de las que se habló primero. Guardini no hace en esta obra suya que estamos si-

---

[219] «Diese Gedanken sind für das Verständnis des neutestamentlichen Bewußtseins von größter Bedeutung. Sie erstrecken sich durch die ganze paulinische und johanneische Verkündigung, das heißt aber, durch den größten Teil des Neuen Testamentes. Gegen sie regt sich ein bestimmter Widerstand und drückt sich in dem Einwand aus, bei ihnen handle es sich nicht um ursprünglich christliches, sondern um fremdes Gedankengut philosophisch-mystischer Herkunft. Die Vorstellung eines dem irdischen Jesus präexistenten Gottessohnes und der Versuch, ihn durch die Begriffe des ewigen Ebenbildes oder des Logos auszudrücken, verrieten hellenistischen Einfluß», R. GUARDINI, *Das Christusbild*, 82-83.

[220] «In ihnen sei jenes Schema der Weltdeutung wirksam, das sich schon bei Platon bildet und später durch Plotin voll entwickelt wird, wonach es ein einfaches, alle Gültigkeit und Wirklichkeit in sich enthaltendes Erstes gibt; ihm gegenüber die Menge der verschiedenartigen und sich verändernden Dinge; dazwischen Vermittlungselemente, welche in Bezug auf das Erste abgeleitet, mit Bezug auf die Dinge vorbildlicher Art sind», R. GUARDINI, *Das Christusbild*, 83.

guiendo una investigación detallada para documentar las diferencias insalvables entre el mundo joánico-paulino y el platonismo. Solo se señala que estos dos mundos pueden ser entendidos como recíprocamente subordinados solo si la esencia y el espíritu del pensamiento paolino y joánico son malentendidos, o mirados únicamente desde un pensamiento en el que se acentúa un prejuicio hostil, sin tener en cuenta los cambios esenciales. Estableciendo, además, a priori, que en Cristo no se da nada que no pueda ser interpretado y comprendido en clave histórica o en otra forma de comprensión meramente racional. Se añade a estas observaciones que la teoría de Platón sobre las ideas y el logos no es algo creado por Platón, sino algo verdaderamente valioso que pertenece a la realidad misma y que él logró descubrir. Pero deducir *solo* desde ese contexto histórico la explicación de toda la concepción paulina y joánica, o valorarlas únicamente desde ellas, es para la mirada guardiniana un claro ejemplo reductivo de *historicismo*[221].

Guardini opina que al momento de intentar pensar lo cristiano, cuando este hace su ingreso en el espacio de la historia, se utilizan los instrumentos y categorías de pensamiento que son ofrecidas por la misma historia. Se indica con ello la inconsistencia de un pensamiento que adscriba a Pablo y a Juan una suerte de necesidad personal místico-especulativa, la que junto a la influencia de la época, habrían producido como consecuencia final la aplicación en el ámbito cristiano de conceptos y categorías propios del pensamiento griego, a la figura que se encuentra en el centro de la fe. Para la mirada guardiniana las cosas deben ser comprendidas de otra manera, pero para ello es también necesario ver que la real motivación es el *encuentro* directo y originario

---

[221] «Dieses Schema habe bei christlichen Denkern, die nicht fähig waren, in der reinen Schlichtheit des Glaubens zu bleiben, Einfluß gewonnen, und die paulinisch-johanneischen Vorstellungen hervorgebracht. Der geschichtliche Sachverhalt kann hier nicht erörtert werden. Eine genaue Untersuchung würde wohl zeigen, daß zwischen wirklich hellenistisch veränderten biblischen Gedanken – wie den philonischen oder gnostischen – und den paulinisch-johanneischen unüberbrückbare Unterschiede der geistig-religiösen Haltung, aber auch des metaphysischen und theologischen Sinnes liegen. Diese Welten können nur dann in Abhängigkeit kommen, wenn Wesen und Geist der paulinisch-johanneischen Gedankenwelt mißverstanden, ja mit Abneigung betrachtet werden; und weiter a priori feststeht, daß es in Christus nichts gibt, was nicht historisch oder sonstwie rational gedeutet werden könnte. Erst dann bildet sich eine Optik, in welcher die Dinge so erscheinen, wie die genannte Theorie sie sieht [...]. Das gilt auch für seine Verwendung im neutestamentlichen Raum. Aus jenem geschichtlichen Zusammenhang eine Erklärung der paulinisch-johanneischen Gedanken oder gar ein Urteil über ihre christliche Wesenhaftigkeit abzuleiten, ist typischer Historismus», R. GUARDINI, *Das Christusbild*, 83-84.

que han experimentado con Jesucristo. Lo que se verifica desde ese camino no es, por lo tanto, la aplicación desde lo externo de categorías conceptuales neoplatónicas al fenómeno cristiano. Se trata más bien de una experiencia cristiana que quiere ser críticamente consciente de sí misma, y que para hacerlo utiliza la ayuda de conceptos y categorías. Cada uno de estos hombres, a su manera, encontró a Cristo viviente y esto es lo central. Para anunciar a los demás el Cristo que ellos habían encontrado no rechaza Guardini la idea de que hayan recurrido a los esquemas antes mencionados, vinculándose así con el pensamiento platónico y plotiniano. Pero Guardini subraya también las modificaciones efectuadas en estos esquemas y la conversión del sentido que esas mismas categorías platónicas experimentaron al ser asumidas en el horizonte cristiano[222].

6.2.3 Una nueva actitud de conocimiento

En la Academia Católica de Baviera se encuentra un artículo de doce páginas de Guardini que nunca fue publicado, cuyo título es: *Über die Wendung in der Haltung der Erkenntnis*[223]. Allí trata, como su título lo indica, sobre la importancia de iniciar un cambio en la actitud desde la que intentamos conocer. En este artículo se repiten algunas de las cosas que ya fueron dichas desde otros de sus escritos, y que se refieren al intento guardiniano de buscar una actitud de conocimiento adecuada a cada objeto, ampliando la uniformidad del conocimiento en cuanto actitud y método que parecía regir en el tiempo moderno. Nuevamente

---

[222] «Er liegt gar nicht so, daß Paulus und Johannes ein persönlich oder zeitgeschichtlich begründetes spekulativ-mystisches Bedürfnis hätten und es im christlichen Raum zu verwirklichen suchten, indem sie bestimmte Begriffe auf die Zentralgestalt des christlichen Glaubens anwendeten, sondern sie gehen von einer ursprünglichen Begegnung mit eben dieser Gestalt aus. Hier werden nicht neuplatonische Begriffe auf das Christliche angewendet, sondern eine echte christliche Erfahrung will gedeutet sein, und kann nur durch jene Begriffe gedeutet werden [...]. Beide Männer sind seiner Weise – dem lebendigen Christus begegnet. Und nicht als bloße Glaubende, die ihr Erlebnis denkend zu deuten suchten, sondern als Apostel, das heißt als Gesendete, die von uns aus gesehen zu den Gegebenheitsbedingungen der christlichen Wahrheit gehören [...]. Auf die Frage, mit welchem Recht sie von Christus als dem Logos redeten, hätten sie geantwortet: Weil er der Logos ist. Woher sie das wüßten? Weil Er sich uns als solchen kundgetan hat! [...]. Im übrigen hätten sie wohl hinzugefügt, man solle unvoreingenommen die hellenistischen mit den christlichen Begriffen vergleichen und sehen, welche Veränderung nicht nur, sondern welche bis auf den Grund gehende "Bekehrung" im Sinn sie erfahren hätten», R. GUARDINI, *Das Christusbild*, 85-86.

[223] R. GUARDINI, *Über die Wendung in der Haltung*.

suena como un eco la importancia de estar disponibles para abordar la realidad desde ella misma y no solo desde nosotros, cayendo en la utilización de un mismo tipo de esquema de conocimiento independientemente de la diversidad de los objetos que se desean conocer (*Wir müssen bereit sein, diese Wirklichkeit von ihr aus und nicht von uns aus zu erkennen*)[224]. Para salir de esa actitud que se impuso en el tiempo moderno, Guardini propone dejar de lado la intención de dominar las cosas, pasando a una *mirada más atenta* y a una *mayor escucha* de lo que se desea conocer, para poder así descubrir el modo en que esos objetos piden ser tratados, dejándonos conducir más que por el deseo de dominar por la obediencia a lo que se nos muestra como importante para un encuentro con ellos (*Im Gegensatz zur neuzeitlich Gesamtrichtung aber müssen wir sehen, daß Erkennen ein Gehorchen und nicht ein Herschen ist*)[225].

Se trata de otra forma de hacer ver la importancia de no permanecer encerrados solo en nuestro punto de vista. La idea de solo dominar no resulta ser un desafío que implique el esfuerzo de buscar la manera adecuada de ir al encuentro de lo que no se conoce. Pero sí resulta desafiante el intento de obedecer a eso que el objeto nos plantea como importante para concretar un encuentro que nos permita tocar su centro. Conocer es recibir las cosas tal como se nos dan, es entender cómo su esencia desea ser tratada y entendida (*Erkennen heißt, das Seiende entgegennehmen, wie es selbst sich gibt; es verstehen wie sein Wesen verstanden sein will*)[226]. Se trata de ver el orden en el que las cosas se nos ofrecen, reiterando la crítica al pensamiento kantiano que no se considera ante un orden, sino ante un caos que nosotros ordenamos con nuestro entendimiento y categorías. Los que nos permite percibir este orden no es una razón aislada ni una experiencia originaria, sino los sentidos: los ojos, el oído, las manos, etcétera. Estos sentidos, a su vez, se encuentran también en correspondencia con el orden de las cosas. La visibilidad del mundo y la capacidad de las personas para ver representan una unidad de relación. Lo mismo acontece con nuestra capacidad de escuchar. Podemos escuchar porque hay sonidos. Los sonidos y el escuchar conforman también un orden. Pero el ansia por regir, por dominar, que marca con fuerza el tiempo moderno, frecuentemente hace olvidar al hombre la capacidad de escuchar, la capacidad de callar, perdiendo el camino hacia aquello que conduce a la sabiduría. La sabiduría

---

[224] R. GUARDINI, *Über die Wendung in der Haltung*, 1.
[225] R. GUARDINI, *Über die Wendung in der Haltung*, 1.
[226] R. GUARDINI, *Über die Wendung in der Haltung*, 1.

proviene de un saber escuchar lo que las cosas, los acontecimientos, las relaciones y conexiones de ese orden más amplio nos dicen[227].

La ciencia es un proceso que trata el objeto de su conocimiento conforme al método adecuado que ese objeto exige[228]. Pero en el tiempo moderno la tendencia fue centrar la mirada, sobre todo, en el punto de vista del que investiga, quien con su método desde el propio punto de vista conoce las cosas colocándolas bajo su dominio (*Immer wieder hat sie, je nach dem Standpunkt des betreffenden Forschers, eine Teilmethode absolut gesetzt und das Ganze unter deren Herrschaft gebeugt*)[229]. Un ejemplo de lo dicho es considerar lo viviente con el mismo método con que la química o la física trata las cosas inanimadas, afirmando sin embargo que se trataba de una ciencia biológica[230]. Esta generalización metódica alcanzó también a la Revelación, y debido a que ella aconteció en la historia, es considerada desde esa mirada niveladora solo como una parte más de la historia. Desde esta perspectiva se explican los motivos por los cuales se hacen presentes en ella la filosofía y la religiosidad griega, conformando y produciendo todo ello en la misma Revelación una especie de sincretismo entre cristianismo y gnosticismo[231].

Guardini pone nuevamente de relieve la importancia de una mirada clara que logre ver las particularidades de los objetos que se intentan conocer. Las semejanzas no puede hacernos perder de vista lo que cada objeto tiene de específico. La mano de una persona es similar a la mano de un primate (simio). Y aunque un tipo de mirada pueda de-

---

[227] «Und das ist wichtig, denn die Neuzeit hat ganz vergessen, zu hören, sie hat immer selber geredet [...]. Sie hat das Schweigen verlernt, aus welchem heraus allein man hören kann. So hat sie auch den Zugang zur Weisheit verloren; denn die Weisheit kommt aus dem Hören dessen, was Dinge, Erignisse, Zusammenhänge sprechen», R. GUARDINI, *Über die Wendung in der Haltung*, 6.

[228] «Wissenschaft ist nicht jenes Verfahren, das jeden Dingebereich nicht nach einer allgemein vorgeschriebenen, sondern nach der von ihm verlangten Methode behandelt. Auch das hat die Neuzeit [...] weithin vergessen», R. GUARDINI, *Über die Wendung in der Haltung*, 7.

[229] R. GUARDINI, *Über die Wendung in der Haltung der Erkenntnis*, 7.

[230] «Etwa hat sie das Lebendige mit der glaeichen Methode behandelt, wie Chemie und Physik das Leblose, und behhauptet, das sei wissenschaftliche Biologie», R. GUARDINI, *Über die Wendung in der Haltung*, 7.

[231] «Weil die Offenbarung sich in der Geschichte verwirklicht, hat man erklärt, sie sei weiter nichts als ein Stück Geschichte; etwa weil im Johannesevangelium Gedanken auftauchen, die es auch in der hellenistischen Philosophie und Religiosität gibt, deswegen handle es sich in ihm um christlich-gnostischen Synkretismus», R. GUARDINI, *Über die Wendung in der Haltung*, 8.

tenerse solo en lo que caracteriza ambos objetos como manos, en la mano de una persona está también toda la persona. Una persona es esencialmente diferente de un animal, pero a ello no se llega solo desde una mirada técnica que se reduzca a un esquema de músculos, huesos y tendones. Se debe querer ver lo que cada mano tiene de específico. Para ello, a veces, se debe querer ir más allá de la decisión interior previa de no ver nada diferente entre una mano y otra. Para este ejercicio será importante liberar la mirada desde su raíz, penetrar en el objeto con la mirada, dejarnos tocar por él y percibir sus particularidades[232].

Con esto se nos pone de nuevo ante las características similares que algunos esquemas de pensamientos poseen, pero también ante la importancia de saber mirar lo que los diferencia, considerando cuando un esquema similar de pensamiento es determinado por un carácter de sentido diferente. Para el pensamiento filosófico no existe una divinidad que viene al encuentro del hombre, que le es contemporáneo y que lo ilumina. Para el pensamiento filosófico, la divinidad es la esencia absoluta, que está en todas partes, y el camino que conduce a las personas hacia ella está principalmente caracterizado por el conocimiento, y por una ética particular. Con todo esto, estamos también ante los elementos que se acercan a una experiencia religiosa natural[233].

La imagen de Dios presente en la Escritura nos coloca en un ámbito ciertamente diferente. Cuando Dios decide libremente crear al hombre

---

[232] «Die Hand des Menschen mag der des Affen noch so ähnlich sehen, trotzdem ist sie eine Menschenhand. Um das Besondere su sehen, muß man es aber sehen wollen muß man es aber sehen wollen. Sobald ich mit meiner Aufmerksamkeit darauf fixiert bin, daß ich in beiden Fälle "eine Hand" vor mir habe; in meinem Geiste gar die Vorentscheidung feststeht, daß die Hand des Menschen gar nicht anders sein kann als die des Affen [...]. In Wahrheit liegt in der Hand des Menschen der ganze Mensch», R. GUARDINI, *Über die Wendung in der Haltung*, 9.

[233] «Für den Philosophen gibt es kein Kommen, Gegenwärtigwerden und Aufleuchten der Gottheit. Für ihn ist diese das absolute Wesen, das überall ist, alles durchwirkt, sich in allem ausdrückt und doch jedem Schauen und jeder Gemeinschaft entrückt ist. Für ihn geht der Weg zur Gottheit über die gedankliche Erkenntnis, das ethische Handeln, das allgemeine Gefühl der Ehrfurcht, allenfalls noch, wenn er geartet ist wie ein Plotin, über das mystische Erfahren des "form – und weiselosen, überwesentlichen Einen". Erfahrungen und Aussagen wie die obengenannten rechnet er zum Seelenleben des noch unentwickelten Menschen, sieht in ihnen eine Angleichung des Göttlichen ans Menschliche, die keinerlei ernsthafte Bedeutung hat, und die der Fortgeschrittene überwinden müsse. Damit hebt er aber echtes religiöses Leben auf, denn das ruht gerade auf solchen Erfahrungen. Das alles gehört zum Bereich der natürlichen religiösen Erfahrung», R. GUARDINI, *Predigten zum Kirchenjahr*, 52.

como una creatura libre, lo finito no queda fuera de Él. Y el hombre creado a imagen de Dios, puede hacer pensar, según Guardini, en que Dios mismo quiso crearlo de forma tal que Él pudiera traducirse en lo finito, indicando la profunda relación que existe en Él desde la eternidad con lo finito[234]. La importancia que lo finito tiene para Dios se pone nuevamente de relieve en la encarnación, cuando Dios se hace hombre, cuando en Jesús Dios se hace finito. Y después de la muerte de Jesús, Dios no se libera de lo humano como piensan algunos esquemas de pensamiento dualistas, sino que la humanidad de Jesús está sentada a la derecha del Padre. Todo ello significa que Dios acogió en la propia vida lo finito[235].

En una mirada más amplia que no esté marcada solo por el historicismo, cobra una importancia nueva la experiencia del *encuentro* con Cristo. Pero aun teniendo en cuenta la importancia de esta experiencia, tampoco el encuentro es considerado desde una autonomía absoluta, su autonomía es relativa y debe ser correctamente pensada. Para ello se deben buscar los elementos adecuados que ayuden a discernir y a transmitir su contenido. Es este encuentro en la vida de Pablo y de Juan el que implica un nuevo inicio, y es desde este encuentro que puede ser entendida la forma en que se sirven del pensamiento neoplatónico. A partir de este encuentro se da comienzo a una lucha interior. En este camino de discernimiento todos los elementos que puedan ayudar a obtener una mayor claridad son importantes, pero se debe tener siempre en cuenta la importancia y la originalidad de este nuevo comienzo. La experiencia del encuentro otorga una nueva capacidad para ver, se ofrece allí un nuevo conocimiento que proviene no solo de la inteligencia, sino de algo concreto que en el momento del encuentro se nos muestra. Lo que en ese momento se ilumina ante nuestra mirada no lo podemos producir nosotros, no nos lo podemos dar a nosotros mismos, pero sí

---

[234] «Die Offenbarung spricht, der Mensch sei als Gottes Ebenbild geschaffen (Gen 1,26). Dieser Satz muß aber auch umgekehrt gedacht werden. Daß Gott sich als Urbild des Menschen gewollt hat, bedeutet auch, Er sei so, daß Er sich selbst ins Endliche "übersetzen" kann. Daß von Ewigkeit in Ihm eine "Beziehung" zum Endlichen ist», R. GUARDINI, *Theologische Briefe an einen Freund*, 11.

[235] «Gott wird Mensch. Er hängt sich das Menschsein nicht nur um, sondern Er "wird" Mensch. Das heißt: in Jesus "wird" Gott endlich. Nach Jesu Tode schüttelt Gott nicht – wie das die sehr ernste, aber dualistisch verzerrte Sorge der Doketen gemeint hat – das Menschliche von sich ab, sondern Er bleibt Mensch. Mehr: Jesu Menschlichkeit "setzt sich nieder zur Rechten des Vaters" [...]. Alles das aber heißt: Gott, der Absolute, hat das Endliche in sein Leben aufgenommen», R. GUARDINI, *Theologische Briefe an einen Freund*, 12.

nos podemos disponer y prepararnos para ese momento. Una vez que nos dejamos tocar por el valor de aquello que encontramos, podemos buscar y utilizar los medios adecuados que nos permitan pensar y conceptualizar esta nueva realidad.

La preparación para el momento del encuentro debe también iluminar nuestro encuentro con la Sagrada Escritura, teniendo en cuenta que la fe será una condición que no podrá estar ausente si queremos llegar a su centro. Cada vez que Dios se acerca al alma para decir una palabra de amigo, no produce resultados definitivos y hechos consumados, acontece por el contrario como un germen que se desarrolla lentamente, y al principio por lo general de una forma casi imperceptible. Se trata de un efecto que proviene de Dios y ante el cual debemos abrirnos. Aquí radica también un aspecto importante para la comprensión de la Sagrada Escritura, ya que, al igual que un encuentro, no puede ser forzado. Tampoco la auténtica comprensión de la Escritura se pueden forzar en la forma que se lo desee. Lo que se puede hacer es mantenerse disponibles y permanecer atentos (*Was man tun kann, ist nur, sich bereitzuhalten, sich vorzubereiten. Das am religiösen Leben, was gewollt und geübt werden kann, ist «Wachen und Beten»*). Por lo demás, es bueno y necesario todo aquello que puede ayudar a la mente y al corazón a profundizar siempre más en ella[236].

Lo que le sucedió a san Pablo en su experiencia de encuentro con el Señor cuando estaba en camino hacia Damasco (cf. Hch 9,1-19) no fue solo algo que le permitió conocer una verdad nueva. Para Guardini se trata de una fuerza que lo transformó, que de alguna forma lo elevó del centro de su propia existencia, para permitirle reencontrarse después a sí mismo en un nuevo centro existencial y comenzar una nueva actividad[237]. En ese acontecimiento se expresa aquello que después men-

---

[236] «Die Schrift ist lebendiges göttliches Wort; schwebende, zeugungsbereite Wahrheitskraft. Was ihren Sinn und ihren Willen realisiert, ist ein inneres Geschehen, ein Klarwerden, Erfaßtwerden, Erleuchtetwerden, Entflammtwerden, Befruchtetwerden. Denn jede Annäherung Gottes an die Seele – um den Gedanken eines Freundes auszuführen – schafft nicht fertige Resultate und vollendete Tatsachen, sondern geschieht in der Weise des Keimes, der sich erst langsam auswirkt, und anfangs oft kaum wahrgenommen wird. Es handelt sich um eine Wirkung von Gott her; um ein Sich-Auftun, Aufnehmen, Entscheiden, Mitgehen aus dem Tiefsten der Seele; um einen Gnadenvorgang. So ist auch gesagt, daß man dieses eigentliche Innewerden, dieses eigentliche Verstehen der Schrift nicht willkürlich erzwingen kann. Was man tun kann, ist nur, sich bereitzuhalten, sich vorzubereiten. Das am religiösen Leben, was gewollt und geübt werden kann, ist "Wachen und Beten"», R. GUARDINI, «Heilige Schrift und Glaubenswissenschaft», 377.

[237] «Sobald Christus erscheint, wirkt Er; das hat Paulus vor Damaskus erfahren. Was ihm da entgegentrat, hatte nicht den Charakter einer sich zeigenden und anzuschauenden Wesens – und Herrlichkeitserscheinung, sondern war Ausbruch, Stoß,

ciona en la segunda carta a los Corintios y que nos habla de Dios que reconcilia al mundo consigo a través de Cristo (cf. 2Co 5,19). Esa reconciliación es algo que aconteció en el pasado y que sigue aconteciendo continuamente. Cristo se acerca también hoy a las personas, las toca de forma conmovedora (*Dieser Christus tritt immerfort an den Menschen heran, berührt ihn, ergreift ihn*). La experiencia de Damasco es para Guardini el esquema ejemplar que sostiene toda la doctrina paulina de la salvación, y sus categorías de pensamiento son elaboradas para interpretar una experiencia concreta. Si desaparece el vínculo que une los conceptos y categorías paulinas con esta experiencia que aconteció en el camino a Damasco, los conceptos de fe, gracia, justificación, redención, expiación, reciben un significado insuficiente o erróneo[238].

La tesis de la reforma protestante, según la cual la redención no transforma la realidad del hombre, sino que solo lo justifica como hombre pecador, no encuentra el mínimo apoyo en la experiencia paulina de la redención. La experiencia paulina de la redención es un ser real aferrado, ser profundamente transformado y renovado. Y lo que expresa la carta a los Romanos sobre la influencia del pecado que continúa, aún después de ese momento de la conversión, haciéndose sentir en la vida humana (cf. Rm 7,7-24), no implica una dialéctica especial con la que se deba calificar la existencia como una continua paradoja. Paradoja que en este caso se expresa en lo que la mirada protestante considera al ver el hombre como ciertamente justificado por la gracia, pero al mismo tiempo como pecador. Y a pesar de ser pecador es siempre de nuevo cubierto por esta gracia que nunca penetra totalmente

---

Umstürzung, Besitzergreifung, Verwandlung. Was Paulus geschah, bedeutete nicht so sehr, daß er zur Erkenntnis einer Wahrheit befähigt, als daß er – siehe sein Erblinden, Verstummen und Verharren ohne Speise und Trank – aus dem Zentrum seiner Existenz herausgehoben und in die Schwebe gestellt wurde, um sich dann in einer neuen Daseinsmitte wiederzufinden und sofort mit einer neuen Tätigkeit zu beginnen», R. GUARDINI, *Das Christusbild*, 88.

[238] «Die Tatsache, die sich in den Worten ausdrückt: "Gott (sei) es, der in Christus die Welt mit sich selbst versöhnt hat" (2Kor 5,19), meint nicht nur etwas Geschehenes, sondern etwas immerfort Weitergeschehendes. Das Versöhnt-sein der Welt mit Gott durch Christus ist immerfort als wirkende Tatsache da; als ein ewiger, aber beständig in die Zeit hineingreifender Akt, dessen Gestalt der lebendige Christus mit seinem Erlöserschicksal ist. Dieser Christus tritt immerfort an den Menschen heran, berührt ihn, ergreift ihn. Das Damaskuserlebnis ist das Schema der paulinischen Erlösungslehre [...]. Diese Erfahrung aber ist das Damaskuserlebnis, bzw. sie geht immer neu aus ihm hervor [...]. Verschwindet die Beziehung dorthin, dann bekommen Begriffe wie Glaube, Gnade, Rechtfertigung, Zurechnung, Stellvertretung, Sühne einen unzulänglichen, ja schiefen Sinn», R. GUARDINI, *Das Christusbild*, 89.

en él ni lo transforma[239]. El sentido auténtico de estas palabras de Pablo en la carta a los Romanos es para Guardini diferente al propuesto por la reforma. Las palabras de Pablo indican que el hombre aferrado y transformado por Cristo, no entra a partir de la conversión en un proceso mágico de transformación inmediata. Esa novedad que se hace presente en el hombre constituye un nuevo inicio, pero utilizando la imagen de una semilla, como algo que se va desarrollando, como una potencia creativa que se va desplegando. El cristiano es en sí mismo y para sí mismo algo dinámico, un ser y una figura en devenir, un campo de batalla, en el que se lucha entre dos principios, el hombre viejo y el hombre nuevo, y este combate dura toda la vida[240].

6.2.4 Experiencias de encuentro y transformación en la interpretación de los escritos joánicos y paulinos

Un punto en común que desde la mirada guardiniana une las experiencias de encuentro y conversión del evangelista san Juan y san Pablo es el fenómeno de la luz. Cuando Pablo estaba camino a Damasco fue sorprendido por una luz intensa. Esta luz es un fenómeno que cuando se verifica, alcanza y penetra todas las dimensiones de la existencia, desde lo físico a lo espiritual, desde el ámbito de lo biológico hasta aquel de los sentimientos y la voluntad. Guardini se pregunta por el sentido del fenómeno de la luz. La respuesta que ofrece es que cuando la verdad, el bien, lo que es santo, se hacen visibles a un hombre de forma viva y potente, todo ello le viene al encuentro como una luz radiante e intensa. La luz

---

[239] La situación paradójica a la que Guardini hace mención pienso que puede ser vincualada con la expresión del hombre como: *simul iustus et peccator*. Esta expresión viene considerada junto a la que habla del hombre como pecador (*peccator in re*), pero justo desde la esperanza a la promesa de Dios, que es siempre fiel y que mantiene en vida la creatura pecadora (*isutus in spe auf Gottes Verheißung*) otorgandole el don de la confianza de estar ante Dios. La justificación en este esquema protestante no produce un cambio interior en el hombre, sino que más bien lo dispone y lo conduce a la esperanza de la fe en Dios (cf. G. SAUTER, «Rechtfertigung», 315-364).

[240] «Die reformatorische These, wonach die Erlösung die Wirklichkeit des Menschen nicht umwandle, sondern nur den Menschen "als Sünder" rechtfertige, so daß er immer aufs neue, obwohl Sünder, in das "Trotzdem" der Gnade aufgenommen werde, hat in der paulinischen Erlösungserfahrung keine Stütze. Für sie geht es um reales Ergreifen –, Verwandelt – und Erneuertwerden. Und was der Römerbrief (Röm 7,7-24) vom fortdauernden Wirken der Sünde sagt, ist keine paradoxe Daseinsdialektik, sondern hat einen ganz schlichten und echten Sinn: der von Christus ergriffene Mensch wird nicht zum Guten umgezaubert, sondern das Neue gelangt als Anfang, als Keim und schaffende Macht in ihn, während er im übrigen zunächst der bleibt, der er war», R. GUARDINI, *Das Christusbild*, 89-90.

es la forma en lo que aquello que tiene valor aparece y se manifiesta. Una particular forma de luz, que se manifiesta como algo único en sí mismo (*dóxa Theou*), es la epifanía de la Santidad Divina. Estos pensamientos tienen una profunda conexión con la afirmación de Juan según la cual Dios es Luz (1Jn 1,5): «Y este es el mensaje que hemos oído de él y que os anunciamos: Dios es Luz, en él no hay tiniebla alguna»[241].

a) *El camino de conversión en el apóstol Pablo*

Cuando Guardini nos habla de la personalidad de Pablo comienza describiendo brevemente su aspecto físico. Nos dice que físicamente era un hombre poco llamativo e inseguro. En los Hechos de los apóstoles se narra que Pablo y Bernabé llegaron a Listra y estando en esa ciudad, Pablo curó a un hombre que no podía mover sus piernas (cf. Hch 14,8-18). Al ver lo que Pablo había realizado gritaban convencidos que los dioses habían bajado a esa ciudad. A Bernabé lo llamaron Zeus y a Pablo Hermes. Estaban tan convencidos de que eran verdaderos dioses que con gran dificultad, Pablo y Bernabé lograron evitar que la gente les ofreciera un sacrificio de animales. Zeus era el padre de los dioses y Hermes era uno de sus hijos[242]. A pesar de haber sido Pablo quien hablara y realizara obras prodigiosas, Guardini dice que esos apelativos de dioses griegos se entienden desde el aspecto físico de ambos. Bernabé era más grande y tenía un aspecto más agradable que Pablo, Pablo además de ser bajo, para la sensibilidad de ese tiempo no armonizaba con los cánones de la belleza[243].

---

[241] «Dieses Licht ist kein Bild, sondern Wirklichkeit. Das Phänomen des "Lichtes" erstreckt sich ja durch alle Schichten des Daseins, vom Physischen bis ins Geistige, vom Biologischen bis in den Bereich des Herzens, vom Weltlichen bis ins Religiöse. So gibt es auch ein Licht, das unmittelbar von Gott kommt; anders als das der Welt, aber wirklich. Im berichteten Erlebnis handelt es sich auch nicht um eine Besonderheit hellenistischer Theophanien, oder um die Anwendung traditioneller alttestamentlicher Erscheinungstypen, sondern um eine Erfahrung, die immer wieder gemacht werden kann [...]. Wollen wir aber nach dem "Sinn" des Lichtphänomens fragen, dann wird die Antwort wohl so lauten: Wenn die Wahrheit, das Gute, das Heilige einem Menschen in Macht und Lebendigkeit aufgehen – "offen" werden – erscheinen sie als "Licht" [...]. Von daher wird ein Satz wie der des ersten Johannesbriefes möglich, wonach "Gott Licht ist" (1Joh 1,5)», R. GUARDINI, *Das Christusbild*, 52.

[242] R. GRAVES, *I miti greci*, 53-57.

[243] «Die Analyse seiner Persönlichkeit setzt wohl am besten an der Tatsache ein, daß Paulus körperlich unscheinbar und in seinem Auftreten gehemmt war. Im vierzehnten Kapitel erzählt die Apostelgeschichte ein merkwürdiges Begebnis. Paulus ist zusammen mit Barnabas nach Lystra in Kleinasien gekommen und heilt dort einen gelähmten Mann. Da halten die Bewohner der Stadt sie für Götter, und zwar den

CAP. III: INTUICIÓN E INTERPRETACIÓN   439

En la segunda carta a los Corintios, Pablo critica los comentarios sobre sus cartas, como demasiado duras y severas, pero cuando él se hacía presente, su presencia física era pobre y su palabra despreciable (cf. 2Co 10,10). Con esto se nos indica también que el aspecto físico de Pablo era insignificante y además era tímido en el trato. A ello agrega Guardini que, si además se le suma una descripción de su disposición psicológica de fondo, se pone en evidencia desde el tono de sus escritos un fuerte sentido de inferioridad (*er habe starke Minderwertigkeitsempfindungen gehabt*)[244]. En la misma carta a los Corintios, nos recuerda Guardini un defecto que Pablo menciona y que hiere su carne para que no se enorgullezca (cf. 2Co 12,1-10). Estos párrafos de su cartas son otros de los argumentos que Guardini menciona más detalladamente, desde donde se puede constatar la violencia de una forma de vida en Pablo que evidencia tensiones que la desequilibran (*der Anlage nach unausgeglichenen Lebensgefühls*). Pablo no gozó de la tranquilidad, del vigor, ni de la espontánea frescura que acompaña al hombre seguro de sí. Fue un hombre atormentado (*Er war ein geplagter Mensch*), y los últimos capítulos de la segunda carta a los Corintios dan testimonio de ese tormento que parece no tener fin[245].

Pablo era asediado principalmente por dos pasiones: una fuerte sensualidad (cf. Rm 7,7-24) y una gran ambición[246]. Él lucha contra el mal,

---

Barnabas für Zeus, Paulus für Hermes (Apg 14,11-13). Letzteres wird damit begründet, daß Paulus der Sprecher gewesen sei; doch ist mit jenen Benennungen auch gesagt, daß Barnabas von großer und schöner Gestalt, Paulus hingegen klein, das heißt aber für antikes Empfinden unschön war», R. GUARDINI, *Das Christusbild*, 46.

[244] «Im zweiten Korintherbrief wendet er sich gegen boshafte Äußerungen, die über ihn umgingen: seine Briefe seien wohl energisch; sobald er aber selbst erscheine, mache sein Auftreten nicht viel Eindruck (Apg 10,10). Paulus war also unansehnlich von Gestalt und scheu im Auftreten. Nimmt man die psychologische Grundhaltung seiner Briefe hinzu, so darf man sagen, er habe starke Minderwertigkeitsempfindungen gehabt, die er durch nachdrückliche Berufung auf sein Christuserlebnis und überragende Leistungen auszugleichen suchte», R. GUARDINI, *Das Christusbild*, 46.

[245] «Besonders bezeichnend ist, wie er im zweiten Korintherbrief über seine Visionen und sofort nachher über seine körperlichen Schwächen spricht (2Kor 12,1-10). Welches Gebrechen er da meint, läßt sich nicht ausmachen [...]. Die natürliche Ruhe und Frische des seiner selbst sicheren Menschen hat Paulus jedenfalls nicht gehabt», R. GUARDINI, *Das Christusbild*, 46-47.

[246] «Durch zwei Leidenschaften war Paulus bedrängt: eine starke Sinnlichkeit (Röm 7,7-24 u. a.) und einen großen Ehrgeiz. (Siehe die oben für sein Selbstgefühl angeführten Texte.) Diese Triebe müssen wohl etwas Dumpfes und Gewalttätiges an sich gehabt haben, so daß er sie von vornherein als böse empfand», R. GUARDINI, *Das Christusbild*, 48.

pero a pesar de su rechazo, experimenta continuamente que el mal se transforma en algo más insidioso. Antes del acontecimiento camino a Damasco, la ley representaba para Pablo todo lo que realmente era importante y se esforzaba con todas sus fuerzas para atenerse a ella. Se hace violencia a sí mismo para cumplir con las numerosas prescripciones, transformando su vida en una esclavitud, por su particular visión de la ley. Pablo anhelaba una libertad que no podía alcanzar[247]: «Pues la ansiosa espera de la creación desea vivamente la revelación de los Hijos de Dios. La creación, en efecto, fue sometida a la caducidad, no espontáneamente, sino por aquel que la sometió, en la esperanza de ser liberada de la esclavitud de la corrupción para participar en la gloriosa libertad de los hijos de Dios. Pues sabemos que la creación entera gime hasta el presente y sufre dolores de parto. Y no solo ella; también nosotros, que poseemos las primicias del Espíritu, nosotros mismos gemimos en nuestro interior anhelando el rescate de nuestro cuerpo» (Rm 8,19-23).

Una luz golpea a Pablo que la mira, como una verdadera y auténtica potencia. En ese momento es tocado su nivel existencial más profundo iniciando un importante cambio en la persona. Un dato importante que señala Guardini en la experiencia de conversión de san Pablo es cómo se produce el rescate de la situación de ceguera y confusión en la que se encuentra Pablo después de ser sorprendido por esa misteriosa luz. Ese rescate no procede inmediatamente de la misma realidad divina con la que se produjo ese encuentro, sino que se concretó a través de un *mediador*, una persona del grupo al que Pablo perseguía. Ello implicó seguramente para Pablo una profunda humillación y una invitación a colocarse en otro nivel dejándose ayudar y guiar. Ananías va al encuentro de Pablo, le impone las manos y la ceguera, en cuanto manifestación exterior de una gran herida interior, desaparece. Pablo se levanta y se hace bautizar (cf. Hch 9,17-19)[248].

---

[247] «Vor dem Ereignis von Damaskus ist das Gesetz für ihn alles. Er eifert für dessen Geltung. Er müht sich, es zu erfüllen. Er zwingt und vergewaltigt sich für die unzähligen Vorschriften, die – bei ihm und Menschen seiner Art – aus dem Leben eine Fron und Unnatur machen. Von ihnen sieht er die Gerechtigkeit abhängig, kann sie aber nicht erfüllen; gerade deshalb nicht, weil er es mit solcher Gewaltsamkeit will», R. GUARDINI, *Das Christusbild*, 50.

[248] «Der Bericht erzählt denn auch, wie bald darauf der Durchbruch erfolgt (Apg 9,10-22). Wieder ist die Form des Vorgangs wichtig. Die Lösung kommt nicht unmittelbar von dem begegnenden Himmlischen selbst, sondern durch ein Mittelglied; einen aus der Zahl derer, die Paulus verfolgt hat. Das bedeutet eine tiefe Demütigung und den Ruf, sich in die Reihe zu stellen. Die Worte aber, in denen sich das Ganze löst, drücken

b) *El camino de conversión en el apóstol Juan*

El evangelista Juan es uno de los que compartió la más estrecha cercanía y familiaridad con Jesús. Marcos nos habla del momento en que Jesús se dirige a casa de Jairo donde se encontraba muerta su hija. Jesús permite que lo acompañen solo Pedro, Santiago y Juan (cf. Mc 5,37). Estos tres apóstoles estarán también junto al Maestro en el monte de la transfiguración (cf. Mc 9,2) y serán los mismos que estarán con Jesús en el huerto de Getsemaní (cf. Mc 14,33). Pero la experiencia de encuentro con Jesús que los había transformado en seguidores del Maestro no fue algo que les permitió alejarse inmediatamente de la ambición de poder que abrigaban sus corazones. Esto último se pone en evidencia cuando Santiago y Juan se acercan a Jesús para pedirle estar sentados uno a su derecha y otro a su izquierda cuando triunfe como Rey mesiánico (cf. Mc 10,35-45). Este pedido que se realizó después de haber anunciado Jesús por tercera vez su pasión nos recuerda por un lado la dificultad de los discípulos para entender las palabras de Jesús, y por otro la soledad en la que vivió el Maestro aun encontrándose entre sus discípulos. Pero aquí también la mirada guardiniana constata que el evangelista Juan, habiendo sido transformado por la experiencia del amor de Jesús, no era antes de esa experiencia un hombre de temperamento delicado y cortés[249].

Otra indicación guardiniana con la que se nos habla del temperamento del evangelista Juan es la que nos recuerda el intento de impedir a uno que expulsara demonios en nombre de Jesús (cf. Mc 9,38). Esta actitud nos ayuda a ver más de cerca otros aspectos de la personalidad del evan-

---

ebenfalls die Eigenart des Paulus aus: er wird ein Auserwählter sein, als Bote in alle Welt und vor Mächtige aller Art gehen, und ein schweres Schicksal haben. Ananias geht hin, legt ihm – für einen Paulus wiederum nicht leicht zu ertragen – die Hände auf, verheißt ihm die Wiederkehr des Augenlichtes und die Fülle des heiligen Geistes», R. GUARDINI, *Das Christusbild*, 54.

[249] «Daß er zur nächsten Nähe Jesu gehörte, geht übrigens auch aus den anderen Evangelien hervor. Markus erzählt, wie Jesus zum toten Töchterlein des Jairus drei Bevorzugte, Petrus, Jakobus und Johannes, mitkommen läßt (Mk 5,37). Die gleichen befinden sich mit dem Meister auf dem Berge der Verklärung (Mt 9,2). Sie sind es wiederum, die Jesus in den Garten Gethsemane eine Strecke weiter mit sich nimmt, nachdem er die übrigen zurückgelassen hat (Mk 14,33) ... Zusammen mit Jakobus bittet Johannes um die vornehmste Stellung im Reiche und erfährt die Zurückweisung (Mk 10,35-45). Die Anderen sind darüber sehr unwillig, und es geschieht wohl nicht zufällig, daß Johannes selbst nicht über den Vorfall berichtet. Die Erinnerung muß für ihn bitter gewesen sein. Jene Bitte offenbart einen starken Ehrgeiz – allein schon ein Zeichen, daß der Mann, dessen große Erfahrung die Liebe Jesu gewesen, keine weiche und gütige Natur war», R. GUARDINI, *Das Christusbild*, 125.

gelista Juan, quien se manifiesta en ese momento como un gran observante; pero desde una observancia que lo conduce casi a la intolerancia. Un episodio similar de intolerancia es el que se manifestó cuando Jesús no fue recibido en un pueblo samaritano y Juan y Santiago manifestaron su propuesta de pedir que bajase fuego del cielo a ese pueblo y los consumiera, ante lo cual fueron reprendidos por Jesús (cf. Lc 9,54-55). Por último, nos recuerda Guardini la dureza con la que el evangelista Juan trata al discípulo que traicionó a Jesús. En primer lugar, cuando María ungió los pies de Jesús, Juan es el único que habla de Judas como un ladrón (cf. Jn 12,4-6). O en la última cena cuando después de recibir un bocado de manos de Jesús, afirma que en ese instante Satanás entró en Judas (cf. Jn 13,26-30)[250].

Guardini ofrece otras indicaciones desde diferentes textos evangélicos para profundizar en la figura del evangelista Juan, tendiente a poner de manifiesto también su carácter impetuoso, violento e intolerante (*Von Natur her war er heftig und unduldsam*). Estas son características que contrastan con la habitual imagen sentimental que se nos ofrece del cuarto evangelista. San Juan no solamente fue protagonista de experiencias místicas y un discípulo que elaboró importantes pensamientos teológicos, sino que también fue un hombre de carne y hueso, apasionado, con carácter fuerte e inconfundible. Este hombre encontró en Jesús *algo* excepcional que determinó su existencia. En ese *algo* reconoció aquello que es decisivo para las personas, y de eso nos habla en el prólogo de su evangelio: «Y la Palabra se hizo carne, y puso su Morada entre nosotros, y hemos contemplado su gloria, gloria que recibe del Padre como Unigénito lleno de gracia y de verdad [...]. Pues de su plenitud hemos recibido todos, gracia por gracia» (Jn 1,14;16)[251].

---

[250] «Dafür gibt es aber auch ausdrückliche Zeugnisse. So erzählt Markus, wie Johannes zu Jesus kommt und sagt: "Meister, wir haben gesehen, wie einer in Deinem Namen Dämonen austrieb, und es ihm gewehrt, weil er nicht mit uns ging". (Mk 9,38) Der da redet, ist eifernd und unduldsam. Eine ähnliche Haltung zeigt sich in der Erzählung des Lukasevangeliums über die Ungastlichkeit der Samariter. "Als aber die Jünger Jakobus und Johannes das sahen, sagten sie: 'Herr, willst Du, daß wir rufen, Feuer solle vom Himmel kommen und sie verzehren?' Er aber fuhr herum und schalt sie" (Lk 9,54-55). Auch im Johannesevangelium selbst finden sich nach dieser Richtung hin aufschlußreiche Stellen. So vor allem jene, wo vom Verräter die Rede ist [...]. Kein anderer der Evangelisten hat so über den Verräter gesprochen [wie ein Dieb]», R. GUARDINI, *Das Christusbild*, 125-126.

[251] «In alledem zeichnet sich eine echte Gestalt ab. "Johannes" ist nicht nur das Subjekt mystischer Erlebnisse und theologischer Spekulationen, sondern ein scharf charakterisierter, glühend lebender Mensch [...]. In Jesus ist Johannes etwas Ungeheures begegnet, das über sein eigenes Dasein entschieden, und in dem er für jeden Menschen Entscheidendes

Un elemento fundamental de la experiencia de Juan, y que lo tocó también personalmente, fue el hecho de que Jesús lo amara. Juan habla con particular insistencia del *amor* a Dios y al prójimo. El mandamiento nuevo del amor aparece en el discurso de despedida como verdadero y propio testamento de Jesús. Y en su primera carta aparece como el resumen del anuncio joánico. Esto fue posible, no porque Juan haya poseído ya por naturaleza o carácter este amor, sino porque fue hecho capaz de amar así a través de la redención. El amor de Juan era un amor sin bondad, era un amor por los valores, por lo que tiene fuerza y potencia, por las ideas, pero no por las personas en sí mismas, ya que este amor presupone un profundo respeto por la libertad, una capacidad real de comprensión y de perdón hacia los demás. El evangelista Juan no habría podido por sí mismo, narrar el acontecimiento de la mujer adúltera tal como aconteció ante Jesús. Entre ese acontecimiento y su primera naturaleza se sitúa, para Guardini, su conversión, el cambio de mentalidad que le fue concedido por Cristo[252].

---

erkannt hat. Das kommt gleich im Prolog zum Ausdruck: "Und das Wort ist Fleisch geworden und hat sein Zelt unter uns gehabt, und wir haben seine Herrlichkeit geschaut [...]. Denn aus seiner Fülle haben wir alle empfangen, Gnade über Gnade" [...]. Dieses Etwas hat er in kerygmatischen Bezeugungen immer neu auszudrücken und in theologischen Aussagen zu entfalten versucht; letzteres durch Sätze, die uns noch eingehend beschäftigen werden, wie daß Jesus "der Weg, die Wahrheit und das Leben", "das Licht" und "der Logos" ist», R. GUARDINI, *Das Christusbild*, 126-127.

[252] Tradicionalmente el cuarto evangelio es atribuido a Juan, hijo del Zebedeo, uno de los doce. Los estudios bíblicos más recientes hablan de un autor que se consideraba a sí mismo perteneciente a la comunidad del discípulo amado por Jesús, lo cuál se puede detectar desde el contenido del cuarto evangelio. Brown dice que probablemente existía una escuela de discípulos que redactaba los escritos de Juan. Algunos piensan que el evangelio es fruto de un autor que combina diferentes tipos de fuentes (signos, discursos, relatos), para otros el evangelio se trata de un proceso que contó con varias ediciones. Brown dice que en ambos casos se trata de un autor principal que compuso el cuerpo del evangelio al que un autor posterior hizo diversas adiciones. Entre estas adiciones se encuentra el capítulo 21, probablemente el prólogo y la historia de la mujer sorprendida en adulterio a la que Guardini hace referencia. Pero no se han conservado textos independientes de esas adiciones (cf. R. E. BROWN, *Introducción al Nuevo Testamento*, 444; 482-495). «Johannes hat mit besonderer Eindringlichkeit über die Liebe zu Gott und zum Nächsten gesprochen. Das "neue Gebot", zu lieben, erscheint in den Abschiedsreden als Jesu Testament und im ersten Brief als Inbegriff der johanneischen Botschaft. Aber nicht, weil Johannes diese Liebe von Natur gehabt hätte, sondern weil er zu ihr erlöst worden ist. Er muß ein Mensch von gewaltiger Liebeskraft gewesen sein; diese Liebe aber war ihrer natürlichen Anlage nach idealistisch und ohne Verhältnis zum Menschen, wie er ist; unduldsam und gewalttätig. Es war eine Liebe ohne Güte. Eine Liebe zu Werten, Mächten, Ideen, nicht aber zu Personen [...]. Die Geschichte von der Ehebrecherin hätte er von sich aus nie so erzählen können, wie sie sich vor Jesus zugetragen hat. Zwischen ihr und sei-

Otro tema importante que aparece con frecuencia en Juan es el de la *verdad*. Él percibe lo que corresponde a la verdad y lucha por ella. Pero no porque hubiese encontrado la actitud adecuada para transitar el camino de la verdad, ya que para él también la verdad fue un problema que vivió intensamente. Juan tuvo, para la mirada guardiniana, una disposición inicial equivocada tanto respecto de la *verdad* como respecto al *amor*. Sintió que conocer era una entidad, era como una potencia metafísico-religiosa; y solo el *encuentro* con Jesús y la conversión que siguió a este encuentro lo alejaron de transformarse en un gnóstico (*die Begegnung mit Jesus* [...], *hat ihn davor bewahrt, Gnostiker zu werden*)[253]. En la convivencia con Jesús reconoció Juan lo que significaba realmente «amar»: un amor que estima y respeta la libertad del otro, un amor animado por la bondad y que considera al hombre por aquello que realmente es. Sus escritos nos revelan lo difícil que le resultó realmente lograr apreciar todo eso (*Seine Schriften verraten, wie schwer ihm das gefallen sein muß*). Algo similar ocurre con la verdad. Desde su convivencia con Jesús, Juan reconoció la auténtica verdad, y encontró la potencia que conduce al conocer, que no consiste en dominar, sino en servir y adorar. Guardini nuevamente señala que ese cambio no es instantáneo, ya que aquí no se trata de magia, sino que se trata de una transformación que se produjo a lo largo de una dura lucha[254].

Las afirmaciones de Juan sobre Cristo encuentran su propia plenitud solo cuando las comprendemos principalmente a partir de su experiencia. Sus palabras, tal como vimos en Pablo, intentan expresar ese *algo* que quien habla tuvo ante sus ojos, que escuchó, que tocó, y que descubrió con el corazón. Lo que el evangelista Juan nos dice no forma

---

nem ersten Wesen liegt die *metánoia*, die ihm von Christus geschenkt worden ist», R. GUARDINI, *Das Christusbild*, 128.

[253] «Der gleiche Johannes redet immer wieder von der Wahrheit. Er fühlt das Leuchtende, Mächtige, Unbedingte, das so heißt; verlangt danach und kämpft darum. Aber wiederum nicht, weil er von vornherein richtig zur Wahrheit gestanden hätte. Auch die Wahrheit ist für ihn ein Problem gewesen [...]. Wenn wir recht sehen, hat Johannes seiner ersten Anlage nach wie zur Liebe, so auch zur Wahrheit ein falsches Verhältnis gehabt. Er hat das Erkennen als metaphysisch-religiöse Macht empfunden, und nur die Begegnung mit Jesus und die daraus folgende Bekehrung hat ihn davor bewahrt, Gnostiker zu werden», R. GUARDINI, *Das Christusbild*, 128-129.

[254] «Als Johannes dem Herrn begegnet und "Ihm nachfolgt", muß er erfahren haben, wie die die ganze Existenz tragenden Wertbeziehungen von Grund aus "im Sinn gewendet" werden [...]. Im Zusammenleben mit Jesus hat er auch erkannt, was die wahre Wahrheit ist. Er hat wie die Dämonie des Liebens so auch die des Erkennens durchschaut und den Weg zu jenem Erkennen gefunden, das nicht Herrschaft, sondern Dienst und Anbetung ist», R. GUARDINI, *Das Christusbild*, 129.

CAP. III: INTUICIÓN E INTERPRETACIÓN   445

parte de fórmulas pensadas de manera ingeniosa. Lo que ahí se nos transmite intenta expresar algo que forma parte de una experiencia concreta, y el impacto de esta experiencia llegó a lo más profundo de su vida, transformándolo a través de un camino extenso y difícil. La insistencia guardiniana de partir desde la experiencia, para entender tanto al evangelista san Juan como a san Pablo, sugieren una vez más el lugar central que ella posee en el pensamiento interpretativo guardiniano. Y esta centralidad que Guardini subraya es también importante para entenderlo a él mismo. Él también se remite a su propia experiencia, desde la que nació una nueva intuición que alumbró un camino nuevo de vida, de discernimiento, de comunión y de pensamiento. Ratzinger lo afirma explícitamente en uno de sus artículos sobre Guardini, donde se subraya también esta centralidad de la experiencia en sus trabajos[255].

6.2.5 Encuentro y gnosticismo en el mundo de los escritos joánicos

El tema del gnoticismo es particularmente importante cuando se habla del mundo de los escritos joánicos. En este caso se le añade un plus de importancia debido al énfasis que recibe en los escritos guardinianos[256]. El gnosticismo se encuentra vinculado a otra de las razones que inspiraron su teoría del contraste. Esta mención se hace presente en un muy breve escrito de Guardini de 1964, ya indicado en el capítulo segundo de este trabajo, el que fue redactado sintiéndose su autor seguramente muy enfermo y percibiendo cercana la muerte (se trata de dos hojas escritas a máquina que llevan como título: *En caso de muerte. Mi libro "El Contraste"*). Allí el profesor ítalo-alemán redactó algunos breves comentarios relacionados con los motivos que inspiraron esa obra.

El primer pensamiento motivador de su obra *El Contraste* que allí se menciona es la intención de encontrar una *estructura de principios* aplicable en todos los casos (*anwendbares Strukturprinzip zu finden*). El segundo es el relacionado con la *revalorización de la mirada fe-*

---

[255] «Die Johanneischen Aussagen über Christus erhalten erst dann ihre eigentliche Lebendigkeit, wenn wir sie von dieser Erfahrung her verstehen. Sie sind nicht abstrakt, sondern suchen etwas auszudrücken, das der Redende vor sich gehabt, mit Augen gesehen, mit Ohren gehört, mit Händen gefaßt, mit dem Herzen empfunden hat – genau so, wie hinter allen theologischen Aussagen des Paulus das Erlebnis von Damaskus steht. Vielleicht darf man es die Tatsache der "Epiphanie" nennen: die Sichtbarwerdung des lebendigen Gottes in Jesus; das Geschehnis, daß Gott in irdische Wirklichkeit eingegangen ist, "unter uns gestanden" und irdisches Schicksal erlitten hat», R. GUARDINI, *Das Christusbild*, 127.
[256] R. GUARDINI, *Das Christusbild*, 137-160.

menina. Y el tercer pensamiento es el de poner de manifiesto, a través de la importante distinción entre *contradicción* y *contraste*, el *gnosticismo* que de forma manifiesta o velada está siempre presente en la historia occidental. Y esto último hasta el punto de llegar a ser normal que se coloque en un mismo nivel una contradicción con una oposición, sin percibir ninguna diferencia entre ambos[257].

Guardini, mirando el mundo del gnosticismo desde su teoría contrastada, nos advierte que uno de los peligros fundamentales que aquí surgen es caer en la tentación de considerar como contradicción lo que en realidad es solo oposición. Espíritu y cuerpo, por ejemplo, son realidades concretas, y desde el punto de vista ético estas dos realidades no son ni buenas ni malas, sino simplemente datos[258]. La ética gnóstica rechaza el cuerpo y en línea de principio la materia. No se esfuerza por purificar lo corpóreo, sino que el esfuerzo se dirige más bien a apartarlo, y transformar la existencia en algo puramente espiritual[259]. La Revelación cristiana pasa a ser interpretada a partir de este esquema. Dios se transforma en el espíritu absoluto, que en sí mismo es indivisible, abrazando todos los significados, todo bien, toda realidad esencial. El

---

[257] «Endlich sollte durch die nachdrückliche Unterscheidung von "Gegensatz" und "Widerspruch" die – offenbare wie verborgene- Gnostik augedeckt werden, die überall in der abendländischen Geschichte wiksam ist. Wie fasr selbstverständlich es gweworden ist, "Gegensatz" (Polarität) und "Widerspruch" gleichzusetzen», R. GUARDINI, *Für den Todesfall*.

[258] «Eine Grundgefahr der geschilderten Haltung besteht nun gerade in der Neigung, "Widersprüche" zu "Gegensätzen" zu machen und als notwendige Elemente des Daseinsganzen zu verstehen. Daß diese Gefahr die Kehrseite einer ebenfalls wesenseigenen Kraft, nämlich des Sinnes für den Spannungsreichtum und die Vielstimmigkeit des Daseins bildet, braucht nicht besonders betont zu werden [...]. Ebenso wie beim Phänomen des Widerspruchs und des Gegensatzes vermischen sich hier Kategorien, von deren Reinerhaltung die Charakterklarheit des Daseins abhängt. "Geist" und "Leib" sind Wirklichkeiten. Im sittlichen Sinne sind sie zunächst weder gut noch böse, sondern eben wirklich. Im ontischen Sinne sind sie gut, wie alles Wirkliche als Werk Gottes gut ist. Sie sollen aber auch sittlich bestimmt werden; und zwar durch die Entscheidung für den als Norm und Aufgabe der Freiheit gesetzten Willen Gottes», R. GUARDINI, *Das Christusbild*, 139.

[259] Das Gute soll sein, und von ihm hängt der Sinn der Welt ab; das Böse darf nicht sein und ist schlechthin überflüssig, ja in sich selbst überhaupt Nichts, Verneinung, Zerstörung. Durch jene Gleichsetzung werden aber Gut und Böse zu wesensbestimmten Wirklichkeiten und Mächten, die zum Gesamtbestand des Daseins gehören [...]. Die gnostische Ethik beginnt mit der Ablehnung des Leibes und überhaupt der Materie. Sittlichkeit wird einfach zur Askese. Sie sucht das Körperliche nicht nur zu reinigen und zu formen, sondern grundsätzlich auszuschalten und das Dasein zu Geist zu machen», R. GUARDINI, *Das Christusbild*, 140.

cielo se transforma en el lugar desde donde provienen los rayos que irradian la luz de Dios. Satanás es pensado como la personificación de la materia, el eterno principio del mal y el *ineliminable* poder de las tinieblas, que tiene como sede la profundidad absoluta del infierno. La creación se concreta y surge desde la caída de destellos del espíritu (una especie de emanación), y los hombres son entidades luminosas que han precipitado en ella[260].

En lugar de la Revelación bíblica, en el gnosticismo juega un papel primordial la penetración de esa luz divina que proviene del cielo y se dirige a la conciencia del hombre. Una luz que lo llama desde la conciencia a elevarse y liberarse ascéticamente de lo material. En lugar de la fe, cuyo núcleo consiste en la adhesión a la persona de Dios que lo llama, desde el que se crea un nuevo vínculo con Dios en obediencia y fidelidad, predomina una conciencia espiritual y mística que se desarrolla progresivamente, y en la cual se regresa a la realidad original y primordial del Uno, superándose así la oscuridad de la materia. En lugar del combate moral, prima el saberse elevar a horizontes y perspectivas universales desde un trabajo de desarrollo y perfeccionamiento individual de carácter mítico ascético[261]. Los sacramentos se transforman en ritos, misteriosos y reservados, a través del cual se lleva adelante este proceso. La fuerza de seducción de estas revisiones y elaboraciones de las doctrinas cristianas fue muy grande. Por muchos siglos la gnosis fue el enemigo más peligroso del cristianismo[262], y por la importancia que Guardini le otorga, parece ser

---

[260] «In dieses Schema wird auch die Offenbarung hineingedeutet. Gott wird zum absoluten, einfachen, allen Sinn, alles Gute, alle Wesenheit einbegreifenden Geist; der Himmel zum schlechthinnigen Oben; die Seelen wie auch alle Sinngestalten zu Funken aus Gottes Licht. Satan wird als die Hypostase des Stoffes, das ewige Prinzip des Bösen und die unaufhebbare Macht der Finsternis verstanden, deren Ort die absolute Tiefe, die Hölle ist. Die Schöpfung vollzieht sich durch den Abfall der Geistfunken, und die Menschen sind in die Tiefe gestürzte Lichtwesen», R. GUARDINI, *Das Christusbild*, 144.

[261] «Aus der biblischen Offenbarung, welche durch das anrufende Wort des persönlichen Gottes geschieht, wird ein Durchdringen des göttlichen Lichtes im freigewordenen höheren Bewußtsein. Aus dem Glauben, dessen Kern im Hinüberschritt der Person zum rufenden Gott und ihrer Selbstbindung in Gehorsam und Treue besteht, wird eine Stufenfolge geistiger und mystischer Erkenntnis, in welcher das Ur-Eine aus der Dumpfheit der Materie zu sich selbst zurückkehrt [...]. Aus dem eigentlich sittlichen Ringen wird ein Aufstieg im Weltzusammenhang, eine asketisch-mystische Entwicklungsarbeit», R. GUARDINI, *Das Christusbild*, 141.

[262] «Aus der Offenbarung wird Geisteserleuchtung; aus dem Glauben Erkenntnis und Wissenschaft; aus dem Gehorsam gegen das Evangelium eine Technik der Bewußtseinsentwicklung und Wesensreinigung. Die Sakramente werden zu den Myste-

para él algo que aún no termina de ser superado totalmente. Su teoría del contraste quiere ser una ayuda para ver con mayor claridad este peligro aún latente en el pensamiento y la práctica cristiana.

a) *La lucha de Juan contra la gnosis*

La sensibilidad del evangelista Juan, su modo de ver y de pensar eran tales que se habría transformado, según Guardini, en un gnóstico profesando esta forma de dualismo. En el *encuentro* con Jesús logró el evangelista Juan vencer definitivamente ese riesgo (*In der Begegnung mit Jesus hat er diese Möglichkeiten überwunden*). Para ello no tuvo necesidad de imponerse particulares objetivos o programas. Juan vivió en el seguimiento de Jesús, aprendió a creer y a amar, y en vez de transformarse en un seguidor del gnosticismo, se transformó en un cristiano y en el apóstol que conocemos[263].

El evangelista Juan percibió que en la persona de Jesús, la confusión que normalmente acompañaba la existencia, encontraba una nueva luz que le permitía contemplarla en su auténtica unidad. Esto último el apóstol lo expresó, según Guardini, también mediante contrastes. La realidad esencial que está en la base de la concepción gnóstica es el *espíritu* y la *materia, el alma espiritual* y el *cuerpo*. En el prólogo del Evangelio de Juan cuando habla de la Palabra como la luz verdadera dice: «Pero a todos los que la recibieron les dio poder de hacerse hijos de Dios, a los que creen en su nombre; los cuales no nacieron de sangre, ni de deseo de carne, ni de deseo de hombre sino que nacieron de Dios» (Jn 1,12-13). Esta frase resultaría gnóstica, si la sangre y el querer de la carne y del hombre, fueran considerados como algo que contradice radicalmente Dios; y si la salvación fuera vista en torno a un Dios puramente espiritual, mediante un proceso en el cual el hombre se debiera despojar de la propia corporeidad. Pero la aparente *contradicción* anterior encuentra la claridad de lo vital, al reconocer que se está, en realidad, ante una *oposición*, en la que se manifiesta la tensión vital de la unidad. Esto es lo que sucede cuando inmediatamente después el texto del evan-

---

rien dieses Vorganges; die Eschatologie zur Verkündung des einstigen reinen Geistdaseins. Die Verführungskraft dieser Umdeutungen ist ungeheuer gewesen. Durch Jahrhunderte hindurch war die Gnosis der gefährlichste Gegner des Christentums», R. GUARDINI, *Das Christusbild*, 145.

[263] «Verstehen wir Johannes richtig, dann war die Struktur seines Empfindens, Sehens und Denkens so geartet, daß er, in sich selbst verharrend, zum Dualisten und Gnostiker geworden wäre. In der Begegnung mit Jesus hat er diese Möglichkeiten überwunden», R. GUARDINI, *Das Christusbild*, 145.

gelio de Juan nos dice: «Y la Palabra se hizo carne y puso su Morada entre nosotros y hemos contemplado su gloria, gloria que recibe del Padre como Unigénito, lleno de gracia y de verdad» (Jn 1,14). El Logos se hizo carne, y no se dice que solo habitó en un cuerpo[264].

Otro ejemplo que Guardini señala es el relacionado con las palabras de Jesús en el extenso discurso eucarístico del pan de vida. Aunque en los evangelios sinópticos y en Pablo está claramente presente la realidad corporal, resulta evidente el mayor énfasis que recibe lo corporal en el cuarto evangelio: «Yo soy el pan vivo bajado del cielo. Si uno come de este pan vivirá para siempre; y el pan que yo le voy a dar es mi carne por la vida del mundo [...]. En verdad, en verdad os digo: si no coméis la carne del Hijo del hombre, y no bebéis su sangre, no tendréis vida en vosotros» (Jn 6,51;53). Después de estas palabras, Jesús añade que: «El Espíritu es el que da vida; la carne no sirve para nada. Las palabras que os he dicho son espíritu y son vida» (Jn 6,63). Estas afirmaciones no cancelan la real y objetiva consistencia de lo que es propio del cuerpo. No dicen que debemos entender esto en clave simbólica o funcional. Allí se habla de realmente carne y sangre de la esfera de Dios y del modo de existir que califica su Espíritu, y que deben por lo tanto ser recibidos con fe y en la fe[265].

Los textos desmienten las definiciones de la gnosis sobre el espíritu y el cuerpo. Definiciones que por un lado lo equiparan con el bien y el

---

[264] «Die Grundwirklichkeiten, welche das gnostische System tragen, sind Geist und Stoff, Geistseele und Leib. Nun heißt es im Prolog des Evangeliums: "Allen aber, die Ihn aufnahmen, hat Er die Macht gegeben, Kinder Gottes zu werden – als solchen, die an seinen Namen glauben; die nicht aus dem Geblüt und nicht aus dem Willen des Fleisches, noch aus dem Willen des Mannes, sondern aus Gott gezeugt sind" (Joh 1,12-13) [...]. Sofort nachher heißt es aber: "Das Wort ward Fleisch und hatte sein Zelt unter uns, und wir schauten seine Herrlichkeit, eine Herrlichkeit als des Einzigen vom Vater, erfüllt von Gnade und Wahrheit" (Joh 1,14). Mit einer Schroffheit, der man den Kampf anmerkt, wird hier gesagt, der Logos, dessen Gottsein unmittelbar vorher aufs eindringlichste betont wurde, sei nun Mensch, "Fleisch" geworden», R. GUARDINI, *Das Christusbild*, 146.

[265] «Bei Johannes: "Wenn Einer von diesem Brote ißt, wird er leben in Ewigkeit. (Und zwar) ist das Brot, das Ich geben werde, mein Fleisch für das Leben der Welt ... Wahrlich, wahrlich, Ich sage euch. wenn ihr nicht das Fleisch des Sohnes des Menschen esset und sein Blut trinket, habt ihr das Leben nicht in euch" (Joh 6,51-53). Die Wirklichkeit des Körperlichen wird also in schärfster Weise betont. Sofort nachher sagt wohl Jesus: "Der Geist ist es, der lebendig macht, das Fleisch hilft nichts. Die Worte, die Ich zu euch gesprochen habe, sind Geist und Leben" (Joh 6,63). Diese Sätze heben aber die Realität des Leiblichen nicht auf», R. GUARDINI, *Das Christusbild*, 147.

mal; mientras que por otro, al ver la materia como algo eterno al igual que el espíritu, la consideran nuevamente sobre el mismo plano. El rechazo de la sangre y de la voluntad de la carne y la voluntad del hombre no está dirigido en el cuarto evangelio al cuerpo como algo que se contrapone al espíritu, sino a toda la naturaleza del hombre, en cuanto toma posición contra Dios. Todo el hombre, desde su realidad corporal y espiritual debe decidirse por una existencia desde la carne en cuanto cerrada en sí misma, o desde el Espíritu (*Der ganze Mensch, nicht nur der körperliche, sondern auch der geistige, haben zu wählen*). Decidirse por el Espíritu es una decisión de todo el hombre desde la voluntad de Dios en la que se nos ofrece la posibilidad de una nueva vida, una nueva creación[266].

Los rasgos estructurales del gnosticismo presentes en Juan han conocido un cambio y una transformación hasta en la más íntima naturaleza. Se ha modificado su carácter de conjunto, conteniendo en sí mismos una nueva significación y orientación. Guardini afirma que esas ideas gnósticas fueron así bautizadas (*sie haben sich "im Sinn bekehrt" und sind getauft worden*). La importancia de esta expresión radica, por un lado, en el vínculo que debe seguir uniendo la Revelación con el mundo, pensando el mundo desde la Revelación; y por otro lado, la importancia de expresar ese contenido de la Revelación de forma entendible en cada tiempo, para lo cual se impone compartir un lenguaje común con el propio tiempo. Pero al mismo tiempo, ese lenguaje y ese pensamiento deben ser «bautizados» para que su sentido, tal como sucedió en el evangelio de Juan, sea portador de un mensaje que tiene su origen en la Revelación[267].

El concepto, continuamente repropuesto como criterio normativo, de un «cristianismo puro», que considera la presencia en el cristianismo de

---

[266] «Durch die genannten Texte wird die gnostische Bestimmung von Geist und Leib, welche diese einerseits mit dem Guten und Bösen gleichsetzt, sie aber anderseits, da die Materie genau so ewig ist wie der Geist, doch wieder als untereinander ebenbürtig nimmt, von Grund aus aufgehoben. Die Ablehnung von "Geblüt", "Willen des Fleisches" und "Willen des Mannes" richtet sich nicht auf den Leib im Unterschied zum Geiste, sondern auf die ganze Natur des Menschen, sofern sie sich wider Gott stellt; auf die böse existentielle Richtung, die dem Gezeugtsein aus Gott und dem Gehorsam gegen Ihn widerspricht», R. GUARDINI, *Das Christusbild*, 148.

[267] «Trotzdem sind jene Strukturelemente in den johanneischen Gedankengängen enthalten und bedingen zum guten Teil deren Eigenart gegenüber den Vorstellungen der paulinischen oder synoptischen Schriften. Sie haben aber eine bis ins Letzte gehende Veränderung erfahren. Sie haben ihren Wesensgehalt bewahrt, aber ihren Charakter geändert; sie haben sich "im Sinn bekehrt" und sind getauft worden», R. GUARDINI, *Das Christusbild*, 156.

elementos mundanos, de naturaleza histórica o psicológica como una falsificación y una decadencia de su esencia, no tienen demasiado sentido. Hay una forma de pensar la pureza que conduce al extremo de romper la tensión entre los polos que posibilitan un pensamiento capaz de alcanzar lo vital. No existe por ningún lado un cristianismo desvinculado de lo que es concreto y material. El único cristianismo realmente existente es el que se actúa y desarrolla en el mundo, asumiendo y reelaborando sus contenidos. El cristianismo se corrompe solo cuando la materia de la que está hecha la realidad es falsamente percibida o manipulada, cuando los errores de la mentalidad mundana se difunden en la mentalidad cristiana. Pero sobre todo, cuando la relación inmediata con el mundo, alcanzado por el pecado, se afirma también en la relación cristiana, obstaculizando la transformación de sus significados y de los contenidos de la existencia a partir de la fe cristiana. Provocando así que los conceptos y categorías que mantienen siempre su origen mundano, terminen por producir un efecto contrario en el que se altera y modifica el contenido de la misma revelación[268].

Subraya Guardini que el real peligro para el cristianismo surge cuando el pensamiento cristiano entra en el mundo pero permanece atrapado en él. Es ahí que la filosofía, la ética, la vida social con todas sus obligaciones y compromisos se transforman en lo más importante. Pero también existe el peligro antes señalado, cuando el pensamiento cristiano se retira de la esfera de lo real y llega a negar cualquier relación entre los contenidos de la revelación y la creación. Las dos actitudes son formas de la desobediencia y traicionan la confianza de Dios, confianza que Él demuestra en la revelación y en la encarnación. Una vez más, encontramos operante en la mirada de Guardini la oposición tensa de lo vital que invita a un discernimiento constante en ambas direcciones y en cada tiempo y cultura. Toda estructura de pensamiento se presenta al cristianismo como una tarea, que ofrece una nueva posibilidad y también implica un riesgo. Juan ha superado tanto el riesgo de quedar atrapado en el gnosticismo como el de mantenerse

---

[268] «Der immer wieder als Norm gebrauchte Begriff "reiner Christlichkeit", der im Eindringen historischen oder psychologischen Weltstoffs eine Verfälschung sieht, ist Unsinn. Es gibt keine von Weltstoff freie, rein innerliche oder rein sittlich-religiöse oder wie immer formulierte, sondern nur eine in der Welt sich auswirkende und deren Gehalte verarbeitende Christlichkeit. Sie wird erst dann unrein, wenn der Weltstoff falsch aufgenommen wird; wenn die Irrtümer des welthaften Denkens in das christliche eindringen; vor allem aber, wenn das unmittelbare, durch die Sünde bestimmte Verhältnis zur Welt sich im christlichen durchsetzt, die "Um-Sinnung" der Daseinsinhalte aus dem Glauben heraus verhindert und die welthaft bleibenden Begriffe den Inhalt der Offenbarung verändern», R. GUARDINI, *Das Christusbild*, 157.

apartado del mundo, mostrándonos en ese modelo de pensamiento creado, algo que continua siendo valioso y paradigmático (*das immer gültige Vorbild geschaffen*)[269].

b) *La importancia interpretativa del encuentro con Jesús*

Guardini afirma que pocas veces encontraba en su propia época eso que era tan fuerte en la vida de la Edad Media y la cristiandad primitiva: el *encuentro* con el Señor, el *choque* o impacto interior, la clara *intuición*, el *conocimiento personal*. De ahí que raras veces surge como resultado del pensamiento una figura que conmueve, que ilumina la existencia[270]. Esta serie de conceptos que Guardini menciona resultan interesantes y sugestivos, primero porque ya al principio aparece la categoría del *encuentro* con el Señor como algo central. Pero aquí Guardini lo menciona, además, desde una creciente ausencia que advierte en su tiempo, debilitando al pensamiento teológico. Posteriormente, indica que es desde este encuentro que la realidad del Señor *impacta* internamente en la persona que lo deja entrar en toda su vida. Esto nos habla del conocimiento no solo como una cuestión conceptual o intelectual. Este conocimiento de toda la persona despierta una *clara intuición* que logra tocar la realidad que se muestra al corazón atento y disponible. Después de estos pasos, después del encuentro al que nos podemos preparar pero no producir, después que la intuición toca eso que se nos muestra, Guardini habla por último, en este breve texto, de conocimiento personal.

Para el pensamiento guardiniano, a pesar del valioso aporte de la investigación histórica que en su tiempo ayudó a profundizar en aspectos importantes de la Sagrada Escritura, se trataba mayormente de un estudio que se mostraba lejos de poder transformarse en la fuente primera de la teología, en la palabra de los testigos. El estudio de la Escritura se

---

[269] «Die Gefahr wird dringlich, wenn das christliche Denken sich zu tief in die Weltstoffe einläßt, die Philosophie, die natürliche Ethik, das Gemeinschaftsleben mit seinen Aufgaben, mit einem Wort: die Kultur in ihm überhand nehmen – aber auch, wenn das christliche Denken sich vom Weltstoff zurückzieht und die Inhalte der Offenbarung zur Schöpfung in ein Verhältnis der Unvergleichbarkeit bringt [...]. Johannes hat die Möglichkeit der Gnosis sowohl wie ihres Widerspiels in sich selbst überwunden und so das immer gültige Vorbild geschaffen, weil diese Struktur, bis in den Grund sich bekehrend, in den Dienst der Offenbarung tritt», R. GUARDINI, *Das Christusbild*, 157-158.

[270] «Nur selten aber trifft einen, was im mittelalterlichen und frühchristlichen Leben so stark war: die echte Begegnung mit dem Herrn; der innere Stoß, die deutliche Anschauung, das persönliche Bescheidwissen. Darum erteht auch nur selten die berührende, erleuchtende, deseinsdeutende Gestalt», R. GUARDINI, *Das Bild von Jesus*, 23.

había convertido en un lugar donde parecía primar el interés por comprobar nuevas teorías e hipótesis. La crítica mirada guardiniana consideraba ese estudio de la Sagrada Escritura como algo que frecuentemente se alejaba de la Revelación en cuanto realidad viva, que solo por sí misma puede revelarse. Insistiendo que Cristo no podrá ser nunca el lugar de llegada de un pensamiento que logre acertar con el compuesto de Dios y hombre. Cristo es el comienzo de la existencia cristiana, es el punto de partida de todo pensar que quiera ser cristiano. La persona no puede acercarse a la Sagrada Escritura y pretender pensar solo desde un criterio mundano a Cristo que supera todos nuestro criterios. Por ese motivo, aunque los criterios humanos sigan siendo valiosos y necesarios, resultan insuficientes. Solo si nos acercamos a Cristo con la *inteligencia* pero también con un *corazón* que desee e implore encontrarlo, podremos experimentar la gracia de una mirada nueva como los discípulos de Emaús (cf. Lc 24,13-35). En esta misma dirección van las palabras de san Agustín que Guardini nos recuerda, cuando el Santo de Hipona señala la insuficiencia de el *solo* maestro exterior, cuando no nos asiste el que habla también interiormente[271]. Para que realmente Cristo se convierta en punto de partida, el viviente por excelencia, el que despierta el amor real, el amor que conoce, es necesario que el interior del creyente reciba el *impacto* de su ser, perciba e intuya (*spüren*) la fuerza, lo que más propiamente es Cristo (*Damit Er aber auch wirklich dazu werde, muß adas gläubige Innere den Stoß seines Wesens erfahren, die Schwingung seines Eigensten spüren*)[272].

---

[271] «Aus der Schrift selbst aber kann auch die aufrichtigste Bemühung die Gestalt des Herrn nicht so herauslesen, wie die eines irdisch Großen aus den von ihm handelnden Quellen [...]. Augustinus sagt, der Lehrer, der von außen rede, helfe uns nichts, wenn nicht auch jener zugegen sei, der von ihnen spreche. Geschriebenes Wort und gesprochene Botschaft werden erst verständlich, wenn der Chistus, von dem sie Kunde geben, sich selbst innerlich bezeugt; wenn Er uns, wie den Jüngern von Emmaus, die Augen auftut und das Herz brennen macht. Wir müssen also mit dem Geiste suchen und uns in sauberer Arbeit bemühen – aber auch suchen mit dem Herzen; verlangen, anklopfen, bitten», R. GUARDINI, *Das Bild von Jesus*, 124-125.

[272] «Wie steht es nun mit der Heiligen Schrift, dem Neuen Testament? Wir urteilen wohl nicht ungerecht, wenn wir meinen, es sei trotz der höchst schätzenswerten Arbeit der letzten Jahre noch lange nicht, was sein sollte: der erste Quelle; das Wort der Zeugen. Viel zu oft bleibt es Fundort von Belegstellen für theoretische Sätze; viel zu selten wird es zur Offenbarung der lebendige Wirklichkeit, die sich ja doch nur aus sich selbst heraus erschließen kann. Christus ist keine Zusammenfügung con "Gott" und "Mensch" durch das Band der Unbegreiflichkeit, sondern Er, der Lebendige [...]. Wir wissen, daß die Kirche die hand ist welche die Schrift hütet, und der Raum, in welchem deren Wahrheit richtig steht; aber in diesem Raum und von dieser Hand geführt muß der

La intuición es la que nos permite tocar la realidad auténtica de la Sagrada Escritura desde un conocimiento concreto que no compromete solo el pensamiento sino toda la vida y conduce a una existencia cristiana práctica. Guardini subraya en esa existencia cristiana práctica también otros ámbitos, como la liturgia, en cuanto algo que es tan fundamental como la doctrina misma. La liturgia está marcada por una poderosa imagen de Cristo. Esta imagen contiene en sí la misma realidad de la que habla la Sagrada Escritura, pero configurada por las condiciones particulares del culto, por la situación espiritual de la comunidad constituida, por la mística objetiva de los sacramentos y del sacrificio[273]. La Iglesia es la mano que custodia la Escritura y el ámbito en que la verdad de Cristo se interpreta correctamente. La Iglesia es la que ayuda a purificar también la intuición que surge del encuentro con Cristo, y el creyente se acerca en ella a su mensaje, pero sin encerrarse en un iluminismo bíblico ni en la suficiencia de la Sagrada Escritura.

Es *esta* experiencia compleja del encuentro con su fuerza y su originalidad la que Guardini ve debilitarse en la vida cristiana. El acento religioso parece haberse desplazado hacia la organización. La conciencia de la relación del creyente con Cristo corre riesgo de perder todo carácter de *encuentro personal* y convertirse en algo solo teórico y convencional[274]. En estas ideas creo que resulta claro el intento guardiniano de revalorizar la importancia del encuentro, y la importancia de su contenido para un conocimiento real, concreto y auténtico, que no se deje conducir por los

---

Glaubende auch wirklich an das, von dem die Schrift redet, herankommen. Das geschieht noch lange nicht gennug [...]. Dabei entgleitet aber das Eigentliche, das gar nicht in Begriffe geht, sondern nur einen Namen hat: "Jesus, der Christus". Es verschwindet das Ungeheure, alle Maße Sprengende; das, was die Liebe wecken kann, die wirkliche, wissende, eignetliche Liebe. Ebensoviel wie die Lehre bedeutet im praktischen christlichen Dasein die Liturgie», R. GUARDINI, *Das Bild von Jesus*, 23-24.

[273] «Diese Liturgie wird con einem mächtigen Bilde Christi durchwaltet. Es enthält die gleiche Wirklichkeit, von welcher die Schrift redet, jedoch aus den besonderen Bedingungen des Kultes, aus der Seelenlage der verfaßten Kirchengemeinde, aus der objektiven Mystik des Sakraments und des Opfers heraus geformt», R. GUARDINI, *Das Bild von Jesus*, 25.

[274] «Bleibt noch ein Letztes: die christliche Erfahrung. Von ihr genau zu handeln, hieße nicht weniger, als innere Geschichte der fünf letzten Jahrhunderte aufzurollen. Soviel wird aber wohl doch gesagt werden müssen, daß seit dem Ausgang des Mittelalters die Kraft und Ursprünglichkeit des christlichen Erfahrens im katholischern Bereich abzunehmen scheint [...]. Der religiöse Schwerpunkt scheint sich immer mehr ins Organisatorische verlagert zu haben; Korrektheit, Loyalität und Gehorsam scheinen immer ausschließlicher zu den bestimmenden Merkmalen christlich-katholischer Haltung geworden zu sein», R. GUARDINI, *Das Bild von Jesus*, 26.

caminos de lo abstracto. En una siempre mayor ausencia del encuentro personal con Cristo, y en la sola insistencia en los aspectos parciales, aunque valiosos, de la obediencia, la lealtad y la corrección, crece el riesgo de conducir todo a la unilateralidad de lo dogmático y sacramental, haciendo disminuir la plenitud histórica presente en los relatos de los primeros testigos.

Se dijo que en el encuentro con Jesús, el evangelista Juan logró vencer el gnosticismo, pero no solo como un mal exterior, sino también como un mal que estaba en su corazón. Algo similar ocurrió con Pablo para el cual la lucha tomó la dirección de combatir el legalismo también presente en su corazón[275]. En cada uno de ellos la experiencia de encuentro con el Señor implicó también una llamada personal que los guió a una misión diferente. En Guardini, su experiencia de encuentro con el Señor lo guió también a la misión de poner de relieve la importancia de este encuentro, y poner de relieve que solo a través del encuentro se despierta la intuición que conduce paso a paso al auténtico conocimiento personal del Señor, lo que implica el conocimiento más profundo de cada persona, el conocimiento incluso de la originalidad de nosotros mismos.

En la *Divina comedia* de Dante se lee cómo después del difícil periplo que lo condujo a través de las profundidades del infierno, al purgatorio y luego al cielo, a este peregrino se le manifiesta el misterio de Cristo. Es ahí que comprende no solo lo que queda más allá de todo lo terrenal, sino que también se comprende a sí mismo. Después del encuentro con Cristo, Dante sabe finalmente quién es Dante[276]. Cuando Guardini encuentra a Jesús, finalmente sabe quién es Guardini, y descubre la misión a la que es llamado, subrayando el aspecto

---

[275] «Denn auch er ist ein Kämpfer, ebenso wie Paulus. Seine Gedanken sind nicht nur Aussagen über das, was ist, sondern auch Vorstöße gegen das, was nicht sein darf. Erst wenn man sie so sieht, erkennt man ihre volle Tragweite – um so mehr, als der Gegner nicht nur draußen, in geistesgeschichtlich bedingten Tendenzen der Zeit, sondern auch in ihm selbst ist. Wie Paulus gegen Judaismus und Gesetzesreligion, so steht Johannes gegen die Gnosis», R. GUARDINI, *Das Christusbild*, 137

[276] «Darin geht die Fahrt von der Erde weg durch die Hölle und alle ihre Tiefen; durch den Reinigungsort über alle seine Stufen; durch die Sphären der Himmel hinauf bis in die letzte Entrücktheit Gottes. Am Schluß aber liest man, wie dem Wanderer das Geheimnis Christi geoffenbart wird, durch den unser Menschenwesen in die Existenz des Sohnes Gottes aufgenommen ist. Da versteht er nicht nur, was über alles Irdische hinausliegt, sondern auch sich selbst [...]. Wer ich bin, verstehe ich nur in dem, was über mir ist. Nein: in Dem, der mich mir gegeben hat. Der Mensch kann sich aus sich selbst heraus nicht verstehen» R. GUARDINI, *Die Annahme seiner selbst*, 26.

originario que aporta este encuentro a través de la intuición, y subrayando el carácter de *principialidad* de Jesús (en cuanto cualidad de principal, de lo que está *primero* en la línea de un verdadero pensamiento teológico).

En una de sus meditaciones evangélicas del libro *El Señor*, hablando del capítulo sexto del evangelio de san Juan, interrumpe su discurso para hacer una aclaración «metodológica» y recordar la finalidad de sus palabras. Dice al lector que antes de seguir leyendo sus palabras es necesario que tome el evangelio y lea atentamente el capítulo sexto del cuarto evangelio. El profesor ítalo-alemán recuerda a quién lee, que sus palabras no tienen otra finalidad que conducir a la Sagrada Escritura ya que sus meditaciones son muy fragmentarias. Y lo que es realmente normativo *no* son los pensamientos guardinianos, sino los pocos rasgos presentados por la Iglesia. Son ellos los que deben acompañar la lectura de la Sagrada Escritura para lograr obtener una visión de conjunto. Los pensamientos con los que concluye esta indicación metodológica breve de su meditación ponen de relieve que la divina figura de Cristo surge con rasgos *siempre nuevos* cada vez que un corazón dócil *encuentra* el texto sagrado (*ersteht die heilige Gestalt immer neu aus der Begegnung des Berichtes mit dem aufnahmebereiten Herzen*). Insistiendo además con la invitación de tomar la Sagrada Escritura, y leerla, para encontrar el Hijo en la medida en que el Padre nos lo otorgue. Cada uno de nosotros debe mirar ese rostro con el que el Señor se dirige a cada uno de forma personal. No debemos permitir que se nos arrebate esa mirada que solo nosotros mismos podemos contemplar, recordando además que el encuentro personal con el Señor es la gracia más sublime que se puede llegar a recibir (*denn daß Du selbst dem Herrn begegnest, ist das Größte, was Dir beschieden sein kann*)[277]. En estas palabras nos habla Guardini de lo que para él era la gracia más

---

[277] «Bei dieser Gelegenheit möchte ich wiederholen dürfen, was bereits gesagt worden ist: daß diese Betrachtungen nichts anderes wollen, als zur Heiligen Schrift selbst hinführen. Das Jesusbild, das sie zeichnen, ist in keiner Beziehung vollständig; sehr viel bleibt zu sagen und muß von dem, der das Ganze will, aus dem Text herausgeholt werden. Aber auch was gesagt ist, will nicht maßgebend sein. Wirklich maßgebend sind nur jene wenigen Linien, welche die Kirche zieht, um die Christus-gestalt in dem Raum und den Ordnungen zu halten, worein der Vater sie gestellt hat. Im übrigen ersteht die heilige Gestalt immer neu aus der Begegnung des Berichtes mit dem aufnahmebereiten Herzen. Nimm die Schrift, lies, und im Maße der Vater es Dir gibt, wirst Du dem Sohne begegnen. Dieses gerade Dir zugewendete Angesicht des Herrn kann Dir kein Anderer zeichnen; Du selbst mußt es erschauen. Und Du darfst es Dir auch von keinem Anderen verdrängen lassen; denn daß Du selbst dem Herrn begegnest, ist das Größte, was Dir beschieden sein kann», R. GUARDINI, *Der Herr*, 247.

sublime, y de su misión en el intento de ayudar para que otros compartan esta sublimidad del encuentro con el Señor.

En otra de sus meditaciones bíblicas, vuelve a tocar el tema del sublime y desbordante (*übersteigenden*) conocimiento del Señor. Aunque en esa oportunidad el tema queda enmarcado por un texto de la carta a los Filipenses que es citado dos veces, al inicio y casi al final de la misma meditación[278]. El texto al que se hace referencia dice: «Y más aún: juzgo que todo es pérdida ante la sublimidad del conocimiento de Cristo Jesús, mi Señor, por quien perdí todas las cosas, y las tengo por basura para ganar a Cristo» (Flp 3,8). El título de esta meditación nos habla de Jesús como principio (*Christus der Anfang*), el principio de todas las cosas, pero sobre todo en esta meditación se hace referencia a Cristo como principio de un nuevo conocimiento que inicia en él y que, sin rechazar otros pensamientos, los supera a todos, sin poder ser derivado de otras ideas, ni de otros esquemas. Este conocimiento sublime de Jesús no es fruto de investigaciones históricas o intuiciones psicológicas, sino del conocimiento que surge de la fe y del amor. Es un conocimiento que nace del *contacto íntimo*, del *centro* de la persona, con el interior, el *centro* de Cristo, abriéndose a Él tal como Jesucristo es (*daß der Mensch mit seinem Innern an das Innere des Herrn rühre, und ihm aufgehe, wer Jesus Christus ist*). Pero al ser el Señor la fuerza y el origen de ese conocimiento, el cristiano permanece bajo la influencia transformadora de Jesús[279].

Guardini nos habla de dos textos en los que él ve con claridad, desde las palabras de Jesús, una conciencia que está por encima del mundo. Los dos textos son del evangelio de Juan: «Salí del Padre y he venido al mundo. Ahora dejo otra vez el mundo y voy al Padre» (Jn 16,28). Y en el mismo capítulo unos versículos más adelante: «Yo he vencido el mundo» (Jn 16,33)[280]. La mirada guardiniana nos indica en lo que aquí se expresa el límite de las medidas humanas ante la figura

---

[278] Cf. R. GUARDINI, *Der Herr*, 382; 387.

[279] «Paulus spricht von der allen Sinn übersteigenden Erkenntnis Jesu Christi, in welcher das Heil liegt (Phil 3,8). Damit meint er nicht Erkenntnis, wie sie aus geschichtlicher Forschung oder psychologischer Einsicht hervorgeht, sondern solche, die aus dem Glauben und der Liebe entspringt: daß der Mensch mit seinem Innern an das Innere des Herrn rühre, und ihm aufgehe, wer Jesus Christus ist. Da aber der Herr Macht ist, bedeutet jene Erkenntnis, daß er unter die umwandelnde Wirkung des Christuswesens kommt», R. GUARDINI, *Der Herr*, 382-383.

[280] «Im sechzehnten Kapitel des Johannes-Evangeliums sagt Jesus: "Ich bin vom Vater ausgegangen und in die Welt gekommen; und wiederum verlasse Ich die Welt und gehe zum Vater" (Joh 16,28). Und: "Ich habe die Welt überwunden" (Joh 16,33). Hier redet ein Bewußtsein von über der Welt her», R. GUARDINI, *Der Herr*, 385-386.

de Jesús. La vida interior de Jesús está condicionada por el doble hecho de que es a un mismo tiempo Hijo del hombre e Hijo del Padre. Para la persona de Jesús no contamos con una medida que lo preceda (*gibt es keine vorausgängigen Maßstäbe*). El conocimiento cristiano es la intuición, la percepción (*Einsicht*)[281], de que las cosas empiezan con Jesús. No existe otra norma que pueda obtener la primacía sobre Jesús, transformándose Él en la norma más importante también para el cristiano[282]. A este sublime y desbordante conocimiento hace referencia Guardini desde el texto de la carta a los Filipenses, para lo cual no es suficiente considerar como verdadero que Jesús es el Salvador, eso es solo el inicio. Se debe centrar seria y enérgicamente toda la vida en Jesucristo y en su conocimiento. Intentando armonizar nuestro amor con el suyo, con ese amor que nos viene al encuentro y nos invita a ir a su encuentro. Se debe pensar desde él no sólo con la razón, sino con el anhelo y la nostalgia del corazón suplicante que desea obtener la gracia de un auténtico encuentro[283]. Jesús no atrae solamente nuevos conocimien-

---

[281] En el original no se utiliza la palabra *Anschauung* o *Intuition* (ver el texto original en la nota siguiente), igualmente la palabra alemana *Einsicht* fue traducida como intución porque se entiende aquí que no implica un simple conocer o saber. Esta palabra se vincula con *Einsehen, Einblick*, ligadas a un saber y comprender que logra mirar y leer *dentro* de lo que se conoce (*etw. prüfend, suchend durchsehen, durchlesen*). Esto hace más claramente referencia por un lado a la intución como centro de la persona que logra tocar el centro de otra realidad. Este centro no es una imágen que nos deba conducir a desechar y olvidar lo demás, aquí sigue siendo siempre esencial mantener la tensión del conocimiento entre le centro y lo más exterior. Por otro lado aquí la intución se realciona más claramaente con *mirar dentro* de algo, poder leer dentro, y así se pone nuevamente de relieve la importancia de la mirada en el conocimiento, recordando que la mirada también tiene un centro, ya que su raíz está en el corazón.

[282] «Sein inneres Leben bildet der Vollzug der Tatsache, daß Er Menschensohn und Sohn des Vaters zugleich ist. Für die Person Jesu gibt es keine vorausgängigen Maßstäbe. Christliche Erkenntnis bedeutet die Einsicht, daß die Dinge mit Ihm beginnen. Daß der Maßstab für Christus – und damit auch für den Christen – nur Er selbst ist», R. GUARDINI, *Der Herr*, 386. «Die Offenbarung Gottes in Christus ist leicht mißzuverstehen [...]. Wer diese Offenbarung auffassen will, muß wenigstens der Möglichkeit Raum lassen, die Offenbarung könne der Welt gegenüber unableitbarer Anfang sein und diese daher in Frage stellen; er muß zugeben, Gott könne anders sein, als er Ihn von sich aus denkt [...]. Denn der Sinn der Offenbarung ist ja nicht, daß der Mensch eine neue Weisheit entgegennehme, sondern daß er erkenne, wer er vor Gott ist, seinen Sinn ändere und das Reich Gottes aufnehme», ID., *Die Offenbarung*, 85-86.

[283] «Nun ist klar, was Paulus meint, wenn er von der »überschwenglichen Erkenntnis Jesu Christi« redet (Phil 3,8): die Erkenntnis, daß Christus Dieser ist. Daß der Mensch dieser Gesinnung des Herrn inne werde, mit ihr in Fühlung komme und sich ihr ergebe, ist ein und alles. Nicht nur für wahr halte, Er sei der Erlöser, damit beginnt alles erst; sondern sich ernst und kraftvoll auf Christus und seine Erkenntnis richte [...]. Er will, daß ich Ihn

CAP. III: INTUICIÓN E INTERPRETACIÓN   459

tos, nuevos medios de purificación moral; no enseña a los hombres únicamente a tratarse mutuamente con más caridad. Su entrada en nuestro mundo crea un mundo nuevo, y no solo desde un punto de vista intelectual, ya que ello nos conduciría una vez más al ámbito del gnosticismo.

Al hablar de un auténtico encuentro, afirmamos que se puede hablar en Guardini de diferentes tipos o grados de encuentros, y de diferentes tipos de intuiciones, y estos encuentros e intuiciones se van purificando en la medida que se dan pasos en la identificación con la voluntad de Jesús. Desde una mayor identificación con su voluntad obtendremos una mayor claridad en este punto de partida que es Jesús mismo. Estas distancias y cercanías se producen porque al sentir su presencia retrocedemos interiormente al saber que allí también está la cruz. Pero desde el reconocimiento de nuestros temores y limitaciones, que imploran a Jesús su ayuda, un día lograremos ponernos a su disposición y llegaremos a armonizar nuestra voluntad con la suya. Entonces nos hallaremos *plenamente* en *el nuevo punto de partida*[284]. A este nuevo punto de partida, en un encuentro auténtico con el Señor, nos guía Guardini no solo con la razón, sino también indicándonos la importancia de un corazón que sea al mismo tiempo consciente de sus límites.

6.2.6 Principialidad de Cristo y contemporaneidad

La pregunta por el *principio* (*arjé*) tiene una gran presencia en la historia del pensamiento a través de la filosofía, los mitos y la ciencia. La principialidad se funda en una de las preguntas más originales de la existencia, en la que se manifiesta el interés por saber dónde radica el origen de todas las cosas. En esta pregunta se hace también presente la pregunta por aquello que no tiene principio. La pregunta por el principio es la primera pregunta que procede de la impresión que los entes no persisten por sí mismos, sino que remiten a algo diverso (*der archē, ist*

---

erkenne; will, daß ich mit seiner Liebe ins Einvernehmen komme; ist im Kommen, auf mich zu, und fordert, daß ich Ihm entgegengehe. In solchem Vertrauen soll ich über Ihn nachsinnen. Nicht nur mit dem Verstande, sondern mit der Sehnsucht des Herzens. Soll auf Ihn harren; mich zu Ihm sammeln; nach Ihm hinaushorchen; Ihn rufen; für Ihn bereit werden», R. GUARDINI, *Der Herr*, 387.

[284] «Sobald wir das fühlen, schreckt aber unser Inneres zurück, denn hier steht das Kreuz. Dann müssen wir wahr sein und lieber ehrlich sagen: "Ich kann noch nicht", als Redensarten machen. Vorsichtig sein mit den großen Worten der "Hingabe" oder des "Opfers". Lieber Ihm unser Nichtkönnen zeigen und Ihn bitten, daß Er uns lehre. Einmal wird es gelingen, daß wir uns Ihm zur Verfügung stellen, und unser Wille mit dem seinen eins wird. Dann stehen wir ganz im neuen Anfang», R. GUARDINI, *Der Herr*, 388.

die erste Ordnungsfrage, entstehend aus dem Eindruck des Seienden, daß es nicht aus sich selbst besteht [...], sondern auf anderes zurückweist). Relacionada con ella surge también la pregunta sobre la finalidad de todo: dónde va todo, cuál es el fin. Guardini sostiene que de ambas preguntas (*origen-fin*) surge la posición del hombre, tanto teórica como existencial. Sobre las dos preguntas relacionadas con el origen y el destino al que todo se dirige actúan todas las demás. Aquí tenemos ante nosotros uno de los esquemas de todo preguntar, quizás el más básico: la principialidad, el inicio de todo, el *arjé* (*Die Frage nach beiden Anfängen wirkt in alle anderen hinein. Wir haben hier eins der Schemata alles Fragens vor uns, vielleicht das grundlegende: die Anfanghaftigkeit*)[285].

Guardini se ocupó ampliamente de estos temas relacionados con el *origen* en otros pensamientos y culturas. Desde los mitos en cuanto una forma de pensar y expresar ese origen, hasta el pensamiento filosófico antiguo sobre la *arjé* en los presocráticos, Sócrates, Platón y Aristóteles. Este interés guardiniano continuó intentando profundizar en otras tradiciones religiosas como el hinduismo, la tradición *védica* con su concepto de *atman* y el budismo con su idea difícil de entender vinculada al *nirvana*[286]. En todo esto se pone también de manifiesto su intento de diálogo. Por ejemplo, en relación con los mitos afirma que si se los comprende de forma correcta, teniendo en cuenta la totalidad de la existencia, se puede ver que no se contradicen con lo que se expresa en la Revelación. Los relatos de la creación y los mitos aparecieron cuando la realidad del hombre se encontraba marcada ya por el pecado. La Revelación, por el contrario, habla de la realidad primera y del hombre libre, y luego de la posibilidad de salvación[287]. Y de nuevo la Revelación nos conduce a la respuesta más amplia, a la que realmente responde, y la que nos indica que nuestro *inicio* está en Dios, en la voluntad

---

[285] «Die Kategorie der Anfanghaftigkeit gründet in einer der Urfragen des Daseins: in der Frage nach dem Anfang. Im frühen mythischen Denken spielt sie eine große Rolle. Alle Theogonien und Kosmogonien der Frühzeit sind eine Antwort auf die Frage, woher alles kommt; nach dem, was selbst keinen Anfang hat, aber alles ins Sein bringt und mit Wesen und Kraft ausstattet. Die Frage nach dem Anfang, der archē, ist die erste Ordnungsfrage, entstehend aus dem Eindruck des Seienden, daß es nicht aus sich selbst besteht, sondern im Fluß steht; sich nicht selbst erklärt, sondern auf anderes zurückweist [...]. Die Frage nach beiden Anfängen wirkt in alle anderen hinein. Wir haben hier eins der Schemata alles Fragens vor uns, vielleicht das grundlegende: die Anfanghaftigkeit», R. GUARDINI, *Die Menschliche Wirklichkeit des Herrn*, 185.

[286] Cf. R. GUARDINI, *Religion und Offenbarung*, 113-166.

[287] Cf. R. GUARDINI, *Die Existenz des Christen*, 164-185.

CAP. III: INTUICIÓN E INTERPRETACIÓN   461

de Dios que se dirige a cada uno de nosotros (*Es gibt aber nur eine Antwort, die wirklich antwortet: die religiöse Innewerdung, daß mein Anfang in Gott liegt*)[288].

Existen aproximaciones cuando se intenta responder a la pregunta acerca de dónde venimos, o hacia dónde vamos. Y el que busca seriamente y desde la verdad, puede llegar a descubrir en Cristo a alguien confiable, creíble; pero esto es solo y siempre un acercamiento. Para llegar concretamente al nuevo principio que permita obtener una auténtica respuesta a estas preguntas se debe dar un *paso* que implica asumir un riesgo desde la libertad[289]. Este *paso* se concreta con *toda* la propia vida ya que aquí no es suficiente solo el pensamiento, se exige una decisión que implique a la persona en su totalidad. Al auténtico principio se llega en la medida en que la persona dando un paso decisivo se sitúa en el nuevo inicio, y comienza a actuar y pensar desde él. El riesgo obtiene una mayor relevancia al tener en cuenta que este nuevo principio no puede ser deducido totalmente desde lo que ya conocemos. Las posibilidades de escándalo surgen precisamente porque Jesús, en cuanto el nuevo principio, exige que las personas abandonen las relaciones que desde el mundo ofrecen o aseguran certeza (*Er mutet dem Menschen zu, die Gewißheitszusammenhänge der Welt zu verlassen und es auf Ihn hin zu wagen*). Si el hombre llega a un acuerdo con esta exigencia que se le plantea, entonces se establece la relación de la gracia, de la fe, e inicia una nueva existencia. Si se cierra a sí mismo, si se rechaza este nuevo principio, entonces se despierta la rebelión contra las exigencias que ahí se presentan y surge el escándalo[290].

---

[288] «Am Beginn der abendländischen Philosophie taucht immer wieder die Frage nach der "*archē*", nach dem Anfang aller Dinge auf, und sie wird vielfältig und tiefsinnig beantwortet. Es gibt aber nur eine Antwort, die wirklich antwortet: die religiöse Innewerdung, daß mein Anfang in Gott liegt. Sagen wir richtiger: in dem auf mich gerichteten Willen Gottes, ich solle sein, und der sein, der ich bin. Frömmigkeit aber bedeutet, sich immer wieder aus diesem Willen Gottes entgegenzunehmen», R. GUARDINI, *Die Annahme seiner selbst*, 20.

[289] «Gewiß gibt es Annäherungen: das Verlangen nach Erlösung; das Suchen nach der frei machenden Führung; das Fragen nach Woher und Wohin, Warum und Wozu. Wenn der so Bereite dann Christus begegnet, sieht er: Diesem kann ich vertrauen; hier ist "Weg, Wahrheit und Leben". Etwas in ihm – die "anima naturaliter christiana" Tertullians– erkennt den Gekommenen. Das ist aber nur, wie gesagt, Annäherung. Den Schritt selbst, der anfängt, muß er in Freiheit wagen», R. GUARDINI, *Die Menschliche Wirklichkeit des Herrn*, 189.

[290] Die Möglichkeit, daß man an Ihm Ärgernis nehme, gehört zum Wesen Jesu; eben deswegen, weil Er der Anfang ist. Er mutet dem Menschen zu, die Gewißheitszusammenhänge der Welt zu verlassen und es auf Ihn hin zu wagen. Gelangt der

La Revelación para Guardini no implica simplemente una continuidad con lo que el hombre por sí mismo puede conocer, como si a través de la revelación pudiera cada persona ampliar el horizonte de sus conocimientos, o adquirir un nivel más profundo de percepción o de conciencia religiosa. El hombre al acercarse a la Revelación debe repetir el proceso de intentar mirar el mundo que allí se le manifiesta no desde sí mismo sino con los ojos que lo crearon, como cuando estamos ante una obra artística que se desea interpretar y entender. Para esto es importante salir de nuestro propio centro e intentar llegar al centro de aquello a lo que se dirige ahora nuestra atención. Pero con la Revelación las exigencias son todavía mayores. Cuando hablábamos de obras artísticas, se indica un mundo que se debe interpretar que no es el nuestro, pero aquí estamos ante algo que supera toda posible medida del mundo. La Revelación implica algo más complejo a nivel del conocimiento, porque desde ella se establece un nuevo principio sobre el cual no puede ubicarse ningún otro principio, ni siquiera los de la ciencia (*ein neuer Anfang gesetzt wird – wirklich neuer Anfang, hinter den nichts zurückgreifen kann*). Como consecuencia, el entendimiento humano no puede juzgar este principio primero que es la revelación. La persona es invitada a entrar en ese nuevo ámbito que se abre desde la Revelación y comenzar a pensar y a vivir desde ella[291].

La persona no puede determinar con sus criterios cuál es la imagen auténtica de Cristo que la Revelación contiene. La actitud correcta radica aquí en mirar, escuchar y obedecer. Quién es Cristo o quién debe ser no puede ser juzgado previamente con los criterios del mundo. Aquí se trata de aceptar claramente o la Revelación como el *principio primero* o aceptar el *juicio autónomo del mundo*. Si se acepta la Revelación, ella

---

Mensch mit dieser Forderung ins Einvernehmen, dann schließt sich der Bezug der Gnade, des Glaubens, und das neue Dasein hebt an. Verschließt er sich, verweigert er sich, dann erwacht die Empörung über die Zumutung, die da an ihn ergeht, und das ist das Ärgernis», R. GUARDINI, *Die Menschliche Wirklichkeit des Herrn*, 191.

[291] «So geht es nicht. Die Voraussetzungen müssen umgestürtzt; die Richtung des Denkens muß herumworfen werden. Der Mensch darf nicht sebstherrlich an die Schrift herantreten und von irgendwelchen der Welt angehörenden Maßstäben her festellen, welches Christusbild darin echt sei, sondern er muß hörend kommen, gehorchend, als zum Worte Gottes. Er muß bereit sein, auch und gerade mit seinem Denken zu gehorchen, und wissen daß er damit nicht "heteronom" wird, gegen das Ethos der Wahrheit fehlt, sondern eine höhere Ordnung der Wahrheit gewinnt, nämlich die heilige der Offenbarung, denn Offenbarung bedeutet [...], daß ein neuer Anfang gesetzt wird – wirklich neuer Anfang, hinter den nichts zurückgreifen kann, auch keine Wissenschaft [...]. Es ist die wahre Voraussetzung für jede Frage an das Neue Testament» R. GUARDINI, *Das Bild von Jesus*, 138-139.

CAP. III: INTUICIÓN E INTERPRETACIÓN 463

debe ser aceptada plenamente y con claridad como auténtico principio. Aceptando todos los rasgos que de la imagen de Jesús se nos revelan allí, se debe recordar que todos esos rasgos remiten a una figura que viniendo de Dios supera todavía toda posible medida o criterio humano, por ser en última instancia una figura inabarcable[292]. El nuevo principio de la Revelación nos propone el camino difícil de fe, que consiste en un tipo de camino amenazado siempre por el escándalo, pero también a través del cual la persona, arraigando su centro vital en Cristo, reconstruye su vida desde él. Solo por este camino se puede llegar realmente a conocer quién es el ser humano creado por Dios (*Was das ist [der Mensch], offenbart sich erst in Christus*). Este principio que Guardini subraya y que es Cristo mismo, en cuanto medida que supera todo criterio de este mundo, es el único que nos revela también quién es el mismo Cristo (*Erst wer, über alle weltenstammten Maßstäbe weg, aus Christus selbst entgegennimmt*)[293].

El riesgo que la persona debe asumir para dar el paso hacia el *nuevo inicio*, hace más clara la necesidad de *algo* que capacite a la persona para ello. Cristo, en cuanto nuevo principio, crea también en la persona un nuevo inicio que es un eco suyo: la gracia. La persona debe reconocer a Cristo, decidirse por él, avanzar libremente hacia él, atreverse a ir hacia él, pero todo ello es ya obra de arriba. La fe es el acto por el cual, a través de la gracia, es posible ir al encuentro de Cristo. La fe es aquí

---

[292] «Genau gesehen, ist die Frage, ob der Jesus der Synoptiker die gleiche Persönlichkeit sein könne wie jener des Johannes, überhaupt falsch gestellt. Wer Jesus, der Christus, ist oder sein kann, veramg ich von mir und von der Welt her gar nicht zu beurteilen. Weder die Psychologie noch die Philosophie; weder die Erfah-rung noch die Geschichte geben dafür den Maßtab. Er kann mir nur aus seiner eigenen, souveränen Freiheit entgegentreten. Und ich kann, in kritisch genauem Ver-halten, nichts anders tun als blicken, hören, gehorchen. So hat die Frage, ob dieses oder jenes "möglich" sei, keinen Sinn. Sinn hat nur die Bereitschaft, entgegenzunehmen, was ist. Und alles ist, was aus der Offenbarung hertritt. Alles aber ist Offenbarung, was in der von der Kirche verbürgten Schrift steht. Jeder andere Standpunkt ist unwahr und führt zur Auflösung. Es geht um die Reinheit der Kategorie: Offenbarung oder weltautonomes Urteil», R. GUARDINI, *Das Bild von Jesus*, 139-140.

[293] «Wenn Glaube ist, was sein Begriff besagt: daß der Mensch die eigene Lebensmitte in das einsenke, was von drüben herkommt; Umkehr also und Umbau des Lebens, Anerkennung wenigstens und Beginn davon – dann muß der Vollzug hart sein und immer wieder vor den Punkt führen, wo das Ärgernis droht [...]. Was das ist [der Mensch], offenbart sich erst in Christus. So schließt sich in diesem Anfang das Ganze zusammen: Erst wer, über alle weltenstammten Maßstäbe weg, aus Christus selbst entgegennimmt, wer Christus ist, empfängt vom gleichen Christus die Offenbarung, was eigentlich, von Gott her, der Mensch ist», R. GUARDINI, *Das Bild von Jesus*, 141.

pensada como un movimiento en el que se realiza lo más propio del hombre, y que sin embargo es fruto de un llamado y un don que permite al hombre responder (*Der Akt, der so aus der Gnade heraus auf Christus hin möglich wird, in welchem das Eigenste des Menschen sich realisiert und doch alles gerufen und geschenkt ist, ist der Glaube*). Jesús solo es visto plenamente y realmente por aquel que cree en él. El escándalo, por el contrario, aleja de Cristo proclamándolo como adversario de la vida, enemigo del mundo, por esa razón se lo combate en el intento de reafirmarse en una absoluta autonomía[294].

La fe se nos muestra como la actitud cognoscitiva que responde a la revelación aceptándola interiormente (*Glaube ist die der Offenbarung zugeordnete Erkenntnishaltung*)[295]. Es el acto cristiano de respuesta a la revelación y a la redención (*"Glauben" [...], als Antwort auf Offenbarung und Erlösung*). Es la consecuencia de un haber sido alcanzados y tocados en un encuentro vivo por la venida de Dios en Cristo. En este encuentro surge una nueva capacidad de aceptación desde la que nace una nueva relación en confianza y fidelidad (*Glauben ist das Getroffenwerden durch das Kommen Gottes in Christus; lebendige Begegnung, Aufnahme, Verbindung*)[296]. Y aunque en esta fe haya mucho

---

[294] «Damit wird aber deutlich, daß in unserer Darstellung des ganzen Zusammenhanges noch etwas fehlt: jenes, das den Menschen zum Wagnis auf Christus hin befähigt. Wir müssen sagen: jener Anfang, der Christus selbst ist, ruft einen Anfang im Menschen, befreit ihn, ja schafft ihn. Das Anfangen des Menschen ist das Echo jenes Anfangs, der Christus ist [...]. Das alles heißt "Gnade". Der Mensch soll Christus erkennen, sich für Ihn entscheiden, zu Ihm treten, sich auf Ihn hin wagen, von Ihm her den neuen Anfang vollziehen – das alles ist aber schon Wirkung von drüben her und bildet ein Ganzes mit dem, was in Christus ist. Der Akt, der so aus der Gnade heraus auf Christus hin möglich wird, in welchem das Eigenste des Menschen sich realisiert und doch alles gerufen und geschenkt ist, ist der Glaube», R. GUARDINI, *Die Menschliche Wirklichkeit des Herrn*, 189-190.

[295] R. GUARDINI, «Heilige Schrift und Glaubenswissenschaft», 356.

[296] «Wir nehmen hier das Wort "Glauben" in dem Sinne, wie das Neue Testament es meistens tut: nicht als Bezeichnung des Glaubens im Unterschied zum Hoffen und Lieben, wie im ersten Korintherbrief, oder zum Gebet und zum Werk, sondern als den christlichen Akt schlechthin; als Antwort auf Offenbarung und Erlösung. Glauben ist das Getroffenwerden durch das Kommen Gottes in Christus; lebendige Begegnung, Aufnahme, Verbindung in Zutrauen und Treue. Die Fähigkeit dazu gibt der Gleiche, der da kommt [...]. Die nämliche göttliche Bewegung, in welcher der Herr kommt, läßt auch den Glauben in den Seelen erstehen. Kommen und Glauben bilden ein nicht auflösbares Ganzes. So ist auch der Glaube "Anfang". Dem Entscheidenden nach entsteht er nicht aus den Anlagen und Kräften des betreffenden Menschen, der ihn hat, oder aus den Gegebenheiten von dessen Umgebung, sondern er wird von Gott erzeugt», R. GUARDINI, *Die Menschliche Wirklichkeit des Herrn*, 197-198.

de deducible desde lo psicológico, el contexto social, desde los factores históricos y culturales de cada persona, el *núcleo* mismo de la fe procede de lo eterno (*Der Kern aber von alledem kommt aus dem Ewigen*), por esa razón, la fe es *también* un nuevo principio. La importancia de pensar la fe no debe hacer perder de vista que, aunque ella posee una lógica y cada creyente puede hablar de aspectos que la hacen razonable y creíble, su núcleo escapa al total análisis lógico. Y aunque se puedan captar en ella muchos elementos del mundo, en la fe habita también aquello que vence el mundo[297].

El sentido del Nuevo Testamento en cuanto palabra de Dios puede ser verdaderamente percibido y captado si es recibido desde esa fe. Es desde el nuevo principio de la fe que nos abrimos a su carácter específico, sobrenatural, y a lo santo que la Escritura contiene, a la realidad sobrenatural de Dios que allí se expresa y que se nos presenta como el nuevo principio. El nuevo inicio de la fe y la nueva relación que surge es comparada por Guardini con la experiencia estética. Esta experiencia también constituye, desde otra perspectiva, un inicio que no puede ser derivado de presupuestos diferentes del acto estético. Con la fe sucede algo similar, ya que tampoco ella puede ser derivada de un pensamiento previo[298]. La fe es un acto caracterizado por un nuevo

---

[297] «Jeder Glaube hat auch seine geschichtliche und seine soziale Struktur [...]. Der Kern aber von alledem kommt aus dem Ewigen. Er entzieht sich allen Bestimmungen dieser Art. Es ist die Tatsache des Geborenseins aus Gott, vor dem die innerweltlichen Unterschiede unwesentlich sind... Jedes Glauben hat auch seine Logik. Der Glaubende kann die Motive angeben, die ihm besonders überzeugend erscheinen. Im Letzten entzieht das Glauben sich der logischen Auflösung [...]. Dennoch lebt in ihm das Andere, das nicht von dieser Welt ist [...]. Das meint zutiefst Johannes, wenn er sagt: "Das ist der Sieg, der die Welt überwindet, unser Glaube" (1Joh 5,4)», R. GUARDINI, *Die Menschliche Wirklichkeit des Herrn*, 199-200.

[298] «Glaube ist die der Offenbarung zugeordnete Erkenntnishaltung. Das Neue Testament ist Wort Gottes in einem besonderen, positiven Sinn. Dieses Wort wird in seiner eigentlichen Bedeutung nur vernehmbar, sobald es als das genommen wird, was es ist, d.h. glaubend. Erst wenn ich ihm glaubend gegenüber trete, öffne ich mich für sein Spezifisches; für das Übernatürliche, Heilige in ihm; für das heilige Geschehen; die heilige Lebensweisung und Lebensformung; die heilig-übernatürliche, darin sich aussprechende Gotteswirklichkeit. Was ist Glaube? Vor allem: Ein Vorgang, der Ausgangspunkt und Ebene schafft. Er kann nicht auf andere Akte zurückgeführt werden. Er begründet Anfang. Sinneswahrnehmung kann nicht auf anderes zurückgeführt werden; sie begründet einen Anfang: Das Gegenüberstehen von Wahrnehmendem und wahrgenommenem Ding. Ästhetische Erfahrung begründet einen Anfang [...]. Das ästhetische Erlebnis hat seinen Inhalt: Die Erfahrung des Wesensausdrucks. So hat das Gegenüberstehen von Glaubendem und Offenbarung seinen Inhalt: Das Vernehmen des göttlichen Wortes», R. GUARDINI, «Heilige Schrift und Glaubenswissenschaft», 356-357.

nivel de existencia al que se llega desde un don de Dios que permite la *respuesta voluntaria*, libre y más propia de la persona, quien siendo la misma de antes, ve nacer en ella una vida nueva (*Aus Seiner Liebe heraus gibt ihn Gott ihm neu; aber zwischen der zweiten Gabe und der ersten besteht jene Selbigkeit*)[299].

El auténtico amor personal no puede ser derivado o construido, sino que surge a través de todo aquello que lo favorece; pero siempre desde un núcleo más profundo. Ese amor crea un nuevo inicio, al igual que la fe. Con ello no se afirma que los demás niveles: psicológicos, históricos, filosóficos, culturales, etcétera, queden abolidos. Todo eso sigue conservando su peso e importancia en relación con la Sagrada Escritura, solo que todo queda subordinado a aquel *nuevo principio* de la fe. Las dimensiones antes mencionadas pueden ayudarnos a analizar la nueva relación, pero no la pueden hacer surgir, no la pueden producir, ni generar. Esta actitud de fe es la actitud adecuada para acercarnos a la palabra de Dios y para penetrar en ella, actitud que sin suprimir las otras perspectivas, posee un primado al que se deben subordinar las demás[300].

Lo más propio, la esencia del texto sagrado, queda, de acuerdo a la mirada guardiniana, excluido en el sentido estricto de la palabra si falta esa correcta actitud de recepción desde la fe (*Das eigentliche Wesen des heiligen Textes bleibt im strikten Sinn des Wortes ausgeschaltet, solange*

---

[299] «Es gibt eine Art, von der Gnadenhaftigkeit des neuen Lebens zu sprechen, die verhängnisvoll ist, weil sie die Person des Menschen auslöscht, so daß er wie ein willenloses Ding in das Erlöstsein hineingehoben wird. Oder sie reißt ihn auseinander, und dann ist da ein Mensch, der natürliche, böse; und neben ihm ein anderer, der von der Gnade Gottes gerufene und geheiligte; und zwischen ihnen geht es nicht hinüber noch herüber. So ist es aber nicht. Der erlösende Gott ist der gleiche wie der schaffende; und der Mensch, dem Er seine Gnade zuwendet, der gleiche wie jener, der von Ihm geschaffen worden [...]. Aus Seiner Liebe heraus gibt ihn Gott ihm neu; aber zwischen der zweiten Gabe und der ersten besteht jene Selbigkeit, welche mit dem Wort "Erlöstsein" gemeint ist» R. GUARDINI, *Die Annahme seiner selbst*, 24.

[300] «Jene Liebe, die aus psychologischen Voraussetzungen abgeleitet werden kann, ist selbst nur ein psychischer Vorgang, der sich aus psychischen Ursachen wieder auflösen mag [...]. So ist der Glaube ein Anfang, das Geborenwerden eines neuen Lebens. Es steht mit ihm wie mit dem Erwachen [...]. Der Glaube ist die dem Wort Gottes zugeordnete spezifische Erkenntnishaltung. Damit werden die anderen Erkenntnishaltungen nicht aufgehoben: die psychologische, die geschichtlich-kritische, geisteswissenschaftliche, philosophische [...]. Alle jene Einstellungen und Ergebnisse behalten der heiligen Schrift gegenüber ihr volles Gewicht. Allein sie werden jener untergeordnet, die hier spezifisch zuständig ist, nämlich der glaubenden», R. GUARDINI, «Heilige Schrift und Glaubenswissenschaft», 361-362.

nicht die zugeordnete Haltung da ist, der Glaube)[301]. Quien considera el texto sagrado solo desde el punto de vista histórico no logra ver lo que es más propio. Ve solo fenómenos exteriores, contextos psicológicos, palabras con significados filológicos y culturales. La gracia propia de la revelación puede ser considerada en sentido histórico-religioso, psicológico-religioso, filosófico o de la forma que se desee; pero de esa forma se llegarán a conceptos propios de la psicología o de la filosofía o de la religión. La palabra *gracia* en sentido propio no entiende una categoría filosófica o psicológica, sino que indica un nombre y una realidad única y que se manifestó en Jesús. Pero esto es claro solo si se cree, o al menos si la persona está interiormente disponible y abierta a la fe[302].

6.2.7 Teología e interpretación científica desde la fe

La ciencia es para Guardini un proceso en el que todo el hombre se compromete. No se trata solo de la razón, ni solo de la intuición, tampoco únicamente de conceptos o de sentimientos. Todo ello tiene que estar presente, y el conocimiento que sepa conjugar esta unidad, será un conocimiento vivo que corresponderá a la unidad en tensión de la realidad concreta viviente. Nos podemos preparar para este conocimiento pero no lo podremos forzar. Una vez que se posee la intuición (*Anschauung*), desde la que tomamos contacto con la realidad que deseábamos conocer y que nos vino al encuentro, comienza el trabajo conceptual que elabora los resultados obtenidos. Por ciencia, Guardini entiende la elaboración racional de los grandes conocimientos. Por eso es posible también una interpretación científica de la fe, con los presupuestos que le son propios. Si por ciencia se debiera entender *solo* el ejercicio de manejar conceptos, nada de esto sería posible; sería necesario corregir la gran visión de la ciencia de la naturaleza y de la historia, teniendo en cuenta que ella nunca fue solo el producto del mero esfuerzo lógico[303].

---

[301] R. GUARDINI, «Heilige Schrift und Glaubenswissenschaft», 363.

[302] «Man wird so auf psychologische, oder religionsphilosophische Begriffe kommen, und dabei überhaupt nicht sehen, daß das Wort "Gnade" im eigentlichen Sinne gar keine psychologische, oder religionsphilosophische Kategorie meint, sondern einen Namen für etwas Einmaliges; für jenes etwas, das in Jesus und in seiner Umgebung aufgebrochen ist; das Paulus und Johannes meinen, wenn sie das Wort und seine Synonyma gebrauchen. Das aber tut sich erst auf, wenn man glaubt – oder wenigstens dem Glauben innerlich in Bereitschaft offen steht», R. GUARDINI, «Heilige Schrift und Glaubenswissenschaft», 363.

[303] «Kann etwas, das von solchen Voraussetzungen abhängt, Gegenstand von Wissenschaft sein? [...]. Sobald wir unter "Wissenschaft" den kleinen Betrieb der Begriffshantierung verstehen, stimmt das allerdings. Verstehen wir aber darunter die rationale

La existencia de Jesús en el mundo es diferente de la nuestra. Él viene del Padre y se marcha otra vez al Padre: «Salí del Padre y he venido al mundo. Ahora dejo otra vez el mundo y voy al Padre» (*Jn* 16, 28)[304]. No tenemos una experiencia natural concreta que nos permita por nosotros mismos entender la relación de Jesús con el Padre, ni su forma de existencia (*Es ist eine Qualität seines leib-seelischen Bestehens, für die von der natürlichen Erfahrung her der Maßstab fehlt*). Si cuando hablamos del encuentro, se señaló la importancia de prepararnos para ello, de salir de nosotros mismos, de esperar pacientemente que el objeto se nos muestre, todo esto en relación con Jesús adquiere aún una exigencia mayor. Jesús mismo tiene que darnos la posibilidad de entenderlo, y entender no solo sus palabras, sino también a él mismo, lo que él es y ese modo de existencia *único* que se nos manifiesta en la escritura (*Auch hier ist das Entscheidende nicht das, was Er sagt, sondern was Er ist*)[305].

Todo lo dicho representa un importante límite que nos impide considerar la Sagrada Escritura solo desde su aspecto histórico, ya no solo por una cuestión de unilateralidad, sino también como una condición que en este caso se impone para ser justos con ella y para poder abordarla de forma correcta. Por esa razón, para la mirada guardiniana la interpretación desde la fe no forma parte de un permiso especial o algo tolerable, se trata de algo esencial a la Sagrada Escritura para que la interpretación de esta palabra corresponda a la totalidad de esa realidad. La ciencia, además de ser necesaria, será posible en este esquema en un segundo momento, desde la elaboración metódica y

---

Verarbeitung auch der großen Erkenntnisse, dann nicht. Nie ist die große naturwissenschaftliche, geschichtliche, philosophische Einsicht nur Sache logischer Anstrengung. Vielmehr ein Vorgang, in welchem der ganze Mensch steht [...]. Man kann sich auf sie vorbereiten; nicht aber sie erzwingen. Ist aber die erste Anschauung gewonnen, dann beginnt die Begriffsarbeit und faßt jenen Vorgang und sein Ergebnis. Diese Arbeit kann jederzeit wieder dargelegt werden», R. GUARDINI, «Heilige Schrift und Glaubenswissenschaft», 377-378.

[304] Cf. R. GUARDINI, *Die Menschliche Wirklichkeit des Herrn*, 133-137; ID., *Das Christusbild*, 194-197.

[305] «Der Lebensbogen, den Er unmittelbar empfindet, endet bei Ihm nicht, wie bei uns, vor dem Tode, um dann unsicher weiterzutasten, sondern geht mit vollkommener Klarheit durch den Tod hindurch [...]. Die Wirklichkeit aber, in deren Mitvollzug es als möglich empfunden wird, ist das Lebensgefühl Jesu. Auch hier ist das Entscheidende nicht das, was Er sagt, sondern was Er ist. Das alles führt uns zum Ergebnis, Er habe in anderer Weise gelebt und sei in anderer Weise gestorben als wir [...]. Es ist eine Qualität seines leib-seelischen Bestehens, für die von der natürlichen Erfahrung her der Maßstab fehlt», R. GUARDINI, *Die Menschliche Wirklichkeit des Herrn*, 134-135.

crítica del conocimiento de fe, que ve la escritura como una expresión que se concreta *desde la revelación* (*in der erkennenden Auffassung der Schrift als Offenbarungsniederschlag vollzieht*). No se produce automáticamente un camino inverso, desde el que sea posible concluir que la ciencia produzca la experiencia de fe, aunque eventualmente pueda ayudar, y desde sus aspectos positivos pueda ser un instrumento que acercándonos a la verdad nos acerque también a ella. Aunque este camino, por la gracia de Dios, fuese también posible, el nuevo inicio y la nueva relación es la fe, la gracia de la fe[306].

a) *El contexto histórico de la Sagrada Escritura y la contemporaneidad con cada tiempo*

La Palabra de Dios en la Escritura posee, además, la particularidad de tratarse de un evento histórico que no permanece solo en el pasado, sino que se dirige de forma metahistórica a cada tiempo, también al nuestro (*Das Wort Gottes in der Schrift ist «allgeschichtlich», und die ganze Geschichte beauftragt, seinen Sinn herauszuholen*)[307]. Esta Escritura, aunque ciertamente determinada por la situación concreta en la que fue escrita, exige la fe en cuanto principio y criterio que también en este caso podrá percibir una dimensión para la cual el solo criterio de la experiencia natural no es suficiente (*als wohl geschichtlich gesprochenes, aber übergeschichtlich an alle Menschen, auch an mich gerichtetes Wort Gottes wird sie im Glauben erfaßt*). Por lo tanto, esta palabra está en relación inmediata con nosotros y con nuestro tiempo en cuanto mensaje de salvación dirigido a toda la humanidad. El Dios eterno pronuncia su palabra en el tiempo, pero su Palabra no permanece solo en los años entre el anuncio y la muerte de Jesús, sino que coexiste con cada época. Dios es eterno, atemporal; pero contemporáneamente sostiene el tiempo y lo penetra[308].

---

[306] «Es geht also nicht um die Erlaubnis zu praktisch-religiöser Behandlung der Schrift, sondern um eine der Grundvoraussetzungen von Glaubenserkenntnis und Glaubenswissenschaft überhaupt. Glaubenserkenntnis ist selbst noch nicht "Wissenschaft", so wenig ästhetische Erfahrung Wissenschaft ist [...]. Soll Ästhetik als Wissenschaft möglich werden, dann muß die ästhetische Erfahrung vorausgegeben sein. Soll Theologie möglich werden, dann muß die Glaubenserkenntnis vorgegeben sein, wie sie sich u.a. in der erkennenden Auffassung der Schrift als Offenbarungsniederschlag vollzieht», R. GUARDINI, «Heilige Schrift und Glaubenswissenschaft», 371-372.

[307] R. GUARDINI, «Heilige Schrift und Glaubenswissenschaft», 374-375.

[308] «Die Offenbarung hingegen richtet sich wesensgemäß und grundsätzlich an jede Zeit, auch an die meinige. So steht sie unmittelbar zu mir und zu meiner Zeit. Als solche aber; als Heilsbotschaft an die Menschheit; als wohl geschichtlich gesprochenes, aber übergeschichtlich an alle Menschen, auch an mich gerichtetes Wort Gottes

En una perspectiva historicista, comprender científicamente la Sagrada Escritura coincidía, en buena parte, con entenderla solo históricamente y en la unilateralidad de una mirada que considerando solo el pasado corre el riesgo de perder lo *eterno* y el *ahora* (*Der Historismus verliert in seinem Gestern das Ewige und auch das Jetzt*). Para Guardini se trata de profundizar desde la fe en el texto sagrado, reelaborando los resultados históricos obtenidos desde la conciencia de que estamos ante un mensaje a nuestro presente que procede desde la eternidad de Dios[309]. En lo que se refiere a la comprensión guardiniana de la Sagrada Escritura, creo que desde lo dicho se puede presentar un nuevo par de opuestos en los que se resume su propuesta. Este contraste está conformado por la *contemporaneidad* y la *historia* de la Sagrada Escritura.

La escritura tiene una historia concreta que no puede ser desatendida. Se debe profundizar en ella de forma atenta y utilizando todos los medios que las ciencias nos ofrecen. Ello forma parte de los instrumentos que nos permiten conocer cada vez más claramente su mensaje. Pero si se sigue solo esta dirección se llega al límite de quedar atrapados en una visión histórica sin contacto con nuestra realidad actual. La perspectiva histórica por sí sola no nos permite descubrir esta palabra como un mensaje de salvación que Dios dirige desde la eternidad también a nuestro tiempo y a cada tiempo histórico. Pero esta contemporaneidad es posible de ser percibida únicamente desde el principio de la fe en cuanto respuesta del hombre a la Revelación. La existencia de Jesús puede ser correctamente conocida desde esa fe, ya que de otro modo no podemos percibir una existencia que comienza en el Padre y que, atravesando la muerte, regresa al Padre. La contemporaneidad de esta palabra no puede

---

wird sie im Glauben erfaßt; auch in ihrem schriftlichen Niederschlag. Eben davon aber, von dem im Glauben erfaßten Wort Gottes handelt die Glaubenswissenschaft [...]. Als Wort des ewigen Gottes bleibt es aber nicht in die Jahre zwischen Jesu Verkündigung und Weggang eingeschlossen, sondern es koexistiert aller Zeit. Gott ist ewig, zeitlos; aber er trägt die Zeit, erfüllt sie. Sie koexistiert jeder Zeit», R. GUARDINI, «Heilige Schrift und Glaubenswissenschaft», 372-373.

[309] «Unsere biblische Wissenschaft ist weithin historisch. Die Heilige Schrift wissenschaftlich verstehen deckt sich weithin mit: sie geschichtlich verstehen. Die Wirkung ist – ganz abgesehen von der Gefahr historischer Relativierung – sehr verhängnisvoll: Das Eigentlich-Theologische droht zu entgleiten; das Heilig-Pneumatische; das Lesen, Aufschließen und Ausheben des Wortes Gottes, welches absolut und ewig ist. Die göttliche Autorität des heiligen Textes droht sich zu verlieren, die in Anbetung aufzufassen ist [...]. Worum es also theologisch geht, ist eine tiefe, umfassende, freilich die historischen Ergebnisse sorgsam verarbeitende Durchdringung des heiligen Textes aus dem Bewußtsein, daß er unser heutiges Jetzt anruft; Botschaft aus Gottes Ewigkeit an die Gegenwart ist», R. GUARDINI, «Heilige Schrift und Glaubenswissenschaft», 375-376.

CAP. III: INTUICIÓN E INTERPRETACIÓN 471

tampoco romper la tensión que la une al aspecto histórico, ya que la Palabra del Padre eterno, abrazando toda la historia se manifestó en un determinado tiempo histórico al que nos tenemos que remitir, y donde se debe profundizar como un aspecto importante que nos permita mantener la continuidad y la identidad de un mensaje que debe ser mediado en una interpretación teológica desde la fe.

La fe es una condición fundamental en la preparación para un encuentro en el que se logren superar los límites entre la historia y la contemporaneidad. Todo nuevo conocimiento se mueve dentro del horizonte de la misma existencia[310]. Pero cuando el conocimiento realiza el *paso cualitativo* que consiste en percibir la totalidad de lo real *desde* el punto de vista de la libertad de Dios, puede experimentar recién allí cómo el círculo cerrado del conocimiento mundano se abre[311]. Esta relación en tensión constante en la que cada polo mantiene siempre su propia identidad pone de manifiesto la importancia de una tarea que se debe realizar en cada época por parte de cada persona y cada tiempo histórico. Cada persona y cada época deberán prepararse *desde la fe* a ese importante encuentro, en el que la intuición toca la realidad de la Palabra viva. Descubriendo allí el mensaje de salvación que de ella proviene y que se dirige a cada uno con características propias.

Ciertamente es siempre el idéntico Dios que todos poseemos. Él se entrega a todos completamente. Pero a cada uno se entrega de forma única e irrepetible, en el modo que corresponde a la personalidad de

---

[310] «Jede bloße Steigerung der Erkenntnis bewegt sich nur innerhalb des Daseins; als Ganzes bleibt es unerkannt. Erst wenn die Erkenntnis den qualitativen Schritt tut, daß es aus der Freiheit Gottes heraus die Ganzheit des Daseins erfaßt, werden Trug und Verschlossenheit überwunden», R. GUARDINI, *Das Christusbild*, 202.

[311] En el libro de Guardini Das Christusbild der paulinischen und johanneischen Schriften, nos habla nuevamente del esquema que presenta el fragmento pascaliano número 793, en el que se señala una distancia infinita entre las realidades corporales, las espirituales y la caridad; y de la diferencia cualitativa presente en ellas. Ya hemos hablado en el segundo capítulo de esta distancia infinita y de la mirada guardiniana crítica de este esquema pascaliano. Pero de este esquema se rescata siempre ese paso cualitativo (qualitativen Schritt) que nos indica una necesidad de métodos adecuados para el conocimiento de cada realidad (cf. R. GUARDINI, *Das Christusbild*, 29-30). La gran tentación que nos puede alejar de la realidad a conocer consiste en establecer una forma previa de conocimiento válida para todas las realidades, que nivelando así sus diferencias. Otro ejemplo interesante que se nos ofrece en el libro antes mencionado es el que nos habla de la importnacia del encuentro presente en los sacrificios del Antiguo Testamento, como algo que dentro de un sacrificio ritual presneta una característica diferente, posible de ser percibido si la razón abandona su pretensión de una autonomía absoluta y si se abre a la realidad de la revelación animándose a pensar también desde ella (cf. *Ibid.*, 107-110).

cada uno (*Aber jedem schenkt er sich in einmaliger, einziger Weise, so wie es dessen Persönlichkeit entspricht*). En Dios somos todos *una* sola cosa, una familia, y tenemos entre nosotros una comunión inefable. Pero al mismo tiempo, cada persona debe saber que así como se ofrece y se manifiesta a ella, Dios no le pertenece a otro, y que en ese sentido cada uno en la familia de la Iglesia también está solo con Dios. Dios pertenece a todos, pero a cada uno de un modo único e irrepetible, manifestando también aquí su inagotable riqueza y plenitud de vida (*Von Gott aber weiß ich [...], daß er allen gehört, doch jedem in einer einzig einmaligen Weise*). A concretar este encuentro, y al descubrimiento de la novedad más conmovedora e importante que cada persona a través de la gracia puede allí experimentar, intenta ayudarnos Guardini con su categoría del encuentro y su centro ligado a la intuición[312].

Algo similar ocurre con cada tiempo histórico: cada época debe ser capaz de descubrir el mensaje que el encuentro con el Señor le revela (*Jede Zeit hat ihre Aufgabe, auch in der Entfaltung des religiösen Lebens*), manifestándose allí su más profunda verdad y misión. Para Guardini, la tarea que se imponía en su tiempo radicaba en ayudar a comprender de forma correcta la relación entre las persona y la Iglesia. Hacer que esto fuera parte del sentir de aquel momento histórico, a través de una aceptación de la sana unidad en tensión entre el individuo y la comunidad eclesial (*wie Persönlichkeit und Kirche miteinander verbunden sind; wie sie auseinander leben [...]; ist die Kernaufgabe unserer Zeit*). Pero para realizar esta importante tarea se debía tener en cuenta la necesidad de superar una dependencia total de las teorías del momento, siendo católicos desde el centro de nosotros mismos, y dirigiendo la mirada a las cosas y a la realidad misma como se manifiestan, sin dejarnos atrapar solo por lo conceptual y lo abstracto (*Wollen wir sie aber lösen, so müssen wir uns aller Abhängigkeit von Zeitanschauungen frei machen. Wir müssen wieder rückhaltlos katholisch sein*)[313].

---

[312] «Entsprechendes wiederholt sich im Verhältnis Gottes zu den Menschen. Gewiß; der gleiche Gott ist es, den wir alle besitzen. Jedem schenkt er sich, und jedem ganz. Aber jedem schenkt er sich in einmaliger, einziger Weise, so wie es dessen Persönlichkeit entspricht. In Gott sind wir alle eins und haben unaussprechliche Gemeinschaft. Zugleich darf aber jeder wissen, daß Gott so, wie ihm, keinem anderen gehört; daß er darin mit Gott allein ist. Der Wert einer Freundschaft sinkt, wenn sie vielen geschenkt wird. Von Gott aber weiß ich – und das ist das Wunder seiner unendlichen Lebensfülle – daß er allen gehört, doch jedem in einer einzig einmaligen Weise», R. GUARDINI, *Vom Sinn der Kirche*, 91-92.

[313] «Jede Zeit hat ihre Aufgabe, auch in der Entfaltung des religiösen Lebens. Einzusehen, wie Persönlichkeit und Kirche miteinander verbunden sind; wie sie auseinander

CAP. III: INTUICIÓN E INTERPRETACIÓN

Guardini consideraba que la gran mayoría de las personas de su tiempo habían alcanzado un grado importante de conciencia de sí mismas, pero este grado de conciencia llegaba frecuentemente a hacer pensar que se podía vivir desde una autonomía siempre mayor y hasta llegar casi a una autonomía absoluta, resultando este, finalmente, un pensamiento destructivo para la persona. La Iglesia nos ofrece la posibilidad de una relación que permite salir de una soledad destructiva, pero para ello se debe entender que se es una persona cristiana en la medida en que se es *miembro* de la Iglesia, en la medida en que ella vive en cada uno de nosotros. Con estos pensamientos Guardini quiere ayudar, sobre todo, a *vivir* el sentido de estas palabras, invitándonos a no permanecer solo en las palabras, a no detenernos solo en el mundo de lo abstracto, nos motiva a dar pasos hacia la realidad, y en este caso, a construir una comunidad viva en un tiempo histórico concreto desde la preparación para un nuevo tipo de encuentro con Dios y con la Iglesia[314].

6.3 *Dimensión eclesial de la Sagrada Escritura*

Al finalizar el punto anterior se indicó otro aspecto importante relacionado con la interpretación de la Sagrada Escritura que amplía el horizonte de lo histórico. A la importancia de lo histórico en cuanto una de las condiciones para la comprensión correcta de la Escritura, y la importancia que el mismo aspecto histórico posee desde la perspectiva del que escucha la palabra, se añade el contexto más amplio en el que la

---

leben; wie innerhalb dieses Verhältnisses die Autoritätsstellung der Kirche begründet ist – das wieder zu einem Bestandteil unseres Seins und Empfindens zu machen, ist die Kernaufgabe unserer Zeit. Wollen wir sie aber lösen, so müssen wir uns aller Abhängigkeit von Zeitanschauungen frei machen. Wir müssen wieder rückhaltlos katholisch sein, aus dem Mittelpunkt unserer eigenen Wesenshaltung heraus denken und empfinden; aus jenem ganz geraden Blick auf den Mittelpunkt der Dinge, wie er sich den wahrhaft katholischen Menschen öffnet», R. GUARDINI, *Vom Sinn der Kirche*, 45.

[314] «Das ist für uns Heutige die größte Gnade, und die uns am bittersten not tut: daß wir die Kirche lieben können. Sie nur deshalb lieben, weil es in ihr geboren ist, kann unser Geschlecht nicht; die Persönlichkeit ist zu bewußt geworden [...]. Wir werden mit der Kirche nicht eher fertig, als bis wir so weit sind, sie lieben zu können. Nicht eher. Dazu möchten diese Vorträge ein wenig helfen. Aber nun bitte ich Sie um eins: Wägen Sie nicht Worte! Dieses Wort, jener Satz können schief werden, auch irren, gewiß. Ich möchte Ihnen keine kühl abgewogenen Formeln vortragen, sondern mehr. Ich vertraue, daß Sie auf den Sinn horchen. Daß Sie selbst besser machen, was an den Worten fehlt, und was schief ist, aus dem Ganzen heraus richtig stellen. Daß Sie diese Stunden zu dem machen, was alles Reden und Hören, alles Schreiben und Lesen sein sollte, zu einer Gemeinschaft geistigen Schaffens», R. GUARDINI, *Vom Sinn der Kirche*, 46-47.

Palabra de Dios se nos reveló. Este importante aspecto Guardini lo señala cuando nos recuerda que la escritura no es una palabra privada. El conocimiento de la Escritura es algo personal, y la palabra de Dios está dirigida a cada uno de nosotros, iluminando nuestra relación con Dios y nuestro camino de salvación. Pero esto no nos atañe solo como individuos (*Allein das Wort der Schrift ist – wie überhaupt Offenbarung- kein privates Wort. Es ist nicht an Einzelne als solche gerichtet*). El hombre al que se dirige Cristo es un *individuo* insustituible y único; pero ubicado en una *totalidad* con la que se relaciona. La Revelación cristiana está dirigida al orden vivo de la totalidad de las personas y a cada una de ellas. También aquí se hace presente el contraste que indica dos polos importantes de lo concreto: el de cada persona creyente y el del conjunto de los creyentes en la Iglesia[315].

La Iglesia posee la función de una instancia objetiva, ya que tiene primacía sobre la persona individual, no en cuanto a un valor mayor en relación con la persona individual, sino en cuanto a la representación y a la autoridad desde la que guía y gobierna. Ninguno cree por cuenta propia o de forma privada. El creyente cree como miembro del reino de Dios, y así lo expresamos en la oración que Jesús nos enseñó, donde pedimos que el Reino venga a nosotros y no solo a mí individualmente (*Niemand glaubt nur auf private Rechnung, sondern der Glaubende glaubt als Glied des Reiches Gottes*). El nosotros religioso está en el corazón del ser cristiano, no existe un conocimiento de fe puramente individual, lo que existe es el conocimiento de fe de la persona individual, pero como resultado de la conciencia de fe en la Iglesia (*Was es gibt, ist die Glaubenserkenntnis des Einzelnen, aber aus dem Glaubensbewußtsein der Kirche heraus*). El acto de fe surge de la intuición (*Einsicht*), de la decisión y de la responsabilidad de cada persona; pero al mismo tiempo de la *obediencia* que conduce a una actitud personal de apertura (*Selbstausweitung*) en la aceptación de la Iglesia. A la unidad de la Revelación que se dirige a la persona y al conjunto de las

---

[315] «Allein das Wort der Schrift ist – wie überhaupt Offenbarung – kein privates Wort. Es ist nicht an Einzelne als solche gerichtet. Dementsprechend ist das Vernehmen dieses Gotteswortes keine private Sache, nicht Sache von Einzelnen als solcher. Gewiß ist die Erkenntnis der Schrift Sache der Person. Das Wort Gottes ist gerichtet "an mich, und nicht an einen Anderen". Es geht um mein Heil; um mein Verhältnis zu Gott, das mir niemand abnehmen kann. Ich stehe darin mit der Einmaligkeit, Unvertretbarkeit und Unverdrängbarkeit meiner Person. Aber es ist nicht Sache von mir als eines bloßen Einzelnen; als eines außer Zusammenhang stehenden Isolierten. Das Wort ist vielmehr an den Menschen gerichtet, der "privat" ist und "öffentlich" zugleich. Den isolierten Einzelnen gibt es nicht», R. GUARDINI, «Heilige Schrift und Glaubenswissenschaft», 379.

la tarea recibida de anunciar a todos los pueblos la buena noticia del evangelio, los discípulos deberán dejarse formar por ella aprendiendo a juzgar desde el Espíritu. Es el Espíritu el que hace que el hombre sea consciente de una verdad que no habría logrado nunca comprender por sí mismo. Recibir esta palabra en la Iglesia y dar testimonio de ella con la propia vida dejándose formar por ella, además de ser otra de las condiciones de una correcta transmisión de la Sagrada Escritura, forma parte de otro de los aspectos importantes que se relacionan con los principios que permiten su correcta interpretación[320]. Esta realidad tan importante de la Iglesia tiene también un *centro*, la *eucaristía*, y es desde ella que se expresa con más claridad lo que es la Iglesia: el *Cristo viviente* que se comunica a través de los tiempos[321].

La Iglesia le ofrece a la persona creyente ir más allá de los condicionamientos psicológicos producidos por el ambiente y la formación, permitiéndole al individuo advertir y corregir una interpretación de la Escritura conducida solo por un pensamiento dominante o una corriente propia de la época. Estos condicionamientos temporales tienen profundas raíces y frecuentemente son difícilmente reconocibles[322]. Guardini nos ofrece un ejemplo de ello cuando nos habla de la

---

[320] «Wir Heutige denken sofort an Schrift und Druck, aber kein Wort Jesu spricht von dergleichen. Wohl weiß Er von einem Buch, das die Lehre des Heils enthält; das ist aber das Alte Testament. Seine eigene Lehre vertraut Er nicht einem Buche, sondern Menschen an, mit denen Er gelebt, und die Er geformt hat. Er gibt ihnen Auftrag, zu verkünden, Zeugnis zu geben, Leben zu wecken und zu ordnen. Wie sie das tun werden, überläßt Er der Zukunft; den jeweiligen Verhältnissen und ihrem vom Heiligen Geist erleuchteten Urteil», R. GUARDINI, *Die Kirche des Herrn*, 126.

[321] «Die Männer, zu denen Er spricht, sind keine neuzeitlichen Psychologisten und Symbolisten, sondern antike Menschen, die leibhaft denken. Wenn Er zu ihnen sagt: "Das ist mein Leib" und "das ist mein Blut", dann "ist" es eben das und "bedeutet" es nicht bloß. So wissen sie, darin gibt Er, im Geheimnis eines unausdenklichen Opfers, sich ihnen selbst. Auch das ist Inhalt der neuen Gemeinschaft, die da gestiftet wird. Es ist ihr Mittelpunkt, ihr innerstes Heiligtum. Wieder wird damit ausgesagt, was "Kirche" ist: der lebendige Christus, der sich durch alle Zeiten hin den Seinen mitteilt», R. GUARDINI, *Die Kirche des Herrn*, 124-125.

[322] Michael Paul Gallagher en uno de sus libros citando a G. K. Chesterton nos habla de una idea similar. Nos dice que la Iglesia puede salvarnos de la esclavitud de ser hijos *solo* de nuestro tiempo (cf. M. P. GALLAGHER, *Mappe della Fede*, 198). La Iglesia nos abre un espacio más amplio de luz y de lucha. Creo que con esta idea también se subraya la importancia de no buscar solo intelectualmente la verdad, en esta búsqueda es importante tener en cuenta que no somos solo razón, y que la verdad la debemos buscar con toda nuestra vida. La Iglesia con todos sus defectos fue un espacio que ayudó y sigue ayudando a madurar a muchas personas en su vida de fe. Sin ella el camino de la fe corre el riesgo de

aceptación de algunas ideas kantianas que fueron consideradas durante algún tiempo casi como dogmas del conocimiento que no podían ser rechazados si se deseaba llevar adelante un conocimiento serio. El hombre individual, dice Guardini, nada puede contra estos condicionamientos que lo determinan más de lo que cree, condicionamientos que sin embargo cambian una vez pasadas las circunstancias históricas que los favorecieron. Ante esto se toma la decisión de entregarse de forma ingenua a los condicionamientos del ambiente espiritual que en cada época suelen producir un determinado tipo relativismo, o se opta por dejarse guiar de una potencia y una fuerza capaz liberarnos. Esta potencia liberadora que nos pude ayudar es la Iglesia[323]. Y el acto de fe de la persona le permite experimentar una purificación y una ampliación del propio horizonte individual desde la participación a la amplia experiencia de la Iglesia (*Sein Glaubensakt erfährt eine überindividuelle Läuterung und Ausweitung*). Todo esto le permite al creyente poder mantenerse atento ante el peligro, que según Guardini es el más importante, que consiste en considerar, interpretar y hacer derivar la Sagrada Escritura solo desde una óptica natural (*Wohl die größte Gefahr individueller Schriftauffassung besteht darin, daß diese nur natürlich gesehen werde*)[324].

---

ser demasiado solitario y sin puntos de referencia importantes. Este texto de Gallagher se encuentra al final de su libro (*Mappe della Fede*), donde el autor intentando tener en cuenta la sensibilidad actual, ilumina un camino que permita mediar con mayor eficacia el significado divino de la Sagrada Escritura en nuestro hoy, permitiendo que las respuestas a los interrogantes religiosos que siguen vivos en nuestra cultura puedan ser creíbles y entendidos. Creo que Gallagher dirige su mensaje sobre todo a la gente que busca respuestas a sus inquietudes religiosas, iluminando en sus lectores la importancia de entender y acercarnos cordialemente a esta nueva sensibilidad. El matiz guardiniano radica, en estos temas relacionados con la interpretación y el conocimiento, en una indicación que se dirige sobre todo a los que estamos en la Iglesia, señalándonos que ese mundo actual, con sus aspectos positivos; pero también fragmentario, autónomo e individualista, está dentro nuestro, y que desde una comunión viva con la Iglesia podremos encontrar un ámbito que nos ayude a ver y vivir desde una realidad más amplia.

[323] «Wie stark sind geistige Gesamthaltungen der Zeit! Zuweilen so stark, daß man Gedanken mit dogmatischer Gläubigkeit hinnimmt, die überhaupt nicht mehr begriffen werden, sobald die Lage sich verschiebt. So fragen wir uns doch heute mit Staunen, wie gewisse Gedanken Kants so dogmatisch hingenommen werden konnten, daß jeder, der sich wider sie stellte, für minderwertig galt [...]. Gegen das alles kommt der Einzelne nicht auf [...]; dann bleibt uns nur die Wahl: Entweder uns in irgend einer Form dem Relativismus zu ergeben, oder aber mit ganzer Seele eine befreiende Macht zu umfassen. Das ist die Kirche», R. GUARDINI, *Vom Sinn der Kirche*, 65-66.

[324] «Einmal ermöglicht sie dem Einzelnen, sich über die psychologische Bestimmtheit durch Anlage, Vererbung, Umgebung, Bildungsweg usw. zu erheben.

CAP. III: INTUICIÓN E INTERPRETACIÓN

La Iglesia nos puede liberar de la fuerza de la moda si somos capaces de ver cómo desde ella la eternidad asoma en el tiempo, y nos abre un horizonte que no solo piensa desde lo actual, sino que nos ilumina también desde la tradición, con la que nos ofrece elementos para pensar la experiencia de la novedad desde toda la realidad, y no solo desde la fascinación natural de lo nuevo, que puede también quitar libertad y subyugar. Aunque también la Iglesia está innegablemente condicionada por el tiempo, el contenido esencial de su doctrina, las realidades fundamentales de su mundo religioso, las grandes líneas de sus directivas o principios morales y de su imagen de la perfección están por encima del tiempo. Ella no piensa solo desde el punto de vista de un pueblo, sino desde toda la humanidad, desde la tradición, superando así los condicionamientos que puede presentar un determinado lugar, o un determinado tiempo, adquiriendo una visión más amplia y de conjunto. La Iglesia nos ofrece, desde la tradición, un horizonte que posibilita pensar el momento actual con una amplitud nueva, que acerca a toda la realidad, a toda la verdad y por eso hace libre. Aquí se nos coloca frente a otra sana tensión de cara a la tarea interpretativa, lo que se interpreta debe poder hacerse desde el propio tiempo, desde métodos, problemáticas, preguntas y sensibilidades que le son propias a la época; pero sin llegar a una autonomía absoluta que rompa la tensión y que se cierre en sí misma. La tarea que de todo ello surge es la de ayudar a mantener la tensión dirigiendo también la mirada a ese horizonte más amplio de la tradición que permite llegar a toda la realidad de la Sagrada Escritura[325].

Diese Bestimmtheit geht sehr tief, und ist oft in Gedanken und Stellungnahmen zu erkennen, die mit dem Anspruch strengster Sachlichkeit auftreten [...]. Hier liegt die befreiende Wirkung der Kirche [...]. Sein Glaubensakt erfährt eine überindividuelle Läuterung und Ausweitung. Ferner bewahrt sie den Einzelnen davor, in der Deutung der Schrift den jeweils herrschenden Zeitströmungen zu verfallen; den Strömungen der kulturellen und wissenschaftlichen Mode. Sie macht es ihm möglich, das Wort Gottes, das aus der Ewigkeit kommt, mit einer gewissen Überzeitlichkeit der Haltung zu vernehmen. Und endlich: Wohl die größte Gefahr individueller Schriftauffassung besteht darin, daß diese nur natürlich gesehen werde; daß das Übernatürlich-Christliche ins rein Geschichtliche, Psychologische, Philosophische abgleite», R. GUARDINI, «Heilige Schrift und Glaubenswissenschaft», 382-383.

[325] «In der Kirche ragt die Ewigkeit in die Zeit herein. Auch in ihr ist vieles zeitbedingt; das leugnet keiner, der ihre Geschichte kennt. Aber der Wesensgehalt ihrer Lehre, die Grundtatsachen ihrer religiösen Formenwelt, die große Linie ihrer sittlichen Lebensführung und ihres Vollkommenheitsbildes stehen über der Zeit. Einmal denkt sie, ihrem Wesen nach, nicht aus der Veranlagung eines Volkes heraus, sondern aus dem Ganzen der zu ihr gehörigen Menschheit. Sie urteilt und lebt nicht aus dem

7. Valoraciones de los principios interpretativos guardinianos

Ignace de la Potterie, después de haber enseñado diez años en Lovaina y treinta en el Instituto bíblico de Roma, pronunció el 15 de diciembre de 1989 una conferencia en el aula magna del Pontificio Instituto Bíblico de Roma con ocasión de otorgársele el título de profesor emérito. En las palabras que el mismo autor presenta como un testamento académico, aborda la cuestión de la situación actual de la exégesis en la Iglesia[326]. Aquí se quieren poner de relieve solo algunos de los aspectos que el autor indica en su artículo, empezando por lo que él llama la *crisis del sentido*. A esta crisis se llega después de constatar una situación paradojal en la que se encuentra una parte de la exégesis, al afirmar que su objetivo no es interpretar la Sagrada Escritura, su finalidad no está relacionada con la búsqueda del sentido de la Escritura; sino que su único objetivo es el de reconstruir la génesis histórica de los textos, explicándolos desde el punto de vista cultural, filológico y literario. Este desinterés por el sentido de la Escritura pone en evidencia lo que desde Clodovis Boff, De la Potterie denomina *inconsciencia epistemológica*, al tiempo que subraya la incapacidad de penetrar en la *dimensión profunda del texto* a la que Ricoeur denomina «la vida del texto»[327].

Una causa importante que ayudó a generar esta crisis del sentido se la sitúa en el creciente espacio que se otorgó al saber caracterizado por la precisión, lo cual fue acompañado a su vez por una creciente pérdida en la comprensión. Y si bien la ciencia permanece siendo un instrumento importante y al que no se puede ni se debe renunciar, al

---

Augenblick, sondern aus der Überlieferung [...]. Gewiß hat sie zu jeder Zeit Beziehung; aber sie steht auch im Gegensatz zu jeder. Immer ist die Kirche unmodern [...]. Sie steht allem Zeitlichen innerlich abgelöst, ja ein wenig skeptisch gegenüber», R. GUARDINI, *Vom Sinn der Kirche*, 66-67.

[326] I. DE LA POTTERIE, «L'esegesi biblica scienza della fede», 127-165.

[327] «Alcuni giungono perfino ad affermare che bisogna attentamente distinguere l'esegesi (scientifica) e l'interpretazione (teologica). Quest'ultima non sarebbe più rogorosamente scientofica. Si giunge così allo sconcertante paradosso, che il compito dell'esegesi, contrariamente a quanto ha fatto tutta la tradizione antica, non sarebbe più quello di *interpretare* la Scrittura, ossia di cercare il suo *senso*, ma unicamente quello di ricostruire la sua genesi storica, e poi spiegare i testi dal punto di vista culturale, filologico e letterario. Il fatto che l'esegesi non si interessi più di ciò che la Bibbia *significa* per il credente di oggi, manifesta in modo inquietante che si è caduti in quella che a giusto titolo è stata chimata una sorta di "incoscienza epistemologica" (Clodovis Boff), cioè in una reale incapacità di scrutare la dimensione profonda del testo, quella che Paul Ricoeur chiama molto bene "la vita del testo"», I. DE LA POTTERIE, «L'esegesi biblica scienza della fede», 130.

ámbito del sentido se llega a través de un horizonte más amplio que implica la reflexión personal, la experiencia y la sabiduría[328]. A la parcialización del horizonte interpretativo contribuyó también la ruptura kantiana y el positivismo con su finalidad de garantizar la *autonomía* de la razón. Esta ruptura influyó también en la separación entre ciencia y fe, lo cual produjo una creciente secularización de las ciencias eclesiásticas, al punto de hacer pensar que la fe impedía hablar rigurosamente de ciencia. En ese contexto, una interpretación científica es solo la que se ocupa de las fuentes, el ambiente histórico del autor, el estudio filológico y literario del texto. Para todo eso no se considera necesaria la teología, aunque se trate desde ella la dimensión más profunda y la vida misma del texto[329].

El profesor De la Potterie nos ofrece desde su experiencia en la práctica exegética algunos ejemplos como el concepto de *alianza*. Elaborado ciertamente desde el modelo de los pactos bilaterales del Antiguo Oriente, el concepto de alianza nos ofrece en el contexto bíblico una doble originalidad. La primera es que no estamos ante dos soberanos, sino ante una alianza entre Dios y el hombre. Y la segunda novedad es que las cláusulas de esta alianza serán inscriptas en el corazón del hombre[330]. Este es uno de los ejemplos que nos remite a las palabras de Guardini relacionadas con la importancia de una mirada que sepa mirar la originalidad y la novedad que aporta la Revelación. A esta originalidad no se llegará desde una práctica interpretativa solo «mecánica». Pretender mantener *solo* el significado que estos términos tenían en los modelos desde los que surgieron sin tener en cuenta la novedad que aporta la Revelación es un ejemplo de historicismo metodológicamente falso. Desde ese método no se puede advertir el *nuevo sentido* que poseen, ni advertir cómo el sentido literal está íntimamente conectado con el sentido espiritual. Mostrando así el valor imprescindible, pero también limitado del estudio de las fuentes. El texto bíblico adquiere un nuevo sentido, que es diferente de aquel que tenía en el modelo pagano o judío[331].

---

[328] «La precisione del "sapere" si accompagna a una perdita del "comprendere", almeno per quanto riguarda le realtà *umane*: lì la scienza resta impotente; per accedere a questo ambito é necessaria una riflessione personale, una lunga esperiena; è necessaria la sapienza, per non parlare ancora della fede», I. DE LA POTTERIE, «L'esegesi biblica scienza della fede», 128-129

[329] Cf. I. DE LA POTTERIE, «L'esegesi biblica scienza della fede», 129.

[330] Cf. I. DE LA POTTERIE, «L'esegesi biblica scienza della fede», 134.

[331] «Questo è importante dal punto di vista ermeneutico: il testo biblico acquisisce un senso nuovo, differente da quello dei suoi modelli giudaici o pagani; l'autore li reinterpreta. Ma da dove viene allora questo senso nuovo? Evidentemente non dai modelli

Al preguntarse nuevamente el profesor De la Potterie por el estatuto epistemológico de la exégesis bíblica cita un artículo de Romano Guardini para subrayar desde allí que la interpretación de la biblia corresponde ser tratada *desde la ciencia de la fe*. Se trata de una tarea que debe ser desarrollada desde la teología[332]. Aquí surgen dos objeciones estrechamente vinculadas. La más fundamental y básica es aquella que, vinculándose al iluminismo, subraya la incompatibilidad entre la razón y la fe, considerando contradictoria la afirmación de una exégesis que sea *ciencia de la fe*. La otra objeción creo que se deriva de esta primera, e intenta mantener siempre una mayor distancia entre la ciencia y la fe. Desde esas condiciones, la mirada se dirigirá a considerar, que si la exégesis no es respetada en su autonomía corre el gran peligro de ser puesta bajo el dominio de la dogmática, la moral o la espiritualidad, al no ser lo suficientemente diferenciada de los otros sectores de la teología, perdiendo así su carácter científico[333].

A la última objeción mencionada en el párrafo anterior, el profesor De la Potterie responde que la exégesis es solo una *especie* al interno de un *género*. En el nivel en el que ella trabaja debe conservar su autonomía pero, como escribía Blondel, «esa autonomía no debe transformarse en autarquía de la historia»[334]. La exégesis debe estar integrada en un conjunto más amplio que es la teología. Se trata de una ciencia a través de la cual el exégeta busca profundizar en el sentido de la Sagrada Escritura a partir de la fe y en su fe a la luz de la Sagrada Escritura. La autonomía de la exégesis no puede ser absoluta al punto de dejar de ser ciencia de la fe, su autonomía debe ser de carácter relativo. Si el estudio de la Escritura,

---

storici, dato che l'autore se ne allontana. Esso non può provenire che da un dato interiore, dalla sua *fede*, che l'autore condivide con gli altri membri del popolo di Dio [...]. Le sue parole sono l'espressione della sua fede, ma non è meno vero che *la sua fede ha trasformato il senso delle sue parole*», I. DE LA POTTERIE, «L'esegesi biblica scienza della fede», 135-134.

[332] «Partiamo ancora una volta dalla domanda formulata all'inizio: qual è lo statuto epistemologico dell'esegesi biblica? Romano Guardini, nel contributo già citato, rispondeva: essa appartiene alla "scienza della fede" (*Glaubenswissenschaft*), cioé alla teologia. Anticipava cosí quello che avrebbe detto il Concilio trentacinque anni piú tardi», I. DE LA POTTERIE, «L'esegesi biblica scienza della fede», 151.

[333] Cf. I. DE LA POTTERIE, «L'esegesi biblica scienza della fede», 151-153.

[334] «A questo modo di vedere si potrebbero senza dubbio muovere due obiezioni. La prima é che in questo caso l'esegesi è solo una *specie* all'interno di un *genere*: al suo livello essa deve conservare la sua autonomia. Ma come scriveva Blondel, "l'autonomia non deve diventare l'autarchia della storia" [...]. Essa deve essere integrata in un insieme più vasto che è la teología», I. DE LA POTTERIE, «L'esegesi biblica scienza della fede», 151.

como afirma el Concilio Vaticano II, debe ser como el alma de la teología, la exégesis debe situarse al interno de la teología. Pero esto es solo posible si el intérprete de la Biblia, el exégeta, es también un teólogo que sabe escuchar los otros sectores de la teología[335].

Con palabras de Guardini, De la Potterie nos indica la importancia de la fe en el trabajo del exégeta. Si un teólogo quiere realizar una exégesis teológica de la Biblia, el valor científico de su trabajo estará determinado primero por la fortaleza del conocimiento de la fe que él tiene de la Revelación (*zuerst durch die Kraft der glaubenden Offenbarungserkenntnis bestimmt*). Y solo en un segundo momento por la fortaleza de su capacidad de comprensión conceptual, interpretativa y reelaboradora (*In zweiter Linie erst durch die Kraft der begrifflichen Erfassung, Deutung und Verarbeitung*)[336]. Los principios interpretativos guardinianos de la Sagrada Escritura, según De la Potterie, no han sido recibidos favorablemente por la mayoría de los exégetas. Un ejemplo de esta recepción crítica la encontramos en Michael Theobald y en el análisis que realiza en un artículo suyo, cuyo título es ya muy sugestivo: «La autonomía de la crítica histórica, ¿expresión de incredulidad o necesidad teológica?»[337]. En las críticas que Theobald dirige al pensamiento guardiniano en el ámbito bíblico interpretativo ve De la Potterie como un eco de las críticas que realizara Loisy a Blondel[338].

7.1 *La autonomía de la crítica histórica*

Al comienzo de su artículo, Theobald reconoce y agradece a Guardini su esfuerzo por colocar en el periodo que siguió a la Segunda Guerra Mundial la Escritura, y especialmente el Nuevo Testamento, al centro de la reflexión teológica. Según este autor, Guardini, ayudó de esa for-

---

[335] «Se lo studio della Scrittura, seguendo il Concilio, deve essere "come l'anima della teologia" (cf. *DV* 24), l'esegesi deve evidentemente situarsi essa stessa all'interno della teologia, poiché essa è come l'anima nel corpo. Ora questo è possibile solo se l'interprete della Bibbia, l'esegeta, è anch'egli un teologo, in ascolto degli altri settori della teologia, e non semplicemente uno specialista di filologia biblica, di storia antica, o di teorie letterarie», I. DE LA POTTERIE, «L'esegesi biblica scienza della fede», 152.

[336] «Se un teologo vuole intraprendere una esegesi teologica della Bibbia, il valore scientifico del suo lavoro, secondo Guardini, è determinato da due condizioni: "in primo luogo dalla robustezza della conoscenza della fede che egli ha della rivelazione. Solo in secondo luogo dalla robustezza delle sue capacità, concettuale, interpretative ed elaborativa"», I. DE LA POTTERIE, «L'esegesi biblica scienza della fede», 155.

[337] M. THEOBALD, «Die Autonomie der historischen Kritik», 21-45.

[338] Cf. I. de la POTTERIE, «L'esegesi biblica scienza della fede», 156.

ma no solo a liberar la teología de la neoescolástica, sino que además aportó una ayuda significativa en la preparación del terreno del que surgirá un nuevo impulso a los estudios bíblicos en la Iglesia Católica después del Concilio Vaticano II[339]. Aunque por otro lado, Theobald considera que un encuentro con los principios interpretativos guardinianos puede ser percibido como una nueva oportunidad para reflexionar sobre la siempre *peligrosa autonomía* de la crítica histórica tanto para la teología como en la misma Iglesia.

Theobald se detiene especialmente en el artículo que Guardini escribió en 1928 sobre la interpretación de la Sagrada Escritura, y subraya la crítica guardiniana al historicismo (*mit dem Vorwurf des Historismus*) que determina una forma de mirar la Sagrada Escritura, solo desde el aspecto histórico, y el riesgo que esa mirada autónoma representa al cerrarse únicamente en sí misma[340]. De la autonomía que Guardini reconoce a la exégesis, se habló antes al indicar la gran *importancia* que le otorga a una correcta crítica histórica y filológica del texto de la Escritura. Pero para el pensamiento guardiniano se trata de una tarea que ciertamente teniendo características propias, debe ser puesta en contacto con otras realidades importantes y vitales de la misma Escritura, para poder permanecer viva y ser interpretada de forma vital.

La crítica a los principios interpretativos guardinianos se dirige a indicar el límite que se pone en evidencia en ese modelo interpretativo, al señalar una dimensión espiritual del texto que puede ser *solo* captada desde la fe y *no* por una actitud más o menos distante de investigación histórica. Además, indica otro límite que se vincula al primero y que en Guardini se pone de manifiesto al considerar, tanto la fe que logra captar la dimensión espiritual, como aquella característica del texto que solo corresponde a la

---

[339] «Wenn man so fragt, dann sollte man zunächst nicht vergessen, daß Guardini dadurch, daß er nach dem Ersten Weltkrieg die Schrift, insbesondere das Neue Testament, in die Mitte seines Theologisierens gestellt hat, nicht nur zur Befreiung der Theologie aus dem Prokustesbett der Neuscholastik beigetragen, sondern auch den Boden für die Bibelrenaissance in der Katholischen Kirche nach dem 2. Vaticanum mitbereitet hat. Das gilt es bei allen Vorbehalten an Guardini stets dankbar im Gedächnis zu behalten», M. THEOBALD, «Die Autonomie der historischen Kritik», 22-23.

[340] «Anderseits wird man eine Begegnung mit Guardini Schriftauslegung heute als Gelegenheit wahrnehmen dürfen, über die stets gefährdete Autonomie der historischen Ktitik in Theologie und Kirche nachzudenken. Diese gerät ja immer wieder von Zeit zu Zeit in die Schußlinie, sei es daß man sie mit dem Vorwurf des Historismus, also des Verlustes an Gegenwartsrelevanz ihrer Ergebnisse bedenkt», M. THEOBALD, «Die Autonomie der historischen Kritik», 23.

fe, como elementos que no pueden ser derivados de la psicología o de la crítica histórica. Este límite que Theobald reconoce en esos principios interpretativos guardinianos se expresa en un modo de mirar la Sagrada Escritura donde la *verdad histórica* no puede ser el *criterio último* de interpretación[341]. Y la crítica más importante que dirige al profesor ítalo-alemán es que, acercándose demasiado a Barth, la verdad histórica pierde necesariamente su fuerza para poder ser el criterio último y decisivo de la interpretación de la escritura[342]. De la Potterie señala que Theobald subraya este límite, porque él se interesa en realidad *solo* de la dimensión humana de los textos bíblicos, desde sus aspectos literarios e históricos[343].

---

[341] «Dieser pneumatischen Dimension des Textes entspreche allein der Glaube als intensivste Weise des menschlichen Selbsteinsatzes, der die distanzierte Haltung exakter Geschichtsforschung, aber auch die anteilnehmende Sympathie der "geschichtlichen Gestaltschau" qualitativ hinter sich lasse. Beides, die pneumatischen Dimension des Textes wie der ihr entsprechende Glaube, seien von unten her, d. h. der Glaube von einer Psychologie und die pneumatische Dimension des Textes von der historischen Kritik, weder abzuleiten noch zu beurteilen. Um bei der letzten zu bleiben: "Historische Wahrheit" kann nach Guardini kein letztes entscheidendes Kriterium für die Schriftauslegung sein» M. THEOBALD, «Die Autonomie der historischen Kritik», 25.

[342] Cf. M. THEOBALD, «Die Autonomie der historischen Kritik», 25-26. Johannes Schelhas escribe un artículo sobre los criterios guardinianos en la interpreación de la Escritura relacionados con el número 12 de la *Dei Verbum* (J. SCHELHAS, «Guardinis Kriterien des Schriftverstehens», 265-289). Schelhas en su artículo trata esta crítica que Theobald hace a Guardini al acercarlo a Barth y a la consecuencia casi insignificante de la dimensión histórica que caracteriza la interpretación guardiniana. La división barthiana que en un periodo de su pensamiento lo condujo a acentuar demasiado la separación entre teología e historia, parace estimular la interpretación de Theobald sobre Guardini. Para Schelhas esta interpretacipon guardiniana de Theobald es injusta («*Doch wird sie der Intention Guardinis hinreichend gerecht? Nein!*», *Ibid.*, 268). Como también injusta le parece a Schelhas la valoración que hace Theobald de Barth. Schelhas habla del cambio que mostró la teología de Barth en su *Kirchlichen Dogmatik* (1932-1967), y que Theobald tampoco parece considerar (cf. *Ibid.*, 268; 286).

[343] «La sua critica più fondamentale è tuttavia la seguente: quasi scandalizzato Theobald constata che pero Guardini (assimilato qui a Barth) "'la verità storica' (...) non può essere il criterio ultimo e decisivo dell'interpretazione della Scrittura". Senza dubbio è propio ciò che Guardini afferma con forza. Ma si *può* fargliene un rimprovero? Per Theobald, al contrario, il criterio ultimo dell'esegesi è precisamente quello. Eccoci quindi giunti al cuore del problema. Basti a questo punto, porre una domanda, una sola; ma é la domanda decisiva: cosa bisogna intendere, esattamente, per "interpretazione della Scrittura? È una disciplina semplicemnte *storica*? O invece, come direbbe Jean Ladrière, una scienza *ermeneutica*? La verità cercata dall'esegeta è semplicemente la verità della *storia*, o non è, più profondamente, la verità della *rivelazione* e quindi il *senso* della rivelazione?», I. DE LA POTTERIE, «L'esegesi biblica scienza della fede», 157.

Creemos que Theobald individualiza bien la tensión que se pone de manifiesto al señalar por un lado la mirada del historiador con sus características propias que indican la inmanencia, lo relativo, y los condicionamientos de la tradición; y por otro lado las exigencias y pretensiones del portador de esa tradición que señala su singularidad, su carácter de incondicionalidad y la particular *cualidad* y *originalidad* de la Revelación. Creo que Guardini estaría de acuerdo con esta descripción. Pero Theobald agrega que se debe *perseverar en la honestidad científica*, teniendo en cuenta que la conciencia histórica moderna del pensamiento actual no se deja simplemente suprimir por lo aparente. Y que desde esa actitud propia del pensamiento actual será considerada con escepticismo la interpretación espiritual de la escritura que Guardini representa con la pretensión de tratarse de una interpretación científica. En esta tensión, para Theobald, se repropone el viejo conflicto entre ciencia y fe, el cual nunca actuó en la correcta o buena tradición desde el mecanismo de la represión[344]. Sin decirnos cuál es la buena tradición a la que se refiere, ni por qué debe ser entendida como represión la actitud guardiniana de autonomía relativa. Creo que en Guardini, además de una gran atención a la tradición, nunca se nos propone ese mecanismo de la represión que conduce a la irracionalidad de la fe. Para el pensamiento guardiniano tanto el corazón como la razón deben transitar su propio camino hacia el encuentro de la fe para llegar a la unidad. Y en todo caso, si Guardini nos propone insistentemente algo, es la importancia de esa unidad vital en tensión (también la unidad de la escritura y de su sentido). Aunque es también cierto que, si bien la persona puede prepararse para lograr esa unidad, ella es fruto de un *encuentro* que Guardini no considera posible *solo* desde la perspectiva de la capacidad del conocimiento humano.

---

[344] «Einerseits also Einsicht des Histoikers in *Relativität, Bedingtheit* und *Immanenz* als geschichtliche Merkmale der Überlieferung, anderseits aber der Anspruch der Überlieferungsträger selbst auf *Einzigartigkeit, Unbedigtheit* und *Offenbarungsqualität* der von ihnen vemittelten Überlieferung! Man wird diesem Konflikt um der wissenschaftlichen Redlichkeit willen standhalten müssen – das historische Bewußtsein der Moderne läßt sich nicht als ein heutigen Denken gegenüber Äußeres einfachhin abstreifen! – und wird von daher Guardinis mit dem Anspruch der "Wissenschaftlichkeit" vertretenen Konzept einer "pneumatischen Schriftauslegung" mit Skepsis begegnen. Jener hermeneutische Konflikt ist die neuzeitliche Spielart des alten theologischen Konflikts zwischen "Glauben" und "Wissen", der in guter theologischer Tradition jedenfalls nie den Mechanismen der Verdrängung preisgegeben wurde, was mit der Irrationalität des vertretenen Glaubensstandpunktes bezahlt werden müßte», M. THEOBALD, «Die Autonomie der historischen Kritik», 31.

La tensión indicada y que Guardini ha señalado también ampliamente desde diferentes perspectivas contrastadas es una tensión que nunca propuso suprimir y tanto menos reprimirla. Lo que Guardini nos propone es ir al encuentro de eso que en la tensión experimentamos como más lejano y oscuro, animándonos a dar pasos que nos acerquen a ello. Guardini nos propone prepararnos para un encuentro vital con el polo opuesto. Pero la posibilidad de un encuentro será muy difícil si para Theobald, el exegeta es *solo* un historiador que tiene la tarea de aportar, desde una necesaria autonomía total de su trabajo, el conocimiento histórico científico sobre los comienzos normativos de la fe (*Der Exeget als Historiker hat die Aufgabe, das wissenschaftlich verantwortete geschichtliche Wissen über die normativen Anfänge des Glaubens [...] einzubringen*)[345].

Con los inicios normativos de la fe pienso que Theobald se refiera a la Escritura, que él pretende interpretar únicamente desde el trabajo científico de la crítica histórica. Para Guardini, el exégeta debe ser un hombre creyente, debe ser un teólogo, y esto no puede ser visto como una característica que quita seriedad a la tarea teológico-científica. Tampoco se puede estar de acuerdo con esas palabras con las que Theobald pretende *solo* desde el trabajo científico interpretar los comienzos normativos de la fe, y prescribirle el camino que la teología debe transitar, únicamente desde los resultados que emana la crítica histórica. La tensión que Guardini nunca suprime, creo que en Tehobad en realidad fue superada, pero a favor del trabajo histórico del exégeta, como si la historia fuese el único camino correcto hacía una síntesis que nos debe transmitir *toda* la verdad de la Sagrada Escritura. Aunque la crítica histórica siga siendo un instrumento muy valioso e *irrenunciable*, creo que no se lo puede presentar como lo que nos trae finalmente la liberación de una fe «errónea» que guió a todos los creyentes antes de que naciera la crítica histórica.

Lo dicho creo que se puede ver todavía más claramente cuando Theobald, hablando de la necesidad de la crítica histórica, insiste en que ella sirve a la teología *solo* cuando es siempre fiel a su método, y no como en el caso de Guardini, que en un determinado momento

---

[345] «Der Exeget als Historiker hat die Aufgabe, das wissenschaftlich verantwortete geschichtliche Wissen über die normativen Anfänge des Glaubens in seiner ganzen Breite in den Raum der Theologie einzubringen, auch wenn das noch so unbequen ist und vorgefertige, aus fremden Quellen gespeiste Vorstellungen und Vorurtteile über den Glauben aufstören sollte. Dazu ist die Anerkennung der Autonomie der historischen Kritik vonnöten», M. THEOBALD, «Die Autonomie der historischen Kritik», 31.

pareciera que la interpretación de la Escritura debiera renunciar a ser solo crítica histórica[346]. Cuando Theobald afirma explícitamente que no se puede aceptar la fe como un medio de conocimiento si no se quiere traicionar las leyes de la crítica histórica (*Der Glaube kann für sie kein Erkenntnismittel sein, will sie nicht das Gesetz verraten*)[347], surge espontáneamente la pregunta sobre cuál sería para él el lugar de la fe, si la fe tendría algo para decirnos, o si todo lo realmente importante debemos esperarlo de los resultados de esa crítica histórica. Por no hablar de la misma Escritura como objeto de conocimiento y el rol de la fe en su origen. Este tipo de interpretación de la Sagrada Escritura, difícil de entender como un servicio a la teología, es también difícil de captar en su pretensión de decirle a la teología «desde su perspectiva científica de la historia» cómo debe interpretar aquello que debe ser normativo para ella. La fe no puede decir nada, para no molestar ni desvirtuar el correcto trabajo de esta ciencia que guía a la «verdad» que la teología debe aceptar. Creo que este es un claro ejemplo de un camino interpretativo de la Escritura que no puede ser el alma de la teología, y desde Guardini se puede decir que se trata de un claro ejercicio interpretativo de la Escritura que no es una ciencia de la fe.

En la conclusión de otro de sus artículos, el profesor de exégesis De la Potterie nos recuerda, hablando de la *Dei Verbum*, que la Revelación se actúa en la historia, pero no se identifica solo con los eventos históricos. Por esa razón la verdad de la Escritura no es únicamente la verdad de la historia. Y aunque la crítica histórica es un elemento muy útil, no es suficiente para la comprensión de la Escritura, su interpretación debe ser realizada al interno de una tradición viva. La verdad de la Escritura no puede ser alcanzada solo con el método histórico-critico, ella puede ser entendida cuando la Palabra de Dios es leída *en el Espíritu* en el que fue escrita. Y citando a De Lubac afirma que la Escritura interpretada *en la Iglesia* bajo la iluminación del Espíritu Santo, es el eje de

---

[346] «Historische Kritik wird hier theologisch notwendig. Sie leistet der Theologie ihren Dinst, ohne daß sie selbst, wie das in Guardinis Modell der Fall ist, an irgendeinem Punkt aufhoren müßte, historische Kritik zu sein», M. THEOBALD, «Die Autonomie der historischen Kritik», 34.

[347] «Der Glaube kann für sie kein Erkenntnismittel sein, will sie nicht das Gesetz verraten, unter dem sie angetreten ist. Und ihren "fundamentaltheologischen" Dienst kann sie nur leisten, wenn sie wirklich das methodisch verantwortete, jedermannn kommunikable Wissen um den historischen Jesus in den Kontext der theologischen Frage nach der inneren Einheit des Neuen Testaments einbringt», M. THEOBALD, «Die Autonomie der historischen Kritik», 34.

toda la economía tradicional. La *Dei Verbum* nos invita a mirar la Escritura de forma tal que podamos redescubrir el proyecto de salvación y de esta tradición[348].

La reflexión guardiniana sobre la exégesis bíblica claramente no resuelve todos los problemas y, según la mirada de De la Potterie, queda todavía mucho por pensar y desarrollar, pero subraya que quién critica las lagunas de su método exegético muestra no haber entendido su intuición[349]. Agrega De la Potterie que esa intuición guardiniana es muy cercana a la de Blondel, cuando este último invitaba a realizar una reflexión crítica sobre las condiciones de una ciencia de la Revelación y de toda la literatura sagrada, indicándole a Loisy que no debía cerrarse desde una opción a priori en el escepticismo metódico del historiador[350]. Tanto Blondel como Guardini han indicado, no cuál debe ser el método exegético; sino cuáles deben ser las *condiciones*, los prolegómenos necesarios, los *principios interpretativos*, a partir de los cuales es posible hoy elaborar una exégesis cristiana, es decir una interpretación teológica de la Sagrada Escritura con nivel científico, y por lo tanto también desde la fe[351].

Entre los temas que se deben seguir pensando está la importancia de la dimensión histórica que el mismo Guardini advierte con mayor intensi-

---

[348] «La storia della salvezza di cui parla non è nel medesimo piano della storia profana. La Rivelazione, quella descitta nel cap. I, si attua senz'altro *nella* storia, ma non si *identifica* soltanto con gli eventi della storia [...]. La "verità" della Scrittura dunque non è affato unicamente la *sua verità storica*, più o meno bene riscontrata; ma è la *verità della salvezza*, "la verità racchiusa nel mistero di Cristo (n. 24)" [...]. Questa verità della Scrittura non può essere conseguita con il solo metodo storico-critico; essa non può essere compresa se non quando la Parola di Dio è letta "nello Spirito nel quale è stata scritta". Citiamo ancora H. de Lubac: "La Scrittura interpretata *nella Chiesa* sotto l'illuminzione dello Spirito Santo, questa è l'asse portante di tutta l'economia tradizionale". È propio ad una riscoperta di questa economia e di questa tradizione che la *Dei Verbum* ci invita», I. DE LA POTTERIE, «Il Concilio Vaticano II», 41.

[349] «Lungi da noi il pensare che le riflessioni di Guardini sull'esegesi biblica abbiano risolto tutti i problemi. Chiaramente esse devono essere prolungate e sviluppate; però chi gli rimprovera le lacune del suo *metodo* esegetico mostra semplicemnte di non aver compreso nulla della sua intuizione», I. DE LA POTTERIE, «L'esegesi biblica scienza della fede», 159

[350] Cf. I. DE LA POTTERIE, «L'esegesi biblica scienza della fede», 159.

[351] «Una "scienza della Rivelazione" (Blondel), una "scienza della fede" (Guardini): si può vedere come siano vicine l'una all'altra le posizioni del filosofo e del teologo. Entrambi hanno indicato, non quale deve essere il *metodo* esegetico, ma quali devono essere le *condizioni*, i *prolegomeni* necessari, a partire dai quali sia possibile oggi elaborare una esegesi cristiana, cioè una interpretazione teologica della Sacra Scrittura, che si costruisca a livello scientifico, sì, ma all'interno della fede», I. de la POTTERIE, «L'esegesi biblica scienza della fede», 159.

dad en su camino de pensamiento y de interpretación, pero que no logró abordar plenamente. En este mismo capítulo se señaló la debilidad que reviste el aspecto histórico en Guardini y también Theobald nos lo recuerda justamente en su artículo[352]. En el prólogo de su importante libro sobre la figura de Jesús en los escritos paulinos y joánicos Guardini se siente en el deber de señalarnos un límite de esa obra. Jesucristo es la viviente revelación del Padre y es accesible a cada ser humano a lo largo de toda la historia; pero en Jesucristo, el Logos se hizo carne en un preciso momento del tiempo y en determinadas circunstancias históricas. Así también concretas determinaciones históricas caracterizan las fuentes que nos hablan de él. Para cumplir plenamente la tarea de investigación sobre Jesús, se debe trabajar tanto a nivel sistemático teológico como a nivel histórico (*Um der Aufgabe ganz zu genügen, müßte also die Frage nach Christus sowohl auf der systematischen wie auf der geschichtlichen Linie gestellt werden*). Teniendo también en cuenta las dificultades y objeciones que provienen de la investigación histórica en cuanto disciplina específica. Pero Guardini constata aquí un límite propio, y no se siente autorizado a tocar este tema desde la perspectiva histórica-crítica (*Zu dieser historischen Fragestellung fühle ich mich aber nicht befugt; so muß sie hier zurücktreten*)[353].

Reconoce Guardini que habría sido fácil para él consultar algunos libros que trataran este tema de forma científica y presentar las líneas generales del aspecto histórico. Pero se habría tratado de un trabajo de segunda mano. Por ese motivo le pareció más justo mostrar con claridad el carácter unilateral de este nuevo intento interpretativo suyo. Con estas palabras de Guardini se nos sitúa nuevamente ante su gran honestidad, desde la que una vez más indica en sus trabajos y en su mirada el

---

[352] Ver número 1.3 de este capítulo. Cf. M. THEOBALD, «Die Autonomie der historischen Kritik», 23; 39.

[353] «Jesus Christus ist die Epiphanie des Vaters, Gottes lebendige Offenbarung; als solche von jeder Stunde aus und für jeden Menschen unmittelbar zugänglich. Doch ist in Ihm der Logos wirklich "Fleisch geworden", zu einer bestimmten Stunde und unter bestimmten geschichtlichen Verhältnissen, und ebenso geschichtlich bestimmt sind die Quellen, die von Ihm erzählen. Um der Aufgabe ganz zu genügen, müßte also die Frage nach Christus sowohl auf der systematischen wie auf der geschichtlichen Linie gestellt werden. Die Untersuchung müßte das, was Jesus "ewig" ist, aus der geschichtlichen Wirklichkeit heraus erfassen und dabei den Schwierigkeiten standhalten, welche von der historischen Forschung kommen, Zu dieser historischen Fragestellung fühle ich mich aber nicht befugt; so muß sie hier zurücktreten. Es wäre leicht, einige Literatur heranzuziehen und das Geschichtliche anzudeuten; doch würde das nur aus zweiter Hand kommen. Darum schien es mir richtiger, meinen Versuch in deutlicher Einseitigkeit stehen zu lassen», R. GUARDINI, *Das Christusbild*, 13-14.

límite que los acompaña (*Darum schien es mir richtiger, meinen Versuch in deutlicher Einseitigkeit stehen zu lassen*). Además, se nos coloca ante la importancia que tenía para él escribir desde lo que él percibía, y desde una intuición que fuese capaz de confrontarse con otras miradas científicas del ámbito histórico-crítico, y no solo reproducir, aunque fuese de forma más o menos creativa, lo que otros autores dijeron sobre el tema que se disponía a tratar[354].

7.2 *La Sagrada Escritura alma de la teología*

La profesora de teología Carmen Aparicio en un artículo escrito veintidós años después de la conferencia que pronunció Ignace de la Potterie al recibir su título de profesor emérito vuelve a poner en evidencia la importancia y actualidad de un tema que sigue preocupando a la teología: la relación entre exégesis y teología[355]. En la primera nota de este artículo se nos indica cómo hoy, desde el mismo Magisterio, se nos continúa proponiendo la tarea de acercar más la exégesis y la teología. Por tratarse de algo que reviste una importancia fundamental para la vida de la fe. La tarea es la de pensar caminos que acerquen el trabajo exegético y la teología, pensar cuáles podrían ser los puentes que permitan un diálogo más fecundo entre estos ámbitos tan importantes para el futuro de la fe[356].

Las reflexiones de la profesora Aparicio se sitúan en el contexto del Sínodo de la Palabra de Dios que se celebró en Roma en otoño del 2008, y aunque su artículo fue escrito antes de la publicación de la Exhortación Apostólica postsinodal *Verbum Domini*, ella considera esta relación desde un axioma que creemos de importancia central en la *Verbum Domini*: «La sagrada Escritura es como el alma de la teología». Aunque dicho axioma ya fue antes mencionado en estas páginas desde los pensamientos guardinianos y desde el artículo de De la Potterie, la profesora Carmen Aparicio lo revisita más detalladamente,

---

[354] Al hablar Guardini de la *exégesis* como *ciencia de la fe*, dice De la Potterie en su conferencia de 1989 en el Instituto Bíblico de Roma, que anticipaba lo que el Concilio Vaticano II diría treinta y cinco años más trade. Pero se debe decir que el aporte guardiniano no tuvo la misma intensidad en lo relacionado con la importancia del aspecto histórico, cuya consciencia al respecto fue creciendo en él de forma lenta.

[355] C. APARICIO VALLS, «La relación escritura y teología», 261-282.

[356] «Dove l'esegesi non è teologia, la Scrittura non può essere l'anima della teologia e, viceversa, dove la teologia non è essenzialmente interpretazione della Scrittura nella Chiesa, questa teologia non ha più fondamento. Perciò per la vita e per la missione della Chiesa, per il futuro della fede, è assolutamente necessario superare questo dualismo tra esegesi e teologia. La teologia biblica e la teologia sistematica sono due dimensioni di un'unica realtà, che chiamiamo teologia», Benedetto XVI, «Esegesi non solo storica», 493-494.

considerando su origen, su historia, como así también el camino desde el que se concretó su aparición en dos documentos del Concilio Vaticano II (*Dei Verbum* 24, *Optatam Totius* 16).

La historia que relaciona este axioma con los documentos de la Iglesia se detiene en importantes encíclicas que indicaron el camino de la correcta interpretación de la Escritura desde el intento de mantener un equilibrio esencial de los estudios bíblicos en la Iglesia. Estos importantes documentos son: *Provdentissimis Deus* (1893), *Spiritus paraclitus* (1920), *Divino afflante Spiritu* (1943) y *Dei Verbum*[357]. También De la Potterie se detiene en estos importantes documentos de la Iglesia señalando desde ellos tres etapas diferentes en la interpretación de la Sagrada Escritura. El periodo histórico en el que se individúan esas etapas nos resultan particularmente importantes, porque allí se ubica casi toda la actividad de pensamiento de Romano Guardini en lo que se refiere a los principios relacionados con la interpretación de la Sagrada Escritura. Las tres etapas culminan en la *unidad* que es puesta de relieve con una nueva claridad en la *Dei Verbum*.

La primera etapa comprende medio siglo y va de la encíclica *Providentissimus Deus* del papa León XIII a la encíclica *Divino afflante Spiritu* de Pío XII, incluyendo todo el periodo de la crisis modernista. Este era un periodo dominado principalmente por la preocupación apologética de defensa de la Escritura contra los errores modernos que radicaban principalmente en el racionalismo[358]. En esta breve síntesis De la Potterie no retoma la importante encíclica *Spiriuts Paraclitus* de Benedicto XV de 1920 en la que se toca también en un tono apologético la inerranza bíblica, que se dirige a los que intentaban limitar la verdad de la Escritura[359].

La segunda etapa comienza con la encíclica de Pío XII en la que se reconoce la legitimidad y la necesidad de usar los métodos críticos y científicos en el trabajo exegético, terminando así con el periodo de luchas entre modernismo y antimodernismo. Pero aquí continúan presentes, de acuerdo a la opinión de De la Potterie, algunas ideas poco claras. La encíclica *Divino afflante Spirito* no habla casi de la Revela-

---

[357] Cf. C. APARICIO VALLS, «La relación escritura y teología», 263-266.

[358] «La *prima* tappa comprendeva un mezzo secolo: andava dalla prima alla terza delle grandi encicliche (*Providentissimus Deus* di Leone XIII, nel 1893; *Divino afflante Spiritu* di Pio XII, nel 1943); includeva perciò tutto il periodo della crisi modernaista. Questo periodo era chiaramente dominato dalla preocupazione apologetica di difesa della Scrittura contro gli errori "moderni"», I. DE LA POTTERIE, «Il Concilio Vaticano II», 39-40.

[359] Cf. I. DE LA POTTERIE, «Il Concilio Vaticano II», 22-23.

ción y ni del Espíritu Santo. La preocupación mayor de este documento era sobre todo el de indicar el estudio literario e histórico de la Biblia, sin ocuparse tanto de las cuestiones doctrinales. La encíclica iluminaba y liberaba el camino para la utilización de los métodos científicos, pero acentuándolos teológicamente desde un plano diferente al de la tradición antigua. En esta encíclica se indicaba el riesgo de una interpretación que algunos llamaban entonces mística o espiritual. Estas expresiones tenían un tono extraño si se pensaba en la exégesis espiritual y simbólica de los padres de la Iglesia, razón que contribuyó a que la discusión en torno a los sentidos de la Sagrada Escritura continuara aún viva después de este documento[360]. Los Padres consideraban que en Cristo estaba el centro de toda la Escritura. En Cristo está la fuente de la Revelación, en Él se encuentra el verdadero sentido de toda la Escritura y ninguno la puede entender si no lo hace a la luz del Espíritu de Verdad y de la tradición de la Iglesia[361]. Pero estos temas estaban muy brevemente tratados en la *Divino afflante Spirito*[362].

---

[360] Cf. I. DE LA POTTERIE, «Il Concilio Vaticano II», 23-24.

[361] Los artículos que estamos tratando del profesor De la Potterie contienen una riqueza particularmente importante. Se muestran en ellos un pensamiento que se mueve en una conexión armónica y muy iluminadora entre la Escritura, el Magisterio, el testimonio de los Padres, la teología y la filosofía. Todo ello queda aquí mínimamente puesto en evidencia, al intentar ponerse de relieve en el contexto de este trabajo, solo lo que se refiere sobre todo a la valoración que el profesor de exégesis hace de los principios interpretativos guardinainos. Igualmente deseamos señalar en esta nota una de las muchas citas de los padres que se repiten en los dos artículos que tratamos y que indican el camino que nos debe conducir de la *historia* al *misterio*. Después de recordarnos desde las palabras de san Pablo (cf. Rm 16, 25-26) que el Evangelio no es solamente el kerigma, es la manifestación del *misterio* de salvación que estaba ya escondido en el mensaje profético, con lo que se subraya la unidad de toda la Escritura (cf. I. DE LA POTTERIE, «L'esegesi biblica scienza della fede», 145-147); se nos recuerda que sin el Espíritu es imposible para el hombre entender el *misterio del Evangelio* y el sentido profundo de la palabra de Dios. La Sagrada Escritura supera todo conocimiento y toda doctrina porque ella es una palabra viva que de alguna forma crece con los que la leen, y porque ella con una sola y misma expresión a través del texto nos revela un misterio. En estos pensamientos que aparecen en las homilías sobre Ezequiel de Gregorio Magno (cf. San Gregorio Magno, *Omelie su Ezechiele*, 189) y que cita santo Tomás de Aquino (cf. *S. th.*, I, 1,10), nos dice el profesor De la Potterie que, se resume *todo lo esencial de la doctrina patrística sobre los sentidos de la Escritura*. A la importancia otorgada a estos textos se suma la repetición parcial del mismo texto de Gregorio Magno en el contexto de la *Dei Verbum*. Al tratar la relación entre exégesis y teología se nos indica en ese documento a través del mismo texto de Gregorio Magno la importancia de estudiar la Biblia a la luz de la fe, *buscando en* la *letra* el *Espíritu* y *en* la *historia* el *misterio* (cf. I. de la POTTERIE, «Il Concilio Vaticano II», 30-31). También una homilía de San Gregorio

Con la *Dei Verbum* esos temas que no habían sido suficientemente puestos de relieve reaparecen, dando así inicio a una tercera etapa en la que se muestra más claramente el interés eclesial y teológico. Además, una nueva perspectiva en la forma de considerar la relación entre el Magisterio y la Sagrada Escritura le otorgan a esa relación un nuevo tono evangélico al mostrarse tanto la Iglesia como el Magisterio dependientes y al servicio de la Palabra de Dios. Estos pensamientos favorecieron también la perspectiva ecuménica[363]. Citando a De Lubac escribe De la Potterie que uno de los principales méritos de la *Dei Verbum* es el de haber conducido todo nuevamente a la unidad. La *unidad* del Revelador y de lo Revelado, la unidad en Jesús de los dos Testamentos, unidad inseparable de la Escritura y de la Tradición, y la unidad de Escritura y Eucaristía en las que Jesús nos viene al encuentro[364].

Desde la unidad que subraya la *Dei Verbum* surge con más intensidad y claridad la tarea de acercar el trabajo del exégeta y del teólogo. Esta mayor unidad, creo que será posible si se tiene en cuenta más cla-

---

Magno muy vinculada a la temática anterior aparece en la *VD* 30: «Las palabras divinas crecen con quien las lee».

[362] «La *seconda* tappa ha avuto inizio con l'enciclica di Pio XII. Riconoscendo la legittimità di usare i metodi critici e *scientifici* nell'esegesi, metteva un pnto finale dopo l'oscuro periodo del modernismo e del antimodernismo. Questo orientamento era indispensabile; e rimane ormai irreversibile. Ma conteneva un equivoco. La enciclica *Divino afflante Spiritu*, nonostante il suo titolo, non parla quasi della Rivelazione e dello Spirito Santo. La preoccupazione maggiore del documento infatti era quella di raccomandare lo studio letterario e storico della Bibbia, e non tanto quella di sottolineare le questioni dottrinali [...]. Bisogna pur riconoscere che su questo punto l'accentuazione è differente da quella della tradizione antica: i Padri vedevano il Cristo come il centro di tutta la Scrittura, perché Egli, Egli solo, è *"la Verità"* (cf. Gv 14,6). Perciò, secondo gli antichi, egli é la sorgente della Rivelazione, in Lui si trova il *senso* vero e ultimo di tutta la Scrittura. E nessuno la può comprendere bene se non nella luce dello "Spirito della verità" (cf. Gv 16,13) e della Tradizione della Chiesa. Questi differenti temi erano appena sfiorati nella *Divino afflante Spiritu*», I. DE LA POTTERIE, «Il Concilio Vaticano II e la Bibbia», 40.

[363] Cf. I. DE LA POTTERIE, «Il Concilio Vaticano II», 24-25.

[364] «Nella Costituzione *Dei Verbum* del Vaticano II, invece, appaiono di nuovo. Si apre così una *terza* e nuova tappa, dove domina l'interesse *ecclesiale e teologico*. Come ha detto egregiamente H. de Lubac, "uno dei principalei meriti (della *Dei Verbum*) è quello di aver riportato tutto all'unità. Unità del Rivelatore e del Rivelato: Gesù Cristo, "autore e consumatore della nostra fede"; unità in lui dei due Testamenti, che a lui rendono testimonianza; unità della Scrittura e della Tradizione, che non si possono mai separare; unità, presentata nell'ultimo capitolo, del Verbo di Dio sotto le due forme con le quali Egli si rende presente tra noi: la Scrittura e l'Eucaristia"», I. DE LA POTTERIE, «Il Concilio Vaticano II», 40-41.

ramente la importancia del inicio común *desde la fe eclesial* de ambas tareas. En el artículo de la profesora Aparicio la importancia de este acercamiento que viene puesto de relieve desde diferentes perspectivas de teólogos y exégetas creo que encuentra un particular punto luminoso en las palabras de Karl Rahner. Este gran teólogo alemán habla como dogmático primero a los exégetas pidiéndoles recordar que «antes que nada son *teólogos católicos* y, por tanto, también tienen que interesarse por los problemas dogmáticos»[365]. Después, hablando también a los teólogos, indica la importancia de un mejor conocimiento de la escritura al llevar a cabo el trabajo teológico. En la propuesta rahneriana, la profesora Aparicio nos indica la riqueza de la *circularidad* que existe entre la Escritura y la teología.

A esta importante circularidad se agrega también desde otro de los artículos de Rahner la importancia de una interpretación de la Escritura dentro de la Tradición y de la vida de la Iglesia. Se indica así un contexto más amplio de la Escritura: el contexto de la tradición viva de la Iglesia en la que la Escritura misma debe ser interpretada, siendo este un contexto que le es propio y que debe ser considerado si se quiere conocer el «objeto» (en este caso la Escritura) en su totalidad. La Escritura es el alma de la teología, pero si es correctamente considerada e interpretada. No podrá ser la Escritura el alma de la teología si es mirada de forma parcial y errónea[366].

La circularidad de la que se nos habla en reiteradas oportunidades otorga, además, al pensar teológico una nueva dinámica que impulsa un nuevo tipo de método en teología. El método propuesto es el llamado método genético-progresivo, el cual es puesto de relieve en este artículo desde una dinámica que invita a pensar e interpretar la Escritura teniendo en cuenta la *distancia* que nos separa del momento de la redacción de los escritos bíblicos. Al mismo tiempo, la circularidad indica la importancia de un pensamiento dinámico que ayude a continuar pensando los caminos de unidad en nuestro momento histórico, nuestro *hoy*, entre Escritura y teología. Para ello la relación de Escritura y teología es situada en un contexto más amplio que nos indica la centralidad y el nuevo inicio de la fe en un ambiente cultural diferente, y ante el desafío de dialogar con la mirada crítica propia de nuestra cultura. Este contexto más amplio se expresa en la propuesta de colocar la Escritura y la teología en el contexto más amplio de la Palabra

---

[365] C. APARICIO VALLS, «La relación escritura y teología», 270.
[366] Cf. C. APARICIO VALLS, «La relación escritura y teología», 270-271.

de Dios. Pensar por lo tanto no ya desde la relación Escritura-teología, sino que «deberíamos hablar de la relación Palabra de Dios-Escritura-teología»[367].

Ese contexto más amplio de la Palabra de Dios nos recuerda la relación de contraste entre: *historia* y *contemporaneidad*. La Palabra de Dios se encarnó en un tiempo *histórico* concreto que no puede ser ignorado, y que debe ser tenido en cuenta desde los instrumentos actuales con los que hoy contamos, desde nuestro tiempo y nuestra sensibilidad actual. Al mismo tiempo esta Palabra de Dios no se limita a un tiempo histórico sino que trasciende la historia y es *contemporánea* a cada época. Esta tensión entre historia y contemporaneidad debe transitar en cada época su camino hacia la unidad, no existe un equilibrio permanente para la unidad vital en tensión de los polos. Creo que también en esta dirección va la propuesta de la profesora Aparicio cuando nos habla del camino de acercamiento: «para que la Escritura sea el alma de la teología es necesaria una lectura teológica de la Escritura y al mismo tiempo es necesario un trabajo teológico que encuentre su fundamento en la Escritura»[368].

7.3 *Lectura en el Espíritu*

Solo un correcto estudio de la Sagrada Escritura puede ser el alma de la teología, y ello implica tener en cuenta todas sus dimensiones, el aspecto histórico y lo que trasciende la historia. El Magisterio de la Iglesia desde los documentos desde los que se indicaron tres diferentes etapas en el estudio de la Sagrada Escritura «rechazaron "la ruptura de lo humano y lo divino, entre la investigación científica y la mirada de fe, y entre el sentido literal y el sentido espiritual"» (*VD* 33). Se debe trabajar por captar el sentido del hagiógrafo, teniendo en cuenta los diferentes contextos, y los géneros literarios; pero también se debe interpretar la Escritura en el mismo Espíritu en que fue escrita (cf. *DV* 12). «Solo si se aplican los dos niveles metodológicos, el histórico-crítico y el teológico, se puede hablar de una exégesis teológica, de una exégesis adecuada a este libro» (*VD* 34). Si la actividad exegética se reduce únicamente a la investigación científica, al estudio de las fuentes, y de los géneros literarios, esa exégesis ya no es teológica, y «cuando la exégesis no es teología, la Escritura no puede ser el alma de la teología, y viceversa, cuando la teolo-

---

[367] C. APARICIO VALLS, «La relación escritura y teología», 281.
[368] C. APARICIO VALLS, «La relación escritura y teología», 281.

gía no es esencialmente interpretación de la Escritura en la Iglesia, esta teología ya no tiene fundamento» (*VD* 35).

El Papa Benedicto XVI en la *Verbum Domini* nos recuerda, citando a santo Tomás, que: «Todos los sentidos de la Sagrada Escritura se basan en el sentido literal» (*VD* 37). Nos dice además que en la época patrística y medieval cualquier forma de exégesis, también la exégesis literal, se basaba en la fe. Y «no había necesariamente distinción entre *sentido literal* y *sentido espiritual*». Por ello, para «restablecer la articulación entre los diferentes sentidos escriturísticos es decisivo comprender *el paso de la letra al espíritu*» (*VD* 38). La fe es la adecuada respuesta del hombre a Dios que habla y en ella la persona abre toda su vida, su corazón y también su mente. Si falta la fe de toda la persona, «falta la clave de acceso al texto sagrado» (*VD* 29). «E insiste con fuerza Tomás de Aquino, mencionando a san Agustín que: "También la letra del evangelio mata si falta la gracia interior de la fe que sana"» (*VD* 29).

La importancia del principio interpretativo de la Escritura en el Espíritu en el que fueron escritas apunta a indicar una vez más una mirada de unidad. Cuando De la Potterie habla de la interpretación de la Escritura en el Espíritu nos recuerda la feliz intervención del obispo oriental Monseñor N. Edelby, quién el 5 de noviembre de 1964 señalaba la importancia de *ver unidas la misión del Espíritu Santo con la del Verbo encarnado*, este es el primer principio teológico de toda interpretación de la Sagrada Escritura. Estos pensamientos que reconducen a la unidad invitan a no olvidar que más allá de las ciencias auxiliares de todo tipo, la finalidad última de la exégesis cristiana es la comprensión espiritual de la Sagrada Escritura a la luz de Cristo resucitado[369]. Esa intervención que ponía el acento en la imposibilidad de separar las dos misiones fue determinante para el parágrafo 12,3 de la *DV* donde se nos recuerda que la Sagrada Escritura debe ser interpretada en el mismo Espíritu en la que fue escrita.

Estas ideas presentes en la *Dei Verbum* aparecen también en la *Verbum Domini* recordándonos en un primer momento que la Palabra de

---

[369] «A questo proposito è sufficiente rendere un omaggio riconoscente ad un Vescovo orientale, Mons. N. Edelby, in cui intervento al concilio nella terza sessione (5 novembre1964), ebbe un ruolo determinante nella questione di cui stiamo trattando. A questo fine crediamo utile citarene le due frasi essenziali: "non si può separare la missione dello *Spirito Santo* dalla missione del Verbo Incarnato. È questo il primo principio teologico di qualsiasi interpretazione della Sacra Scrittura. E non si può dimenticare che, oltre alle scienze ausiliari di ogni genere, il fine ultimo dell'esegesi cristiana è la comprensione spirituale della Sacra Scrittura alla luce di Cristo risuscitato"», I. DE LA POTTERIE, «Il Concilio Vaticano II», 37.

Dios se expresa con palabras humanas gracias a la obra del Espíritu Santo. Allí se subraya que la *inseparable misión* del Hijo y del Espíritu en el *origen* de la palabra humana que logra ser expresión de la palabra divina, es también *la inseparable misión que permite comprender* las palabras de Señor (cf. *VD* 15-16). Una adecuada hermenéutica de la fe debe contar con una correcta exégesis y un correcto trabajo teológico. El Papa señala en este camino la dirección para encontrar «la manera de que el estudio de la Sagrada Escritura sea verdaderamente el alma de la teología» (*VD* 47).

Los instrumentos científicos con los que se lleva a cabo la tarea exegética deben ser considerados también con atención: «Evítese fomentar un concepto de investigación científica que se considere neutral respecto a la Escritura» (*VD* 47). Junto al profundo espíritu eclesial en la interpretación de la Escritura se recomienda una mirada atenta y crítica de los instrumentos científicos que se utilizan en el trabajo interpretativo, cuidando así que ellos no instrumentalicen la Palabra de Dios a la que todo debe servir, incluso el mismo Magisterio. En un artículo escrito por Joseph Ratzinger cuando era todavía Cardenal aparecen pensamientos similares hablando de Romano Guardini. El entonces Cardenal Ratzinger habla de la interpretación de la Escritura y los problemas que aparecen ligados a esa tarea. Se ponen en evidencia algunas de las cuestiones filosóficas que se unen a la consideración de los métodos exegéticos, y a la necesidad de alcanzar una mayor claridad en un campo filosófico, que amenaza con limitar el horizonte interpretativo, acallando la voz misma de la Escritura. Se trata de una tarea compleja, difícil y extensa, y nos advierte que será tarea de toda una generación, ya que no se puede consentir una solución simplista, que proponga solo volver al pasado, o renunciar a todo lo que no revista un carácter racional moderno[370].

Entre los elementos propuestos para la realización de una nueva síntesis entre exégesis y teología, aparecen en el artículo de Ratzinger, junto a la propuesta de una autocrítica del método interpretativo histórico, la necesidad de unir los instrumentos del trabajo interpretativo de este método con una filosofía que tenga un efecto menor en el texto de todo aquello que le es extraño. Propone la búsqueda de una filosofía menos arbitraria que ayude a una escucha auténtica del texto. En este contexto cita a Romano Guardini cuando señala la falsa certeza de la exégesis moderna que produjo resultados parcia-

---

[370] Cf. J. RATZINGER, ed., «Schriftauslegung im Widerstreit», 33-34.

les muy significativos, pero que perdió su objeto propio y con ello dejó de ser teológica. El exégeta no puede aceptar los principios interpretativos que determinen, desde el modelo de las ciencias naturales, una visión del mundo en la que se excluya a priori lo que puede o no acontecer. No puede excluirse a priori que Dios pueda hablar en el mundo con palabras humanas, ni que pueda entrar y actuar en la historia humana[371].

Las palabras de Guardini citadas por Ratzinger están tomadas de una de sus obras que hemos considerado centrales para el estudio de sus principios interpretativos[372]. Y en la nota en la que Ratzinger cita la obra de la que extrajo las ideas guardinianas del párrafo anterior, añade además que esos pensamientos de Guardini forman parte de las cosas más importantes dichas en relación con los problemas del método interpretativo de la escritura (*gehören nach meinem Dafürhalten zum Wichtigsten, was bisher zur Methoden-problematik der Schriftauslegung gesagt wurde*)[373].

En el prólogo al volumen de *Quaestiones Disputatae* que el entonces Cardenal Ratzinger escribió como editor de ese número en el que fue publicado el artículo antes citado, reconociendo los aportes de la exégesis crítica y la importancia de continuar con esta tarea exegética, la invita a dar el paso de hacer también su propia crítica, indicando los límites que ella misma constata en su propia tarea, aprendiendo a colocarse a sí misma, a través de este ejercicio de reflexión y compren-

---

[371] «R. Guardini hat in diesem Zusammenhang von jener falschen Sicherheit moderner Auslegung gesprochen, "welche die bedeutungsvollsten Einzelergebnisse hervorgebracht, aber ihren eigentlichen Gegenstand verloren und damit aufgehört hat, überhaupt Theologie zu sein" [...]. Demgemäß darf der Exeget auch nicht mit einer fertigen Philosophie an die Auslegung des Textes herantreten, nicht mit dem Diktat eines sogenannten modernen oder "natur-wissenschaftlichen" Weltbildes, welches festlegt, was es geben und was es nicht geben darf. Er darf nicht a priori ausschließen, das Gott als er selbst in der Geschichte wirken und in sie eintreten könne, so unwahrscheinlich ihm dies auch erscheinen mag [...]. Er muß bereit sein, anzunehmen, daß es dies gebe in der Geschichte: den wirklichen Anfang, der als socher nicht aus dem vorher Gegebenen abgeleitet werden kann, sondern sich aus sich selber öffnet», J. RATZINGER, ed., «Schriftauslegung im Widerstreit», 35-36.

[372] R. GUARDINI, *Das Christusbild*.

[373] «Die methodischen Reflexionen, die Guardini in diesem Werk S. 7-15 entwickelt, gehören nach meinem Dafürhalten zum Wichtigsten, was bisher zur Methodenproblematik der Schriftauslegung gesagt wurde», J. RATZINGER, «Schriftauslegung im Widerstreit», 35. Thomas Söding considera nuevamente los pensamientos que Ratzinger desarrolla en este artículo para plantearlos desde la actual problemática del trabajo exegético y su relación con la teología (cf. T. SÖDING, «Die Lebendigkeit des Wortes Gottes», 12-55).

sión crítica de su propio trabajo, en el horizonte de una razón más amplia que le permita abrirse a la luz del Logos[374]. Se trata de una invitación a la reflexión de los mismos instrumentos con lo que la crítica histórica trabaja, para que esos instrumentos la ayuden en su tarea, pero no alejen la exégesis de lo que le es más propio, siendo así una tarea cada vez más científica, pero también plenamente teológica. En este artículo se hace referencia sobre todo a Kant y no solo a la imposibilidad de la metafísica kantiana, sino a un sistema que coloca la posibilidad de un contacto de la humanidad con lo divino solo en el ámbito de la razón práctica. Esto sitúa la discusión en torno a la cuestión del método exegético y de la exégesis en general en un ámbito más amplio, que implica e impone esencialmente una reflexión filosófica y teología[375].

Creo que con lo dicho se pueden ver algunos ejemplos concretos de esa importancia de la formación que se pide en *Verbum Domini*, que evite fomentar una idea de investigación científica que se considere neutral respecto a la Escritura y, que valorando el aporte de las ciencias, valore también con claridad sus condicionamientos y sus límites, colocándose en el ámbito propio de la teología para que la Revelación sea puesta siempre en condiciones de hablar. La Revelación en cuanto principio teológico fundamental que se pone de relieve claramente en Ratzinger, invitándonos a una precisión epistemológica adecuada, que nos permita un conocimiento de toda la Escritura, fue también en Guardini algo decisivo. En una carta Guardini escribía a Pablo VI recordando que ya en sus primeros tiempos de estudios teológicos fue para él claro algo que determinaría toda su tarea. Se refería a la importancia de la Revelación como aquello que realmente podía con-

---

[374] «Eine Abwendung von den großen Möglichkeiten kritischer Exegese stand und steht damit für mich nicht zur Debatte. Es geht nicht um Flucht vor der Kritik, sondern um eine kritischere Kritik, die die Bedingungen und Grenzen ihres eigenen Tuns sieht, so daß sich "Verstand" in "Vernunft" hinein zu übersteigen lernt und diese wiederum sich dem Licht des Logos öffnet. Wenn dies alles nicht nur Programm bleiben sollte, mußte ich meine Vorstellung von der Selbstkritik der kritischen Methode an Beispielen konkretisieren», J. RATZINGER, ed., «Vorwort», 10.

[375] «Hinter dem allen zeigt sich schließlich eine Rezeption der Grundentscheide Kants, die als endgültiger Abschied von der Metaphysik verstanden werden, so daß die Möglichkeit einer wirklichen Berührung zwischen Gott und Mensch streng auf den Bereich der praktischen Vernunft beschränkt werden muß. Vor allem aber kam es mir auf die Einsicht an, daß der Disput um die exegetische Methode (und insofern um die Exegese selbst) kein rein innerexegetisches Problem mehr ist, sondern ein wesentlich philosophisches und daher auch systematisch-theologisches Problem darstellt», J. RATZINGER, ed., «Vorwort», 11.

vencer al hombre moderno. No era la historia ni la psicología, sino el ilimitado y luminoso mensaje de la Revelación lo que debía estar al principio, y en el centro de lo que en ese tiempo se debía transmitir. Guardini intentaba hacer escuchar con claridad el mensaje de la Revelación: lo que el hombre de hoy desea escuchar es todo el mensaje cristiano (*Was der heutige Mensch zu hören wünscht, ist die volle und reine christliche Botschaft*)[376].

---

[376] «Noch zur Zeit meiner ersten theologischebn Studien wurde mir klar, das von da ab meine ganze Arbeit bestimmt hat: Was den modernen Menschen überzeugen kann, ist nicht ein historisch oder psychologisch oder immer modernisiertes Christentum, sondern nur die uneingeschränkete und ungebrochene Botschaft der Offenbarung. Natürlich ist es dann die Aufgabe des Lehrenden, diese Botschaft mit den Problemen und Nöten unserer Zeit in Beziehung zu setzen. Ich habe das in den verschiedensten Milieus zu tun versucht, darunter zweinzig Jahre lang in der gewiß wenig christlichen Luft von Berlin.Die Erfahrung war immer die gleiche. Was der heutige Mensch zu hören wünscht, ist die volle und reine christliche Botschaft.Vielleicht sagt er Nein zu ihr, aber er weiß wenigstens, worum es geht», R. GUARDINI, *Brief an den Papst Paul VI*.

CONCLUSIÓN

En este trabajo se puso de relieve el servicio del pensamiento guardiniano, desde donde se nos anima a reconocer lo que nos es familiar, e ir al encuentro de lo que nos es distante, que no entendemos y nos resulta tal vez lejano y oscuro. En la unidad entre lo que nos resulta luminosos y lo que nos resulta poco claro surge la tensión, donde un aspecto tiende a excluir al otro. Pero solo manteniendo la tensa unidad se mantiene la vida del conocimiento, recordándonos que solo así el conocimiento es vivo, solo esta forma de conocer es para Guardini la que puede reflejar el conocimiento de la vida. Lo vital es una realidad que se muestra desde vertientes contrastadas y opuestas, pero estas vertientes no son nunca contradictorias. Debemos poder encontrarnos con estas vertientes, recordando que caer en la tentación de excluir alguna de ellas, excluye en nosotros la posibilidad del encuentro, reduciendo así nuestro conocimiento al mundo de lo abstracto del que se sustrajo lo real.

Cuando Guardini celebró su octogésimo cumpleaños, Karl Rahner escribió un artículo desde donde queremos recordar algunos pensamientos. Rahner afirma en sus palabras que es muy limitado decir que el profesor italo-alemán sirvió la Iglesia de su tiempo en Alemania como sacerdote y teólogo ayudándola a salir del círculo (*Ghetto*) intelectual y cultural en el que estaba, y a entrar en una nueva época. A Karl Rahner le parece más decisivo afirmar que Guardini tuvo conciencia de que la Iglesia estaba llamada a servir y no a dominar, y es en este sevicio en el que Guardini colaboró y desde donde llevó adelante su tarea (*Denn Guardini wußte und vollbrachte, daß die Kirche zu dienen und nicht zu herrschen berufen ist*)[1]. La palabra servicio se repite constantemente en este escrito de Rahner, vinculada a los diferentes tipos de tareas en las que Guardini concretó su actividad.

---

[1] K. RAHNER, «Ansprache zum 80 Geburstag», 653.

Este servicio guardiniano está ligado a una renuncia a polemizar (*Dieser Dienst verzichtet* [...] *auf Polemik*). Lo cual subraya un pensamiento central de nuestro trabajo, Guardini no polemiza porque su objetivo más importante era ayudar a *encontrar*, ayudar a pensar nuevos caminos que posibilitaran un encuentro, aún cuando parecía que ese encuentro no era algo posible. Por eso estamos de acuerdo con Rahner cuando afirma que Guardini tampoco desea construir un tesis sistemática contra otra, porque en realidad tampoco le interesa contruir un sistema, quiere solo mostrar lo que ve, lo que oye. Y lo muestra al lector y a quien escucha sus palabras intentando ofrecer una ayuda que le permita al otro también encontrar (*El will ja keinen systematischen Satz gegen anderen; er will zeigen, was er sieht, sagen was er hört*). Guardini nos confía el resultado de sus pensamientos y meditaciones como desde una insegura timidez, invitándonos de esa forma a realizar el intento de ser también capaces de ver y escuchar (*und überläßt es, fast mit scheuer Ängstlichkeit, dem Hörer und Leser, ob er auch so zu sehen und hören vermag*)[2].

En este servicio su horizonte era amplio, yendo incluso más allá de lo confesional, intentando alcanzar también el espíritu de su propio tiempo y lo humano concreto. En el primer capítulo hemos hablado de esta relación con el mundo protestante y del esfuerzo de Guardini por mirar desde ese mundo, e incluso intentando ver cómo desde ese modo de mirar se ve el catolicismo y la Iglesia. El intento guardiniano busca alcanzar y entrar en diálogo con las diferentes sensibilidades, siempre como hombre creyente y como católico. Así intenta descubrir también lo humano en lo cristiano y en lo cristiano lo humano (*fand er nicht nur den Weg über konfessionalistische Grenzen hinaus, sondern zum echten Geist der Zeit* [...], *entdeckte er das Menschliche im Christliche und das Christliche im Menschlichen*).

Cuando Rahner habla de Guardini como predicador nos dice que hablando no dominaba, ni hablaba ofreciendo datos de forma exhaustiva, tampoco buscaba halagar, ni exhortaba de forma desmedida desde el pulpito con una ortodoxia segura de sí. Rahner, además de ser su sucesor en la Universidad de Múnich, fue integrante del grupo de jóvenes del que Guardini era responsable (*Quickborn*)[3], lo escuchó seguramente en reiteradas ocasiones. Desde esa experiencia que le ofrecía a Rahner una cercanía particular, observa con fina sensibilidad que Guardini

---

[2] K. RAHNER, «Ansprache zum 80 Geburstag», 653.
[3] Cf. J. KREIML, *Die Selbstoffenbarung Gottes*, 485.

cuando les hablaba llegaba al centro del que lo escuchaba, lograba tocar sus mismas preguntas y problemas, colocándose después él mismo entre los oyentes. Buscaba con todos ellos, siempre tímido, profundo y humilde. Hablaba siempre a cada uno, incluso cuando se dirigía a muchos, haciendo percibir la Palabra de Dios en la Sagrada Escritura[4].

En la presentación del comienzo, nos remitimos a una forma de ordenar los escritos guardinanos en cinco grupos temáticos (escritos litúrgicos, eclesiológicos, cristológicos, culturales-literarios y por último los escritos antropológicos)[5]. La primer pregunta que nos formulamos y que motivó este trabajo, apuntaba a profundizar en *el modo que Romano Guardini conoce e interpreta*. Esta es una pregunta presente en todos los grupos temáticos antes mencionados. Con esa pregunta se pone de relieve un interés central de Romano Guardini. Una de las experiencias más traumáticas de su vida, fue en parte originada por un modo de conocer centrado unilateralmente en los abstracto que puso en crisis su fe. Una nueva experiencia de encuentro con lo religioso le abrió otros horizontes desde dónde descubrió la necesidad de ampliar la forma de pensar el conocimiento y la realidad.

La experiencia de su conversión lo impulsó a pensar un nuevo camino que le permitió ver en una mayor amplitud el complejo acto humano del conocer, intentando así superar la unilateralidad de lo abstracto conceptual que aleja de la vida. Aquí surgen en Guardini la búsqueda de una nueva unidad en el conocimiento, desde la categoría del *encuentro* y de la *intución*, como centro de ese encuentro en el que tocamos la realidad y nos dejamos tocar por ella. En el momento del encuentro se nos permite llegar al centro de lo que se nos manifiesta, y ese centro toca también nuestro centro a través de la intuición. La intuición (*Anschauung*) es un principio interpretativo central en Guardini, ella es considerada en el trabajo como la que permite captar los principios originarios en tensión y el movimiento de lo concreto viviente.

---

[4] «Er gebietet nicht, wenn er predigt, er doziert nicht, er schmeichelt nicht und erteilt nicht salbungsvoll von der Kanzel selbstsicherer Ortodoxie Ermahnungen. Er nimmt den Hörer in seine eigene Frage hinein, die er bescheiden vorbringt, und stellt sich selbst mit unter sie. Er sucht mit ihnen, schüchtern, ernst und demütig, er sprichht, auch wenn er vor vielen spricht, immer zum Einzelnen, er läßt Gottes Wort in der Schrift vernehmilch werden. Un wenn er finden läßt, daß heißt dort hingelangen läßt, wo das Ursprüngliche des homo religiosus west, der Hörer auf den Anruf des lebendigen Gottes ist, dann weiß der beschenkte Hörer, daß eben jetzt der Prediger selbst dankbar neu findet, was einsame und strenge Meditation ihm gegeben hat», K. RAHNER, «Ansprache zum 80 Geburstag», 655.

[5] Ver nota 11 de la presentación.

Otra pergunta que nos habíamos formulado al incio se relaciona con *los intrumentos que Guardini utiliza para pensar e interpretar* de una forma nueva y más amplia la realidad de lo que desea conocer. Aquí tenemos que subrayar la renovada importancia que adquieren *los sentidos* en el pensamiento guardiniano. Guardini nos recuerda que no hay nada que esté en el intelecto, que antes no haya pasado por los sentidos. Entre todos los sentidos, la mirada ocupará un lugar central en las reflexiones guardinianas. Para conocer, podemos decir desde la experiencia guardiniana que, debemos poder mirar siempre con más claridad y para ello se nos conduce a constatar que nuestra mirada está vinculada a nuestra vida interior. El complejo acto humano de ver no funciona de forma mecánica, sino que tiene su raíz en nuestro corazón. Lo que acontece en nuestra vida interior influye y condiciona nuestros actos exteriores. Lo concreto viviente cuenta también con una importante dimensión interior. Una aparato mecánico no posee interioridad por esa razón funciona siempre de la misma forma. En lo viviente lo interior y lo exterior están siempre en relación, y una dimensión condiciona o favorece a la otra.

El *objetivo* de Guardini es conocer el centro mismo de aquello a lo que dirige su atención. Desde ese centro será posible interpretar de forma correcta. Pero para llegar al centro de lo que se desea conocer, el sujeto cognoscente debe poder llegar al centro de sí mismo. Es en ese centro que se encuentran la raíz de los sentidos. Es desde allí que se puede tomar la decisión previa de no dejar espacio en nuestras vidas a lo que percibimos como una amenaza. Y es desde ese centro que se debe trabajar para dejar un espacio en nuestras vidas al *valor* de aquello a lo que se dirige nuestra atención. Si no tenemos una correcta actitud de apertura para el valor del objeto que deseamos conocer, ese objeto permanecerá ubicado fuera de nuestro ámbito de conocimiento.

Los *problemas* que Guardini piensa en este ámbito relacionado con el conocimiento y la interpretación, están también indicados en está actitud interior previa de excluir o aceptar en nosotros lo que percibimos como una amenaza. Sus preguntas se dirigen a invitarnos a pensar en las raíces de aquellas percepciones erróneas o acertadas. Con todo esto también se nos impulsa a descubrir la importancia de dirigirnos hacia aquello que no logramos ver con claridad dentro y fuera de nosotros mismos. El pensamiento guardiniano nos invita a ir al encuentro de la realidad, sin dejarnos atrapar por la unilateralidad ya sea de lo abstracto o de lo intuitivo, ya que cualquiera de las dos formas inmoviliza el pensamiento desde una falsa seguridad y nos aleja de la vida. Guardini nos impulsa a hacer experiencia de aquello que nos es más extraño y poco familiar, recordándonos que solo yendo al encuentro y preparándonos para ese encuentro de forma activa, intentando crear un espacio en nosotros para lo que queremos conocer, podremos ampliar nuestros horizontes marcados por el límite de los prejuicios presentes en cada uno de nosotros.

En todo esto es importante también tener en cuenta el *orden* desde el que el pensamiento guardinaiano se mueve. Podemos ver algo porque hay cosas para ver, porque las cosas son iluminadas ante nuesta mirada. No todo depende del sujeto cognoscente, las cosas, los objetos también se nos muestran y vienen a nuestro encuentro. El conocimiento no depende solo de un sujeto que piensa desde categorías a priori y que establece y construye un orden en el caos del mundo desde las categorias de la sensibilidad y del entendimiento. El conocimiento es también posible porque las cosas existen, porque la luz las ilumina, porque los objetos nos tocan con su valor dando un paso hacia nosotros y nosotros nos dejamos o no tocar por ellos. Conocer y mirar implica para el pensamiento guardiniano aceptar entrar en ese orden, dejarnos guiar, pararnos ante lo que queremos conocer de forma correcta y saber esperar.

También estamos invitados a crear en nosotros mismos un espacio para nuestra propia realidad. Conocernos a nosotros, llegar al centro de nosotros mismos, para tocar las raíces de nuestros sentidos, implica entrar también en un orden que no depende solo de nosotros. Para encontrarnos con nostoros mismos tenemos también que saber esperar, hacer en nosotros un lugar para aceptarnos como somos, para dejarnos tocar por el valor presente en nosotros y no pensar solo en lo que queremos hacer o mejorar de nosotros, lo que queremos cambiar, lo que nos molesta. Nuestro yo tiene el carácter de la inevitabilidad, porque siempre está ahí, desde él nos dirigimos a todas las cosas, y sin embargo lo percibimos como problemático y a veces hasta extraño. No hemos pedido ser como somos, ni tener los límites que tenemos y para encontrar paz y estar de acuerdo con lo que somos, tenemos que aprender a entrar también en un orden de conocimiento. Para llegar a la raíz de nuestra mirada, y de nosotros mismos, tenemos que aprender a recibirnos desde Alguien que nos dió a nosotros mismos, y con las características, límites y posibilidades que tenemos y que somos.

Podemos transitar muchos caminos para llegar al centro de nosotros mismos y tocar esa vida interior que condiciona o favorece nuestra vida sensitiva exterior, pero solo lograremos llegar a tocar lo que somos y encontrarnos a nosotros mismos, recibiéndonos desde el que nos dio a cada uno de nosotros, y nos llamó a la vida. De otra forma la problematicidad de nuestro yo será siempre más compleja y difícil de captar. Ya en ese ámbito que nos implica a nosotros mismos Guardini nos indica lo importante que es entrar en un orden de conocimiento y no sobrevalorar unilateralmente nuestra capacidad de conocer. Todo ello nos conduce también a un orden de la fe. Creemos porque hay Alguien que nos creó, que nos llamó a la vida y nos mantiene en ella. El que nos creo no nos abandona, nos habla de forma concreta y es contemporáneo a todos los tiempos. Dios viene a nuestro encuentro en Jesús, a través de su palabra, en la Iglesia. Pero nuevamente el encuentro es posible si aceptamos entrar en ese orden, si nos dejamos conducir por lo que ese orden nos manifiesta, y si no hacemos depender todo solo de nosotros, de nuestra forma de conocer y mirar cada vez más autónoma. El encuentro es posible si intentamos salir de nosotros mismos, si trabajamos por crear en nuestro interior un espacio para el que nos habla.

En el encuentro vital de la fe podremos penetrar en la Sagrada Escritura que nos llega a través de la Iglesia y podremos entrar siempre más plenamente en ese orden que nos conduce a la verdad que salva y hace libres. La experiencia de encuentro con Jesús es para Guardini la experiencia más sublime que una persona puede vivir. Cuando la persona se deja tocar por Jesús en el momento en que la Palabra del Padre decide ir a su encuentro, surge una nueva intuición que vinculando a cada uno a la única fe de la Iglesia, permite sin embargo descubrir la novedad de un rostro que solo cada persona individualmente puede experimentar en la relación personal a la que Dios lo llama. En la luz del que nos dio a nosotros mismos podremos conocernos y mirarnos de una forma nueva. Y en la palabra de Dios custodiada en las manos de la Iglesia podremos continuar creciendo en la fe y purificando nuestra experiencia e intuición. Desde esa purificación se logra crecer en libertad, en unidad y en la belleza de la vida que puede ser mirada cada vez más ampliamente, desde todas sus perspectivas, desde las que resplandece más intensamente el esplendor de la verdad. Desde la purificación a través de la fe y la Revelación se podrá crear en nosotros un mayor espacio a la luz del Creador, permitiéndole penetrar siempre más profundamente en el mundo que rechaza a Dios y que está también presente en cada uno de nostoros como creyentes.

El breve escrito guardiniano que debía acompañar eventuales nuevas publicaciones de su libro *El Contraste* («En caso de muerte») nos indica tres ideas que de alguna forma motivaron a Guardini a pensar durante casi toda su vida la teoría del contraste. Esta teoría guardiniana consiste en un conjunto de principios aplicable a la realidad de lo vivo. En ella se nos ofrece una ayuda para advertir de forma concreta en nuestra persona el riesgo de la unilateralidad que nos aleje de la realidad de lo concreto viviente. Desde allí se renueva también la invitación a buscar toda la verdad, animándonos a pensar lo vivo desde su unidad, y desde todas sus conexiones. Se nos ofrece en la teoría de la contrasteidad una importante ayuda para reconocer nuestra propia tendencia unilateral de conocimiento y de interpretación, siendo más concientes de ella, para intentar también abrir nuevos espacios en nuestro horizonte cognoscitivo.

En la preparación de nuestro encuentro con esos aspectos que nos son menos familiares o que advertimos como amenazantes Guardini nos indica la importancia de revalorizar la sensibilidad y la mirada femenina. Nos podemos preparar para el encuentro, pero no podemos producirlo. Podremos dar pasos hacia esos aspectos que nos son más distantes, pero cuando ellos den también un paso hacia nosotros. Se advierte desde estos pensamientos sobre el riesgo de deformar el orden vivo del conocimiento cuando el sujeto cognoscente piensa que el conocimiento de lo vivo lo puede determinar totalmente y solo él, tal como parecen indicarlos los modelos cognoscitivos pascaliano y kierkegardiano. Al salto en el riesgo que permite obtener una nueva claridad, sin ningún tipo de apoyo lógico, además de mirar el conocimiento solo desde la capacidad del sujeto cognoscente deformándo el orden del conocimiento, le falta la perspectiva de una mirada serena que se acerque de forma más respetuosa, orgánica y gradual al objeto a conocer. A esta última forma de unilateralidad le falta considerar el conocimiento como un acto complejo y vivo, que no depende solo del sujeto cognoscente, por lo tanto no se puede construir todo solo desde él. Se nos invita a mirar de forma más amplia el conocimiento, interpretando las cosas no solo desde la utilidad que tienen para nosotros, ni buscando solo integrar el objeto de conocimiento a nuestro propio mundo.

El útlimo pensamiento que Guardini subrayó en ese breve escrito es el relacionado con el gnosticismo y la importancia de distinguir entre contradicción y contraste. La vida es *acto* pero también *estructura*. Es acto en cuanto movimiento constante, movimiento que se expresa a través de actos exteriores, creaciones, obras; pero también a nivel de pensamientos que se elaboran interiormente y luego se exteriorizan. Incluso orgánicamente la vida es movimiento en cuanto a un fluir sanguineo constante de sangre o de secreciones. Pero la vida no es solo movimiento, es también estructura. La vida no puede ser solo movimiento, ya que ese movimiento tiene que ser sostenido por algo. La vida no puede ser solo un constante fluir. Acto y estructura no son polos que se identifican uno con el bien y otro con el mal, son simplemente datos que nos ofrece la vida misma. La vida es una realidad que tiene varias vertientes entre las que se encuentran el acto y la estructura. Estas vertientes están en tensión, porque cada una de ellas tiende a afirmarse independientemente de la otra. Pero la vida puede permanecer siendo vital *solo* en esta tensión contrastada que no es contradictoria.

El conocimiento tiene que poder captar esta realidad de tensión y reflejarlo como tal. Para ello la vida y nuestra experiencia de la vida debe ocupar el primer lugar. Solo así el pensamiento será un pensamiento vivo, en movimiento, capaz de captar la vida desde sí misma. El gnosticismo es una de las deformaciones del conocimiento que haciendo primar una perspectiva propia desde lo conceptual abstracto se aleja de la realidad de la vida. La vida tiene que poder ser pensada, pero no se puede anteponer a ella un estilo de pensar o categorías que deformen nuestra mirada y que nos impida pensarla desde ella misma. El gnosticismo hace primar su idea de bien y de mal sobre la realidad de la vida. El bien lo identifica con el espíritu y el mal con todo lo material. Ya desde el inicio el conocimiento mismo es guiado por esos principios humanos que nos impiden mirar la realidad de la vida tal como se nos manifiesta. Si hacemos primar solo nuestros principios, nos cerramos e impedimos a nosotros mismos la posibilidad de encontrar lo que buscamos. Nos impedimos la posibilidad de tocar la realidad de lo que queremos conocer desde la intuición, y vaciamos de realidad toda posible futura conceptualización posterior. La vida es un fenómenos complejo pero que puede ser captada por la razón si nos colocamos ante ella de forma adecuada.

Ante la figura de Cristo la compejidad es todavía mucho mayor porque no contamos con medidas humanas para captar y abarcar la totalidad de esta figura que excede nuesto horizonte de experiencias humanas. Cuando Dios se manifiesta abre también los ojos de las personas para que puedan descubrirlo. Cristo es el inicio de todas las cosas, a través de Él todo fue hecho y la fe es un eco de ese nuevo inicio en el conocimiento que nos permite poder captar a Cristo. Pero la fe también tiene un orden de conocimiento, en cuanto que se trata de una respuesta a la Revelación. Y la Revelación de Dios está dirigida a su vez al orden vivo de la totalidad de las personas. Estamos por lo tanto invitados a recibir desde la fe la palabra de Dios en la Iglesia, dejándonos formar por ella.

Al ser la intuición la que logra tocar la realidad cuando ella viene a nuestro encuentro, es la intuición a través de la fe la que logra tocar y llegar al centro de la palabra de Dios. En el encuentro vivo de la fe podemos captar la Revelación y en ese encuentro vivo surge también una intuición personal que nos permite participar en el conocimiento de la fe de la Iglesia, ofreciéndonos un nuevo conocimiento personal único y original en cada creyente. La fe y la Revelación son aquí considerados como los principios interperetativos guardinianos más importantes y de los cuales se derivan todos los otros principios contrastados. Por encima de la fe y de la Revelación no puede ser colocada ninguna medida humana, ni siquiera la de la ciencia. Sin embargo tratándose la fe y la Revelación de principios interpretativos generales fundamentales, desde ellos se ilumina al mismo tiempo lo más original y lo más propio en cada creyente. Desde la relación personal unica de cada persona con Dios en la fe, surge en cada creyente una intución que le es propia y desde la que conoce un rostro de Jesús que le pertenece solo a él.

La experiencia y la intución debe transitar también un camino de purificación. Deben permanecer en la tensión del conocimiento, para que ese conocimiento refleje el movimiento vital de la fe. La intuición personal es impulsada en el pensamiento guardiniano a dejarse configurar científicamente y abrirse al conocimiento conceptual abstracto. Ambos conocimientos, el intuitivo y el concpetual, están llamados a iluminarse y purificarse mutuamente. La vida de la fe es posible de ser pensada teniendo en cuenta todas las conexiones y elementos importantes que la integran. Las fuentes históricas que nos hablan de Jesús nos ofrecen una ayuda fundamental en la tarea de pensar la fe. Pero también estas fuentes están caracterizadas por determinaciones históricas concretas. En el ámbito del conocimiento histórico la crítica guardiniana nos indicó los riesgos que acompañan a la unilateralidad del conocimiento historicista, que mira la Sagrada Escritura solo desde su aspecto histórico, sin tener en cuenta la originalidad de la Revelación.

La mirada historicista de la Sagrada Escritura reduce la Revelación solo al contenido conceptual de lo expresado, olvidando que todo en Jesús es Revelación y que todo en él es palabra, incluso cuando no habla. Además la unilateralidad del historicismo al mirar solo la historia, pierde de vista que la Reveleación nos acerca un mensaje que procede de la eternidad y que se dirige a cada tiempo histórico. Desde estas limitaciones señaladas a un tipo de conocimiento predominantemente historicista de la Sagrada Escritura al inicio del 1900, Guardini nos recordó que para cumplir plenamente con la tarea de investigación de Jesús y con su correcta transmisión, se debe trabajar tanto a nivel sistemático teológico como también a nivel histórico. Teniendo en cuenta y reflexionando las dificultades y objeciones que provienen de ese ámbito. Estos aspectos que Guardini mismo nos indica como importantes, señalan uno de los límites del pensamiento guardiniano que nuestro autor no logró desarrollar. En este trabajo se propuso un nuevo par de contrastes o de polos opuestos a tener en cuenta: *historia y contemporaneidad*. Con este par de opuestos se ofrece un posible camino de solución para integrar en la teoría contrastada ese límite del pensamiento guardiniano que él mismo nos indica.

Al hablarnos Guardini del gnosticismo en el cuarto evangelio nos indicó la importancia del diálogo con otros sistemas y formas de pensamiento, para poder mantener la Revelación cercana al mundo y para expresar los contenidos de esa Revelación de forma entendible a cada tiempo, teniendo en cuenta la sensibilidad de cada época y cada cultura. Se nos indicó un importante intercambio desde rasgos del cuarto evangelio, individuando allí un eficaz diálogo con el gnosticismo de ese momento histórico. En esa ocasión se logró expresar el mensaje revelado con un lenguaje entendible a la sensibilidad de aquella cultura, pero sin quedar atrapado en el mundo. Guardini tuvo muchos logros importantes que aquí han sido señalados, y que subrayan la importancia de un pensamiento integral, una forma de conocer e interpretar desde la unidad compleja de todas las conexiones, sin embargo un mayor acercamiento y un mayor diálogo con la sensibilidad histórico científica permaneció en él como una tarea a realizar.

El reconocimiento de la ciencia, sobre todo en referencia a la ciencia histórica, permanecerá en Guardini como un aspecto del que fue tomando siempre más conciencia, y que cobró gradualmente en su pensamiento mayor importancia; pero que permanecerá abierto e inconcluso. Lo que lo distanció de la ciencia fue sobre todo una mirada científica que consideraba un modelo de ciencia histórica como el *único* conocimiento importante. Detrás de esa actitud que sostuvo el historicismo, se encuentra también una visión limitada de la ciencia, muy vinculada al sistema kantiano. La situación y el contexto científico actual, con más de medio siglo de distancia del tiempo en el que Guardini pensó estos temas, nos abre un horizonte de mayor diálogo entre la fe y las ciencias, tal como por ejemplo nos lo presenta Bernard Lonergan[6]. El importante diálogo con la ciencia se nos presenta como una tarea siempre más urgente para seguir proponiendo hoy de forma adecuada a la sensibilidad de nuestro tiempo el original mensaje de la Revelación.

---

[6] Cf. B. LONERGAN, *Il Metodo in teologia*.

Walter Dirks en un artículo escrito diez días después de la muerte de Romano Guardini cuenta que que tuvo la oportunidad de verlo y dialogar con él durante durante sus últimos días[7]. Desde su avanzada edad y después de un largo periodo de enfermedad, nuestro profesor italo-alemán estando ya internado, le habló a Dirks de su preparación para el cara a cara con el Creador. Se preparaba para ese momento rogando obtener misericordia al pensar en las preguntas que se le harían, pero también esperaba contar con la gracia de poder formular él mismo algunas preguntas. Dirks menciona en ese artículo una pregunta que Guardini le confió, y para la cual no había obtenido en ningún libro ni en ninguna teología una respuesta satisfactoria: ¿por qué sufren los inocentes? Esta pregunta nos habla una vez más de la gran sensibilidad de Guardini y de la huella que seguramente dejaron en él el drama de las dos grandes guerras mundiales que vivió desde un escenario muy cercano.

Mientras Guardini se prepara para recibir la muerte, se dirige a ese momento tan importante todavía con algunas inquietudes, con preguntas para hacer, y todo ello desde la gran pasión por conocer y servir a la verdad que marcó toda su vida. La gran capacidad de buscar, de preguntar, de pensar, nos habla también de la actualidad del pensamiento guardiniano. Es un pensamiento que nos impulsa también hoy a seguir buscando. El espíritu guardiniano nos sigue animando a mirar la realidad e intentar escuchar y descubrir las preguntas que surgen vinculadas con nuestro tiempo histórico, dejándonos guiar en la búsqueda de una respuesta adecuada, principalmente por la luz que procede de Jesús. Intentando hacer un espacio siempre mayor en nosotros a esa luz que penetra en lo más hondo de la realidad de lo humano y del mundo.

---

[7] Cf. W. DIRKS, «Ein angefochtener sehr treuer Christ», 41.

LISTA DE ABREVIATURAS

Aufl.	Auflage (edición)
bzw.	beziehungsweise (más precisamente u otros)
Cath. (M)	*Catholica Münster*
ff.	folgende [Seiten] (páginas siguientes)
f.	folgende [Seite] (página siguiente)
Fs.	Festschrift
d.h.	das heißt (es decir)
dt.	deutsch (alemán)
DV	*Dei Verbum*
ed.	*edidit, ediderunt* (editor, editores)
Ibid.	*Ibidem* (en el mismo lugar)
ID.	IDEM (el mismo, lo mismo)
LThk	*Lexikon für Theologie und Kirche*
n.	nota
núm.	número
Rdt	*Rassegna di Teologia*
RT	*Ricerche Teologiche*
S.	Seite (página)
S. th.	*Suma Teológica*
trad.	traducción
u.	und (y)
u. a.	unter anderem / anderen (entre otros u otros)
usf.	und so fort (etcétera)
usw.	und so weiter (etcétera)
VD	*Verbum Domini*
vgl.	vergleiche (comparar)
z. B.	zum Beispiel (por ejemplo)

BIBLIOGRAFÍA

1. Obras de Romano Guardini

1.1 Publicadas

«Am Stadttor von Naïn» (1958), en *Wurzel eines großen Lebenswerk*, IV, Mainz – Paderborn 2003, 329-337.

«Anselm von Canterbury und das Wesen der Theologie» (1921), en *Wurzeln eines großen Lebenswerks,* I, Mainz – Paderborn 2000, 386-417.

Berichte über mein Leben. Autobiographische Aufzeichnungen, Düsseldorf 1984; trad. española, *Apuntes para una autobiografía,* Madrid 1992.

«Blaise Pascal. Gedanken. Einführung» (1937), en *Wurzeln eines großen Lebenswerks,* III, Mainz – Paderborn 2003, 150-167.

Briefe über Selbstbildung, Mainz 1998.

Christliches Bewußtsein. Versuche über Pascal, München 1962.

Das Christusbild der paulinischen und johanneischen Schriften, Mainz – Paderborn 1987.

Dantes Göttliche Komödie. Ihre philosophischen und religiösen Grundgedanken, Mainz – Paderborn 1998.

«Das Argumentum ex pietate beim hl. Bonaventura und Anselms Dezenzbeweis» (1922), en *Wurzeln eines großen Lebenswerks,* II, Mainz – Paderborn 2001, 123-138.

Das Bild von Jesus dem Christus im Neuen Testament, Würzburg 1953.

Das Ende der Neuzeit. Ein Versuch zur Orientierung – Die Macht. Versuch einer Wegweisung, Ostfildern - Paderborn 2006.

«Das Gespräch in Ostia. Augustinus, Bekenntnisse IX, 10» (1957), en *Wurzel eines großen Lebenswerk,* IV, Mainz – Paderborn 2003, 317-319.

«Das Phänomen der religiösen Erfahrung» (1961), en *Wurzel eines großen Lebenswerk,* IV, Mainz – Paderborn 2003, 368-383.

«Das Unendlich-Absolute und das Religiös-Chrisliche» (1958), en *Unterscheidung des Christlichen*, Mainz 1963, 260-276.

Das Wesen des Christentums – Die menschliche Wirklichkeit des Herrn. Beiträge zu einer Psychologie Jesu, Mainz – Paderborn 1991.

Der Anfang aller Dinge. Meditationen über Genesis Kapitel 1-3 – Weisheit der Psalmen. Meditationen, Ostfildern – Paderborn 2006.

Der Engel in Dantes Göttlicher Komödie. Dantestudien, Mainz – Paderborn 1995.

Der Gegensatz. Versuche zu einer Philosophie des Lebendig-Konkreten, Mainz – Paderborn 1998; trad. española, *El Contraste. Ensayo de una filosofía de lo viviente-concreto*, Madrid 1996; trad. italiana, *L'opposizione polare. Saggio per una filosofia del concreto vivente*, Milano 1964; trad. italiana *corregida, L'opposizione polare*, Brescia 1997.

Der Herr. Betrachtungen über die Person und das Leben Jesu Christi, Aschaffenburg 1948; trad. española, *El Señor. Meditaciones sobre la persona y la vida de Jesucristo*, Buenos Aires 1986.

«Der religiöse Gehorsam», en *Wurzeln eines großen Lebenswerks,* I, Mainz – Paderborn 2000, 35-44.

«Der Segen Jakobs von Rembrandt» (1930), en *Wurzeln eines großen Lebenswerks*, III, Mainz – Paderborn 2003, 50-53.

Der Tod des Sokrates. Eine Interpreation der platonischen Schriften Euthyphon – Apologie – Kriton und Phaidon, Mainz – Paderborn 1987.

«Die Begegnung», en *Wurzel eines großen Lebenswerks*, IV, Mainz – Paderborn 2003, 230-245.

Die Bekehrung des Aurelius Agustinus. Der innere Vorgang in seinen Bekenntnissen, Mainz – Paderborn 1989.

Die Existenz des Christen, München – Paderborn – Wien 1976.

Die Lehre des Heil. Bonaventura von der Erlösung. Ein Beitrag zur Geschichte und zum System der Erlösungslehre, Düsseldorf 1921.

Die Offenbarung. Ihr Wesen und ihre Formen, Würzburg 1940.

«Die Offenbarung und die Endlichkeit» (1951), en *Unterscheidung des Christlichen*, Mainz 1963, 398-410.

Die Technik und der Mensch. Briefe vom Comer See, Mainz 1990.

«Ein Gespräch vom Reichtum Christi» (1920), en *Wurzeln eines großen Lebenswerks,* I, Mainz – Paderborn 2000, 259-274.

Ethik. Vorlesungen an der Universität München (1950-1962), I-II, Mainz – Paderborn, 1997.

«"Europa" und "Christliche Weltanschauung" », en *Stationen und Rückblicke – Berichte über mein Leben*, Mainz – Paderborn 1995, 294-301.

«Evangelisches Christentum in Katholischer Sicht, heute», *Una Sancta*, Augsburg 1958, 225-233.

«Frauenart und Frauensendung», en *Wurzeln eines großen Lebenswerks*, II, Mainz – Paderborn 2001, 23-40.

Freiheit – Gnade – Schiksal. Drei Kapitel zur Deutung des Daseins, Mainz – Paderborn 1994.

Freiheit und Verantwortung. Die Weiße Rose – Zum Widerstand im «Dritten Reich», Ostfildern 2010.

«Gedanken über das Verhältnis von Christentum und Kultur», (1926), en *Unterscheidung des Christlichen*, Mainz 1963, 145-184.

Gegensatz und Gegensätze, Freiburg 1914.

Geistliche Schriftauslegung. Im Anfang war das Wort – Die christliche Liebe – Das Harren der Schöpfung, Mainz 1993.

Glaubenserkenntnis. Versuche zur Unterscheidung und Vertiefung, Mainz – Paderborn 1997.

Glaubiges Dasein – Die Annahme seiner selbst, Mainz – Paderborn 1993.

«Heilige Schrift und Glaubewissenschaft» (1928), en *Wurzel eines großen Lebenswerk*, II, Mainz 2001, 337-383.

Hölderlin. Weltbild und Frömmigkeit, Mainz – Paderborn 1996.

In Spiegel und Gleichnis. Bilder und Gedanken, Mainz – Paderborn 1990.

Johanneische Botschaft. Meditationen über Worte aus den Abschiedsreden und dem ersten Johannesbrief, Würzburg 1962.

«Kirche und Dogma – Weg in die Freiheit», en *Wurzeln eines großen Lebenswerks*, IV, Mainz – Paderborn 2003, 340-353.

Landschaft der Ewigkeit. Dantestudien, Mainz – Paderborn 1996.

Liturgie und liturgische Bildung, Mainz – Paderborn 1992.

«Logik und religiöse Erkenntnis», *Die Schildgenossen* 9, 1929, 179-206.

«Madeliene Sémer», en *Unterscheidung des Christlichen*, Mainz 1963, 578-610.

«Möglichkeit und Grenzen der Gemeinschaft» (1932), en *Unterscheidung des Christlichen*, Mainz 1963, 62-81.

Predigten zum Kirchenjahr, Mainz – Paderborn 1998.

Psalter und Gebete, Mainz – Paderborn 1998.

Rainer Maria Rilkes Deutung des Daseins. Eine Interpretation der Duineser Elegien, Mainz – Paderborn 1996.

Religion und Offenbarung, Mainz – Paderborn 1990.

Religiöse Gestalten in Dostojewskijs Werk. Studien über den Glauben, Mainz – Paderborn, 1989.

«Rembrandts lächelndes Altersbildnis» (1924), en *Wurzel eines großen Lebenswerk*, II, Mainz 2001, 198-202.

Sorge um den Menschen, I, Mainz – Paderborn 1988.

Sorge um den Menschen, II, Mainz – Paderborn 1989.

Sprache – Dichtung – Deutung, Mainz – Paderborn 1992.

Stationen und Rückblicke – Berichte über mein Leben. Autobiographische Aufzeichnungen, Mainz – Paderborn 1995.

Systembildende Elemente in der Theologie Bonaventuras. Die Lehren vom Lumen Mentis, von der Gradatio Entium und der Influentia Sensus et Motus, Leiden 1964.

Theologische Briefe an einen Freund. Einsichten an der Grenze des Lebens, München – Paderborn – Wien 1976.

Tugenden. Meditationen über Gestalten sittlichen Lebens, Mainz – Paderborn 1992.

«Über das Wesen des Kunstwerks», en *Wurzeln eines großen Lebenswerks*, III, Mainz – Paderborn 2003, 336-359.

Vom Geist der Liturgie, Freiburg 1959.

Vom Sinn der Kirche. Fünf Vorträge – Die Kirche des Herrn. Meditationen über Wesen und Auftrag der Kirche, Mainz – Paderborn 1990.

«Vom Wesen katholischer Weltanschauung» (1923), en *Unterscheidung des Christlichen*, Mainz 1963, 13-33; trad. italiana, *La vision cattolica del mondo*, Brescia 1994.

Vorschule des Betens, Ostfildern – Paderborn 2011.

«Warum so viele Bücher?», en *Stationen und Rückblicke*, Mainz – Paderborn 1995, 302-307.

Wahrheit des Denkens und Wahrheit des Tuns. Notizen und Texte 1942-1964, München – Wien – Zurich 1980.

Welt und Person. Versuche zur christlichen Lehre, Mainz – Paderborn 1988.

1.2 Inéditas

Die Stellungnahme des Protestanten zum Katholizismus (Kleinere Abhandlungen N.º 30), en Romano Guardini-Archiv der Katholischen Akademie in Bayern, München.

Für den Todesfall, Guardini-Archiv der Katholischen Akademie in Bayern, München 5.2.1964.

Marginalien zur Summa Theologica, en Romano Guardini-Archiv der Katholischen Akademie in Bayern, München.

Zum Problem der Entmytologisierung (Entwurf, Seite 1-10), en Romano Guardini-Archiv der Katholischen Akademie in Bayern, München.

Über die Wendung in der Haltung der Erkenntnis, en Romano Guardini-Archiv der Katholischen Akademie in Bayern, München.

Brief an den Papst Paul VI. (20-03-1965), Romano Guardini-Archiv der Katholischen Akademie in Bayern, München.

Korrespondenz-P. Guido Sommavilla S. J., en Bayerische Staatsbibliothek, Ana 342.

2. Literatura sobre Romano Guardini

BABOLIN, A., «Indagini sul pensiero contemporaneo. La problematica filosofica e teologica del "Das Ende der Neuzeit" di R. Guardini», *Rivista di Filosofia Neo-Scolastica* 67 (1975) 1-23.

——, «Il pensiero filosofico e religioso di Romano Guardini nella critica d'oggi», *Euntes docete* 28 (1975) 204-249.

——, *Romano Guardini, filosofo dell'alterità,* I-II, Bologna 1968-1969.

BALTHASAR, H. U. von, *Romano Guardini. Reform aus dem Ursprung,* Freiburg 1995.

BESCHIN, G., «Postfazione», en R. GUARDINI, *Hölderlin,* II, Brescia 1995, 741-744.

BISER, E., «Erkundung des Menschlichen. Romano Guardinis Anthropologie im Umriß», en J. RATZINGER, ed., *Wege zur Wahrheit. Die bleibende Bedeutung von Romano Guardini,* Düsseldorf 1985, 70-71.

——, *Interpretation und Veränderung. Werk und Wirkung Romano Guardinis,* Paderborn – München – Wien – Zürich 1979.

——, «Romano Guardini. Wegweiser in einer neue Epoche», en W. SEIDEL, ed., *Christliche Weltanschauung. Wiederbegegnung mit Romano Guardini,* Würzburg 1985, 210-240.

——, *Wer war Romano Guardini? Fragen zu einer Antwort,* München 1985.

BORGHESI, M., *Romano Guardini. Dialettica e antropologia,* Roma 2004.

——, «Romano Guardini. Lumen Cordis e "visione del mondo"» en L. ALICI – R. PICCOLOMINI – A. PERETTI, ed., *Esistenza e libertà,* Roma 2000, 175-198.

DETTLOFF, W., «Begegnung im Wort. Gedanken aus einem Gespräch mit Romano Guardini über das Diskutieren», en M. SECKLER – O.-H.

PESCH, ed., *Begegnung*. Fs. H. Fries, Graz – Wien – Köln 1972, 761-764.

DETTLOFF, W., Romano Guardini (1885-1968), en H. FRIES – G. KRETSCHMAR, ed., *Klassiker der Theologie. Von Richard Simon bis Dietrich Bonhoffer*, II, München 1983, 318-330.

DIRKS, W., «Ein angefochtener sehr treuer Christ», *Die Zeit* (Freitag den 11. Oktober 1968), 41.

DOTOLO, C., «Ermeneutica della Fede e visione del Mondo in Romano Guardini», *RT* 1 (1993) 31-54.

———, «Romano Guardini», en R. FISICHELLA, ed., *Storia della Teología*, III, Roma 1996, 717-733.

EICHER, P., «Jesus Christus – die lebendig-konkrete Selbsoffenbarung Gottes (Romano Guardini)», en *Die Offenbarung. Prinzip neuzetlicher Theologie*, München 1977, 261-292.

ELEGANTI, M., *"Man muss gut wollen, um wahr denken zu können". Ein Beitrag zum Wahrheitsvertändnis Romano Guardinis*, Innsbruck – Wien, 2003.

FABER, E. M., *Kirche zwischen Identität und Differenz. Die ekklesiologischen Entwürfe von Romano Guardini und Erich Przwara*, Würzburg 1993.

FABRIS, G., *Dallo sguardo di Romano Guardini*, Padova 2009.

FARRUGIA, M., «L'incontro: realtà fondante nel pensiero di Romano Guardini», *RdT* 32 (1991), 582-604.

———, *Romano Guardini man's quest for truth*, Roma 1986.

———, «Guardini, Romano», en R. LATOURELLE – R. FISICHELLA – PIÉ-S. Ninot, ed., *Diccionario de Teología Fundamental*, Madrid 1992, 512-516.

FIDALGO, J. M., *Conocer al hombre desde Dios. La centralidad de Cristo en la Antropología de Romano Guardini*, Navarra 2010.

FISCHER, D., *Wort und Welt. Die Pneuma-Theologie Romano Guardinis als Beitrag zur Glaubensentdeckung und Glaubensbegleitung*, Stuttgart 1993.

FRIES, H., «Nachwort und Deutung», en R. GUARDINI, *Vom Wesen Katholischer Weltanschauung*, Basel 1953, 41-94.

GAMERRO, R., *Romano Guardini. Filosofo della Religione*, Milano 1981.

GERL, H.-B., *Romano Guardini (1885-1968). Leben und Werk*, Mainz 1995.

———, «"Durchblick aufs Ganze". Romano Guardinis Werk in seiner Entfaltung», en J. RATZINGER, ed., *Wege zur Wahrheit. Die bleibende Bedeutung von Romano Guardini*, Düsseldorf 1985, 33-69.

GERL, H.-B., «Leben in ausgehaltener Spannung», en W. SEIDEL, ed., *"Christliche Weltanschauung"*, Würzburg 1985, 59-79.

——, «Prefazione», en G. FABRIS, *Dallo sguardo di Romano Guardini. Una rilettura delle coppie della Genesi,* Padova 2009, 9-11.

——, «Romano Guardini (1885-1968). Sein Leben und seine geistige Gestalt», en W. SEIDEL, ed., *Christliche Weltanschauung*, Würzburg 1985, 11-26.

GIBU SHIMABUKURO, R., *Unicidad y relacionalidad de la persona. La antropología de Romano Guardini*, México 2008.

GOES, A., *Tagwerk. Prosa und Verse*, Frankfurt 1976.

GUERRIERO, E., «Romano Guardini pensatore cattolico», *Communio* 133 (1994) 88-93.

HEGGE, B., *Christliche Existenz bei Romano Guardini. Ihre heilsgeschichtliche und ekklesiale Dimension*, Würzburg 2003.

HENRICH, F., *Romano Guardini. Leben, Persönlichkeit, Charisma und Wirken 1885-1968*, München 1998.

——, «Vorwort», en R. GUARDINI, *Berichte über mein Leben*, Düsseldorf 1984, 9-13.

HONNEFELDER, L. – LUTZ-BACHMANN, M., ed. *Auslegungen des Glaubens. Zur Hermeneutik christlicher Existenz*, Berlin – Hildesheim 1987.

IANNASCOLI, L., *Condizione umana e opposizione polare nella filosofia di Romano Guardini. Genesi, fonti e sviluppi di un pensiero*, Roma 2005.

KAHLEFELD, H., «Nachwort», en R. GUARDINI, *Geistliche Schriftauslegung*, Mainz 1993, 91-99.

KATHOLISCHEN AKADEMIE IN BAYERN, ed., *Bibliographie Romano Guardini (1885-1968). Guardinis Werke. Veröffentlichungen über Guardini. Rezensionen*, Paderborn – München – Wien – Zürich 1978.

KNOLL, A., *Glaube und Kultur bei Romano Guardini*, Paderborn – München – Wien – Zürich 1994.

KOBYLINSKI, A., *Modernità e postmodernità. L'interpretazione cristiana dell'esistenza al tramonto dei tempi moderni nel pensiero di Romano Guardini*, Roma 1998.

KREIML, J., *Die Selbstoffenbarung Gottes und der Glauben des Menschen. Eine Studie zum Werk Romano Guardinis*, St. Ottilien 2002.

KRIEG, R., *Romano Guardini. A Precursor of Vatican II*, Indiana 1997.

LANGNER, D., *Schauen im Glauben. Die Bedeutung der Mystik bei Romano Guardini*, Würzburg 2008.

LÓPEZ-QUINTÁS, A., *Romano Guardini y la dialéctica de lo viviente*, Madrid 1966.

LÓPEZ-QUINTÁS, A., «Estudio Introductorio», en R. GUARDINI, *El Contraste*, Madrid 1996, 11-59.

―――, «Estudio Introductorio», en R. GUARDINI, *Ética*, Madrid 1999, 17-46.

―――, «Estudio Introductorio», en F. GUARDINI, *La existencia del cristiano*, Madrid 1997, 9-30.

NICOLETTI, M., «Guardini e il problema dell'etica politica tra autorità e coscienza», en M. NICOLETTI – S. ZUCAL, ed., *Tra Coscienza e Storia. Il problema dell'Etica in Romano Guardini*, Brescia 1999, 195-209.

MAHR, G., *Romano Guardini*, Berlin 1976.

MARTINI, C. M., «Romano Guardini maestro cristiano», *Humanitas* 49 (1994) 167-168.

―――, «Ricchezza sorgiva e metodo interiore di Romano Guardini», *Communio* 133 (1994) 94-96.

MERCKER, H., *Christliche Weltanschauung als Problem. Untersuchung zur Grundstruktur im Werk Romano Guardinis*, Paderborn – München – Wien – Zürich 1988.

―――, «Methode als Mentalität? Romano Guardinis Verhältnis zur historisch-kritischen Exegese», en H. FOX – H. MERKER, ed., *Contemplata aliis tradere zum Gedanken an Gerhard Kiefer*, Rheinland-Pfalz 1987, 157-177.

MERTENS, A., «An den Grenzen der historisch-kritischen Methode. Orientierungen im Blick auf Romano Guardini», en W. SEIDEL, ed., *Christliche Weltanschauung*, Würzburg 1985, 141-162.

NJOKU, M. B., *Liturgy as Human Experience of divine Mystery*, Roma 2005.

PAGANELLI, P., *Una fede che divene cultura. Alla scuola di Romano Guardini*, Siena 2005.

PENZO, G., «Guardini e Hölderlin: interpretazione esistenziale del sacro», *Communio* 132 (1993) 81-88.

―――, «Dei e Dio e il problema del Sacro: Guardini interprete di Hölderlin», *Humanitas* 42 (1987) 203-217.

PAULY, S., *Subjekt und Selbstwerdung, Das Subjektdenken Romano Guardinis, seine Rückbezüge auf Søren Kierkergaard und seine Einlösbarkeit in der Postmoderne*, Stuttgart 2000.

DE LA POTTERIE, I., «L'esegesi Biblica scienza della fede», en *L'esegesi cristiana oggi*, Casale Monferrato 1992, 127-165.

―――, «Il Concilio Vaticano II e la Bibbia», en *L'esegesi cristiana oggi*, Casale Monferrato 1992, 19-42.

RAHNER, K., «Ansprache zum 80. Geburtstag von Romano Guardini», en K. RAHNER, *Sämtliche Werke*, XXII-2, Freiburg 2008, 652-662.

RAHNER, K., «Denker und Christ. Nachruf auf Romano Guardini», en K. RAHNER, *Sämtliche Werke*, XXII-2, Freiburg 2008, 663-666.

―――, «Romano Guardini zum 80. Geburstag», en K. RAHNER, *Sämtliche Werke*, XXII-2, Freiburg 2008, 650-651.

―――, «Bemerkungen zum Begriff der Offenbarung», en H. KUHN – K. FORSTER – H. KAHLEFELD, ed., *Interpretation der Welt. Fs. Romano Guardini zum 80. Geburstag*, Würzburg 1965, 713-722.

RATZINGER, J., ed., «Von der Liturgie zur Christologie. Romano Guardinis theologischer Grundansatzund seine Aussagekraft», en *Wege zur Wahrheit. Die bleibende bedeutung von Romano Guardini*, Düsseldorf 1985, 121-144.

―――, ed., «Schriftauslegung im Widerstreit. Zur Frage nach Grundlagen und Wege der Exegese heute», en *Schriftauslegung im Widerstreit*, Freiburg – Basel – Wien 1989, 15-44.

―――, ed., «Vorwort», en *Schriftauslegung im Widerstreit*, Freiburg – Basel – Wien 1989, 7-13.

SANTINI, E., *Esistenza ed opposizione. Ermeneutica della libertà in Romano Guardini*, Roma 1994.

SCHELHAS, J., «Guardini Kriterien des Schriftverstehens im Licht von *Dei Verbum*, Artikel 12. Vom mehrschichtigen Erkennen der Offenbarung», *Cath*(M) 64 (2010) 265-289.

SEIDEL, W., ed., *"Christliche Weltanschauung". Widerbegegnung mit Romano Guardini*, Würzburg 1985.

SOMMAVILLA, G., «La filosofia di Romano Guardini», en R. GUARDINI, *Scritti filosofici*, I, Milano 1964, 3-121.

―――, «Ricordo di Romano Guardini», *Humanitas* 33 (1978) 719-718.

―――, «Ricordi di un testimone: La Chiesa Cattolica garanzia di libertà nella verità», *Communio* 132 (1993), 31-42.

―――, «Romano Guardini a vent'anni dalla sua morte», *Civiltà Cattolica* 140 (1989) 244-250.

―――, «Romano Guardini Interprete della letteratura in chiave cristiana», en S. ZUCAL, ed., *La Weltanschauung cristiana di Romano Guardini*, Bologna 1988, 433-448.

THEOBALD, M., «Die Autonomie historischer Kritik -Ausdruck des Unglaubens oder der theologischen Notwendigkeit? Zur Schriftauslegung Romano Guardinis», en L. HONNEFELDER – M. LUTZ-BACHMANN, ed., *Auslegungen des Glaubens. Zur Hermeneutik christlicher Existenz*, Berlin – Hildesheim 1987, 21-45.

TOTI, M. G., *L'educazione all'autentico Post-Moderno in Romano Guardini*, Roma 2004.

TRONTI, M., «Guardini e il potere», en M. NICOLETTI – S. ZUCAL, ed., *Tra Coscienza e Storia. Il problema dell'Etica in Romano Guardini*, Brescia 1999.

WECHSLER, F., *Romano Guardini als Kerygmatiker*, Paderborn 1973.

WEISS, O., *«Der erste aller Christen». Zur deutschen Pascal-Rezeption von Friedrich Nietzsche bis Hans Urs von Balthasar*, Regensburg 2012.

WIESEMANN, K.-H., «Das "weibliche Moment" in Guardinis Erkenntnisprozess», *Brief aus Mooshausen*, Februar 2000, 25-33.

ZIMMERMANN, M., *Die Nachfolge Jesu Christi. Eine Studie zu Romano Guardini*, Paderborn – München – Wien – Zürich, 2004.

ŽIŽIĆ, I., *"Verità della Forma". Liturgia Fondamentale in Romano Guardini*, Roma 2005.

ZUCAL, S., «Attualità di Romano Guardini», *Humanitas* 49 (1994) 176-189.

———, «Guardini e l'angelo», *Communio* 132 (1993) 90-108.

———, «Guardini e la riabilitazione della "virtù"», en M. NICOLETTI – S. ZUCAL, ed., *Tra Coscienza e Storia. Il problema dell'Etica in Romano Guardini*, Brescia 1999, 127-151.

———, «Introduzione», en S. ZUCAL, ed., *La Weltanschauung cristiana di Romano Guardini*, Bologna 1988, 13-41.

———, «Premessa», en R. GUARDINI, *La Visione Cattolica del Mondo*, Brescia 2005, 7-9.

———, «Ratzinger e Guardini un incontro decisivo», *Vita e Pensiero* 4 (2008) 79-88.

———, *Romano Guardini filosofo del silenzio*, Roma 1992.

———, *Romano Guardini e la Metamorfosi del «religioso» tra moderno e post-moderno. Un aproccio ermeneutico a Hölderlin, Dostoevskij e Nietzsche*, Urbino 1990.

3. Bibliografía complementaria

AHLERS, R., «Kurzbiographie von Karl Neundörfer 1885-1926», *Brief aus Mooshausen*, Februar 2000, 49.

APARICIO VALLS, C., «La relación escritura y teología: cuestión abierta», *Gregorianum* 92 (2011) 261-282.

———, «L'ermeneutica della Sacra Scrittura nella Chiesa», en C. APARICIO VALLS – S. PIÉ-NINOT, ed., *Commento alla Verbum Domini*, Roma 2012, 75-84.

AURELIUS AUGUSTINUS (S. Agustín), *Las Confesiones*, Madrid 2005.

BULTMANN, R., *Jesus*, Berlin 1929.

BENEDETTO XVI, «Esegesi non solo storica ma teologica per il futuro della Fede», Aula del Sinodo Martedì 14 ottobre 2008, en *Insegnamenti di Benedetto XVI*, IV (2) 2008, Città del Vaticano 2009, 493-494.

———, *Jesus von Nazareth*, Freiburg – Basel – Wien 2007.

———, «Testimoniamo la gioia della fede in ogni ambito della vita. Apertura del Convegno Ecclesiale della Diocesi di Roma. Nella Basilica di San Giovanni Laterano, lunedì 13 giugno», en *Insegnamenti di Benedetto XVI*, VII, (1), Città del Vaticano 2012, 842-847.

BROWN, R. E., *Introducción al Nuevo Testamento*, Madrid 2002.

COLOMBO, G., *La Ragione Teologica*, Milano 1995.

DE LUBAC, H., *La fe Cristiana. Ensayo sobre la estructura del Símbolo de los Apóstoles*, Salamanca 1988.

DOSTOYEVSKI, F., *El Idiota*, México 2011.

———, *Los Hermanos Karamazov*, Madrid 1980.

———, *L'adolescente*, Milano 1987.

———, *Crimen y Castigo*, Madrid 1980.

FITZMYER, J. A., *Lettere ai Romani*, Casale Monferrato 1999.

GALLAGHER, M. P., *Mappe della Fede. Dieci grandi esploratori cristiani*, Milano 2011.

GIBELLINI, R., *La Teologia del XX secolo*, Brescia 2007.

GREGORIO MAGNO, *Omelie su Ezechiele* I, Roma 1992.

GRAVES, R., *I miti greci*, Milano 2000.

KLEIN, F., *Une expérience religieuse; Madeleine Sémer, Convertie et Mystique* (1874-1921), Paris 1923.

KOCH, D., ed., *Karl Barth. Offene Briefe 1909-1935*, Zürich 2001.

LÉGASSE, S., *L'Epistola di Paolo ai Romani*, Brescia 2004.

LONERGAN, B., *Il Metodo in teologia*, Roma 2001.

LOISY, A., *L'Évangile et l'Église*, Paris 1929.

LUZ, U., *Das Evangelium nach Matthëus*, I, Zürich – Einsiedeln – Köln 1985.

PASCAL, B., *Pensamientos*, Madrid 1981.

PITTA, A., *Lettera ai Romani*, Milano 2001.

PROVENCHER, N., «Modernismo», en R. LATOURELLE – R. FISICHELLA – S. PIÉ-NINOT, ed., *Diccionario de Teología Fundamental*, Madrid 1992, 1013-1017.

RATZINGER, J., *Introducción al Cristianismo*, Salamanca 1996.

SAUTER, G., «Rechtfertigung», en G. MÜLLER, ed., *Theologische Realenzyklopädie. Pürstinge – Religionsphilosophie*, XXVIII, Berlin – New York 1997, 315-364.

SCHWEITZER, A., *Von Reimarus zu Wrede eine Geschichte der Leben-Jesu-Forschung*, Tübingen 1906.

———, *Geschichte der Leben-Jesu-Forschung*, Tübingen 1984.

SECKLER, M., *Theologie vor Gericht. Der Fall Wilhelm Koch – Ein Bericht*, Tübingen 1972.

SÖDING, T., «Die Lebendigkeit des Wortes Gottes. Das Verständnis der Offenbarung bei Joseph Ratzinger», en F. MEIER-HAMIDI – F. SCHUMACHER, ed., *Der Theologe Joseph Ratzinger*, Freiburg – Basel – Wien 2007, 12-55.

———, «Phänomenologie als Herausforderung der Theologie. Versuch einer Antwort vom Neuen Testament», en K. HELD – T. SÖDING, ed., *Phänomenologie und Theologie*, Freiburg – Basel – Wien 2009, 28-51.

SÖHNGEN, G., «Weltanschauung», en J. HÖFER – K. RAHNER, ed., *Lexicon für Theologie und Kirche*, X, Freiburg im Breisgau 1965, 1027-1029.

THEOBALD, C., «La dogmatización progresiva de los fundamentos de la fe», en B. SESBOÜÉ, ed., *Historia de los Dogmas. La Palabra de Salvación*, IV, Salamanca 1997, 181-203.

TILLIETTE, X., *I filosofi leggono la Bibbia*, Brescia 2003.

———, *L'Intuizione intellettuale da Kant a Hegel*, Brescia 2001.

WALDENFELS, H., *Kontextuelle Fundamental-theologie*, Paderborn – München – Wien –Zürich 1985.

WILCKENS, U., *Der Brief an die Römer*, Zürich – Einsiedeln – Köln 1978.

ÍNDICE DE AUTORES

Agustín (Aurelius Augustinus): 256, 338, 381-395, 402-404, 407, 410, 411, 453, 497
Ahlers: 149
Anselmo: 32, 104, 105, 107
Aparicio: 7, 491, 492, 495, 496
Aristóteles: 168, 460
Balthasar: 102, 110, 111, 396
Barth: 60-67, 159, 342, 343, 485
Baur: 58
Bauer: 58
Benedicto XVI: 10, 408, 409, 491, 492, 497
Bergson: 14, 159
Beschin: 336, 337
Biser: 40, 43, 48, 101-103
Blondel: 482, 483, 489
Boff: 480
Bonaventura: 14, 149, 251, 272
Borghesi: 381-383, 411
Boutroux: 156
Brown: 443
Brunschvicg: 156
Buber: 159, 234
Bultmann: 70-72, 76
Chesterton: 477
Cicerón: 384
Colombo: 76
Dante: 29, 113, 220, 248, 249, 311, 312, 340, 455

De Lubac: 64, 489, 494
Dettloff: 8, 20
Dilthey: 159, 254, 340
Dirks: 513
Dostoyevski (Dostojewskijs): 150, 248, 283-295, 297-304, 367-369, 370-372, 340
Dotolo: 7, 360, 361
Driesch: 152
Ebner: 159, 234
Edelby: 497
Eleganti: 20
Esposito: 252
Eucken: 61
Fabris: 231
Farrugia: 234-236, 239, 240
Fichte: 14
Fidalgo: 12, 232
Fitzmyer: 327
Fries: 338-340, 343, 344
Gallagher: 477, 478
Gazier: 156
Gerl: 8, 12, 48, 53, 55, 81, 87, 88, 148, 151, 158, 159, 231, 233
Graves: 438
Gibellini: 59, 60, 64
Gibu Shimabukuro: 12
Goes: 43, 44, 56
Goethe: 159, 335, 336
Gregorio Magno: 493, 494

Grünewald: 28, 29
Harnack: 59-66, 69
Hartmann: 159
Hegel: 14, 58, 59, 159
Hegge: 12
Henrich: 33, 34, 143
Heráclito: 171
Hermann: 61
Hesse: 303, 304
Hofmannsthal: 302-303
Hölderlin: 113, 248, 249, 308, 335-337, 340, 348, 349
Husserl: 14, 338
Iannascoli: 151, 152
Ignacio de Loyola: 256
Jaspers: 254
Juan Pablo II: 408
Jülicher: 59
Junker: 141
Kahlefeld: 141
Kant: 14, 16, 18, 50, 93, 174, 273, 282, 412, 478, 500
Kierkegaard: 32, 55, 72, 103-110, 159, 183-186, 340, 380, 398
Kleiber: 12
Klein: 400
Knoepfler: 221, 231
Kobylinski: 148, 179, 272, 273
Koch D.: 60-66
Koch W.: 18, 32, 78-88, 93
Krabbel: 231
Kreiml: 12, 504
Krieg: 12, 13
Langner: 12, 405, 410
Légasse: 327
León XIII: 492
Loisy: 74-77, 81, 483, 489
Lonergan: 512
López Quintás: 14
Lutero (Luther): 117, 331
Luz: 330, 331
Mahr: 302-304

Marcel: 14
Maritain: 14
Martini: 179, 180
Maurina: 303
Mercker: 7, 11, 12, 18, 19, 48, 50, 51, 53, 85, 86, 93, 94, 101, 104, 113, 138, 250, 251, 255, 272, 295, 341-343, 358-361
Mertens: 9, 11, 12
Messerschmid: 85-86
Mörike: 248, 249, 309
Müller: 159
Neuendörfer: 81, 82, 84, 149
Newman: 256, 396
Nietzsche: 273, 281, 346, 381, 396, 398, 401, 407, 408
Njoku: 12
Pablo VI: 500, 501
Palau-Ribes Casamijtana: 373
Pascal: 23, 32, 56, 88, 104-107, 113, 150, 153-159, 165, 181, 182, 184, 185, 287, 302, 340, 381, 382, 395-400, 402, 404
Peterson: 159
Pio X: 81
Pio XII: 492, 494
Pitta: 327
Platón: 225, 282, 429, 460
Plotino: 428
de la Potterie: 480-483, 485, 488, 489, 491-494, 497
Provencher: 75-77
Raabe: 313-317
Rade: 61
Rahner: 85-87, 495, 503-505
Ratzinger: 10, 11, 18, 69, 70, 85, 86, 93, 445, 498-500
Ricoeur: 480
Rilke: 113, 248, 249, 279-281, 311, 336, 340
Ritschl: 58
Riva: 250

Rosenzweig: 234
Sailers: 256
Sauter: 437
Scheler: 38, 159, 248, 254, 283, 338-340, 382
Schelhas: 485
Schelling: 14
Schleiermacher: 58, 159
Schleußner: 221
Schöngen: 253
Schopenhauer: 159
Schweitzer: 67-70, 421
Seckler: 86
Sémer: 381, 382, 400-408, 410
Simmel: 152, 159
Sócrates (Sokrates): 96, 113, 282, 460,
Söding: 11, 499
Söhngen: 249
Solger: 14

Sommavilla: 19, 179, 180, 274, 408
Spoendlin: 61
Strauss: 58, 68
Theobald C.: 71
Theobald M.: 483-488, 490
Tilliette: 14, 292, 293
Tomás de Aquino: 14, 256, 410, 411, 493, 497
Toti: 12
Troeltsch: 59, 60, 254, 340
van Gogh: 200, 201
Waldenfels: 60, 66, 67
Wechsler: 11-12
Weiger: 33, 53, 54, 81, 82, 85
Weiss: 396
Wellhausen: 59
Wiesemann: 220
Wilckens: 327
Žižić: 12
Zucal: 86, 87, 250-252

ÍNDICE GENERAL

Prefacio 7

Presentación 9

1. Novedad de la propuesta 11
2. Estructura y contenido 15
   2.1 Capítulo I: El despertar de la Intuición 17
   2.2 Capítulo II: Una guía a la intuición 20
   2.3 Capítulo III: Intuición e Interpretación 23
3. Observaciones finales 27

Capítulo I: *El despertar de la Intuición* 31

1. Rasgos de la figura y el pensamiento de Romano Guardini 33
   1.1 Instinto e intuición como guía de vida personal y su tarea docente ... 35
   1.2 La intuición y sus clases 37
   1.3 Intuición y diálogo 44
2. El rol de la intuición en su camino a la Iglesia 48
   2.1 Mirada católica del cristianismo evangélico 52
   2.2 La Iglesia en los inicios del 1900 57
   2.3 El cristianismo evangélico del 1900 58
      2.3.1 Diferencias en la teología protestante 60
      2.3.2 Diferencias en el conocimiento de la Escritura
             en la teología protestante 62
      2.3.3 Diferencias en el conocimiento histórico de Jesús
             en la teología protestante 65
      2.3.4 Los primeros resultados de la Leben-Jesu-Forschung ... 67
      2.3.5 Las dos soluciones: Jesús - Cristo 69
   2.4 El catolicismo alemán a principios de 1900 73
3. Guardini y el modernismo durante sus estudios 78
   3.1 El profesor W. Koch mirado por estudiantes de Tubinga ... 81

3.2 La imagen de la Iglesia entre tensiones y transformaciones 88
3.3 Relación de Guardini con la Iglesia 90
4. La experiencia personal de conversión 93
    4.1 La mediación de Cristo 94
    4.2 La Iglesia y la figura íntegra de Cristo 98
    4.3 La Iglesia y la contemporaneidad de Cristo 103
        4.3.1 Lógica y pensamiento religioso 104
        4.3.2 Posibilidad del encuentro con lo religioso 107
5. La mirada protestante del catolicismo 112
    5.1 Entender otras formas de interpretar 114
    5.2 Principios interpretativos que guían
        la mirada protestante del catolicismo 116
    5.3 Principios interpretativos culturales 119
    5.4 Revelación y libertad 124
    5.5 La moral católica 129
    5.6 Los sacramentos 131
    5.7 La Autoridad eclesial 132
    5.8 La intuición guardiniana de principios interpretativos 134
6. Principios interpretativos y unidad 138
7. Interpretación y sabiduría 141

CAPÍTULO II: *Una guía a la intuición* 147
1. Una mirada contrastada 149
    1.1 Mirada contrastada y unidad del conocimiento 159
    1.2 Obstáculos modernos en el conocimiento de la unidad 161
    1.3 Dificultades en la comprensión de la mirada contrastada 165
    1.4 Los grupos de contrastes 167
2. El «sistema» de contrastes 169
    2.1 Los contrastes intraempíricos 170
        2.1.1 La unidad de acto y estructura 170
        2.1.2 La unidad de plenitud y forma 176
        2.1.3 Unidad contrastada de lo individual y la totalidad 188
    2.2 El centro viviente en los contrastes transempíricos 197
        2.2.1 Unidad fecunda de la transformación creadora 197
        2.2.2 Unidad de la originalidad y la lógica vital 201
        2.2.3 Unidad vital de autoposesión y autosuperación 204
3. Centro como corazón y misterio 207
4. Medida como límite y forma de relación adecuada 209
5. Las relaciones contrastadas 213
6. Mirada contrastada e intuición concreta 215
7. Mirada contrastada y mirada femenina 220

7.1 Intuición, platonismo y lo femenino 221
7.2 La mirada femenina en el camino de la cosmovisión 226
7.3 La tensión de los opuestos, el encuentro y la intuición................. 232
8. Relación entre la mirada contrastada y la mirada cosmovisonal 240
9. La mirada contrastada y sus límites 244
10. Teoría guardiniana de la cosmovisión 246
    10.1 Europa y Weltanschauung 247
    10.2 La cosmovisión: estructura guardiniana fundamental 250
    10.3 Intuición y cosmovisión.. 252
        10.3.1 Cosmovisión general y cosmovisión católica................. 254
        10.3.2 La cosmovisión y el mundo como unidad y totalidad 258
        10.3.3 Cosmovisión y la Intuición de lo concreto 260
        10.3.4 Distancia e intimidad de la cosmovisión
              y el encuentro con la Revelación 262
        10.3.5 Cosmovisión y mirada de la fe 265
        10.3.6 Cosmovisión y fe de la Iglesia... 267
        10.3.7 Los límites de la cosmovisión 269
11. La autonomía como principio de interpretación cultural 272
    11.1 Autonomía y poder 275
    11.2 Autonomía en la literatura 279
    11.3 Autonomía y dialéctica 283
    11.4 Autonomía absoluta y aislamiento: Iván Karamazov 288
    11.5 Autonomía relativa y apertura: las dos Sonias............................. 293

CAPÍTULO III: *Intuición e Interpretación* 305

1. Características del modo guardiniano de interpretar............................. 306
    1.1 Interpretación e interés histórico... 307
    1.2 Interpretación y crítica textual 309
    1.3 La relación con la verdad.. 310
    1.4 Un ejemplo interpretativo 313
2. El mirar humano y el conocimiento... 318
    2.1 Liberación o purificación de la mirada 325
    2.2 El corazón como raíz de la mirada humana 329
3. La Ambigüedad de la experiencia religiosa y la diferencia de lo cristiano.. 335
    3.1 La ambigüedad del conocimiento religioso y la Revelación 344
    3.2 Lo divino, la filosofía y la Revelación.. 351
4. Interpretación e intuición guardiniana
    como salida del escándalo evangélico 367
5. La contemporaneidad de Cristo en la Iglesia y el escándalo 376
6. El proceso de encuentro con la Sagrada Escritura 381
    6.1 El primado del corazón en el conocimiento
        de San Agustín, Pascal y Madeleine Sémer 382

6.1.1 San Agustín y el primado del corazón en el conocimiento.... 383
6.1.2 Pascal y la purificación del corazón 395
6.1.3 Madeleine Sémer: la belleza (como esplendor de la verdad) en la unidad cordial del conocimiento 400
6.2 Sagrada Escritura ciencia de la fe 411
 6.2.1 Interpretación e investigación histórica de la Sagrada Escritura 416
 6.2.2 Cientificismo e historicismo en la interpretación de la Sagrada Escritura 424
 6.2.3 Una nueva actitud de conocimiento 430
 6.2.4 Experiencias de encuentro y transformación en la interpretación de los escritos joánicos y paulinos 437
 6.2.5 Encuentro y gnosticismo en el mundo de los escritos joánicos 445
 6.2.6 Principialidad de Cristo y contemporaneidad 459
 6.2.7 Teología e interpretación científica desde la fe 467
6.3 Dimensión eclesial de la Sagrada Escritura 473
7. Valoraciones de los principios interpretativos guardinianos 480
7.1 La autonomía de la crítica histórica 483
7.2 La Sagrada Escritura alma de la teología 491
7.3 Lectura en el Espíritu 496

CONCLUSIÓN 503

LISTA DE ABREVIATURAS 515

BIBLIOGRAFÍA 517
1. Obras de Romano Guardini 517
 1.1 Publicadas 517
 1.2 Inéditas 520
2. Literatura sobre Romano Guardini 521
3. Bibliografía complementaria 526

ÍNDICE DE AUTORES 529

ÍNDICE GENERAL 533

TESI GREGORIANA

Desde 1995, la colección «Tesi Gregoriana» pone a disposición del público algunas de las mejores tesis doctorales elaboradas en la Pontificia Universidad Gregoriana. Los autores se encargan de la composición, según las normas tipográficas establecidas y controladas por la Universidad.

Volúmenes Publicados [Series: Teología]

[Vol. 1-150: cfr. *www.unigre.it/TG/Teologia/index.php*]

151. VARSALONA, Agnese, *Il dialogo e i suoi fondamenti. Aspetti di antropologia filosofica e teologica secondo Jörg Splett e Walter Kasper*, 2007, pp. 300.
152. GEORGE KOCHUTHARA, Shaji, *The Concept of Sexual Pleasure in the Catholic Moral Tradition*, 2007, pp. 518.
153. SCARDILLI, Pietro Damiano, *I nuclei ecclesiologici nella costituzione liturgica del Vaticano II*, 2007, pp. 418.
154. PALACHUVATTIL, Mathew, *«The One Who Does the Will of the Father». Distinguishing Character of Disciples According to Matthew. An Exegetical Theological Study*, 2007, pp. 404.
155. BARBOSA FILHO, Domingos, *A vontade salvífica e predestinante de Deus e a questão do cristocentrismo. Um estudo sobre a doutrina de João Duns Escoto e seus ecos na teologia contemporânea*, 2007, pp. 496.
156. ONWUKA, Chidolue Peter, *The Law, Redemption and Freedom in Christ. An Exegetical-Theological Study of Galatians 3,10-14 and Romans 7,1-6*, 2007, pp. 374.
157. JANÉ COCA, José M., *«Ser hallado en Él». La reciprocidad intersubjetiva entre Pablo y Cristo. Un estudio exegético-teológico de Flp 3*, 2007, pp. 608.
158. SHABANI, Louay, *Santificazione e valore salvifico del matrimonio. Studio esegetico-teologico di 1Cor 7,12-16 ed Ef 5,25-33*, 2008, pp. 325.
159. ABBATTISTA, Ester, *Origene legge Geremia. Analisi, commento e riflessioni di un biblista di oggi*, 2008, pp. 355.
160. SPRONCK, Joël, *La patience de Dieu. Justifications théologiques du délai de la Parousie*, 2008, pp. 356.
161. EDERLE, Rubén Alberto, *Discípulos y Apóstoles de Jesús. La relación entre los discípulos y los Doce según Marcos*, 2008, pp. 368.
162. CARIA, Roberto, *Lo stato nelle teorie politiche di I. Kant e J. Maritain. Una legittimazione tra razionalità e fede*, 2008, pp. 306.

163. MACALA, André, *A escatologia no livro do Apocalipse. Da sua realização no presente litúrgico à conslusão da história*, 2008, pp. 394.

164. TANTIONO, Paulus Toni, *Speaking the Truth in Christ. An Exegetico-Theological Study of Galatians 4,12-20 and Ephesians 4,12-16*, 2008, pp. 302.

165. ZICCARDI, Costantino Antonio, *The Relationship of Jesus and the Kingdom of God According to Luke-Acts*, 2008, pp. 584.

166. BRADY, Patrick J., *The Process of Sanctification in the Christian Life. An Exegetical-Theological Study of 1Thess 4,1-8 and Rom 6,15-23*, 2008, pp. 322.

167. ROCHETTE, Joël, *La rémission des péchés dans l'Apocalypse. Ébauche d'une sotériologie originale*, 2008, pp. 628.

168. SHENOSKY, Joseph T., *The Development of Late Twentieth Century Catholic Ecumenical Theology in the United States of America: A Comparison of the Contributions of Gustave Weigel, S.J., Carl J. Peter, John F. Hotchkin, and Avery Dulles, S.J.*, 2008, pp. 404.

169. IWUAMADI, Lawrence Oscar I., *«He Called unto Him the Twelve and Began to Send Them Forth». The Continuation of Jesus' Mission According to the Gospel of Mark*, 2008, pp. 308.

170. ASCENSO, Adelino, *Transcultural Theodicy in the Fiction of Shūsaku Endō*, 2009, pp. 354.

171. HODŽIĆ, Mislav, *La genesi della fede. La formazione della coscienza credente tra essere riconosciuto ed essere riconoscente*, 2009, pp. 276.

172. SHORTALL, Michael, *Human Rights and Moral Reasoning. A Comparative Iinvestigation by Way of Three Theorists and Their Respective Traditions of Enquiry: John Finnis, Ronald Dworkin and Jürgen Habermas*, 2009, pp. 438.

173. SÁNCHEZ CASTELBLANCO, Wilton Gerardo, *La voz como modo de revelación. Investigación exegético-teológica del término* φωνή *en el cuarto evangelio*, 2009, pp. 356.

174. RODRIGUES DE SOUSA, Mário José, *«Para que também vós acrediteis». Estudo exegético-teológico de Jo 19,31-37*, 2009, pp. 404.

175. RYAN, Dermot, *Method to Mission: The Ecclesial Vocation of the Theologian. As Exemplified in the Works of Francis A. Sullivan SJ in the Context of Method at the Gregorian University*, 2009, pp. 448.

176. SALMAN, Wasim, *La* Wirkungsgeschichte *de Hans-Georg Gadamer dans la théologie de Claude Geffré, David Tracy et Wolfhart Pannenberg*, 2010, pp. 244.

177. BRUTÉ DE RÉMUR, Guillaume, *La théologie trinitaire de Louis Bouyer*, 2010, pp. 382.

178. NSONGISA KIMESA, Chantal, *«L'agir puissant du Christ parmi les chrétiens».Une étude exégético-théologique de 2Co 13,1-4 et Rm 14,1-9*, 2010, pp. 290.

179. CORNIÉ Thomas, *La primauté de l'évêque de Rome dans la théologie catholique francophone du vingtième siècle. Les études de Pierre Batiffol, Charles Journet et Jean-Marie Roger Tillard*, 2010, pp. 352.

180. GIORDANO, Maria Teresa, *La parola della croce: l'itinerario paradossale della sapienza divina in 1Cor 1,18–3,4. Composizione retorica del testo. Implicazioni esegetico-teologiche e sua funzione in 1Cor 1–4*, 2010, pp. 302.
181. CAVICCHIA, Alessandro, *Le sorti e le vesti. La «Scrittura» alle radici del messianismo giovanneo tra re-interpretazione e adempimento: Sal 22(21) a Qumran e in Giovanni*, 2010, pp. 540.
182. COMPIANI, Maurizio, *Fuga, silenzio e paura. La conclusione del Vangelo di Marco. Studio di Mc 16,1-20*, 2011, pp. 296.
183. VILLAGRA CANTERO, César Nery, *«Poder» Y «Anti-Poder». Contraposición dialéctica entre ἐξουσία salvífica y ἐξουσία del sistema terrenal en el Apocalipsis*, 2011, pp. 494.
184. PATSCH, Ferenc, *Metafisica e religioni: strutturazioni proficue. Una teologia delle religioni sulla base dell'ermeneutica di Karl Rahner*, 2011, pp. 634.
185. SICHKARYK, Ivan, *Corpo (σῶμα) come punto focale nell'insegnamento paolino. Ricerca esegetica e teologico-biblica*, 2011, pp. 512.
186. PUCA, Bartolomeo, *Una periautologia paradossale. Analisi retorico-letteraria di Gal 1,13–2,21*, 2011, pp. 214.
187. PUNDA, Edvard, *La fede in Teresa d'Avila*, 2011, pp. 328.
188. SURLIS, Tomás, *The Presence of the Risen Christ in the Community of Disciples: An Examination of the Ecclesiological Significance of Matthew 18:20*, 2011, pp. 432.
189. QUISPE LÓPEZ, Ciro, *La nueva alianza durante las enseñanzas de Jesús en el Templo de Jerusalén. Análisis retórico bíblico y semítico de la secuencia de Mc 11,27–12,44*, 2012, pp. 394.
190. GARCÍA MORALES, Juan Jesús, *La inspiración bíblica a la luz del principio católico de la tradición. Convergencias entre la* Dei Verbum *y la Teología de P. Benoit, O.P.*, 2012, pp. 490.
191. MANZINGA AKONGA, Roger, *Le dernier cri de Jésus sur la croix (Mc 15,34). Fonction pragmatique de la citation du Ps 22,2a dans le contexte communicatif de Mc 15,33-41*, 2012, pp. 432.
192. FICCO, Fabrizio, *«Mio figlio sei tu» (Sal 2,7). La relazione Padre-figlio e il Salterio*, 2012, pp. 454.
193. JOJKO, Bernadeta, *Worshiping the Father in Spirit and Truth. An Exegetico-Theological Study of Jn 4:20-26 in the light of the Relationships among the Father, the Son and the Holy Spirit*, pp. 440.
194. SERRANO PENTINAT, Josep-Lluís, *Palabra, sacramento y carisma. La eclesiología de E. Corecco*, pp. 314.
195. SOLICHIN RUBIANTO, Vitus, *La figura del seme e il suo compimento. Analisi retorica del discorso parabolico in Mc 4,1-34*, 2012, pp. 220.
196. CAMPAGNANI FERREIRA, Eduardo, *«Impossibile erat sine Deo discere Deum». O problema teológico da afirmação de Deus, segundo o Cardeal Henri de Lubac (1896-1991)*, 2012, pp. 662.
197. COUTINHO LOPES DE BRITO PALMA, Alexandre, *L'esperienza della Trinità e la Trinità nell'esperienza. Modelli di una loro configurazione*, 2013, pp. 348.

198. EKE, Wilfred Onyema, *The Millennial Kingdom of Christ (Rev 20,1-10). A Critical History of Exegesis with an Interpretative Proposal*, 2013, pp. 322.
199. CORREA D'ALMEIDA, Bernardo, *Unidade segundo o quarto Evangelho. Testemunho do discípulo amado no contexto judaico e greco-romano do I CE*, 2013, pp. 378.
200. NIU, Zhixiong, *«The King Lifted up His Voice and Wept». David's Mourning in the Second Book of Samuel*, 2013, pp. 316.
201. SWAN, William Declan, *The Experience of God in the Writings of Saint Patrick: Reworking a Faith Received*, 2013, pp. 430.
202. FERMÍN VIVAS, Alfredo Raúl, *Jesús se rodea de su familia. Análisis retórico bíblico y semítico de Mc 3,7-35*, 2013, pp. 270.
203. ARTYUSHIN, Sergey, *Raccontare la salvezza attraverso lo sguardo. Portata teologica e implicazioni pragmatiche del «vedere Gesù» nel Vangelo di Luca*, 2013, pp. 624.
204. SAKOWSKI, Derek, *The Ecclesiological Reality of Reception Considered as a Solution to the Debate over the Ontological Priority of the Universal Church*, 2013, pp. 486.
205. ORDUÑA, César Javier, *Los principios interpretativos en Romano Guardini. El camino de la intuición*, 2014, pp. 540.

"Tesi Gregoriana" Teologia 203

ARTYUSHIN Sergey

Raccontare la salvezza attraverso lo sguardo
Portata teologica e implicazioni pragmatiche del «vedere Gesù» nel Vangelo di Luca

2014, pp. 624 - 978-88-7839-270-0

€ 37.00

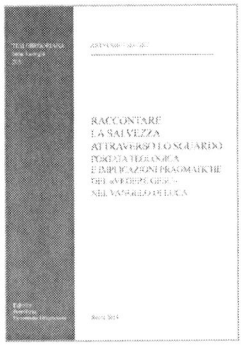

Tra i temi cari a Luca, quello del «vedere» ha una funzione particolare, in quanto attraversa tutto il Vangelo, e si sviluppa con la massima evidenza a partire dagli attori che rappresentano diversi tipi di persone messe di fronte al mistero della venuta e dell'attività di Gesù. È un argomento interessante già dal punto di vista antropologico avendo per oggetto un'esperienza fondamentale di percezione fisica. A livello redazionale, poi, si scopre il grande interesse lucano di presentare Gesù come oggetto della visione. Il lettore percepisce e progredisce nella logica accennata soprattutto grazie ad una serie d'incontri con Gesù, che, come nel Quarto Vangelo, rappresentano i veri paradigmi della comunicazione che si stabilisce tra gli attanti. Già nel vangelo dell'infanzia il «vedere Gesù» costituisce un motivo fondamentale. Passo dopo passo il discorso sul vedere diviene sempre più convincente per sfociare poi nell'apice narrativo — il fine logico dello sviluppo teologico dell'argomento trattato — le apparizioni del Gesù risorto (Lc 24). La sua ricchezza e dinamicità sono dovute al fatto che lo stesso vedere, alla fine del Vangelo, assume un carattere di cerniera, in quanto chiude l'arco tematico apertosi in Lc 1–3 e guarda all'inizio del secondo libro di Luca che ne garantisce la continuità.

"Tesi Gregoriana" Teologia 204

SAKOWSKI Derek

The ecclesiological Reality of Reception

2014, pp. 496 - 978-88-7839-271-7

€ 35.00

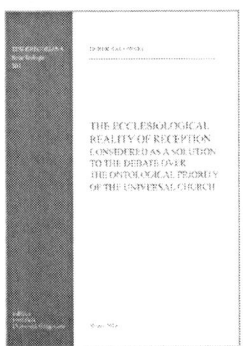

This study considers two significant but seemingly unrelated ecclesiological discussions: 1) the hotly debated claim that the universal church is «ontologically prior», and 2) the rediscovery of «reception» as an ecclesiological reality. Part one offers a through status quaestionis for both discussions, identifying their contributions and their shortcomings. Part two turns to Scriptures, Tradition, and the Magisterium in an exploration of the ecclesiological reality of «reception» as a solution to the ontological-priority debate. When we consider the ecclesial reception of the Word and the Eucharistic, a consistent threefold dynamic emerges: 1) our being received into Christ's body; 2) our receiving fullness in and through that body; 3) our mutual reception of each other as members of Christ. While all three dimensions occur simultaneously, it is our being received into Christ's risen flesh that causes all other acts of reception, regardless of how «active» they are. Part three presents a theological and philosophical synthesis, suggesting a new direction to both contemporary discussions, and concluding with a consideration of the relevance of this study to other themes such as the reception of councils (including Vatican II), the Petrine ministry, the College of Bishop, the sensus fidelium, evangelization, inculturation, and ecumenism.

Finito di stampare nel mese di marzo 2014
presso Mediagraf Spa - Monterotondo (Rm)